수용

격
리

박
탈

수용, 격리, 박탈

세계의 내부로 추방된 존재들
동아시아의 수용소와 난민 이야기

초판 1쇄 발행 2024년 6월 3일

엮은이	신지영
지은이	신지영 김보람 쉬징야 김예림 호시나 히로노부 조경희 김아람 권혁태
	김한상 란스치 중수민 현무암 다카야 사치 심아정 나영정
옮긴이	김보람 쉬징야 방수미 장수지
펴낸이	이영선
편집	이일규 김선정 김문정 김종훈 이민재 이현정
디자인	김회량 위수연
독자본부	김일신 손미경 정혜영 김연수 김민수 박정래 김인환

펴낸곳 서해문집 | 출판등록 1989년 3월 16일(제406-2005-000047호)
주소 경기도 파주시 광인사길 217(파주출판도시)
전화 (031)955-7470 | 팩스 (031)955-7469
홈페이지 www.booksea.co.kr | 이메일 shmj21@hanmail.net

수용

박 탈

격리

신지영 엮음

세계의 내부로 추방된 존재들
동아시아의 수용소와 난민 이야기

서해문집

피난과 수용 사이에서

하나의 '가까운' 이야기로 시작해볼까. 미사여구 없이 묵직한 이 책과 만난 여러분이 책을 열어보기도 전에 두려워지거나 오랜 시간이 담긴 이야기에 압도되지 않도록, 아니 더 두렵게는 자신과 '멀리 떨어진' 일로 치부해버리지 않도록…. 그리하여 각자 발 딛고 있는 현재와의 접점이 하나의 질문으로 품어져, 수용소를 만들고 유지하는 구조에서 그 누구도 자유롭지 않음을 느끼길 바라며….

2023년 8월, 10대 후반부터 대구 공장지대에서 이주노동자들과 함께 일해온 김우주(40대, 가명)는 그날도 여느 날과 마찬가지로 30여 명의 미등록 이주노동자가 탑승한 통근 버스를 운전했다. 그런데 갑자기 출입국사무소 공무원들이 탄 차량이 버스를 가로막았다. 미등록 이주노동자 '단속'이 시작된 것이다. 동고동락하던 친구들이 구금되거나 추방될 것이 안타까웠던 김우주는 앞뒤의 단속 차량을 피해 운전을 계속했으며, 버스 문을 열어 이주노동자가 도망가도록 도왔다.' 그 과정에서 단속 공무원 열한 명이 전치

2주의 부상을 입었고, 미등록 이주노동자는 붙잡혔으며, 현재(2024년 3월) 김우주는 '특수공무집행방해치상' 혐의로 재판에서 징역형을 선고받아 수감 중이다.[2]

김우주 자신이 단속 대상이었던 것도 아니고, 자기 자신에게 이득은커녕 큰 손해와 책임이 따를 것이며, 도망이 성공할 가능성은 극히 희박했음에도 김우주는 왜 그렇게 할 수밖에 없었을까? 김우주는 이 수도 없이 들었을 질문에 다음과 같이 답한다.

> 객지에서 공장 일 하는 처지가 똑같잖아요. 저랑 다를 바 없는 사람이잖아요. 같이 생활하던 사람이잖아요. 그때는 정말 머리가 새하얗게 돼서, 차가 주변에 있다고 생각도 못 했고, 버스에서 살려달라고, 도망가라고 외치는 그 소리밖에 들리지 않았습니다.[3]

올해 초 김우주의 이야기가 알려지면서 7000건이 넘는 탄원서가 접수됐고, 많은 기사에서는 김우주가 얼마나 성실하고 선한 사람이었는지를 강조한다. 그러나 문제는 그의 개인적 성품이 아니다. 김우주가 직접 쓴 편지에는 18세에 대구공단에 취직한 뒤 이주노동자와 함께해온 시간이 쓰여 있었다.

> 친척들이 저희를 거지 취급해서 결정을 내렸습니다. 5만 원을 갖고 집을 나와 대구공단에 취직했습니다. 그때 나이 열여덟 살입니다. 그때부터 외국인 근로자랑 하루 열두 시간 이상 주야 근무를 하며 서로 대화도 안 되는데 정말 손짓발짓으로 소통하며 지냈습니다. 타 지역에 혼자 있는 저는 외국인 근로자가 남 같지 않았습니다. 그들이 여기 오기 위해 브로커한테 얼마

를 주는지, 3년은 일해야 빚이라도 갚는다는 걸 알아서 도움을 요청하는 사람들을 무시할 수 없었나 봅니다.[*]

이주노동자와 '한 공간'에서 보낸 시간이 그들을 '남 같지 않다'고 느끼게 했다는 김우주의 말은 손쉬운 동정도, 안전한 자리에서 느끼는 공감도 아니다. 오히려 가난하고 고되고 외로운 '그들'과 닮은 자신의 처지에 대한 두려움이 '그들'에 대한 차별과 혐오로 이어질 수도 있었을 순간에, 그는 '그들'의 도망을 돕고 '고용허가제'의 부정의를 짚어낸다. 김우주와 미등록 이주노동자 사이에는 국적이라는 선명한 차이가 있지만, 김우주가 그들과 함께 행동한 순간 그 또한 구금됐고, 어떤 순간에는 국적도 박탈당할 수 있음을 이 이야기는 보여준다. 그리고 '단속'에 걸린 미등록 이주노동자 등을 구금하는 '외국인보호소'는 이 자의적 경계를 합법적인 것처럼 보이게 하고, 구금과 추방의 폭력을 묵인하는 장치다.

국적·제도·수용소의 안과 밖을 나누는 경계를 넘어선 김우주의 '연결되어 있다'는 감각과 행동은 이 책《수용, 격리, 박탈: 세계의 내부로 추방당한 존재들, 동아시아의 수용소와 난민 이야기》(이하《수용, 격리, 박탈》)의 핵심이자, 도달하고자 하는 관계를 표현한다. 하나의 책이 세상에 던지는 하나의 질문이라면, 그럼으로써 꿈꾸는 세계를 태어나게 하는 것이라면, 이 책은 김우주의 행동이나 마음과 같은 방향을 향해 있다.

'수용소'를 역사화하기: 수용소 없는 세계를 상상할 수 있을까?

수용소의 안팎 혹은 난민 여부를 나누는 선/경계는 합리적 근거가 없으며 절대적이지도 영원하지도 않다. 그러나 장애인 시설, 감옥, 병원(폐쇄병동), 외국인보호소, 한센인 마을, 공장식 축산 시설 등 온갖 격리와 배제의 장소가 있는 세계에서 태어나고 자라난 '우리'는 그러한 수용시설이 존재하지 않는 세계를 상상하지 못한다.

김우주의 '남 같지 않다'는 마음을 존중하는 게 아니라, 오히려 김우주를 또 다른 구금시설인 감옥에 가두었다는 이 현실은 수용소가 있는 세계에 사는 고통을 직시하게 한다. 갇힌 존재의 삶은 실은 갇히지 않은 존재의 삶과 긴밀히 연결되어 있음에도 단절된 셈 쳐진다. 그 갇힌 존재와의 공감이 정상·국적·생산성이라는 권력에 의해 규정된 가치를 넘어 연결될 때, (김우주가 그러했듯이) 시민/국민의 위치는 손쉽게 박탈당하고, ('우리'가 그러하듯이) 공감은 두려운 감정이 되고, 이 날조된 두려움은 혐오를 불러온다. 수용소가 있는 세계, 그것은 수용소 밖까지 수용소화된 관계를 확산하고, 수용소 안에 더욱 수용소화된 장소를 만든다.

그러므로 수용소가 없는 세상을 상상하기 위해서 질문을 바꾸어보자. 수용소 혹은 수용소화된 장소가 내가 사는 이 마을에, 세계에, 행성에 있다는 것은 무엇을 의미하는가? 이 책은 이 물음을 동아시아의 식민 지배와 냉전·분단 그리고 두 개의 전쟁을 관통하며 만들어진 수용소, 수용소화된 장소, 수용소화된 관계에 초점을 맞춰 역사화하려는 시도다.

수용소 경험을 역사화한다는 것은, 그것을 종결된 과거로 치부해버리거나 수용소화된 존재를 거대 역사의 한 페이지로 기록·기입하겠다는 의미가 아니다. 오히려 이 책은 대문자 역사에 기입되지 못한 이야기, 드러나는 순간 비명을 지르며 기존의 역사학적 틀이 국가화·자본화·군사화되어 있음을 보여주는 이야기, 그것들을 향해 있다.

그럼에도 역사화한다고 쓴 이유는, 굳건하고 영원해 보이는 수용소라는 장치가 사실은 만들어진 것이며, 그것이 없는 시공간도 있었음을 보여주기 위해서다. '다른' 시공간에 대한 탐구는 수용소 및 수용소화된 삶에서 벗어날 수 있는 관계를 만드는 시작점이 될 수 있지 않을까? 이러한 질문은 이 책의 근간이 된 연구 모임을 하는 내내 깊은 곳에서 울리고 있었다. 2018년 겨울, 연세대학교 국학연구원의 HK+ 사업 중 '난민&이주' 세션의 연구로 시작한 '동아시아 수용소와 난민 연구회'는 어떤 주제를 다루어야 할지 고민하던 중에 동아시아의 '수용·격리·박탈' 경험을 살펴보기로 했다.

아시아의 수용소와 수용소화된 삶은 두 개의 주권권력 체제(식민주의, 냉전·분단) 및 두 개의 전쟁(태평양전쟁, 한국전쟁)을 관통하며 형성되어왔다. 식민주의에서 '뜨거운' 냉전으로 가는 변화를 단절로 보건 연속으로 보건, 지금까지 연구는 이러한 경험을 중심으로 주로 주권권력에 대한 비판에 주력해왔다. 그렇지만 연구회에서는 '수용소'와 '난민'에 초점을 맞춰, 주권권력에 대한 비판뿐 아니라 유민화된 존재의 경험과 그들의 내재적 연결을 살펴보고자 했다.

연구회 초기에는 '수용소'와 '난민'의 정의에 대한 이론적 성찰(해나 아렌트, 프리모 레비, 엠마 하다드, 주디스 버틀러 등)을 담은 텍스트를 읽었다. 이후 각 회원이 연구하는 지역과 시기에 집중하여 각자의 문제의식을 발표했다. 이때 초점화된 시기는 1945년 전후, 한국전쟁 전후, 1960~1970년대 그리고 2018년 이후의 동시대였다. 수용소가 자리한 장소는 국민국가의 지리 구획으로는 설명하기 어려운 스펙트럼을 보였다. 수용소는 어떤 국민국가에도 속할 수 없게 된 존재, 생산성이 없다고 여겨지는 존재, 정상 범주에서 벗어났다고 여겨지는 존재를 보이지 않게 가두는 곳이기 때문이다. 아니, 좀 더 정확하게 말하자면, 구금·감금함으로써 무국적이고 비생산적이며 비정상이라는 낙인을 찍고, 그 낙인에 합리적이고 합법적인 근거가 있는 듯이 여기도록 하는 곳이기 때문이다. 따라서 언급되는 지역은 동아시아 국민국가 내부의 주변화되고 게토화된 장소, 국경선 주변 그리고 난민화된 존재가 밀려나 모인 정착지, 태평양전쟁의 무대가 됐던 동남아시아와 인도 그리고 만주, 시베리아와 극동의 섬이나 마을과 관련됐다.

이처럼 수용의 시기와 수용소가 위치한 장소의 특징을 파악하는 것도 어려웠지만, 사실 연구 모임을 거듭하면서 더욱 절감했던 것은 '수용소'를 정의하는 것이 얼마나 어려운가 하는 것이었다. '수용소' 하면 한국에서는 아우슈비츠와 같은 절멸수용소가 먼저 떠오르지만, 두 개의 전쟁을 통과하면서 형성된 동아시아의 수용소는 그 형태나 성격이 천차만별이었고, 민족·인종·젠더·계급 등에 따라 수용소 내외부에서 겪는 경험도 상이했다.

일반적으로 수용소에 대한 체계적인 정의를 시도한 책으로는 어빙 고프먼의 《수용소》[5]를 들 수 있지만, 《수용, 격리, 박탈》에 실린 글은 《수용소》를 참고할 때도 고프먼의 분류 그대로는 따르지 않는다. 그는 이 책에서 수용소를 "총체적 기관"이라고 칭하면서 다섯 가지로 분류한다. 첫째로 사회적으로 취약한 존재의 수용소(장애인·노인·고아·극빈자), 둘째로 스스로 의도하지 않더라도 "공동체에 위협이 되는" 존재의 수용소(결핵요양원·정신병원·한센병요양소), 셋째로 전쟁과 범죄 등으로 "의도적인 위협이 가해질 수 있는" 존재의 수용소(교도소·감호소·포로수용소·강제수용소 등), 넷째로 제국주의나 식민주의 혹은 전쟁으로 인한 수용소(군대 막사·포로수용소 등)와 이른바 제도적·도구적 관점의 준직업적 수용소(교육기관·노동자수용소 등), 다섯째로는 종교적·사상적 이유로 일반 사회와 동떨어진 수용소(수도원·수녀원·은둔처등)를 말한다.

그러나 이러한 분류 및 설명은, 설사 수용소를 세우고 유지하는 권력을 비판하기 위해서라고 할지라도 "공동체에 위협이 되는"이라든가, "의도적으로 위협이 가해질 수 있는" 등과 같은 차별적 표현을 사용하고 있어 그대로 적용하기 곤란한 부분도 있었다. 특히 두 개의 주권권력 사이, 그리고 두 개의 전쟁이 전환되는 사이에서 발생한 동아시아의 수용소 경험은 어빙의 분류 중 여러 형태가 중첩된 경우에 해당하는 일이 많았다. 따라서 연구 모임에서는 '수용소'를 분류하거나 정의하기보다 두 주권권력의 변화 및 두 개의 전쟁을 겪은 유민·기민·난민화된 존재의 경험을 따라가면서, 어떤 역사적 순간에 어떤 형태의 수용소가 출현했고, 그 수용소로 인해 만들어진 관계는 어떤 것이었는지를 살펴보았다.

연구회를 기반으로 2020년 10월 30~31일에는 심포지엄 〈1940-60년대 동아시아 수용소와 난민〉을 개최했다. 이때 다음과 같은 점을 보충, 심화했다. 첫째, 타이완의 식민지 및 냉전 속 수용소 상황을 다른 지역과 연동해 살펴보기 위해 중수민, 란스치에게 발표를 부탁했다. 둘째, 동남아시아의 백인 포로수용소를 소재로 한 세 시기(태평양전쟁기, 1945년 직후, 1980년대)의 기록영화를 발굴한 김한상을 통해 수용소에 대한 미디어와 시각 표현에 대한 연구를 심화했다. 셋째, 1945년 이전의 수용소와 1960~1970년대 월남민을 둘러싼 수용소, 이 둘 사이의 시간을 연결하기 위해 식민주의와 냉전·분단의 연속성 속에서 재일조선인의 역사와 운동을 연구하는 정영환의 발표를 넣었다. 넷째, 시설사회에 대한 비판이 장애·난민·이주민·여성·퀴어의 위치에서 연결되고 확산되는 동시대적 활동과 호흡하고, 그러한 활동과 정치적 지향점을 함께할 수 있는 연구를 하고자 했다. 이러한 문제의식 속에서 외국인보호소폐지운동에 대한 심아정의 발표, 장애인탈시설운동에 대한 나영정의 발표가 포함됐다.

〈1940-60년대 동아시아 수용소와 난민〉심포지엄에서 발표된 여러 논문은 2021년 두 개의 전문 학술지(《동방학지》,《역사비평》)에 게재됐다. 이후 2022년부터 2023년에 걸쳐 논문집을 기획하고 출판사를 섭외하면서 몇 가지 논점이 심화됐다. 첫째, 한국의 외국인보호소를 동아시아의 출입국 관리/통치의 역사 속에서 조망할 수 있도록 일본의 '입관수용소'에 대한 다카야 사치의 글을 추가했다. 둘째, 타이완의 한센병 요양소에 대한 호시나 히로노부의 글을 추가함으로써 1960~1970년대 한국의 한센인 정착촌에 대한 논의를 동아시아 식민 지배의 우생학적 특성과 연결했다. 셋째, 타이완의 2·28정치범수용소 및 백색 테러 시기의 경험에 대한 현무암의 글을 통해 사회주의 사상에 대한 검열 속에서 작동한 수용소에 대한 비판적 관점을 추가했다.

연구회, 심포지엄, 논문화, 서적화 작업을 거치면서《수용, 격리, 박탈》의 핵심을 이루는 물음도 조금은 예각화할 수 있었다. 그것은 물리적 '수용소'에 한정되지 않는 수용소의 작동이었다. 즉 수용소 내부에 다시금 형성되는 보다 더 수용소화된 장소나 내재화의 문제였으며, 수용소라는 장소 없이도 확산·심화되는 수용소화된 관계의 문제였다.

이러한 과정 속에서 '수용소 혹은 수용소화된 장소가 내가 사는 이 마을에, 세계에, 행성에 있다는 것은 무엇을 의미하는가?'라는 질문은 훨씬 더 복합적이고, 때로는 아이러니하기까지 한 함의를 띠어갔다. 왜냐하면 세계 전체가 수용소화된 상태에서는 수용소의 안팎을 나누는 경계가 절대적이지 않다는 것조차 단지 희망적일 수 없음을 현재와 과거의 구체적 예가 보여주었기 때문이다. 수용소 안에 더욱 복합적인 차별과 고통을 겪는 '더욱 수용소화된 장소'가 생길 수 있고, 수용소 밖으로 나왔다고 생각하지만 그 것이 '또 하나의 수용소'일 수 있었다. '더욱' 수용소화되고 '또 하나의' 수용 소화된 장소는 수용소 안뿐 아니라 온갖 층위의 공동체에서 중층적인 '수 용소화된 관계'로 반복적으로 등장했다.

수용소가 된 사회, 피난소가 된 수용소 그리고 퀴어한 공백

수용소가 물리적 장소에 한정되지 않는 '수용소화된 관계'이자 '수용소가 있다는 효과'로서 유지·심화·확장된다는 것은, '수용소'에 대한 훨씬 더 복합적인 비판을 필요로 했다. 하나의 수용소만 초점화하더라도, 각 존재가 놓인 위치(계급·젠더·생산성·인종·민족·종차)에 따라 그 수용소에 대한 경험은 천차만별이었다. 따라서 수용소를 분류하고 정의하려는 시도 는 매번 실패할 수밖에 없었다. 그럼에도 불충분하게나마 다섯 가지 논점 을 발견할 수 있었다. 그것은 장별 구성의 뼈대가 됐다.

첫째, '사회라는 수용소'의 문제다. 특정한 장소만이 수용소가 아니라, 수 용소화된 관계를 반복하게 하는 사회구조 전체가 수용소라는 관점이다.*
어떤 존재 혹은 그룹에 비정상, 비생산성, 비국민이란 낙인을 찍어 구금·감 금을 합법화함으로써 상호 관계로부터 격리하고 존엄성의 기반을 박탈하

---

* 이러한 관점을 집약하는 '시설사회'라는 용어는 고병권이 《살아가겠다》(삶창, 2014)에서 언 급했고, 이후 《시설사회》(나영정 외 지음, 장애여성공감 엮음, 와온, 2020)에서 수많은 소수자 활 동과 연대하고 교류해온 경험을 담아 보다 심화·확장된 형태로 제기됐다.

는 체계 전체가 수용소 혹은 수용소화된 사회다.

이 책의 제1부 〈'사회'라는 수용소: 재해, 귀환, 피난〉에서는 바로 이러한 문제의식을 심화한 글로 구성했다. 주거 공간, 마을, 환경 등 구체적인 삶의 장소를 초점화하여 동아시아의 식민 지배, 태평양전쟁과 한국전쟁, 빈곤 및 재해와 환경오염 등에 의해 난민화된 삶으로 내몰린 인간과 비/인간 존재의 경험을 보여주려고 했다.

김보람의 〈재해 속 빈곤의 비/가시화: 아시오광독사건의 환경사회적 재검토〉는 일본에서 '공해의 원점'으로 불리는 아시오광독사건을, 공해와 빈곤이 맞물린 구조 및 자연환경과 마을 사람들 사이의 관계에 초점을 맞춰 분석한다. 특히 《광독지의 참상》이라는 르포르타주에 나타난 여성·노인·아이의 목소리에 주목함으로써 '피해민' 속의 차이 나는 위치성을 섬세하게 드러내고, 마을 내 '공통 장소=자연환경'의 박탈이 마을 전체를 수용소화하고 인간 및 비인간 존재를 난민화하는 과정을 보여준다.

쉬징야의 〈'귀환'과 '정착' 사이에서: 해방기 소설 속 전재민 서사를 둘러싼 역학〉은 1945년 이후 조선으로 '귀환'한 전재민의 '정착'이 지닌 불안정성을 초점화한다. 이를 통해 전재민으로서 겪은 경험만을 다루어 전재민이 난민화하는 과정을 연속적으로 살피지 못하거나, 단 한 번의 귀환 순간만을 주목하여 실제로는 반복해 일어났던 귀환 과정을 포착하지 못하거나 하는 기존의 '귀환 서사'를 혁신하고, 전재민과 정주민 사이의 복합적인 상호관계 속에서 국민화와 난민화의 동시적 작용을 조명한다.

김예림의 〈박탈 혹은 국가와 사회 사이의 난민: 전시 '가옥 상실'과 '가옥 파괴'의 자리에서〉는 '난민'이란 생존을 위한 물리적 조건이 박탈됨에 따라서 취약성이 심화된 존재라고 정의하면서, 전쟁이나 주권권력의 변화에 따른 '피난' 속에서 겪게 되는 주거-거주의 불가능성과 불안을 선명히 드러낸다. 특히 전쟁과 주권권력에 의해 삶의 기본 조건이 박탈된 존재가 겪는 비/장소성에 주목했다. 이를 통해 '죽음 정치'의 시좌를 점령과 학살에만 비판적으로 적용하는 게 아니라 전재민의 피난 과정 전반 속에서 고찰하는 길을 연다.

사회가 곧 수용소라는 논점은 한국인/조선인 스스로가 국내 난민IDPs, Internally Displaced Person이 됐던 경험을 다층적이고 복합적인 수용·격리·박탈 속에서 보여줌으로써, 수용소 및 수용소화된 관계에 대한 역사적 비판을 가능하게 한다. 이들 글은 공해, 재해, 전쟁, 주권권력의 변화에 따라 수용소화되고 난민화된 삶의 조건이 '사회/공동체' 전반으로 확장될 때 물리적인 수용소가 없다고 해도 또한 물리적인 수용소 밖이라고 해도, 수용소화된 관계에서 해방된 게 아님을 보여준다. 이러한 문제의식을 통해 수용소화된 상태를 특정한 그룹의 특성으로 인종화하거나, 수용소의 특성을 특정한 물리적 장소에 기반해 파악하고 분류하려는 시도를 비판할 수 있게 될 것이다.

둘째, 수용소와 피난소 사이의 아이러니다. 사회 전체가 수용소화된 상황 아래 격리되고 배제된 장소에서만 살아가도록 허용된 존재에게는 수용소가 피난소가 되는 아이러니한 순간도 발생했다. 특히 이런 경향은 '수용소' 경험을 젠더, 계급, 인종과 같은 복합적인 위치에서 조명하고 취약한 존재에게 가해지는 폭력과 억압의 섬세한 차이를 보고자 할 때 두드러졌다.

제2부 〈수용소와 피난소의 경계: 질병, 젠더, 자활〉에서는 일제강점기 타이완의 한센병 환자, 오무라수용소의 여성, 1960~1970년대 한센인 정착촌을 통해 이 복합적인 위치에서 발생하는 아이러니를 살펴봤다. 이러한 경향은 책에 묶인 다른 글에서도 조금씩 엿보이지만, 특히 인종·젠더·계급의 차이를 초점화한 2부에서 좀 더 선명하게 드러난다.

호시나 히로노부의 〈격리와 단가: 식민지 타이완의 한센병 환자들〉[6]은 일본의 식민 지배하에 운영됐던 타이완의 나환자 요양소 '낙생원'에 수용된 한센병 환자들이 잡지 《만수과》에 쓴 단가短歌를 분석한다. 이들 단가에는 피식민자로서의 고통보다 강렬한 한센병의 고통, 같은 한센인 중에서도 중증 병동에 수용된 존재가 보이는 절망 등 피식민자 한센인이 경험한 수용소 내부의 중층적 위계가 나타난다. 또한 식민화된 동시에 사회에서 격리되고 배제되어 나환자 요양소에서만 살아갈 수 있었던 존재에게 단가를 쓰는 행위는 일종의 피난소에 온 것 같은 순간이었을 것이라고 상상하게 되는 한편, 이 피난소의 복합적 의미를 고민하게 한다.

조경희의 〈오무라수용소를 둘러싼 젠더화된 기억 서사: 수용소의 공간, 피난소의 시간〉은 오무라수용소에 갇혔던 경험이 있는 당사자의 구술을 연령과 젠더의 취약성 정도에 따라 의식적으로 분석함으로써, 구술자가 오무라수용소를 '수용소asylum'로 경험하는 것과 임시적 '피난소asyl'로 경험하는 것이 중첩되는 순간을 포착한다. 이를 통해 국민국가 체제에 포섭되지 못하는(하지 않으려는) 신체를 억압하는 장치였던 오무라수용소의 구조와 효과를 비판하면서도, 젠더 및 연령 등에 따라 수용소가 얼마나 다층적으로 경험될 수 있는지를 섬세하게 드러낸다.

김아람의 〈1960~1970년대 한센인 정착촌의 형성과 '자활'의 한계〉[7]는 시설이나 병원에서 나왔으나 지역사회에서는 배제된 한센인의 '정착촌'에 초점을 맞춰, 그들이 경험한 난민화와 '자활의 한계'를 분석한다. 시설과 사회 사이에 존재했다고 할 수 있는 한센인 정착촌은 지역사회로부터 분리됐다는 점에서 또 하나의 수용소화된 장소였지만, 한센인이 시설을 벗어날 수 있었다는 점에서 수용소의 밖이라는 요소를 띤 장소이기도 했다. 그러나 부족한 물자, 강요된 자활, 조직 내부의 위계와 갈등, 지역사회의 편견 등이 복합적으로 작용하면서 한센인의 유일한 '사회'였던 정착촌에서조차 그들의 주체성은 발휘되기 어려웠고, 이 싸움은 최근까지도 계속되고 있다.

2부에 수록된 글은 수용소가 유일하게 삶이 허용된 공간이 될 수밖에 없는, 다시 말해 수용소가 일종의 피난소처럼 되어버린 존재의 아이러니한 경험을 젠더·감염병·세대 등을 통해 살펴본다. 그러나 오해를 피하기 위해 꼭 언급해두어야 할 것이 있다. 수용소가 피난소처럼 경험되었다고 해서 수용소가 대안적인 삶이 가능했던 해방의 장소였다는 뜻은 결코 아니라는 점이다. 오히려 사회 전체가 벽 없는 수용소였던 한센인이나 가난하고 주변화된 여성에게 수용소가 피난소처럼 느껴졌다는 아이러니는, 수용소의 '외부'조차 발견할 수 없는 사회 전체에 대한 처절한 비판이다. 그러나 이 아이러니는 절망적인 순간만을 담고 있지 않다. 왜냐하면 수용소의 '외부'를 꿈꿀 수 없는 상황에서도 수용소화된 관계를 벗어나고자 하는 (저항이라고 여겨지지 못하는) 몸짓을 이러한 경험 속에서 감지할 수 있기 때문이다.

셋째, 수용소 '내부'의 수용소 혹은 수용소 '이후'의 수용소라는 문제다. 동아시아에서 일어난 두 개의 전쟁(태평양전쟁, 한국전쟁)을 중심에 두고 살펴보면, 일제강점기에 만들어진 수용소는 1945년 이후 또 다른 수용소로 이어지며, 수용소에 갇혔던 존재는 이후 또 다른 수용소를 전전하게 된다.

이처럼 '제국-식민주의'에서 '냉전-국민국가'로 변화하는 과정에서 두 개 혹은 세 개의 이름을 가진 찢긴 존재의 이야기·흔적에서 확인되는 것은 인종화된 식민주의가 작동하는 피해와 가해의 구조가 중첩된 지대다. 제3부 〈수용소와 인종화된 식민주의: 트라우마, 병역거부, 아카이브〉는 이러한 찢긴 존재의 경험과 쉽사리 '저항'이라고 일컬을 수 없는 거부의 몸짓을 초점화한 글을 묶었다.

신지영의 〈수용소 이후의 수용소'들': 인도네시아의 조선인 포로감시원 수기 및 오키나와 작가 오타 료하쿠의 〈검은 다이아몬드〉에 표현된 '식민주의 속 인종주의'〉는 태평양전쟁 당시 일본군이 운영한 동남아시아의 포로수용소에 백인 포로감시원으로 동원된 조선인 그리고 동남아시아의 원주민을 일본의 의용군으로 훈련하는 일에 동원된 오키나와인 군속을 다룬 기록·문학을 비교 분석한다. 특히 동남아시아에 포로감시원으로 동원되어 미쳐버리고, 전후에도 형무소와 폐쇄병동 등 온갖 수용시설'들'을 전전하다 49년 만에 죽어서 밖으로 나올 수 있었던 이영길(요시모토 나가요시)의 삶을 따라가면서 수용소의 연쇄와 피해-가해 구조의 중첩 속에서 식민주의와 인종주의가 어떻게 서로 심화되는지를 살펴본다.

권혁태의 〈강제수용과 병역거부: 닛케이진과 《노노 보이》의 세계〉는 1942년부터 미국 서부 지역의 수용소에 격리 수용됐던 닛케이진(일본계 미국인) 중 미국에 대한 충성 및 징병을 거부한 315명을 초점화한다. 일명 '노노 보이'라고 일컬어졌던 이들을 다룬 존 오카다의 《노노 보이》를 분석하고 넘어서면서, 닛케이진에게 가해진 강제수용과 징병 요구가 시민권, 인종, 병역 문제와 연동·굴절되면서 드러나는 '국가의 편재'와 인종화된 식민주의를 비판한다. 특히 《노노 보이》가 인종화된 식민주의의 폭력을 백인과 닛케이진 사이의 문제로 한정해버림으로써 황인종 내부의 위계가 어떻게 미국 백인을 향한 인정 투쟁으로 심화되는지에 대한 비판이 공백으로 남겨졌음을 날카롭게 드러낸다.

김한상의 〈아카이브 영화, 비/인종적 몽타주, 역사 쓰기: 일본군 점령하 인도네시아의 수용소 포로를 둘러싼 영화를 읽는 방법〉[8]은 일본군 점령하의 자바포로수용소에서 제작된 선전 영화 〈콜링 오스트레일리아!…〉(c1943), 종전 직후 네덜란드 동인도정부영화대가 일본제국을 비판하며 만든 대항 선전 영화 〈일본 제공〉(1945) 그리고 40년이 지난 후 이들 영화에 동원됐던 포로 및 제작자를 인터뷰하여 찍은 〈프로파간다의 포로들〉(1987)을 비교 분석한다. 특히 이 글은 이들 선전 영화를 관통하는 '진실'이 무엇인지 묻는 것이 아니라, 영화 속의 기묘한 공백을 초점화한다. 그리고 이 공백을 두 제국(일본, 미국)에 의해 전후 구축된 기록 영화의 제국적이고 식민화된 아카이브에 대항하는 '비/인종적 몽타주'로 읽어내고 새로운 역사 쓰기를 모색한다.

이처럼 3부에서는 동아시아의 두 주권권력 그리고 두 번의 전쟁을 통과하며 피해-가해의 구조가 중첩된 위치에 놓이거나 찢긴 존재를 다루면서도, 그 속에 다시금 발생하는 공백·침묵·거부·저항이 되지 못한 몸짓 등을 드러낸다. 수용소 안의 수용소 그리고 수용소 이후의 수용소 속 깊이 주름 잡힌 곳의 경험은 식민주의와 인종주의가 뒤엉키면서 피해-가해 구조를 가난하고 차별받는 존재 사이에서 얼마나 고통스럽게 작동시켜왔는지를 역사적으로 비춘다. 또한 현재 한국 사회가 암묵적 동의 속에 유지하고 있는 구금·감금 시설의 폭력과 부당함을, 그 누구도 흠 없을 수 없는 '우리'의 경험 속에서 선명히 부각시킨다.

넷째, 제4부 〈수용소, 식민에서 냉전으로: 포로감시원, 억류 민간인, 정치범〉은 식민주의 속 인종주의가 작동하는 여러 양상을 수용소 내부의 수용소 그리고 수용소 이후의 수용소라는 복합성 속에서 살펴본 3부의 문제의식을 이어받되, 주로 타이완의 식민 지배 및 전후 사회주의에 대한 억압을 초점화했다.

란스치의 〈수용소 안에서의 언어와 권력관계: 타이완인 포로감시원과 통역의 수용소 경험〉은 태평양전쟁 중 일본군이 관리하는 포로수용소에서 백인 포로를 담당했던 타이완인 포로감시원 그리고 중국인 포로와 일본군

사이에서 통역을 담당했던 타이완인 통역병의 경험을 그들이 남긴 전범재판의 기록과 구술을 통해 고찰한다. 특히 라바울의 일본군 공급 부대에 동원됐던 타이완인은 전황에 따라 직무가 수시로 전환됐다. 그중 언어 능력이 뛰어난 타이완인의 경우 본인의 의지와 상관없이 중국인 포로에게 폭력적 행위나 학살 집행 명령을 통역해 전달하는 일을 강제로 맡게 되고, 전후 전범재판에 회부되어 무거운 형을 산다. 이 글은 이처럼 본인의 선택이 아닌 폭력을 수행하게 하는 피해-가해가 중첩된 위치에서 과연 해방은 무엇이며, 어떻게 가능한지를 묻는다.

중수민의 〈제국 각축 관계하의 타이완인: 인도수용소 경험을 중심으로〉는 제2차 세계대전 직후 연합군이 적국(일본)의 민간인을 인도·호주 등지로 이동시켜 억류(수용)했던 상황을 고찰한다. 그러나 '적국'의 민간인인 '일본인'으로 분류되어 억류됐던 존재 중에는 타이완인, 오키나와인, 조선인 등 피식민자도 섞여 있었다. 이 글은 지금까지 좀처럼 알려지지 않았던 이 사실을 드러내면서 민간인 억류 수용소의 구체적인 정황과 역할을 분석한다. 또한 '일본인'으로 분류된 피식민자 사이의 관계를 살펴볼 수 있는 단초를 제시하면서, 민간인 억류 수용소 속 인종화된 식민주의의 작동을 밝힌다.

현무암의 〈일본제국 해체 과정에서 연동되는 동아시아 난민과 수용소: 타이완 보안사령부 군법처 간수소와 뤼다오 신생훈도처로부터의 문제 제기〉[9]는 계엄령하에 '감옥섬'이라고 불렸던 뤼다오의 신생훈도처를 대상으로 종전 후 사회주의를 둘러싼 복합적 질서를 고찰한다. 타이완의 백색 테러 시기에 정치범을 수용했던 이 시설이 국가인권박물관으로 거듭나는 '이행기 정의'의 수행 과정을 초점화함으로써 동아시아의 분단 체제를 넘어설 수 있는 지향점을 보여준다. 특히 신생훈도처와 오무라수용소의 구조적 연속성과 전후 성찰적 활동의 동시성을 동아시아의 '공시적 리듬'으로 개념화함으로써 동아시아의 수용소와 난민의 문제를 상호 관련성 속에서 파악해야 할 필요성을 강조한다.

4부에 모은 글은 이처럼 타이완의 식민주의와 전후 사정을 초점화하고 있지만, 그 의미는 타이완의 상황에 한정되지 않는다. 오히려 동아시아의 식민 지배와 뜨거운 '냉전'을 유민·기민·난민이 수용소 안팎을 이동(當)하면서 겪은 경험을 통해 '공시적 리듬'으로 파악하게 한다. 4부는 타이완의 이야기인 동시에 동아시아 전체의 이야기다. 즉 일제강점기 수용소에서 작동했던 '인종화된 식민주의'에 대한 성찰을 통해, 피해와 가해가 중첩된 위치에서 어떻게 피식민지인이 스스로의 가해성을 인식하고 수용소화된 관계에서 해방될 수 있을까를 질문한다.

다섯째, '합법', '행정', '보호'의 논리로 둔갑하여 노골적인 폭력을 용인하는 현재의 수용소 혹은 수용소화된 장소의 문제다. 자본주의와 주권 통치를 위한 구금·감금 시스템은 일본에서는 '입관수용소'라는 법과 행정의 이름으로, 한국에서는 외국인보호소라는 동정적 이름으로 불리며 국가폭력, 통치권력, 혐오와 배제를 합법화한다. '구금'은 '보호'라는 말로 둔갑하고, 미등록 이주노동자 및 난민 신청자에 대한 단속·추방과 (물리적·심리적) 고문은 '합법' 혹은 '행정의 재량'으로 여겨진다.

제5부 〈수용소의 현재: 입관수용소, 외국인보호소, 공중화장실〉에서는 법, 행정(제도), 국민의 이름으로 작동하는 동시대의 수용소 및 수용소화된 장소를 살펴보고, 이러한 상태에서 해방되기 위한 활동을 소개한다. 이러한 활동은 교차하는 권력의 매트릭스를 뚫고, 취약한 존재 사이를 연결하고자 한다는 점에서 소중하다.

다카야 사치의 〈입관수용소란 무엇인가〉[10]는 2021년 3월 나고야 출입국재류관리국의 수용시설에서 가정폭력의 위험으로부터 제대로 된 '보호'도 의료 조치도 받지 못한 채 죽음을 맞이한 위슈마 산다말리의 이야기로 시작한다. 이처럼 취약한 존재를 사망에 이르게 하는 구금·감금의 장소는 역사적으로 일본제국과 국민국가 사이의 경첩으로 형성됐고, 현재는 주권권력의 통치에 합리성을 부여하는 '입관 행정'으로 유지되고 있음을 밝힌다. 그러나 '수용소'에서는 발가벗겨진 생명이 되길 강제하는 주권권력과 피수용자의 해방을 향한 저항이 공방을 벌이고 있다는 사실에도 이 글은 주목한다.

심아정의 〈외국인보호소와 출입국관리 체제의 현재적 계보: '비국민'의 시간이 고여 있는 장소, 계류된 삶을 만나다/듣다〉는 한국의 출입국관리법 제·개정의 문제점을 조목조목 짚으면서, 이주자의 권리가 국가 안보의 문제로 둔갑하고, 무기한 구금 시스템을 '보호'라고 지칭하며, 혐오와 차별이 출입국 입법과 집행 과정의 재량처럼 인정되는 현실을 날카롭게 비판한다. 특히 2021년 화성외국인보호소에서 '새우꺾기' 고문을 당한 M 및 HIV 감염인이라는 이유로 격리실에 홀로 갇힌 Y의 이야기를 통해 외국인보호소 개선이 아니라 외국인보호소 폐지를 향한 운동이 절실함을 주장한다. 더구나 일시보호해제로 나온 M과 특별보호해제로 나온 Y에게 외국인보호소 밖은 또 하나의 감옥이었다는 점에서 한국 사회의 차별과 혐오가 외국인보호소에 어떻게 응축되어 고통을 주고 있는지를 보여준다.

나영정의 〈탈시설운동은 모두의 화장실운동과 어떻게 만나는가〉는 시설이라는 장소를 둠으로써 마치 시설 밖의 사회가 정상인 듯이 여기게 만들고, 이러한 정상/비정상을 나누어 권력을 유지하는 구조를 다각적 입장에서 비판했던 《시설사회》의 궤적을 상기하면서, 수용시설과 공중화장실을 마주 세운다. 이는 공중화장실을 이용할 때 어려움을 겪는 '배제당한 몸'

과 수용시설에 '수용되는 몸'이 겹쳐지는 지점에 주목하기 위해서다. 이러한 시각은 구금·감금의 폭력을 물리적 수용소에 한정하지 않고 '벽 없는 시설화'의 문제로 확장·심화함으로써 장애인탈시설운동이 또 다른 수용·감금·사회적 배제를 겪는 소수자운동과 연결될 수 있는 접점을 보여주기 때문에 특히 소중하다.

5부에 모인 글은 국민이 아니고, 생산성이 없고, 정상이 아닌 존재가 갇히는 곳이 수용소가 아니라, 오히려 어떤 특정 존재나 그룹에 대해 국민이 아니고 생산성이 없고 정상이 아니라고 낙인찍는 폭력을 법과 행정과 보호의 이름으로 정당화하는 장소가 '수용소'임을 폭로한다. 따라서 수용소 혹은 수용소화된 장소가 유지되는 세계는 사회 전체로 혐오·배제·위계·차별을 확산하고, 상호 의존적인 삶의 기반을 박탈한다.

그럼에도 5부에 모인 글이 그러하듯이, 외국인보호소폐지운동은 장애인탈시설운동과의 접점을 발견하고, 다시금 장애인탈시설운동은 모두의 화장실운동과 접점을 모색하며 연결된다. 이러한 활동은 "시설화의 억압에 도전하는 비규범적인 몸'들'"의 출현(나영정), 즉 시설사회를 바꿀 수 있는 퀴어한 힘의 연결을 기다리게 한다.

국외 난민과 국내 난민의 중첩:
찢기고 조각난 현재의 아카이빙

연구회의 시작부터 《수용, 격리, 박탈》의 출판을 앞둔 지금까지, 수용소를 없애고 수용소화된 관계를 바꾸려는 온갖 굴곡지고 멈추지 않는 활동을 통해 많은 힘을 얻었다. 이 책의 내용을 본격적으로 고민하기 훨씬 전부터 이미 시설 및 시설화된 삶에 대한 날카롭고 깊이 있는 문제의식을 벼리며 전개되고 있던 장애인탈시설운동 및 '장애여성공감'이 중심이 된 《시설사회》 출간, 외국인보호소에서 고문당한 M의 상황이 알려지면서 힘이 집결됐던 'IW31International Waters 31'을 중심으로 한 외국인보호소폐지운동 그리고 홈리스 여성·장애인·퀴어 등을 배제하는 공중화장실에 대한 문제 제기를 담은 '모두의 화장실운동' 같은 요청이 없었다면, 동아시아의 수용소 및 수용소화된 관계에 대한 비판은 그 정치적 좌표를 명확히 하기 어려웠을 것이다.

이 책이 동시대의 수용소를 폐지하고 수용소화된 관계를 변화시키는 데 조금이나마 힘이 되면 좋겠다는 마음이 큰 만큼, 이 책에 담긴 아이러니하고 복합적인 상황이 행여나 활동에 우를 끼치지 않을까 하는 걱정도 있다. 그러나 발 딛고 있는 자리에서 힘을 합쳐가려는 마음과 노력을 멈추지 않아야 한다는 의지를 담아본다.

한편 장기간 지속된 팬데믹 상황 아래 누구나 경험한 자가 격리는 수용·격리·박탈이 얼마나 고통스러운 일인지를 대다수의 사람들에게 크건 작건 경험시켰다. 그러나 자가 격리의 고통은 모든 존재에게 결코 평등하게 경험되지 않았다. '수용소'와 같은 구금·감금의 장소가 폐지되어야 한다는 인식이 확산될 것이란 낙관적 기대는 현실화되지 않았고, 자가 격리 경험의 계급, 인종, 종, 젠더 간 격차는 확연해졌다. 돌봄 없이 살아갈 수 없는 몸에게 격리는 곧 생존의 위협이었고, 가정 내 격리 시간이 지속될수록 여성은 더 많은 재생산노동과 가정폭력에 노출됐고, 비인간 동물은 동물원이나 공장식 축산업에서 떼죽음을 당했으며, 난민과 이주민은 전염병의 잠재적 매개자로 여겨져 관리와 혐오의 대상이 됐다.

타자의 고통에 공감할 수 있는 계기가 주어져도 왜 그것은 고통을 야기한 권력에 대한 공통의 저항으로 연결되지 않고, 오히려 취약한 존재 사이의 갈등을 심화하게 되는가? 이 괴로운 질문은 조선/한국의 민족/국민이 '난민이 되'었던 상황에서 '난민을 받아들이게 된' 상황으로 변화를 겪었으면서도 왜 이렇게 뿌리 깊은 난민 및 이주민에 대한 혐오를 내면화하고 있는지를 성찰하게 한다.

조선/한국에서 태어나고 자란 경우 식민 지배, 한국전쟁, 고속 경제성장 등의 상황에서 수많은 난민화의 경험을 역사로서 지니게 된다. 이때의 '난민화'란 현재 한국에서 '난민' 인정을 받기 위한 노력이 번번이 좌절되는 국적 없는 국외 난민Refugee만이 아니라, 한 국가 안에서 피신하거나 이주하는 경우를 지칭하는 국내 난민IDPs의 경험과 보다 깊이 관련되어 있다.*

UN의 정의에 따르면 국내 난민은 무력 충돌, 일반화된 폭력 상황, 인권 침해 혹은 자연재해 혹은 인간에 의한 재난 때문에 강제로 피난하거나 거주지를 떠나야 했지만, 국경은 넘지 않은 사람 혹은 집단을 의미한다.** 국경을 넘지 않았기 때문에 국내 난민의 권리를 보장해주어야 할 책임은 (그 정부가 독재정권이거나 식민자일 때조차도) 그들이 속한 정부에 있고, 그 책임을 물을 수 있는 근거가 있다. 반면 국외 난민은 권리 자체를 호소할 정부가 없다. 국적 유무, 이것이 국외 난민과 국내 난민을 가르는 경계다.

---

* Refugee를 국외 난민으로, IDPs를 국내 난민으로 번역하는 것은 '국민국가'를 중심에 둔 번역이라는 점에서 동아시아의 식민 지배, 냉전 그리고 국민국가 형성 이후의 수용소와 난민화 과정을 드러내기에는 한계가 있다. 그러나 현재도 국적 여부가 체류 자격과 긴밀히 연동되는 구조라는 점에서 '국민국가'의 작동을 드러내는 번역어를 잠정적으로 사용하려고 한다. 이 용어에 대한 명확한 설명은 다음의 서평을 참조. 신지영, 〈'내부난민IDPs'의 확장과 '외부난민refugees'의 가시화—미래의 갯벌을 기다리며〉, 김아람, 《난민, 경계의 삶》, 역사비평사, 2023.

그러나 동아시아의 식민주의·제국주의 역사 속에서, 그리고 국제적 내전이었던 한국전쟁 이후 상황 속에서, 또 난민과 미등록 이주민이 끊임없이 증가하는 현재, 이른바 국외 난민과 국내 난민의 상황은 중첩되어 나타나는 경우가 많다. 이는 이 책의 예를 통해 확인된다.

일본 국적을 갖고 있지만 피난을 갈 수조차 없이 오염된 마을·환경에서 살아갈 수밖에 없었던 아시오광독사건 당시의 빈곤한 여성·노인·아이, 1945년 이후 조선으로 '귀환'했지만 거주지와 일자리를 찾아 전전했던 전재민, 시설에서는 나왔지만 지역사회에 섞이지 못한 채 한센인 정착촌에 다시금 수용된 존재, 2·28사건 및 백색 테러 속에서 국민국가 내부로 수용·격리·박탈당한 타이완의 사회주의자, 공중화장실의 '공중'에서 배제된 마이너리티. 이들은 국적을 지닌 채 수용·격리·배제·박탈당한 국내 난민이며, 모든 권리와 삶의 기반이 박탈됐다는 점에서는 국외 난민의 상태와 겹쳐진다.

한편 국적 없는 국외 난민이면서 취약성을 지닌 마이너리티 혹은 국내 난민으로서의 고통을 중층적으로 경험하는 존재도 있다. 일본에서 차별받는 재일조선인이자 한국에서 주변화된 제주도 출신으로 오무라수용소에 머물렀던 여성, 일제의 식민 지배하에 한센병 요양소에서 살아갔던 타이완인 한센인, 일제강점기에 포로감시원이 된 조선인과 학살 명령을 전달하는 통역병이 된 타이완인(결국 전범재판에서 폭력의 행위자로 지목되고 마는), 미국의 포로수용소에서 이른바 '병역거부'를 함으로써 더욱 난민화된 노노 보이와 그들 속에서도 다시금 비가시화된 피식민자, 몇 겹의 선전영화 속에서 제국의 아카이브를 무력화하는 언캐니한 공백, 외국인보호소에 구금되거나 '단속'의 표적이 되는 미등록 이주자 혹은 복합적인 취약성을 지닌 난민 신청자. 이들은 국적 없는 외국 난민이며, 동시에 하나의 국경 안에서 차별

받고 배제되고 삶의 기반을 박탈당한 국내 난민(마이너리티)이기도 하다.

따라서 《수용, 격리, 박탈》에서는 '난민' 혹은 '난민화'라는 말을, 국외 난민과 국내 난민이 뒤섞인 역사와 현재의 구체적 경험을 담은 용어로 사용한다. 그러나 '난민'이란 용어를 이처럼 포괄적으로 사용하면 한국 사회에서는 '국적 없는' 상태로 외국인보호소에 구금되거나 '단속'에 몰리거나 노동 현장에서 부당한 대우와 (성)폭력을 당하면서도 호소할 곳조차 없는 국외 난민의 상황이 비가시화될 위험도 있다. 따라서 개별 글에서는 역사성과 현재성을 담은 구체적인 용어를 최대한 살려두고 통일하지 않았다. 이는 취약한 존재가 놓여 있는 장소에 복합적으로 작용하는 주권권력과 자본주의 및 군사주의의 폭력을 역사성과 구체성을 지닌 것으로 드러내기 위한 것이다.

물리적 수용소만이 아니라 수용소가 야기하는 효과가 무엇인지 물어야 하듯이, 국적 여부가 난민화된 삶을 야기하는 유일한 조건은 아니다. 바로 그러한 의미에서 '수용소'도 '난민'도 '모든 존재가 해방된다면' 마땅히 없어져야 할 단어다. 물리적 수용소의 폐지뿐 아니라, 관계와 정신과 감정 속 수용소까지 폐지하고자 하는 지향은 이 책 《수용, 격리, 박탈》 전체를 관통하는 가장 깊은 문제의식이다.

그런데 고백하자면, 《수용, 격리, 박탈》의 필자들과 함께 헤맬 수밖에 없었던 단어 사용의 혼란 혹은 곤란은 '수용소'나 '난민'이란 말에만 국한된 것이 아니다. 다음과 같은 단어 또한 구체적인 시공간 및 복합적인 위치에 따라 여러 의미를 지닐 수 있음을 절감했다. 히키아게·귀환·귀국·귀향, 소개·피난, 추방·배제·격리, 유민·기민·난민·전재민·피난민 등 일일이 열거하기 어려울 정도로 많다. 출판을 기획할 때는 이러한 단어에 대한 새로운 정의를 담은 짧은 글을 함께 게재하자는 의견도 있었다. 그러나 이 단어들을 규명하기 위해서는 단어마다 하나 이상의 논문이 필요할 만큼 그 함의도, 명칭도 다충적이어서 짧게 정리할 수 없었다.

모으려 하면 흩어지는 이 경험은 그만큼 복합적인 낙인이며, 그만큼 육체적인 고통이다. 따라서 주권권력에 의해 주어진 세계 '속'으로 수용=추방, 격리=배제, 박탈=삭제된 동아시아의 수용소와 난민을 말하는 이 책은, 수용소의 다양한 유형 전체를 수집하여 목록화하는 것과는 거리가 멀다. 오히려 각각의 글 사이뿐 아니라, 하나의 글 안에서도 어긋나거나 통합될 수 없는 관점이 꽤나 가득하다.

수집과 분류가 식민자의 인류학적 강박이고 관리와 통치가 국민국가의 행정적 욕망이라면, 모으려 하면 흩어지는 이 책의 여러 예는 그러한 지적 구조와는 다른 방향을 향해 있기를 바랄 뿐이다. 그리고 서로 길항하고 분열된 형태로 연결되는 수용소의 경험 속에서 떠오르는 하나의 질문이라면, 이러한 것이다. 각자가 경험한 수용·격리·박탈의 경험은 어떻게 하면 그 수용·격리·박탈의 두려움을 극복하고 또 다른 존재에 대한 수용·격리·박탈을 외면하지 않을 수 있는 연결의 힘이 될 수 있을까?

아이러니와 복잡성: '최악의 일은 지나갔다'고 말할 수 없는 '현재'…

이 책의 제목은《수용, 격리, 박탈》이다. 그러나 마지막까지 편집위원회에서 고민했던 또 하나의 제목이 있다. 그것은 '수용과 피난 사이'다. 《수용, 격리, 박탈》은 현재 한국 사회가 갖고 있는 '타자'에 대한 태도를 또렷이 보여주는 정직한 제목이다. 난민, 미등록 이주자, 퀴어, 장애, 동물 등

'우리' 밖에 있는 듯 보이지만 사실 '우리' 안에 깊이 들어와 있는 이 취약한 몸'들'은 '한국'이라는 수용소화된 사회에서 상호 의지적 관계에서 격리되고, 권리를 요청할 수 있는 모든 기반을 박탈당하고 있는 현장이다.

그러나 마지막까지 '수용과 피난 사이'라는 제목을 고려했던 것은 수용소라는 폭력과 배제의 낙인을 합법화하고 제도화하는 장치인 수용소가 일종의 피난소로 여겨지기도 하는 아이러니를 표현하고 싶었기 때문이다. 이는 결코 수용소가 피난소가 될 수도 있다는 비정치적 선언이 아니다. 오히려 수용소라는 폭력을 묵인하고 합법화하는 장치에 알리바이를 주는 담론과는 명확히 선을 긋고 싶다. 어떤 형태건 '수용시설이 있는 세계'란 폭력을 용인하는 법적, 행정적, 인식론적, 감정적 구조를 묵인하는 세계다. 수용시설이 있는 세계는 그곳에 사는 모든 존재의 몸과 마음에 혐오의 자리를 좀먹듯이 번지게 한다.

그럼에도 역사와 현실의 구체적인 순간순간에 수용소가 피난소로 여겨졌다는 것도 사실이다. 이 아이러니는 '우리' 앞에 두 갈래의 길을 펼쳐놓는다. 한 갈래 길에서는 수용소가 피난소로 느껴질 정도로 사회 전체가 폭력과 격리와 박탈로 가득하다는 증거가 되고 '사회라는 수용소'의 외부가 없다는 점에 절망할 수도 있다. 다른 한 갈래 길에서는 이 아이러니에서 절망의 증표가 아니라 존재의 힘을 발견할 수도 있다. 그 어떤 고통스러운 수용소에서도 추방된 존재가 만들어내는 또 하나의 내재적 외부가 가능했다는 증표로서 말이다.

5부에 수록된 외국인보호소폐지운동이나 '모두의 화장실운동'은 수용소 그리고 수용소화된 상황과 부단한 싸움을 벌이고 있다. 이때 수용소가 피난소로 여겨지는 아이러니나 수용소 내부에서 외부를 만들었던 역사 속 예는 활동 속에서 복합적이고 내재적 힘을 발견하게 하는 참조점이 될 수 있지 않을까?

'수용과 피난 사이'라는 제목에서 '사이'라는 말이 '수용'과 '피난'을 나누는 이분법을 강화하고 마치 이 둘 사이의 중간 지대가 있는 것 같은 인상을 줄 수 있다는 우려 때문에 결국은 이 제목을 선택하지 않았다. 지역사회와 분리된 한센인 정착촌이 잠정적 해결책처럼 여겨지거나, 외국인보호소를 개선하는 것이 현실적 해결책처럼 여겨지는 것과 거리를 두기 위해서이기도 했다. 그러나 수용소나 수용소화된 관계가 사회 전체로 확대·심화된 상황을 가장 근본적으로 비판할 수 있는 말로서, 혹은 수용소 내부의 복잡함과 아이러니를 비추는 연구가 활동에 보탤 수 있는 관점으로서 '수용과 피난 사이'라는 제목이 고려됐음을 기록해두고자 한다.

총 5부 15편에 이르는 묵직한 글이 논문집으로 묶여 출판될 때까지 온갖 우여곡절이 있었다. 유민의 정체성을 지닌 연구자를 비롯하여 언어, 민족, 국적, 민족과 국적의 스펙트럼이 천차만별이었고, 연구 분야(문학, 역사, 인류학, 영화학 등)나 활동과의 접점도 다층적이어서 출판까지 많은 시간이 필요했다. 다양한 위치에서 쓰인 글을 모은 만큼 동아시아의 식민주의 및 냉전(분단 체제)에 대한 비판적 관점에는 미묘한 차이도 있다. 또한 수용소를 둘러싼 비판을 비인간 동물의 권리와 연결할 때 핵심이 되는 종차별주의에 대한 비판적 관점도 각 글 사이에서 상충하기도 한다. 그러나 모든 글은 '수용소'라는 장소가 특정 존재나 그룹을 비국민·비정상·비인간·생산성 없음으로 낙인찍어 폭력·차별·박탈을 묵인하고 혐오·배제를 확산하는 통치 장치라는 비판적 인식을 함께하고 있다.

각 필자의 언어도, 민족적 정체성도, 정치적 위치도 제각각인 이 책이 출간되기까지는 정말 많은 분의 도움과 인내가 필요했다. 연구 모임의 시작부터 출판까지 긴 시간을 멀고 또 가까운 곳에서 함께해준 회원들에게 마음 깊이 감사드린다. 권혁태의 병역거부에 대한 문제 제기는 주권권력에 대한 비판을 심화할 수 있게 해주었다. 김보람은 인간 중심주의적 관점을 벗어나 피난할 수 없는 존재와 함께 구성되는 마을·환경을 보도록 했다. 김아람은 국내 난민의 구체적 삶에 접근하도록 했다. 김예림은 주거의 불안정성을 통해 '사회라는 수용소'의 밑그림을 그려주었다. 김한상은 제국 아카이브에 대항하는 영상 기록을 고민하게 했다. 쉬징야는 해방 후 '귀환'의 반복성을 통해 '정착'이 불가능한 유민의 삶을 직시하게 했다. 조경희는 복합 차별을 당하는 재일 조선 여성의 경험을 통해 수용과 피난 사이의 아이러니를 제기해주었다. 이러한 관점이 이 책에는 겹겹이 녹아 심화되어 있다.

무엇보다 지난한 출판 준비 과정 동안 온갖 고비를 잘 넘길 수 있게 해준 편집위원회(권혁태, 김아람, 김보람, 쉬징야)에 감사드린다. 특히 권혁태는 연구 모임부터 출간에 이르기까지 깊이 있는 조언을 들려주면서 중심을 잡아주었다. 김보람과 쉬징야에게는 특별한 고마움을 전하고 싶다. 연구 모임 초기부터 대학원생으로 참여하면서 연구 모임, 심포지엄, 번역, 출간 준비를 위한 메일링에 이르기까지 온갖 궂은일을 도맡아하면서도 깊고 성실하게 연구를 진행하여 각자 빛나는 자신의 문제의식을 담은 글을 게재해주었다.

연구 모임의 시작 단계에서 재정 지원을 해준 연세대학교 국학연구원의 두 원장(신형기, 김성보)과 연구 모임을 시작할 때 생각을 나눠준 김현주, 이기훈, 임성모에게 감사드린다. 특히 임성모는 동아시아의 수용시설에 대한 다층적이고 방대한 자료를 공유해주셨다. 늘 시간에 쫓기며 번역을 부탁했음에도 성실하고 수준 높은 번역으로 응답해준 장수지와 방수미에게도 감사드린다.

무엇보다 이 책은 앞서 출간된 두 권의 책이 내준 길 위에 있다. 첫 번째 책은 밀항, 수용소, 재일조선인을 초점화하여 탈식민과 냉전 체제의 모순이 중첩된 주권적 폭력을 비판한 《주권의 야만》[12]이다. 이 책을 기획하고 편집한 핵심 연구자인 권혁태와 조경희는 《수용, 격리, 박탈》을 출간하기까지 동아시아 수용소의 구조를 비판할 수 있는 역사적이고 정치적인 관점을 제공해주었다. 두 번째 책은 시설을 통해 시설 밖을 정당화하고 지배 권력을 유지하는 '시설사회'에 대한 날카로운 비판과 함께 여러 소수자 집단의 활동가·연구자와 만나면서 지속해온 탈시설 활동의 교류와 연대의 궤적을 담은 《시설사회》다. 이 책의 기획과 활동에 깊이 참여해온 타리(나영정)의 발표와 글은 《시설사회》가 출간되기까지의 교류와 연대의 과정을 보여주었고, 《수용, 격리, 박탈》을 구성할 때도 동아시아 수용소와 난민화에 대한 비판적 연구가 현실의 활동과 어떻게 만나고 함께 싸워갈 수 있을지에 대한 고민을 지속할 수 있게 해주었다. 이 책이 《주권의 야만》과 《시설사회》가 연대와 교류를 모색하며 열어젖힌 비판성을 이어받으면서 조금이라도 힘을 보탤 수 있다면, 그 이상의 기쁨이 없을 것이다.

마지막으로, 이 묵직하고 방대하며 언어도 문체도 분야도 제각각인 글들을 하나하나 꼼꼼히 살펴 편집해준 출판사 서해문집에 마음 깊이 감사드린다. 한국에서 600쪽이 넘는 분량의 인문학 전문 연구서를 출판한다는 것이 얼마나 많은 희생과 결심을 필요로 하는지 잘 알기에 애써주신 모든 출판 노동자에게 감사한 마음을 전하고 싶다.

책임 편집을 마무리하면서, 2023년 12월 31일 기준 한국의 난민 인정률이 1.49%에 불과했음이 다시금 생각났다.[13] 이 비율을 구체화하면 총 1만 8838명이 한국에서 난민 신청을 했고 그중 101명만이 받아들여졌음을 의미한다. 2023년의 난민 신청률은 2019년 이후 최대치였다. 5년 만에 최대치를 찍은 배경에는 2021년부터 지속되고 있는 러시아-우크라이나전쟁, 2023년 10월부터 지속되고 있는 팔레스타인 가자지구에 대한 제노사이드, 심화되는 기후위기 속 환경 난민의 확산, 변화무쌍한 신자유주의 속 이주노동자의 증가, 전 지구적 내전의 증가와 젠더 기반 폭력의 확산 등이 복합적으로 작용하고 있을 것이다.

이러한 정황을 생각할수록 《수용, 격리, 박탈》에 담긴 글은 더 이상 수용소나 난민이란 말을 언급할 필요조차 없어질 때, 그래서 이 책이 무용지물이 될 때를 염원하고 있다고 느껴진다. 그러나 이 염원은 수용소화된 상태로 7개월이 되도록 노골적인 제노사이드가 일어나고 있는 가자지구의 상황을 생각할 때 너무나 멀다. 더욱이 아직 가장 나쁜 상황은 지나가지 않은 것일까 봐 두렵다. 이 가장 나쁜 상황을 막을 수 있는 힘을 모으기 위해, 또 하나의 이야기를 열며 서문을 끝내고 싶다.

클레어 키건의 《이처럼 사소한 것들》은 1960년대 아일랜드를 배경으로 한다. 그 자신도 고아였던 주인공 펄롱은 그곳 권력의 핵심인 수도원이 고아를 수용하고 학대하고 있음을 우연히 알게 된다. 그도 처음에는 그 폭력을 긴가민가하면서 눈감으려 하고 대부분의 마을 사람도 그 학대를 묵인한다. 하지만 펄롱은 사소해 보이지만 폭력의 징후를 끊임없이 감지한다. 그 느낌을 무시할 수 없는 그는 결국 학대받던 아이 한 명을 수도원에서 데리고 나온다. 이때 펄롱의 내면을 클레어 키건은 이렇게 쓴다.

아이를 데리고 걸으면서 펄롱은 얼마나 몸이 가볍고 당당한 느낌이던지. 가슴속에 새롭고 새삼스럽고 뭔지 모를 기쁨이 솟았다. 펄롱의 가장 좋은 부분이 빛을 내며 밖으로 나오고 있는 것일 수도 있을까? 펄롱은 자신의 어떤 부분이, 그걸 뭐라고 부르든―거기 무슨 이름이 있나?―밖으로 마구 나오고 있다는 걸 알았다. (…) 최악의 상황은 이제 시작이라는 걸 펄롱은 알았다. 벌써 저 문 너머에서 기다리고 있는 고생길이 느껴졌다. 하지만 일어날 수 있는 최악의 일은 이미 지나갔다. 하지 않은 일, 할 수 있었는데 하지 않은 일—평생 지고 살아야 했을 일은 지나갔다.[14]

펄롱이 수도원에서 그 아이를 데리고 나온 순간은 복합적이고 아이러니하다. 그는 그 행동이 치를 대가가 너무도 두렵지만, 동시에 자신의 가장 좋은 부분이 빛을 내며 나오고 있다고 느낀다. 그리고 펄롱은 그 순간 자신이 어쩌면 평생 짊어지고 살아야 했을지도 모르는 '최악의 일'이 지나갔음을 깨닫고 안도한다. '최악의 일'이란 무엇일까? 현재, 수용소가 있는 세계에 살고 있고, 따라서 어떤 존재에 대한 배제와 폭력을 묵인하는 구조에 연루되어 있는 우리에게, '최악의 일'이란? 그것은 아직 지나가지 않은 미래로서 '우리' 앞에 꿈쩍 않고 버티고 서 있다.

2024년 6월

필자들을 대표해, 신지영 씀

차례

Ⅲ 수용소와 인종화된 식민주의: 트라우마, 병역거부, 아카이브

IV 수용소, 식민에서 냉전으로: 포로감시원, 억류 민간인, 정치범

'사회'라는
수용소

I

재해,

귀환,

피난

재해 속
빈곤의
비/가시화

아시오광독사건의
환경사회적 재검토

지은이 김보람

일본 근현대사 속에서 마이너리티 민중의 생활과 이동 및 식민주의 경험을 공부하고 있다. 연세대학교 사학과에서 〈아시오광독사건에 나타난 생존의 임계〉(2023)로 석사학위를 받았다. 박사과정 유학 준비 중이다.

• 이 글은 《동방학지》 195집(2021년 6월)에 실린 〈아시오광독사건 속 빈곤 문제〉를 수정·보완한 것이다.

'피해/민'상의 복원을 위한 하나의 관점

2020년 이후 우리가 경험한 팬데믹 상황은 수용과 격리가 물리적인 의미를 넘어서 '수용화된 삶'과 긴밀하게 연결되어 있음을 보여준다. 어떤 존재를 배제하는 사회는 그 어떤 존재를 마치 없는 것처럼 만드는 '환경'을 의미한다. 특히 '사회적 거리두기'라는 관계 방식은 "재난 '앞에서 이미' 재난화되어 있"던 '생존'을 더욱 위태롭게 만들면서 구축되고 있다.[1] 무엇보다 팬데믹은 '비인간'의 생존을 위협하는 '인간종'의 생활 방식이 만들어낸 것이라는 분석이 있다.[2] 이처럼 팬데믹과 같은 '환경적 재난'은 인간이 자연과 맺고 있는 착취적 관계가 사회적 차별 및 배제의 메커니즘과 뒤엉켜 나타난 폭력적 현장을 보여준다. 이른바 생태적 위기라 불리는 현재, 우리는 자연을 배제해온 근대적 관계성이 사회 안의 배제와 결합하는 양상을 발견하게 된다. 즉 자연과 인간이 서로 관련되면서 배제와 폭력을 증폭하는 '또 하나의 환경'을 가시화한다.

이 글은 1890~1900년대 일본에서 최초로 '사회문제화'된 공해公害 사건이었던 아시오광독사건足尾鑛毒事件*속의 빈곤 문제를 고찰한다. 아시오광독사건은 일본에서 심각한 공해 문제가 연이어 발생한 1960년대부터 환경운동이나 환경 사상의 측면에서 주목받으며 '공해의 원점'으로 불리고 있다. 전후戰後 고도경제성장의 불가피한 결과로서 공해 문제를 인식하는 것이 아니라, 경제성장의 전제 조건으로서 자연환경과 주민의 '희생'을 강요하는 구조적 폭력의 기원을 탐색하는 과정에서 광독 사건이 '재발견'되기 시작한 것이다.³ 그러한 구조적 폭력에 저항하는 피해민운동에 대한 연구가 축적됨에 따라 광독 피해의 실체를 둘러싼 사실관계가 밝혀지고 있다. 기존 연구에서 '광독반대운동'은 그것을 이끌었던 다나카 쇼조田中正造를 중심으로 한 사상사적 접근이 주를 이루면서 자유민권운동의 흐름 속에 위치 지어졌다.⁴ 이에 따라 지식인이나 호농豪農 중심의 역사 서술에 치우친 한편, 민중사적 관점에서 광독 사건을 조명한 연구는 매우 부족한 경향을 보인다. 그 결과 피해를 '토지'에 한정하고 소유권에 따라 '보상'한 권력 측의 '피해/민' 규정은 비판적 검토가 이뤄지지 못한 채 역사 서술 속에서 고착되어왔다. 즉 광독 피해가 미친 영향은 계급이나 젠더와 같은 사회적 위치성에 따라 다른데도 피해민을 평면화하는 경향이 강하다. 따라서 자연과의 관계를 중심으로 형성된 '민중적' 생활양식에 기초하여, 그러한 생활환경의 박탈이 가지는 의미를 피해민 내부의 다양성 속에서 재검토할 필요

---

* '광독鑛毒'은 당시 피해민이 광산에서 배출된 유해물질을 가리키는 표현이다. 당시 구리광업 공해는 정련 과정에서 배출된 유독가스로 인해 광산 부근의 자연환경과 마을 주민이 피해를 입는 것이 일반적이었으나, 광산에서 배출한 유독성 폐기물에 강물이 오염되어 '독수毒水'라고 불리는 피해가 발생하기도 했다. 아시오광독사건의 경우 '토지'의 오염이 강조되는 경향이 크지만, 실제로는 대기·삼림·강·토지의 피해가 상호 연결되고 증폭되어 있었음을 지적해둘 필요가 있다.

가 있다. 이 글은 광독이 초래한 빈곤 문제와 그것이 가지는 특성에 대한 분석을 통해 '자연'과 '인간'의 관계를 재배치하면서 관리되는 생태적 위기 속에서 나타나는 폭력과 전치轉置, displacement의 중층적 의미를 고찰하고자 한다.

광독 사건을 사회적 관계 속에서 재조명하고자 할 때 《아시오광독사건연구》는 중요한 연구사적 의미를 가진다.[5] 1960년대에 출발한 민중사상사 연구의 맥락 속에 있는 이 연구는 광독 사건에서 저변의 민중에 주목하고 천황제 국가의 위계가 가하는 폭력을 드러냈다. 이 연구는 《군마현청 문서群馬縣廳文書》*의 발굴을 계기로 진행되었다. 이 문서는 국가 행정의 처분을 거치지 않은 촌村 단위의 피해 조사 보고서를 포함하고 있으며, 이를 통해 보다 다양한 사회경제적 피해를 살펴볼 수 있다. 또한 1990년대 이후 시작된 사회사 연구에서는 '광독반대운동' 속에 나타나는 다양한 운동의 주체를 발굴해왔다.[6] 그러나 이러한 연구도 '아시오광독사건'이 자연과의 관계가 얽혀 있는 공해 사건이라는 특성을 충분히 드러내지 못한 측면이 있다. 이러한 문제의식에서 볼 때, 최근의 연구로는 로버트 슈톨츠Robert Stolz의 정치사상사 연구를 주목할 수 있다.[7] 그는 자연과 인간을 분리하며 등장한 메이지明治 자유민권사상의 정치적 권리주체가 아시오광독사건에서 한계에 부딪혔음을 지적했다. 특히 슈톨츠의 연구는 토지소유권에 기반을 둔 공민권의 틀이라는 한계를 넘어서서, 틀 밖에 있는 '정치적 주체'를 상상할 수 있게 한다는 점에서 의의가 깊다.

이러한 슈톨츠의 관점을 심화하면서, 이 글은 아시오광독사건을 사회와

---

* 1897년부터 1902년 사이에 정부 측의 피해 실태 조사 과정에서 군마현이 작성한 광독 사건 관계 공문서로, 총 7권(현재는 8권)으로 구분되어 있다. 군마현 의회도서실 소장.

자연 사이의 새로운 관계로 분석하기 위해 광독 사건에서 빈곤이 다뤄지는 방식에 주목한다. 아시오광독사건에서 광독의 피해는 주민 생활에 타격을 주고 빈곤을 확산·심화했다. 피해민의 처지에서 이 빈곤은 모든 생계 수단을 파괴하는 광독이 초래한 것이 분명했다. 그러나 행정처분 과정에서 국가는 광독이라는 빈곤의 원인을 가려버리고, 피해지의 빈곤 문제를 당시의 보편적인 '하층사회의 빈곤 문제'로 흡수해버렸다. 피해가 발생한 지 십수 년이 지난 시점에서 사건은 지역 차원을 넘어 일본 전체의 '사회문제'가 되었다. 이때 일어난 사회운동은 피폐해진 주민의 생활을 돌보는 구제 활동으로 출발하여, 오랜 시간 방치되어온 환경오염 속에서 중층화된 '광독 문제'를 가시화해 나갔다. 이 글은 '광독이 초래한 빈곤 문제'가 농촌의 일반적인 빈곤으로 '치환'되는 과정을 다시 묻고자 한다. 기존 연구는 이 지점을 초점화하지 않았으며, 오히려 광독 사건을 일반적인 빈곤 문제로 치환하는 시각을 무비판적으로 적용하기도 한다.[*] 그러나 이 치환 과정에 초점을 맞추면 광독 사건을 통해 재구성되는 피해 마을의 '환경'적 특성이 잘 드러난다. 여기에는 사회적 관계에 '포함되면서 배제되는' 존재의 경험이 담겨 있다.

광독과 빈곤 사이의 인과관계를 부각하는 한편, 그것을 단절하려는 힘을 고찰하기 위해서 이 글은 광독 피해가 내포한 시간성에 주목한다. 장기간에 걸친 환경오염은 그 장소를 이루는 여러 형태의 '자원'과 토착적 지혜를 박탈한다. 따라서 다른 장소로 이동하는 것이 아닐지라도(전치), 오염지

---

[*] 청일전쟁 직후의 정치·경제적 상황戰後經營을 분석한 가노 마사나오鹿野正直는 1890년대를 일본 근대의 "대표되지 못하는 민중"의 상황이 "(도시) 하층사회의 비참", "노동자의 비참", "농민의 비참"으로 심화·확산된 시기로 그려내고, 아시오광독사건을 '농민의 비참' 속에 위치 짓는다. 日本史研究會 編,《講座日本史 第6巻: 日本帝國主義の形成》, 東京大學出版會, 1970, 95~129쪽.

에 머무르는 것만으로 "설 자리 없는 존재"(난민 상태)가 된다.[8] 광독이 초래한 빈곤 속에는 이중의 전치가 있다. 하나는 물리적인 전치로, 피해민이 생업의 기반을 잃고 일을 찾아 마을 공동체를 떠나 떠도는 이산의 경험이다. 다른 하나는 시간적인 전치로, 오랜 시간에 걸쳐 생계 수단과 생활 관계를 박탈당하며 삶의 터전에 머물면서도 내쫓기는 경험이다. 광독 사건의 '해결'은 광독을 없애는 것이 아니라, 피해가 있더라도 국가 광업의 발달을 위해 광독을 유지하는 것이었다. 피해지의 빈곤은 이런 합리화 과정에서 점차 커지는 환경오염 피해와 밀착되어 있다.

광독 피해의 시간성 속에서 피해지의 빈곤은 계층이나 직업에 따라 시간 차이를 두고 나타났다. 오랜 시간 광독을 유지해온 힘은 '이미 빈곤에 빠진' 피해민을 장기화된 빈곤으로 내몰면서 작동했다. 정부가 내린 지조地租 면제 처분은 피해를 규정하는 과정에서 토지를 소유하지 않거나 농업에서 분리된 하층 피해민*을 외면했다. 또한 광독 피해의 시간성을 무시하면서, 건강상의 피해와 같이 오랜 시간 광독에 노출되면서 입는 피해는 비가시화 되었다. 이처럼 누락되고 방치된 피해는 피해지 빈곤의 특징을 이룬다. 그러나 피해지 빈곤의 특성은 가시화되지 못하고, 정부의 광독 '해결' 처분에서도 계속 외면되어왔다. 하층 피해민의 저항을 통해 광독 문제가 정치·사

---

* 광독 피해지의 빈곤 문제를 다룰 때는 평면화된 '피해민'과는 구별되는 용어가 필요하다. 이 글에서는 광독 사건에서 빈곤과 그 속의 '전치'를 경험하는 피해민을 일반적으로 통칭할 경우 '하층 피해민'으로 칭하는 한편으로, 글의 맥락에 맞게 다양하게 변주하여 지칭한다. 사실 피해지의 빈곤 문제를 환경 문제와의 연관성 속에서 다루기 위해서는 소유권을 넘어서는 사고와 함께 토지 소유에 따른 계급성을 벗어난 명칭이 요구된다. 피해지의 빈곤이 토지 소유 관계와 긴밀한 연관성을 가지고 있음을 부정할 수는 없으나, 보다 다양한 관계의 상실을 내포하고 있음에 주목할 필요가 있다. '하층 피해민'은 이러한 고민을 담은 용어임을 밝혀둔다.

회적 문제로 부상했을 때, 비로소 피해지의 빈곤은 국가 행정의 조사 및 해결 처분의 대상으로 가시화된다. 그리고 이때 피해민의 처지와 국가의 처분 간 차이가 드러난다. 하층 피해민은 환경오염과 결합되어온 빈곤 속에 방치된 자신들의 경험을 광독 피해로 설명할 수밖에 없었다. 그러나 빈곤 '해결'의 처분 과정에서 피해지의 빈곤은 광독의 피해가 아니라 일반적인 '궁민(빈곤) 문제' 또는 '위생 문제'로 뒤바뀌고 자연화된다.

이런 차이를 바탕으로 이 글은 먼저 광독의 피해 중 수치화되지 못했거나 보상받지 못한 피해가 피해지의 빈곤과 연결되는 과정을 살펴본다. 이를 위해서 광업의 정지를 요구하는 것으로 시작되는 피해민의 청원운동에 주목한다. 광업의 정지를 주장하는 피해민의 청원에는 보다 폭넓은 계층의 처지가 담겨 있었다. 이 청원은 조사위원회가 설치되는 등 정부의 대응을 이끌어냈지만, 광업을 유지하려는 정부의 처분에 따라 토지와 분리된 하층 피해민의 피해는 무시되었고, 그들의 빈곤은 방치되어버렸다. 따라서 피해민의 청원문과 정부의 조사 및 행정 기록을 대조하여 누락되는 피해가 빈곤으로 이어지는 한편, 누락의 논리가 빈곤을 비가시화하는 양상을 밝혀낸다.

다음으로는 방치된 광독 피해가 빈곤 문제로 전면화되었을 때, 피해지의 빈곤이 가지는 특징과 함께 빈곤 문제가 어떻게 다뤄지는지 살펴본다. 특히 하층 피해민이 설명하는 빈곤이 광독과 어떤 관계를 가지는지에 주목한다. 이를 위해 《광독지의 참상》[9]이라는 르포르타주를 적극 활용했다. 이 르포르타주는 일본부인교풍회日本婦人矯風會 회원을 중심으로 도쿄의 여성 인사들이 결성한 '광독지鑛毒地구제부인회'가 실시한 구제 사업과 시찰 활동 속에서 기록되었다. 당시 피해지의 빈곤한 상황을 설명하는 피해민의 증언을 기록했으며, 주로 여성·노인·아이의 목소리가 생생하게 담겨 있다.

마지막으로 행정 조사 과정에서 피해지의 빈곤 문제를 일반적인 '궁민 문제'로 편입하려는 논리와 함께, 오염과 빈곤이 결합되면서 나타난 건강상의 피해를 '위생 문제'로 뒤바꾸는 논리를 비판적으로 고찰한다.

이 글에서는 아시오광독사건에서 피해지 주민의 생활양식을 형성하고 유지하는 '공통의 장'이었던 자연환경의 박탈에 주목하고, 이것이 피해민 내부의 다양성 속에서 결코 동일한 피해의 경험으로 이야기될 수 없었음을 밝히고자 한다. 광독 사건의 국면이 변화함에 따라 비/가시화되는 빈곤 문제는 지금까지의 역사 서술에서 누락되어온 보상되지 못한 '피해'와 하층 피해민의 경험을 역사화하는 중요한 단서가 된다.

광업정지청원운동과
제1차 광독조사위원회의 대응

피해민의 광업정지청원운동: 소유 바깥에서 말하는 빈곤

아시오구리광산은 1877년 후루카와 이치베에古河市兵衛가 경영권을 사들인 뒤 1881년과 1884년에 새로운 광맥을 찾아내면서 생산을 확대하기 시작했다.* 특히 1884년 관영官營 광산 매수 과정에서 국가자본의 간접적 원조[10]를 받은 후루카와 이치베에는 광산의 생산 기술을 크게 발

---

* 1881년 아시오구리광산의 생산량은 22만 3000근(약 174톤)에 불과했으나, 1885년에 688만 6000근(약 4131톤)으로 증가, 1891년이 되면 1270만 4000근(약 7만 6222톤)까지 증가했다. 전국 생산량과 함께 살펴보면 1881년 약 3.6%에 불과했던 아시오구리광산의 생산은 1891년 시점이 되면 약 40%를 차지하면서 일본 제일의 구리광산이 된다. 鹿野正直 編, 《足尾鑛毒事件研究》, 三一書房, 1974, 18쪽, 〈표6〉 참조.

전시키고 생산량을 비약적으로 늘렸다. 그러나 연료 조달을 위해 관림官林의 수목을 무분별하게 베어냈고,[11] 정련소에서 배출하는 유해가스가 식물을 말라죽게 하면서, 광산 주변의 삼림과 마을은 심각한 피해를 입었다. 이러한 피해의 결과 1897년 당시 수목이 한 그루도 없는 면적은 약 1만 2800정보町步, 회복이 어려울 정도로 황폐한 지역은 약 1106정보에 이른다. 이러한 피해는 에히메현愛媛縣 벳시別子구리광산 주변 지역에서도 발생하면서 전국 차원의 광해鑛害, 즉 '광업공해' 문제가 되고 있었다.[12] 광독 사건의 본질은 광업이 초래한 환경오염이며, 따라서 광업공해는 '광독'과 불가분하게 얽혀 있었다. 그럼에도 해결 과정에서는 그러한 피해의 연계성이 부수적 문제로 처리되면서 여러 모순을 만들어냈다.

무분별한 벌목과 유해가스로 인한 피해는 광산이 위치한 아시오정足尾町에서 출발하는 와타라세강渡良瀨川 연안에 매년 홍수가 발생하도록 만들었고, 그 힘은 점점 커졌다. 민둥산이 된 수원지는 보수력保水力, 다시 말해 빗물을 흡수해서 모아두는 힘을 상실하면서 큰비가 내리면 강물이 급속하게 불어나게 되었고, 침식된 토사가 지속적으로 강물에 쓸려 내려와 하류의 강바닥을 높였기 때문이다. 게다가 갱坑이나 선광選鑛 및 제련 작업에서 배출된 폐수 또는 폐석과 같은 광업 폐기물이 강물과 토사에 섞여 하류로 흘러왔다. 이렇게 발생한 강물의 오염은 이른 시기부터 나타나는데, 아시카가足利, 야나다梁田, 아소安蘇 3개 군의 어민 수가 1880년 2773명에서 1888년 788명으로 격감했다.[13] 와타라세강은 군마현과 도치기현栃木縣의 경계를 따라 흘러서 군마·도치기·사이타마埼玉·이바라키茨城 네 현이 서로 접하는 지점에서 도네강利根川으로 합류한다. 따라서 와타라세강의 오염은 시간이 지남에 따라 광독의 피해를 네 현은 물론, 도네강을 통해 지바현千葉縣과 도쿄까지 미치게 했다. 이른바 '광독 사건'으로 불리는 오염 피

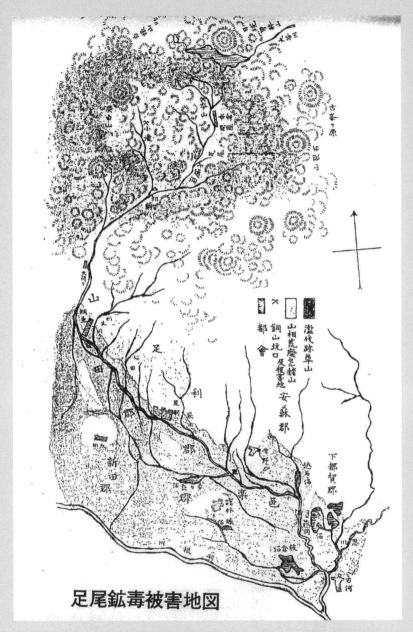

足尾鉱毒被害地図

〈그림1-1〉 광독 피해 지도 (須永金三郎, 《鑛毒論稿 第一編: 渡良瀬川·全》, 足尾銅山鑛業停止請願事務所, 1898. 12. 지도 작성: 스나가 긴자부로須永金三郎, 일본국회도서관 소장).

해는 1890년 발생한 대홍수로 인해 오염된 강물과 토사가 와타라세강 연안의 광대한 지역으로 범람해 들어가, 토지를 황폐하게 만들고 작물 수확량을 떨어뜨리면서 시작되었다.

광업주에게 형식적인 예방공사를 명령한 것 외에는 광독 사건을 계속해서 방관해왔던 메이지 정부는, 1897년 3월 24일 제1차 광독조사위원회를 내각에 설치하면서 본격적으로 사건에 개입하기 시작했다. 1896년 7월과 9월에 걸쳐 세 차례 대홍수가 발생하면서 피해가 한층 심해지자, 피해민은 10월 5일 군마현 오라군邑樂郡 와타라세촌渡瀨村에 있는 운룡사雲龍寺에 '군마·도치기 양현 광독사무소'를 설치하고 광독반대운동을 조직화하기 시작했다. 광독사무소를 중심으로 피해민은 광업조례 제19조에 근거하여 "공익에 해가 되는" 광업의 정지를 요구하는 청원운동을 전개했다.[4] 또한 도치기현 출신 중의원 의원 다나카 쇼조 외 46명은 1897년 2월 제10회 제국의회에서 〈공익에 해가 되는 광업을 정지하지 않는 이유에 대한 질문서〉를 제출했다. 이 질문은 제국의회에서 62명의 찬성자를 확보했으며, 이러한 찬성자 수는 광업의 정지가 의회에서도 큰 화제가 되었음을 보여준다. 1897년 3월 2일에는 약 3000명의 주민이 '상경 청원*'에 나섰다. 그리고 상경 청원이라는 이 "불온한 거동"에 대한 정부의 대응으로 설치된 것이

---

* 피해민의 청원운동은 대일본제국헌법 제30조가 규정한 청원권, 즉 "일본의 신민은 적절한 경례를 갖춰 별도로 정하는 규정에 따라 청원을 할 수 있다"라는 조문에 기반을 둔 운동 방식이다. 아시오광독사건에서 청원운동은 보통선거제가 확립되지 않았던 당시에 선거권을 가지지 못한 하층 피해민이 '합법적 권리'를 행사해서 국가의 의사결정에 간섭하려는 시도였다. '상경上京 청원'은 청원 절차에 따라 지방의회를 거치지 않고 국회에 직접 청원하는 일종의 '월소越訴' 행동이었고, 피해민은 이를 '정부를 압박해서 원하는 결과를 끌어낸다'는 의미로 '오시다시押出し'라고 했다.

조사위원회였다.

이 시기 피해민은 삼림 피해, 와타라세강 어업의 피해, 연안 농업 피해가 강을 통해 연결되어 있다는 명확한 인식을 가지고 있었다. 강 연안의 피해는 단순히 홍수로 인한 자연재해가 아니라, 연쇄하는 광업공해 중 하나라는 인식이다. 피해민은 이러한 "인위적인 재해"에 대한 책임이 아시오구리광산에 있음에도 정부가 광업을 정지하지 않고 좌시한다면, 아시오구리광산을 "치외법권을 가지는 외국인 거류지"와 같이 만드는 것이라고 주장했다.[15] 다나카 쇼조의 질문에 대한 정부의 답변서는 광독조사위원회가 설치되기 일주일 전인 3월 18일에 발표되었다. 이 답변은 위원회가 제출하게 될 조사 보고와 무관하게, 광업을 정지할 수 없다는 결론을 이미 내리고 있었다. 즉 "광업의 발달에 따라 장래에 각지에서 일어날 필연적인 사건으로서 국가 경제상 매우 중대한 문제"이기 때문에 광업의 정지는 "예방 수단의 시기를 거쳐 효과 여하를 확인한 후"에 결정할 일이라는 것이다.[16]

정부의 이러한 입장은 당시 무역에 크게 의존하던 일본의 자본주의 구조에서, 구리의 생산과 수출이 차지하던 위상을 잘 보여준다. 구미 열강의 압력과 국가 내부의 불안정한 상태로 인해 정부는 지속적인 군비 확장 노선을 취했다. 동시에 소비 물자, 기계, 철이나 면화 등의 원료 수입이 계속 증가하면서 일본은 1894년부터 지속적으로 무역 적자를 보고 있었다. 1897년은 청일전쟁 전후 공황의 시기로 유신 이래 최대의 무역 적자를 기록했다. 반면 구리는 1890년부터 1897년까지 전국 생산량의 평균 82%를 외국 시장에 수출하는 중요한 외화 수입원으로 정부의 주목과 관리를 받고 있었다.[17] 그중 아시오구리광산의 생산량은 다소 감소 추세를 보이고 있긴 하지만, 1897년도 전국 구리 생산의 약 30%를 차지했다. 정부는 1890년 9월 광업조례를 공포하여 광산 주변에 필요한 토지의 사용을 청구할 경우,

소유자가 이를 거부할 수 없도록 했다. 정부의 입장에서는 구리광업, 특히 아시오구리광산의 생산이 정지되는 사태는 어떻게든 피해야 했다.

피해민이 광업을 정지해야 한다고 주장하는 중요한 근거는 광독으로 인한 피해민의 빈궁한 상황이다. 즉 "마을의 공유지가 불모지가 되고, 못이나 도랑의 수산은 줄어들어 마을이 더욱 빠르게 빈곤해지"고 있으며, "광독으로 인해 경지를 잃어 심한 빈곤에 내몰려 의식주를 잃고, 생선과 채소의 결핍으로 영양이 부족하거나 음식물의 격변으로 인해 신체의 건강을 해치는" 피해민이 격증하고 있었다.[18] 사건 초기인 1892~1893년에 광산 측에 매수된 지방 관리의 중재로 강 연안 43개 마을은 광산 측과 화해 계약을 맺고 "도덕상의 합의금"을 받았다. 그러나 토지 소유에 따라 지급된 이 보상은 피해민 전체가 아니라 지주 등의 상층계급만을 위한 미봉책에 불과했다. 이러한 사실을 몇 해 동안 뼈저리게 느끼고 깨우쳐온 피해민이 전개한 광업정지청원운동은 토지와 작물이 입은 피해 너머에 있는 빈곤의 원인을 인식하고 보다 많은 피해민의 현실과 입장을 함께 담아내고자 하는 의지의 표현이었다.

1897년 2월 24일 '도치기·군마·이바라키·사이타마 4현 연합 아시오구리광산 광업정지동맹사무(이하 동맹사무소)'에서 작성한 광독 피해 종목 참고서에는 빈곤으로 이어진 광독 피해의 항목을 정리하고 있다.[19] 그중 작물 수확 감소, 노동비 증가, 비료 증가, 볏짚 수확 감소, 토지 매매가격 하락, 어업 폐절 등의 항목은 손해를 입은 금액으로 수치화되어 있다. 오염은 시간이 지나면서 악화되었고, 오염된 땅에서는 뿌리가 짧은 곡물이나 채소는 자랄 수 없었다. 따라서 농민은 뽕나무로 경작 종목을 바꾸거나, 그도 여의치 않으면 버드나무나 갈대라도 심어 생계를 이어 나가고자 했다. 또한 오염된 토지에서 계속 경작을 이어가기 위해서는 지표에 쌓인 오염된 토양층을 제거하기 위한 별도의 노동을 해야 했고, 그에 따라 노동비용*도 발생했다. 이처럼 중농층은 물론 지주층까지 몰락해 가는 상황에서, 대다수의 농민은 해마다 가혹한 오염 제거 노동에 시달리면서 빚을 지고 토지를 잃었다. 게다가 토지생산력 회복을 위해 훨씬 많은 비료가 필요했는데, 이 비료는 볏짚과 가축 등의 피해로 더는 자급이 불가능했다. 또한 강물이 오염되어 독수毒水로 변하면서 농민은 농업용수를 잃고, 4개 현의 어민 5042명이 생계를 잃었다.

그러나 수치화된 피해 속에는 수치화할 수 없는 상실이 있다. 정부가 광업을 정지하는 대신 예방공사 명령과 지조 면제 처분을 결정하자, 피해민은 청원의 목표를 피해지 복구로 변경했다. 즉 피해민은 예방공사나 지조 면제로는 회복될 수 없는 피해지의 풍요로움이 있다고 여긴 것이다. 피해민이 복구하고자 하는 피해지의 풍요, 그 속에 수치화할 수 없는 관계의 상실이 담겨 있었다. 와타라세강은 수원지의 울창한 삼림이 품고 있던 풍부한 영양분을 실어 나르는 풍요의 원천이었다. 본디 홍수는 다소 피해가 있어도 "하늘이 준 비료"를 가져다주는 것이기에 연안 주민은 오히려 홍수를 반겼으며, 부지런한 농부는 강바닥의 토사를 가져와 토지에 뿌리기도 했다.[20] 이렇게 와타라세강 연안이라는 장소를 이루는 시간성은 수원지의 풍요를 공급받으면서 수백, 수천 년을 거슬러 이어진다. 주민들의 노동과 생활은 이 시간성 속에서 만들어진 경험이었다. 광독은 그러한 경험을 후루카와 광업 자본의 이야기로 전유해버린 폭력이었다.

---

*   1촌寸(약 3cm)의 독토층 1반反(약 300평)당 평균 10~20엔, 1척尺(약 30cm)의 독토층 1반당 평균 50~200엔 이상의 비용이 필요했다. 〈足尾銅山鑛毒事變 請願書幷始末略書〉, 1898年 5月(田中正造全集編纂會 編,《田中正造全集 第2卷》,岩波書店, 1977b, 672~673쪽).

이런 폭력은 사람에게만 가해진 것이 아니었다. 아시카가군 하네다羽田의 농민 니와타 겐파치庭田源八가 쓴 〈광독지 조·수·충·어 피해 실기鑛毒地鳥獸蟲魚被害實記〉라는 글에는 강 연안의 생태계 피해가 상세하게 기록되어 있다.

> 3월 중순이면 가장 먼저 논밭이나 둑 같은 데에 여러 가지 풀이 생겨났습니다. 엽초, 금방동사니, 별꽃, 갈퀴덩굴, 청미래덩굴같이 수백 개도 넘는 종류의 풀이 있었는데 (…) 수많은 풀이 생겨나면 말의 사료나 비료용으로 잔뜩 베었습니다. (…) 못자리에 물을 대면 하룻밤 만에 논 위로 우렁이가 많이 나왔습니다. (…) 오후 6시 40~50분쯤부터 메기나 붕어, 미꾸라지, 뱀장어 등이 신나게 못이나 강가를 온통 헤엄쳐 다녔습니다. 이걸 잡으려면 마른 대나무를 잘라 날이 좋을 때 잘 말려서 사이토さいとう라고 하는 횃불을 만듭니다. 여기에 불을 붙여서 밤이 되기를 기다려 작살로 찔러서 잡는 것입니다. 그런데 광독 피해 이래 잡히지 않습니다.[21]

이처럼 니와타는 1월부터 12월까지 자신이 절기마다 누려왔던 자연 생태계의 풍요를 생생하게 묘사한 뒤, 이 모든 풍요로움이 "광독 때문에 (…) 없어졌다"라고 말한다. 인용된 글은 소박하지만, 계절마다 다른 동물과 식물, 물살이, 새, 곤충과의 관계 속에서 니와타를 비롯한 마을 주민이 습득해온 지혜가 매우 풍부하게 드러나 있다. 광독의 피해는 이러한 지혜를 박탈했다. 동시에 피해민은 여태까지의 관습 그대로 강바닥의 토사를 가져와 비료를 섞어 땅에 뿌렸다. 따라서 해를 입지 않은 땅이 피해를 입게 되거나, 지표의 오염된 흙이 땅속 깊숙한 곳의 깨끗한 흙과 섞이기도 했다.[22] 이처럼 독을 제거하는 방법을 모르는 피해민에게 지금까지 익숙했던 삶의 터전

은 "무경험"과 "무지식"의 낯선 장소로 바뀌었던 것이다.[23]

동맹사무소의 참고서에서 돈으로 수치화되지 못했던 피해 항목들은 실상 위와 같은 풍요를 박탈당하고 빈곤해진 마을의 피해를 잘 드러내고 있다. "들에 침범한 독으로 인한 갈대의 고사"나 "강과 못에 침범한 독으로 인한 어업 폐절"과 같은 항목은 피해민이 부업을 상실했음을 의미한다.[24] 강이나 늪 주변에 무성하게 자라는 갈대와 쇠뜨기로 만드는 발이나 소쿠리 등은 어업과 함께 이 지방 주민의 주된 부수입이었다. 특히 주목해야 할 점은 수치화되지 않은 피해가 주로 신체의 건강과 관련된다는 것이다. 먼저 피해민은 오염된 물이나 공기로 인한 건강상의 피해를 입었다. 우물에 광독이 침범해서 식수가 오염되었고, 오염된 물이 증발하거나 침수 때 젖었던 장작을 때면 해로운 물질이 배출되었기 때문이다. 또한 작물과 수산물 수확이 감소하면서 영양을 보충하기 위해서는 별도의 비용이 필요했다. 하층 피해민의 경우 다른 지역에서 먹을거리를 사올 비용을 구하지 못해 부실한 식생활을 하거나, 오염된 먹을거리를 먹을 수밖에 없었다.[25] 이와 같이 서서히 축적되는 건강상의 피해는 위생 문제로 포괄되는 동시에, 광독이 초래한 빈곤의 특징이 된다.

이렇게 광업의 정지를 요구하는 피해민의 청원운동에는 토지소유권에 기반한 재산권의 보호가 포함되어 있다고는 해도, 그것이 전면에 내세운 논리는 아니었다. 여기서 주로 그려지는 것은 '소유의 상실'이라기보다는 오히려 '관계의 상실'이다. 근대적 토지소유제도를 관통하는 경제 논리와는 달리, 농업을 경영하는 농민이 자연과 맺는 '생산 관계'는 결코 토지에 한정되어 있지 않다. 또한 농업 이외에 소유권의 형태를 취하지 않는 다양한 '생산 관계'가 지역의 자연환경 속에 포함되어 있었다. 이러한 '생산 관계'는 와타라세강과 수원지의 삼림, 연안 토지의 역할을 분절해서는 이해할 수 없는 것이었음을 확인할 수 있다. 따라서 광업을 정지하여 회복하고자 하는 지역의 '풍요로움'은 수치화되는 토지생산력 이전의 모든 '생산 관계'이며, 농업 이외의 다양한 '생산 관계'를 의미했다. 나아가 하층 피해민이 자연에 기대어 유지하던 '생활 관계'의 상실은 환경오염으로 인한 빈곤 문제의 주된 특징을 이뤘다. 소유권을 넘어서 '관계'의 회복을 통한 환경오염의 해결을 모색하는 피해민의 주장은 계급성을 내세우지 않으면서도 빈곤 문제를 짚어낼 수 있었다. 이는 후술할 정부의 '해결책'과 대비된다는 점에서 지적해둘 필요가 있다.

제1차 광독조사위원회의 대응: 보상 논리와 광독의 합리화

광업을 정지해야 한다고 주장하는 피해민이 광독이 초래한 빈곤 문제를 호소하고 있음에도, 제1차 광독조사위원회에서 빈곤 문제는 언급되지 않는다. 다만 광업의 정지는 열띤 논쟁의 대상이 되었다. 4월 14일부터 이틀간 열린 회의에서는 치열한 토론 끝에 결국 광업의 정지가 필요하다는 결론을 내렸다. 그러나 즉시 정지가 아니라, 예방 설비를 갖춰 실시한 뒤 그것으로 광독 유출을 완전히 멈출 수 없다면, 광업 전부 혹은 그중 일부를 정지해야 한다는 것이었다. 이에 따라 15일 내각총리대신에게 올린 제1회 보고는 "기일을 지정하여 광독 및 유해가스의 방비를 완전하게 갖추고 영구히 유지할 방법을 강구하여 실시할 것. 또 필요한 경우에는 관에서 직접 이를 실험하고 그 비용을 광업인에게 부담하도록 하거나 광업을 정지할 것"을 권유한다.[26]

그러나 이 보고가 올라간 후 바로 다음 회의가 열린 4월 26일부터 28일, 5월 3일, 7일까지 4회에 걸쳐 지조 면제에 대한 논의가 시작되었다. 광업의 정지가 유보되고 피해민 구제 대책으로 지조 면제가 제시되었다는 것은,

광독의 피해가 토지뿐만 아니라 보다 다양한 생계 수단과 피해민의 건강에 미치고 있기 때문에 광업을 정지해야 한다는 피해민의 주장이 무시되었다는 것을 의미한다. 위원회는 지조 면제 구역을 설정하기 위해서 먼저 광독 피해지를 ① 홍수로 인해 제방 파괴를 수반한 피해(제내지堤內地), ② 홍수 때 침수에 의한 피해(제외지堤外地), ③ 관개수에 의한 피해(관개지灌漑地)로 구분했다. ①과 ②의 구역은 직접적인 홍수 피해를 입었기 때문에 지조조례 제20조의 '황무지 지조 면제'의 적용 대상이 될 수 있었다. 즉 "자연재해로 인해 지형이 변한" 경우에 해당했기 때문이다. 그러나 ③의 관개지는 자연재해로 인한 피해가 아니라 물을 통해 "자연적으로 토지가 해를 입"[27]는 경우로, 지조 면제에 해당하지 않았다.

지조 면제의 대상을 '홍수 피해를 입은 토지'로 한정한 근거는 조사위원회가 처음 규정했던 '광독'의 정의에서 찾을 수 있다. 농상무성 기사技師 와타나베 와타루渡辺渡는 일반적인 광독과 강 연안에서 주장하는 "이른바 광독"을 구분했다. 일반적인 광독이란 구리 생산과정에서 발생하는 해 중에서 화학작용을 일으키는 것을 의미한다. 그는 구리 생산과정에서 발생하는 해를 자연적인 해와 인위적인 해로 구분한 뒤, 화학작용은 자연적인 해를 통해서 발생한다고 말했다. 자연적인 해는 광업 폐수와 제련소에서 배출되는 아비산, 아황산가스를 가리키며, 보통 광산 주변에 피해를 입힌다. 한편 인위적인 해란 품질이 나빠 버려지는 폐석인 사석과 선광재, 광석을 용해할 때 나오는 찌꺼기인 용광재와 같은 고형의 광업 폐기물이다.[28] 그에 따르면 일반적으로 인위적인 해는 광독이 될 수 없지만, 아시오광산의 경우 강에 버려져 가라앉아 있던 광업 폐기물이 홍수 때 하류로 흘러가게 되었다. 무엇보다 홍수 때마다 강 연안의 광독 피해가 심각해진 이유는 아시오광산이 광업 폐기물 처리비용을 아끼고자 큰비가 내릴 때마다 강물에 방류했기 때문이다. 이 물질은 본디 응집성이 강해 서로 점착하기 때문에 방류가 쉽도록 다이너마이트를 사용해 가루로 만들어 토사에 섞여 흘러가도록 했다.[29] 와타나베는 "만약 이 물질이 화학작용을 한다면, 거리가 멀더라도 광독 피해를 입히게 될지도 모른다"[30]라고 설명했다.

와타나베는 강 연안의 "이른바 광독"을, "광업 폐수의 해 또는 함부로 벌목한 곳에서 흘러나오는 흙과 모래의 해라는 범위"로 정해두지 않으면 해결하기가 복잡해질 수 있다고 주장했다.[31] 즉 조사위원회가 '해결'하고자 하는 문제를, 일반적인 광업의 해가 아니라 강 연안에 피해를 입힌 "이른바 광독"의 문제로 한정하려는 의도가 드러난다. 따라서 광산 부근의 삼림과 산촌이 입은 피해는 고려의 대상이 아니었다. 게다가 지조 면제의 대상을 결정하기 위해서 광독의 피해를 토지에 한정해버리자, "광업 폐수의 해"로 인한 와타라세강의 피해는 드러내기 어려워졌다. 지조조례 제20조의 논리로는 "광독이 침입했다는 것은 피해지에 침입한 것이지, 그 물속에 광독이 침입했다는 것이 아니"며, "따라서 피해라는 것은 지면에 대한 표현"이 되기 때문이다.[32] 또한 관개지는 "점차 광독이 침입한 피해지"[33]로서 지조조례의 적용을 받을 수 없었다.

지조 면제 처분의 결과로 한순간에 일어난 자연재해가 아니라, 점차로 광독 피해를 입은 경우는 보상의 범위에서 누락되었다. 명확한 인과관계를 기반으로 이뤄지는 법적 보상은 광독의 피해가 내포한 시간성을 고려할 수 없었기 때문이다. 따라서 토지를 소유하지 않은 농민층, 농업 이외의 일로 생계를 꾸리던 피해민은 다시 한 번 피해 보상을 받지 못하게 되었다. 오랜 시간 광독에 노출된 피해민의 건강상 피해 역시 인정되지 않았다. 도쿄제국대학 의과대학 조교수 이리사와 다쓰키치入澤達吉는 광독이 인체에 직접적으로 해를 끼치지 않으며, 다만 간접적으로 건강상의 손실이나 불이익을 끼친다고 보고했다. 그는 현지 조사에서 "구리 화합물"이 아니라 "순수 구리"가 미치는 영향만을 분석하면서 피해를 축소하는 한편, "위생경찰衛生巡閱官이 하천을 검정하여 청결을 유지하는 제도"가 필요하다는 결론을 내렸다.[34]

피해민은 광독 피해에 대해 "광독-홍수 합성 가해"[35]라고 칭했는데, 이 표현은 두 가지 의미를 가진다. 하나는 광독이 홍수를 통해 전달되고 피해를 확산시키므로 광독 피해와 홍수 피해를 구분하기 어렵다는 의미이고, 다른 하나는 홍수 자체가 광업의 폐해로 인한 "인위적인 재해"[36]라는 의미다. 이러한 피해민의 명명법은 '홍수는 자연재해'라는 전제 아래 전개되는 지조 면제 처분의 논리와는 확연한 차이가 있다. 즉 무분별한 벌목과 아황산가스의 화학작용으로 인한 삼림 피해가 홍수를 증폭하기 때문에 홍수 피해가 커지는 원인에는 광독이 있다는 논리다. 따라서 강 연안의 "이른바 광독" 피해를 해결하기 위해서는 광업으로 인한 모든 환경 피해를 해결할 필요가 있었다.

이는 광산 부근 산촌의 피해에 대한 주장과도 연결되며, 강 연안의 피해민과 산촌의 피해민이 함께 저항할 수 있는 시각이었다는 점에서 주목할 만하다. 그러나 광산 부근 산촌 피해민의 저항은 강 연안과 시간적인 엇갈림이 있다. 가라후로唐風呂 마을의 피해민이 화해 계약을 시도하거나 소송을 진행한 시기는 보다 이른 1893년, 1895년이었다. 1900년에 비로소 '아시오광독피해구제회'가 마쓰키松木 마을의 청원운동과 소송을 원조했지만, 패소한 피해민이 광산 측과 합의하고 떠나면서 마을은 소멸하고 말았다.[37]

1897년 5월 27일 정부는 아시오광산에 37개 항목에 대한 예방공사를 명령했다. 제32항에서는 혼잔本山갱과 고타키小滝갱에 침전지와 여과지를 준공할 때까지 광업을 정지하도록 했다. 그 준공 기일은 혼잔갱이 50일, 고타키갱이 45일로 여타의 예방공사 중 가장 짧았다. 후루카와 이치베에는 "어떤 변통을 해서라도 완수해서 산은 무너뜨리지 않겠다"라는 의지로 예방공사를 실시했다. 그가 말하는 "변통"이란 광산에 의지해 생계를 유지하던 부근 주민의 "무료봉사"와 광산 노동자에 대한 착취를 의미하는 것이기도 했다.[38] 이처럼 광산 부근 산촌 피해민은 광산과의 이해관계에 따라 합의파와 반대파로 분열되는 경향이 강 하류에 비해 훨씬 강했으며, 특히 산림에 의존하던 생활이 무너질수록 광산에 대한 경제적인 의존도가 높아지면서 심화된 비대칭적 관계는 피해민의 저항이 운동으로 전화하지 못하고 합의 계약으로 수습되어온 원인으로 작용했다.

광독조사위원회 심의 과정은 농업 피해에 주목하는 관료와 광업 이익을 옹호하는 관료 간에 의견이 충돌하면서도 광업을 정지하지 않으려는 광업 측 관료들이 자신들의 의지를 관철해 나가는 과정이었다.[39] 소수의 농업 측 관료는 광독 피해가 인정된 이상 예방공사가 완전하다고 확인될 때까지는 광업을 정지해야 한다고 주장했다. "광산에 손해를 끼치는 것은 안타까운 일이라는 경제적인 생각"으로 광업을 정지하지 않는 것은 불공평한 조치이며, "다수의 농민이 지금 여러 소동을 일으키는" 상황에서 "농민의 치안"도 고려해야 한다는 것이다.[40] 지조 면제 처분은 광업을 정지하지 않는 대신 피해지의 민심을 달래고 저항의 움직임을 억제하기 위한 조치였다.

그러나 예방공사는 광독을 예방하지 못했고, 지조 면제 처분은 다시금 다수의 하층 피해민을 포함하지 못했다. 결과적으로 이러한 미봉책은 빈곤에 빠진 하층 피해민을 저항의 무대에 서게 했다. 제1차 광독조사위원회는 광독 문제를 홍수로 인한 강 연안 토지의 오염으로 한정하고, 토지 소유에 따른 법적 보상만으로 '해결'하기 위한 논리를 만들어냈다. 지조 면제 처분은 납세액에 따라 부여되는 공민권의 상실을 초래하면서 '정치적'인 문제를 파생했으며, 소작료 문제를 지주-소작인 사이의 문제로 남겨두면서 계급적 입장 차이를 불러왔다. 즉 피해민의 계급성은 보상의 논리로부터 광독 문제 속에 첨가된다. 반면 환경오염이 초래한 빈곤의 본질인 다양한 '관계'의 상실은 법적 보상 과정에서 가려지게 되었다.

그리고 이것은 아시오광독사건에서 빈곤 문제를 이야기하기 어렵게 만드는 원인이 된다. "광독의 분량이라는 것이 어디든 다 같으리라 생각하는 것은 큰 잘못으로, 촌이 다르고 군이 다르다고 하면 모두 광독의 모습이다"[41]른 상황에서, 토지 소유의 변동 및 소작 여부 등과 광독 피해 사이의 관계에 대한 조사나 분석은 당시 행정적 역량의 한계로 인해 이뤄질 수 없었다. 또한 혹여 토지 소유 여부가 경제적 상황을 설명하는 유일한 근거가 될 수 없었다고 주장할 수 있다고 하더라도, 토지를 소유하지 않은 피해민은 광독 피해가 아니더라도 "원래" 가난했다는 정부의 논리를 벗어나서 빈곤 문제를 말하기란 쉽지 않다. 무엇보다 '해결' 처분은 "어류 그 외의 하등동물은 동 성분에 대해 매우 예민함을 증명하기는 충분하나, 고등동물 및 인간에 대해서는 소량의 동 성분은 그다지 유해 작용을 보이지 않"[42]는다는 논리를 바탕으로 내려졌다. 따라서 피해지의 빈곤과 마을 공동체의 해체는 광독으로 인한 "어류 그 외의 하등동물"의 죽음을 묵인하고 "고등동물 및 인간"을 광독 속에 방치하는 과정에서 나타나는 현상으로 이야기될 수 있어야 한다.

'사회문제화'되는 빈곤과
제2차 광독조사위원회의 대응

'이중의 전치' 속 마을 공동체의 해체

　　정부가 광업을 정지하는 대신 광산에 대한 예방공사 명령을 내리고 지조 면제 처분을 결정하자, 피해민의 청원운동은 피해지 복구와 함께 피해 상황을 조사할 것을 요구하는 내용으로 집중된다. 1897년 9월부터 12월 사이의 주요 청원과 진정을 살펴보면 잠업, 목초지, 홍수 범람 실황, 오염 제거 공사, 작황 등 다양한 사안에 대한 실지 답사를 요청하고 있다. 이처럼 청원운동의 요구 내용이 바뀌었다는 것은 정부의 처분이 피해민의 실제 피해에 제대로 대응한 것이 아니었다는 방증이다. 무엇보다 지조 면제는 대다수의 하층 피해민이 경험하고 있던 빈곤을 방치하는 조치였고, 피해가 격심한 곳에서는 마을 공동체가 해체되는 현상이 나타나고 있었다.

　　먼저 지주 대 소작인 사이의 계급 간 갈등이 나타나기 시작했다. 군마현에서는 1898년 5월에 지조 면제 처분을 이용하여 소작료를 올리려는 지주의 부당한 요구에 대해 소작인 일동이 토지를 반환한 사건이 일어났다. 이에 촌장이 나서서 절충안을 제안하자 소작인이 모여 그 절충안의 부당함에 대해 "충고"하지만, 촌장은 오히려 경찰을 불러 집회를 해산했다.[43] 나아가 소작인은 1899년 1월 이후부터는 보다 적극적인 운동을 전개했다. 1월 4일 닛타군新田郡 군장이 현 지사에게 한 보고에 따르면, 구아이촌九合村 소작인은 "공동규약"을 맺고 지조 면제 토지에 대해 소작미 유보와 반환을 요구했다. 또한 이에 대해 오타정太田町의 지주가 도리어 소작미 청구소송을 하자, 약 100명의 소작인이 지주의 집으로 몰려가서 소송 철회와 소작

미 반환을 요구하는 시위를 일으키기도 했다.[44]

또한 지조 면제 처분은 정부의 직접 조세를 근거로 부과하던 지방 본세本稅를 거둘 수 없게 되면서 지방자치체의 재정 문제를 초래했다. 이에 대응하기 위해 도치기현과 군마현은 1898년 8월 19일 지조 면제를 받은 토지에 과세하는 특별촌세特別村稅를 설치하기로 결의했다. 그러자 국고로 촌의 운영비를 지원해달라는 청원이 잇달았다. 1899년 3월 28일 오시마촌大島村에서 제출한 〈촌비 국고 보조원村費國庫補助願〉에서는 "부유한 자도 소작료를 올리지 못해 모은 재산을 다 지출하고, 중간층은 점차 재산을 잃고, 하층에 있는 자는 즉시 전업할 수 없어 다만 눈앞의 일시적 변통을 위해 직업을 찾아 동서로 광분하"[45]는 실정을 호소했다. 하층 피해민이 겪는 문제의 실상이 행정 조사에 드러나기 시작하는 것은 바로 이 시기라고 할 수 있다. 그러나 이런 조사 보고는 하층 피해민에 대한 실질적 구제를 위한 것이 아니라, 특정한 '행정적 의지'를 관철하기 위한 근거를 마련하려고 작성된 것이라는 점에 유의해야 한다.

1898년 12월 27일 내무성 시정촌과장市町村課長이 군마현 참사관에게 보낸 내부 서한을 보면 "광독 피해를 입은 토지에 특별세를 부과해도 부담할 수 있다는 증좌가 될 사항"을 조사해서 올리도록 지시한다. 이 지시는 1899년 2월 2일 각 군으로 하달되었다. 조사 항목 중 주목할 것은 피해민이 농업만으로는 생계가 곤란하여 전업하거나 겸업하게 된 상황이다. 오라 군장의 보고에 따르면 곡물 수확이 없어져 양잠업에 종사하는 자가 해마다 증가하는 한편, 남자는 다른 용역에 종사하고 여자는 기직機織에 종사하며 연명하고 있다는 사실이 드러난다. 그러나 농업 외의 직업을 겸하는 것은 "빈민 일반의 상태"이며, 이러한 어려움은 광독뿐 아니라 수해도 원인이 되었다며 되도록 완곡하게 말하고 있다. 현청에서는 "광독 피해 때문만은 아니며 수해의 손실을 입은 피해가 극심하"기 때문이라는 의견을 다시 첨가하여, 수해로 인한 피해가 극심하다는 점을 강조했다.[46]

이러한 행정 조사 보고서를 참고해보면, 하층 농민이 토지로부터 분리되는 현상이 증가하고, 마을 공동체가 해체되는 상황을 엿볼 수 있다. 피해지의 농민층 분해 상황을 전반적으로 파악하는 조사나 통계는 찾을 수 없지만, 토지로부터 완전히 또는 부분적으로 분리되는 피해민이 급격히 증가했음을 알 수 있다. 물론 당시 일본의 농촌 사회에는 농촌에 거주하면서 지역 내의 농업노동자 또는 지방 도시를 오가는 노동자로서 살아가던 '농민 잡업층'이 폭넓게 분포하고 있었다. 우시야마 게이지牛山敬二는 제1차 세계대전 이후 자본주의적 노동시장의 흡인력이 강하게 작용하기 시작하는 시기 이전에는 이들 '농민 잡업층'이 도시와 농촌을 노동력으로 연결하는 역할을 담당했기 때문에 별도의 '폭력적'인 노동력 창출 정책이 필요하지 않았다고 주장했다.[47] 그러나 피해지에서는 사실상의 '농민 잡업층'을 증폭하는 폭력과, 지역을 떠나 노동력 시장으로 편입되는 노동자를 만들어내는 폭력이 연속선상에서 드러난다.

피해지에는 토지생산력이 감소하거나 아예 상실되면서 등기상 토지소유자라 하더라도 토지로부터 분리된 것이나 다름없는 상태의 농민이 많았다. 광독으로 인해 땅으로부터 분리되어 농사를 지을 수 없게 된 이들은 자신이 살던 지역에서 연 단위 계약노동자, 일용노동자, 계절노동자가 되거나, 결국 살던 지역을 떠나 노동자가 되어 떠돌게 된다. 특히 토지로부터 탈각된 피해민은 광범위한 영역의 토지가 오염되어 토지생산력이 감소되었기 때문에 살던 지역 가까운 곳에서 일을 찾기가 더욱 어려웠다. 게다가 이들은 단순히 토지로부터만 분리되는 것이 아니라, 자연환경 속에서 돈을 지불하지 않고도 얻을 수 있던 부수적인 생계 수단과 풍부한 먹을거리를

〈표1-1〉 시모미야·마다 인구 변동 (단위: 명)

야나카촌 시모미야	현재 거주	타지 거주	출생	사망
1891년	190	9	9	7
1897년	134	68	3	3

〈栃木縣下都賀郡谷中村大字下宮小字上本鄕 生産死亡比較(較)表〉, 1901年 11月, 3~8쪽. 國立公文書館 所藏
(安在邦夫·堀口修 編,《足尾銅山鑛毒事件關係資料》第29卷, 東京大學出版會, 2009, 308~320쪽에 수록).

에비세촌 마다	현재 거주			타지 거류 및 타지에서 노동		
	15세 이하	16~50세	51세 이상	15세 이하	16~50세	51세 이상
1901년	37	61	20	28	45	7
합계	118			80		

〈海老瀨村大字間田生死人口戶數等調査表〉, 1901年 11月 14日, 12~14쪽. 國立公文書館 所藏(安在邦夫·堀
口修 編,《足尾銅山鑛毒事件關係資料》第29卷, 東京大學出版會, 2009, 322~337쪽에 수록).

함께 잃게 되면서 훨씬 "비참"한 빈곤 속으로 내몰려야 했다. 즉 피해지 빈곤의 특징은 가난해도 농촌에 거점을 두고 살아갈 수 있는 총체적인 '환경'을 상실했다는 점에 있다.

피해가 가장 격심했던 야나카촌谷中村 시모미야下宮나 에비세촌海老瀨村 마다間田와 같은 마을의 경우 인구 조사가 실시되어 다음과 같은 변동을 확인할 수 있다.

시모미야는 타지로 떠난 이전 인구가 1891년 9명에서 1897년 68명으로 늘었다. 마다의 경우 이전移轉 인구가 파악되지는 않으나, 1891년 181명이던 거주 인구가 1897년에 117명으로 감소하면서 마찬가지로 인구변동이 크게 나타난다. 마다의 경우 1901년 조사에서 보다 상세하게 이전 인구를 세대별로 구분하고 있다. 다른 지방으로 떠나 거주하는 인원 80명 중 73명이 50세 이하로 드러나면서 주로 청·장년층이 이동하는 이산 형태의 특징을 보인다. 이렇게 피해지에서 보이는 물리적인 전치는 농업으로부터 탈각되고 빈곤으로 내몰리는 시간적인 전치와 결부되어 있다. 이러한 '이중의 전치'는 가난해도 살아갈 수 있는 '환경'을 상실한 피해지의 상황을 드러낸다. 또한 이산 형태의 특징은 후술하게 될 피해지에 '남아 있는' 이들의 경험이 또 다른 층위의 사회적 성격을 가지고 있다는 사실을 뒷받침한다.

제12회 제국의회에서 다나카 쇼조는 정부의 처분을 비판하며 누락된 사항을 지적했다. 먼저 광독조사위원회와 내무성이 위생에 대한 질문에 답변을 피하면서 조사를 공표하지도, 구제할 방법을 세우지도 않는 이유를 물었다. 특히 빈곤 문제에 대해 다음과 같이 질문했다.

> 광독 피해지 및 그 궁민 문제는 국가 및 사회의 일로서, 본디 관민이나 당파의 구별이 없다. 그렇지만 보통 인민과 피해 인민의 구별을 하지 않을 수 없으며, 정부는 인위의 가해와 자연재해를 구별하지 않을 수 없다. 즉 인위의 가해자에 대해서는 각별한 주의를 기울이고, 피해자를 구제해야 할 것이다. 그러나 광독 문제는 사회가 경험해보지 않은 문제로, 세상 사람들이 이를 돌보지 않음은 물론 정부도 역시 이에 허술하게 대처하고 있다. 자연재해에 대한 구제는 국가의 일로 하면서 오히려 인위-자연 합성의 피해를 돌보는 문제에 대해서는 개인의 일로 처리하는 이유가 무엇인가?[48] (밑줄은 인용자.)

일반적으로 지조 면제 처분이 내려지면 공비(국고)로 재해민 구휼을 함께 실시한다. 그러나 광독 피해지에 대한 공비 구휼은 이뤄지지 않았으며, 지조 면제 처분과 체납으로 인한 재정의 어려움을 겪고 있던 정촌과 현 역시 별도의 구제책은커녕 특별세를 부과하며 피해민을 수탈하고 있었다. 다나카 쇼조는 이러한 상황을 비판하면서도, 피해지의 빈민은 일반 빈민과 다르기 때문에 구휼만으로는 해결될 수 없다고 강조했다. 따라서 "계속해서 침해하고 있"는 광독의 "근본을 끊을 법안을" 만들어 생계를 복구해야 했다.[49]

1899년 9월에 발생한 대홍수는 예방공사로 광독 피해를 막을 수 없다는 것을 다시 증명했다. 이를 기점으로 주민들은 "생명 구조"를 내건 대규모 상경 청원을 시작한다. 이때부터 청원문의 내용은 20여 년의 시간 동안 서서히 확대된 광독으로 인한 피해민의 빈궁한 생활과 건강 및 생명을 구호할 것을 강조하고 있다.[50] 상경 청원은 정부에 대한 호소를 넘어, 자신들을 가시화하면서 사회에 호소하고 피해와 가해를 방관하는 국가권력에 저항하기 위한 수단이 되어갔다.[51] 정부 입장에서 피해민의 이런 움직임은 잇키一揆, 즉 전통적인 농민반란과 가깝게는 1880년대의 '민중운동'을 상기시키는 "불온한 거동"이었다. 1900년 2월 13일 발생한 가와마타사건川俣事件은 운동 측 추산 1만 2000명의 청원민을 무력 진압하고 운동의 주축인 51명을 흉도취집죄兇徒聚集罪 및 치안경찰법으로 기소하면서 도쿄의 언론과 지식인의 관심을 불러일으켰다. 나아가 1901년 12월 10일 다나카 쇼조가 천황에게 직소한 사건을 계기로 일본 사회의 여론은 피해민 측으로 기울고 지원운동이 활발해졌다.

도쿄에서는 지식인과 학생이 중심이 된 연설회가 연일 열려 모금 활동이 이뤄졌으며, 개인적으로 또는 수백 명씩 모여 피해지를 직접 방문하는 '광독지鑛毒地 시찰'이 이어졌다. 이처럼 1901년 말부터 1902년에 걸쳐 활발하게 전개된 사회운동은 당시 피해지의 황량한 자연 풍경과 빈곤한 피해민의 상황을 기록한 르포르타주를 남겼다. 당시 피해민이 상경 청원에 나선 "이유에 대한 진상을 알지 못하는 사람들이 아직 많고, 오히려 그들을 의심하는 사람조차 있"[52]는 분위기 속에서, 피해민의 어려움을 전하고 사회적 공감을 이끌어내기 위해 다양한 방식의 르포르타주가 만들어졌다. 피해지를 다니며 담은 사진이나 그림을 설명과 함께 실은 화보집을 만들어 피해를 널리 알리고자 했던 청년들의 재기발랄한 시도는 주목할 만하다.[53] 특히《광독지의 참상》은 증언집 형식의 르포르타주로, 피해지의 여성, 아이, 노인의 생생한 목소리를 기록하고 있다. '광독지구제부인회'의 시찰 및 구제 활동에 동참했던《마이니치신문》의 기자 마쓰모토 에이코松本英子는 이 기록을 1901년 11월 22일부터 1902년 3월 23일까지 총 60회 연재하여 피해민의 목소리를 전달했다.

이때부터 비로소 정부는 피해지의 빈곤을 문제로 인식하기 시작했다. 1902년 3월 22일 내무성 지방국장 요시하라 사부로吉原三郎는 궁민 현황 조사에 대한 긴급 조회를 신청했다. 이에 대해 군마현은 6월 7일〈광독피해지 현상조사보고서鑛毒被害地現狀調査報告書〉[54]를 올렸다. 이 보고서에는 오라, 닛타, 야마다山田 세 군의 궁민 현황 조사 결과가 담겨 있다. 오라군에서 가장 심한 광독 피해를 입은 8개 촌의 궁민 현황을 정리하면〈표 1-2〉와 같다.

8개 촌 전체 인구의 20% 정도가 궁민, 즉 빈곤층으로 파악되며, 그중에 비세촌은 궁민 비율이 거의 절반에 이를 정도로 가장 피해가 심했다. "광독과 관련된 궁민"과 그렇지 않은 궁민을 나누는 기준이나, "피해자라고 칭하는 자"를 조사하는 방식에 대해서는 보고서를 통해 확인하기 어렵다. 그러나 "피해자라고 칭하는 자"라는 표현에는 빈곤과 광독 피해의 인과관계를 인정하지 않겠다는 정부의 강한 의지가 드러나므로 주목을 요한다. 그리고 정부의 그런 의지는 여러 제도적 조치를 통해 이미 피해민에게 명확하게

촌	총인구	"피해자라고 칭하는 자"	총 지조 면제 인원	궁민 수 (군청 조사)	"광독과 관련된 궁민"	"광독과 관련 없는 궁민"
니시야다西谷田村	4078	769	2154	1127	1095	18
이나라伊奈良村	4995	968	2083	765	765	0
오시마大島村	2464	328	817	384	369	15
다카시마高島村	2773	436	868	650	430	220
나카노中野村	2997	438	680	180	19	161
다타라多々良村	3766	286	647	866	384	482
와타라세渡瀬村	2925	555	774	439	439	0
에비세海老瀬村	2540	604	1170	1099	855	244
합계	2만 6538	4384	9193	5510	4356	1154

鹿野正直 編,《足尾鑛毒事件硏究》, 三一書房, 1974, 416~421쪽에서 〈표8〉, 〈표9〉, 〈표11〉을 참조.

전해지고 있었다. 지방과 중앙의 정부는 광독 피해를 호소하는 청원을 모두 각하하면서 사실상 "공문에 광독이라는 문자를 쓰는 것을 금지"[55]하는 것은 물론, 〈광독비가鑛毒悲歌〉를 지은 사토 도메키치佐藤留吉 외 두 명에게 출판법 위반으로 벌금 처분을 내렸다.[56]

또한 가와마타사건에서는 피해를 호소하는 피해민에게 직접적이고 물리적인 폭력이 가해졌다. 게다가 사건 이후 피해지에서는 경찰과 관원이 피해민의 동태를 계속해서 경계, 주시하는 상황이 이어졌다. 다구치 기쿠테이田口菊汀의 르포르타주에서는 나루터나 주요 길목마다 경찰이 예닐곱 명씩 잠복하고 있는 상황을 "계엄령" 상태에 비유한다.[57]《광독지의 참상》에는 이러한 분위기가 피해를 말하는 피해민에게 어떤 영향을 주었는지 드

러나는 장면이 있다. 사루야마 데우猿山てぅ라는 피해민이 이야기를 나누던 중 갑자기 작은 소리로 속삭이듯 말하기 시작했고, 이상해서 둘러보니 근처에 순사가 다가오고 있었다. 마쓰모토 에이코는 "이 사람들이 순사를 무서워하는 것은, 마치 도쿄에서 우는 아이가 순사가 온다고 하면 무서워서 울음을 그치는 것과 마찬가지"라고 적었다. 궁민 조사는 군청과 경찰서 양측에서 이뤄졌는데, 조사자의 태도에 따라 피해민의 응답은 크게 달라졌을 것이다. 따라서 〈표1-2〉에서 스스로를 "피해자라고 칭하는 자"의 수가 실제 궁민 수보다 뚜렷이 낮은 이유를 추측할 수 있다.

그러나 위로부터의 억압이 아니더라도, 피해민이 자신의 상황을 광독이라는 말로 설명하는 것은 지역사회 안에서 보다 복잡한 의미를 가지고 있었다. 피해지의 수확물을 팔고자 시장에 나갈 때는 "되도록 광독이 적은 듯이 이야기"하지 않으면 사는 사람이 없었다. 또한 등기상 토지소유자라 해도 토지가 생산력을 잃어 생활이 곤란한 자가 많았다. 생산력을 잃은 토지는 사실상 토지 매매가 불가능했기 때문에 피해민이 소유한 토지를 담보로 돈을 유용하려 해도 "있는 그대로 말하면 누구도 한 푼도 빌려주지 않"았다.[58] 즉 피해를 입지 않은 주변 지역과 경제활동을 통해 연결된 상황에서 광독 피해를 호소하면 할수록 그들의 생활은 어려워졌다. 게다가 광독 피해가 없는 지역에서는 피해지의 며느리나 사위를 맞지 않으려고 하는 등 결혼상의 차별이 있었다. 따라서 "광독의 유무를 묻는 자가 있다면 '위생에 별다른 해가 없습니다'라고 대답"[59]할 수밖에 없는 분위기가 생활 차원에서 퍼져 있었다. 이를 통해서도 스스로를 "피해자라고 칭하는 자"의 수가 실제 궁민 수보다 현저하게 낮은 이유를 추측할 수 있다.

광독의 피해는 많은 피해민을 농업으로부터 탈각시키는 동시에, 가난해도 농촌에 거점을 두고 살아갈 수 있는 '환경'을 박탈하면서 지역을 떠나가게 만들었다. 지방 및 중앙 정부는 피해지의 빈곤에 대한 방관을 넘어서, 세금 수탈을 위한 행정적 조사 과정에서 도리어 빈곤 문제를 적극적으로 가리고자 시도했다. 따라서 광독으로 인한 피해지의 빈곤과 마을 공동체의 해체는 하층 피해민이 직접 말하는 증언 속에서 그 구체상을 확인할 수 있게 되었다. 특히 피해지의 빈곤과 광독의 관계는 하층 피해민 측의 입장과 제2차 광독조사위원회의 '해결' 처분이 정면으로 대립하는 지점이 된다.

광독과 빈곤의 관계를 말하는 두 가지 방식

'광독'이라는 두 글자를 말하기 어려운 상황 속에서 도쿄시민이 피해지의 상황을 보고 듣기 위해 찾아오는 것은 피해민에게는 단순한 경제적 구호를 넘어선 의미를 가진다. 당시 피해지는 경찰과 관원이 피해민의 동태를 경계하고 주시하는 한편, 구제 활동이나 시찰도 '불온'으로 간주하고 검문의 대상이 되는 상황이었다.[60] 그럼에도 피해민은 직접 피해를 설명하면서 시찰자를 안내했으며, 안내서를 제작해서 나눠주기도 했다.[61] 또한 곳곳에 피해 상황을 설명하는 판자 표를 만들어 세워두는 등[62] 피해가 격심한 마을은 일상화된 투쟁 장소가 되어 있었다. 특히 피해민운동에서조차 소외되어왔던 존재들이 자신의 상황을 '피해로서 말할 수 있는 안전한 공간'을 형성할 수 있었다. 《광독지의 참상》에서 하층 피해민은 하나같이 "광독 때문에"라는 표현으로 자신의 이야기를 풀어 나간다. 피해가 가장 심각한 마을들을 방문해서 이야기를 듣고 기록한 이 르포르타주는 피해지의 빈곤이 지닌 두 가지 특징을 드러낸다. 하나는 지역 안에서 생계를 꾸릴 수 없어 가족이 하나둘 일자리를 찾아 떠나 뿔뿔이 흩어지는 "가족 이산"이다. 주로 남성 또는 청년층이 일을 구하러 나가면서 여성과 노년층은 "광독지"에 남겨졌고, 지속되는 광독 피해는 여성과 노년층의 목소리를 통해 전해진다. 다른 하나는 "광독병"이다. 마쓰모토 에이코는 "피해지의 인민이라면 누구든지 얼굴색이 창백하고 특히 눈병이나 위병, 학질 등이 있어, 심한 경우 사망자와 눈이 머는 자, 행방을 알 수 없는 자, 미쳐버린 자 등이 매우 많다"[63]라고 전한다. 광독 피해는 멈춘 것이 아니라 지속되고 축적되고 심화되고 있었던 것이다.

피해지에는 언제, 어디로 떠났는지 알 수 없는 사람이 많았기 때문에 호적조사가 거의 불가능한 상황이었다. 오라군 에비세촌의 야마구치山口 마을의 경우 63호 중 23호가 남아 있었다. 남은 사람 중에는 집도 빚으로 남의 손에 넘어가서 "오늘은 이곳의 집을 빌리고 내일은 저곳으로" 마을을 배회하는 경우도 많았다. 특히 르포르타주에는 홀로 또는 딸이나 손주와 함께 지내는 나이 든 여성이 가장 많이 등장한다. 대부분은 살던 곳에서 생활을 꾸려갈 수 없어서 아들이나 딸이 인력거꾼, 고용살이下男奉公, 촌사무소 사환, 일용직 노동자 등으로 떠나면서 소식이 끊겼다고 말한다. 아소군 사카이촌界村의 후쿠치 노부福地のぶ는 이 상황을 "남편이야 다른 동네로 나간다고 해도 혼자라면 어떻게든 살아가겠지만, 우리는 노인이나 아이를 데리고 어디에 가서 뭘 할 수도 없"[64]다고 설명한다.

피해지에 남은 빈민은 겨우겨우 생계를 꾸려가야 했다. 석회를 담는 섬이나 새끼줄, 갈대발을 만들어 팔기도 하는데, 광독의 침해로 주변의 짚이나 갈대는 "쓸모가 없어서 다른 데서 사와"[65]야 했다. 또는 다른 집에 날품 팔이를 가거나 베를 짜서 팔기도 한다. 그러나 지역 전체가 빈곤했기 때문에 일거리가 많지 않았다. 특히 투기로 인한 금융공황과 전후 공황이 겹치면서 아시카가를 중심으로 한 일대의 직물 기업이 잇달아 파산한 이후로는 베를 짜서 파는 일 역시 녹록지 않았다.[66] 르포르타주에는 더 이상 쓸 수 없어 구석에 방치된 "부서진 베틀"이 자주 등장한다. 이삭줍기라도 해서 겨우 입에 풀칠하는 경우도 보인다. 어느 정도 자란 아이는 모두 아침부터 밤까지 집안일을 돕거나 다른 심부름을 했다. 시모미야 제2심상소학교의 학령아동 150명 중 53명, 그중 여학생은 세 명만이 통학하는 상황[67]은 빈곤으로 인해 아이들이 노동에 시달리면서 배움의 기회를 잃고 있음을 보여준다.

무엇보다 오랜 시간 오염된 지역에서 빈곤에 시달리던 피해민은 모두 "광독병"을 호소했다. 특히 '눈병'의 경우 "10년 전(1890년―인용자)에 대홍수가 많은 독을 가지고 온 이래 이 지역에 눈병이 많이 생겨 이제는 촌에서 만족스러운 눈을 가진 사람이 손에 꼽힐 정도"[68]로, 이미 실명에 이른 사람이 다수 등장한다. 아소군 다카야마高山의 모로 기와茂呂きわ는 "보이는 사람은 헤아릴 수 없습니다. 자기는 보이는 사람이라는 이유로 나에게 이걸 해라 저걸 해라 할 때마다 내 몸이 잘리는 것 같습니다"[69]라며 시력을 잃은 상실감을 고백한다. 또한 여성의 경우 모유가 나오지 않는 사람이 많고, 태아와 유아의 사망률이 눈에 띄게 높았다. 1898년 에비세촌 마다에서는 출생자가 여섯 명인 데 견줘 사산한 경우가 일곱 명, 2세 이하의 사망 여덟 명, 2세 이상의 사망이 네 명이었다.[70] '눈병'이나 모유의 고갈은 주로 직업을 구해 '자유롭게' 떠나지 못하는 노인이나 여성에게서 보이는 증세로, "광독병"이 가지는 사회적 성격이 드러난다. 건강상의 피해만이 아니라 정신적 고통 역시 심각했다. 당시 기록에는 피해지를 시찰하며 "광인狂人"과 마주친 경험이 종종 드러난다.[71] 에비세촌의 마쓰모토 다쿠마松本たくま는 8년 전부터 남편이 "매일 '거둘 게 아무것도 없어'라고 울면서 여기저기 돌아다"[72]니게 되었다고 말한다.

이처럼 피해민의 빈곤은 '광독'이라는 두 글자 없이는 설명할 수 없는 것이었다. 그러나 행정 당국은 '광독 없는 빈곤'의 해결만을 계획해 나갔다. 제1차 광독조사위원회가 광독 피해에서 빈곤을 삭제했다면, 1902년 3월

17일 설치된 제2차 광독조사위원회는 빈곤에서 광독 피해를 삭제하기 위해 움직였다. 1차와 달리 2차 위원회는 의사 기록을 기밀로 돌리고 광독 문제를 끝내려는 의도를 노골적으로 드러낸다. 광독 문제를 끝내는 논리의 핵심은 "아시오구리광산 일대의 지역 및 와타라세강 바닥에 잔류하는 것의 대부분은 예방공사 명령 이전에 배출된 광업상의 폐기물이며, 현재의 아시오구리광산 조업에서 기인하는 것은 비교적 적은 부분에 지나지 않는다"라는 것이다.[73] 현재의 피해를 초래하는 것은 '과거'의 광독이라는 논리는 '현재'에는 아시오구리광산의 조업을 문제 삼지 않고도 해결 처분을 내릴 수 있는 근거가 되었다.

조사위원회는 빈민 구제에 대한 논의에서 광해 및 수해로 인한 경지의 불량으로 빈궁에 빠진 빈민이 어느 정도는 있다고 인정한다. 그러나 자작농과 소작농의 구분이나 상업의 피해 등 복잡한 사회경제적 상관관계에 대해서는 판명할 수 없다는 입장이다. 다만 피해지에는 "일반 궁민이 존재"하기 때문에 정부가 "피해 궁민"을 구제하고자 한다면 균형을 잃을 수 있다는 주장이 가장 강조된다. 위원장인 이치키 기토쿠로一木喜德郎는 피해지 빈곤에 대한 다음과 같은 입장을 내무성에 보고했다.

> 피해지 궁민의 총수는 쉽게 정확한 조사를 할 수 없지만 (…) 근근이 자활할 수 있는 자 및 다른 구제를 받지 않으면 생활할 수 없는 자의 총수를 보면, 군마현은 3712호로 그 인원 2만 5173명, 도치기현은 1443호로 인원은 5699명이다. 그들 중 와타라세강 출수 피해로 인해 그 소유지가 황폐해졌기 때문에 빈궁에 빠진 자가 아예 없다고 할 수는 없다. 그러나 그 원인을 확인하기는 본래 매우 어려운 일일 뿐만 아니라, 그중에는 원래 자산이 없거나 천성이 나태하거나 또는 기업 그 외 사업의 쇠퇴에 따라 궁핍에 빠진

자가 적지 않다.[74] (밑줄은 인용자.)

이치키는 피해가 심각한 토지의 소유자 중 극빈한 자로는 도치기현에 136호, 군마현에 630호가 있다고 첨언했다. 즉 토지를 소유한 빈민의 경우는 광독으로 빈곤이 초래되었다고 인정할 수 있는 여지를 두었지만, 그 외의 토지조차 소유하지 못한 빈민에 대해서는 "원래" 또는 "천성"이란 말을 붙이면서 그들의 빈곤을 광독과 무관한 것으로 자연화했다.

무엇보다 이러한 행정 조사와 조치 속에서 피해지의 빈곤이 지닌 가장 큰 특징인 "광독병"은 위생 문제로 대치된다. 보고서의 〈피해 지방 위생 상황 불량의 원인〉을 보면, "이른바 광독병이라고 자칭하는" 것은 비습한 토지와 식수 불량, 그 외 생계 부진 등으로 인해 주민의 영양이 부족함에 따라 만연하는 "지방병"이라고 주장한다. 따라서 피해민이 말하는 "광독병"은 존재하지 않는다는 결론을 내린다. "광독병"이 허구라는 주장에 대한 근거는 두 가지다. 하나는 유럽 학자들의 연구에 따르면 '순수 구리'에 의한 만성 구리중독은 존재하지 않는다는 것이며, 다른 하나는 피해민에게 가장 많은 질병은 십이지장충병 및 트라코마 같은 위생 관련 질병이라는 것이다.[75] 그러나 구리중독에서 '순수 구리'만을 다루는 조사위원회의 분석은 당시 다른 의학자의 비판을 받은 바 있다. 따라서 먼저 그 비판을 살펴볼 필요가 있다. 또한 피해민에게서 위생 관련 질병의 증상이 두드러지게 나타나는 것은 사회단체의 의료사업 보고에서도 확인할 수 있는 사실이다.[76] 그러나 피해민이 스스로의 병에 대해 "광독병"이라 이름 붙인 것이 의미하는 점을 고찰할 필요가 있다.

구리중독에 대한 하시모토 세쓰사이橋本節齋 교수의 보고서 내용은 제1차 광독조사위원회의 이리사와 다쓰키치가 '순수 구리'가 미치는 영향만을 조사했던 보고 내용과 같다. 그러나 도쿄제국대학 의과대학 조교수 하야시 하루오林春雄는 1902년 1월 23일 국가의학회에서 이리사와의 조사 보고에 대한 이의를 제기했다. 그에 따르면 아시오광산의 구리는 구리 17%, 철 25%, 그 외에 비소, 은, 안티몬, 아연 등을 함유한다. 그중 비소와 아연, 안티몬의 경우 소량을 지속적으로 흡수했을 때 나타나는 증상이 구리광산의 정련소 직공에게서 보이는 중독 증상과 같다. 따라서 하야시는 만성 구리중독을 광의와 협의로 나누고, 광독의 경우 광의로 접근해서 '순수 구리'가 아니라 '구리 화합물'에 의한 중독을 분석해야 한다고 주장했다.[77] 그러나 그는 제2차 광독조사위원회가 설치되기 직전에 국비유학생으로 임명되어 독일로 떠나면서 연구를 이어 나가지 못했다. 도쿄전문학교(와세다대학의 전신) 출신으로 피해민운동을 이끌었던 사토리 히코지로佐部彦次郎는 하야시의 주장을 근거로, 조사위원회의 결과 보고가 "광독과 동독銅毒"을 혼동하고 있다고 비판했다.[78]

조사위원회는 광독이 홍수와 함께 농작물을 해치고 주민의 생계를 곤란하게 하여 "간접적"으로 그 위생 상황을 불량하게 하는 원인이 된다고 인정했다. 따라서 홍수의 범람으로 인해 기생충병, 전염병이 만연하게 된 것을 피해민이 "광독병이라 잘못 믿게 되었다"라는 결론을 내렸다. 그러나 1890년 대홍수 이래 지역에 '눈병'이 많이 생겼다는 피해민의 증언은 "구리를 다루는 직공에게 중증 신경 증상을 일으켜 시신경 위축"[79]이 나타난다는 점에서 구리중독과 "광독병"의 '직접적' 관련성을 어느 정도 뒷받침하고 있다. 나아가 "광독병"은 의학적인 옳고 그름을 따져 묻는 것 너머에 고려해야 할 지점이 있음을 보여준다. 군마현 마다의 질병 환자 조사에 따르면, 피해민에게는 빈혈 같은 기생충병 관련 증상과 함께 '눈병'이 가장 많이 나타나며, 이들 대다수가 "곤궁하여 의사 치료를 받지 못"했다.[80] 하층 피해민은 병에 걸려도 치료를 받지 못해 회복될 수 없었던 것이다. 또한 피해를 입지 않은 지역 주민과 비교해 피해민의 체격은 눈에 띄게 쇠약했고, 쇠약해진 몸은 노동을 어렵게 만들면서 더욱 빈곤해지는 원인이었다.[8] 광독은 피해민이 빈곤을 설명하는 표현이었다면, "광독병"은 오염과 빈곤에 방치된 노동과 생활 경험에 밀착된 신체에 대한 표현이었다고 할 수 있다.

제2차 광독조사위원회와 정부가 피해지의 빈곤 문제에 대해 내린 '해결 처분'은 다음과 같다. 먼저 피해민의 부업과 전업을 돕고 실업교육 보급을 위한 훈련소나 강습회를 설비하는 한편, 이러한 "대책 처분을 해도 적당한 생업을 얻을 수 없는 자"에게는 홋카이도 개척 이주를 장려하기로 했다. 하층 피해민의 입장에서 빈곤을 해결하는 방법이란 광업을 정지하고 지역의 자연환경이 품고 있던 풍요를 복구하는 것이었다. 그러나 하층 피해민에게 남겨진 선택지는 전업하여 오염된 땅에 적응하거나 땅을 버리고 이주하는 것이었다. 조사위원회는 '광독은 과거의 것'이라는 결론을 내렸기 때문에 광업을 문제 삼지 않을 수 있었으나, 빈발하는 홍수 피해를 '해결'해야 했다. 하지만 광산 주변의 황폐화된 삼림은 짧은 시간에 회복되기 어려웠고, 기술적으로도 광업을 정지하지 않는 이상 광산에서 배출하는 유해가스를 없앨 수는 없었다. 게다가 "광독병"을 완전히 광독 '해결' 처분에서 삭제하는 동시에 빈곤에 대한 낙인화와 결합하여 "지방병"으로 둔갑시키는 논리를 만들어냈다.

이후 정부는 와타라세강 하류의 야나카촌을 수용해 유수지로 만들어서 홍수 때마다 강물을 모아두게 하여 연안의 다른 지역이 입는 수해를 감소시킬 치수 사업을 추진해 나갔다. 야나카촌의 수용 결정은 광독반대운동의 범위를 촌민과 인근 마을로 축소했지만, 이후 10년 동안 이어진 새로운 '광독반대운동'의 시작점이 된다.

공해 사건 속 '피해'의 교차성

광독이 초래한 홍수 피해를 해결하기 위해 야나카촌의 토지를 수용하는 것에 대해, 다나카 쇼조는 "이제 광독은 모습을 바꿔(變態) 토지를 수용하고 토지를 빼앗기에 이르"[82]렀다고 말했다. 그가 말하는 '광독'은 광업 폐기물의 화학작용으로 인한 환경오염을 넘어서, 그것을 발생시킨 아시오광산의 생산 방식과 그로 인해 초래된 피해를 방치/조장하고 한 마을을 절멸하는 국가권력이 함께 만들어낸 구조적 폭력을 의미한다. 국가 발전에 기여하는 광업을 유지하면서 "농업과 광업의 조화"[83]를 모색하려는 정부의 광독 대책은 "다소 광독 유출의 우려가 있어도"라는 전제 아래 자연환경과 그 속에서 살아가는 비/인간 존재의 '희생'을 용인하는 경제사회를 출현시켰다. 지도에서 사라진 마쓰키 마을과 야나카촌은 이후 일본 본토와 식민지 곳곳의 광산이나 공장 주변의 마을, 전후 미나마타水俣와 후쿠시마福島의 크고 작은 마을의 역사로 연결된다.

아시오광독사건을 통해 구축된 구조적 폭력은 근대적 토지소유제도가 담아내지 못한 자연과의 관계성을 일그러진 방식으로 가시화했다. 광독 이전에 주민이 누리던 "풍요"는 보상 가치에 포함되지 못하면서 오직 그것이 상실된 상태로서, 빈곤 문제로 드러날 수 있었다. 환경적 재난 상황에서 등장하는 '보상'의 논리는 소유권이나 건강권, 거주권 등 인간(주체)의 주관적 권리에 한정된 피해 인식을 강화한다는 점에서, 광독 사건에서 빈곤 문제를 말한다는 것의 어려움은 여전히 어려운 숙제로 남아 있다. 아시오광독 사건이 일본 '공해의 원점'으로 불리는 본질적인 이유는 이처럼 보상 문제와 관련해서 상실로만 드러나는 관계성이 있기 때문이다. 무엇보다 피해를 비/가시화하는 보상의 논리는, 곧 생존의 기반이 되는 관계들을 분할하고 위계화함으로써 유지되어왔다.

이 글은 그러한 관계성의 상실을 투쟁의 지형으로 드러내고자 했다. 따라서 광업정지청원운동에서 나타나는 수치화되지 못한 피해에 주목하고, 보상의 대상이 되지 못하면서 역사 서술에서 누락되어온 하층 피해민의 경험을 역사화했다. 토지에 한정해버린 권력의 피해 규정과 보상 처분은 다층적인 문제를 파생했지만, 특히 그러한 보상의 기준이 되는 소유 관계의 바깥에 놓인 피해를 비가시화했다. 비가시화된 피해는 마을 공동체가 '공통'으로 관리하고 향유하며 형성된 관계이며, 이 지점에서 피해민 내부의 입장 차이가 명확하게 드러났다. 예를 들어 강가의 잡초나 갈대가 입은 피해는 토지소유자에게는 비료나 가축 사료비용의 증가로 나타났지만, 토지가 없거나 적은 하층 피해민에게는 새끼줄이나 가마니 등을 만들어 팔며 유지하던 생계의 박탈로 나타났다. 가시화되지 못한 다양한 생활상의 피해는 사회적 위치성에 따라 각기 다르게 경험되었다.

이러한 관계성에 대한 이해는 지역사회나 마을 공동체를 환경사회적 생활권으로서 분석하는 사회사나 코먼스commons 연구를 통해 심화되어왔다. 자연환경의 보호와 엄격한 관리는 마을 공동체의 내구성을 위한 필수적인 공통 규범이었으며, 공유지共有地나 입회권入會權을 박탈해가는 근대 국가 체제 속에서도 '관습'으로서 유지되고 있었다. 그러나 생존을 둘러싼 공통의 장은 단순히 자연환경 속에서 공유되는 '공통의 부'를 의미하는 것이 아니라, 공유의 과정에서 생산되는 연결과 관계를 포함한다. 피해민에게 공통의 장은 공동체 내부의 사회경제적 약자에게 '틈새' 공간을 허용하면서 완충작용을 해왔지만, 그들이 구성원으로서 평등한 발언권을 가지고 참여하는 장이 되지는 못했다. 피해지에서 자라난 오염된 먹을거리를 그대로 먹을 수밖에 없었던 하층 피해민이 운동 초기부터 '공익'의 피해에 대한 사회적 합의 과정에 참여할 수 있었더라면, 빈곤이나 건강 문제가 오랜 시간 '개인적' 차원의 문제로 방치되지 않을 수 있었을 것이다. 피해지 마을 공동체의 '내구성'은 단순히 재생산을 위한 자연환경을 보호함으로써 보장되는 것이 아니며, 그러한 공통의 장을 의미화하고 향유·유지하는 과정에 모든 구성원이 참여함으로써 만들어 나갈 수 있는 것을 의미한다.

또한 이 글에서는 노동하는(할 수 없는) 신체로 포획되어가면서 '피난 가능성'이 박탈된 하층 피해민의 이동 경험을 '이중의 전치'로 이해하고자 했다. 피해지가 오래 머무르기에는 위험한 땅으로 변했다고 하더라도 직업을 찾아 '떠날 수밖에' 없었던 피해민의 이동을 피난으로 칭할 수는 없다. 한편 취약할수록 가족의 범위를 넘어 마을 공동체에 의지하면서 삶을 유지하던 여성, 노인, 아이는 '피난처'와 같은 공간을 상실한 피해지에 '남을 수밖에' 없었다. 즉 피해민의 '이동 가능성'은 노동에 적합한 신체를 기준으로 배치되면서, 단순히 공동체적 관계에 대한 의존성만으로 설명할 수 없는 측면을 가진다.

특히 직업을 찾아 '자유롭게' 떠날 수 없었던 존재의 피해 경험은 자연환경의 박탈과 사회적 억압을 교차적으로 사유할 때 비로소 '발견'될 수 있었다. 나이 든 여성에게서 많이 나타나는 시력 상실, 출산한 여성에게서 보이는 모유의 고갈, 높은 영유아 사망률 등은 "광독병"이 가지는 사회적 성격과 여파를 강하게 드러냈다. 게다가 피해지가 오래 머무르기에는 위험한 땅으로 변했음에도 끝내 남을 수밖에 없었던 이유는 신체적·정신적 피해로 인해 "아무것도 할 수 없기 때문"이기도 했다.[84] '남을 수밖에' 없었던 피해민이 말하는 "광독병"의 문제는 정상화된 사회 속에서 장애와 질병을 가진 신체를 배치하면서 가해지는 구조적·차별적 폭력과 함께 이야기되어야 할 것이다.

그러나 이 글에서는 피해와 가해의 구도 속에서 비가시화된 '피해/민' 상을 묘출해내는 작업에 초점을 두면서, 보다 폭넓은 사회적 맥락 속에 광독 문제를 위치시키지 못했다. 특히 하층 피해민의 생활과 목소리를 기록한 르포르타주에 대해서는 보다 섬세한 분석이 필요하다. 이 기록은 피해민 '구제운동'이 전개되면서 다수의 시민이 피해지를 찾아가는 시찰운동의 움직임 속에서 남겨진 것으로, 당시 사회운동의 맥락에서도 독특한 성격을 가진다. 또한 행정 조사에 대항하여 피해 상황을 조사하고 피해민 중에서도 마이너리티의 목소리를 기록했다는 점에서 중요한 자료로서의 의의를 가진다. 따라서 이 텍스트를 둘러싼 행위자들 사이의 상호 주관적인 관계 속에서 형성되는 새로운 '공통성'과, 이를 기반으로 광독 문제의 중층적 구조를 비판하고 저항의 구심력을 획득해가는 과정을 살펴보는 작업은 '광독 반대운동'의 성격과 의미를 새롭게 평가하는 계기가 될 수 있다.[85]

마지막으로 제2차 광독조사위원회가 피해민 구제 대책으로 제시한 홋카이도 이주에 대한 문제는, 이주지였던 홋카이도가 가지는 '정착 식민지 settler colony'로서의 성격에 대한 비판적 고찰 속에서 심화해 나갈 연구 과제가 된다. 이 글에서는 자연과의 관계를 바탕으로 형성된 생활양식을 투쟁의 지형으로 드러냄으로써 하층 피해민과 그 내부의 마이너리티가 존재할 수 있는 영역을 확보할 수 있었다. 그러나 광독 피해와 빈곤에 시달린 끝에 새로운 삶(신천지)에 대한 희망을 품고 떠난 사람들은 그 땅에 살고 있던 선주민 아이누의 삶의 터전을 차지하고 식민주의적 차별 구조 속으로 들어가게 된다. 그뿐만 아니라 광독 사건 이후 일본 본토에서 '완화'되거나 '진전'을 보이는 전전 공해 문제의 이면에는 식민지의 '공해' 문제가 존재하며, 이는 전후 '공해 수출'이나 현재의 '기후 위기' 문제와도 겹쳐 읽어낼 수 있다.[86] 아시오광독사건에서 제기하는 '또 하나의 환경'에 대한 성찰은 일국사의 서사를 넘어 제국주의·식민주의의 관계성까지 시야에 넣으면서, 기민棄民·유민流民·난민의 분할된 '내쫓김'의 경험까지도 연결해갈 필요가 있을 것이다.

'귀환'과 '정착' 사이에서

해방기 소설 속
전재민 서사를 둘러싼 역학

지은이 **쉬징야** 許景雅

연세대학교 국어국문학과 박사과정에 있다. 일제강점기 말부터 해방 초기 한국과 타이완의 문학과 문화 생산, 특히 구식민지 인구의 이동과 역사 기억에 초점을 맞춰 공부하고 있다.《함께 읽는 동아시아 근현대사》(2016)를 중국어로 옮겼다.

• 이 글은《국제어문》94권(2022년 9월)에 실린 동명의 원고를 수정·보완한 것이다.

'귀환' 뒤에 남은 것들

1945년 8월 15일 제2차 세계대전에서 제국일본의 패전은 주권 권력의 교체 외에 지정학적 질서와 국경선 재편의 원인이 되었고, 이에 따라 대규모의 인구 이동이 이루어졌다. 한국의 경우는 김구, 이승만, 김일성 등 해외에서 활동했던 지도자층부터 다양한 계급 혹은 계층의 조선인 전재민戰災民*에 이르기까지 귀환민이 대대적으로 한반도로 돌아오기 시작했다. 역사 통계에 따르면 당시 1600만~1700만 명이 살고 있던 남한 사회에 월남민을 포함해 무려 300만 명이 넘는 인구가 유입되는데,' 이는 남한 전체 인구의 6분의 1을 넘는 수치였다. 이처럼 새롭게 유입된 인구는 기존의 사회구성원과 갈등 및 통합 과정을 겪으면서 새로운 사회와 질서를 재편성해 나갔다. 이 지점을 감안하면 신생 조선의 탄생과 민족국가 건설 자체가

* 전재민은 신분·계층별로 혁명가전재민, 회사전재민, 상공전재민, 농민전재민, 노동전재민, 학생전재민, 고아전재민으로 세분된다. 《동아일보》, 1947년 1월 11일.

이미 '이주'라는 사회적 이슈와 깊이 연관되어 있다고 해도 과언이 아니다.

기존 문학 연구에서 이 시기 '귀환'은 단순한 공간 이동뿐 아니라 심리적·정신적 의미를 지니는 것으로 해석돼왔다. 즉 1945년 제국 질서의 와해와 새로운 민족국가의 구축이라는 역사적 조건을 기반으로 이 시기 문학 작품에 나타난 '귀환' 행위는 식민지로부터의 해방 그리고 신생 조선민족, 국가적 정체성 창출이라는 담론적 명제와 연계되어 탐구되었던 것이다.[2] 다른 한편 일부 학자들은 단지 일국적 민족주의의 틀만으로는 설명되지 않는 귀환 사례에 주목해 국민과 난민의 스펙트럼 사이에서 끊임없이 부유하는 귀환자의 불안정한 처지, 주체적 욕망, 역동적 정체성의 변화 양상을 포착해냈다.[3]

그러나 조선으로 귀환했다고 해서 이들이 바로 조선민족으로 편입, 통합될 수 있는 것은 아니었다. '귀환'은 단순히 추상적 국민 혹은 민족적 정체성이나 이데올로기로 설명될 수 없는 귀환 주체의 다층적인 변화 과정이었다. 과거 경험에 대한 정리와 청산이자, 해방기 남한 사회에 돌아온 뒤 사회에 적응하고 삶을 재정립하는 문제였다. 즉 이주한 해방기 남한 사회에 실질적으로 정착하고 자립하는 것이 가능한가 하는 생존 혹은 생계와 직결되는 것이었다.

특히 귀환 이후 지난 이주 경험 또는 귀환하는 과정에서 생겨나는 '차이' 그리고 이주 전의 '고향'과 이주 후의 '변화한 고향' 사이에 촉발되는 여러 가지 현실적 문제는 기존 '귀환 서사' 연구에서 중요하게 취급되지 않았다. 또한 주목해야 할 것은 이 해외 전재민을 포함한 귀환민의 귀환 여정이 해방된 조선 땅으로 돌아왔다고 하여 바로 종결되는 것은 아니었다는 사실이다. 당대의 많은 문학 작품이 보여주듯이 물리적 귀환은 이루어졌으나 조선에 정착할 수 없는 그들의 '귀환'은 계속 수행되어야 했던 것이다. 이는 당대의 귀환이 단지 해방된 고국으로 돌아온다는 물리적 의미뿐 아니라, 보다 안정된 삶으로의 귀속을 지향하는 것이었음을 시사한다. 동시에 안정된 삶으로의 귀속이 불가능해진 '이미 이주해버린 존재들'의 내국 난민화를 야기하는 것이었음을 시사한다.

특히 기존 연구에서 월남이나 월북에 이르는 일련의 이동 과정 속에서 삼팔선 월경은 '귀환 이후'나 월남의 부차적인 형식 정도로 다루어지거나, 혹은 이념적 선택의 행위로 의미화되는 경우가 많았다. 그러나 이때 유념해야 할 것은 이 귀환민에게 월남과 월북이라는 경계 넘기 행위는 정치체제나 이데올로기로만 귀속·수렴되는 것이 아니라, 그들의 복잡다단한 생계 또는 생존 문제와도 긴밀히 연관되어 있었다는 점이다. 그들이 해방기 남한 사회의 구성원으로 자리매김하고 자주적으로 정착, 안주할 수 있을 때까지 그들의 귀환은 끝나지 않는다.

이처럼 민족국가로 귀속되지 않는 정체성, 기존의 고향과 돌아온 고향 사이의 차이 등 월경 과정에서 겪게 된 변화, 귀환 이후 정착과 생계의 어려움으로 인한 지속되는 '난민화'를 야기하는 귀환 과정, 이러한 지점은 기존 연구가 전제로 하는 '귀환'의 의미를 다시금 묻게 한다. 또한 전재민의 처지뿐 아니라, 전재민이 남한 사회에서 어떻게 받아들여졌으며, 그 인식이 어떻게 변화했는지도 '귀환'의 의미를 새롭게 살펴봐야 할 필요성을 더한다. 해방 초기 남한 사회에서 전재민은 신국가 건설의 '동력'으로 인식되었으며, 정주민은 동포애와 건국의 정서 속에서 전재민을 받아들였다. 그러나 전재민과 월남민이 대거 유입됨에 따라 당시 남한 사회는 전례 없는 인구 증가를 경험하게 되었고, 실업률이 급격히 상승했을 뿐만 아니라 비료 부족으로 경지 면적도 줄어들어 기본적 식량 수요마저도 충족할 수 없게 되었다. 이런 상황이 심화되면서 1945년 12월 동절기로 접어들면서 신문에서는 귀환자를 '사회문제'로 묘사하기 시작했다. 해방기 남한 사회에서 적당한 취직자리를 잡지 못한 수많은 전재민과 월남민은 곧바로 빈곤층으로 전락하게 되었고, 남한 사회에 이전부터 누적되어온 식량과 주택 부족 등 각종 사회문제를 가중하는 주된 요인으로 인식되기 시작한다. 이때부터 남한 사회에서 귀환자의 구호 문제는 추상적 동포애의 대상이 아니라 당면한 사회문제가 되었다.

해방기 남한으로 유입된 전재민과 월남민은 구호 행정의 미비로 인해 도시 주변의 토굴, 역전, 방공호 등을 전전하는가 하면, 사회적으로는 전염병을 몰고 오는 '우환동포'라는 인식이 확산되었으며, 굶주림에 지친 나머지 강도죄가 증가하자 범죄 집단이라는 오명까지 떠안게 되었다.[4] 이처럼 해방기 남한 사회로 유입한 전재민 수가 늘어나면서 기존 남한 정주민의 물질적 토대뿐 아니라 심지어 정신적 측면에도 크나큰 영향을 미치게 된다. 남한 사회에서 그들은 포섭과 배제 사이에 놓인 존재로 취급되었고, 귀환 이후 전재민은 정착 과정에서 겪는 어려움을 이해받지 못한 채 사회문제를 유발하는 존재로 취급되었다.

해방기 남한 사회에서 전재민의 취약한 사회적 처지나 불안정한 거주 환경에 대한 묘사는 당시 신문 기사에 나타났을 뿐만 아니라 당시에 쓰인 문학 작품에서도 쉽게 찾을 수 있다.[5] 이러한 문학 작품은 주로 1946년부터 1950년 사이에 발표되었으며, 전재민을 묘사하는 특성에 공통점이 있다. 즉 작품 속에서 전재민이 거처하는 주거의 형태는 대부분 임시 가설 주택으로 언제나 외부 위험에 노출되어 있어 일반적인 집이 지닌 안정성이 결여된 상황이다. 즉 전재민의 거처는 정상적 주거 형태로서의 집이 가져야 할 과거의 추억과 미래에 대한 전망을 통합하는 기능도 제대로 갖추고 있지 않다. 이들의 삶이 대부분 불안감과 좌절감으로 채색되어 있고, 과거와 미래로부터 단절되어 있다는 점 등은 이들의 주거 공간이 불안정하다는 것과 밀접하게 관련된다. 또한 등장인물이 경험하는 여러 좌절의 양상도 주거 공간의 형태와 밀접히 관련되어 있다.[6]

그런데 주거 환경이 좋지 못하고 자신의 집을 소유하지 못한 비율이 높다는 점만이 전재민의 주거 불안을 야기하는 요인이었던 것은 아니다. 독립된 공간에 머무르는 상황에서도 많은 전재민은 소외를 경험한다. 더욱 주목하고 싶은 것은 이러한 전재민의 주거 공간의 불안정성을 다룬 작품은 기존 학계의 '귀환 서사' 연구에서 주로 다뤄져왔고 귀환 경험을 실제로 갖고 있는 김만선, 안회남, 염상섭, 허준 등의 작가만이 아니라 해외 이주나 귀환 경험이 없는 작가의 작품에서도 동일하게 나타난다는 점이다. 이는 해방기 귀환민이나 전재민이 겪는 생활고와 정착 문제는 일상적이면서도 매우 심각한 사회적 화두였고, 따라서 문단 안팎으로 그에 대한 논의가 활발했음을 방증한다.

이러한 점에서 이 글은 전재민이 해방기 남한에 '귀환한 이후'의 삶 그리고 그들이 해방기 남한 사회에 정착하는 과정에서 나타나는 난민화를 동반하는 제 현상을 주목한다. 특히 전재민을 해방기 사회에 포섭하려는 지배적 이데올로기로서 '동포애 담론'이 과잉되는 동시에, 현실적 면에서는 전재민을 배제하는 경향이 드러나면서, 여러 가지 균열 현상이 교차하게 된다. 이 글은 이처럼 해방기 전재민에 관한 문학적 서사를 비판적으로 검토함으로써 그들이 고국(고향)으로 귀환한 후 다시금 해방기 남한 사회에서 겪었던 정착의 불/가능성을 탐구해보고자 한다. 이러한 접근은 해방과 함께 시작된 난민화 과정을 정체성과 경제적 측면을 연결해 파악할 수 있는 구체적인 방법론을 제시해줄 것이며, 이를 통해 어떤 새로운 논의가 가능할지를 모색하게 해줄 것이다.

이러한 관점에서 볼 때 해방기 사회에서 전재민 문제를 논할 때의 핵심은 단지 전재민에 대한 것이 아니라, 전재민과 정주민의 관계를 묻는 것에 있다고 생각한다. 전재민이 해방기 남한 사회에 통합 혹은 정착하는 과정은 결코 저절로 이루어지는 것이 아니라, 정주민 사회와 끊임없이 상호작용을 하고 또한 정주민이 그들을 사회구성원으로 인정하는 과정을 거쳐야 가능한 것이기 때문이다. 이러한 논점을 분명히 하고 각각 다음과 같은 내용을 다루려고 한다.

먼저 '정착의 '조건'과 그 불만'에서는 기존 전재민 연구에서 다뤄온 작품 중에서도 특히 엄흥섭의 〈발전〉(《문학비평》, 1947년 6월)과 채만식의 〈소년은 자란다〉(유고, 1949년, 《월간문학》, 1972년 9월)를 대상으로 전재민이 고국(고향)으로 '귀환'한 후 해방기 사회에 정착하는 과정에서 정주민과 어떠한 상호작용을 일으키는지를 주목한다. 이와 같은 전재민의 정착 과정은 '탈식민-민족국가 건설'이라는 지배적 이데올로기 아래 이뤄졌기 때문에, 그들의 정착은 단지 사적 차원뿐 아니라 공적 차원에서 사회의 일원으로 인정될 수 있는 '조건'에 부합해야 가능했다는 측면이다. 이러한 점들을 살펴보기 위해 엄흥섭과 채만식의 소설 중에서도 전재민과 정주민의 상호관계가 부각된 소설을 살펴보고, 전재민을 환대하기 위해서 어떠한 조건이 필요한지를 살펴보려고 한다.

다음으로 '참을 수 없는 책임의 가벼움'에서는 논점을 바꾸어, 남한 정주민이 어떠한 시각으로 전재민의 정착 문제를 바라보는지에 초점을 둔다. 이를 위해 전재민 문제를 다룬 당시 작품 중에서 남한 정주민의 눈에 비친 전재민의 불안정한 삶이 묘사된 것을 중심으로 다루되, 특히 여성 전재민의 매매춘 문제에 초점을 맞추려고 한다. 뒤에서 자세히 살펴보겠지만, 해방기 남한 사회에서 전재민에 대한 부정적 인식을 심화한 대표적 사례 중

하나가 전재민 여성이 주한미군을 상대로 했던 '밀매음' 문제이기 때문이다. 예를 들어 황순원의 〈담배 한 대 피울 동안〉(《신천지》, 1947년 2월)과 김광주의 〈악야惡夜〉(《백민》, 1950년 2월)를 살펴본다. 이를 통해 첫째, 해방기 사회에서 전재민의 생계와 생존 및 정착의 어려움이 여성의 젠더 규범 및 섹슈얼리티와 어떻게 복잡하게 얽혀 있는지, 또한 그것이 어떤 사회구조적 맥락에서 기능했으며, 어떤 지점에서 문제를 내포하고 있는지를 고찰한다. 둘째, 해방기 남한에서 전재민의 사회 적응은 단지 그들만의 문제가 아니라 정주민과의 관계에 대한 문제임을 명확히 한다. 특히 이 익숙하고도 낯선 '동포'에 대한 윤리적 책임이 가능할지를, 정주민이 전재민의 고통에 얼마나 공감할 수 있었는지를 통해 살펴본다.

이처럼 해방 직후 발표된 소설에 나타난 전재민에 대한 표상을 전재민과 정주민의 상호작용 속에서 분석함으로써 전재민의 '귀환'이 지닌 의미를 조국에서 그들이 경험한 '정착' 불/가능성 속에서 모색하고자 한다. 이러한 작업을 통해 전재민의 경험에 한정되어 있거나 귀환의 순간에만 초점을 맞춘 기존의 '귀환 서사' 연구를 확장하고자 한다.

정착의 '조건'과 그 불만: 전재민의 정착과 해방기 민족 담론과의 경합

'탈식민-민족국가 건설' 담론으로 수렴되는 정착: 엄흥섭, 〈발전〉

해방 후 해외에서 돌아온 귀환민 혹은 전재민에게 한반도로의 귀환은 끝이 아니라 또 하나의 시작이었다. 엄흥섭의 귀환 연작 〈귀환일기〉와 〈발전〉은 특히 순이라는 인물을 통해서 전재민의 귀환에서 정착까지의 상징적 의미를 잘 보여준다. '귀환 서사' 작품 중 대표작으로 평가받는 엄흥섭의 〈귀환일기〉 속편에 해당하는 〈발전〉은 전작의 내러티브를 이어 '여자 정신대' 신분으로 일본에 강제 징용되었던 순이와 영희가 고국 조선에 귀환한 후 정착하기까지의 과정을 서사화한다. 이 작품은 조선으로 귀환한 후 벌어진 일련의 정착 과정이 어떻게 당대에 팽창했던 '탈식민-민족국가 건설' 담론과 결합되어 포섭되어가는지를 매우 전형적으로 보여준다.

　일본에서 조선으로 돌아오는 배에서 '건국동이'로 명명되는 아이를 낳은 순이는 산욕産褥으로 인해 즉시 고향으로 돌아가지 못하고 부산에 있는 '전재동포수용소'와 '전재동포치료소'에 머무르며 치료를 받는다. 고생 끝에 그녀들은 드디어 고향 서울에 돌아와 옛 가족과 재회하기 위해 동분서주하는데, 이 과정에서 이들은 고향(고국)이 고대했던 모습과 사뭇 다르다는 현실을 직면한다. 우선 그녀들의 가족은 일제강점기 말에 일본 총독부의 강제 소개 정책으로 시골로 내쫓겼고 원래 있던 집도 다 식민 당국에 의해 허물어져 버려졌다. 더군다나 새로 생긴 '국경선' 삼팔선으로 인해 이북으로 이사 간 가족을 자유롭게 찾아갈 수도 없게 된다. 기대와 상반되는 고국(고향)의 이질적이고 낯선 광경, 더불어 새로 들어온 군정 권력에 의해 자유로운 이동이 불가능해진 그녀들은 고향에서 '귀환'의 의미를 얻지 못하게 된다. 이로써 그녀들은 "고국이라고 돌아왔으나 차라리 돌아오지 않은 것만 같지 못함을 깨달았다"라는 환멸을 느낄 수밖에 없었다. 이때 그녀들에게 '귀환' 또는 '정착'이란 단지 고국으로 돌아온다는 것에 그치지 않고 그녀들이 일본으로 강제 징용되기 이전, 즉 기존에 단란했던 가족적 질서와 온전한 삶의 터전이 식민 권력에 의해 파괴되기 이전의 시공간으로 회귀하는 것을 의미한다.

　가족과 상봉할 날을 기대하며 서울에서 생존하려는 그녀들은 우선 기본의식주 문제를 해결하기 위해 안정된 취직자리를 필요로 한다. 그러나 혼자 힘으로 해방기 남한 사회에서 자력갱생하려는 그녀들이 생계 문제를 해결하려고 할 때 겪는 가장 큰 어려움은 무엇보다도 과거 식민 권력에 의해여자 정신대로 끌려갔다가 술집 작부로 전락하는 과정에서 강제로 습득한 '능력'이 해방기 사회에서 발휘될 수도 없다는 점이다.

"자, 이럴 게 아니라 우리 둘이 나서서 벌자, 우선 먹어야 한다. 살아 나가야 부모도 만나보지 않겠니?"

순이가 이렇게 의견을 내었을 때 영희는

"멀 해 벌겠수, 돈이 있어 떡장수를 하겠수, 담배장사를 하겠수."

"넌 장사만 아니?"

"그럼 뭐?"

"공장이라두 가자꾸나."

"아이는 어떡허구? 업구?"

"글쎄! 아이는 어떡허나…."

"언니는 남의 집 식모나 들어가우, 나는 다시 술집으로 나가겠수."

"너 정말 그 지긋지긋한 놈의 술집살이가 또 생각나니?"

"누가 생각나서 그러우. 당장 먹고살아갈 길이 없으니까 그렇지."

"허기야 너나 나나 배운 것이 없어 회사나 관청 같은 덴 명함두 못 들인 거구, 배운 게 도적이라고, 그동안 배운 게 술장사였으니깐…. 그렇지만 해방되었다는 내 땅, 내 고향, 내 나라에 나와서까지도 너나 내가 술집 돼서 쓰겠니!"

순이는 제법 철들은 소리로 영희를 타이르며 눈물을 초르르 흘린다.[7]

이처럼 그녀들이 해방기 남한 사회에서 유일하게 생계를 유지할 수 있는 수단은 일본에서 술집 작부 신분으로 살아오는 동안 익혔던 술 상대 또는 술장사 '능력'이다. 그러나 과거 식민 모국인 일본으로 강제 징용되어 거기서 쌓아온 경험과 체화한 '식민지적/성적 아비투스habitus'는 해방기 남한 사회에 적응하는 것을 도리어 어렵게 만들었다. 그뿐만 아니라 해방기의 '탈식민-국가 건설'이라는 지배적 민족 담론 속에서 그녀들의 과거 경험은 수치스러운 것으로 여겨지게 되고, 심지어 그녀들 스스로를 자기혐오에 빠뜨리는 원인이 되기도 한다. 이처럼 과거 식민기에 그녀들의 (성)노동이 강제된 것이었음에도 그 강제성이 고려되지 못한 채 수치스러운 일로 여겨지는 것은 해방기의 남성화된 '탈식민-국가 건설' 이데올로기가 순이와 영희의 내면에 복합적으로 작동한 결과다.

안정된 직장을 구하지 못한 그녀들은 어쩔 수 없이 남의 집 문간방을 사글세로 얻어 열악한 환경에서 궁핍한 살림을 견뎌야만 한다. 그간 고국에 품어왔던 기대에 대한 좌절, 해방기의 불평등한 사회적 재화 배분, 더불어 사회적 공동체 의식 부재에 불만과 울분이 가득 차게 된 그녀들은 대체 "무엇 때문에 고국에 나왔는지, 누구를 보러 그 지독한 풍랑과 싸우며 현해탄을 건너왔는지"라고 하며 심각한 회의에 빠진다. 이로써 "남을 믿지 말자. 남자를 믿지 말자. 오직 내가 나를 살리기 위해서 힘쓰자. 버티자"라고 말한다. 즉 해방기 남한 사회에서 공동체 일체감 부재라는 현실을 자각하면서 국가나 민족의 도움에 의지하지 않고 제힘으로 세상에서 홀로 살아가기로 각오하게 된다.

앞으로의 계획에 우왕좌왕하던 그녀들은 일본에서 도움을 받았던 조선인 청년과 때마침 재회하게 된다. 엄흥섭의 전작 〈귀환일기〉에서 그는 그녀들에게 추운 겨울밤 담요를 덮어주고, 귀국선 표까지 마련해준 민족적

구원자의 형상으로 나타났다. 이어서 〈발전〉에 재등장한 그는 동정적인 어조로 그녀들에게 "고국에 돌아오셨으니 일본서 겪던 따위의 학대와 모욕을 당할 만한 직업을 가져서는 안 됩니다"라고 하면서 아파트 사무실의 여사무원이라는 취직자리를 소개해주고 아파트 방까지 마련해준다. 이로써 순이와 영희는 드디어 고국에서 안정적으로 정착할 기반을 획득하게 된다. 이 과정에서 전작 〈귀환일기〉에서 아직 익명으로 등장했던 청년은 김용운이라는 이름과 그의 응징사동맹應徵士同盟 지방연락부원地方聯絡部員이라는 신분까지 밝혀진다.*

김용운의 정체를 알고 난 뒤 순이와 영희는 더욱 그의 민족적 정신에 계도되어 자신들도 "'정신대'에 강제로 뽑혀갔다 왔으니까 '정신대동맹'이라두 만들어야 할 게 아닌가"라고 정치적으로 각성하는 주체적인 모습을 보이기 시작한다. 나중에 그녀들은 또한 아파트에서 운영하는 '조선부녀동맹'에도 참여해 모임에서 연설도 듣고 한글도 배우기 시작하면서 "비로소 세상이 어떻게 되어 나가는 것"을 깨닫게 된다. 이를 통해 순이는 드디어

---

* 응징사應徵士란 강제 징용되어 주로 탄광과 공장에서 행하는 총동원 업무에 종사한 조선인을 가리킨다. 1942년 6월 미드웨이해전 이후 태평양전쟁의 주도권을 빼앗긴 일본은 악화된 상황에 적극적으로 대응하기 위해 국민징용령 3차 개정을 시행한다. 총 4차에 걸친 국민징용령 개정 가운데 조선인의 해외 송출과 인력 동원 성격에 영향을 미친 것은 3차 개정에서 제시되었던 '응징사제도'다. 이는 징용을 '황국근로관'에 입각한 '의무'로 받아들이게 하기 위한 제도였으며, 이 제도에 기초하여 조선인 노동력을 피징용자로 전환하는 과정이 손쉽게 이루어지게 된다. 국민징용령(칙령 제600호. 1943년 7월 20일 공포, 8월 1일 시행. 조선과 타이완, 화태, 남양군도에서는 9월 1일 시행) 16조에 기반해 피징용자에 대한 호칭으로 '응징사'가 사용되기 시작했다. 응징사와 관련해서는 정혜경, 〈국민징용령과 조선인 인력동원의 성격: 노무자와 군속의 틀을 넘어서〉, 《한국민족운동사연구》 56, 2008을 참고할 것. 이 부분은 김윤진, 〈해방기 엄흥섭의 언어의식과 공동체의 구상〉, 《민족문학사연구》 60, 2016, 435쪽, 각주 51에서 재인용함.

"내 나라가 좋고 내 동포가 좋다"라고 느끼며 해방기 조선의 민족 공동체에 대한 신뢰를 되찾는다. 또한 신생 조선의 자주독립을 위해 적극적으로 동참하고 밝은 미래로 나아가는 것으로 소설은 마무리된다. 이렇듯 전재민 순이와 영희와 그녀들의 고국 정착을 돕는 청년 김용운은 '도움 주기-도움 받기'의 관계로 묶여 있다. 그리고 이 관계는 그녀들을 해방기 남한에서 기대하는 이상적 민족 구성원의 모습으로 구축하기 위한 것으로, 당대 사회의 지배적 민족 담론을 기반으로 하는 계몽적 성격을 지니고 있다고 할 수 있다.

이처럼 청년 김용운의 인도를 통한 직업 획득과 새로운 민족 공동체에 대한 참여는 순이와 영희가 해방기 남한 사회에서 안정적으로 정착하도록 도울 뿐만 아니라, 민족적 오점으로 취급되었던 과거의 '식민지적/성적 아비투스'를 떨쳐내고 전재민의 생활 및 사고방식 자체를 변화시키는 동력으로 기능하기도 한다. 이를 계기로 그녀들은 강제 징용되었던 기간 동안 가지게 된 과거의 부정적인 자산을 벗어나 해방기 신생 조선 국가 건설의 일원으로 투신하는 주체적인 모습으로 변신한다. 그러나 주목할 것은 이때 김용운의 도움은 개인적이고 인도주의적인 차원이 아니라 민족적 통합이나 계몽적 목적을 기반으로 하는 동원의 논리를 지니고 있다는 점이다. 이처럼 청년의 사적 동정의 실현 과정은 실상 해방기 사회의 집단적 파토스와 긴밀히 연결되는 것이다.

〈발전〉이라는 작품의 제목이 암시하듯, 소설은 이렇게 여성 전재민이 과거 식민기에 피식민지인이자 여성으로서 겪은 경험과 고통을 '수치스러운 흔적'으로 의미화하고 다시금 그것을 청산하고, 탈식민-민족국가에 부합하는 이상적인 주체로 구축해낸다. 궁극적으로 순이와 영희가 처음에 조선으로 귀환한 후 가졌던 옛 가족과의 상봉이라는 '사적인 정착'에 대한 소망과 기대는 결국 해방기 국가 건설이라는 '공적인 귀속'으로, 즉 민족 공동체의 일원으로 인정받는 것으로 옮겨가고 말았다. 소설의 마지막은 순이와 영희가 동포애와 민족애로 감싸여 새로운 국가 건설에 동참하게 되는 것으로 마무리된다. 이를테면 전작 〈귀환일기〉에서는 신생 조선의 상징인 '건국동이'의 출산이라는 민족적 통과의례를 계기로 '귀환'이라는 의미를 얻었다. 또한 〈발전〉에서는 순이의 안정적인 고국 '정착' 역시 민족 건설과 관련된 취직자리의 획득과 새로운 조국에 대한 지식의 습득을 매개로 당대의 '탈식민-국가 건설'이라는 지배적 담론과 연계되는 조건 속에서야 가능해질 수밖에 없음을 보여준다. 그렇지 않은 존재나 가치는 결국 해방된 조국 외부로 배제되는 것이다.

민족 담론과의 불화와 조건적 정착: 채만식, 〈소년은 자란다〉

앞에서 살펴본 것처럼 엄흥섭의 〈발전〉이 귀환민 및 전재민의 '귀환'을 탈식민-민족국가로의 포섭과 그 불/가능성을 통해 그려냈다면, 채만식의 〈소년은 자란다〉는 전재민의 정착 과정이 이러한 당시의 민족 담론으로 포섭되지 않는 지점을 구체적으로 시사한다는 점에서 의미가 있다. 〈소년은 자란다〉는 채만식 사후에 발표된 작품이다. 유족이 20년 넘게 보관하고 있다가 1972년 《월간문학》에 실리면서 세상에 알려지게 되었고, 1987년 《채만식 전집》이 발간될 때 복원되었다.[8]

이 작품의 주인공 영호는 식민기에 부모가 경제난으로 만주로 이주하여 그곳에서 나고 자란 14세의 이주민 2세다. 혈통으로는 조선인이지만 실제적인 '조국 경험'이 없는 그에게 조선은 상상 속에서만 존재할 뿐이다. 이 작품은 영호 일가의 만주에서 한반도로, 그리고 한반도에서도 그들의 최종 정착지까지의 귀환 여정을 주축으로 하고, 그 과정에서 영호 남매가 어머니의 죽음을 겪고 아버지와 헤어진 후 천신만고 끝에 남한에 정착하면서 정체성을 확립해가는 과정을 보여주는 일종의 여행-성장 서사의 형식을 취한다. 특히 이 소설은 영호라는 소년의 순진한 시선, 더구나 해방 이후 난생처음으로 조선 땅을 밟은 이주민 2세의 눈을 통해 낯익은 해방기 남한 사회에 내재한 구조적 모순을 독특한 형식으로 비판한다.

고국으로 돌아온 영호 일가를 맞이하는 것은 동포의 따뜻한 마중과 포옹이 아니라 또 한 번의 가족 이산과 해방기 남한에서 맞닥뜨린 정처 없는 불안정한 현실이다. 특히 영호를 가장 낙심하게 한 것은 무엇보다도 해방기 사회에서 전재민에게 동포로서 운명을 함께하고 동정과 연민을 베푸는 같은 조선인으로서의 공동체 의식이 부재하다는 점이다. 귀환 후 영호는 조선인의 환대와 위로를 기대했으나 그것은 단지 자기 공상에 지나지 않았다는 것을 새삼 체감하게 된다. 영호의 눈에 비치는 해방기 남한 사회에서 전재민의 처지와 남한 정주민의 처세는 완전히 대비된다. 난생처음으로 단정하게 옷을 "잘 입고 버젓하여 보이"며 "군 고기에 누런 기름이 둥둥 뜨는 고깃국에 맛있는 김치에 설설 녹는 입쌀밥으로 불룩하도록 밥을 마침 먹고 나선" 기름기가 번들거리는 입술을 보이는 '조국' 사람들의 풍요로운 모습을 보고 영호는 심지어 "저 사람들이 저희들처럼 조선 사람이 아닌 성만 싶어졌다"[9]라고 의혹에 빠진다. 그뿐만 아니라 서울 정주민이 영호 일가를 비롯한 전재민에게 "전재민이로구나, 외국에서 해방을 듣고 돌아온 동포로구나, 여기어 유심히 보거나 더우기 동정의 빛을 보이거나 하는 사람은 단 한 사람도 없"[10]고 "오직 영호네를 주의하며 지나치는 것은 의복이 추레하고 철 지난 것이며, 기운이 없고 어릿어릿하는 것으로 한번 보아 전재민인 것을 분간할 수 있는 같은 전재민들뿐"[11]이다. 이처럼 해방기 남한 사회에서는 운명을 함께하는 공동체로서의 민족이라는 일체감이 존재하지 않으며 기민하게 처세하고 모리를 하는 서울 정주민과 귀환 전재민으로서 그러한 처세를 할 수 없는 '우리'가 확연하게 구별된다.[12] 결국 영호가 기대하는 전재민에 대한 동정과 연민이라는 공동체적 유대감은 전혀 존재하지 않으며, 이는 단지 같은 처지에 놓인 전재민 사이로 한정될 뿐이다.

유일하게 그들에게 동정과 연민을 내보인 것은 영호네가 기차를 타고 목포로 내려가는 도중 대전에서 아버지와 엇갈렸을 때 영호 남매의 절박한 처지를 알고서 친절하게 대해주는 기차역 내 사람들이다. 이들은 전재민으로서 영호 남매의 사회적 처지와 아버지를 잃어버렸다는 사실을 진심으로 이해해주고 대가 없이 그들을 위해 돈도 모아주고 아버지를 되찾는 방법도 일일이 알려준다. 영호의 눈에 이들은 "결코 부자 사람들이나 훌륭하다는 사람들이 아니었다. 옷 차림차림이랑, 거친 살결이랑, 다 같이 가난하고 명색도 없는 사람들"[13]이다. 이처럼 대전 기차역 내 사람들은 이기주의적 서울 정주민의 태도와 전혀 다른 양상을 보인다. 이로써 영호는 '거리의 동정심'과 '뱃간이나 찻간의 동정심'[14]을 구분하면서 해방기 남한 사회의 현실을 인식한다.

이렇게 '고국'으로 귀환한 후 해방기 남한 사회에서 정착하려는 과정 중에 겪었던 사회적 현실로서의 여러 조선인에 의해 이주민 2세 영호가 가진 '조선인'이라는 정체성은 끊임없이 바뀌고 새로 구성되기도 한다. 결국 채만식의 〈소년은 자란다〉의 결말에서 주인공 소년 영호는 드디어 고국(고향)으로 귀환한 뒤 정착하는 과정에서 사고로 헤어진 아버지 되찾기를 포기하고 자신의 힘으로 동생 영자를 데리고 이 땅에서 살아가기로 마음을 다진다. 실종된 아버지에 대한 집착을 내려놓는 순간에야 소년 영호는 드디어 그간 계속 지연되고 완수되지 못한 '귀환' 여정의 종지부를 찍을 수 있었고 해방기 남한 사회에서 '정착'하기로 결단을 내릴 수 있었던 것이다. 이와 동시에 영호가 비로소 다른 사람의 지도 없이 스스로 책임질 수 있는, 즉 미성년 상태에서 벗어나는 성장 또는 계몽의 의미를 얻게 되어 제힘으로 동생 영자를 부양하는 자립적 주체로 변신하게 된다.

그러나 이때 성장과 계몽의 세례를 거친 소년 영호가 최종적으로 선택하는 '정착'의 형식이 종래 민족 담론으로 수렴되는 대부분의 귀환 서사의 도식에서 벗어나 있다는 점에 주목할 필요가 있다.

> 아버지…
> 아버지는 아무리 생각하여도, 이제는 세상을 떠난 것으로 여길 수밖에는 별수가 없었다.
> 아버지는 세상을 떠났고…
> 저 홀로 이 세상에 있었다.
> 영호, 저 자신에 대하여서나 영자한테 대하여서나, 이 세상에 오직 영호 저 하나만 있을 따름이었다.
> 부모도 없고, 영자를 데리고서 저 혼자인 영호는 그러므로 영자를 데리고 저 혼자서 이 세상을 살아가야 하는 것이었다.
> 내일 정거장에 나간 길에 방을 하나 얻고, 조그맣게 하꼬방 장사를 내자면 얼마나 들겠는지, 부디 알아보아야 하겠다고 영호는 생각을 하였다.[15]

인용문에 제시된 '홀로', '자신', '혼자' 같은 표현에서 잘 드러나듯이 영호는 누구의 도움도 없이 제힘으로 이 세상과 맞서겠다는 강력한 의지를 보인다.[16] 이는 사회적 주체로 성장한 소년 영호가 앞으로 참여하게 될 해방기 남한과의 관계 맺기를 어떻게 상상하는지를 보여준다. 이 소설의 결말에서 소년 영호의 정체성 확립은 국가로의 소속과 대립적 관계로 표출된다. 즉 소년 영호의 성장은 해방기 남한 사회의 정치적, 구조적 현실을 깨닫게 되는 순간이며, 신생 조선의 '국민-되기' 계획이 좌절되는 계기이기도 하다. 궁극적으로 〈소년은 자란다〉에서 영호의 정착 방식은 오직 동생과 이루어지는 하나의 가족적 질서에만 한정되어 있고 해방기 남한 사회의 민족주의적 담론으로 수렴되지 않는다. 이처럼 채만식은 전재민의 정착이 당대 사회의 '민족국가-국민 되기'의 집단 윤리적 계획과 현실적으로 양립 불가능하다는 사실을 보여주는 셈이다.

그러나 설령 이 작품에서 채만식이 해방기 사회에서 전재민에 대한 동정과 연민의 시선이나 전재민의 정착 불/가능성을 비판적으로 지적한다고 할지라도, 그 또한 전재민 내부의 위계질서를 무의식중에 재생산하고 있다고도 볼 수 있다. 주인공인 영호라는 모범적인 전재민의 형상을 내세움으로써 또다시 전재민 내부의 위계를 만들고 있기 때문이다. 헤어진 아버지의 소식을 기다리면서 기차역 정거장 대합실에서 머무르는 동안 영호 남매는 남을 거슬리게 하거나 남에게 괄시받은 적이 없었고, 오히려 주위 사람들로부터 이해와 동포애가 가득 찬 베풂을 받았다. 그러나 이들에게 주어진 시혜는 결코 무조건적인 것이 아니었다. 오히려 다른 나태하고 더러운 존재로 취급되는 전재민과 구분을 지으면서 비로소 남한 정주민의 동정을 받을 만한 주체로 인정되어야 가능한 것이었다.

그러한 모범 전재민인 영호의 시선에 비친 다른 전재민의 모습은 대낮에도 거적을 깔고 "얼굴과 수족이 땟국과 먼지에 시꺼멓게 쩔어가지고, 숱한 사람이 들끓는 대합실 바닥의 거적 위에 가누더기를 뒤쓰고 멀뚱멀뚱 누워 있는 것은 허릴없이 거지요, 거지 하고도 게으른 거지로밖에 보이지 않는 것이었"[7]다. 심지어 정당한 직업을 찾지도 않고 단지 "조석으로 끼니때를 기다려, 여자들과 아이들이 바가지야 깡통아야를 들고 거리로 나가서 밥을 빌어도 오고 하는"[18] 거지와 같은 모습으로 비춰지기까지 한다. 이 아무 생산성이 없고 그저 나태함에 빠진 전재민의 모습에 대해 영호는 "세상에서 제일 헛길 가는 사람-거지가 되라니, 그것은 죽기만도 못할 일"[19]이라고 그들을 천대하면서 한 인간으로서 가져야 할 존엄의 최저선을 영위하고자 노력한다. 그뿐만 아니라 "정거장에서 전재민이고 찾손님이고 할 것 없이 정거장 안팎을 온통 변소를 만들어"놓은 것을 본 영호는 이들과 다르게 행동하겠다고 결심하며 잠자리를 깔끔하게 정리한 후 변소를 다니곤 한다. 또한 매일 영자를 데리고 정거장 안의 수통으로 가서 세수하고 매일 갈아입는 옷을 꼬박꼬박 씻어 최대한 정결한 모습을 유지하고자 한다. 이렇게 부지런하고 일사불란한 모습을 한 영호 남매의 사정이 소문으로 정거장 안팎으로 퍼지면서 기차역에 넘나드는 여객의 인정을 받았을 뿐만 아니라 파출소장도 그들의 정황을 이해하고 칭찬까지 해준다.

즉 다른 전재민을 '더럽고 나태한' 존재로 규정하면서, 이들과 구분되기 위해 끊임없이 깨끗하고 건실한 모습을 보이는, 해방기의 주류적 가치에 부합하는 영호 남매의 모습을 그리고, 이들만이 고국 동포의 동정을 받을 만한 주체로 그려낸다. 무엇보다 가난이나 굶주림에 지지 않고 부지런하고 건실한 태도를 지니고, 규율을 지키고 생산성을 유지하는 이른바 '바람직한 국민'의 형상일 때 비로소 정주민에게 동정받을 자격이 주어진다. 이렇게 영호에게 주어지는 동정과 시혜는 실상 생산성이 있는 모습을 보여야 해방기 사회에서 도덕적으로 타인의 동정과 베풂을 받을 만한 약자라고 인정될 수 있다는 사실을 보여준다.

반면 이상적인 이미지에 부합하지 못하고 심지어 도덕적으로 타락한 것으로 규정되는 전재민은 동정과 연민의 범위에서 제외됨으로써 철저히 해방기 남한의 사회적 질서에서 배척되고 버려지는 존재가 된다. 결국 이 작품에서 해방기 남한 사회에서 전재민 동포에 대한 동정과 연민 그리고 전재민의 정착 가능성은 당대의 민족 담론에서 벗어나지만, 그럼에도 여전히 이상적인 전재민 동포의 이미지에 부합하는 한에서만 가능하다는 점에서, 탈식민-국민국가의 '조건'으로 수렴되고 만다. 즉 궁극적으로 전재민에 대한 환대 혹은 인정은 여전히 조건적이라고 보아야 할 것이다.

이러한 일방적이고 비대칭적 '전재민 환대'에 대한 조건 설정은 해방기 사회에서 전재민에 대한 주류 정주민 사회의 위계를 공고히 한다. 그리고 이때 그러한 사회적 기대에 미치지 못하는 전재민에 대한 사회적 낙인은 더욱 강화되는 것이다.

참을 수 없는 책임의 가벼움:
해방기 전재민 여성에 대한 방관자적 시선

해방기 남한 사회에는 '전재민', '전재동포'를 '민족애'로 포섭하려는 담론이 팽배했음에도 여전히 그들을 사회·치안적 관점으로 바라보면서 경계하고 배제하는 경향이 공존하고 있었다. 엄흥섭과 채만식의 소설이 보여주듯이, 해방기 남한 사회에서 전재민은 탈식민-국민국가 건설을 위한 '민족애'라는 담론으로 '포섭되면서도 배제'되는 방식으로 작동했다. 특히 해방기 남한 사회에서 전재민에 대한 부정적 인식은 크게 범죄, 부랑, 걸식, 매매춘 등의 '사회·질서적 시선'과 질병, 마약중독 등 '위생·보건적 시선'으로 나누어볼 수 있다. 이 가운데 질서 및 위생과 권력 그리고 윤리적 규범이 중첩되어 전재민에 대한 부정적 인식을 강화한 대표적 사례는 전재민 밀매음 문제다.[20] 당시 신문 보도에 따르면 생활고를 버티지 못해 윤락

가로 넘어가는 전재민 여성이 적지 않았다.[21] 즉 해방기 남한 당국의 입장에서 전재민 여성이 규범적인 성적 역할을 위반하는 행위, 특히 주한미군을 상대로 하는 성매매는 전재동포의 도덕적 타락 또는 '조선민족의 순결성'을 훼손하는 행위로 치부되었고 민족적 위기를 불러일으키는 상징적 징후로 여겨졌다.

전재민에 대한 공감의 한계: 황순원, 〈담배 한 대 피울 동안〉

이러한 지점을 염두에 둘 때 황순원의 〈담배 한 대 피울 동안〉(《신천지》, 1947년 2월)은 '그'라는 주인공의 방관자적 시선으로 8·15 이후 일본에서 해방된 고국을 되찾은 해외 귀환 전재민 여성이 거리에서 매음하는 여자로 전락하고, 이후 심지어 생계를 위해 다시 옛 식민 모국인 일본으로 '역귀환'할 수밖에 없는 처참하면서도 역설적인 사회적 현실을 되비춰준다는 점에서 시사적이다. '그'는 재판소의 수습 서기로 10여 년간의 직업 생활 동안 아침마다 헌 신문지로 담배 한 대를 말아 피우곤 한다. 어느 날 그는 찢어내던 신문지 조각에서 제목이 〈밀항자 색출〉, 부제는 '그 대부분이 거리의 여자'라는 기사에 시선이 끌린다. 기사의 내용은 식민기에 일본으로 가게 되었던 조선 사람이 해방 후 고국이라고 찾아왔다가 살길을 찾기 위해 또다시 일본으로 밀항하다 경비대에 붙들렸다는 일화다.

기사에 따르면 밀항자는 거의 일본에서 들어왔던 사람이고, 그중 많은 이들이 '거리의 여자'였다는 것이다. 또한 앞으로 급증할 밀항자를 막기 위해 이들을 즉시 재판으로 처벌했다는 것이다. 불과 몇 달 전만 해도 이와 비슷한 사건은 해방기 남한에서 크게 보도되어 한동안 대중을 경악하게 했지만 이후에도 비슷한 사건이 빈번하게 신문지상에 오르자 독자가 그 충격에 둔감해지는 정황을 보여준다. 이제 이러한 사건은 더 이상 해방기 조선 사회에서 사람들의 흥미를 끌지 못할 하잘것없는 일상의 풍경으로 취급되었던 것이다.

주인공 '그'도 역시 이렇게 무덤덤해진 사람 가운데 하나다. 다만 '거리의 여자'라는 대목이 '그'로 하여금 어제저녁 다동 목로집에서 봤던 양장을 한 미군 접대부처럼 보이던 여자를 상기시킨다. 더불어 직감적으로 그 여자가 혹시 일본에서 들어온 거리의 여자 중의 하나가 아닌가 하고 사색에 잠긴다. 그러나 그 여자를 떠올리는 것도 잠시뿐, 불이 꺼지고 담배가 다 타는 순간 그는 다시 그 여자에 관한 모든 사정을 잊어버린다. 이처럼 담배 한 대를 태우는 시간 동안 기억과 망각 사이에 불쑥 떠오르는 거리의 여자에 대한 단편적인 회상이 이 작품의 서사적 주축을 이룬다.

이 작품은 '그'의 시선을 통해 해방기 사회에서 생활고에 시달리다 '거리의 여자' 신세로 전락하거나 다시 일본으로 밀항하는 전재민의 수난 경험에 대한 동정과 공감의 가능성을 타진하는 동시에 그 형성 과정을 다른 인물들과의 관계망을 통해 보여준다는 점에서 더욱 의미심장하다. 어제 술집에서 봤던 거리의 여자와 흥미로운 대조를 이루는 등장인물은 식민기, 즉 주인공 '그'가 어렸을 때 그의 아버지와 친형제 같은 사이였고 '그'의 가족과도 관계가 유난히 깊었던 송암 선생이라는 인물이다. 아버지가 돌아가신 후 30년 동안 연락이 두절되었던 송암 선생이 최근 갑자기 찾아와 자기 아들을 대서소에서 일하게 해달라고 부탁한다.

'그'는 송암 선생 일가의 어려운 처지에 동정적인 태도를 지니고 정성스럽게 이들의 삶을 돕고자 하지만, 실제 '그'의 직위와 능력으로는 송암 선생의 청탁을 도와주기에 역부족이다. 옛날부터 쌓아온 인정이 깊었던 만큼 송암 선생의 부탁을 들어주지 못해 주인공 '그'는 한없이 죄책감을 느끼고 자책한다. 그럼에도 그는 여전히 송암 선생 일가를 도와야 한다는 책임감에 괴로워한다. 그러나 이와 대조적으로 그가 거리의 여자에게 느끼는 상상적 동정과 연민은 단지 그가 담배 한 대를 피우는 짧은 시간 동안에만 존속할 뿐이다.

담배를 피우면서 주인공 '그'는 어제저녁 목로집에서 봤던 여자를 신문에 나온 일본으로 밀항하는 이들에 관한 기사와 겹쳐 떠올린다. 이 와중에 주인공은 한발 더 나아가 그 여자가 밀항하다 붙잡혀 재판장에서 재판받는 장면을 상상해본다.

재판관의 이름이 뭐냐는 물음에 피고는 이름은 김 아무개, 흔히 해방 전에는 하나꼬, 해방 후에는 안나로 불리운다는 대답. 나이는? 스물다섯. 주소는? 본적은 경상남도 마산인데 해방 전에는 일본에 가서 오래 있었고 해방 후에 돌아와서는 서울 있었다는 대답. 직업은? 해방 전의 직업은 여급, 해방 후는 댄서. 해방 후에 고국에 돌아왔느냐는 말에는 그렇다는 대답. 그러면 그리운 조국에 돌아왔으면 평생의 원일 텐데 왜 밀항을 하댔느냐는 말에 잠시 대답이 없다. 밀항이 범죄가 되는 줄 알았느냐 말에는 간단히 그렇다는 대답. 그럼 범죄가 되는 줄 알면서도 왜 하댔느냐는 말에는 피고는 다시 대답이 없다. 다 아는 일이 아니냐는 듯.²²

이러한 법정 진술을 통해 드러난 피고인 여성의 예명(하나꼬→안나)과 이동 경로(일본→미군정 치하의 남한)와 직업(여급→댄서)은 제국일본과 미군정이라는 두 차례의 제국주의를 겪어낸 남한의 정치적, 사회적 현실을 전형적으로 보여준다. 그러나 여기서 일·미의 식민 권력에 의해 추동되는 거리의 여자의 밀매음 문제는 단순히 해방기 조선민족의 성적 수치 혹은 트라우마로만 그려지는 것은 아니다. 식민기나 국가적 위기 상태의 문학 작품에서 여성의 신체와 섹슈얼리티의 수난적 경험에 대한 묘사는 주로 남성 지식인의 젠더화된 시선에 의해 민족국가적 위기를 비유하는 수단으로 해석되는 경향이 있다. 그러나 황순원의 이 작품은 오히려 이러한 도구적 재현 방식을 넘어 식민-신식민 체제에 놓인 전재민 여성의 실존적 조건을 직시한다. 즉 일본과 그 위에 덧씌워진 미군의 점령이라는 연속된 식민화 과정으로 피식민지인 남한이 젠더화되고 성애화sexualized되었다고 보는 것이다. 그런 상황에서 발생한 해방기 남한 사회 여성 전재민의 밀매음은 생존을 도모하기 위한 실존 양상의 한 단면으로 보는 편이 더 타당할 것이다.

재판 마지막에 재판관은 "법이 있어 이렇게 피고를 붙들어 보호해주는 것을 다행으로 알라! 그러나 법이 정한 처벌을 처벌대로 받아야 할 것이니, 천오백 원의 벌금에 처한다"[23]라고 언도하는데, 피고인 여성이 돈이 없다고 하자 결국 벌금 대신 한 달간의 노역장에 유치하라는 판결을 내린다. 여기서 재판장의 말은 더욱 가감 없이 탈식민-민족국가 체제 형성기로 이행되는 해방기 남한이라는 과도기적 국가의 '법'이 지닌 모순성을 표출한다. 재판장이 운운하는 '법'은 국민을 안전하게 보호하는 구실로만 존재했을 뿐, 실제로 해방기 국가 시스템에서 전재민의 안전과 권리에 대한 기본 보장이나 보호의 기능은 제대로 실현될 수 없는 형편이었다. 이러한 상황에서 법은 그 기존의 효력을 발휘하기는커녕 오히려 그 기능의 부재를 역설적으로 일깨워준다. 더불어 살길을 도모하기 위해 해방기 남한 사회를 이탈하려는 국민을 국가의 관리와 통치로 포획하는 일종의 합법적 폭력으로 작동한다. 즉 이때의 법은 단지 국가기구의 통치에 필요한 수단에 불과한 것이다. 바로 이러한 이중적 모순은 해방기 국가화된 법에 균열을 야기한다. 결국 이러한 법의 이중성으로 인해 환영받지 못하는 자는 국민으로서의 자격이 박탈되어 불법의 경지로 내몰리면서도 동시에 법의 이름으로 통제를 받는다.

말하자면 재판관의 판결은 식민 상태를 벗어났지만 아직 온전한 민족국가가 도래하지 않은 과도기적 국가의 법이 내재한 배제와 포섭이라는 양면적 모순의 본질을 공공연하게 드러내는 셈이다.

그러나 밀항하다 체포된 여성이 겪게 된 처참한 상황에 대한 상상을 끝낸 주인공 '그'는 다 탄 담배 꽁다리를 비벼 끄면서 이런 일이 이것으로 그치지 않을 거라고 혼잣말로 중얼거린다. 그러나 '으스스' 등을 한 번 떨고 난 '그'의 머릿속엔 그 여성 생각도, 거기에 따른 판결 광경도, '밀항자 색출' 기사도 사라지고, 그저 춥다는 생각에 이 남은 겨울을 어떻게 나느냐 하는 걱정이 머리를 드는 것이었다.[24] 이처럼 거리의 여자에 대한 관심과 상상적 연민은 한 대의 담배를 태우는 동안만 잠시 존재했을 뿐, 담뱃불이 꺼진 후 '그'는 아무 일도 없었던 것처럼 다시 일상으로 돌아온다.

말하자면 〈담배 한 대 피울 동안〉은 주인공 '그'가 익명의 거리의 여자에 대한 상상 속 동정을 통해 해방기 사회에서 전재민이 겪는 수난과 고통에 대한 공감 및 연민의 가능성과 그 한계를 교묘하게 포착함으로써 당시 남한 사회에서 전재민에 대한 동포애라는 지배적 이념이 일상에서 사라져간 현실을 보여준다. 즉 비슷한 전재민에 관한 사회적 사건이 지속되고 반복되는 속에 해방기 사회에서 일어난 동정 마비 현상의 일면을 포착하고, 이와 동시에 일상에 지쳐 타인의 고통을 돌아볼 겨를이 없는 주인공에게 전재민 동포의 불행에 대한 공적인 윤리적 감수성의 책임은 항시 유지하기 어렵다는 것을 가차 없이 지적하는 것이다.

익숙하고 낯선 '동포'에 대한 윤리적 책임: 김광주, 〈악야〉

황순원의 〈담배 한 대 피울 동안〉은 해방된 남한 사회에서 전재민의 수난과 고통에 공감하는 것이 점점 불가능해지고 있는 사회의 변화를 보여주고, 전재민과 정주민에게 다르게 작동하며 전재민을 배제하는 법의 이중성을 폭로했다. 한편 이제부터 다룰 김광주의 〈악야〉(《백민》, 1950년 2월)는 전재민에 대한 일반적인 담론과 표상이 균열되는 측면을 집약적으로 드러낸다는 점에서 주목을 요한다.

이 작품은 주인공 '나'가 의도치 않게 어느 날 낯선 장소에서 깨어나 그곳에서 다양한 전재민의 삶과 직접 마주치게 되는 지극히 낯선 경험으로 이루어진다. '나'는 문학 출판업에 종사하는 가난한 지식인 남성으로, 어느 날 새벽에 잠에서 깨어나 어리둥절해하는 것에서 서사가 전개된다. 정신을 차리고 보니 그곳은 비루하고 빈민굴 같은 자기 집이 아닌, 고풍스러운 일본식 인테리어에다 다양한 미국산 박래품이 가득 찬 고급 아파트라는 사실을 깨닫게 된다. 곧이어 '나'는 또한 이 집의 주인인 신비한 여인을 발견한다. 이 낯선 여인 소니아가 주인공 '나'가 여기에 와 있는 연유와 자신의 신세를 털어놓는다.

그녀의 정체는 뜻밖에도 해외에서 들어온 전재민이었다. 그녀의 아버지는 식민기에 독립운동을 하다가 가족을 데리고 블라디보스토크로 망명했는데, 아버지를 일찍 여의고 어머니도 아버지에 관해 이야기해주지 않은 채 죽었기 때문에 그녀는 아버지에 대해 아는 것이 전혀 없었다. 그 후 그녀는 러시아 사람이 경영하는 식당, 카페, 카바레, 댄싱홀에서 각각 일한 적이 있었고 천진, 북경, 남경, 상해 등지를 전전하다가 상해에서 해방을 맞았다. 해방 후 조선이 자기 땅이라고 생각한 그녀는 해외에서 어떤 조선 남자와 관계해 낳은 딸 '미리美俐'를 데리고 돌아왔는데, 그 남자는 조선에 본처가 있다는 사실을 감추고 그녀를 속였고, 나중에 도박과 아편에 빠져 죽어 그녀로 하여금 세상 모든 일에 낙담하게 만든다. 이제 세상에 아무런 희망과 미련도 남지 않은 소니아는 몸을 팔아 생계를 유지하면서 어떤 오명을 뒤

집어쓰더라도 딸 미리만은 잘 키우기 위해 혼자 살기로 결심한다.

여기서 주목을 요하는 것은 소니아의 이주/귀환 경험이 기존의 탈식민-민족국가 건설이라는 해방기의 민족주의적 색채를 내포하는 '귀환 서사'의 공식에서 크게 벗어난다는 점이다. 즉 과거 식민기 타향살이의 고단함과 고국 귀환의 환희로 정형화된 귀환 서사의 문법과 달리, 소니아는 식민지 조선 민족주의의 상징이라고 할 수 있는 아버지와 일찍부터 동떨어지게 됨으로써 단지 여성으로서 자신의 몸과 섹슈얼리티에 의거해 살아왔던 것이다. 또한 해방 후 고국으로 돌아와서도 약혼한 조선 남자의 배신으로 신생 국가의 온전한 국민이 갖는 성원권 또는 가부장적 질서에 편입하지 못한 채, 오로지 자신의 몸과 섹슈얼리티에만 의지해 미군의 접대부로 삶을 연명해야 했다.

그러나 특이한 것은 국민으로서는 불안정한 위치에 놓여 있는 그녀는, 여타의 귀환민처럼 국민으로서의 자격을 위한 인정투쟁을 벌이기보다 오히려 조선민족과 가부장적 질서에서 윤리적 오점으로 치부되는 미군 대상 성매매를 자발적으로 선택한다. 소니아는 국가나 가부장적 시선에 얽매이지 않고 자율적으로 자신의 육체를 활용해 경제적 효용을 달성할 수 있다는 것에 대해 전혀 부끄러워하지 않으며 오히려 당당함으로 무장되어 있다.[25] 요컨대 그녀의 '귀환'은 다른 귀환 서사에서처럼 '탈식민-민족국가 건설'에 대한 갈구를 보여주지 않는다. 또한 남한 귀환 이후 겪은 조국 남성에 의한 '배반'은 그녀를 해방기 민족 서사와 가부장적 상징질서로부터 주체적으로 일탈하게 하여 누군가에게 매이지 않는 스스로의 자유로운 생존 논리를 도모하게 한다.

반면 주인공인 '나'는 문학 출판에 종사하는 지식인임에도 비난의 표적인 미군 접대부 소니아와 연루될까 봐 계속해서 그녀와 선을 그으려고 한다. 특히 소니아는 미군 외에 다른 남한 남자와도 관계를 갖는다. 그날 밤 전에 소니아와 관계를 맺었던 남자가 불쑥 찾아와 자신과 결혼하거나 아니면 전에 소니아에게 준 돈을 다 내놓으라고 하는 등 시비가 끊이지 않는다. 결국 그 남자는 소니아를 양갈보라고 매도하며 그녀를 강제로 밖으로 끌고 나간다. 이 와중에 주인공 '나'는 눈앞에서 벌어지는 충돌에 전혀 개입하지 않는다. 오히려 소니아의 간부姦夫나 정부情夫로 오해받을까 봐 두려워 몰래 도망치거나 소니아와 관계를 끊으려고만 한다.

나중에 '나'는 이웃집의 싸움 소리를 듣게 되는데, 옆집 가족 역시 전재민이었고, 양담배 장사와 전재민 여성을 성매매시킴으로써 아파트에서 살게 된 것임을 알게 된다. 곧이어 '나'는 문밖에서 여자 구두를 훔치다가 잡힌 젊은 사나이를 둘러싼 소동을 목격한다. 사나이는 자신은 "남산 밑 방공호 속에 살고 있는 전재민"이고 "일본서 늙고 병든 어머님을 모시고 나와서 일자리는 없고 먹고살 수 없고 해서"라고 변명하지만, 다른 아파트 주민은 그의 해명을 전혀 듣지 않고 오히려 바로 "너 이놈 아편쟁이지"라며 그를 강제로 파출소로 끌고 간다. 이처럼 소니아와 남한 남자, 도둑과 아편쟁이로 지목되는 전재민과 아파트 주민은 제각기 다른 말을 하고 사건의 진실은 끝까지 밝혀지지 않은 채 어처구니없어하는 주인공인 '나'만 남기고 다들 떠나고 만다.

정리하자면 김광주의 〈악야〉는 주인공이 미스터리한 여인 소니아의 거처인 아파트에서 다양한 부류의 전재민을 둘러싼 일련의 활극이 벌어지는 광경을 한꺼번에 목도하게 되는 하룻밤의 일탈기라고 할 수 있다. 하지만 여기서 전재민은 더 이상 해방기 남한 사회에서 흔히 알려진 동포의 연민과 시혜를 받아야 할 구호 대상으로서의 존재가 아니라, 매우 낯설고 이질적인 모습으로 나타난다. 이제 '전재민'은 소니아 같은 미군 접대부로서 화려하게 치장하는 '양갈보', 사나이 같은 '도둑'이나 '아편쟁이' 그리고 이웃 가족처럼 양담배 장사를 하며 다른 전재민 고아를 성매매시키는 '포주'로 표상된다. 예컨대 양갈보, 밀매 장수 도둑, 아편쟁이 등 해방기 남한 사회에서 표상되는 모든 이질적인 전재민 군상의 총집합이라고 할 수 있다. 이처럼 〈악야〉는 우연히 하룻밤을 맞게 된 주인공 '나'의 경험을 통해 해방기 사회에서 전재민에게 부여된 민족주의적 표상이 허울뿐임을 보여준다.[26]

그러나 이 작품에서 더욱 주목해야 하는 것은 무엇보다 이 일련의 이질적이고 낯선 광경을 직접 목도하는 지식인으로서 주인공 '나'가 그저 시종일관 방관자적 시선과 무관심한 태도만을 견지했다는 점이다. 소니아가 강제로 신원 불명의 남자에게 끌려 나갈 때도, 옆집 포주가 전재민 소녀에게 매춘을 강요하고 매질할 때도, 전재민 사나이가 도둑과 아편쟁이로 지목되고 경찰서로 끌려갈 때도 주인공은 눈앞에 벌어진 이 불합리한 사건들의 경위를 헤아리거나 혼란을 이해해 해결하려는 의지가 없으며, 그저 침대에 누운 채 "그 이상 아무것도 보기 싫었고 듣기도 싫었"다고만 할 뿐 끝까지 개입하지 않는다. 더군다나 다음 날 아침 아파트를 떠난 후에도 '나'는 어제 그 아파트에서 벌어진 모든 일을 깨끗이 잊고 마치 아무 일도 발생하지 않은 것처럼 다시 일상으로 복귀하고자 하는 마음을 다진다.

평범한 일상으로 돌아온 후에도 '나'가 계속 마음에 두고 있는 것은 그날 밤에 벌어진 일련의 미스터리한 사건의 진상이나 강제로 끌려간 소니아의 안전이 아니라, 그저 혹시 자기가 그 사건들에 연루되어 경찰서에서 연락이 오지 않을까 하는 걱정뿐이다. 이 작품의 결말은 한 달쯤 뒤에 '나'가 일하는 편집사 맞은편의 미군 기관에서 나오는 소니아가 신문 배달 아이들에게 양공주로 매도되면서 돌멩이를 맞는 비참한 장면을 그저 멀리서 가만히 바라보는 것으로 마무리된다. 이렇게 사람들이 죽어가고 있는데도 '나'는 시종일관 수동적인 방관자의 태도를 보이는 것이다.

김광주의 〈악야〉 속 주인공이 취하는 태도, 즉 타인의 고통에 무관심한 채 스스로의 안위만을 챙기려는 처세야말로 해방기 남한 사회에서 전재민을 타자화하는 인식이 지속되었던 가장 큰 원인일 것이다. 이는 단지 주인공 '나'의 태도로만 그치지 않는다. 해방기 사회의 대중이 사회적 소수자의 고통과 수난을 이해하고 문제를 해결하기는커녕, 단지 방관하고만 있음을 은유적으로 표현한 것으로 해석할 수 있기 때문이다. 이처럼 해방기 사회에서 전재민의 수난과 고통은 단지 국가 공권력의 이월 실패로 조성된 것일 뿐만 아니라, 당대 대중의 내면 상태가 이 공권력과 공모한 결과이기도 하다는 점을 방증한다. 이러한 현상은 해방기 사회에서 낯설고도 익숙한 '동포이자 타인인 전재민'에 대한 윤리적 책임이 절실했음을 보여준다.

귀환에서 정착으로

해방기 남한 사회에 대한 기존 연구에서 해외 귀환민, 특히 전재민은 '탈식민-민족국가 건설'이라는 지배적 이데올로기 프레임 안으로 적극적으로 포섭해야 하는 대상이었다. 이들이 과거에 겪었던 고향 상실의 경험과 귀환 행위가 가지는 역사적 의미가 조선민족이 식민기에 겪었던 고난 또는 해방 초기 건국 동력의 상징으로 표상됨으로써 해방기 사회에서 민족적 유대감을 강화하는 중요한 사회적 자원으로 인식되었기 때문이다.

그러나 이 민족적이고 사회적인 통합 이데올로기가 강력하게 작동할수록 현실의 균열도 더 날카롭게 드러났다. 특히 민족주의 담론이 구체적 실천을 담보하지 못한 채 추상적 수준에 머물 때, 국민 범주로 성공적으로 포섭되지 못한 수많은 주체가 해방기 사회의 탈식민-민족국가 건설에 통합될 수 없는 존재로 전락하는 예는 쉽게 찾아볼 수 있다. 더욱 주목할 것은 지배적 민족 담론이 무조건적이거나 무제한적인 것이 아니라는 점이다. 국가권력의 포섭과 배제의 논리는 실상 지극히 선별적인 전제를 기반으로 작동했다. 이러한 점을 고려하면서 이 글은 기존 '귀환 서사' 연구에서 한 걸음 더 나아가 전재민의 정착 문제에 초점을 맞추었다. 즉 전재민이 고국(고향)으로 귀환한 후 해방기 남한 사회에서 그들의 '정착'이 어떤 식으로 담론화되었는지를 동시대에 발표된 문학 작품을 통해 규명했다.

엄흥섭의 〈발전〉과 채만식의 〈소년은 자란다〉는 모두 전재민이 해방기 남한 사회에서 성공적으로 정착하기 위해서, 또는 전재민에 대한 정주민의 환대가 이루어지기 위해서는 전재민이 사회적으로 주어진 어떤 '조건'에 부합해야 했음을 보여준다. 즉 해방기 사회의 특정한 가치와 윤리 규범에 부합해야 그 사회구성원으로서의 자격이 부여되는 것이다. 이처럼 해방기의 '탈식민-민족국가' 또는 '깨끗하고 건강하다'는 지배적 집단윤리가 전재민에게 부과됨으로써 그들이 비로소 가치 있는 사회적 존재로 규정되고 인정받을 수 있었다는 점에서, 이러한 조건부 포섭은 곧 배제를 의미했음을 말해준다.

황순원의 〈담배 한 대 피울 동안〉과 김광주의 〈악야〉는 해방기 남한 정주민의 위치에서 전재민에 대한 공감의 가능성과 책임 윤리를 타진해보는 작품이다. 황순원의 〈담배 한 대 피울 동안〉이 해방기 남한 사회에서 일상에 파묻혀 전재민에 대한 동정과 관심이 급속히 냉각되고 있는 사회적 조건과 공감의 한계를 지적하고 있다면, 김광주의 〈악야〉는 이질적 타자와 연루되어 오명을 떠안게 될 것을 두려워하면서 시종일관 방관자적 자세를 취하고 있음을 지적하고 있다.

특히 김광주의 〈악야〉에서 주인공 '나'와 마주치게 되는 전재민은 매매춘, 밀매, 절도, 마약중독 등 이른바 해방기 사회가 전재민에게 투사했던 부정적 낙인을 모두 모아놓은 듯하다. 그러나 이들 전재민이 왜 이러한 방식으로 살게 되었는지 그 맥락과 연유를 추궁하지 않고 단지 그들의 삶을 탈맥락화해 그들을 더욱 이해 불가능한 타자로 만들고 '정상적인 나'와 '이질적인 그들' 사이에 거리 두기 효과를 더욱 심화한다. 이러한 전재민에 대한 무관심과 거리 두기는 단지 개인적인 동정심의 결여 문제가 아니라, 사회 구조적인 오명과 차별로 구체화되어 전재민과 구별 짓고 우리와 우리 안의 타자 간 위계질서를 더 공고히 하는 방식으로 작동한다.

이는 단지 당시의 정부 차원에서 전재민에 대한 구호 실패나 동정심의 문제로 귀결되는 것이 아니다. 해방기 전재민을 탈맥락화, 고착화하는 오명의 메커니즘이야말로 해방기 남한 사회의 구조적 모순이자 전재민을 정착하지 못하게 하는 근본 요인임을 이들 작품은 적나라하게 지적한다.

전재민을 다룬 이들 문학 작품은 전재민의 귀환이 정착으로 연결되기 어려웠던 다층적이고 담론적인 현실 상황을 조명해준다. 이러한 점에서 현재 전쟁, 경제, 환경, 종교, 성적 정체성 등의 이유로 한국 사회에 흘러들어 온 타자들이 만들어갈 미래의 이주민/난민 문학에 대해서도 시사하는 바가 크다.

박탈 혹은
국가와 사회
사이의 난민

전시 '가옥 상실'과
'가옥 파괴'의 자리에서

지은이 **김예림**

연세대학교 학부대학 교수. 한국현대문학을 전공했다. (포스트)콜로니얼리티, 냉전문화,
트랜스내셔널리즘 등의 문제 틀에서 한국 근현대 문학·문화 연구를 진행했으며, 노동
과 이동mobility 문제에 관심을 갖고 있다. 현재는 한국에서의 '디아스포라' 개념의 역사
그리고 포스트산업화시대 플랫폼-금융자본주의체제의 노동(자) 문제를 중심으로 공부
하고 있다.《국가를 흐르는 삶》(2015),《Toward Democracy》(공편, Institute of East Asian
Studies, 2020),《미래가 사라져갈 때》(번역, 2021),〈반전하는 자의 고투: 고바야시 마사루
의 한국전쟁〉(논문, 2019) 외에 다수의 논저가 있다.

1. 전시 생명정치의 장과 난민 됨

2. 소유와 박탈 그리고 전쟁 빈곤 사회

3. 수용소 혹은 가옥을 둘러싼 정책과 그 한계

4. 사회의 파상과 '작은 사회적 공공성'에 대한 상상

• 이 글은《동방학지》제194집(2021년 3월)에 실린〈전쟁, 소유, 박탈: 전시 "가옥상실"과 "가옥
파괴"의 자리에서〉를 수정·보완한 것이다.

전시 생명정치의 장과
난민 됨

　　김동춘은 피난, 점령, 학살 현장을 중심으로 한국전쟁의 과정과
성격을 규명하면서 한국전쟁을 "미국의 한반도 개입사이자 국가의 탄생사
이며, 국민의 형성사이고 사회운동과 계급 갈등의 강압적 소멸사"로 파악
했다. 이 선구적인 작업을 통해 한국전쟁의 내전적 역학, 전쟁을 통해 자기
전개와 유지의 기술을 획득해간 분단 반공 국가의 잔인성과 무능함 그리고
생살여탈권의 행사에 종속되어버린 인민의 상태가 입체적으로 드러날 수
있었다. 피난, 점령, 학살은 한국전쟁에 대한 군사사적, 정치외교사적 접근
과는 방향을 달리하는 사회사 연구에서 중요하게 다뤄온 문제다.[*]

---

*　　국내외 한국전쟁 연구의 흐름에 대해서는 김태우, 〈한국전쟁 연구 동향의 변화와 과제
　　1950~2015〉,《한국사학사학보》32, 2015를 참고. 이 논문은 전쟁의 기원과 발발에 대한
　　연구와 전개에 대한 연구로 분류하고 후자를 다시 군사사, 정치·외교사, 사회사 영역으로
　　세분해 동향을 정리한다. 이에 따르면 사회사 영역은 학살, 점령, 피난, 여성, 사회구조와 의

피난, 점령, 학살이라는 세 사회정치적 장면은 약간씩 질감의 차이를 보이지만 열전을 치르는 국가의 적나라한 작동을 공유한다는 점에서 같은 구도 안에 있다. 전쟁을 수행하는 국가의 작동은 어떻게 설명할 수 있을까?

전쟁과 국가는 모두 폭력 행사의 형식이다. 질 들뢰즈는 투쟁, 전쟁, 범죄, 경찰 등 "다양한 폭력 체계"를 구별하면서 국가 경찰과 법의 폭력을 앞의 경우들과는 매우 다른, "포획하고 장악하는 동시에 포획할 수 있는 권리를 제정하는 폭력", 즉 "모든 종류의 직접적 폭력과 대립"하는 "구조적 폭력"으로 정의했다.* 전쟁의 폭력과 국가-경찰-법의 폭력이 서로 다른 속성을 갖는다는 것은 주지의 사실이지만, 전쟁 중인 국가, 특히 내전 중인 국가는 물리적 폭력과 구조적 폭력을 동시에 실행하기에 그 폭력성은 증강되기 마련이다. 전투적 폭력은 기본적으로는 교전국을 겨누고 있지만 언제든 자국 국민을 향해서도 가해지면서 이중화된다. 그리고 이 과정에서 내부를 향한 폭력을 정당화하고 폭력의 대상 자체를 결정하는 "경찰적 폭력"[2]이 함께 작용한다. 교전 중에 그리고 교전과 맞물려, 자국의 인민을 상대로 구현되는 국가 폭력은 "폭력이 폭력 행사의 대상이 되는 것을 창조하는 데 기여할 때마다 법의 폭력이 행사"[3]되는 논리를 여실히 증명한다.

이 점은 학살에서 적나라하게 증명된다. 전쟁 발발과 함께 시작된 예비

식을 고찰하는 데 주력해왔으며, 최근에는 구술사 등 연구방법론의 다각화를 통해 의미 있는 성과를 내고 있다.

* 들뢰즈에 따르면 투쟁은 "원시적 폭력 체계"로 "주먹에는 주먹이라는 식의 폭력"이며, 전쟁은 국가 장치에 맞서는 폭력의 총동원과 자율화를 의미하기에 원시적 폭력과 다르다. 이에 비해 범죄는 아무런 권리도 갖고 있지 못한 무언가를 뺏는 비합법적 폭력이라는 점에서 원시적 폭력이나 전쟁과 차이를 갖는다. 질 들뢰즈·펠릭스 가타리 지음, 김재인 옮김, 《천 개의 고원》, 새물결, 2001, 860쪽.

검속이나 학살은 미군정이 폐지했으나 법 운용상에서는 살아남아 관행화된 경찰의 행정 검속을 근거로 실행되었고, 헌병대의 민간인 예비검속 역시 계엄 선포의 틀을 넘나들며 자행되었다.* 이 과정은 폭력 행사 근거로서의 법을 활용하거나 활용하지도 않으면서 일어났고 또 폭력 남용에 제한을 가하려는 법을 무시하며 진행되었다. 이처럼 법적인 동시에 초법적으로 자행된 학살에 대해 강성현은 "법의 바깥에서 발생한 것이 아니라 법질서와의 관계 속에서 집행"된 것이라고 타당하게 지적했다.⁴ 전체적으로 볼 때 학살은 결정하는 폭력과 실행하는 폭력을 중층적으로 가동하면서 적용 대상을 생산, 결정, 색출, 절멸하려는 시도라 할 수 있다. 이 점에서 학살은 자명하게 죽음정치necro-politics다.

학살이 죽음정치의 결과였다면 피난은 어떤 의미와 위상을 가질까? 학살이 '위험한' 존재의 살육을 향한 돌진이라는 점을 가릴 것 없이 전시하는 데 비해, 피난과 전재 구호는 어쨌든 살기 위한 움직임이 형성하고 형성되는 장이다. 그러므로 학살에 견주어본다면 통치의 차원에서 이것은 생명을 '살게 하기' 위해 관리하는 영역이다. 물론 한국전쟁기 피난과 전재 관련 대책은 이 관리에 충실하거나 유능하지 않았다. 법적, 행정적 대처는 온전하지 않았고 제대로 기능하지도 않았다. 특히 피난의 경우 근본적으로 군사적·정치적 필요에 종속되어 있었기 때문에 피난민은 생존을 찾아 떠나는 과정과 도착지에서 숱한 죽음에 직면할 수밖에 없었다. 피난과 전재 구호는 원리상, 형식상 그 자체로 죽음정치가 벌어지는 장은 아니지만 전시 현

---

* 1950년 7월 계엄 선포를 시작으로 이승만 정부와 군은 줄곧 계엄 상태를 유지하며 '반국가 세력' 색출에 집중했다. 1950년 10월 말 그리고 1951년 3, 4월 국회의 비상계엄 해제 요구도 무시하거나 부분적인 지역적 해제로 일관했다. 이에 대해서는 김춘수, 〈한국전쟁 시기 계엄의 성격〉, 《사림》 50권 0호, 2014를 참고.

실에서는 그것과 종종 겹쳤다. 그래서 실제로 피난은 생명(관리)정치와 죽음정치가 항시 맞물릴 가능성을 안은 채 상황 의존적으로 전자가 전면화되어 구현되는 지대인 것이다.

이 생명 관리의 지대에 '민간인'이 피난민과 전재민이라는 정체성으로 존재했다. 피난과 전재는 전시 구호 정책과 행정이 집중되는 지점이었다. 그러나 피난민과 전재민은 각종 정책과 운용의 부전과 무책임 그리고 실효의 한계를 증명하는 존재가 되고 말았다. 피난 체험이나 전재 피해에 대한 다양한 기록은 이 점을 잘 보여준다. 관련 연구 역시 실증적 분석을 통해 피난 및 구호 정책의 실상에 접근해왔다. 우선 정책에 초점을 맞춘 논의로는 피난민 구호와 난민 정착 사업에 관한 고찰을 들 수 있다.[5] 공식적인 피난 정책과는 거리가 먼 피난민의 생활공간을 미시적으로 살펴본 작업 또한 시사적인데, 이러한 연구는 기획된 정착촌과는 양상을 달리하는 부산의 피난민 마을의 성격을 규명한다.[6] 피난민을 군사적 '처리'와 통제의 대상으로 다룬 유엔군(미군)과 한국 정부의 근본적인 문제를 지적하면서 피난 과정이 곧 죽음의 과정이었음을 밝힌 논문도 중요한 연구 성과다.[7]

한편 전황과 관련해 피난(민)의 성격의 차이를 밝힌 연구가 있다. 전쟁 발발 직후의 1차 피난과 1·4후퇴 직후의 2차 피난을 각각 "정치적 피난"과 "생존을 위한 피난"으로 구분해 피난의 계급적, 정치적 속성을 밝힌 논의가 그것이다.[8] 피난을 국면에 따라 달리 파악해야 한다는 관점은 이후의 연구에 큰 영향을 미쳤다. 점령 그리고 수복에 따른 (지배) 국가의 교체가 어떤 맥락에서 피난 주체의 차이를 낳았는지 그리고 그들의 정치, 경제, 사회적 위치가 피난 선택에 어떤 영향을 미쳤는지가 분석되었다. 피난에 숨겨진 여러 겹의 주름을 펴보는 미시적인 접근은 전체적으로 피난 내부의 경계에 대한 관심과 맞닿아 있다. 발발 초기 잔류한 자와 피난한 자의 자기의식과 타자의식에 대한 해석도 특히 문학 연구 분야에서 이루어졌는데, 문제의식 면에서는 피난의 내부를 본다는 점에서 궤를 같이할 것이다.[9]

이 글에서는 기존 연구의 시각과 역사적 판단을 공유하면서, 전시 난민 됨의 상황과 의미를 좀 다른 경로로 고찰하고자 한다. 지금까지 피난(민)이나 전재(민) 문제는 주로 냉전-열전 국가의 정치적 역장에서 다루어져왔는데, 이것이 극히 사회경제적 사태(존재)였다는 사실에도 주의를 기울여야 할 것이다. 이런 맥락에서 이 글은 난민 됨의 핵심을 박탈에서 비롯된 삶의 취약성으로 파악한다. 난민 혹은 난민 됨이라는 용어는 전쟁이 낳은 피난, 잔류, 복귀 등 서로 교섭하는 일련의 상황을 고려해 피난민과 전재민을 포괄해서 쓸 것이다. 피난을 가지 못한 사람은 머무른 채 전재민이 되었고, 피난을 간 사람은 피난민이 되었다가 폐허가 된 원거주지로 돌아와서는 다시 전재민이 되었다. 살기 위해 떠나고 돌아오는 대규모 원거리-근거리 이동자가 생겨났고, 잔류하든 떠나든 체류하든 다 '머물' 곳을 필요로 했다. 이들은 '집'의 상실과 부재라는 공통의 악조건 속에서 '주거'-'거주'의 불가능성이나 불안에 던져졌다. 거처 공간이 집단적으로 요구되었고, 이 공간 자체를 만들어내고 분배하는 정책 그리고 민간 사회를 포함해 동요하는 소유(무)질서의 조절이 불가피했다. 이 점에 관심을 두고, 삶을 위한 물리적 공간을 둘러싸고 피난민·전재민이 맞닥뜨린 사회경제적 동요를 살펴보면서 전시 박탈된 존재의 (비)장소성의 곤경을 살펴본다.

소유와 박탈
그리고 전쟁 빈곤 사회

어떤 권리를 가진다는 말은 특정한 효용이나 경험을 누릴 자격을 얻는다는 뜻이며, 구체적이고 실물적인 무언가를 누리거나 소유할 자격이 자신에게 있음을 주장할 수 있다는 의미다.[10] 사회권이든 경제권이든 1950년 무렵의 한국에서 다수가 내실 있게 보장받았을 리 없지만, 전쟁은 이런 권리를 전면적으로 제한-중단했다.[11] 국민의 권리 제한-중단은 전시 계엄 선포로 공식화된다. "공공의 안녕질서"를 유지하기 위해 "군사상 필요할 때에는 체포, 구금, 수색, 거주, 이전, 언론, 출판, 집회 또는 단체행동에 관하여 특별한 조치를 할 수 있"으며 "작전상 부득이한 경우에는 국민의 재산을 파괴 또는 소화할 수 있"[12]게 되는 것이다. 공공의 안전이 '안전'이라는 공적 규범을 규정하는 법에 의해서가 아니라 법을 초월한 폭력으로 수행되는 사태가 곧 계엄 상태[13]라는 설명에 기대면 초법적 전시 계엄의 '제한-중단' 명령 앞에서 예외란 있을 수 없다. 전쟁과 계엄이라는 중첩되고 배가된 폭력 아래서 생명 자체가 위협받는 상황은 어떻게든 살아남아야 하는 민간인에게 여러 절박한 문제를 던져주는데, 이때 생존과 생활의 물적 토대를 유지하고 보존하는 일은 거의 절대적인 중요성을 갖게 된다.

"실물적인 무언가"를 누릴 가능성의 축소, "소유할 자격"의 상실 내지는 약화, "재산 파괴"의 위험, "거주, 이전"의 변동 등이 말해주듯이, 전쟁은 개인의 사회경제적 조건을 극단적으로 변화시키고 이를 둘러싼 주로 방어적 형상의 사적私的 전투를 벌이도록 유도한다. 이러한 전투 아닌 전투는 기본적인 생계유지를 위한 것일 수도, 그 이상의 축적을 위한 것일 수도 있겠지만, 어떤 경우든 핵심에는 '소유'라는 문제가 있다. 냉전적 충돌이었기 때문에 이념적으로 '어디에 소속할 것인가'는 생명 보존에 절대적으로 중대했다. 하지만 그 못지않게 '무엇을 얼마나 가졌는가'는 전쟁 일반이 갖는 속성으로서도 결정적인 사안이었다. 전쟁은 기존의 소유 관계나 소유 상태에 동요를 불러일으킨다. 토지개혁이나 재산몰수* 같은 국가기구에 의한 제도적 작위가 아니어도, 말 그대로 먹고사는 일의 극단적 곤혹이 전면화되는 전시는 이를 일상에서 실감하게 한다. 김성칠이 서울에 잔류할 당시 일기(1950년 8월 11일)로 남겨놓은 장면을 보자. 그는 임자 없는 보리쌀을 발견하고 고민하다가 "우선 먹어놓고 나중에 이야기하기로" 한다. "난리를 치르는 중에 우리도 차츰 닦달이 되어 가는가 싶다"라고 쓰면서 다음과 같은 소회를 적어놓았다.

전쟁과 윤리, 이 둘을 연결하여 생각한 학자는 없었을까. 전쟁은 인간을 변질시키는 것임을 이즈음 절실히 느낀다. 따라서 윤리도 바뀌어져야 할 것이다. 호박밭에 낯선 사람이 들어가서 함부로 호박을 따고 있다. 웬 사람이냐 물으니 굶어 죽을 지경이어서 하는 수 없이 들어왔다 한다. 보아 하니 얼굴이 누렇게 부어 있다. 이러한 사람들을 대하여 소유권을 주장할 수는 도저히 없는 일이다.[14]

직장을 잃고 "세상을 피해 다니며" 겨우 끼니를 이어 나간 이 역사학자

---

*   소유 체제의 변동은 해방과 더불어 진행된 귀속재산 처리와 토지개혁(론)을 통해 이미 전개되고 있었다. 이와 관련해서는 신동진, 〈귀속재산에 대한 토지개혁과 제 문제〉, 《고려법학》 95권 0호, 2019; 황병주, 〈해방 공간 한민당의 냉전 자유주의와 사유재산 담론〉, 《동북아역사논총》 제59호, 2018 참조. 전시에는 점령과 수복 과정에서 재산 몰수 등 기존 소유 질서에 대한 '침탈'이 일어났다.

는 주인 없는 쌀보리를 취하는 일에 가책을 느끼면서 자신의 "소유권" 주장도 그만두는 생계의 도덕률에 관해 이야기한다. 배타적 소유의 경계는 정황상 흐려질 수밖에 없는 것이다.

하지만 전시 소유 체제나 감각의 동요가 이 같은 도덕적 자각으로 이어진 것만은 아니다. 전란을 피해 이동하는 주체에게 소유가 어떤 의미를 갖는지 여실히 보여주는 자료가 있다. 이들을 통해 전쟁이 개인사적으로도 그간의 소유 체제를 흔들고 소유 자체를 불안에 몰아넣음으로써 궁극적으로 주체를 불안에 빠뜨리는 사회경제적 사건임을 파악할 수 있다. 이른바 세속의 물정을 그 어떤 작가보다도 날카롭게 포착한 염상섭이 이 점을 잘 보여준다. 그는 1950년 6월부터 12월까지 서울의 정황을 그린 《취우》를 통해 부산으로 원거리 피난을 준비하는 시기의 잔류자들을 묘파하며 '적치하' 생활에 대한 촘촘한 기록을 남겼다.[15] 묘사되는 인물들은 중류층에 속한다. 소설 속에는 이들이 줄곧 연고자의 이 집에서 저 집으로 옮겨 다니는 과정, 즉 근거리 '피신'이라는 표현이 더 어울릴 듯한 분주한 행보가 세세하게 기록되어 있다. 서울을 벗어나지 못해 결과적으로 잔류자가 되었지만 인물들이 처한 실제 상황은 피난민의 그것과 크게 다르지 않다. 이들의 행보는 애욕의 노선을 따르기도 하지만, 복잡다단한 인연과 갈등의 선은 말미로 가면서 "누구나 피난민"[16]이라는, 1950년 겨울을 넘기면서 본격화된 집단 정체성으로 뭉쳐진다.[17]

전쟁 발발 초기 피난의 다급함은 허위 정보를 던지고 일찌감치 수도를 떠나버린 정부의 '배반'으로 격화된다. "하룻밤 사이에 국가의 보호에서 완전히 떨어져서 외딴섬에 갇힌 것 같은 서울시민은 난리 통에 부모를 잃은 천애고아나 다름없는 신세"[18]가 되었다. 서울시민은 "동족끼리나 아니면 그래도 국제적 체면인 안목이 있으니까 어엿한 포로 취급이라도 받으련만"

그도 못 되는 "포로 아닌 포로"[19]가 된 상태다. 서울시민은 "포로" 신세에서 '피난민'이 되기 위한 자구책을 찾아야 했다. 인물들은 계속 단거리 이동을 통해 여기서 저기로 피해 다니는데, 이들의 조급한 왕래는 실상 대문자 피난이 실패한 결과로, 어쩔 수 없이 그렇게라도 해야 하게 된 일일 뿐이다. 무역회사의 전 재산을 보스턴백에 넣고 한강 건널 방법을 찾아 헤매던 무역상(모리배) 자본가는 결국 "반양제의 으리으리한 저택을 두고 오막살이 아랫방 한 간"[20]을 빌리고, 내내 몸에 꼭 붙인 채였던 보스턴백을 풀어 전 재산을 허름한 방의 깨진 구들장 속에 숨긴다. 보스턴백은 그에게 죽음이자 삶을 의미한다. "이 보스턴백이 자기 목숨을 빼앗을지도 모르니 버릴 수 없는 바에는 끌고 나가야만 할 절박한 사정"[21]이라는 서술이 인상적으로 짚어내듯이, 재산은 생명을 이어갈 기반이기도 했고 뺏길 계기이기도 했다. '많은' 재산은 더 그랬다. 불행하게는 반동으로 몰릴 이유가 될 것이고, 다행하게는 앞날의 생활의 훼손을 최소화해줄 것이다.

《취우》는 두 가지를 환기한다. 첫째, 전시에 주체에게는 정치적 감각과 경제적 감각이 결합되어 있으므로 전자만이 결정적인 전부는 아니라는 점이다. 둘째, 후자의 경우 소유의 불/가능성이 관건이라는 것이다. 죽지 않기 위해서 혹은 잔류든 피난이든 보다 안정된 제2의 체류나 정착을 위해서 소유는 관철되어야 한다. 전시에 소유는 필사적으로 움켜쥐어야 할 조건이지만, 또 한편으로는 가장 훼손되거나 무화되기 쉬운 조건이다. 물론 그 구현의 정도는 사회경제적 위치에 따라 다르게 나타나고 다르게 결정되었다. 《취우》에 등장하는 중류의 재산이나 자산을 가진 집단은 축소-정착이긴 하나 원거리 피난을 가서도 상대적으로 척박한 위기에 내몰리지는 않는다. "두 번 피난에 아주 거덜이 났다기로"[22] 기아에 시달릴 것도 아니고 처소가 없는 것도 아니다. 다시 작은 무역상을 차리기도 하고 다방 경영에 나서기도 하며 재건과 문화를 내건 미공보원의 연회에 나가기도 한다.

하지만 챙겨야 할 커다란 보스턴백은 말할 것도 없거니와 변변한 재산이라고는 아예 없는 애초 소유에 취약한 층에게 전쟁 및 그 여파로서의 피난은 빈약하고 보잘것없는 물적 터전에 더 가혹하게 가중된 불안을 뜻할 뿐이다. 물론 이 층도 잃을 작고 소박한 것이 있어서 그나마도 잃고 만다. 당시 사회 구성원 대다수가 그랬지만, 이들은 전시에 터전이나 생계 수단(장소·생계·주거지·음식·보호 등)을 빼앗기고 권리를 잃어버리는, 즉 터전·권리·생계·욕망·소속감 등을 강탈당하는 박탈[23]을 극단적으로 체험한다. 박탈은 근간을 잃어버리고 점령당하고 가정과 사회적 유대가 파괴되는 경험, 신원 확인의 억압, 삶의 위태로움의 경험을 표현할 수 있는 언어를 제공하는바,[24] 그 구체적인 이야기는 피난길과 피난지에서의 극한 체험을 비롯해 한국전쟁이 남긴 거대한 집합 기억과 공통 서사로 축적되어 있다.

6월 25일부터 28일에 이르기까지 자신의 피난 고민과 고행을 정부 부재의 황망함과 절망 속에서 기록한 유진오는 〈서울탈출기〉[25]에서 "피난민의 한복판"에 끼어 보게 된 사람들의 행색을 "이불뜯갱이, 쌀보따리, 조그만 양은솥, 냄비쪼가리 등속을 리야카에 싣고 주인이 끌고 아내가 밀고 어린 애들이 부축"[26]한다고 묘사했다. 이 묘사 뒤로 그는 "부유해 보이는 사람은 거의 눈에 뜨이지 않"으며 "소 끌고 나선 농민들, 배낭을 진 도회지 사람들, 보따리를 인 여인네들 통털어 만일 공산주의라는 것이 참으로 인민을 위한 것이며 가난한 사람들을 잘살게 해주는 것이라 하면 쌍수에 기빨을 들고 나서서 이른바 인민군을 환영해야 할 사람들이 대부분"[27]이라고 덧붙였다. 이처럼 박탈을 겪으며 더 큰 궁벽함이 대기하고 있는 어딘가로 이동하는 피난민의 '소유자'로서의 정체성은 결국 '무소유자'라고밖에 할 수 없을 듯하다. 소유자로서의 위축이나 절하 혹은 '무소유자'로의 전락은 이 시기 대규모로 일어난 전반적인 경향이었지만, '모두'가 그런 것은 아니었기에 빈곤한 피난자는 피난길과 피난지에서 자신의 이전의 사회경제적 위치의 연장이자 하락인 익숙하면서도 새로운 비참을 실감하게 된다.

김광주의 〈부산으로 가는 길〉은 피난이 살고자 가는 길이나 사실상 보잘것없는 소유자에서 아무것도 소유하지 못한 자가 되고 마는 길임을 말해준다. 그는 전시 피난의 상황을 "민족 전체가 모든 소유를 버리고 백지로 돌아가는" "순간"[28]이라고 표현했지만, 민족이 균질적인 하나가 아님을 당연히 알고 있었다. 이러한 인식은 허구적 가공도가 낮은, 체험에 밀착한 소설로도 번역되어 뚜렷하게 제시되었다. "오막살이나마 제집을 버리고 두 번째"로 "달아나"는 길에 인물이 확인하게 되는 것은 남쪽으로 달리는 "백대천대 튜럭들"과 "천대 만대 찝차들"이 전시하는 "단지 돈과 권력과 세력과 지위만이 말할 수 있는, 서로 잡아먹을 것같이 무서운 세상"[29]이다. 부산에서 김광주는 "가정과 생활과 일체의 소유를 버리고 유리걸식, 남부여대, 갈팡질팡"[30]하는 피난 빈곤의 전형적인 상태에 빠진다. "방이 있어야겠다"라는 절박함에 "쟁가비를 길고 밥을 끓여먹을 만한 의지할 곳"[31]을 찾아 헤매지만 "하꼬방 같은 바라크 다다미 위"만이 잠시 주어졌을 뿐이고 헤어진 가족은 여관에 수용된다. 하지만 바라크의 한 칸마저도 그는 곧 잃게 된다.

> 나는 걸음을 재촉하여 M극장 뒤 바라크로 돌아왔다. 그러나 여기서도 뜻하지 않은 청천벽력이 내리는 것이었다. 이 밤중에 거처를 옮겨달라는 것이었다. (…) 그것 때문에 잠자리를 빼앗는다는 것은 확실히 잔인한 일이지만 과실은 이편에 있으니 별수 있으랴! (…) 우리 민족은 무슨 기구한 운명 때문에 내 땅 내 고장 내 집을 다 집어던지고 내 하늘 밑에서 잠자리를 잃고 집 없는 개모양 헤매여야 하는고[32]

전쟁 발발 후 1차 피난 당시 민간인 보호를 위한 조사나* 대책이 거의 이루어지지 않았다는 사실은 그간의 연구가 공통되게 밝혀왔다. 초기 1차 피난기에는 많은 사람이 전황 정보의 부재로 인한 상황 판단의 불능, 생활 유지 등의 현실적인 이유로 서울에 잔류했다. 그러나 1950년 겨울 무렵의 상황은 크게 달라진다. 피난민의 규모 역시 큰 차이를 보인다. 1차 피난의 경우는 약 100만~150만 명 사이로 추정되는 데 비해,** 2차 피난은 480만 명으로 추정된다.[33] 삶의 터전을 떠난 거대한 무리의 발생과 피난 빈곤의 현실이 이때 본격화되었다.[34] 1951년에 출간된《피난민은 서글프다》는 "오직 살아나야겠다는 일념에서 당황히 남쪽으로 흘러온 피난민 신세—모든 것이 불비한 셋방살이 수삭數朔에 의, 식, 주는 나날이 궁박해질 뿐"[35]이라고 하면서 박탈의 정서를 토로했다.[36]

생계와 삶의 과정을 유지하는 데 요구되는 모든 활동을 해나 아렌트Hannah Arendt는 '사회'의 영역으로 묶어두었다. 사회란 조에zoe의 필연성이 공적으로 대두한 영역이고 이를 향한 몰입이 지배적이 되는 영역인 것이다.[37] 사회·사회적인 것을 정치·정치적인 것과 차별화해 '질적'으로 아래에 둔 아렌트의 이론적 배치 자체는 비판적으로 유보될 필요가 있긴 하지만,[38] 전재 빈곤의 상황이 대다수의 주체를 생존과 생계의 고통을 감내하고 감

---

* 통계를 내기 시작한 것은 1950년 10월이며 전황이 악화된 12월 무렵에는 중단된다. 1951년 3월 서울 재수복과 7월 전선이 안정된 1951년 중순 이후 후방 지역에서 조사가 실시된다. 전쟁 피해 조사의 전개는 공준환, 〈한국전쟁기 민간인 피해 조사의 사회학적 연구〉, 서울대학교 석사학위논문, 2015 참고.

** 1차 피난기에는 조사가 제대로 이루어지지 않아 피난민 수를 정확히 파악하기 어렵다. 당시의 발표와 자료를 통해 기존의 연구는 100만~150만 명 정도로 추정한다. 많은 사람이 자신의 거주지에 그대로 잔류했을 가능성이 큰 것으로 본다. 잔류자 수를 알려주는 자료 역시 많지 않다. 이에 관한 자세한 분석과 논의는 공준환, 위의 논문, 69~75쪽 참고.

수하도록 하는 사회를 형성했다는 점은 분명하다. 이 전쟁 빈곤 사회의 실상은 너무나 현저하고 긴박해서, 폴라니의 표현을 빌리자면 전시 통치권에 의해 분명하게 "발견"되었다. 그리고 어떻게든, 처리를 위한 개입이 시급한 상황으로 인지되었다. 그렇다면 관여와 개입의 양상은 어떠했을까? 그래서, 사회는 보호되었을까? 이제, 사회경제적 박탈의 발견이 어떤 공적 정책의 움직임으로 이어지는지 집과 수용소 등 물리적 공간을 둘러싼 법제 및 행정의 동학을 중심으로 살펴보자.

수용소 혹은 가옥을 둘러싼 정책과 그 한계

전쟁 발발 초기부터 이동하고 재이동하는 수많은 피난민과 전재민이 삶의 장소를 찾아야 하는 상황이 벌어진다. 피난과 전재는 대다수의 민간인이 직접적으로 입은 보편적 형태의 피해였다.[39] 개전 초반부터 시작된 미군의 무차별 대량 폭격으로 인명 피해와 물적 피해는 어마어마했다.[40] 피난민이건, 전재민이건 민간인은 마을 혹은 지역의 붕괴와 함께 사적 삶의 터전을 상실했다. 도시와 지역의 파괴는 더 미시적이고 실질적인 '가옥'의 파괴를 안고 있다.* 내면이나 관계를 포함해 '와해'의 다층성과 다면성을 생각할 때[41] 집의 파괴란 주체에게 일어나는 가장 물리적이고 직접적이며 실제적인 사건일 것이다. 집을 잃은 자를 대상으로 국가는 법제와

---

* 《대한민국통계연감》1952년 자료의 《6·25동란피해》에 따르면 가옥 파괴는 1952년 3월 현재 일반주택 총수 328만 3529채 중 전소전파가 41만 4825채, 반소반파가 10만 120채(325쪽)였고, 귀속재산 중 주택 파괴는 총수 8만 4058채 가운데 5만 9910채로 제시되어 있다(321쪽). 1952년도 《대한민국통계연감》 원본은 국가통계포털(https://kosis.kr) 참조.

행정을 가동하고 있었다. 이 시기 생명 관리 통치의 일면을 보여주는 각종 정책은 어떻게 구성되고 작동됐을까? 이 질문은 전시 국가가 전시의 사회를 어떻게 발견하는지, 그리고 발견과 더불어 어떤 운동을 시작하는지를 살펴보기 위한 것이다. 사회를 발견한다는 것은 그 안을 채우는 구성원을 본다는 의미이고, 도저히 외면할 수는 없는 실상을 감지한다는 의미다. 이때가 전시 사회에 응하는 통치의 스위치가 켜지는 때다.

전시 생명 관리 정책은 움직이고는 있었으나, 무척이나 척박해 보인다. 국가는 생명 보호책을 생산하는 주된 기구였다. 하지만 국가가 엄연히 전쟁 상태로 '엄존'하고 사회가 난민을 체질로 취하고 있는 상황에서, 정책 수립과 운용의 한계는 뚜렷했다. 전시 구조의 특성상 피통치 집단에 대한 국가 지배력은 압도적으로 커지고 국민 대다수는 피난민이나 전재민 또는 민간인이라는 정체성으로 전쟁 통치에 어떤 식으로든 강력하게 종속될 수밖에 없다. 역사가 증명하듯, 이는 사람들이 국가에 '의지'했다거나 원하는 안전을 보장받았다는 뜻이 아니다. 생명의 보호와 관리를 의도하는 공적 조치에서, 머물 공간을 소유하지 못한 피난민과 전재민에게 '거처'를 제공하는 것은 긴급하고 중대한 임무였다. 이동 집단은 소지 불가능한 집을, 떠남의 형식으로 가장 먼저 버려두거나 포기해야 한다. 이들을 다시 원래의 주거나 거주자로 '갱생'시키는 기획은 용이하지 않았다. 대부분 '수용되는 자'가 되어야 했지만, 시설 부족으로 그마저도 되기 어려웠고 이후 귀환했다 해도 들어가 살 집이 없었다.

피난민 문제가 본격적으로 다뤄지기 시작한 것은 1950년 7월 군 민사부가 설치되면서부터다. 민사부는 민간인의 철수, 복귀, 피난민 구호 관련 임무를 담당했다. 7월 10일의 통첩은 남하 피난민이 연일 급증해 대다수가 대전에 운집한 상태임을 알리면서 피난민 분산 계획을 수립할 것을 각 부에 통지한다. 통첩에는 사회부, 농림부, 국방부, 내무부, 교통부, 보건부가 각각 피난민 수용소의 설치와 등록증 교부, 양곡 확충, 피난민 조사 등록, 피난민의 이동과 치료 영역을 맡는다는 내용이 담겨 있다. 사회부의 업무로는 "피난민을 완전히 수용할 수 있도록 피난민 수용소를 화급 설치할 것"을 시작으로 피난민 증명서 교부, 인솔, 수용, 급식 등이 이어진다. 특히 수용에 대해서는 피난민 증명서 소지자를 원칙으로 하되 "사상 온건 여부를 항상 심사 감시"[42]할 것이 제시되어 있다. 피난민은 일찌감치 구호의 대상이자 감시의 대상으로, 양가적 존재였다.[43]

피난민 수용 조치가 '피난민 수용에 관한 임시조치법'으로 법제화된 시점은 1950년 8월이었다. 수용 공간을 만들어내야 하는 상황이 닥쳐오자 정부는 귀속재산 건물 개방을 결정한다. 사회부장관이 "귀속재산 중 주택, 여관, 요정料亭, 기타 수용에 적당한 건물의 관리인에 대하여 피난민의 인원과 피난 기일을 지정하여 수용을 명령"할 수 있게 한 것이다. 그리고 관리인이 피난민에게 임대료를 징수할 수 없다는 것, 영업상 지장이 있는 귀속재산의 관리인에 대해서는 임대료의 경감 또는 면제를 할 수 있으며 명령을 기피 또는 위반한 자에 대해서는 귀속재산의 임대계약을 취소할 수 있다는 규정을 두었다.[44] 9월 25일, 임시조치법은 수용시설의 공급을 늘리는 방향으로 개정된다. 이를 위해 피난민 수용이 귀속재산만으로 충족되지 못할 경우에 사회부장관은 귀속재산 이외의 주택, 여관, 요정, 기타 수용소에 대해서도 피난민의 수용을 명령할 수 있다[45]는 조항이 추가되었다.[46]

"가옥 파상"에 따른 전재민의 처소-없음도 당연히 시급하게 해결해야 하는 문제였다.[47] 1950년 겨울 전황이 악화되면서 주택 파괴는 심각한 상태에 빠졌고, 1951년 6월부터는 피난민의 복귀가 이루어지면서 주택난이 더해졌다. 1951년 7월 초부터 1952년 6월까지 자료를 바탕으로 한 국내 정세 보고 문건에는 전재민이 800만 명으로 추산되며, 도시와 농촌을 막론하고 범람하는 이들을 구호한다는 것은 "극난"한 일이라고 기록되어 있다. 또 60만 호에 달하는 가옥이 파괴되었고, 7140호의 후생주택이 연내 완공을 목표로 하고 있으며, 임시수용소를 각 요소에 설치하고 지방 소개와 도시의 주택 관계를 조사해 배치했다고 보고되어 있다. 이러한 상황에서 늘어가는 것은 판잣집과 무허가 주택이었다.[48] "일언"하여 "비극적"이라 할수밖에 없다고 표현된 "국민의 생활 상태" 해결은 "원래가 빈약한 국가의 경제력으로서는 도저히 미급未及"하다는 진단으로 이어졌다.

수용시설이나 주택 공급 대책의 지난함은 이 시기의 각종 자료나 통계를 통해 거듭 확인할 수 있다. 제6차 국제연합정기총회에 제출한 UN한국통일부흥위원단의 보고서(1951년 9월 5일)를 살펴보자. UN한국통일부흥위원단은 1950년 10월 7일 유엔 제5회 총회에서 통과된 결의 제376호에 의거해 구성되었다. 창립일부터 1951년 9월 5일까지의 업무를 수록한 이 장문의 보고서 가운데 〈피난민과 민간인 구호〉 부분에서는 "1950년에 대한민국이 북한 공산군의 침범을 받게 된 직후 수천, 수만의 사람들이 집을 잃어버리고 말았다. 9월 말에 이르자 부산, 대구, 마산 지대에만도 36만 이상의 피난민으로 차버렸다. 그러나 본 위원단이 11월달에 한국에 도착되었을 때에는 이들 피난민 대부분이 이미 자기 고향으로 돌아가서 폐허가 된 고향에 남아 있는 옛날 집터 위에 임시적인 빠락들을 짓고 있었"다고 기록한다. 그리고 "중공군의 대공세가 있을 때는 때마침 혹한이 습래襲來하는 엄동인데 피난민의 다수는 수다의 여러 백만 명으로 산算하게" 된 사정과 "민국 총인구의 근 20%가 집을 떠나 도망해 남하했고 북한으로부터서도 길이 메이게 피난민이 내려오"던 상황을 언급한다.[49]

곳곳에 "빠락"과 "하꼬방"이 넘쳐나고 여기에 잔혹한 강제 철거의 폭력이 행사되는 것이 또 다른 현실이었지만,[50] 어쨌든 가옥-수용소(사설수용소와 공설수용소)[51]라는 공간 생성 행정을 통해 생명 관리 정책은 그 좁디좁은 길을 내고 있는 중이었다. 이 길이 '살아도 되는 집단'의 생명을 유지하는 쪽으로 난 것이라면, 점령과 탈환이라는 정치적 환경의 동요 사이에서 경제적 기회를 노리는 사적 기도를 제어하려는 정책도 마련되고 있었다. 〈탈환지구 국가재산 조치에 관한 포고〉(1950년 10월 1일)가 이를 잘 보여준다. 이 조치는 "희생된 생명은 다시 살릴 길이 없으나 파괴된 재산을 다시 부흥시켜 전후 복구를 조속히 완수하여야 한다"라는 전제하에 "행정혼란기를 이용하여 국법과 도의 및 안녕질서를 망각하고 생업 기업체, 주택 등 재산에 탐내어 불법 점유 파괴 등 행위를 자행하는 경우" "극형에 처할" 것임을 고했다. 이는 1948년 미군정으로부터 이양받아 귀속재산처리법(1949년 12월 19일)[52]에 의거해 관리해온 귀속재산을 혼란으로부터 보호, 유지할 것임을 고지한 것으로,[53] 국유-공유 재산의 사적 탈취를 막고 경제 질서를 잡으려는 시도라 할 수 있다.

여기서 한 가지 주목할 점은 처벌 대상이 되는 세 번째 경우로, "공산도배 우又는('또는'—인용자) 반정부적 행위가 현저한 자의 점유 재산이라도 소속 청에 합법적 수단을 취하지 아니하고 불법점유 又는 파괴를 감행한 자"라는 적시다. 이것은 당시 역산逆産이라 불렸던, 정치적 경위의 경제적 실물 유산과 연관되어 있다. 역산은 "괴뢰군이 서울을 도주한 후 공산도당에게 부역행위를 한 부역자"의 재산을 말한다.[54] 해방 후 일본인이 남긴 재산을 일컫는 '적산'과 달리 '역산'은* 점령이 남긴, 경제화된 정치적 산물이자

* 당시에도 "역산과 적산을 혼동하는 일이 있는데 귀속재산은 일체의 소유권이 정부에 귀속되며 역산에 관하야는 별도로 법령이 제정되는 대로 처리할 것"이라고 설명하기도 했다.

정치화된 경제재라 할 수 있다. 적산은 "4281년 9월 11일부 대한민국 정부와 미국 정부 간에 체결된 재정 및 재산에 관한 최초 협정 제5조의 규정에 의하여 대한민국 정부에 이양된 일체의 재산"[55]을 지칭한다. 적산(귀속재산)이 "일국이 적국을 점령할 때 점령지대 안에 소재하고 있는 적국민과 적국 소유 재산"을 칭하는 국제법 용어[56]인 데 비해, 역산은 '부역'과 연관된 정황적이고 행정적이며 자의적인 용어이자 범주였다.[57]

1950년 11월 무렵 "부역자의 역산 처리에 대하여 연구 중"이라 밝힌 계엄사령부는 국회에서 역산 처리에 관한 법률이 제정, 공포될 때까지* 취할 임시조치를 동산動産에 한정해 발표했다.** 그러나 '귀속재산처리법'같이 역산 처리에 대한 별도의 법률이 만들어지지는 않았다. 1954년의 자료에 따르면 역산은 법적으로는 민법 제25조 〈부재자의 재산 관리〉에 의거해 판단, 처리하도록 되어 있다.[58] 역산이 법적으로 미비하며 '미달'하는 범주였다는 점도 당시 여러 문헌을 통해 확인할 수 있다. 1952년 "역산 문제에 관하여서는 법적으로 역산이란 것을 인정할 수 없다는 견해도 있으나 요는 민족의 정기를 살리는 뜻에서 부역자 재산을 역산으로 취급하는 것이 옳은 일이라고 생각한다"[59]라고 관재청장 유완창이 언급했듯, 역산은 애매하면서도 실정적인 것이었고, 경제적이면서도 이데올로기적인 것이었다.

　《조선일보》, 1950년 10월 30일.

*　〈국회속기록〉에서 확인 가능한 역산 관련 발언은 부역 기준, 군경이나 청년단체원의 행태 등에 대해 모두 비판적인 입장을 담고 있다.

**　《동아일보》, 1950년 11월 11일. "부역행위로써 또는 도주하여 역산 관리에 곤란한 역산 중 동산에 대하여는 그 관리를 시, 군에 일임하여 보관케 하고 그중 부패물 또는 계절물(농작물 등속)은 시, 군에서 환가 처분하여 특별회계로 보관케 한다. 그리고 역산 한도 내에서 부역자 가족의 생활을 보장해주도록 한다"가 그 내용이다.

앞에서 언급한 〈탈환지구 국가재산 조치에 관한 포고〉의 3항은 역산의 불법적 강탈, 탈취 행위에 대한 방지와 처벌에 해당한다. 그러나 역산에 대한 불법 점거나 취득에 대한 처벌은 사실상 역산 자체를 결정하고 '생산'하는 구조 자체를 가리고 있다. 질서를 복구하고 경제 범죄의 불법성을 강하게 규제한다는 논리는 '빼앗아도 되는 인간'을 정해 실행하는 폭력적 심층의 외피인 것이다. 이 점은 국회에서 정확히 지적되었다.

> 이른바 역산이라고 해가지고 부역행위를 한 사람의 가옥 혹은 기타 재산을 차압을 하고 그래서 그 가족에 대해서 식량도 주지 안이하고 또 농량미 같은 것도 전부 차압을 해놓는 또는 심한 것으로 말할 것 같으면 가족을 축출하고 그래서 이것을 이러하나 재산을 이른바 역산이라고 해가지고 또 일부 권력을 갖인 사람 혹은 자위대니 이러한 간부 사람들이 그 가옥을 들고 재산을 상당히 이것이 불법으로 처리된 것도 있는 것 같습니다. (…) 부역행위를 한 사람의 가족의 추방 문제 또는 그자들의 재산의 차압 문제, 즉 역산 문제 이런 것은 과거 공비들이 3개월간 감행했든 그 방법과 그 정신이 똑같은 정신과 똑같은 방법으로서 보복을 하고 있에요. 이것이 우리 대한민국에 있어서는 이러한 비법적인 행동이 있을 수 없음에도 불구하고 이것을 백주에 공공연히 단행이 되어 있는 것을 볼 적에 우리로서는 하로바삐 이 모든 문제를 시정하지 않으면 안 될 것을 통감했습니다.[60]

의원들이 단지 역산의 불법 처리가 문제라고 주장한 것은 아니었다. 부역행위자라는 고리를 거는 구조와 부역행위자로 호명된 자에게 가하는 탈취를 문제 삼은 것이다. 그들은 "강제로 끌려 나간 가족 한 사람만 있어도 그네들이 가지고 있는 재물을 불법하게 역도 공산당에 못지않은 잔악한 일로서 몰수하는 일"⁶¹이라 비판하거나 "대한민국 헌법 몇 조인지는 모르겠"
으나 "덮어놓고 이적행위를 했다고 해서 군인들이 집을 뺏는 까닭에 민심
이 퍽 공포를 느끼고 있"는 현실을 목소리 높여 지적했다.⁶² 같은 장면을 김
성칠은 이렇게 적었다.

> 한 순경이 짐을 좀 날라달라 하므로 어느 영이라 거역할 길이 없어서 끄는
> 대로 따라갔더니 어떤 집으로 들어가서 실심한 듯이 한숨만 짓고 앉아 있
> 는 그 집 여인을 얼러서 "너희는 빨갱이니 의복이며 금침이며 살림을 모두
> 꾸려서 내놓아야 한다" 하고 가재도구를 내어 실어서 성북동에 있는 자기
> 가 점거해놓은 집으로 옮아가곤 (…) 어떤 경관이 그 집을 점거하고 가산
> 을 전부 차압하여 그대로 점유사용하고 그러고는 이웃에 성언하여 가로되
> "신모는 빨갱이니 다시 오면 잡아 죽인다"고. 억울하게 집과 가산을 잃고
> 빨갱이란 누명까지 쓰게 되었으니 돌아오면 그 심경이 어떠하리.⁶³

"수복 후 서울"은 "패자의 전리품을 사적인 소유물로 만들려는 야만적
인 부족 전쟁의 현장"⁶⁴이었다. 특히 (역산) 가옥은 이 같은 몰법적 이해관
계가 노출되고 몰려드는 공간이 되었다. '부역'을 이유로 자행된 개인 재산
과 안전의 탈취는 실제로는 특정 집단의 횡행으로 이루어져 그들의 사사
로운 이익을 채우는 사냥이나 마찬가지였다. 국회의 논의나 관련 기사 그
리고 김성칠의 언급이 알려주듯이 역산을 즐기고 누린 세력은 주로 군경
이었다.[*] 경찰국장은 역산가옥에 입주하는 자 중에 경관 수가 계속 늘어간
다는 비난이 있으므로 전재민이나 군인에게 양보하고 원칙적으로 역산에
입주하지 말라는 내용의 훈시를 내리기도 했다.⁶⁵ 귀속재산이든 사유재산
이든 부역자 재산을 역산으로 몰아 권력층에 있는 사람이 접수하고 그 가

족을 내쫓는 일이 빈번하다는 비판이나,[66] 몇몇 보도된 사례를 보면 역산은 주로 치안 권력이 약탈자가 되어 행사하는 재산 강탈로, 주인 없이 비어버린 공간을 잡아채는 사냥과 포획이었다.

1950년 12월 초 '사형私刑금지법'이 제정, 시행된 것은 이런 상황에서였다.[**] 역산의 현황이나 역학 또는 관련 조치의 변화를 체계적으로 구성하는 작업은 자료가 산포되어 있는데다 양적으로나 질적으로 충분치 않아 쉽지 않은 일이다. 그래도 흔적이 전무한 것은 아닌데, 주로 신문 기사를 통해 그 추이를 살펴볼 수 있다. 몇몇 보도에 따르면 1951년 9월 사회부 주택과는 '부역자'의 가족이 남아 있는 경우 역산이라는 명칭을 붙이지 않기로 했다. 그리고 종전에 역산이라는 명칭을 달았던 가옥도 가능한 한 피난민을 위해 개방[67]할 것이라고 밝히기도 했다. 또 1953년 8월에는 시민의 복귀와 더불어 역산 구별이 불분명해지고 분규도 자주 발생해 불하 사무를 정지한다는 결정을 내린 것으로 파악된다.[68]

그러나 "이북으로 납치되어간 사람, 피난 나간 사람, 행방불명된 사람의 주택을 부역자의 역산이라고 규정하여 불법 소유하고 있는 예가 일반 시민보다 고급 공무원 가운데 없지 않"[69]다는 1953년 여름의 현실이 말해주듯,

---

[*] 한 기사도 이러한 상황을 설명해준다. "서울시 관재국 통계에 의하면 지금까지 발행된 임시 입주증 수효가 시내 전 지역에 걸쳐 180건인데, 귀속일반가옥 불하 수는 46건이다. 그런데 임시 입주증을 받은 수효 중 군인층이 수위首位를 점하고 있다." 《자유신문》, 1952년 2월 23일.

[**] 사형금지법에서 사형은 "역도 또는 부역행위자에 대한 처벌을 이유로 법률의 정하는 바에 의한 수속 또는 재판을 경하지 아니하고 타인의 생명, 신체, 자유, 재산에 침해를 가함"으로 법적으로 규정된다. '사형금지법'의 적용 대상은 "군인, 경찰관, 청년방위대원, 자위대원 등 군사 및 치안 임무에 종사하는 일체의 인원"으로 명시되어 있다. 국가법령정보센터(https://law.go.kr) 참고.

불법 점유나 착복은 여전히 일어나고 있었다. 수용소와 가옥을 중심으로 전시 국가가 행하는 생명 관리 통치의 사회경제적 실제를 검토해보면 생명을 관리하는 몇몇 법제는 박탈된 무리에 가 닿기엔 너무나 무력했고, 물리적 공간의 공급과 분배 역시 제대로 이루어지지 않았음을 확인하게 된다. 근본적으로 정치적 이유를 내세운 사적인 약탈 경제가 방기되는 구조였기 때문에 제약의 법적 조건을 고안했다 하더라도 작용은 미약했고, 그래서 폭력적 탈취의 돌출은 충분히 허용되었던 것이다.

사회의 파상과 '작은 사회적 공공성'에 대한 상상

방법론적 차원에서든 해석적 차원에서든 현실 반영적 차원에서든 전시 국가를 생명 관리 통치 기구로 파악한다면, 국가와 연동하며 공재하는 사회를 관계론적으로 사유할 수 있게 된다. 전시 사회는 전쟁 국가의 억압적 내치력에 강하게 장악되어 있었다. 그러나 국가의 각종 구호·보호책의 현저한 미비와 포괄 역량의 한계를 경험하면서, 사회는 살아남기 위한 그 나름의 삶의 아비투스를 계발하고 취하게 된다. 그 특성이나 경향성은 여러 면으로 설명할 수 있겠지만, 공동체로서 공통적인 것을 상상하거나 지향하는 가능성 자체가 위축되었다는 점은 부정하기 어려울 것이다. 공통적인 것은 공공성의 문제와 닿아 있다. 공공성을 하나의 공동체 혹은 사회를 위해 절박한 문제를 서로 교환하기 위해 필요한 가치로 규정[70]한다면 전시 사회는 그 가치의 구현이라는 측면에서 꽤 취약했던 것으로 보인다.

한국 사회는 "피난 사회"라는 김동춘의 진단도 이런 맥락에서 이해할 수 있다. 전쟁 경험이 축적, 재생산되면서 존속된 피난 사회란 "모두 떠날 준비를 하고 있으며, 모두가 피난지에서 만난 사람처럼 서로를 대하며, 권력자와 민중들 모두 어떤 질서와 규칙 속에 살아가기보다는 당장의 이익 추구와 목숨 보존에 치중하는 경향이 있"[71]는 사회다. 이러한 속성 가운데 특히 "이익 추구" 성향은 박탈된 집단이 이익 추구 집단에 의해 궁벽해지는 상황을 파악하는 데 중요하다. 이익 추구 욕망과 이익 추구 능력이 현저하게 불평등하게 분배되고 유통될 때, 그 사회에서 공동체 혹은 공통됨 지향의 여지는 방해받거나 오염되기 마련이다. 이에 더해 욕망과 능력이 그 나름의 공적 조율 기제를 벗어나 '발현'될 수 있는 환경이라면, 아니 보다 정확하게 말해 조율의 공적 기제 자체가 총체적으로 부실한 상태라면, 더 그럴 수밖에 없다. 이 틀에서 전시 민간 사회의 내면을 잠시 살펴보려 한다.

수복 후 이승만은 "동사 지경에 빠진 동포들을 살게 하기에는 거처할 처소가 가장 긴급한 문제"라고 하면서 "정부 관공리부터 방 한 간이나 혹 한두 사람 거처할 자리만 있을지라도 다 채워서 빈자리가 없게 만들어야 될 것이고 적산가옥에 든 사람들은 더욱이 거처 없는 사람을 청해서 같이 살게 해야 할 것이며 그렇지 않으면 거주권까지 물시해서 공심 가진 사람들에게 맡겨서 빈자리가 없도록" 해야 한다고 역설했다.[72] 이 발언은 국가의 정책이 전시의 비참한 상황을 소화하지 못하게 되면서 수용과 공서의 책임이 사회로도 넘어오는 구도를 잘 보여준다. 앞에서 언급한 '피난민 수용에 관한 임시조치법'의 개정도 마찬가지로 '이월'의 경로를 보여준다. 이 조치는 국유인 귀속건물에서 귀속재산 이외의 건물로 개방 범위를 확장한 것으로, 역시 민간 사회로 동참 요구가 흘러들어오는 양상을 드러내는 것이다. 사회에 책임 분담을 요구하면서 이승만은 "공심"을 거론한다. "공심 가진 사람"이 많다면 사정은 그나마 낫겠지만 아니라면 분담은 구현되기 어렵다. 더구나 사회구성원 대다수가 피난민이나 전재민인 상황이라면 아무리 동족애를 부르짖는다 해도[73] "공심 가진 사람"을 어디서 얼마나 찾아 기댈 수 있을지 난감해진다.

전쟁이라는 총체적인 붕괴의 구도에서 생각해볼 때 박탈된 채 떠돌아야 했던 빈곤 집단이 주거지를 떠나서든 다시 돌아와서든 처소를 구하는 데심한 어려움을 겪었던 현상은 당연해 보인다. 하지만 분명한 것은 이 사회에서도 '모리'의 욕망이 작용하고 사익의 욕망이 움직이고 있었다는 점이다. 당시 "악덕 가주", "주택 모리배", "악덕 적산 임대주", "이적 악덕 가주"라 불린 부동산 소유자의 행태는 생생하게 확인할 수 있다. 이들은 귀속재산을 부정 매매해 엄청난 방세를 요구하거나 피난민이 입주한 방세를 올렸다. 또 2층짜리 문화주택 적산가옥에 살면서 작은 적산가옥도 탐내곤 했다.[74] 이 집단은 "가난한 셋방살이 피난민을 울리는"[75] "사회악"으로 공론화되었다. "광하를 독차지하고 호화로운 생활을 하면서도 한 간 방을 고난의동포에게 빌리는 것을 실허"하고 "일편의 성의를 표시하기는 고사하고 피난 동포의 주택난을 이용하여 방세를 올리기에 급급하는 악덕 가주만이 발호하는" 상황을 비판한 《동아일보》의 한 기사는 "심지어는 거액을 들여 고급 요정을 꾸미기 위하여 들어 있던 피난 동포를 축출하는 귀속가옥의 관리인도 있"다고 전하면서 이런 행태에 법적 수단을 강구할 것을 강조했다.[76]

'가난한 셋방살이'의 경우와는 결이 좀 다르지만, 역산가옥 처리 역시 입주자와 연고자 사이에 소유권을 둘러싸고 분쟁이 늘어나고 있었다. 이런 갈등은 1953년 정부 환도와 함께 원주지 복귀자가 증가함에 따라 심해졌다.[77] 1953년 7월 17일 현재 역산 처리 관련 소청 사건만 120여 건에 달하는 현실을 두고 "추잡하고도 격렬한 쟁탈전"이라는 비난 섞인 표현도 등장했다. 역산가옥을 둘러싼 갈등은 대부분 피난을 떠난 사이 적산가옥을 역산가옥으로 취급해 누군가 입주한 후, 돌아온 원거주자의 명도 요구에 응하지 않기 때문에 발생했다.[78] 역산가옥이나 귀속재산 가옥 침탈과 관련된 민원 진정서가 쇄도한다는 보도[79]도 같은 상황을 말해주는데, 이 법적 분쟁은 돌아가 살아야 할 곳과 지켜야 할 것이 강탈되고 침해될 때의 황망함과 피로를 동반하는 것이었다.

국가의 척박함과 전시 사회의 파상破狀을 떠올려보면, 가진 것을 잃은 존재는 이곳저곳을 떠돌면서 궁극적으로는 국가와 사회에서 떠돌고 있던 것일지도 모른다. 이들이 상실한 '가진 것'이란 무엇이었을까? 일반적으로 '갖는다'는 동태나 '갖고 있다'는 상태는 목적어를 수반하고 그 자리에는 많은 것이 들어갈 수 있다. 권리도 그 하나다. 그러나 권리를 갖는다고 할 때는, 모든 사람이 권리를 주장하는 것이 가능한 공동의 세계를 준비하고 창출하며 유지하는 활동에 참여한다는 의미다.[80] 박탈된 사람은 절박하게는 필수불가결한 물적 지반을 잃었고 그럼으로써 권리도 잃었다. 전시 국가는 박탈을 제어하지 않았고 제어할 수도 없었다. 전시 사회 역시 무엇인가를 나눠 질 만큼 계발되지 않았고 계발될 수도 없었다. 박탈됨을 견디며 생계를 꾸리는 과정에서 이들 사이에 어떤 공감이나 동정의 교환이 일어났는지 혹은 때로 드물게 진정이나 법적 분쟁을 통해 '자신의 처소'를 되찾을 의지를 표명할 수 있었다면 이로써 어떤 권리가 복구된 것인지는, 보다 미시적인 접근을 통해 가능할 수 있을 듯하다. 전쟁 연구에서 작은 사회적 공공성을 상상하거나 발견하는 데 '함께 살아남음'의 구체적인 경험을 말하는 언어가 중요한 이유도 여기에 있을 것이다.

수용소와
피난소의
경계

II

질병,

젠더,

자활

격리와
단가

식민지 타이완의
한센병 환자들

지은이 **호시나 히로노부** 星名宏修

히토쓰바시대학대학원 언어사회연구과 교수. 일제강점기 타이완 문학 연구, 특히 식민지 타이완에서 살아간 '무명'의 일본인(내지인內地人)이 무엇을 표현하고 무엇을 표현하지 않았는지에 대해 관심을 가지고 있다. 최근에는 식민지의 한센병 문학을 연구하고 있다. 대표 저서로《식민지를 읽다—'가짜贋' 일본인들의 초상植民地を讀む—'贋'日本人たちの肖像》(法政大學出版局, 2016)이 있다.

옮긴이 **김보람**

일본 근현대사 속에서 마이너리티 민중의 생활과 이동 및 식민주의 경험을 공부하고 있다. 연세대학교 사학과에서 〈아시오광독사건에 나타난 생존의 임계〉로 석사학위를 받았다. 박사과정 유학 준비 중이다.

• 이 글은《中華文藝の饗宴》(《野草》百號記念號編集委員會 編著, 研文出版, 2018)에 실린 〈식민지 타이완의 〈나단가〉를 읽다—낙생원위안회《만수과》를 중심으로植民地臺灣の〈癩短歌〉を讀む—樂生院慰安會《萬壽果》を中心に〉를 수정·보완한 것이다.

문제의 소재:
'나단가'란 무엇인가

메이지明治 치세에 이르러 우리나라의 문화는 장족의 진보를 이뤘다. 교육, 군사, 산업, 정치에서 참으로 완전한 진전이었다. (…) 그때 문득 뒤를 돌아보면 거기에는 온갖 병 중 가장 비문화병이라 할 수 있는 나병이, 10만에 가깝다는 수많은 비참한 나병 환자가, 우리 등 뒤에 바싹 붙어 떨어지지 않으려는 듯 소맷자락을 꽉 붙들고 있는 것은 아닐까. (…) 나라의 치욕! 이토록 큰 나라의 치욕이 또 어디에 있으랴.

낙생원의 사명은 실로 국욕병國辱病을 근절하여 진정한 문화국을 출현시키는 데 있다.

그렇다면 이 사명, 즉 타이완 땅에서 이 비참한 병을 근절해버려야 한다는 이 책무를 달성하기 위해서는 어떻게 해야 할까? 그 방법은 그야말로 간단하고 명료하다. 이전부터 여러 번 말해왔는데, 타이완의 모든 나환자를 요양원에 격리하여 일평생 건강한 일반 사람과의 교류를 끊으면 그것으로 충

분할 것이다.[1]

인간 세상에 나가는 것이 더는 허락되지 않는, 이제는 초라해진 이 몸 체념할밖에.[2]

1930년 12월 12일, 타이완총독부는 나병* 요양소 시설인 낙생원樂生院을 타이베이주 신좡군臺北州 新莊郡(현재의 신베이시 신좡구)에 개설했다. 처음의 긴 인용문은 낙생원 운영이 개시되고 난 후 3개월이 경과한 시점에서 원장인 가미카와 유타카上川豊(1892~?)가 발표한 〈낙생원의 사명〉의 한 구절이다. "비문화병", "국욕병國辱病"이라는 표현이 눈길을 끈다. 그는 모든 환자를 대상으로 한평생에 걸친 격리가 그들의 "정신도 구제"한다고 말했다.

이어서 인용한 단가短歌는 낙생원에 수용된 환자의 작품이다. 입소자의 대부분이 가명을 사용했으니, 이 단가의 저자인 오자키 하루코小崎治子 역시 본명은 아닐 것이다. 이 단가는 "정신도 구제"하게 될 격리로 인해 "세

---

*   1996년 4월 1일에 '라이예방법らい予防法'이 폐지되어 현재는 '한센병'이라 칭하게 되었으나, 전전戰前의 차별적인 뉘앙스를 표현하기 위해 이 글에서는 인용을 제외하고는 '나癩'라는 용어를 사용하기로 한다. (라이예방법은 나병예방법癩予防法(1931)을 개정, 1953년 8월 15일 공포되었다. 개정 과정에서 환자들이 '전국국립나병요양소환자협의회'를 중심으로 강제격리 및 수용 철폐, 입소자 처우 개선, 징계 검속 규제 폐지, 자유권 보장 등을 요구하는 운동을 펼쳤음에도 '공공복지'를 명목으로 전전의 조항들을 사실상 존속시킨 법률로서, 1996년 〈한센병 문제의 해결 촉진에 관한 법률〉의 성립에 따라 폐지되기까지 유지되었다. '라이예방법'과 '나병예방법'은 표기는 다르지만 일본어 발음은 라이らい, 癩로 같다. 이는 격리수용에 '권장' 방식을 삽입해 '강제수용'을 가리는 식으로 전전의 문제를 그대로 유지한 채 개정된 전후 법률의 특성과 전후의 콘텍스트 속에서 새로운 양상을 보이는 '한센병 문제'를 상징적으로 드러낸다.—옮긴이)

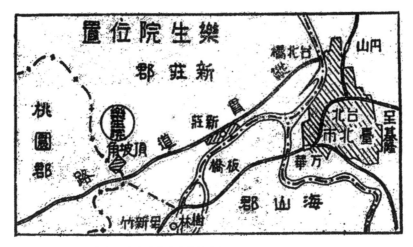

〈그림2-1〉《만수과》각 호에 게재된 낙생원의 위치.

상에 나가는 것"이 불가능하게 된 "체념"을 담담하게 노래한다. 단가를 게
재한《만수과萬壽果》는 낙생원위안회樂生院慰安會의 기관지다. 이 잡지의
1937년 1월호부터 시바야마 다케노리柴山武矩(1898~?)가 '낙생원가단歌
壇'을 선발하는 역할을 담당했다. 시바야마는 1935년에 있었던 타이완대
지진 후에 만들어진 미담인〈기미가요 소년君が代少年〉을 유포하는 데 중
심적인 역할을 한 인물이다.[3]

　　오자키 하루코의 단가가 발표되던 무렵 일본 내지의 문단에서는 호조
다미오北条民雄(1914~1937)의〈생명의 초야いのちの初夜〉(《문학계》, 1936년
2월)를 계기로 나문학癩文學이 갑작스레 주목받고 있었다. 다음 해 12월
에 호조가 23세의 젊은 나이로 사망하자,《과학펜科學ペン》의〈나문학 특
집〉(1938년 1월)을 시작으로《의사공론醫事公論》의〈나병 및 나문학〉특집
(1939년 3월)이나《개조改造》의〈나문학을 말한다〉좌담회(1939년 7월) 등이
잡지 지면을 장식했다. 중일전쟁이 장기화하면서 '사변하事變下 문학'의 제

격리와 단가

상을 논한 이타가키 나오코板垣直子는 같은 제목의 평론집에서 '전쟁문학'이나 '대륙문학' 등과 나란히 '나문학'도 하나의 장章으로 다루고 있다.[4]

이 글에서는 식민지 타이완에서 창작된 내지인(일본인을 의미—옮긴이)의 나문학, 특히 '나단가'를 고찰한다. 타이완에서 나문학이 왕성해진 것은 황민화운동이 일어나기 시작한 시기와 거의 중첩된다. 낙생원에서 보내는 나날을 노래한 나단가는 어떠한 것이었을까?

필자는 지금까지 타이완에서 이뤄진 내지인의 문학 표현을 논해왔다. 주로 문학사에 이름을 남기지 않은 '무명'인의 작품을 통해 식민자인 상태가 어떤 의식을 만들어내는지를 생각해보고자 했다. 그러나 낙생원의 나단가에는 식민자로서의 의식이 전경화하는 일은 그리 많지 않다. 이는 '국욕병'이라 불렸던 나병을 앓는다는 것이 압도적인 체험이었기 때문이다. 그렇다면 타이완의 나문학은 내지의 나문학과 같은 것이었을까? 혹시 다르다고 한다면, 어떤 점에서일까?

나문학에 관한 선행 연구로는 아라이 유키荒井裕樹의 《격리의 문학—한센병요양소의 자기 표현사》[5]가 있다. 이는 근현대 일본의 나병 환자에 의한 문학 표현을 논한 가장 중요한 연구서이나, 식민지 타이완에서 이뤄진 문학 표현은 언급하지 않는다. 타이완에서는 2000년대에 철도 공사를 위해 낙생요양원(전후에 낙생원을 개명함)의 이전 문제가 일어나자, '청년낙생연맹靑年樂生連盟'이나 '낙생보류자구회樂生保留自救會'가 보존을 요구하는 운동을 전개한다. 이 과정에서 낙생원을 주제로 하는 논문이 몇 편 집필되었다. 그러나 식민지기의 문학 창작까지는 관심이 미치지 않았던 듯하다.

근대 일본의 나병 인식

여기서는 근대 일본의 나병 인식을 개관한다. 1907년 3월에 법률 제11호(〈나병 예방에 관한 건〉)가 가결되어 1909년 4월부터 시행되었다. 이 법률에 의해 전생병원全生病院(현재는 국립요양소인 다마전생원多磨全生園)을 시작으로 연합도부현립 요양소가 전국의 다섯 곳에 세워져 "주로 부랑, 배회하고 있는 자로 병독을 퍼뜨리고 풍속상으로도 심히 좋지 않은"[6] 환자를 수용하게 되었다. 메이지유신 이후 사람들의 이동이 자유로워지면서 고향을 떠난 빈곤한 나병 환자가 방랑 생활을 하고 있었던 것이 입법화의 배경이었다. 특히 도쿄의 센소사淺草寺나 고베의 미나토가와湊川 신사, 가가와香川의 곤피라金毘羅 신사, 군마郡馬의 구사쓰草津 온천 등에는 많은 환자가 모여 있었다고 한다.[7]

1899년의 '내지잡거內地雜居*'를 전후로 이러한 장소에서 구걸하는 나병 환자의 모습이 외국인의 눈에 띄는 것에 대한 우려의 목소리가 높아졌다. 1902년 3월에 중의원에서 가결된 〈나병 환자 단속에 관한 건의안〉 심의에서 제출자인 사이토 히사오齋藤壽雄가 "콜레라, 페스트와 마찬가지로 일종의 세균에 의해 전염된다는 것이 각국 의학 사회에서 확정되었다. (…) 가장 두려운 것은 외국인이 일본에 왔을 때 나병 환자가 길거리 여기저기에 있는 데에 실로 놀라워한다는 일"[8]이라 했던 것은 그 전형적인 예다. 내무성

---

* '내지개방'이라고도 한다. 일본은 1858년 안세이安政 5개국조약에 따라 개항장에 외국인 거류지를 설치하고 허가된 지역 이외의 거주·여행·외출을 제한해왔다. 일영통상항해조약이 1894년 체결, 1899년 발효됨에 따라 외국인 거류지를 폐지하고 '내지잡거'를 실시하게 되었다. 내지잡거는 당시 불평등조약을 개정하기 위해 일본의 '발전'을 드러내는 방책으로 제기되었으나 국수주의자에 의한 강한 반대와 논쟁을 불러일으켰다. ―옮긴이

은 1900년 말 당시 전국의 환자 수를 3만 명가량으로 어림잡고 있었다. 요양소 다섯 곳의 정원을 다 합쳐도 1100명에 지나지 않는 것은 〈나병 예방에 관한 건〉이 눈에 띄기 쉬운 "부랑, 배회하고 있는 자"의 수용에 중점을 두고 있었음을 방증한다.

사이토의 발언에도 나오듯이, 1897년에 베를린에서 개최된 제1회 국제 나병회의에서 나병이 전염병임이 확인된 것 또한 부랑 환자의 격리수용을 정당화했다.

사회학자인 사와노 마사키澤野雅樹가 "나병 환자는 더 이상 곤궁한 사람에 속하지 않을뿐더러 병든 사람에 속하지도 않았다. 그들은 존재하는 것만으로 국가를 우롱하고, 걷는 것만으로 문명에 거역하는 사람들로 여겨졌다"[9]라고 서술한 것처럼, 러일전쟁에서 승리해 '일등국'이라 자부하게 된 메이지 정부에게 수많은 나병 환자의 존재는 국가의 체면과 관련된 문제였다.[10] 그러한 환자를 수용한 요양소는 내무성 위생국이 간행한《나병 환자의 고백》(1923)에서조차도 "요양소라기보다는 차라리 수용소라는 느낌을 주"며 "개나 고양이와 같이 전혀 인간적인 대우를 받을 수 없"[11]어 고발될 정도로 열악한 것이었다.

부랑 환자를 격리하는 것에서부터 시작한 근대 일본의 나병 정책은 1930년대 전반에 크게 전환된다. 1929년에 성립한 하마구치 오사치浜口雄幸 내각은 〈나병 예방에 관한 건〉을 개정하기 위해 1930년 3월에 경찰관을 동원해 환자 수를 파악하는 작업에 착수한다. 조사 결과 전국의 나병 환자 수는 1만 4261명, 그중 공·사립 요양소에 입소한 사람은 3287명으로 드러났다. 이 결과를 바탕으로 모든 환자를 수용하는 나병 '20년 근절계획'이 1930년 10월에 입안되어 1936년부터 실시되었다.[12] 나병 정책이 전환된 배경에는 '민족의 정화'론과 이어지는 우생주의의 정착이 있었다.[13]

1930년 11월 하마구치 내각의 요청을 받아 데이메이貞明 황태후(다이쇼 천황의 황후 사다코節子)가 황실 내탕금 24만 8000엔을 나병 대책에 '하사'했다. 이것을 기금으로 재단법인 나병예방협회가 1931년 3월에 설립되었다. 1932년 이후 데이메이 황태후의 생일인 6월 25일이 '나병 예방의 날'이 되었다.

데이메이 황태후에 대해 연구한 가타노 마사코片野眞佐子는 "이 시기는 심각한 경제 불황과 정치, 외교, 군사, 나아가 풍속 면까지 난제가 산적해 있었다. 아다치 내상*이 사다코 황후의 힘을 빌려 '나병 구제' 사업을 적극적으로 전개했던 것은, 이러한 상황에서였다. (…) 아다치의 '나병 구제' 사업은 '나병 구제' 그 자체를 목적으로 하기보다는 난국에 직면하여 국민을 하나로 뭉치고자 하는 국민 통합 프로파간다였다고 보는 것이 자연스러울 것이다"라고 하며, "자선의 대상이 불쌍하면 불쌍할수록 그들에게 구제의 손을 뻗는 황실의 은애恩愛는 커"[4]지게 된다고 지적했다.

데이메이 황태후의 나병 구제 사업에서 가장 유명한 것은 황태후가 1932년 11월 10일에 지은 "심심풀이 친구라도 되고 싶지만 위로해주러 가기조차 어려운 나를 대신하고자"라는 내용의 〈나병 환자를 위로하며〉라는 제목의 단가다. 이 단가는 "'나병 환자'에 대한 지고한 동정심을 품은 시로서, 격리 정책을 입안하고 실행하는 정치가에게 열렬한 환영을 받았다. 각 요양소에는 '나병예방협회'를 통해 황후의 단가가 적힌 액자가 하사되었고, 전생병원에는 그것을 기리는 '황태후폐하어곤덕기념비皇太后陛下御坤德記念碑'가 세워졌"[5]다. 낙생원도 1933년 9월에 "황후의 단가가 적힌 액자를 배수했고" 1938년 9월에는 "어가비제막식御歌碑除幕式"[6]을 거행했다.

* 아다치 겐조安達謙藏는 하마구치 내각의 내무대신이었다. — 옮긴이

황후의 '은혜'가 선전되는 중이던 1931년 3월에 성립된 나병예방법은 입소 비용을 공비로 부담할 뿐만 아니라 환자의 입원으로 가족의 생활이 곤란해질 경우 시정촌市町村*이 생활비를 부조하도록 규정했다.[17] 이 법을 배경으로 1930년대 중반에 모든 환자의 격리수용을 목표로 하는 '무나현운동無癩縣運動(현에서 나병을 근절하는 운동—옮긴이)'이 추진되었는데, 이는 타이완에도 파급되어 '무나주운동無癩州運動(주에서 나병을 근절하는 운동—옮긴이)'이 진행되었다.[18]

이러한 일본의 나병 정책은 세계적인 조류에서 일탈한 것이었다. '나병예방법'이 성립하기 직전인 1930년 12월에 방콕에서 국제연맹의 나병위원회Leprosy Commission 회의가 개최되었다. 일본에서는 오타 마사오太田正雄(기노시타 모쿠타로木下杢太郎라는 필명의 피부과 의학자)가 출석한 이 회의에서 나병은 치료 가능한 병이며 환자의 격리가 유일한 치료 방법은 아님이 확인되었다.[19] 무나현(주)운동은 이러한 동시대 지식의 흐름에 역행하는 것이었다.

식민지 타이완의 나병 정책과 낙생원 설립

타이완총독부가 낙생원을 개설한 것은 1930년 12월이었다. 타이완이 일본의 식민지가 되고 35년이 경과한 때였다. 요양 시설을 건설하는 것이 이렇게까지 늦어진 까닭은 "본도本島(타이완)의 위생 행정은 치세 이래로 페스트, 콜레라, 천연두 등의 악역惡疫과 풍토병 말라리아를 막아내

---

* 일본 지방자치제도의 기초행정 단위를 통틀어 이르는 말.—옮긴이

는 데 주력해왔기에 나병, 결핵, 그 외의 만성전염병에 대한 예방 시설은 그만큼 등한시되었"[20]기 때문이라 한다.

그때까지 나병 환자의 치료는 영국과 캐나다의 장로교회가 해오고 있었다.[21] 특히 1925년에 캐나다 장로교회가 타이베이의 마카이馬偕의원*에 파견했던 거슈테일러George Gushue-Taylor(1883~1954)의 활동은 중요하다. 총독부 관방官房 조사과에 촉탁 직원으로 채용되기도 했던 거슈테일러는 1927년 10월에 나병치료소를 설치하고 외래 치료를 시작했다. 경비는 런던의 나환자선교회MTL, Mission to Lepers**로부터 기부를 받아 사용했다. "한센병 전문 외래진료소가 설치된 점을 보면, 선교사의 대응이 타이완총독부보다 먼저 이뤄지고 있었"[22]음이 명백했다. 1928년 2월 거슈테일러는 총독인 가미야마 미쓰노신上山滿之進에게 "종교적 나병 구치救治 사업"에 대한 지원을 요청하고, 원조 약속을 받아냈다. 이것이 1934년 4월에 개원한 사립 요양소 낙산원樂山園이 되었다.[23]

이러한 선교사의 나병 구제 활동에 위기감을 품은 것은 일본 나병 치료의 최전선에 있던 전생병원 원장 미쓰다 겐스케光田健輔(1876~1964)였다. 미쓰다는 타이완 총독인 이자와 다키오伊澤多喜男에게 〈타이완 나병예방법 제정에 관한 의견서〉를 제출해, 요양소가 "외국 선교사에 의해 실현되었을 때 타이완 토민土民이 어떤 감정을 느끼겠는가"***하는 우려를 표명했

---

* 마카이馬偕는 매카이Mackay의 타이완어 음역이다. 마카이의원은 캐나다 장로교회의 중국 선교사로 파견된 매카이George Leslie Mackay(1844~1901) 박사가 1882년 나병 진료를 위해 세운 해의관偕醫館을 전신으로 하며 1912년 12월 26일 개청했다. ─옮긴이

** 아일랜드의 장로교회 선교사 웰즐리 베일리Wellesley Bailey(1846~1937)가 1874년 더블린에 설립한 한센병 전문 선교회. ─옮긴이

*** 藤野豊, 《いのちの近代史 ─'民族浄化'の名のもとに迫害されたハンセン病患者》, かもが

다. 이 의견서의 효과는 확실하지 않지만, 이자와에 이어서 타이완 총독이 된 가미야마는 1927년에 요양 시설 건설에 착수한다. 타이완에 체재하는 내지인이 늘어나면서 나병에 감염되는 자도 증가하는 경향을 보였다. "내지의 나병요양소에 입원하고자 하는 자가 있어도 그를 내지에 보낼 때 타이완 항로*로 다니는 증기선에 환자를 태우는 것이 첫 번째 난관이며, 그를 모지門司나 고베에 상륙시키는 것 역시 법규상으로야 어찌 되었든 관할 경찰서와의 교섭이 실로 쉽지 않다"[24]라는 것도 타이완에 나병요양소를 건설하게 한 요인이었다.

1930년 12월 낙생원은 100명을 정원으로 운영을 개시한다. 같은 해에 총독부 경무국이 섬 전체에서 실시한 조사에 따르면 환자 수가 1084명(조사에서 누락된 수를 포함해 실제로는 5할 더 많은 1626명으로 상정되었다)이었는데, 이것을 생각하면 수용 정원이 적었음은 부정할 수 없다. 그러나 타이완은 일본 내지와는 다른 법체계를 토대로 하며, 1909년에 내지에서 시행된 〈나병 예방에 관한 건〉역시 적용되지 않았기에 낙생원 개설 당시 환자를 수용하는 법적 근거는 존재하지 않았다.

1932년 말에 입소자는 114명이었다. 본도인이 99명이고 내지인이 11명, 그 이외의 외국인이 4명이다.[25] "내지인 환자 수는 전체에서 약 1할"[26]을 차지했다. 수용된 본도인은 "대부분 부랑자나 걸식하는 무리"[27]였다고

わ出版, 2001, 356쪽. 미쓰다의 의견서에는 날짜가 기록되어 있지 않으나, 이자와의 총독 재임 기간이 1924년 9월부터 1926년 7월까지인 것을 보면 거슈테일러의 마카이의원 취임 및 그후의 활동을 염두에 두었을 가능성이 높다.

* 국가나 지방자치체, 군대로부터 보조금을 받는 대가로 운항을 유지하도록 명령을 받은 '명령항로' 중 하나로, 타이완의 지룽基隆 항과 일본의 오사카항, 고베항, 오키나와의 나하항 등을 연결했다.―옮긴이

한다. 입소자 114명 중 "무교육자"는 67명(59%)으로, "조금 글자를 아는 자" 13명을 합치면 70%를 넘는다. 수용 환자 대부분이 교육받을 기회를 얻지 못했음을 나타내는 이 수치는 "나병은 대부분 하급민의 질병이라 해도 좋다"[28]라는 미야하라 아쓰시宮原敦(타이베이의원)의 발언을 뒷받침하는 것이다. 이 글의 서두에 인용한 가미가와 유타카의 "비문화병", "국욕병"이라는 나병관 역시 환자의 이러한 사회적 속성이 영향을 미쳤을 것이다.

낙생원 원장이었던 가미가와의 생각을 이해하는 데는 1936년 6월 25일 '나병 예방의 날'에 라디오에서 방송된 〈국욕 '나병'을 없애는 힘〉이 중요하다. 마이크를 앞에 둔 가미가와는 이렇게 말했다.

> 나는 일찍이 타이완의 어떤 높으신 분에게 들은 바가 있다.
> "나병 환자 같은 건 요양소를 형무소처럼 만들어 섬 전체에서 환자를 속속들이 '처넣으면' 간단하게 정리되고 경비도 적게 해결된다네. 그래, 형무소에 '처넣는' 걸세. 인정人情의 줄로 묶어 사랑의 장벽으로 둘러친 형무소에 '처넣는' 것이네."[29]

"섬 전체의 나병 환자는 우리가 부르지 않아도 스스로 나서서 북적이며 낙생원으로 모여들 것이다"라는 '높으신 분'의 낙천적인 이야기에 가미가와가 동조한 것은 확실하다. 강제수용은 "인정의 줄", "사랑의 장벽"으로 비유되었으며, "경비도 적게 해결"된다는 경영적인 안배도 잊지 않았다. 라디오 방송이니 '가벼운' 발언이라고 그냥 지나칠 수 없는 것은 "1000명 수용이 완성되면 5년 안에 본도 요양원 밖의 나병은 정화되고 이후 수십 년이면 요양원 안의 환자도 없어져, 이 병은 그 자취를 완전히 감추고 본도는 말 그대로 낙토로 변해 낙생원도 필요하지 않게 된다"라는 부분이다.

내지에서 입안된 나병 '20년 근절 계획'은 수용 환자가 머지않아 죽는다는 것을 전제로 하고 있었다. 타이완 나병예방협회의 《타이완의 나병 근절책에 관하여》에도 "발병에서 사망까지의 연수年數"를 다음과 같이 냉철하게 헤아리고 있다.

> 나병요양소에 수용 중인 나병 환자의 발병부터 사망까지의 연수를 통계적으로 살펴보면, 발병 후 1년 이내에 사망하는 자는 겨우 0.6%에 지나지 않으며, 경과 연수와 함께 사망률도 증가하여 발병 후 6년에 이르면 7.5%가 되고 9년이면 거의 10%의 사망률을 보인다. 그 후는 비록 해마다 감소하지만, 15년까지는 상당히 높은 비율을 보이며, 발병 후 25년까지 지나면 거의 전부(95%)가 사망하게 된다. (…) 더욱이 나병의 발병부터 요양소에 수용되기까지 경과 연수는 내지 각 요양소 및 낙생원 등의 통계에 근거하면 평균 5년이라 볼 수 있으며, 따라서 대체로 발병 후 6년이 지나 수용된다고 간주할 수 있다.[30]

식민지를 포함한 근대 일본의 나병 정책은 "환자의 격리가 국민을 나병에서 예방하는 것이 되는 것처럼, 나병 환자 박멸을 통해 국가의 구제가 달성된다고 믿"[31]으며, "병고에 시달리는 사람을 구제하는 것이 아니라 병자로부터 위협당하는 국민, 현민, 촌민을 구하는 것으로, 병자가 모습을 감춘 후에 남은 사람 전체의 행복을 가져오는 것"[32]이 목표인 것이다. 이러한 "나병 환자 박멸"이 천황의 '은혜'라는 그 누구도 반대할 수 없는 명분 아래 추진되었다.

1934년 6월 속령에 따라 타이완에 나병예방법이 공포되어 같은 해 10월부터 시행되었다. 내지의 나병예방법을 답습한 "이 나병예방법의 시행에 따라 나병 환자는 엄중하게 단속을 받게 되었으며, 의사 진단 결과 병독을 타인에게 전염시킬 우려가 있는 환자라고 인정되었을 때는 행정 관청의 명령으로 누구라도 강제적으로 나병요양소에 입소하지 않으면 안 되었"[33]다.

"형무소처럼" "처넣은" 수용자들이 머지않은 장래에 죽을 것임을 계산에 넣고 있었으면서도, 환자용 안내서에서는 치료의 가능성을 강조하여 자발적인 입소를 호소하고 있다. 낙생원에 관한 Q&A 방식의 해설에는 "나병은 치료할 수 있는가?"라는 물음에 "이 병은 세간에서 불치병처럼 이야기되지만 초기에 꾸준히 전문적인 특수 치료를 받으면 낫는 병입니다. 때를 놓쳐 중증이 된 사람이라도 치료를 열심히 받으면 몰라볼 정도로 병세가 좋아지며, 병세가 더 진행되지 않아 천수를 누리는 사람도 많이 있습니다"라고 대답하고 있다. "구호 요양을 실시하며 그 비용은 누구라도 무료"라는 점역시 경제적으로 곤궁한 환자와 그 가족에게는 매력적이었을 것이다. 불과 100명으로 시작한 낙생원의 수용 정원은 1939년에는 700명까지 증가했다. 입소자 수는 1943년 653명으로 정점을 찍었다.[34]

나병 환자에 대한 시선과 도주 문제

1919년의 논문 〈타이완의 나인癩人〉에서 "나병은 대부분 하급민의 질병이라 해도 좋다"라고 쓴 미야하라 아쓰시는 "그들(본도인—인용

---

* 《臺灣總督府癩療養所樂生院案內》(간행자, 발행 연도, 쪽수가 기재되어 있지 않음). 이 책자에 수록된 〈臺灣總督府樂生院受診者內規〉에는 "입원 환자는 퇴원 혹은 외출을 엄금한다"라고 기록되어 있다.

자)은 나병의 전염을 두려워하는 일이 드물고 유전을 의심하지 않으며, 많은 사람이 아무런 의심 없이 나병 환자와 함께 교제하여 (…) 본도인 사이에 불결함을 가리지 않는 관습이 여전히 존재한다 할지라도, 너무 대담하게도 이 병을 해결하지 않고 어쩌면 놀라울 만큼 견디고 있으니, 이에 많은 무지한 하급 사회에서는 나병의 전파가 심각하여 그 멈출 바를 알 수가 없다"[35]라고 위기감을 드러낸다. 이 논문의 요점은 나병이 전염되는 것을 믿지 않는 "무지의 하급 사회"와 일상적으로 접촉하는 "우리 관공리"가 감염될 수 있다는 위험성을 호소하는 것이었다.

타이완인의 불결함을 두려워한 것은 관원만이 아니었다. 타이완 나병예방협회가 작성한《타이완의 나병 근절책에 관하여》에서도 "원래 본도인은 일상생활이 불결하여, 온갖 종류의 피부병에 걸린 자가 많아, 내지의 주민과 비할 수 없다"[36]라고 단언한다. 내지에서 '가난한 자'가 걸리는 병이라 여겨진* 나병은 식민지에서는 '불결'한 본도인의 "무지한 하급 사회" 때문에 걸리는 병이 되었다.

오키나와에서 타이완으로 유입되는 환자도 골치 아픈 존재였다. "근래에 들어서는 일본계인, 특히 류큐인에 의해서 나인이 오키나와 방면에서 타이완으로 유입되고 있는데, 이 또한 최근 타이완에서 나병이 유행하는 이유로 중대한 역할을 하고 있다 (…) 세계 유수의 나병 근원지인 오키나와와 타이완 간 교류는 매우 빈번하기 때문에 타지에서 나병이 옮아오는 것

---

* 호리구치 에이이치堀口英一는 〈癩醫の見た北條君の文學〉《科學ペン》, 1938年 3月, 91쪽)에서 "나병에 감염되는 자의 대부분은 위생학적으로 조건이 나쁜 환경에서, 음식물도 충분한 영양가를 섭취하지 못하는 경제적으로 빈곤한 사람이 많다. 따라서 나병 환자의 대부분이 가난한 자로서, 즉 교양 면에서도 의무교육을 간신히 마친 정도의 사람이 많다"라고 적었다.

도 당연"[37]하다는 가미가와의 지적을 소개해둔다.

그렇다면 식민지의 나병 환자는 낙생원에 수용되어 어떤 나날을 보냈던 것일까? 입소자 본인들의 표현은 뒤에서 검토하기로 하고, 여기에서는 외부의 관찰을 살펴보고자 한다. 1938년에 낙생원을 방문한 시노 데키센志能鏑川과 구와타 노리유키桑田紀行는 〈특수병원방문기(1) 갱생원과 낙생원〉에서 경찰 관료의 눈에 비친 환자의 모습을 선명하게 묘사한다.

그들은 격리된 환자를 "국민 건강 향상을 위해 천부의 자유권을 깨끗이 포기한 나병 근절 전선의 용사"로 치켜세우는 한편, 병의 상태가 진행된 타이완인은 "우리의 존재 같은 건 의식하고 있다는 기색조차 전혀 없었다. 이 또한 깨달음을 초월한 위대한 무지다. 신체에 불결함이 없었을 때는 필시 태평한 일상을 보내고 있었을 것이다"라고 상상한다. 당혹스러웠던 방문을 마친 두 사람은 낙생원에 수용된 입소자가 "아마도 일반 세상 사람들이 상상하는 것처럼 가난하고 초라하고 걸식하는 생활을 하고 있는 것이 결코 아니며 (…) 물질적으로는 심히 부족하지도 않고 정신적으로는 그다지 고뇌도 없는…, 아니, 그뿐 아니라 생각했던 것보다 쾌적하고 명랑한 일상을 보낼 수 있다는" 것에 감탄하고 있으나, 그것이 "황실의 인자"로 말미암은 것이라는 것은 "지금 새삼스럽게 다시 말할 필요도 없이 너무나 명백"[38]하다고 말한다.

"퇴원 혹은 외출하는 것이 엄금"된 환자가 "정신적으로는 그다지 고뇌도 없"이 "쾌적하고 명랑"하게 "보낼 수 있"다는 관찰은 그들만의 것도, 식민지 특유의 것도 아니었다. 호조 다미오의 주치의로 일했던 전생병원의 호리구치 에이이치堀口英一도 자신의 직장을 "나병동산癩園"으로 부르며 "추악함과 음참함과 온갖 인간의 비극과 절망의 극한까지 몰린 나병의 세계일지도 모른다. 그러나 그들은 모두 만족과 생활욕을 가지고 평화로운 햇빛을 쐬고 있다. 건강한 세계로 탈주하고자 하는 사람은 아무도 없다. 그것은 참으로 놀랄 만한 평화로움이다"[39]라고 표현한다.

그러나 낙생원은 "쾌적하고 명랑한 일상을 보낼 수 있"었을 환자의 도주 문제에 시달리고 있었다. 《사회사업의 벗社會事業の友》*의 특집 〈타이완에서 나병을 씻어내자〉에 수록된 직원 후쿠도메 사카에福留栄와 호리에 다쿠로堀江琢朗의 글은 이 문제에 초점을 맞춘 것이다. 후쿠도메는 "지금까지의 도주자 중 낙생원이 살기 힘들어서 도망간 사람은 한 명도 없"고 "모두 가족의 생활이나 입원 전에 정리를 위해 도망갔다. (…) 이 점은 내지인 환자도 본도인 환자도 마찬가지다"[40]라고 했지만, 그 근거는 제시하지 않는다. 그의 글에서 주목해야 할 점은 도주자의 40%는 스스로 귀원했으나, 나머지 60%는 경찰에게 잡혀 재수용되었다는 점이다.

낙생원의 《쇼와18년연보》에 수록된 〈수용환자이동異動표〉에는 매우 흥미로운 수치가 있다. 1930년 12월부터 1943년 12월 말까지의 '개원 이래 수용 수'는 합계 1522명(그중 내지인은 144명)으로, 13년간 도주해 행방불명이 된 자는 271명(내지인은 45명)[41]에 이른다. 17.8%의 입소자가 "천하 태평한" 낙생원에서 탈주한 셈이다. 내지인에 한정하면 그 비율은 31.3%로 상승한다. "건강한 세계로 탈주(호리구치 에이이치)"하는 것을 바라면서도 그렇게 할 수 없었던 보다 많은 환자가 있었을 것이라 쉽게 상상할 수 있을 것이다.

낙생원 사무장인 호리에 다쿠로도 "타이완에서는 지금도 여전히 많은

* 타이완사회사업협회의 기관지. 타이완사회사업협회는 1928년 히로히토 천황 즉위 기념사업의 일환으로서, 타이완 전체의 사회사업 간의 상호 연락을 통일해 사업의 조성과 진흥을 의논하기 위한 목적으로 문교국 사회과 내에 설치되었다. —옮긴이

나환자의 경우 자신의 집이 안주할 곳이라 생각하는 듯하다. 심각한 것은 타이완에 사는 내지인 중에도 이렇게 생각하는 사람이 있으니 놀랄 만한 일이다"[42]라고 적고 있다. 시노와 구와타의 피상적인 관찰과는 달리 연보의 자료와 현장의 직원은 낙생원을 "안주할 곳"이라 생각하지 않고, 그곳으로 부터 도주를 꿈꾼 많은 수용 환자가 존재했음을 전해준다.

호조 다미오와 나문학의 유행

앞에서도 이야기했듯이 나문학이 갑작스러운 인기를 누린 계기를 만든 것은 호조 다미오의 〈생명의 초야〉(《문학계》, 1936년 2월)에 대한 문단의 높은 평가였다. 1933년에 발병한 호조는 다음 해 5월에 전생병원에 입원했다. 1935년에 집필한 소설 〈마키 노인間木老人〉이 가와바타 야스나리川端康成의 눈에 들어, 그해《문학계》11월호에 게재되었다.

1919년에 전생병원에서는 문예 동인지《산앵山櫻》이 창간되어 환자들의 작품 발표의 장이 되었다. 1932년 9월호는 전국의 요양소에서 하이쿠, 단가, 시, 수필, 소설 등을 모집한 〈문예특집호〉다. 이 기획을 계기로 "위안을 목적으로 한 단가나 하이쿠 등의 단문예短文藝 이외에 소설이라는 새로운 분야가 본격화하게 되"[43]었다. 호조 다미오의 등장은 전생병원을 시작으로 한 전국 요양소의 창작열 속에 있었던 것이다.

《산앵》의 편집장인 후모토 가레이麓花冷는 호조가 죽은 뒤 쓴 글에서 "나병요양소에 점차 산문문학이 대두하기 시작한" 것은 "대략 6~7년 전의 일"[44]이었다고 했다. 거슬러 계산하면 1931~1932년의 일이 된다. 그는 "그 즈음 이미 나병요양소의 문학으로 단가와 하이쿠가 10년 이상의 역사를 가지고 상당히 보급되어 있었지만, 그것은 문학이라 하기에는 너무나도 서툰 것으로서 (…) 서로 비슷한 시기에 대두한 시와 산문문학에 자극을 받는 동시에 '나문학'이라는 자의식을 부여받아, 처음으로 단가나 하이쿠도 오락 취미를 벗어나 시나 산문문학과 함께 나문학이라는 방향을 지닌 문학의 궤도에 올라섰다"[45]라는 논지를 전개한다.

나문학의 새로운 움직임이 1930년대 전반에 나타난 것은 우연이 아니다. 일본의 나병 정책이 전환되어 모든 환자의 격리수용이 과제가 된 것이 바로 이 시기의 일이다. 후모토는 "법규가 개정되어 자택수용이 허용되지 않고 유산계급 환자가 많아짐에 따라 지식인도 늘어나, 요양소 안의 생활은 문학만이 아니라 각 방면에서 두드러진 향상을 보였다. 그 영향으로 문학 방면에서는 시와 산문문학이라는 자의식이 일었다"[46]라고 분석한다.

1937년 12월 호조 다미오가 죽은 후에도 나문학에 대한 관심은 계속되었다. 1938년에 베스트셀러가 된 오가와 마사코小川正子(국립요양소 나가시마애생원長島愛生園의 의관)의 수기《작은 섬의 봄》이 도요타 시로豊田四郎에 의해 영화화되었고, 1940년《키네마순보キネマ旬報》독자투표에서 1위를 차지했다.[47] 나가시마애생원 입소자인 아카시 가이진明石海人의 1939년에 출판된 가집《백묘白描》도 큰 화제가 되었다.

1939년 7월, 잡지《개조》에 게재된 좌담회 〈나문학을 말하다〉에는 아베 도모지阿部知二나 고바야시 히데오小林秀雄, 오타 마사오(기노시타 모쿠타로) 등의 저명한 문학자 이외에 나가시마애생원의 의사인 우치다 마모루內田守도 참가했다. 우치다는 나병 환자의 단가에 대해 "현재 요양소에서 중앙의 잡지에 투고하며 힘을 기울이는 이가 100명 정도 있"다는 것이나, 가이조샤改造社의《신만엽집新萬葉集》에 많은 환자의 작품이 채택된 것을 언급하며 "《신만엽집》에서 처음 나단가라는 것이 저널리즘의 물결을 탔다고

할까, 일반 사회에 알려져왔다"[48]라고 발언한다. 아카시 가이진의《백묘》
도《신만엽집》에 수록된 단가가 주목받은 것이 단행본 간행으로 이어진
것이다.

내지에서 나문학이 주목을 받으며 나단가가 "저널리즘의 물결을 탔"을
때, 타이완에서도 환자의 창작의 장이 탄생했다. 그것이 바로 오자키 하루
코의 단가를 게재한 잡지《만수과萬壽果》다.

문예잡지《만수과》

낙생원에 대해서 앞에서 개관했듯이, 입소 환자의 대부분은 타
이완인이었고 내지인은 약 10%에 불과했다. 입소자 대다수가 초보적인 교
육조차 받지 못했던 것 역시 이미 살펴보았다.* 이러한 상황이었음에도《만
수과》에서는 나문학 창작이 왕성하게 일어났다.

1934년 1월에 결성된 낙생원위안회는〈서무세칙〉제1조에 "타이완총독
부 낙생원에 봉직하는 자는 본회의 정회원이 되어 회의 사무를 도울 의무
를 지닌다"[49]라고 기록되어 있는 것처럼, 직원을 중심으로 형성된 단체다.
낙생원위안회는 1934년 5월경에 기관지《만수과》를 창간했다.** 현존하는
가장 오래된 호는 1935년 4월의〈황태후폐하어인자감격기념호皇太后陛下

---

* 　수용자의 교육 수준이 낮음은 1943년 말이 되어도 큰 변화 없이 "현재 입원 환자 중 56%는
　무교육자로서 독서 능력을 가졌다 할지라도, 그 교육 정도는 대체로 저급하다"라고 했다.
　《昭和十八年年報》,臺灣總督府癩療養所樂生院, 1944, 20쪽.
** 　창간호는 발견되지 않았다. 창간일은《近現代日本ハンセン病問題資料集成 補卷七》(不二出
　版, 2005)의 시미즈 히로시淸水寬·히라타 가쓰마사平田勝政 의〈해설〉(10쪽)을 따랐다.

御仁慈感激記念號〉다. 같은 해 2월에 황태후가 타이완나병협회에 2만 엔을 '하사'한 것에 대한 '감격'이 지면에 나타난다. 황실의 '은혜'에 감사를 표현하는 것은 이 호에 한정되지 않는 잡지 전체의 현저한 특징이다. 한 가지 예를 들어보자. 제4권 제1호의 〈아동란〉에 수록된 타이완인 '판무潘木'의 작문 〈저희들〉에는 "황태후님의 인자는 달님처럼 비추어주십니다. 처음 저희들은 어둠의 세계에서 생활하고 있었지만, 이제는 감사한 빛이 저희를 비추어주십니다. (…) 저희는 그 빛의 은혜를 죽기까지도 잊을 수는 없습니다. 합장*"50이라는 내용이 나온다.

〈황태후폐하어인자감격기념호〉는 선명하지 않은 등사판이지만, 〈문예란〉의 동화나 사실소설, 창작 이외에도 〈시가란〉의 가미가와 유타카上川豊가 쓴 와카和歌 〈감격가〉가 게재되어 있다. 그 외에 〈나병요양소 소장이 알현해주신 영광에 감격하여 황송함에 시를 짓다〉라는 와카도 있는데, "이 세상에서 실로 귀하디귀한 영광을 누려/ 황송함에 어찌할까 눈물만 흘리누나"51라는 내용이다. 이 와카에 대한 특별한 해설은 필요하지 않을 것이다.

1935년 9월의 제2권 제2호부터는 활자로 인쇄된다. 필자가 타이완에서 수집한《만수과》는 결호를 포함해 1939년 6월의 제6권 제2호까지 총 11권이다. 간행 간격은 일정하지 않다. 후지不二출판에서 복각된《근현대 일본 한센병문제자료집성 보유편 7(타이완의 한센병 정책)》에는《만수과》제10권 제2호(1944년 1월)까지 수록되어 있으나, 유감스럽게도 문학 작품은 거의 생략되어 있다. 이러한 자료적 한계로 인해 이 글은 내지에서 나단가가 "저널리즘의 물결을 탄" 1930년대 후반에 한정해 분석 대상으로 다룰 수밖에 없었음을 밝혀둔다.

---

*   편지의 말미에 쓰는 경구로 '삼가 아뢴다'는 의미.—옮긴이

《만수과》제2권 제2호의 목차를 통해 이 잡지가 추구한 구성의 대강을 엿볼 수 있다. 우선 〈새로운 형제를 맞이하여〉라는 시, 그리고 직원인 야마토키 미노루山解實가 선정한 〈단가란〉이 눈에 뜬다. '만필漫筆', '센류川柳', '와카'가 실린 코너도 보인다. 에세이도 빼놓을 수 없다. 〈아동란〉의 시나 작문까지 포함하면 창작물이 지면의 다수를 점했음을 알 수 있다.

이 호에 게재된 단가를 살펴보자. 사쿠마 난잔佐久間南山이라는 필명을 쓰기도 하는 난잔의 연작 〈근영近詠 병든 몸이 되어〉라는 단가에는 "무엇으로도 아내에게 보답할 방법이 없이 남자의 한창때를 병으로 보냈구나"[52]라는 내용이 있다. 젊은 환자가 많은 낙생원에서 50세 전후로 "우리의 형님, 아버지 격"[53]으로 여겨지는 그는 퇴원할 가망 없이 늙어가는 허무함을 많은 단가에서 노래한다.

도시세이燈仔生의 〈제자의 졸업식을 마친 저녁, 병을 알게 되어 마음 어지러워졌다〉와 "자신의 병을 자각하지 못한 채 맑고 깨끗한 아동과 접촉한 것을 미안하게 생각하며"라는 주를 단 〈제자와 함께 정다운 10년 세월 지나간 지금 모르고 있던 병을 나는 뉘우친다네〉(제2권 제2호, 1935년 10월, 24쪽) 또한 인상적인 단가다. 타이완에서 교사로 일한 경력이 10년이 넘는, 어쩌면 평온한 일상을 보냈을 저자가 한 해의 매듭을 짓는 날 나병 선고를 받는다. 그때의 충격이 "마음 어지러워졌다"라는 절제된 표현에서 전해져 온다.

이후의 《만수과》에도 단가는 매호 게재된다. 환자가 아니라 낙생원에서 근무한 가키모리 준지로柿森純二郞의 15수 연작 〈저녁밥〉의 일부를 소개한다.

실험실 나와 보니 흰옷에 묻은 얼룩 허우룩한데 인간의 피라 생각하며 벗

는다

희망을 품고 살자 말하면 주억거리는 이의 손가락 없는 손은 보지 않기로
한다

진척이 없는 나병 반응에 몹시 지쳐 침묵 속에 아내와 저녁밥을 먹는다

솔바람 소리 가만히 들으면서 넘긴 저녁밥 아이 없는 생활이 덧없기만 하
구나[54]

아내와 둘이 생활하는 것을 "덧없"다고 느끼는 것은 단순히 아이가 없기
때문만은 아닐 것이다. 환자의 "손가락 없는 손"을 "보지 않기로" 한다 해도
그 잔상은 눈에 아로새겨졌을 것이다. 환자에게는 "희망을 품고 살자"는 뻔
한 말을 하지만, 가장 중요한 "나병 반응"의 실험은 "진척이 없는" 상황이
다. 생각대로 되지 않는 날이 이어지고 피폐해진 몸으로 저녁 밥상을 앞에
둔 때 문득 "아이 없는 생활이 덧없기만 하구나" 하는 생각이 떠오른 것은
아닐까.

입소자 중에는 운 좋게도 병이 나아 퇴원하는 사람도 있었다.《쇼와18년
연보》의 〈수용환자이동표〉에는 "병독 전파의 우려가 없는 자로서 퇴원한
자"는 13년 동안 83명(그중 내지인은 21명)이었다. 수용 환자에 대한 비율은
5.5%다. 내지인에 한정하면 14.6%다. 퇴소자 중 한 명인 요시노 하지메吉
野一는 연작 〈퇴원〉에서 다음과 같이 읊었다.

누구 한 사람 배웅하는 이조차 없는 나이건만 섬을 바라보다가 눈물 흘러
나오네

십일 년이나 살아가게 해주던 이 섬이여 다시 보게 될 날이 언젠가 있으
리니

(집으로 돌아가며)

십 년 만에야 돌아온 나는 딱히 이유도 없이 눈물이 흘러나와 부모님 만나
뵈니

더욱 늙으신 부모님의 얼굴을 뵈올 때마다 내 몸의 불효를 죄송스레 여
기네[55]

    귀향의 감개를 읊은 자가 있는 한편, 퇴원 후 나병이 재발해 낙생원에 되
돌아오는 사례도 있었다. "다시 입원하여"라고 주를 붙인 요시노 지로吉野
二郎의 〈버려진 나를 맞이하면서 진심을 다해 위로하러 와주는 이곳의 사
람들은〉(제5권 제1호, 1938년 2월, 63쪽)이 그런 경우다. 그가 요시노 하지메와
동일 인물이 아니라고는 할 수 없다. 나아가 요시무라 가즈아키吉村和朗의
〈재입원하여〉라는 에세이에는 퇴원 후에도 "병자 나부랭이는 어디까지나
병자 나부랭이"로 여겨지는 것에 대한 울적한 기분이나 재발에 대한 불안,
건강이 악화되어가는 것에 대한 "절망과 낙담"이 그려진다.[56]

시바야마 다케노리와 낙생원 가단

    1937년 1월 제3권 제3호부터 시바야마 다케노리가 낙생원
가단의 작품 선정자가 된다. 그의 경력을 간단하게 소개해두고자 한다.
1898년 가나가와현에서 태어났으며 와카야마 보쿠스이若山牧水에게 단가
를 배우고 와세다대학 영문과를 졸업한 후 1929년 2월에 타이완으로 건너
가 잡지 《사회사업의 벗》의 편집에 종사했다. 이 잡지 제27호(1931년 2월)
의 〈나병 문제 특집호〉는 "일본 전국 사업의 잡지계에서 최초의 기획"이며,

"이 한 권으로 일본 나병 문제의 전모를 대체로 남김없이 파악"[57]할 수 있게 해주었다고 한다.

1930년 10월에 타이완일일신보사의 월간지인 《대일그래프臺日グラフ》의 단가 선정자가 된 시바야마는 이듬해인 1931년 8월에 단편소설과 단가를 수록한 작품집 《돌풍突風》을 니이다카도新高堂서점에서 출판했다. 1932년 4월에는 단가 동인월간지 《상사수相思樹》*를 창간하는 등 왕성한 문학 활동을 했다. 이 시기에 그는 타이완교육회 사회교육부의 '국어' 교육 잡지의 편집장이 되어 문교국 사회과에서 국어 정책과 사회사업을 추진하는 위치에 있었다. 1934년 7월 타이완에 온 기타하라 하쿠슈北原白秋와 타이완섬 전체를 순회했다. 1935년 4월에 발생한 지진 당시의 '진재 미담美談' 중 백미로 여겨지는 〈기미가요 소년〉**의 확산에 힘을 기울인 것 역시 그의 입장에서 보면 당연한 일이었을 것이다. 그는 약 7년 넘는 타이완 생활을 정리하고, 1936년 8월에 가나가와현 오이소로 귀향했다.

낙생원 가단의 선정자가 됐을 때 시바야마는 이미 타이완을 떠나 있었으나, 철저한 격리 정책의 지지자로서 계속 나병에 관심을 가지고 있었다.

* 　상사수는 타이완 아카시아를 의미한다. ─옮긴이
** 　1935년 4월 21일에 일어난 타이완대지진 직후 나카가와 겐조中川健藏 타이완 총독은 문교국 사회과의 촉탁 직원이던 시바야마 다케노리를 통해 '진재 미담'을 수집했다. 그중 지진 당시 크게 다쳐 병원에 입원한 타이완인 소년 짠더쿤詹德坤이 '국어(일본어)'로 선생님과 친구의 이름을 부르고 〈기미가요〉를 부르며 숨을 거두었다는 이야기가 널리 퍼졌다. 당시의 동화 정책 속에서 소년의 동상이 세워지는 등 타이완에서 큰 반향을 일으켰으며, 이후 황민화운동이 진행되면서 〈기미가요 소년〉은 타이완, 조선, 일본에서 《초등과 국어》 교재가 되어 '소국민'을 가르치는 데 쓰였다. 〈기미가요 소년〉을 둘러싼 일련의 양상은 특히 일본어에 '일본 정신'이 깃들어 있다는 기치 아래의 동화 정책이 타이완의 '전쟁기 세대'에 미친 영향을 잘 드러낸다. ─옮긴이

선정자가 된 달의《사회사업의 벗》에 발표한 〈가미가와 박사에게 묻다〉라는 글에서도 "나병의 전염성이 있는 환자 모두가 요양소에 격리되지 않으면, 나병 문제를 일단락 짓는 것은 불가능하다"[58]라는 지론을 전개한다.

시바야마는 단가가 "요양소에 격리된 채로 남은 생을 마치게 될 환자"에게 적절한 위안을 주는 역할을 해줄 것이라고 기대했다. 그는 "환자의 쓸쓸한 생활은 단가를 통해 볼 때 비로소 속속들이 알 수 있다"라고 하며 "환자가 짓는 단가를 공공연히 하여 세간의 관심을 모아서 일반 사회 사람이 모두 나서서 나병 구제 사업을 해야만 한다는 관념을 가지"[59]도록 하려 했다.

1937년 1월 시바야마가 선정자가 된 제3권 제3호의《만수과》는 단가란의 지면이 지난 호에 비해 여섯 배로 증가했다. 일본 내지에서 나문학이 주목받기 시작한 때에 타이완에서도 나단가의 발표 무대가 넓어지고 있었다. 《만수과》의 목차를 통해 1941년 10월의 제8권 제3호까지 시바야마가 낙생원 가단의 선정자를 맡았다는 것을 확인할 수 있다. 잡지의 단가란은 그 후에도 존속했으나, 시바야마의 이름은 보이지 않는다.

식민지에서
나병을 앓다/나병을 읊다

여기서는 시바야마 다케노리가 고른 나단가를 읽어보려고 한다. 단가란의 지면은 확대되었으나 그에 비례해 저자가 증가한 것은 아니다. 입소자의 다수를 점한 "본도인 환자는 단가를 지을 만큼 국어에 능숙하지"[60] 않으며, "내지인은 겨우 40명에 미치지 않는다. 그중 단가를 짓는 사람은 열두세 명"[61]에 지나지 않았다. "저널리즘의 물결을 탔"던 내지의 나단가와는 다르게 타이완의 저자는 한정적이었다.

그러한 상황에서 타이완인 환자 위네이탄余內炭의 단가는 주목할 만하다. 〈새 병우病友가 탄 버스 가까워 오면 우리들이 외치는 만세 소리 속에서〉와 〈새 병우들은 어딘가 쓸쓸하게 보이는구나 나무 그늘에 서서 검사를 기다리네〉의 두 수는 무나주운동을 배경으로 한 것이다. 당시에는 환자가 타이완 각지에서 낙생원으로 실려 오는 것이 일상적인 광경이 되어 있었다. "새 병우"를 노래한 위네이탄의 단가로는 〈아침밥조차 제대로 먹지 않던 이 친구들이 이제는 노래까지 불러대고 있구나〉(제4권 제3호, 1937년 9월, 44쪽)가 있다. "이 친구들"에 내지인은 포함되어 있었을까?

내지인과 타이완인은 각자 다른 병실에 수용되어 있었지만, 같은 병자로서의 교류는 있었던 듯하다. 요시카와 지로吉川次郎의 〈국어 모르는 친구가 있을 때면 손가락 없는 손을 입에 댄 채로 쓸쓸하게 웃는다〉(제3권 제3호, 1937년 1월, 24쪽) 또는 우메다 군센梅田薰泉의 〈무슨 말인가를 걸어오는 아픈 친구의 말을 모르겠으면 그저 웃음을 띠네〉(제6권 제2호, 1939년 6월, 35쪽)는 말은 통하지 않아도 표정을 통한 교감이 있었다는 것을 생각할 수 있게 한다. 이러한 단가는 식민지가 아니고는 지어질 수 없었을 것이다.

마찬가지로 타이완인 환자를 노래한 단가지만 다케다 시로武田史郎의 〈조국 중국이 불리하단 보도에 성난 기색의 저 사람들에 대해 가련한 마음 드네〉(제4권 제4호, 1937년 12월, 19쪽)는 위의 두 수의 단가와는 다른 인상을 남긴다. 중일전쟁이 전면전으로 치달은 직후인 7월 16일에 타이완방송협회는 푸젠어福建語로 뉴스 방송을 개설했다. 중국으로부터의 강력한 전파에 대항하기 위해 '국어' 정책에 반하더라도 타이완인에게 모어 방송을 할 필요성이 생긴 것이다. 그럼에도 당국의 보도에 회의적인 타이완인 입소자)("저 사람들")가 있었을 것이다. "가련한 마음 드네"라는 표현에서는 일본

〈그림2-2〉《만수과》1937년 6월호 표지. 작화는 아오야마 준조青山純三.

군의 승리를 의심하지 않는 내지인의 '여유'마저 느껴진다.

전시동원이 강화되는 중에 나병으로 인해 전쟁에 참가하지 못하는 내지인 환자는 "병역 면제자로서 국민적으로 다른, 권외에 놓여 있는 것에 대한 비애"[62]를 단가의 형식을 빌려 나타냈다. 요시카와 지로의 〈징병 면제에 슬프고 서늘한 것 뺨을 타고 흐르니 이를 느끼며 만세를 외쳐봐도〉(제4권 제4호, 1937년 12월, 20쪽)는 출병하는 낙생원의 직원을 보낼 때의 심정을 노래한 것이다. 사쿠마 난잔의 〈성전聖戰에 나가 군부가 되어서는 일하다가 꿈에서 깨어나 땀 닦는구나〉(제6권 제1호, 1939년 4월, 19쪽)도 '성전'에 나가지 못한 떳떳하지 못함이 배경에 나타나 있다.

고향을 멀리 떠나 식민지에서 나병을 앓는 내지인의 단가에는 망향의 한이나 만날 수조차 없는 가족에 대한 마음이 종종 그려진다. 〈저 기차 위에 올라타 가고파라 그립기만 한 어머니를 만나리라 누이도 만나리라〉(요시카와 지로, 제3권 제3호, 1937년 1월, 24쪽), 〈겨울 하늘에 어지러이 나는 새 바라보자니 먼 고향 계신 아버지 그리워라〉(사쿠마 난잔, 제4권 제1호, 1937년 4월, 23쪽), 〈산기슭의 기차를 바라볼 적에 고향에 계신 늙으신 부모님을 나는 생각한다네〉(이시가키 나오石垣南風, 제4권 제1호, 1937년 4월, 24쪽), 〈이대로 끝내 어머니 만날 날도 없을 것이란 생각이 문득 드네 친구 돌보던 밤에〉(요시무라 가즈오吉村和郎,* 제6권 제1호, 1939년 4월, 23쪽) 등은 모두 그러한 단가다.

고향과의 연을 이어주는 편지도 자주 노래되는 소재다. 〈애젊은 몸이 병으로 썩어가는 쓸쓸한 마음 티 내지 않은 글을 고향으로 보내네〉(우메다 군

---

* 앞서 소개한 〈재입원하여〉를 쓴 요시무라 가즈아키와 동일 인물로 보이나 어느 쪽의 표기가 맞는 것인지는 확실하지 않다.

센, 제4권 제1호, 1937년 4월, 23쪽),〈그립기만 한 고향 계신 어머니 편지 속에
는 내가 병든 것만은 적을 수가 없구나〉(오자키 하루코, 제4권 제2호, 1937년
6월, 18쪽),〈병이 나아서 나 돌아올 날만을 기다린다는 언니가 보낸 편지 오
늘도 오는구나〉(미야라 사치코宮良幸子, 제4권 제3호, 1937년 7월, 43쪽),〈있는
그대로 쓸 수 없는 지금의 나로선 그저 펜을 든 손만 희미하게 떨리네〉(요시
무라 가즈오, 제6권 제1호, 1939년 4월, 23쪽) 등에서는 육친을 생각하기 때문에
병명을 밝히는 것을 주저하는 심정이 읽힌다.

입소자의 가장 큰 희망은 "병독 전파의 우려가 없는 자로서 퇴원"하는
것이었다. 그러나 치료의 가망이 없는 환자에게서 빠른 죽음을 기대했다는
것은 이미 살펴본 바다. 이러한 점을 생각했을 때〈퇴원의 날을 간절히 바
라지만 올해도 그저 덧없는 나날만 보내고 있을 뿐〉(제5권 제1호, 1938년 2월,
64쪽),〈이 세상에서 덧없는 오십 년을 보내는구나 약도 듣지 않으니 아픔
만 더해가네〉,〈장남의 졸업까지 어떻게든 살고자 다짐하면서 회로懷爐를
껴안은 채 밤마다 잠 청하네〉(제6권 제1호, 1939년 4월, 20쪽)와 같이 끝까지
"살고자" 갈망하는 사쿠마 난잔의 단가는 애처롭다.

병이 진행된 환자는 중증 병동으로 옮겨지게 된다. 시노 데키센 등의 방
문기는 그 참상을 다음과 같이 묘사한다.

> 중병 환자를 수용한 병동의 모습은 정말이지 우리의 눈을 가리고 싶게 하
> 는 것이었다. (…) 의사가 아닌 눈에도 남은 목숨이 얼마 남지 않은 것을 알
> 수 있는 그들은, 어떤 자는 손발 여기저기에 딱할 정도로 붕대를 감고, 어떤
> 자는 결절과 궤양 때문에 이목구비를 알아볼 수 없는 얼굴을 들고 엉뚱한
> 쪽을 응시하거나, 또 어떤 자는 철사처럼 여윈 창백한 사지를 이상하게 굼
> 닐거리며 꿈틀댄다. 이런 광경은 너무나 끔찍하여 보는 자로 하여금 동정

심을 불러일으키기 전에 일종의 공포를 느끼게 한다.[63]

시바야마는 중증 병동을 제재로 한 단가 역시 선정했다. 〈중병실〉이라는 제목의 아오키 시구레青木時雨의 단가는 〈쓸모없게도 병으로 썩어가는 몸을 돌보며 언제까지 이렇게 저들은 살아가려나〉(제4권 제1호, 1937년 4월, 24쪽)라고 노래한다. 우메다 군센의 〈한 명 한 명씩 친구가 옮겨가는 중증 병동의 저들과 같이 나도 썩어가려나 나도〉(제6권 제1호, 1939년 4월, 24쪽)는 머지않은 장래에 그곳에서 "썩어가"게 될 자기 자신의 모습을 겹쳐보고 있다.

"낙생원 창설 이래 입원 연한이 가장 긴"[64] 입소자이자, 단가 외에도 왕성한 창작을 한 다케다 시로武田史郎는 중증 병동으로 병실을 옮기기 직전에 다음과 같은 단가를 지었다. 〈방 옮길 날은 가까워오는구나 나는 결국 중병동의 방으로 옮겨지게 되겠지〉, 〈세상의 끝에 서 있는 것만 같은 마음이 드네 이 세상 홀몸으로 오늘도 앓아눕네〉, 〈체면도 없이 게걸스레 먹는다 말하지 마라 나 이렇게 여전히 아직 살아야 하니〉(제5권 제2호, 1938년 6월, 44쪽).

"여전히 아직 살아야" 한다는 각오를 노래할 때 다케다는 분명 아오키 시구레의 "언제까지 이렇게 저들은 살아가려나"를 읽었을 것이다. 그 1년 후 그는 중증 병동을 방문한 사람들의 시선에 반발해 다음과 같은 시를 남겼다.

웅성거리며 신기하다는 듯이 엿보며 지나가는 참관인에게 냉소 지어 보이네
보는 사람과 보이는 사람 사이의 거리를 나는 몇 번이나 쓸쓸히 헤아리고

있는가

구경거리 되어도 어쩔 수 없다 생각하여도 이에 대한 노여움 쉬이 가시질
않네[65]

중증 병동의 "구경거리"는 낙생원의 일상이었을 것이다. "이 세상의 끝에 선" 채로 "보이는 사람"에 만족하는 것이 아니라 "신기하다는 듯이 엿보며 지나가는 참관인"을 거꾸로 바라본 단가다. 이 순간에 "보는 사람"과 "보이는 사람"은 반전하며, 다케다는 냉담하게 "참관인"을 "보는 사람"이 된다. 그러나 "이에 대한 노여움"을 "참관인"이 알아채는 일이 있었을까?

일본 패전 후 타이완에서는 1946년 4월부터 인양引揚이 시작되었다. 당시 낙생원에는 "내지인 20명, 오키나와 현인 18명, 조선인 3명, 합계 41명의 일본인 한센병 환자"[66]가 잔류하고 있었다. 일반 인양자의 배에 타는 것이 불가능했던 그들은 같은 해 12월에 병원선 다치바나마루橘丸를 타고 타이완을 뒤로했다. 18명의 오키나와인 환자는 나하항에 내려 애락원愛樂園에 입원했다. 그 외 23명은 하카타항에 상륙한 뒤 구마모토의 혜풍원惠楓園으로 향했다. 중증 병동으로 옮겨진 다케다 시로나 "퇴원의 날을 간절히 바"라온 사쿠마 난잔이 이 배에 타는 것이 가능했는지는 확실하지 않다.

이 글은 《만수과》에 게재된 나단가를 검토하는 것으로, 지금껏 다뤄지지 않은 식민지 나문학에 초보적인 빛을 비춰보았다. 《만수과》에는 단가 외에도 소설이나 산문, 시가 다수 수록되어 있다. 이들 작품의 분석은 아직 확인하지 못한 《만수과》의 수집과 함께 앞으로의 과제로 남기고자 한다.

오무라수용소를
둘러싼 젠더화된
기억 서사

수용소의 공간,
피난소의 시간

지은이 **조경희**

성공회대학교 동아시아연구소 부교수. 사회학을 전공했고 식민주의, 이주, 젠더, 소수자 문제 등을 연구하고 가르친다. 주요 공저서로 《주권의 야만: 밀항, 수용소, 재일조선인》(2017), 《'나'를 증명하기: 동아시아의 국적, 여권, 등록》(2017), 《두 번째 '전후': 1960~70년대 아시아와 마주친 일본》(2017), 《포스트냉전과 팬데믹: 오키나와의 코로나 경험과 정동》(2021), 《나머지의 목소리를 듣는다: 오키나와·한국·팔레스타인残余の声を聴く: 沖縄·韓国·パレスチナ》(明石書店, 2021) 등이 있다.

• 이 글은 《동방학지》194집(2021년 3월)에 실린 동명의 원고를 수정·보완한 것이다.

수용소 경험 서사화하기

너는 바깥세상보다 여기가 더 좋은 거지. 아무것도 안 하고 놀면서 살 수 있으니. 그러나 (…) 형기를 마친 사람을 또 이리로 보내 몇 년씩 가둬놓는 건 세계에 유례가 없다. 심각한 인권유린이지. 여기서는 헌법도 국제법도 통하질 않아.[1]

양석일梁石日의 소설 《밤을 걸고》에는 재일조선인 주인공이 부당하게 오무라수용소에 수용되어 온갖 고난과 수모를 겪는 내용이 담겨 있다. 수용소 경비관의 폭력적 태도와 수용소 내 '남쪽'과 '북쪽'의 격렬한 대립, 그 한편에서 체념과 타성 속에 나태하게 지내는 피수용자의 모습이 그려진다. 수용소 내 처우 개선을 요구하는 연장자가 누워 있는 장기 피수용자를 향해 답답함을 드러내는 위의 장면에는 놀면서 지낼 수 있는 공간이자 동시에 무법 지대인 오무라수용소의 특이성이 잘 드러난다.

오무라수용소는 1950년 일본 나가사키현長崎縣 오무라시大村市에 설치된 입국자 수용소로, 1980년대까지 주로 강제송환이 결정된 한반도 출신자를 수용하는 시설로 기능했다. 그들의 대부분은 해방 후 한국에서 온 밀항자, 즉 '불법' 입국자이며, 일부는 해방 전에 건너온 재일조선인 중 형법 위반자였다. 밀항자는 대략 시기적으로 해방 전후의 이산가족과 제주 4·3사건과 한국전쟁의 피난자, 그 후의 노동이민자로 나눌 수 있으며, 밀항의 네트워크는 1980년대까지도 유지되었다. 수용된 경위는 다양하다. 밀항선을 내리자마자 해상보안청의 단속으로 검거된 사람, 외국인등록증 없이 일본 각지에서 생활하다가 출입국관리국에 적발된 사람, 이웃이나 동료에게 밀고당한 사람, 또 원폭 치료를 위해 밀항한 피폭자나 베트남전쟁 탈주병도 여기서 강제송환의 대상이 되었다. 이들은 존재 자체가 쉽게 불법화될 상황에 일상적으로 노출되었다.

공식적으로 오무라수용소는 "배를 기다리는 곳"이며 구치소나 형무소와 구분되는 시설이었다. 형벌 기관이나 교정 기관이 아니며 강제노동이나 노골적인 잔혹 행위도 없었다. 각종 오락 시설과 운동 시설을 통해 여가 생활을 즐길 수 있다는 점이 일본 당국에 의해 적극적으로 홍보되기도 했다. 그래서 더 불가해한 이 공간은 지리적으로 주변부에 위치하면서도 전후 일본의 국민국가에 핵심 역할을 수행한 장소이자 냉전하 한일 정부가 적대하면서 협조하는 모순이 중첩된 장이었다. 차승기는 이를 "전후의 '국경'을 신체 감각에 각인하는 장치"[2]라고 말했고, 현무암은 "'그 자리에 어울리지 않는 엉뚱한' 조선인들을 귀환시키기 위해 국민국가의 경계 위에 설치된 강제송환의 상징으로서의 '비재의 장소'"로 표현했다.[3] 몇 편의 선행 연구는 시스템과 장치로서의 오무라수용소에 대한 탁월한 분석을 진행했다.

한편 필자는 2013년에서 2016년에 걸쳐 공동 연구자들과 함께 오무라수용소 경험자에 대한 구술 조사를 진행했다. 구술자의 구성은 일본에서 만난 제주 출신의 70~80대 재일조선인 세 명과 50~70대 제주 거주자 일곱 명이다. 이 구술 내용을 통해 선행 연구에서는 제주인이 밀항하게 된 구조적 조건을 전제로 그들에게 밀항은 대한민국이라는 불안전한 영토의 변경에서 자신들의 안전=안녕을 추구하는 행위였음을 밝혔다.[4] 한일 간의 정치경제적 격차와 함께 국민국가 내 중심/주변의 위계질서에서 비롯되는 제주인의 이중적 소외 상황은 지속적인 밀항의 구조적 조건이었다. 구직과 학업, 가족 상봉이라는 제국 시대에 경험한 이동 패턴은 더욱 복잡한 선을 따랐고 또 다른 가족 이산을 낳았다. 이 중첩된 이산의 형태는 제주인의 지역적, 계급적 주변성과 강한 공동체적 유대 관계와 맞물리면서 육지와 다른 이동의 연속성을 순환적으로 유지시켰다.

이 연구의 후속 작업으로서 이 글에서는 시스템으로서의 오무라수용소와 동시에 피수용자의 경험으로서의 오무라수용소에 초점을 맞춰, 구술 조사 과정에서 검토하지 못했던 몇 가지 논점을 검토해보려고 한다. 애초에 구술 조사에서 필자의 관심은 무엇보다 오무라수용소의 비인권적 처우 내용과 이에 대한 경험자의 기억에 맞춰져 있었다. 저널리스트 요시토메 로주吉留路樹가 말한 "일본의 아우슈비츠", "형기 없는 형무소"[5]와 같은 무시무시한 이야기가 나올 것을 기대했던 점을 부인할 수 없다. 그러나 구술 조사에서 특징적이었던 것은 오무라수용소에 대한 구술자의 반응이 대부분 예상 밖으로 담담했던 점이었다. 수용소 경험을 중심으로 질문을 구성해도 실제 구술의 대부분은 험난한 밀항과 그 후 송환의 과정에 맞춰져 있었다. 즉 "밀항-체포-수용-송환에 이르는 과정"[6]에서 수용 부분에 관한 이야기가 비어 있었다. 다시 말하면 목숨을 건 밀항 과정과 그 후 그들을 기다리는 강제송환의 두려움이라는 연속선상에서 오무라수용소 생활은 거의 서사화되지 않았다.

〈표2-1〉 오무라수용소 경험 구술자 정보

	생년	출생지	밀항 시기	일본 거주지
A(여)	1931	일본 고베	① 1945, ② 1946, ③ 1950	고베, 오사카
B(남)	1934	제주 조천	① 1946, ② 1951	오사카, 도쿄 아사쿠사
C(남)	1937	제주 함덕	1969~1979	오사카 이카이노
D(남)	1946	제주 함덕	1968~1975	오사카 이카이노
E(여)	1953	제주 함덕	① 1973~1979, ② 1981~1989	오사카 사카이 기타
F(남)	1948	제주 함덕	① 1971~1972, ② 1972, ③ 1983~1993	오사카 사카이 기타
G(여)	1943	제주 신촌	1969~1979	오사카 이쿠노
H(남)	1947	제주 함덕	1969~1971(?)	오사카 이쿠노
I(여)	1947	제주 함덕	1975~1979	오사카 이쿠노
J(여)	1942	제주 한림	1964	오사카, 교토, 도쿄

열 명의 구술자 중 두 명은 1940~1950년대에 수용소를 경험한 제주 출신 재일동포이고, 여덟 명은 1970년대 이후 경험한 제주 거주자다. 그들 중 오무라수용소의 경험을 그나마 구체적으로 구술한 사람은 재일동포와 여성이었다. 재일동포 세 명은 1946년부터 1951년까지 각각 두 번 이상 밀항을 시도했고, 1946년 13세와 16세의 어린 나이에 수용소를 경험했다. 이들의 경우 오무라수용소가 설치되기 전이었기에 나가사키 사세보佐世保 인양引揚 원호국에 설치된 수용소에 수용되었을 가능성이 크다(그들은 이것을 '오무라수용소'라고 했다). 그들의 경우 제주 4·3사건과 한국전쟁에 휘말릴 가능성에서 벗어났다는 것이 수용소에 대한 기억에 반영되어 있었다. 즉 불안전한 현장(가족의 죽음, 굶주림, 표류, 학살)을 벗어난 그들에게 수용소는 "교

실 같은 큰 방에서 고향 사람들과 같이 밥을 먹을 수 있는 공간"이었고, 또 일시적인 피난처와 같은 공간이 되기도 했다.[7] 한편 1970년대에 오무라수용소를 경험한 제주 여성 세 명도 비교적 상세하게 수용소 경험을 서사화했다. 그들의 구술에는 수용소 내 가족과 고향 사람 이야기가 종종 등장했고, 수용소에서 일상을 영위한 기억이 담겨 있었다.

물론 이와 같은 구술 내용을 근거로 오무라수용소를 마치 안전했던 공간인 것처럼 해석하는 것에는 각별한 주의가 필요하다. 그곳이 전후 일본의 질서 재편을 위한 억압 기구로 존립했다는 사실은 어떤 해석을 통해서도 부정될 수 없다. 오히려 오무라수용소는 차승기가 지적한 대로 "불온한 외부"를 격리하고 "과거의 시간성을 봉인"하는 전후 일본의 안전장치로 기능했다.[8] 자신들의 정치경제적 우위성과 재량권을 한반도 출신자에게 끊임없이 보여줌으로써 해방 후에도 일본과 한반도 사이의 불균형 관계를 유지했다는 점에서 탈식민적 공간이었고, 특히 1950년대 수용소 안에서 '남쪽 조직'과 '북쪽 조직'이 서로 첨예하게 적대할 뿐만 아니라, 그 대립 구도가 한일 국교 정상화와 북조선 귀국 사업 협상에 중요하게 작용했다는 점에서 냉전적인 갈등의 공간이었다.

이 글은 이와 같은 억압 기구로서의 오무라수용소의 객관적 조건과 함께 그 공간을 일상적으로 영위한 피수용자의 경험과 기억을 검토하려고 하는 시도다. 밀항과 수용의 시대 상황과 함께 피수용자의 연령이나 젠더에 따른 수용소 경험 차이에 주목하면서 피수용자의 기억의 공백과 서사화의 양상을 해석해보려고 한다. 먼저 '수용소와 피난소'에서는 아래로부터의 수용소 경험을 서술하고 해석하기 위해 수용소asylum와 중첩되는 피난소 asyl의 개념을 검토할 것이고, '오무라수용소 피수용자의 일상성'에서는 시스템으로서의 오무라수용소의 역사적 특이성과 피수용자의 일상성을 그

려낼 것이다. 이어 '젠더화된 기억 서사'와 '수용소 내 피난소의 시간'에서
는 피수용자의 젠더화된 기억과 서사에 주목하면서 피수용 경험에 대한 구
술 내용을 검토하려고 한다.

수용소asylum와 피난소asyl

앞에서 말한 오무라수용소가 밀항자의 피난처와 같은 공간이
될 수 있었다는 해석은 자칫하면 오무라수용소의 구조적 성격을 희석할 수
도 있어 좀 더 섬세하게 다뤄볼 필요가 있다. 이 논점이 중요한 것은 이와
같은 역설적 해석이 피수용자의 기억의 공백과 서사의 부재와도 연관이 있
다고 판단되기 때문이다. 여기서는 '피난소'를 뜻하는 '아질asyl*'이라는 말
에 주목해 아래로부터의 수용소 경험에 접근해보고자 한다.

아질은 역사적으로 '어떤 질서에서 벗어난 비호 상태'를 의미하기도 하
고, 그 상태를 보장하는 '성역'이나 '피난소'라는 공간적 의미를 갖기도 한
다. 이 피난소를 의미하는 독일어 아질과 수용소를 의미하는 영어 어사일
럼asylum은 원래 그리스어로 '불가침'이라는 같은 어원을 갖는다. 중세 독
일에서는 범죄자, 채무자, 외국인 등이 교회나 묘지와 같은 특정한 장소로
도피한 경우 비호를 받을 수 있는 아질의 권리가 보장되었다. 오르트윈 헨
슬러Ortwin Henssler는 아질을 "한 사람이 특정한 공간, 인간, 시간과 관련
함으로써 지속적 혹은 일시적으로 불가침한 상태가 되는, 그 구속력을 가
진 상태"로 정의했다.[9] 또 일본의 중세사 영역에서는 아미노 요시히코網野

---

*   이 글에서는 맥락에 따라 '피난소'와 '아질'을 병용한다.

善彦가 무연無緣이라는 개념을 통해 세속적인 사회관계에서 벗어난 사람과 장소가 존재했음을 밝혔다. 또 그 '무연'이 형성하는 자유롭고 평화로운 사회를 공계公界라고 했다.[10] 헨슬러가 아질을 법제사적으로 접근하는 것에 대해 아미노는 문화사적으로 접근하지만, 둘 다 근세 이전의 종교적 아질이 근대 이후 국가 통치성에 대체되어 생명력을 잃어가는 과정을 서술하고 있다.

한편 아질의 권리 소멸을 20세기 외국인 인권 문제의 시작으로 본 것은 해나 아렌트Hannah Arendt다. 아렌트는 제1차 세계대전 이후 비호권right of asyl의 붕괴에 대해 강조했다. 여기서 말하는 비호권은 국가권력에서 벗어난 망명자가 자동으로 다른 국가공동체의 보호 아래 들어가는 것을 의미한다. 아렌트는 정치조직의 탄생 이래 신성한 권리로 보장되었던 비호권이 권리가 아니라 관용에 의한 것이 되었다고 말한다.[11] 중세국가에서 근대국가로의 이행 과정에서 전 세계 각지에 역사적으로 존재했던 아질은 사실상 소멸했다. 아렌트가 말한 것처럼 이 '아질권'의 붕괴야말로 20세기 "국민국가의 몰락과 인권의 종말"을 상징적으로 나타낸다. 그 대신 주권국가에서 등장한 것이 외부 세계에서 누릴 수 있는 자유를 박탈하고 피수용자를 규율에 따라 무력화하는 수용소asylum다.

같은 시기에 미국의 사회학자 어빙 고프먼Erving Goffman은 정신병원에서의 현장 조사를 토대로 전제적全制的 시설total institutions로서의 수용소asylum의 특징을 도출했다. '전제적 시설'이란 같은 조건에 있는 개개인의 일상을 전체적으로 관리하는, 일반 사회에서 차단된 폐쇄 시설을 말한다. 고프먼에 따르면 그 시설의 전제적 성격은 "외부와의 사회적 접촉과 이탈을 가로막는 장벽으로 상징된다. 이 장벽은 종종 잠금 장치가 있는 문, 높은 벽, 철조망, 벼랑, 물, 숲 또는 습지대처럼 물리적 환경 내부에서 구축된"[12]

다. 최근 연구는 1950년대 미국의 정신병원에서 진행한 참여 관찰을 바탕으로 한 이 연구가 나치를 비롯한 전체주의와 강제수용소에 대한 문제의식에서 촉발되었다는 점을 시사한다.* 그가 유대인 이민 2세라는 사실을 감안했을 때 이와 같은 해석은 더욱 타당성이 있다. 피난소asyl에서 수용소asylum로의 치환 과정은 20세기 강제수용소의 충격과 무관할 수 없으며, '전제적 시설'의 부정적 측면을 부각한 고프먼의 저작은 수용소를 학술적으로 체계화하는 계기가 되었다고 정리할 수 있다.

최근 일본의 한센병 연구에서는 수용소로서의 한센병 요양원을 피난소의 공간으로 재전유하는 해석을 시도하고 있다. 아리조노 마사요有薗眞代는 한센병 요양소 입소자가 수동적이고 부정적인 요양소에서 자유의 영역을 확장하는 다양한 실천을 시도했다고 평가하면서, 피수용자 스스로가 격리 공간으로서의 수용소를 생활공간으로서의 피난소로 재편하는 과정을 포착한다.[13] 한편 후쿠오카 야스노리福岡安則는 한센병 요양소 경험자의 구술에는 입소 전의 경험에 따라 '분노의 서사'로 말하는 사람과 '감사의 서사'로 말하는 사람이 구분된다고 하면서 후자의 경우는 "요양소를 아질로 살아낸 사람들"이라고 해석한다. 그러나 동시에 그는 "그렇게 받아들인 사람이 있었다"라는 것일 뿐, 한센병 요양소 자체가 어사일럼/아질의 양면성

---

* 우스이 아키라薄井明는 여기서 '토털total'에는 '토탤리테어리언totalitarian'의 의미가 포함된다고 지적하면서 유대인 이민 2세라는 고프먼의 위치를 비롯한 사회 맥락적 수준에서 '수용소Asylum'와 유대인 절멸수용소나 전체주의와의 연관성을 해석한다. 薄井明, 〈全体主義と'アサイラム': E·ゴフマンを強制収容所と全体主義社會の主題に導く四つの繫がり〉, 《北海道醫療大學看護福祉學部紀要》27, 2020. 따라서 한국어판에서 '총체적 기관'으로 번역된 토털 인스티튜션total institutions을 이 글에서는 일본어 용법에 따라 '전제적全制的 시설'로 번역했다.

을 가졌던 것은 아니라고 주의를 돌린다.[14] 즉 어사일럼/아질의 이중성은 실체로서가 아니라 경험자의 실감과 서사의 차원에서 해석되어야 한다는 것이다.

이상의 논의를 전제로 하면서 이 글에서는 오무라수용소 피수용자의 경험을 내재적으로 이해하기 위해 어사일럼/아질이라는 복안적인 관점을 도입하고자 한다. 다만 반복하자면 그것은 어사일럼으로서의 오무라수용소 내에서 실체로서의 아질의 기능을 찾으려고 하는 것은 아니다. 특히나 '추방 기지'로 기능했던 오무라수용소를 아질의 공간으로 의미화하는 것은 지나치게 왜곡된 해석이다. 오히려 억압 기구로서의 수용소라는 객관적 조건 하에서 피수용자가 어떤 주관적인 일상을 살아냈는가 하는 물음을 던져볼 수 있다. 즉 어사일럼의 공간을 버티기 위한 아질의 시간성이라는 관점을 도입함으로써 수용소를 둘러싼 기억의 공백을 서사화하고 의미화하는 시도다.

오무라수용소 피수용자의 일상성

먼저 오무라수용소에 관한 공식 기록물을 통해 수용소 내 피수용자의 상황을 살펴보기로 한다.[15] 일본 법무성 통계에 따르면 1950년 12월부터 1970년 9월까지 20년간 오무라수용소의 수용 인원은 2만 2663명, 송출 인원은 2만 2626명, 수용 인원 중 한반도 출신자는 2만 1985명이었다. 개설 당시는 중국인이나 미국인도 수용했으나 민족 간 대립이나 남녀 간 트러블이 끊이지 않아 1953년에는 민족별, 남녀별로 구분 수용했다. "공동 수용에 지장이 있는 자"는 격리수용 대상이 되었는데,

1951년부터 1970년까지 격리수용자는 총 1620명이고, 전체의 85%가 1950년대의 사례다.

《오무라입국자수용소20년사》(이하 《20년사》)는 피수용자의 처우와 관련해서 "인권 존중"의 기본 이념과 함께 "수용소 내 보안상 지장이 없는 범위에서 가능한 자유를 부여함과 동시에 민족적 풍속 습관, 생활양식을 존중"[16]한다고 자부한다. 피수용자의 하루 일과는 아침 7시에 기상하고 밤 10시에 취침하기까지 청소와 점호, 식사 시간이 정해져 있을 뿐 낮 시간 동 내에서의 행동은 비교적 자유로웠다. 오후 5시까지는 운동장에서 야구, 배구, 배드민턴, 산책을 하거나 관내에서 독서, TV 시청, 탁구, 장기, 바둑 등이 가능했다. 청소는 매일, 목욕은 주 2회 실시했다. 커피, 담배, 식료, 문구 등의 일용품은 관내 매점에서 구매 가능하나 도난이나 도박 방지를 위해 피수용자의 돈은 경비원이 관리했다. 물품 반입도 칼, 알코올류, 발화물 외에는 가능했고 통신, 우편도 특별히 제한은 없었다. 이상의 내용은 수용소 당국의 입장이다.

그런데 "가능한 자유", "생활습관 존중" 등의 내용은 경비관용 법령인 〈피수용자처우규칙〉 제2조 내용을 그대로 받아 쓴 것으로, 실제 실시된 내용과는 관련이 없다. 이 〈피수용자처우규칙〉과 함께 피수용자를 대상으로 한 〈피수용자의 마음가짐〉에는 꽤 상세한 행동 규칙이 적혀 있다. 《20년사》의 서술은 교묘하게도 오무라수용소가 내건 '자유'나 '존중'이 늘 신청과 허가의 과정을 거쳤다는 점을 드러내지 않는다. 통신이나 동 간 연락은 모두 검열을 거쳤는데, 각 동 각 층에 조직된 피수용자 자치회에서 자체적으로 검열해 수용소 당국이 이를 묵인하는 체제를 취했다고 한다.[17] 물품도 일상생활에 필요한 것 외에는 출소 전까지 반납해야 했다.[18] 각종 수기나 기록물에는 물품 구매나 전화 통화도 불허된 사례가 종종 나온다. 박순조의 수기에는 긴급한 용건이 없으면 형제 둘이서 사는 초등학생 자식에게도 전화를 걸 수 없었고 수차례 청원 끝에 겨우 허락을 받았던 사연이 적혀 있다.[19] 이정은이 지적한 것처럼 "조선인들에 대한 '특별한 배려'로 이루어진 규칙은 '보안상 지장이 있거나' '업무에 피해를 주는 경우'라는 가변적인 조항을 포함해 규칙 자체를 다시 무규정 상태"로 만들 수 있는 것이었다.[20]

〈피수용자의 마음가짐〉의 '일상의 동작' 항목은 "항상 명랑한 마음으로 살기 좋은 곳으로 만들자", "언어 동작을 자제하고 다툼으로 이어지지 않도록 해야 한다", "허가 없이 타 동 거주자와 연락, 집회, 밀의를 하지 말아야 한다", "금품 대여와 매매로 분쟁을 하지 말아야 한다", "당국에 대해 부당한 청원 혹은 요구를 하지 말아야 한다"라는 등 필요 이상으로 상세하게 규정했는데, 이 내용은 거꾸로 1950년대 조선인=한국인의 수용소 내 일상을 짐작하게 만든다. 수용소 내 갈등은 한국인 밀항자/재일조선인 형법 위반자, 한국 지지자/북조선 지지자, 한반도 출신자/중국인 등으로 다양하게 표면화되었다. 수용소 측에서 "가장 복잡 곤란한 문제"로 거론한 "남북 항쟁"은 특히 1950년대 후반 북조선 귀국 사업 전개와 맞물리면서 북으로의 송환을 요구하는 이들과 이를 반대한 한국인 사이에서 47일간에 걸쳐 지속되었다. 또한 단식투쟁에서도 "내부 붕괴"되는 한국인에 비해 북조선 지지자는 끝까지 버텨 내부 공작이 불가능했다고 기록되었다. 결과적으로 1959년 9월 26일에 폭발된 항쟁을 계기로 피수용자의 동 간 왕래를 금지하고 모든 행사는 각 동 내에서만 실시되었다. 《20년사》가 기록한 1970년까지의 소요, 단식, 자손 행위, 폭행, 도주 등 '특수 사건'은 231건이었고, 피수용자 사이의 상해치사 사건은 두 건, 자살은 네 건 있었다.

재일조선인 형법 위반자에 대해서는 "대부분 전과를 거듭한 만만치 않는 사람들로 단순 불법 입국자들과 이질적"이고 "흉악한 자가 많았"다는 인식이었고 주도권을 장악하고 한국인 밀항자와 대립을 반복하는 그들을 "처우상의 암"으로 보고 있었다.[21] 이 적대 관계에 대해서는 다른 기록물에서도 종종 언급된다. 서로 동족이면서도 언어 소통이 잘 안 되었다는 점이 그들의 대립의 근본에 있었다. 박순조가 "그들은 서로를 이방인으로 접하고 있다"[22]라고 한 것처럼 서로 다른 언어와 문화를 가진 '비슷한 사람들' 사이의 갈등은 강한 증오로 작동하기도 했다. 남/북 갈등과 부분적으로 겹치기도 하는 밀항자/형법 위반자 사이의 갈등은 탈식민화가 이뤄지지 않았던 한반도와 이산 조선인의 엇갈린 관계의 축소판이기도 했고, 이런 피수용자의 행동양식을 상세하게 기록하고 지도하는 경비관의 시선 또한 과거 식민지 관료의 그것을 반복하는 것이었다고 할 수 있다.

이처럼 오무라수용소는 일본과 한반도 그리고 재일조선인과 한국인 사이의 엉클어진 탈식민성을 드러내는 공간이었다. 이 공간에서 피수용자의 일상성을 어떻게 특징지을 수 있는가? 해나 아렌트는 아우슈비츠에서 나치가 행한 전체적 지배의 성격을 "인간의 법적, 도덕적 인격의 말살"을 통한 "인격의 개체성과 유일성의 파괴"로 표현했고, 조르조 아감벤Giorgio Agamben은 유대인 피수용자를 "사회적, 정치적 삶의 형식(비오스)을 빼앗긴 벌거벗은 생명"이라고 했다.[23] 인간의 개별성과 자발성을 상실한 생물학적 삶(조에)에 노출되었다는 비평은 물론 과거의 절멸수용소만이 아니라 현대 세계 각지의 난민과 피수용자에 대한 분석에도 적용된다.

그러나 오무라수용소의 피수용자에게는 이와 같은 분석이 타당하지 않다. 강제수용소의 피수용자와 다른 그들의 일상성을 어떻게 그려내야 할 것인가? 강제수용소 피수용자가 같은 옷을 입고 이름을 잃고 기호화된 채 극한 상황에서 강제노동에 시달린다고 한다면, 오무라수용소의 피수용자는 각자의 옷을 입고, 번호가 아닌 이름으로 불리며, 노동을 강요받지 않는다. 그곳은 교도소처럼 어떤 사회 교정 프로그램을 실행하는 곳도 아니다. 그렇다고 해서 오무라수용소의 특성이 결코 수용소 당국에서 말하는 피수용자의 "인권"이 "존중"되는 것에 있지 않음은 물론이다. 오히려 그 특성은 피수용자의 '인권'이 일본의 체계와 질서의 바깥에, 국경 너머에 속해 있다는 점에 있다. 수용소 관리자의 업무는 정해진 일정에 따라 피수용자를 본국으로 원활하게 송환하는 것으로, 그들의 교화나 재범 가능성 등에는 관심이 없다. 차승기는 아우슈비츠에 관한 아감벤의 논의를 참조하면서 다음과 같이 말한다.

> 나치의 강제수용소가 특정 인종의 완전한 분리·배제를 위한 장치로서 호모사케르Homo Sacer의 장소를 개시한다면, 불법 입국자 수용 기구로서 오무라수용소는 (비록 장기 수용자가 있었음에도) 기본적으로 타 국적 인구의 이동을 제어·조절·관리하고 재배치하는 장치라고 할 수 있다. 강제수용소가 "절대적인 예외 공간"으로서 법적·정치적 질서에서 완전히 배제되는 방식으로 법에 포획된 장소라면, 오무라수용소는 피수용자에게 귀속될 국가를 부여하고 그에 따라 배분함으로써 예외를 남겨놓지 않는 것이 목적인 것이다. (…) 불법 입국자 수용소는 '잉여 인간'에게 송환되어야 할 '본국'을 지정해주고 배출하는 임시적 공간이기 때문이다.[24]

일본 주권의 바깥에 존재하는 피수용자의 인권은 오무라수용소가 관여하는 바가 아니다. 오무라수용소는 정해진 시기에 올바른 장소로 사람들을 재배치(추방)할 것을 목적으로 한다. 말하자면 강제수용소가 가두는 것 자체에 목적이 있다면 오무라수용소는 형식적으로는 나가는 것을 목적으로 한 시설이다. 차승기의 말대로 '이동 조절 관리 기관'으로서의 오무라수용소에서 장기 피수용자는 가장 골칫거리이자 모순적 존재였다. 재일조선인 형법 위반자의 존재는 남북 어느 쪽으로의 송환도 외교적 마찰을 불러일으키는 사안이었으며, 남측만이 아니라 북측에서도 이들 중 북행 희망자를 거부했다.[25] 남북일 모두에게 환영받지 못한, 일본에서 나고 자란 법 위반자인 이들은 오무라수용소에서조차 그 조절 원리에 어긋나는 존재였다. 오무라수용소는 강제수용소와 같은 가혹한 물리적 폭력이 행해지는 공간이 아니다. 주권 사이에서 범법적 존재가 된 한반도 출신자를 송출하는 기관이었다.

아우슈비츠와의 한 가지 공통점은 조선인=한국인을 덩어리로 인구화한 점인데, 이 점은 규모나 효율성의 문제를 떠나서 일본과 한반도의 탈식민적 '특수 관계'를 반영한다. 1980년대 이후 자비 출국*하는 사람이 증가했지만 한반도 출신자는 대부분 오무라수용소에서 덩어리로 집합되었다. 현무암이 분석한 대로 일본제국 질서 해체와 동아시아 냉전체제 확립의 과정에서 오무라수용소와 부산수용소는 '내부의 경계'로서 한일 국교 정상화 협상의 장이 되었고, 경계를 넘어 피수용자가 된 사람은 국교 정상화 교섭을 좌우하는 행위자였다.[26] 이처럼 탈식민과 냉전의 정치가 맞물린 공간으로서의 오무라수용소는 "일본의 아우슈비츠"라는 말로는 표현할 수 없는 특이성을 지녔다.

---

* 송환의 종류는 오무라수용소를 통해 진행되는 '국비 송환'과 허가를 받고 스스로 출국하는 '자비 출국', 운송업자의 비용 부담하의 송환으로 나뉘었다. 권혁태, 〈'밀항자'는 어디에서 와서 어디로 갔을까?〉, 권혁태·이정은·조경희 엮음, 《주권의 야만: 밀항, 수용소, 재일조선인》, 한울, 2017, 20쪽 참조.

젠더화된 기억 서사

기억의 공백과 일상성의 단절

그렇다면 피수용자가 겪는 일상성은 어떤 것이었는가? 앞에서 본 고프먼은 장애인 시설, 노인 시설부터 나병 시설, 교도소, 강제수용소, 군대, 수도원에 이르기까지 수많은 '전제적 시설'을 대략 다섯 개의 집합으로 묶어낸다. 근대사회가 수용소asylum의 편재화된 세계임을 잘 드러내고 있지만, 1950년대에 쓰인 이 책에서 오무라수용소와 같은 입국자 수용소는 어디에도 범주화되지 않는다. 한편 고프먼은 '전제적 시설'에서 "한 사람의 자아가 겪는 모욕의 과정은 매우 표준화되어 있다"라고 하면서 그 예로 탈의, 신체검사, 몸무게와 지문 채취, 사진 촬영과 같은 '입소 절차'를 예로 든다. '피수용자'라는 사물로 규격화되는 과정은 "정체성을 이뤘던 기존의 토대"를 무시하게 만든다고 말한다.[27]

무력화와 정체성 박탈로 표현할 수 있는 이 과정은 보편적인 피수용자의 경험이다. 그들은 확립된 전제적 시스템에 편입됨으로써 자신의 일상성에서 단절된다. 오무라수용소에서는 고프먼이 '외모 파손'이라고 표현할 정도의 정체성 박탈은 일어나지 않았다. 복장과 머리 모양, 개인 소유물이 허용되기에 피수용자의 개체성은 일정하게 유지된다. 다만 얼핏 자유로운 오무라수용소도 밤 10시부터 아침 7시까지 각 방은 바깥에서 문이 잠겨 폐쇄된 어둠의 공간에서 시간을 보내야 한다. '밀항-체포-수용-송환이라는 순환 고리'에서 '수용'의 비가시화는 이와 같은 일상적인 감금 상태와 연관 있어 보인다. 감금됨으로써 하루에 있었던 일이 어둠 속에서 리셋 되는 단조로운 하루가 반복되기 때문이다.

제주에 거주하는 구술자 D(70대, 남, 제주 거주)는 1968년 밀항을 떠나는 과정과 1975년에 부산으로 송환되는 과정에서 겪었던 공포의 경험을 구체적으로 말했다. 특히 "죽음의 장소"인 부산수용소에서 남자는 대체로 협박과 폭행, 고문에 시달렸기 때문에 그 전 단계에서 부산으로 가는 송환 자체가 그들에게는 지옥행으로 기억되었다. 그런데 1974년 오무라수용소에 수용된 과정에 대해서는 다음과 같은 대화가 반복되었다.

▷ 맞으셨다는 거는 부산에서?

D: 부산서 맞은 거지.

▷ 오무라에서는….

D: 오무라에서는 그런 거 없어.

▷ 오무라에서는 어떠셨어요? 기억이….

D: 오무라에서야 자유지. 거기서, 예를 들어가지고 운동허고자 하면 운동허고, 예를 들어 닭다리 사다 먹고 정하면 닭다리 사다 먹고. 그거는 오무라에서는 그런 건 전혀. 일본 거기는 수용소니까, 막바로 수용소니까 그런 건 아무것도. 우리가 밖에 나가지만 못하지 운동장에 강 놀 수 있는 여건이 다 되니까.

▷ 하루에, 그냥 자유롭게 지내신 거예요?

D: 그렇지.

▷ 밥 먹고,

D: 밥 먹고, 운동하고.

▷ 6개월이나 기다리셨어요? 거기서.

D: 응. 왜냐면, 사람이 선박을 타야 될 거 아니어? 뭐 몇 사람 태왕 다니는 건 아니잖아. 거리가 머니까. 그 선박에 인원이 맞을 정도가 되어야 갔다 왔다 허는 과정이 되기 때문에.

▷ 처음으로 오무라 가셨던 날 기억하세요?

D: 그거는 기억이.

또 세 번의 밀항을 시도하고 1970년대와 1980년대에 두 번의 수용소 생활을 경험한 구술자 F(70대, 남, 제주 거주)의 경우 한국이 엄청나게 변하는 것에 대해 오무라수용소에서는 "아무런 변화가 없다"라고 했다.

▷ 오무라수용소에서 생활이라든가 그때 기분이 어떠셨어요?

F: 자기가 갈 곳도 없으니까, 거기뿐이 있을 곳이 아니니까는 어떻게 생각하게 될런가는 몰라도, (…) 불편하진 않은 거 같애. (…) 죄인이 아니니까. 죄인 취급하지 않으니까.

▷ 어떻게, 6개월 동안 뭐 하고 사셨어요? 놀고? 운동하시고… 어떻게 버티셨어요? 그 시간을.

F: 테레비나 보고.

▷ 화투 치시고?

F: 마작이나 하고, 마작들 배워져가지고, 그문 가져간 용돈들 다 잃어가고, 올 땐 아무것도 없었어.

오무라에서의 경험에 관한 대화는 대체로 엇갈림을 반복했다. 일부 구술자는 특별한 비장감도 없이 그저 오무라수용소에 대한 기억을 거의 말하지 않았다. 삶의 연속성 속에서 그들에게 오무라수용소에서 보낸 6개월간의 생활은 그냥 "아무 탈 없는" 것으로 서사화되었다. 이와 같은 구술의 공백은 그 자체가 일상을 기억하거나 서사화해오지 않았던 70대 남성의 젠더화된 습성을 나타낸다. 사회와 격리된 공간에서 노동의 고단함이나 사건,

사고 없이 지내는 단조로운 일상은 그들의 기억에서 고스란히 공백으로 남았을 것이다. 동시에 무력화되거나 능동성이 박탈된 비주체화 상태가 적극적인 자기 서사로 이어지지 않았을 수 있다.

물론 수용소 내 항쟁을 주도하거나 사건에 휘말린 사람은 경우가 다르다. 구술자 중에서도 노동보다는 학문에 대한 욕구를 채우기 위해 밀항한 H(70대, 남, 제주 거주)의 경우는 수용소 내에서 인권 개선을 요구하는 시위를 하거나 친척의 탈출을 기획한 경험에 대해 소설과 같은 흥미로운 영웅 서사를 재현했다. 고등학교 시절부터 1965년 한일협정반대운동을 주도했고 철학서를 가까이했던 그에게 일본에서 보낸 비주체화된 삶은 하루빨리 청산하고 싶은 것이었다. 그는 한 달간의 독방 생활도 경험했고 이북행을 택한 친구들과도 가까이 지냈다. 그는 부산경찰서 과장과의 인연을 활용해 부산수용소에서 보낸 조사 기록을 다 지우는 데도 성공했다. 무용담을 피력하다가도 갑자기 "그런데 왜 이런 내용을 묻는 거냐" 하고 연구자를 의심하기도 했다. 사회적 성공을 이룬 H는 당시 경험을 엘리트 서사로 일관성 있게 재현했다.

1980년에 일본 NHK에서 방영된 다큐멘터리 〈밀항〉은 재일조선인과 한국인 피수용자 154명이 생활하는 모습과 인터뷰를 담았다. 화면에 나온 사람은 모두 남성이다. 그들은 아침 점호 후 각 방의 잠금이 풀리자마자 복도로 나와 비치된 인화 장치로 담배를 피운다. 얼굴과 본명을 드러내고 유창한 일본어로 인터뷰를 진행하는 이들의 모습은 소박하고 솔직하다. 밀항을 올 수밖에 없었던 자신의 처지를 전달하는 절제된 말과 표정에서는 고도성장기 일본과 변경의 땅 제주도의 압도적 격차 앞에서 의도하지 않게 범법자가 되어버린 상황에 대한 유감이 드러난다. 당시 피수용자가 겪었던 괴로움의 원인은 오무라수용소 내의 비인도적 환경이 아니라 스스로 온전한

〈그림2-3〉 오무라수용소 전경과 아침 점호 후 직원이 방문을 여는 모습.
〈밀항〉(NHK, 1980)의 한 장면.

주권국가의 주인으로 살지 못했다는 집단적 자괴감에 있는 것처럼 보인다.

오무라수용소에서의 피수용 경험이 잘 서사화되지 않는 이유는 최소한의 경제활동이나 노동을 통한 보람이나 포상이 없는, 즉 어떤 주체적 활동을 정지당한 것에 있을 것이다. 다만 그것은 끊임없이 노동을 강요당한 아우슈비츠의 피수용자의 무력 상태와는 다르다. 오무라수용소의 피수용자는 인격의 개체성이 파괴된 죽은 신체로서의 '무젤만'[*]이 아니라, 여전히 이름과 얼굴을 가진 가족을 위해 일하는 노동자다. "일하고 일하고 또 일했다"(〈밀항〉)라고 말하는 사람에게 피수용 생활은 물리적, 육체적 차원에서는 휴식의 시간이었지만, 수용이 장기화되는 과정에서 정신적으로는 우울과 불안의 시간이었다. 1950년대에 수용소 내 의사는 "구금 생활이 계속되면 스스로도 어느새 수인이 된 듯한 비굴한 마음"이 들면서 노이로제 경향

---

[*]　회교도를 의미하는 독일어 '무젤만'은 그 어원과 무관하게 아우슈비츠에서 유대인을 나타내는 은유로 사용되었다. 아감벤은 이 용어를 "아무 말 없이 행진하고 노동하는 익명의 비인간 집단, 이미 너무나도 배가 고픈 나머지 실제로 아무런 고통도 느끼지 못하는" 사람들로 설명한다. 조르조 아감벤,《아우슈비츠의 남은 자들》, 새물결, 2012, 65쪽.

을 보이게 된다고 했고,[28] 1977년 4월에 국회의원, 연구자, 변호사로 처음
구성된 오무라조선인수용소조사단은 장기 수용자의 불면, 체중 감소, 피부
병, '구금성 노이로제' 등 광범위한 질병과 인권 개선 필요성을 보고했다.[29]
조사단은 결론적으로 재일조선인 일시 귀국자나 한국의 밀항 노동자를 추
방한다는 것은 "일본이 조선인에게 강요해온 역사적, 정치적 책임을 몰각
한 너무나 독선적이고 오만한 대응"이라고 호소했다.[30]

이산가족의 수용소 경험

　　오무라수용소에서의 경험에 대해 여성은 비교적 생생한 구술
을 한다. 구술의 대부분이 가족과 얽힌 이야기이고 실제 밀항의 동기도 부
모나 남편을 따라가는 경우가 많았다. 한국의 신문에는 오무라수용소 송환
자에 관한 기사가 종종 실렸다.《경향신문》1952년 9월 8일 자 기사에서는
159명 중 대부분이 청소년, 여자가 69명이라 보도했고, 1953년 5월 3일 자
기사에 따르면 송환자 200명 중 여성은 91명에 달했다. 가족을 찾기 위해
밀항하는 사례는 쉽게 찾을 수 있다. "일본 땅에 가면 찾을 길이 있을지도
모른다"라는 막연한 희망으로 밀항하는 사람, 일본 여성과 동거하는 남편
의 마음을 다시 잡아보려고 어린아이를 데리고 밀항하는 사람,[31] 거꾸로 가
족이 있는 고향으로 돌아가기 위해 '자원 입소'를 해 강제송환을 기다리는
사람도 있었다.*

　　여기에는 일본인 여성도 포함되었다. 1955년 한국인 애인을 만나기 위

---

*　　이정은은 1958년 사할린에서 고향 강화로 돌아가기 위한 방법으로 수용소에 자원 입소한
　　여섯 가족의 사례를 소개한다. 이정은, 〈예외 상태의 규범화된 공간: 한일 국교 수립 이후의
　　오무라수용소〉, 권혁태·이정은·조경희 엮음, 앞의 책, 220쪽.

〈그림2-4〉〈한인 남편 찾아서 10년: 5남매 데리고 수용소 생활까지, 몸 둘 곳조차 없는 일녀日女〉,《경향신문》, 1958년 9월 29일 자 기사.

해 "일본에 밀입국한 한국인"을 가장하여 오무라에 자원 수용됐다가 부산으로 강제송환('밀입국')된 일본인 여성과 같은 황당한 사례도 있었지만,[32] 해방 전에 조선인과 결혼한 일본인 여성의 경우 가혹한 삶이 기다리고 있었다. 함북에서 일본 상인의 딸로 태어난 다카하라 옥자(39)는 월남한 남편을 따라 다섯 아이를 데리고 월남했지만 찾을 방법이 없자 부모를 찾으러 일본 밀항을 결심했다. 그러나 자신의 모국인 일본에서도 밀항자로 체포되어 오무라수용소에 8년 동안 수용되었다.[33] 절망 속에서 다섯 아이를 데리고 수년 동안 거리를 헤매며 경계를 넘어온 이 여성에게는 8년간의 수용소 생활이 물리적 안정으로 다가왔으리라 추측되지만, 결국 그는 다섯 아이와 함께 '남편의 나라'로 다시 송환되었다.

1959년 《동아일보》 특파원의 취재 기사는 여성이 "한방에 평균 50~60명씩 밤낮없이 법석거리고 있고", "350명 여성의 생활양식 모든 것이 비정상적"이라고 보도했다. "화장도 안 하고 아무렇게나 옷을 걸친 채 넋 잃은 사람처럼 실망의 하루하루를 지내고 있다"거나, "수용소 안 사람답지 않게 깨끗한 차림을 한 젊은 여성도 섞여 있다", "'어머니' 역할을 다 못하는 설움으로 눈물의 세월을 보내는 여성이 많다"라고 전하는 등 여성의 역할을 강조하는 현모양처 규범에서 여성의 고충을 전한다.[34]

오무라수용소 내에서 아이들에게 밥을 먹이는 것은 전적으로 여성에게 부가된 중요한 노동이었다. 세 명이든 네 명이든 어린아이는 엄마가 맡았다. 아빠와 어린 자식이 수용될 경우 그 자식을 부모가 아닌 다른 여성이 돌보는 경우도 많았다. 그것만으로도 피수용자 경험의 젠더 차이는 상상 이상으로 클 수밖에 없다. 기사에 나온 것처럼 아이가 아플 때 제대로 진찰을 받을 수 없는 상황은 여성의 수용소 생활을 불안하게 했다.

G(70대, 여, 제주 거주)는 수용소 내 여성의 모습을 떠올리면서 다음과 같

〈그림2-5〉〈오무라입국자수용소 현지 루포: '어머니' 역할 못 함이 큰 설음, '금남의 수용소'서 도 가끔 난투극〉,《동아일보》1959년 9월 30일 자 기사.

이 말했다.

> G: (엄마들은) 뭐 아무 생각도 없었겠지. 오남매를 끌어안고, 아빠는 남자라
> 고 분리해서 딴 남자 방에 보내버리고 어머니는 자식 책임이 있으니까 오
> 남매를 끌어안고…. 밥시간이 되니까 그렇게 비참할 수가 없었어. 그때부
> 턴 뭣을 주느냐 하면은 항고飯ごう였어. 나는 말만 들었지, (…) 군인들 들고

다니는 것만 봤지, 직접 그 항고 체험을 못 했어. 일본까지 가서 10년을 살고 왔는데…. 그래도 사람 취급을 했으면 좀 뭐 식판이라든가 밥그릇, 국그릇 이렇게 줄 줄 알았지. 그 항고가 나올 줄은 꿈에도 생각을 못 했어요. (…) (엄마들은) 오로지 아이들 밥을 굶주리면 안 되니까, 보리밥이라도 먹여야 되니까는 항고를 두 개나 들러야 되잖아요. 항고를 두 개 들고 뛰고, 종소리가 당당 들리면. 나는 나 혼자니까, 그 항고 하나를 배정받아 가지고 그거를 들고 밥 장소가 여기서 저만큼 가야 돼. 거기를 가는데, 정말로 기가 맥히데. 내가 무슨 때문에, 무슨 죄를 지었길래 이 세상 태어나서 세 살 때부터 갖은 역경을 다 거치고….

1969년에 남편을 따라 밀항선을 타게 된 G는 어릴 때 제주 4·3사건으로 가족을 잃었다. 평생 고생으로 가득한 삶을 살아온 그에게 한고(반합, 휴대용으로 밥을 지을 수 있는 알루미늄 밥그릇)는 전쟁이나 군대를 상징하는 흉한 물건이었다. 식사 시간에 대한 G의 "비참한" 기억은 '항고'와 편히 먹지도 못 하고 분주한 여성의 모습 때문이었다. 동경했던 일본 생활이 상상 이상으로 열악했다는 실망감도 컸다. 밀항-체포-수용-송환 과정에 대한 G의 구술 내용은 일관되게 불행하고 비참했다. 그의 구술은 어린 나이에 가족을 잃은 슬픔과 함께 결혼 후 남편과 시부모에 대한 섭섭함을 기조로 한다. 그는 첫아이가 유산된 후 빨리 남편을 만나 아들을 낳아야 한다는 시어머니의 구박을 받고 밀항선을 탔지만, 오사카에서 슬리퍼를 만드는 열악한 노동 환경과 겨우 낳은 딸을 고향에 두고 온 죄책감 때문에 일본에 도착해서도 눈물만 흘렸다. 그렇게 힘겹게 시작한 오사카 생활이었지만 그가 도착한 지 한 달 만에 그의 남편은 밖에서 놀다가 출입국 관리 직원에게 잡혀 곧바로 비행기로 자비 출국했다. G는 남편에 대한 서운함과 함께 시가 가족에게 휘말린 자신의 삶을 후회스럽게 회상했다.

> (…) 빨리 신랑 찾아가서 시어머님은 "아들 낳아라" 하고, 그때 당시는 제주
> 도 왜 그렇게 아들 아들, 그렇게 아들을 선호했는지, 아들 낳아서 죽었다고
> 빨리 가서 아들 낳으라고 그렇게 해서 간 길이, 그렇게 험난한 길일 줄은 정
> 말 몰랐어요. 가만히 여기 있었으면, 신랑이 거기 걸려 가지고 돌아올 것을,
> 앞길을 모르니까 찾아간 길이 그렇게 어렵게, 어렵게 가 가지고 생활하는
> 데, 그 일본 사람이, 그 어렵고 냄새나고 버려진 일을 우리가 다 했습니다.
> 신발을 만드는 일, 스가께라고 해 가지고, 슬리퍼, 그것을 하는데, 아이고,
> 배우러 가니까 그 냄새에 역겹고, 풀, 노리 냄새가 어떻게 지겨운지 말도 못
> 했어요. 그때 여기서 먹지 못하고 저기 하니까는 키로가 한 45키로도 못 나
> 갔어요. 그 몸무게를 가지고 그 일을 하려니까, 시누님 밑에서 배우려니까
> 엄청 고생을 해 가지고 냄새에 역겹고, 여기에 두고 간 딸 생각해서 매일 운
> 거예요. (…) 딴 남자들은 그렇게 걸리면은, 다시 부인이 있으면은 다 일본
> 으로 다시 밀항을 해서 가는데, 우리 집 양반은 일본, 동쪽으로 돌아서서 소
> 변도 안 본다고, 일만 하는 나라라고, 살 만한 곳이 못 된다고, 그렇게 해서
> 안 갔어요. 안 가니까 나만 거기서 그냥 고생을 하게 된 거죠.

그렇게 10년을 오사카에서 일하고 버티던 G는 끝내 1978년 오무라수용
소에 입소하게 되었다. 그사이 고향에 돌아간 남편은 두 번째 부인과 자식
을 낳고 지내고 있었고, G가 딸에게 보낸 편지와 선물도 제대로 전달이 되
지 않았다는 것을 나중에 알게 되었다.

한편 비슷한 시기에 입소한 구술자 E(70대, 여, 제주 거주)는 남편 F와 아들
과 함께 밀항에 성공해 일본 생활을 시작했으나, 밀항자인데도 일본인 사

장의 신뢰를 받은 남편을 시기하는 한국인이 종종 그들을 밀고해 한국인이 살지 않는 지역으로 이사를 다녀야 했다. 어느 날 남편이 일하러 나간 사이에 사복경찰이 집에 들어와 E는 아들과 함께 검거되었고, 일주일의 조사 끝에 오무라에 수용되었다. 그 소식을 들은 남편은 멀리 도망을 갔다. 완전히 연락이 끊겨버린 남편과의 가족 이산은 그의 긴장을 키웠던 것으로 보이지만, 더 큰 불안은 남편까지 잡히는 일이었다. "남아 있는 사람은 살기 위해서 도망가는 거잖아요." 몇 달 후면 한국에 송환되는데 남편이 버텨야 일본에서 돈을 보내줄 수 있기 때문이다. E는 놀랍게도 한국 송환 후 남편이 있는 일본으로 또다시 밀항을 시도했다. 제주에서는 할 수 있는 일이 없었다. 부부는 번갈아 단속에 걸리면서 가족 이산과 상봉을 반복했다. 그는 아이와 함께한 오무라수용소 생활을 상대적으로 편안했던 시간으로 기억한다.

▷오무라에서 생활은 어떠셨어요?

E: 그 울타리 안이니깐 아주 일반식으로 우리처럼 마음대로 못 가고요. 막 넓잖아요. 아주 커요. 게난 남자 사는 데가 틀리고 여자 사는 데가 틀려요. 그러면 영보니까 부부들은 면회 시간이 있어. 우리는 아빠가 없으니까 안 되는데, 영보면 부부들이 오는 분들이 있어. 애기들이랑 겡 애기들은 엄마한티 오고 아빠는 남자 따로 있으니까. 그런데 일주일에 한 번 면회 시간이 있드라고 그 안에서. 부부영 애기영 만나는디, 우리는 모르는디 갔다 왔다고. 그리고 그 안에서는 이제 마당도 있고 나와서 운동도 할 수도 있고요. 아침, 점심, 저녁도 주고.

▷편안하셨어요?

E: 예, 편안했어요.

▷그때 아이가 근데 어렸… 괜찮았어요?

E: 예. 어렸어요. 네 살. 우리 같이 자고.

▷식사도 괜찮으셨구요?

E: 예. 식사 그냥 그런대로.

▷그 안에서는 무슨 뭐 사건이나 갈등이나 이런 것들 없었어요?

E: 그런 건 없었고요. 막 여자 여자 형사들이영 다니고 애기들이랑도 잘 놀아주고예. 일본 분들은 잘도 좋더라고예 막.

　피수용자 면회는 부부, 모자, 형제, 친족이 신청하면 가능했다. 이산 상태로 살아온 가족이 수용소 내에서 만나는 경우도 있었고, E 부부처럼 수용된 시기가 겹치지 않는 경우 이산 상태가 계속되었다. 당시 한국 공안 당국을 피해 이북행을 택하는 사람에게는 가족을 통한 설득과 공작이 오무라수용소 내에서 이뤄지기도 했다. 한반도와 일본, 남과 북의 중첩된 이산 속에서 오무라수용소는 가족을 접촉하거나 상기하는 매개지가 되었다.

　비슷한 시기에 수용된 G와 E의 이야기는 대조적이었는데, 남편과 시가 식구에게 따뜻한 배려를 받지 못하고 홀로 오무라수용소에 들어온 G와 다르게 E의 경우 부부가 따로 살더라도 남편이 돈을 벌어준다는 것에 대한 안심과 유대감이 있었던 것으로 보인다. E가 오무라수용소를 편안했던 시간으로 기억하는 것은 어쩌면 노동의 필요 없이 오로지 자식과의 시간에 집중할 수 있었기 때문이었는지도 모른다.* 자식을 제주에 두고 온 G가 딸

---

*　여성의 경험에 대한 해석과 관련해서는 연세대학교 국제학술대회 '1940~60년대 동아시아 수용소와 난민'(2020년 10월 30일)에서 있었던 소현숙 선생님의 토론에서 시사를 얻었다. 감사의 뜻을 표한다.

에 대한 그리움과 죄책감으로 괴로워했던 것과는 대조적이다.

오무라수용소는 격리 공간에서 똑같이 경제활동 없이 비주체적인 일상을 강요했다. 대체로 남성은 마작이나 화투를 치고 놀았고 여성은 책을 읽거나 뜨개질을 했다. 1956년 저널리스트 가마타 노부코鎌田信子가 여성 피수용자를 취재한 르포르타주가 일한친화회 월간지 《친화親和》에 실렸는데, 이에 따르면 여성이 모이는 큰 방에는 재봉 작업이 가능하도록 재봉틀 네 대 정도가 비치되었다. 아이들은 교실에서 한국어로 교육을 받았다. 여성과 아이들이 근처 데라시마寺島에 소풍을 간 모습도 실려 있다.[35] 이와 같은 여가 생활에서의 젠더 차이는 여성의 삶 자체를 잘 나타내고 있다. 그들은 아이를 키워야 했고, 그만큼 자신만이 아닌 가족 및 고향 사람과 지내는 공동의 시간을 필요로 했다. 그 점이 남성에 비해 수용소의 일상에 대한 상대적으로 적극적인 서사로 이어졌다고 볼 수 있다.

수용소 내 피난소의 시간

오무라수용소를 둘러싼 기억과 서사화는 밀항의 시대적 변화 그리고 경험자의 나이와 젠더에 따라 차이를 보였다. 이 글에서는 1950년대부터 1970년대까지 폭넓게 다루고 있지만 시대적 변화는 수용소 경험을 기억하는 방식에도 많이 반영되었다. 예컨대 박사라朴沙羅가 진행한 구술 인터뷰에서 1950년대 초반 대마도에서 잡혀서 수용된 '큰어머니'는 오무라수용소에 대해 다음과 같이 말했다.

배고프면 (…) 꽤 재미있어. (…) 재미있다고 할까, 이 방의 몇십 배나 커. 그니까 여기저기 왔다 갔다, 모두하고 말이 잘 통하잖아. 먹을 것도 많고. 그때 굶지는 않았어. 넉넉했던 거 기억나.

(…) 그러니까 여자는 여자끼리 방 쓰고, 남자는 또 따로 있잖아. 모두 한국에서 오면서 잡힌 사람들이니까, 아줌마, 이 아줌마(큰어머니 자신)같은 사람들이니까 다 말이 통하잖아. 어찌어찌해서 왔는지, 난 이렇게 왔다고 다 같이 수다 떨어. 힘들다거나 갇혔다거나 그런 건 없어.

형무소라 해도 진짜 좋은 거야. (…) 배불리 먹을 수 있지. 별로 고생은 없지만 그래도 애였잖아. 빨리 부모님 곁에 돌아가고 싶다고, 그것뿐이야.[36]

당시 15세쯤이던 이 '큰어머니'는 오무라수용소 생활을 많은 음식과 말이 통하는 사람들과 함께하는 재미있었던 순간으로 기억했다. 박사라는 이에 대해 "다른 수용자에게는 집회나 시위를 해야만 했던 환경이 큰어머니에게는 '진짜 좋은' 환경이었던 것이다", "서로 증오하고 이유 없이 죽임을 당할 수 있었던 (제주) 신촌리보다 같은 '밀항자'로서 체험을 말할 수 있는 수용소가 훨씬 나았다. 단지 그것뿐이다"라고 해석한다.[37]

앞서 지적한 것처럼 1940~1950년대 밀항자에게는 학살과 전쟁에 휘말릴 가능성에서 벗어났다는 사실이 수용소에 대한 기억에 반영되었다고 할 수 있다. 이 여성의 구술에 주목해보면 그가 수용소를 즐거웠다고 하는 이유는 주로 "배불리 먹을 수 있었다", "말이 통했다"라는 것에 있었다. 여성끼리 음식과 이야기를 나눌 수 있었다는 것이 그에게는 일상의 편안함을 안겨줬다. 15세 소녀였다는 젠더와 나이도 연관이 있을 것이다. 부모에 대한 그리움을 덜어주는 친척과 고향 아주머니들의 존재가 그의 기억 속에

즐거움으로 남았던 것이라 하겠다.

일본에서 태어나 해방 후 15세 나이에 일본과 제주를 오간 A도 수용소에 대해 "아무런 사건도 없고 그저 밥 먹고 자고. 밥 먹을 수 있는 것만으로 다행"이라고 회상했다. 고베에서 막내로 나고 자란 A의 경우 전쟁 말기와 해방 직후 격동의 시대 상황 속에서 밀항과 수용소를 수차례 경험했다. A는 유년기의 좋았던 기억과 아버지에 대한 존경, 그 후 학업에 대한 열정 사이에서 수용소 경험을 개인적인 비참함보다는 어려웠던 시대의 집단적 경험으로 받아들였다. 가족이 늘 자신을 보호해줬고 시누이와 조카와 함께 수용되었다는 것도 그를 안심하게 했다.* 구술은 연대기가 아닌 경험에 대한 자기 해석의 과정이다. 평생을 일본에서 살아온 A는 생애사 기록을 스스로 희망했을 정도로 자신의 삶을 적극적으로 의미화했다.

이처럼 오무라수용소가 일시적인 피난소가 된 역설적 상황은 해방 후 한반도 출신자가 겪었던 정치경제적 조건의 불안전함을 말해준다. 수용 경험 이전과 이후의 삶이 폭력과 빈곤에 가까울수록 수용소asylum는 상대적으로 피난소asyl로 서사화될 수 있다.

그렇다면 1970년대에 오무라수용소를 경험한 사람의 경우는 어땠을까? 앞서 본 것처럼 오무라수용소는 정신적 무력화와 비주체화를 요구하는, 그러나 육체적으로는 덜 위협적인 공간이었다. 1940~1950년대처럼 학살이나 전쟁의 위협은 없어졌지만 여전히 한국으로의 귀환은 신체적 안전이 보장되지 않았다. 박정희 유신 정권은 재일조선인 사회에 대한 정치적 개입

---

* 구술 조사를 함께 진행한 이정은도 A에 대해 "서울에서 교육받은 여성"이라는 자부심과 "아름다웠던 시절"에 대한 향수 그리고 "일본에 있는 가족이 자신을 보호해줄 것이라는 믿음"과 함께 오무라수용소가 기억되었다고 해석한다. 이정은, 〈예외 상태의 규범화된 공간: 한일 국교 수립 이후의 오무라수용소〉, 권혁태·이정은·조경희 엮음, 앞의 책, 232쪽.

을 강화하기 시작했다. 밀항자가 "조총련계의 유혹을 받아 포섭되기 쉽다"라는 이유로 밀항단속법을 징역 3년 이하에서 5년 이하로 강화했으며, 밀항자를 수사기관에 통보하거나 잡은 자에게는 대통령령으로 포상금을 주도록 했다.[38] 1970년대에 오무라수용소를 경험한 제주 거주 구술자는 모두 유신 정권과 공안에 대한 공포감을 말했다. 언젠가 들이닥칠 폭력의 예감이 이미 경험해버린 "죽음의 송환" 과정을 통해 훨씬 강하게 재구성되는 방식으로 서사화되었다.

앞서 본 NHK에서 방영된 〈밀항〉은 1979년 10월 27일 처음으로 오무라수용소 내의 모습을 담았다. 10월 29일 카메라가 들어갔을 때 마침 박정희 암살 뉴스가 보도되었다. 그 방송을 보면서 충격을 감추지 못하는 사람과 담담하게 바라보는 사람, 일본 총리가 장례식에 불참한 것에 불만을 드러내는 사람 등 그들의 표정은 다양했다.

E는 긴장했던 그 순간을 이렇게 기억한다.

〈그림2-6〉 1979년 박정희 장례식 뉴스를 보는 피수용자들. 〈밀항〉의 한 장면.

E: 79년도에 왔어요. 왜 저가 젤 기억하는 거는요. 다 우리 오무라수용소에서 점심시간에 간디 박정희 대통령 암살하는 그 뉴스가 큰 텔레비전으로 나오난 깜짝 놀랐거든요. (…) 딱 점심 먹어 가지고 그릇을 가는데, 우리도 그 텔레비전 보는 데가 있잖아요? 그 공동 보니깐 그 암살당했다고 크게 그

박정희 대통령 뉴스가 나오더라고. (…) 내가 그게 기억이 나 거기서 살면서 "이제 죽었구나" 했지. 얼마나 엄격할 거야 우리가 오면.

E는 박정희의 죽음이라는 비상시에 중앙정보부가 훨씬 더 강압적으로 자신들을 대할 것이라는 예감에 두려웠다고 했다. 1970년대 당시 부산수용소에서 반복적으로 묻는 내용은 무조건 '조총련'과의 연관성에 집중되었다.

D: 생활에 대해서는 묻는 과정이 아니고, 사상만. 그렇다고 우리가 우리나라를 나쁘게 해서 온 건 아니거든. 우리가 외화를 벌어 가지고 한국에 보냈으니까 한국도, 한국에 대한 뭣도 되는데, 이거는 그게 아니라 저기 가 가지고 어쨌든 그때는 조총련계 거기를 주로 통하느냐, 안 통했느냐? 그런 거를 주로 허지.

E: 친척 있느냐? 뭐 조총련, 김일성 사진 분명 봤거든, 우린 가면 다 있어. 초상화 딱 그려진 거. 조총련 학교도 있고, 한복 입엉 학생들 흰 저고리.

구술에 나타난 것처럼 공안 당국이 밀항자와 조총련계 재일조선인의 접촉 여부를 실질적으로 조사하는 것은 아니었다. 밀항자의 일상이 재일조선인 커뮤니티와 분리될 수 없다는 것을 공안 당국은 누구보다 잘 알고 있었다. '김일성 사진'은 밀항자에게 지울 수 없는 낙인과 같았다. "봤으면 왜 봤느냐? 행 때리고, 아니 보면, 아니 봤냐? 행 때리고"(C, 80대, 남, 제주 거주). 오사카나 오무라수용소 내에서 이미 이 상황을 듣고 알고 있었으니 두려움은 일상의 일부였을 것이다. 그들은 인터뷰 과정에서 연구자에게도 경계를 늦추지 않았다. "팔십 난 하르방 무신 잡아갈 거라?"라고 하면서도 자신의 개인 기록을 남기지 않도록 끝까지 당부하기도 했다.

부산수용소에서 당한 심각한 폭력은 남성에게 집중된 경향이 있지만, 여성 중에도 몸이 시퍼렇게 멍들 정도로 맞은 경우가 있었다. 기본적으로 밀항-체포-수용-송환의 과정에서 겪는 고통은 여성의 경우도 예외가 없다. G에게는 오사카에서 나가사키 오무라까지 이어지는 그 기나긴 여정이 너무나 슬프고 지친 기억으로 남아 있다. 규슈의 끝자락 오무라까지 열 시간 이상 수갑을 차고 이동하는 과정은 고통 외에는 아무것도 아니었다. 체포에서 수용까지 괴로움의 과정 그리고 출소에서 송환되기까지 고통과 공포의 과정은 구체적이고 신체적이다. 작은 배를 타고 송환되는 과정에서 G는 몇 번이나 죽음의 고비를 넘었다고 회상한다.

여성은 그래서 더 오무라수용소 내에서 사람들과 같이 지냈던 공동의 시간을 인상 깊게 떠올린다. E는 수용소 내에서 가족이나 친척, 고향 사람과 함께 음식을 나눠 먹던 기억을 다음과 같이 말했다.

> E: 일주일이면 사고 싶은 거 주문을 해요. 이래 적어 가지고 다 사다줘요. 그럼 거기서 우리대로 김치 먹고 싶으면 배추 주문하고, 고춧가루 주문하고. 이제 우리대로 이제 만들잖아요, 우리가 김치를 먹잖아요? 일본은 없으니까. 게믄 이제 냉장고는 없잖아요? 거믄, 우리가 김치 대충 담아서 물에다가. 냉장고 대신 담가다가.
> ▷ 차가운 물에다가.
> E: 병 해서 커피병 있잖아요? 그런 데다 담아두었다가 영 냉장고 대신에 담 갔다가 먹고 싶을 때 꺼내면 그렇게 맛있어요.

수용소 내 각 동은 층별로 독립된 자치회를 운영하고 있어 물품 구입은 이 자치회 단위로 진행했다. 여성은 뜨개실을 주문 구입하거나 먹고 싶은 음식을 주문하기도 했다. 또 작은 커피병에 김치를 담가 그것을 나눠 먹었다. NHK〈밀항〉에서도 남성 피수용자의 식사 풍경에는 김치가 있었다. 수용소 당국은 "민족적 풍속 습관과 생활양식을 존중"해 "조선인의 취향에 따른 메뉴를 준비"한다고 했고, 1956년 기사에 나온 식사 메뉴에는 '조센즈케'朝鮮漬け(조선 장아찌, 김치)라는 항목이 존재하지만[39] 여성은 직접 담그기도 하고 남성은 자치회를 통해 구입해서 먹었다. 대체로 구술자는 오무라에서의 음식이 그런대로 나오긴 해도 입에 맞지는 않았다고 기억한다. 1967년 10월에는 프랑스빵인 바게트를 거부하고 한국인의 입맛에 맞는 식사를 제공하라는 항의 투쟁이 벌어지기도 했다.[40] 수용소 당국은 "평소부터 처우 개선을 요구하는 악질자가 이면에서 책동하는 것"으로 기록했지만, H의 구술에 따르면 음식과 송환에 대한 요구는 피수용자에게 늘 주요 관심의 주제였다.

음식에 대한 기억은 그것을 같이 나눠 먹었던 사람에 대한 기억을 촉발한다. 오무라에서의 서사가 비어 있었던 D는 식사 시간에만 마주치는 같은 고향 출신 여성에 대한 반가움을 기억했다. 가족에 대한 서러움과 삶의 고통 속에 살았던 G의 서사에서 유일하게 기쁨으로 해석되는 부분은 고생 끝에 도착한 오무라수용소에서 고향 사람을 만난 반가움이었고, 죽음을 각오했던 송환 과정에서, 오무라에서 같은 방을 쓰던 "서울 언니"가 손을 흔들면서 자신의 이름을 불러주던 순간이었다. 가령 순간의 마주침이었다 하더라도, 사람들과의 공동의 시간성이 수용소 생활을 버티게 한 힘이 되었을 것이고, 또 이에 대한 기억이 수용소 경험을 서사화하는 매개체가 되었을 것이다.

이 글은 시스템으로서의 오무라수용소와 함께 그 공간을 일상적으로 영위한 피수용자의 기억과 서사를 검토했다. 구술 내용에 드러나는 젠더나 연령에 따른 수용소 경험 차이에 주목하면서 피수용자의 기억의 공백과 서사화 양상을 해석했다. 오무라수용소는 강제수용소와 같은 가혹한 물리적 폭력이 행해지는 공간이 아닌, 주권 사이에서 범법적 존재가 된 한반도 출신자를 정해진 시기에 '올바른 장소'로 추방하기 위한 공간이었다.

오무라수용소에서 피수용자는 인격의 개체성이 파괴된 죽은 신체가 아니라 여전히 이름과 얼굴을 가진 가족을 위해 일하는 노동자였다. 그래서 더 피수용의 경험은 밀항과 송환이라는 그 전후의 힘겨운 여정 사이에서 서사화되기 어려웠다. 그것은 정신적 위축과 비주체화, 밀항이라는 범법행위에서 비롯된 떠올리기 싫은 자신의 위치성과 연관이 있었다. 특히 남성의 경우 격리된 시설에서의 능동성 박탈과 비주체화 상태가 수용소 경험에 대한 적극적인 자기 서사로 이어지지 않았다.

한편 여성의 경우 고향 사람과 음식을 나눠 먹거나 여가를 보낸 기억이 비교적 생생히 서사화되었다. 무엇보다 여성은 아이를 키워야 했고, 그만큼 자신만이 아닌 가족이나 이웃과 지내는 공동의 시간을 필요로 했다. 그점이 남성에 비해 수용소의 일상에 대한 적극적인 서사로 이어졌다고 볼 수 있다. 이와 같은 검토를 통해 수용소asylum와 같은 어원을 가진 피난소asyl라는 관점에서 아래로부터의 오무라수용소 경험을 재현했다. 특히 여성의 오무라수용소 서사에서는 수용소라는 공간성보다 피난소라는 시간성을 발견할 수 있었다.

한반도 출신자를 송환하기 위한 격리 시설로 실재하고 작동한 오무라수용소를 피수용자가 피난소 공간으로 환골탈태하거나 전복했다고 해석할 수는 없다. 다만 해방 후 한반도 출신자가 밀항을 통해 자신의 독자적 생활권을 수행적으로 형성했던 것처럼, 피수용자는 오무라수용소에서 잠시 활동을 중단하고 같이 밥을 먹는 임시적인 피난소의 시간을 경험했다. 다시 말하면 이 공동의 시간성이 수용소 생활을 버티게 한 힘이 되었을 것이고, 또 이에 대한 기억이 수용소 경험을 서사화하는 매개체가 되었을 것이다. 향후 오무라수용소의 경험을 집합적 덩어리로서가 아니라 개체성의 차원에서 열어가는 작업이 더욱 요구된다.

1960~1970년대 한센인 정착촌의 형성과 '자활'의 한계

지은이 **김아람**

한림대학교 인문콘텐츠융합·사학 전공 조교수로 가르치며 일하고 있다. 계속해서 관심을 가진 주제는 한국 현대사에서 이주와 정착·수용에 관한 것이며, 해방과 한국전쟁, 산업화 과정에서 있었던 강제이주민을 '난민'으로 보고 이들의 정착이 중요한 역사적 의미가 있음을 강조하려고 한다. 그동안 해방 후 한국의 난민 정착 사업, 기지촌의 '혼혈인', 1960년대 이후 고아·부랑인으로 만든 '개척단', 사회 정화와 여성 수용시설 등에 대한 글을 써왔다.

1. 정착촌, 수용소와 마을 사이

2. 1950년대 집단부락과 격리의 법제화

3. 1960~1970년대 정착 사업과 정착촌 형성

4. 자활과 정착의 한계

5. 한센인의 '사회 복귀'와 재이주

6. 정착촌의 안과 밖, 경계를 넘나드는 한센인

• 이 글은 《동방학지》 194집(2021년 3월)에 실린 동명의 원고를 수정·보완한 것이다.

정착촌, 수용소와 마을 사이

한센병이라는 질병을 가진 사람들이 병원이나 시설에서 나와 살게 된 마을이 있다. 이곳을 한센인 정착촌이라고 하는데, 과연 어떤 곳이었을까? 정착촌에서 한센인은 어떻게 살았을까? 정착촌은 마을이기에 갇혀 있지 않고 자유롭게 살았던 것처럼 생각할 수 있지만, 한센인 정착촌은 병원이나 시설과도 다르고 일반적인 마을과도 달랐다. 정부는 한센인이 '부랑'하는 것을 막으면서도 시설에 수용하는 부담은 줄이려고 했기 때문에 정착촌을 늘려갔다. 한센인 정착촌은 국가권력에 의해 권장되거나 강제되었던 것이다. 하지만 다른 한편으로는 병원이나 시설에 있던 한센인에게 정착촌은 수용소를 벗어나 새로운 생활을 할 수 있는 곳이 될 수 있었다. 정착촌으로 온 이들 한센인에게는 어떤 삶이 이어졌을까?

한국에서 한센인이 격리와 치료의 대상으로 여겨지고 이들을 수용하는 시설이 설립된 것은 개항기 선교사에 의해서였다. 한센병은 오랫동안 나병癩病으로 불렸는데, 나병원은 1909년 동래군에 처음으로 세워졌고, 한일강제병합(1910) 후에 광주, 대구에도 설립되었다. 1916년에는 소록도 자혜의원이 설립되었다. 해방 전까지 이렇게 몇 개의 시설에서 한센인을 수용하고 있었다. 일제강점기에 조선총독부는 조선인의 '구라求癩(나병 관리)사업'을 탄압하는 동시에, 소록도 자혜의원을 중심으로 하는 격리 정책을 강화했다. 1932년에는 관제 단체인 조선나예방협회가 조직된 후 소록도 자혜의원도 대대적인 확장이 이루어졌고, 그 명칭은 소록도 갱생원으로 바뀌었다.[*]

그 후 1935년에 제정한 〈조선나예방령〉에서는 한센인의 직업 제한, 출입 제한, 물건의 매매와 수수 금지, 강제검진과 함께 강제로 시설에 입소가 가능하도록 했다.[1] 당시에 총독부는 소록도를 '낙원'으로 선전했고, 경찰과 도내 위생과를 활용해 한센인을 적극적으로 소록도에 이송했다.[2] 1930년대에 소록도가 계속 확장한 데는 한센인의 강제노역이 있었다. 강제격리가 강화되면서 선교사가 세운 나병원과 소록도 갱생원에서는 임신을 못 하게 하는 단종수술도 시작되었다.

일제로부터의 해방은 한센인에게도 중요한 변화를 가져왔다. 전국 각 지역에서 한센인만의 집단 거주지를 형성하게 된 것이다. 나병원과 소록도 강제격리와 달리 '집단부락'은 시설을 기피하거나 시설에서 탈출한 한센인에게는 '해방'을 의미하기도 했다.[**] 집단 거주지가 생긴 것은 제2차 세계대전 후 한센병에 대한 인식이 달라져서였다. 한센병의 전염성이 약하고 강제격리의 효과도 크지 않다고 알려지면서 각 나라가 격리수용을 재가 치료

---

[*]   이 명칭의 변화는 소록도의 성격 변화를 보여주는 것으로 분석되었다. 환자의 치료에서 격리수용으로의 변화다. 김재형, 《질병, 낙인》, 돌베개, 2021, 130~131쪽.

[**] 일제강점기에도 득성농장, 소아농장 등의 정착촌이 있었고, 해방 전에 그 수가 늘었던 것으로 추정된다. 정근식, 〈질병공동체와 이주의 네트워—두 정착마을 사례를 중심으로〉, 《사회와 역사》 69, 2006, 46쪽; 김재형, 앞의 책, 173쪽.

로 전환하던 상황이었다.* 한국에서도 많은 한센인이 강제수용과 노역에서 벗어나기 위해 시설을 빠져나왔고, 자체적으로 모여서 마을을 형성했다. 한센병에 관한 전문가 집단인 대한나관리협회(이하 나협회)또한 정착 비용을 모금하는 등 적극적으로 집단부락운동을 벌였다. 나협회가 운동을 했던 배경에는 한센인의 부랑을 막아야 한다는 점, 노동할 수 있는 한센인이 많다는 점이 작용했다. 미군정 당시 전국의 한센인 수가 4만 명 이상이고 총 20여 개의 집단을 형성하고 있으며 약 73%가 노동할 수 있다는 조사 결과는 하나의 근거가 되었다.[3]

정부 수립 후에도 한센인의 집단 정착은 정책적으로 추진되었고, 종교단체 등 민간의 시도도 계속되었다. 정부는 국립나병원, 불구시설, 도립나병원과 함께 집단부락을 관리 체계에 두고 있었다.[4] 한국전쟁이 발발하자 정착촌 형성이 주춤해졌으나 전후에는 계속해서 확대되었다. 정부·종교단체·한센병 전문가 집단이 한센인의 집단 거주를 긍정적으로 인식하고 추진했는데, 실제 정착촌은 어땠을까? 한센인이 시설을 떠나거나 쫓겨나서 마을을 형성하고 그곳에 정착해 살아야 한다는 것의 의미는 무엇이었을까? 정착촌의 성격은 어떠했을까?

이 글은 1960~1970년대 한센인 정착촌이 형성된 배경과 운영 그리고 당시 정착촌의 목표였던 '자활'의 불/가능성을 다룰 것이다. 정착촌 내외부에서 한센인, 정부, 한센병 전문가, 기존 지역민 사이에는 다층의 이해관계와 대립이 존재했다. 해방 후 국가권력은 한센인을 관리하기 위한 시도를

---

* 국제적으로 1920년대부터 국제나회의 등에서 강제격리를 지양하는 논의가 있었다. 1947년에 세계보건기구WHO에 나위원회가 창설된 후에는 더 활발하게 한센병에 관한 정보가 알려지기 시작했다. 大韓癩管理協會,《韓國癩病史》, 1988, 182쪽; 김재형, 앞의 책, 257~263쪽.

하면서 그 목표를 '자활'에 두었고, 한센병 전문가 또한 그 가능성을 강조했다. 또 생각해볼 점은 이 시기에 정착촌 한센인이 모두 동등한 위치에 있지 않았다는 사실이다. 전국적인 조직을 구성하고 활동하는 정착촌 대표 등 유력자도 등장했고, 이들은 정착촌 운영과 관리에서 중요한 역할을 했다.

정착촌이 생겨나는 곳의 기존 지역민에게는 한센인을 향한 전염병의 불안과 공포가 적대감으로 나타났다. 이 또한 당시 사회 일반의 인식과 비교하더라도 단순히 비판만 하기는 어렵다. 오히려 당대의 현실과 사람들의 어떠한 인식이 한센인을 학살하는 등 극단적인 갈등을 만들어냈는지 그 배경을 분석해야 한다. 특히 의사 등 전문가 집단의 역할이 중요했는데, 이들이 지녔던 한센인과 지역민에 대한 인식을 살펴보고자 한다.

특히 1960~1970년대의 정착촌에 대해서는 이전부터 지속되어온 특징과 시대별 차이를 함께 다룰 필요가 있다. 한센인을 향한 사회 일반의 부정적 인식은 어느 시기에나 있었다. 마을에서 살게 된 한센인에게는 해당 지역과의 관계가 생활에 직접적인 영향을 미쳤는데, 지역민과의 격렬한 갈등도 시대를 불문하고 나타났다. 그렇다면 1960~1970년대의 특징은 무엇일까? 이 시기에는 특정 지역 안에서 한센인이 자활해야 한다는 목표로 정착 사업이 활발하게 이루어졌다. 이 정착촌을 만드는 주체와 목적, 그 실태의 구체적인 내용은 시기와 유형에 따라 다른데, 몇 가지 점에서 그 특징을 밝힐 수 있다.

첫째, 당시의 중요한 시대적 상황이다. 이 상황은 당시 정부가 주된 과제를 설정하는 것과도 관련되어 있었고, 한센병 정책에도 영향을 받았다. 한국전쟁 후 정부 재정이 빈약한 상태에서 많은 원조 단체가 활동하게 되었고, 한센인 정착촌 형성과 운영에도 영향을 미쳤다. 5·16쿠데타 이후에는 정부가 미국의 원조를 받는 '자활 정착 사업'을 추진했는데, 한센인이 사업 대상에 포함되었다. 1960년대 중반부터 정부 지원이나 미국 원조가 중단된 후 정착촌 역시 자활 방법을 새롭게 찾아야 했다. 둘째, 시간의 흐름에 따른 정착촌 지역의 변화다. 정착촌이 안정된 마을이 되기까지는 상당한 시간이 필요했고, 1960년대에는 마을 형성에 많은 어려움이 있었다. 1970년대에도 축산업으로 안정되는 곳이 있었지만, 여전히 자활하지 못하는 곳도 많았을 것으로 추정된다. 또한 경북 월성의 희망농원처럼 일찍 안정된 마을인데도 또 다른 개발 정책에 의해 다시 이주를 해야 하는 사례도 있었다. 한센인의 재이주는 다른 지역에서 또 갈등이 시작되는 것을 의미했다.

이러한 한센인의 수용과 정착에 대해서 그간 여러 연구가 이루어졌다. 일제강점기의 격리수용 정책에 대해서는 소록도와 애양원을 중심으로 했다.[5] 해방 후의 '구라' 활동, 정착촌을 비롯한 한센인 사회사업에 관해서는 종교계의 역할이 먼저 밝혀졌다.[6] 이후 정착촌의 구체적인 사례가 분석되기 시작했는데, 최원규는 익산 왕궁면의 정착촌 설립 배경과 과정을 규명하고 치료, 부랑과 정착, 결혼과 가족, 분교 설립 과정 등에서 나타난 격리와 배제를 문제시했다.[7] 소록도에 집중되었던 연구에서 벗어나 정착촌의 실상에 접근하고, 한센인의 삶과 경험을 분석한 것이었다.

순천 한동농원과 부산 용호농장의 운영과 해체 과정을 분석한 연구도 있다. 여기서는 정착촌이 해체되는 과정에서 드러나는 정부, 개발업체, 한센인 공동체의 관계를 다루었고 한정된 자원을 가진 한센인에게는 종교 네트워크가 주요 요인임을 밝혔다. 정착촌이 생활 단위이면서 사회의 편견과 낙인이 지속된다는 이중성을 지적한 점, 이주 과정에서 한센인의 자기 결정권을 강조한 점도 주목할 만하지만, 초점은 1990년대에 맞추어져 있다.[8] 한센인 정착촌은 소설에도 등장하는데, 이것을 1970년대 신자유주의의 맥락에서 분석하기도 했다.[9] 또 다른 최근 연구에서는 한국전쟁 이후 한센인의 강제격리 정책이 변화하는 원인으로 치료법 개발, 정부 재정 부담, 자생적인 정착촌운동과 함께 한센병 의사 로버트 G. 코크런이 한국에 와서 했던 역할을 꼽았다.[10]

김재형의 연구는 여러 측면에서 이 글에도 중요한 참고가 된다. 여기서는 격리 정책의 배경과 흐름을 근대 초기 서양 지식의 변천과 그것이 식민지 조선으로 도입되는 과정에서부터 규명했다. 해방 후 부랑 환자 증가에 따른 강제격리 정책 수립과 그로 인한 낙인과 학살 사건, '음성 나환자'가 탄생한 의학적 배경과 그로 인한 정착촌 형성도 분석했다. 특히 1960년대 정착 사업의 대략적인 과정뿐만 아니라 지역민의 반발과 갈등에서 드러난 정부의 무책임, 한센인에 대한 낙인과 차별을 지적해 그 의의가 크다.[11] 하지만 정착촌의 성격을 격리와 배제의 공간으로만 규정했고, 1960~1970년대 사회적 조건 속의 정착촌 모습은 구체적으로 다루지 못했다.

한센인의 격리와 수용, 이주와 정착은 한센인의 체험이나 감각에서도 드러나는데, 이는 문학 연구에서 시도되고 있다.[12] 이 글과 관련해서는 한순미의 연구에서 분석한 자료가 주목된다. 한센병 전문가와 문학인 등이 중심이 되어 1964년부터 1970년까지 발간한 '나병 계몽 잡지'인 《새빛》은 좌담, 수기, 칼럼 등의 다양한 형식으로 의사, 정부 관계자, 정착촌 대표 등의 목소리가 담겨 있으므로 당대의 인식과 현실을 파악할 수 있다.[13]

이 글은 이러한 선행 연구의 성과를 토대로 하면서 1960~1970년대의 정착촌 상황을 파악하기 위해 《새빛》을 비롯한 여러 자료를 검토했다. 나협회에서 1988년에 발간한 《한국나병사韓國癩病史》는 방대한 자료를 근거로 서술된 책이고, 원본을 찾기 어려운 정부 자료나 현황을 담고 있어서 유용하다. 국가기록원의 희망농원 자료는 정착촌에서 반복된 이주의 실상을 포착하게 해준다. 국가인권위원회의 실태조사 보고서와 관련자의 회고 및 구술은 쉽게 드러나기 어려운 한센인의 기억과 경험을 포함하고 있어서 유의미하다.

1950년대 집단부락과 격리의 법제화

일제강점기에도 한센인에 의해 자연적으로 생겨난 집단 거주 지역이 있었고, 해방 후에는 '나병촌'이나 '희망촌', 격리부락 또는 집단부락이라는 명칭으로 한센인을 정착시키는 정착촌이 만들어졌다. 병원이나 시설이 아니라 특정 지역에 인위적으로 한센인을 정착시킨다는 모델의 기원은 분명하지 않지만, 1948년부터 미군정과 민간에서 시도하고 있었다. 미군정 보건후생부장 이용설이 1948년 2월에 '나병촌' 일곱 개가 있다고 밝혔고, 유준*은 방수원과 함께 '나협회'를 조직한 후 8월에 망우리에 희망촌을 만들었으며, 한국전쟁 전까지 13개의 정착촌에 5000명을 수용했다고 했다.[14]

정부 수립 후 보건부에서는 본격적으로 한센병 환자 관리 대책을 마련

---

*   유준柳駿은 1916년생으로 1941년에 경성의전을 졸업하고, 일본 규슈대학 의학부에서 4년간 수학한 후, 한국전쟁기를 포함해 약 5년간 미국에서 유학했다. 1955년에 귀국해 한센병이 치료 가능하며, 치료법을 대중화하고, '강제수용법'을 폐지해야 한다고 주장했다. 그는 대한나예방협회, 대한나협회를 창립했고 1981년까지 연세대학교에 근무하면서 국내 최고의 한센병 전문가로 활동했다. 영남대학교 총장 덕암 유준 박사 고희기념문집 간행·편찬위원회,《나무 심는 마음》, 영남대학교출판부, 1986, 491~492쪽. 이 자료를 제공해주신 주윤정 선생님께 감사를 전한다.

하기 시작했다. 격리부락은 그중 주요한 방안이었다. 1949년의 '나병 퇴치 3년 계획'은 당시 4만 명의 환자 중 미수용자 2만 7000여 명에 대한 대책을 세운 것이었다. 1차 연도는 각 지방의 부랑 환자 집단과 임시수용소를 합해 전북, 경남, 경북, 경기도에 치료요양소를 신설한다는 계획이었다. 2차 연도에는 1차 연도에 설립한 요양소에 5000명을 수용할 주택을 건립하는 것과 격리부락을 만드는 것이었다. 이때 경남 밀양 무안면의 임야와 김해 상동면의 귀속 재산 임야를 제공한다는 계획이었다. 3차 연도에는 전북에 격리부락제를 실시한다는 내용이 포함되었다.[15] 그러나 경기 부평, 부산에 시설을 설치하려고 하자 지역민의 반대가 심했다. 결과적으로는 1951년에 인천 성혜원, 칠곡 신생원, 익산 소생원의 세 시설을 국립으로 전환하는 것으로 귀결되었다.[16] 경남의 격리부락도 당장 만들어지지는 않았다.

한국전쟁기에도 정부에서는 기존 요양원을 확충하는 것과 더불어 격리부락 설치를 적극적으로 고려하고 있었다. 1951년 10월 당시에 환자는 4만 5000여 명이고 8000여 명이 부랑하고 있다고 추산되었다. 정부는 '이상촌'을 건설하면 "부랑 배회하며 걸식하는 환자를 일소"하게 될 것이라고 보았다. 정부의 〈나환자 이상촌 설치 계획〉에서는 당시 환자와 시설의 상황까지 파악할 수 있다.[17] 정부는 이상촌의 효과를 다음의 세 가지로 보았다.

첫째, 노동 가능한 환자를 국가에서 부양하는 것이 국가의 부담이고 손해라는 점이었다. 정부는 시설에 수용된 환자를 증상 정도에 따라 세 가지로 구분했다. 그 규모를 보면 12개 시설의 1만 3507명 중 중병자가 4406명, 경증자가 8592명, 극경증자가 509명이었다. 여기서 극경증자를 '중노동 가능한 자로서 자급자족의 생활을 희망하는 자'라고 정의했다. 정부는 이들 극경증자를 이상촌에 보내면 국가의 부담을 줄일 수 있다고 보았다.

둘째, 한센인에게도 긍정적이라는 점이었다. 정부는 이상촌 설치 취지서에 "영영 돌아오지 못할 각오로" 요양원에 입원했던 환자에게 "광명을 줄 것"이라고 기술했다. 당시 시설은 한센인에게 수용과 통제의 성격이 강했다. 소록도에는 5000명 이상의 환자가 있었는데, 김상태 원장이 부임한 이후 감시가 심해졌다. 환자 지대와 직원 지대를 구분해 철조망과 감시소를 세웠고 교도과를 설치했으며 수용 환자 준수 사항을 제정하는 등 일제강점기와 유사한 정도의 통제가 이루어졌다. 중단되었던 단종수술도 재개되었다.[18] 정부는 소록도에서 행해진 억압과 감시를 시정하기보다는 오히려 이상촌 설립을 위해 통제를 강화했다.

셋째, 사회적 인식을 새롭게 할 것이라는 점이었다. 전쟁기 한센인에 대한 일반의 인식을 구체적으로 확인하기는 어렵지만, 여론을 파악할 수 있는 일화가 있었다. 1951년 5월 국회 정기회의에서 부산의 부랑 환자를 섬이나 특수 지역에 수용하자는 권중돈 의원의 의견이 나왔는데, 그 이유인즉, 한센인이 어린아이를 잡아먹는 일이 있었기 때문이라는 것이었다. 이는 사실이 아님이 드러났지만 많은 의원들이 한센인 격리에 동의했다는 점, 국회에서 소문이 사실처럼 논의되었다는 점으로 보아 그 부정적 인식은 매우 컸다고 짐작할 수 있다.[19]

정부가 이렇게 계획한 이상촌은 현실적으로 '격리부락'이었다. 그 구체적인 안은 전남 나주군 산포면의 호혜원 설치 계획으로 나왔다.[20] 8만 9000평 면적에 진료소(사무실, 의무실 및 숙직실) 1동, 공공집합소(구락부) 1동, 창고 및 구매소 1동, 공공목욕장 1동, 환자용 주택, 상하수도 시설, 화장장 및 기타 시설을 갖추는 형태였다. 전쟁 중에 나온 구상임을 고려하면 그 재원과 시기가 문제였는데, 필수 시설인 진료소, 목욕장, 상하수도를 국고 보조와 독지가의 의연에 의존해 연차적으로 건설한다는 구상이었다. 이러한 격리부락의 입주자 자격은 다음과 같았다.

① 각지 재가 나환자 중 극경증자로서 주택을 스스로 맡거나 부담하여 건축할 수 있고 영농 능력을 가진 자
② 각 요양원의 경쾌퇴원자*로서 주택을 스스로 맡거나 부담하여 건축할 수 있고 영농 능력을 가진 자
③ 극경증자로서 배우자가 있는 자
④ 전 각 항 해당자로서 거세수술 완료자
⑤ 사상이 건전한 자

입주를 하기 위해서는 ①~③ 중 하나의 자격을 갖추어야 했고, ④와 ⑤는 공통으로 적용되었다고 볼 수 있다. 집에 있던(재가) 환자는 중노동이 가능한 정도의, 요양원에 있던 환자는 증상과 전염성이 거의 없는 자가 해당했고, 주택 건축과 영농 능력이 있어야 했다. ③은 한센인의 당시 분포를 고려할 때 '부랑'하던 사람을 가리키는 것으로 추정되는데, 그 경우 배우자가 있어야 한다는 조건이었다. ④와 ⑤는 '이상촌'의 성격을 잘 보여준다. 시설에서 강제로 행해졌던 단종수술이 '이상촌'에서도 입주 자격이 되었다. 배우자가 있어야 한다는 조건을 두면서 동시에 재생산을 통제함으로써 격리부락은 한센인의 부랑을 막으려는 수단이 되었다. ⑤는 전시 남북한 사이

---

* '경쾌퇴원자'는 일제강점기에 치료퇴원자와 구분되었는데, 세균이 보이지만 일정 기간 증상이 거의 사라지고 전염성이 없어진 환자로 추정한다. 김재형, 〈한센인의 격리제도와 낙인·차별에 관한 연구〉, 서울대학교 사회학과 박사학위논문, 2019, 각주 109와 155 참조.

에 극한의 이념 대립이 벌어지던 상황이 반영되어 있다. 그 판단 기준이 모호하기 때문에 입주 후에도 마을에서 지시와 통제에 불응한다면 언제든 적용할 수 있는 조건이었다.

이 집단부락의 운영은 정부가 경작지와 대지를 무상대여하면 입주자가 주택 건립, 영농 자금을 스스로 부담해야 하는 방식이었다. 세대당 800평의 토지를 대여받아서 주택은 지정된 규격에 맞춰서 1동만 지어야 했고, 농사 개량 및 각종 종자 선정 등의 기술은 정부의 도움을 받더라도 농기계나 비료는 공동 구입을 알선받는 정도였다. 생활필수품도 구매조합을 통해 공급받도록 규정했다. 진료는 소록도 갱생원에서 의학 강습을 받은 환자를 조무원으로 배치해서 담당하게 했기 때문에 비중 있게 계획했다고 보기는 어렵다. 위생 관련 자재나 약품은 본부에서 공급하고, 교화·종교·오락 사업을 지도한다는 내용도 포함되었다.

정부의 계획은 실제로 '재단법인 이상촌 나주 호혜원'으로 실행되었는데, 사실 호혜원은 1946년 4월부터 이미 정착이 시작된 것으로 기록되고 있다. 그 명칭은 정부의 계획에서 가칭으로 삼았던 것을 보아 1951년 이후 생겨난 것으로 보이지만, 한센인이 있는 상태에서 정부 계획이 추진되었을 가능성이 높다. 호혜원이 실제로 정부 계획대로 입주 자격을 유지하고 운영했는지는 확인되지 않지만, 정부의 격리부락 구상은 환자들이 기존에 정착하고 있던 곳도 그 대상 지역으로 삼았음을 알 수 있다.

정부(보건부)는 1952년에 전국 나병 관계자 회의를 열고, 격리부락과 병원을 포함한 전국의 요양소를 갑·을·병으로 구분해 의료 중심, 단기 치료와 사회 복귀 훈련, 무의무탁 불구 노령 환자 수용으로 기능을 각각 나누고, 임시수용소를 별도로 분류했다. 1950년대의 '전국 요양소'는 62개로, 의료 중심의 갑은 국공립 시설 네 개와 여수 애양원, 원주 대명구호병원, 대구 애락원이었다. 을은 나주 호혜원 등 15개, 병은 6개였으며, 절반 이상인 33개가 임시수용소였다. 임시수용소는 아직 정착이 완료되지 않았고 의료도 상대적으로 빈약한 상태에 있었다.[21] 전국 각지의 집단 마을과 시설이 유지되는 데에는 DDS제와 댑손제 등 치료제가 보급되면서 이동 진료 사업을 할 수 있었던 점이 작용했다. 1950년대에 형성되기 시작한 이 요양소의 대부분이 이후 정착촌으로 자리를 잡았고, 적어도 1980년대 후반까지 운영되었다.[22]

한편 1950년대 한센인의 격리는 '전염병예방법' 제정으로 강제성을 지니게 되었다. 한센병은 전염병 구분으로는 결핵, 성병과 함께 3종이었지만, 특수하게 규정되었다. 의사가 환자나 사체의 소재지, 퇴원, 치료, 사망, 주소 변경을 신고해야 했고, 제1종 전염병과 함께 지정한 장소에 격리수용되어 치료를 받도록 했다. 또한 한센인은 허가 없이 이동할 수 없었고, 시체는 화장해야 했다. 지자체에서는 조사, 진찰 후 환자로 인정되면 치료 또는 격리할 수 있도록 했다.[23] 그러다가 DDS와 같은 화학치료제 개발로 한센병은 치료 가능하다는 정부의 인식이 형성되었고, WHO의 강제격리 철폐 요구가 더해져 전염병예방법의 신고·강제격리 조항은 1963년에 삭제되었다.* 하지만 치료 후 임상 증상이 없고 체내에서 균이 발견되지 않은 사람이라도 '음성 나환자'로 분류되었기 때문에 퇴원해 정착하더라도 이들 마을은 여전히 '(음성) 나환자(정착)촌'으로 구별되었다.[24]

---

* 김원중은 여기서 1955년에 내한한 코크런이 한센인 강제격리 해제를 권고했다는 점에 주목했다. 김원중, 〈한센병 강제격리 정책의 전환 요인: 코크레인 보고서를 중심으로〉, 《아세아연구》 63-1, 2020, 159~190쪽.

1960~1970년대 정착 사업과 정착촌 형성

일제강점기부터 1970년대까지 정착촌은 계속 만들어지고 있었다. 그 과정은 시기별, 유형별로 다양해서 적절한 분류가 필요하다. 우선 시기별로는 1961년 5·16쿠데타를 중요한 기점으로 삼을 수 있다. 5·16쿠데타 후 한센인의 정착 문제는 이전과 같은 치료 목적의 요양소 기능을 겸하는 격리부락 조성과는 몇 가지 점에서 그 성격이 달라졌다.

먼저 5·16군정은 '자활 정착 사업'을 실시하면서 '한센병 완치자'와 고아·부랑아를 그 대상으로 삼았다. 자활 정착 사업은 특정 대상을 황무지나 갯벌, 임야 등 미개간지에 배치하고, 개간해 농지를 조성한 후 정착시키려는 목적으로 실시되었다. 정부는 "거리를 방황하며 각종 사회악을 조성하는 무의무탁한 부랑인과 시설 수용아 중 연장 고아 또는 나병 완치자 등에 대한 개간 정착으로 그들의 항구적 자립 자활을 촉진하고 유휴 농경지를 개척하려는" 것이라고 정의했다.[25] 군정은 쿠데타 직후부터 도시 부랑자와 깡패를 일소한다는 명분으로 단속하고 시설에 임시 수용했다. 군정에서 시작한 자활 정착 사업은 이들을 도시에서 격리하고 '개척단', '자활단'으로 조직해 감금하고, 강제 노동시키는 방식이었다.[*]

정착 사업을 군정에서 처음 시작한 것은 아니다. 1950년대 한국전쟁 피난민을 대상으로 했던 난민 정착 사업을 재편, 확장한 것이었다. 군정은 그 대상을 피난민에서 한센인, 고아·부랑아로 바꾸었고, 그 방식도 폭력적인

---

[*]   사회적으로 쟁점이 된 '서산개척단'은 그 대표적인 사례다. 서산과 장흥의 개척단 형성과 인권침해, 토지 소유권 분쟁 등의 문제에 대해서는 김아람, 〈1960년대 개척단의 농지조성과 갈등 구조〉, 《사학연구》 131, 2018 참조.

단속, 강제수용과 노동력 동원으로 대신했다.[26] 군정은 한센인의 정착 사업을 "혁명정부의 용단에 의해 비로소 실천 단계에 이른 것"이라고 홍보했다.[27] 군정과 박정희 정권이 자활 정착 사업을 활발하게 추진하려고 했던 것은 이 사업을 근거로 해서 미국의 원조를 받을 수 있었기 때문이다.[28]

〈표2-2〉와 같이 1970년대 말 전국에 있었던 한센인 정착촌은 104개로 확인된다. 이 중 5·16 이전에 형성된 곳이 51개로 절반에 가깝다. 1950년 대까지 형성된 정착촌은 두 가지 형태로 분류할 수 있는데, 하나는 부랑하던 한센인이 자연적으로 모여 살게 된 곳으로 한센인이 '짐자리'라고 부르는 형태다. 이 형태가 51개 중 41개로 대다수를 이룬다. 다른 하나는 시설에 있다가 나온 사람들이 만든 김해 상락원, 달성 영락농원, 산청 경호농장과 일곱 개의 '임의 조성'된 곳이다. 앞서 서술한 내용과 종합하면, 1950년 대에 정부가 지원과 통제하에 격리부락을 설치하려고 했을 때나 5·16 당시에도 이미 여러 곳에 한센인이 집단 거주하는 정착촌이 형성되어 있었다.

하지만 5·16 이후 정착촌이 달라진 또 다른 점으로는 정부가 국립병원에서 한센인을 퇴원시키는 것으로, 시범 사업부터 시작되었다. 시범 사업으로 국립부평병원, 익산병원, 칠곡병원에서 346명, 204명, 154명이 퇴원, 이들의 이주로 각각 청천농장(인천), 비룡농원(김제), 희망농원(월성)이 조성되었다.[29] 시범 사업 이후에도 국립병원에서 한센인을 퇴원시키는 사례가 있었고, 1960년대 후반부터는 병원이 폐쇄됨에 따라서 현지에 정착하는 유형이 있었다. 또한 소록도나 애양원 등 시설에서 퇴원해 인근 지역에 정착하는 유형과 기존 정착촌에서 분리되어 나와서 정착하는 유형도 볼 수 있다.

〈표2-2〉 1970년대 전국 한센인 정착촌 현황

	정착촌명	정착 시점	소재지[30]	형성 배경	인원[31]	아동
1	영생원	1927년 8월 1일	경남 함안군 함안읍 북촌리	한 사람의 격리 생활을 시작으로 생성	281	88
2	소아원	1937년 4월 1일	경남 진양군 반성면 가선리	여덟 명이 집단을 이루면서 생성	427	126
3	광명원	1939년 5월 1일	경남 진양군 수곡면 원외리	격리 생활하던 두 명으로 비롯되어 생성	304	67
4	영신원	1940년 3월 15일	경남 하동군 적량면 동산리	임의 조성	263	66
5	성애원	1941년 4월 18일	경남 함양군 유림면 대궁리	임의 조성	280	60
6	상락원	1945년 9월 5일	경남 김해군 한림면 용덕리	김해군 군립상락원으로 발족	200	59
7	호혜원	1946년 4월 6일	전남 나주군 산포면 신도리	370여 명이 정착	634	228
8	청애원	1948년 5월 5일	충북 청원군 북일면 원통리	청주 무심천 변에서 부랑하던 60여 명이 정착	425	45
9	애경원	1948년 7월 18일	대전시 동구 용전동	대덕군 회덕면에서 이주, 가양농장으로 정착	356	159
10	영복원	1949년 10월 1일	경남 삼천포시 실안동	시내 송포동을 중심으로 부랑하다 이주 정착	449	140
11	팔복원	1949년 4월 5일	경남 합천군 율곡면 영전리	일제강점기 이래 부랑하던 50여 명이 군에 등록	107	39
12	애조원	1950년 10월 13일	경남 통영군 광도면 죽림리	임의 조성	239	3
13	소혜원	1950년 10월 15일	경남 창녕군 창녕읍 교동	임의 조성	296	120
14	숭의농장	1951년 11월 3일	경남 고성군 거류면 감서리	임의 조성	436	207

15	거창농장	1951년 6월 1일	경남 거창군 거창읍 동동	수 명이 양혜원이라 하고 발족	195	25
16	삼청농장	1952년 10월 1일	경북 칠곡군 왜관읍 삼청동	베다니아원으로 발족	87	30
17	신흥농원	1952년 5월 15일	전북 김제군 용지면 용수리	성애원으로 발족	383	52
18	성생원	1953년 1월 1일	경남 의령군 용덕면 신촌리	10여 명이 성생원이라 하고 발족	176	75
19	성혜원	1953년 3월 1일	경남 울주군 농소면 시례리	수 명이 시례농원으로 발족	138	54
20	동혜원	1953년 3월 15일	전북 고창군 고창읍 죽림리	30여 명으로 비롯되어 발족	177	75
21	현애원	1953년 3월 7일	전남 나주군 노안면 유곡리	37명으로 비롯되어 발족	459	187
22	구평농장	1953년 5월 1일	부산 사하구 구평동	20세대가 대명원 (후 성화원)이라 하고 정착	257	82
23	동진원	1953년 5월 1일	경기 용인군 구성면 중리	서울, 수원 등지에서 부랑 하던 사람들이 정착	308	81
24	여명원	1953년 5월 1일	경남 함안군 군북면 모로리	임의 조성	308	109
25	삼애농원	1954년 3월 1일	경북 김천시 신음동	30여 세대가 정착	528	123
26	영락원	1954년 4월 16일	충남 서산군 운산면 고풍리	다섯 명으로 비롯되어 생성	178	54
27	경애농장	1954년 5월 2일	경북 의성군 금성면 탑리	30여 명이 금성집단으로 발족	69	67
28	성신농원	1955년 10월 1일	경북 성주군 초전면 용봉동	대황동 대가면 옥성동 등을 부랑하다 정착	207	90
29	신생원	1955년 3월 1일	전북 남원시 용정동	한 사람의 격리 생활을 시작으로 생성	148	78
30	상신농장	1955년 4월 1일	경북 문경군 농암면 사현리	20명으로 비롯되어 발족	137	57

31	성자원	1956년 1월 1일	전북 순창군 순창읍 신남리	한 사람의 격리 생활을 시작으로 생성	131	59
32	영천농원	1956년 1월 1일	경북 영천시 오수동	재생원으로 발족	191	65
33	신광원	1957년 11월 1일	경남 진양군 나동면 삼계리	임의 조성	229	60
34	성광농원	1957년 12월 4일	충남 논산군 광석면 율리	19명이 양생원이라 하고 정착	82	19
35	경천농장	1957년 6월 13일	강원 원성군 판부면 서곡리	성락원생 일부가 이주 정착	404	120
36	정애원	1957년 8월 1일	전북 정읍군 이평면 청량리	30여 명으로 비롯되어 발족	136	38
37	천자원	1958년 1월 1일	경북 의성군 옥산면 전흥리	옥산집단으로 발족	39	31
38	협성농장	1958년 3월 19일	경남 거창읍 가지리	4세대 18명이 정착 (후 성모원)	191	57
39	영락농원	1958년 6월 1일	경북 달성군 구지면 수리동	대구애락 퇴원자 30여 명이 구지농원으로 정착	113	37
40	상지원	1959년 1월 1일	전북 익산군 함열읍 흘산리	30세대가 정착	255	46
41	계명농장	1959년 1월 1일	경북 안동군 풍산읍 죽전동	죽전 도덕골에서 이주 정착	90	50
42	중생원	1959년 12월 5일	경남 함양군 수동면 상백리	여덟 명으로 비롯되어 생성	343	82
43	재생원	1959년 4월 1일	전남 함평군 학교면 고막리	20세대 62명이 정착	75	19
44	경호농장	1959년 6월 18일	경남 산청군 산청읍 내리	진주 구생원의 천주교 신자 60여 명이 이주(성심원)	-	-
45	성심원	1959년 6월 19일	경북 상주군 공검면 역곡리	23명이 성분도원이라 하고 정착	110	47
46	신락농장	1960년 1월 1일	경북 의성군 다인면 신락리	다인집단에서 발전	40	41

47	은양원	1960년 1월 1일	경북 고령군 우곡면 예곡동	우곡면 낙동강 변을 중심으로 부랑하다 정착	81	56
48	성생농장	1960년 2월 24일	경기 남양주군 화도면 녹촌리	12세대로 비롯되어 생성	287	74
49	염광농장	1960년 8월 2일	경남 사천군 정동면 예수리	4세대 아홉 명으로 비롯되어 생성	90	29
50	명진농원	1961년 1월 1일	경북 청도군 청도읍 원정동	청도읍을 중심으로 부랑하던 사람들이 조성	84	31
51	광신농장	1961년 1월 1일	경북 금릉군 대덕면 화전리	한 사람의 격리 생활을 시작으로 생성	105	24
52	청천농장	1961년 12월 27일	인천 북구 청천동	부평병원 퇴원자 154명이 정착(시범 사업)	445	114
53	비룡농원	1961년 12월 27일	전북 김제군 용지면 용수리	익산병원 퇴원자 246명이 정착(시범 사업)	518	244
54	희망농원	1961년 12월 30일	경북 월성군 천북면 신당리	국립칠곡병원 퇴원자가 북군리에 정착(시범 사업)	393	109
55	신암농원	1961년 12월 31일	전북 김제군 용지면 용암리	익산병원 퇴원자 126명이 비룡농원 분원 형태로 정착	-	-
56	향촌원	1962년 10월 2일	경남 함안군 칠서면 계내리	여명원생 일부가 이주 정착	167	97
57	상동희망원	1962년 12월 1일	경남 김해군 상동면 매리	용호병원 퇴원자 60세대가 정착	270	97
58	대동희망원	1962년 12월 1일	경남 김해군 대동면 덕산리	용호병원에서 퇴원 정착	217	89
59	일광정착장 (삼덕농장)	1962년 12월 20일	경남 양산군 일광면 이천리	용호병원 퇴원자 150여 명이 정착(후 박애원)	243	100
60	금성농장	1962년 12월 8일	경북 의성군 금성면 도경동	대구애락 퇴원자 35명이 애락농원이라 하고 정착	136	106
61	의왕농장	1962년 3월 7일	경기 시흥군 의왕읍 오전리	성라자로원 퇴원자 82명이 정착	354	50
62	경인농장	1962년 5월 19일	인천 북구 십정동	부평병원 퇴원자 100여 명이 인조회로 정착	382	83

63	신생원	1962년 6월 1일	경남 밀양군 무안면 마흘리	부북면 사포리에서 이주 정착	407	52
64	기독교탄동 농원	1962년 6월 5일	충남 대덕군 장동면		121	36
65	여천농장	1962년 7월 2일	전남 여천군 율촌면 신풍리	여수 애양 퇴원자 96명이 정착	276	57
66	보성농원	1962년 8월 2일	전북 남원시 내척동	여수 애양 퇴원자 131명이 정착	415	70
67	새마을 건설원	1962년 9월 1일	경남 김해군 생림면 도요리	28세대 79명이 정착	120	25
68	간석자활촌	1963년 4월 10일			227	143
69	상록촌	1963년 10월 2일	경기 양평군 양동면 석곡리	한 사람의 격리 생활을 시작으로 생성	-	-
70	갱화원	1963년 5월 1일	경북 봉화군 봉성면 금봉리	29명으로 비롯되어 발족	95	46
71	신애농장	1964년 1월 1일	경북 영덕군 지품면 오천리	12세대가 정착	63	24
72	성진원	1964년 4월 25일	전남 장성군 북일면 문암리	24명이 정착	89	22
73	헌인농장	1964년 5월 20일	서울 서초구 내곡동	부평병원에서 146명이 퇴원 정착	306	123
74	성곡농장	1964년 7월 1일	경북 영일군 흥해읍 성곡동	두 형제의 격리 생활로 시작(후 애도원)	130	41
75	초곡농장	1964년 8월 12일	경북 영일군 흥해읍 초곡동	베다니원으로 정착	205	95
76	성모마을	1965년 4월 11일	광주 북구 충효동	7세대가 서룡원으로 정착	41	0
77	낙동갱생원	1965년 5월 17일	경남 김해군 대동면 덕산리	태풍 피해로 을숙도에서 부 산에 대피 후 이주	138	31
78	염광농장	1965년 5월 22일	경기 용인군 수지면 동천리	대구애락 퇴원자 6세대가 정착	186	50

79	주성원	1966년 10월 23일	강원 인제군 남면 신남리		28	8
80	천성농장	1966년 12월 1일	경기 양주군 주내면 유양리	6세대가 현역 군의 지원으로 정착	169	58
81	영호농장	1967년 10월 1일	전남 영암군 도포면 영호리	소록도 퇴원자 75명이 정착	88	41
82	대명농원	1967년 12월 12일	강원 원성군 호저면 만종리	부평병원 원주분원 폐쇄로 현지 정착	1,012	302
83	간석농장	1967년 12월 20일	인천 남구 간석 3동	삼거리자활촌에서 12세대가 분리 독립	109	34
84	삼성농장	1968년 12월 1일	인천 남구 간석 3동	40세대가 삼거리자활촌이 라 하고 정착	-	-
85	부평농장	1968년 12월 20일	인천 남구 간석 3동	부평병원 폐쇄로 현지 정착(228명)	475	125
86	익산농장	1968년 12월 28일	전북 익산군 왕궁면 구덕리	익산병원 폐쇄로 현지 정착(715명)	1,123	255
87	청원농원	1968년 9월 1일	충북 청원군 남일면 은행리	6세대가 정착	-	-
88	삼애농장	1968년 9월 4일	전남 순천시 조례동	11명이 정착	65	11
89	칠곡농장	1969년 12월 15일	경북 칠곡군 지천면 연호동	나병원 칠곡분원 폐쇄로 현 지 정착(391명)	620	142
90	신촌농원	1969년 2월 23일	전북 익산군 왕궁면 구덕리	1960년 이래 형성된 군집이 정착	226	76
91	낙산새마을 농장	1969년 6월 15일	경북 칠곡군 지천면 낙산동	칠곡병원 퇴원자 7세대가 정착	151	94
92	계림농장	1970년 10월 22일	부산 사하구 장림동	성화원(구평동)에서 분리 정착	58	25
93	시목농장	1970년 4월 10일	전남 장성군 진원면 산정리	소록도 퇴원자 16명이 정착	-	-
94	충광농원	1972년 8월 1일	충북 청원군 부용면 등곡리	7세대가 정착	-	-

95	포천 농축단지	1974년 4월 10일	경기 포천군 신북면 신평3리	도시 계획으로 철거된 간석농장 일부가 이주	–	–
96	금촌농장	1975년 3월 1일	경기 파주군 금촌읍 아동리	12세대 43명이 정착 (후 성덕자활촌)	–	–
97	경성농장	1975년 3월 1일	경기 고양군 송포면 덕이리	8세대가 정착	–	–
98	용호농장	1975년 3월 31일	부산 남구 용호 2동	국립나병원 용호분원 폐쇄로 현지 정착	–	–
99	성진원	1975년 4월 1일	경남 고성군 고성읍 교사리	임의 조성	–	–
100	금오농장	1975년 7월 1일	전북 익산군 왕궁면 온수리	익산농장에서 분리 독립	–	–
101	한동농장	1976년 12월 2일	전남 승주군 외서면 화전리	소록도 퇴원자 27명이 정착	–	–
102	도성농장	1976년 5월 8일	전남 여천군 율촌면 신풍리	여수 애양 퇴원자 205명이 정착	–	–
103	영민농장	1977년 4월 28일	전남 영광군 묘량면 덕흥리	군서면 녹사리에서 35명이 이주 정착	–	–
104	고운농장	1978년 7월 1일	경기 고양군 원당읍 식사리	임의 조성으로 발족	–	–

〈전국정착장일람〉, 대한라관리협회, 《한국나병사》, 411~414쪽; 〈전국정착촌명단〉, 새빛사, 《새빛》, 1972년 4월, 21~22쪽; 〈전국정착농원명단〉, 새빛사, 《새빛》, 1975년 12월, 30~31쪽을 근거로 재구성.

104개 정착촌이 모두 자활 정착 사업으로 조성된 것은 아니다. 그러나 〈표2-3〉에서 알 수 있듯 정부에서는 1961년부터 1964년까지 자활 정착 사업에 참여한 인원을 8080명으로 집계하며, 이 중 '한센병 완치자'를 2990명, 전체의 37%로 추산했다. 사업으로 개간한 토지도 총 1억 6521만 평에 이를 정도로 대규모였는데, 한센인이 33,6%를 개간한 결과였다. 오마도는 자활 정착 사업에서 높은 비중을 차지하지만, 이곳에 실제 한센인이

〈표2-3〉 1961~1964년 자활 정착 사업 개황

구분		인원	개간 면적
부랑아 및 연장아*		5090명(63%)	3656정보(66.4%)
한센병 완치자	일반	1840명(22.7%)	773정보(14%)
	오마도	1150명(14.3%)	1078정보(19.6%)
	계	2990명(37%)	-
총		8080명(100%)	5507정보(54.61㎢, 1억 6521만 평)

행정백서편찬위원회, 《행정백서》, 1964, 251쪽.

정착하지는 못했다.

정리하면 1960~1970년대 정착촌은 부랑하던 한센인이 자연적으로 정착한 유형, 국립병원에서 퇴원하거나 병원 폐쇄로 정착한 유형, 기존 시설에서 퇴소하거나 분리된 유형으로 나눌 수 있는데, 이들 중 1960년대에 형성된 정착촌은 정착 사업으로 조성된 것으로 취급될 수 있었다. 정부는 적극적으로 한센인 정착촌을 형성하고자 했고, 정착 사업에서도 한센인의 역할을 강조했다.

1960년대에 정부가 적극적으로 정착촌을 조성하려고 한 데에는 전문가의 조사와 견해가 크게 작용했다. 나협회와 나학회는 기초 조사를 실시했다. 조사 자체가 치료 기관과 집단부락에 격리된 한센인 중 정착 가능한 사람을 분류하려는 데 있었고, 1만 9980명의 균 검사 결과 후 정착 대상자를 8615명으로 판단했다. 그리고 이미 장면 정부에서 계획한 기본 계획을 이어받아 1961년 10월부터 세 개의 국립병원에서 퇴원시킨 한센인의 정착

*   '연장아'는 시설에서 퇴소할 연령이 높은 고아를 가리킨다.

촌 시범 사업을 시작했다.[32] 시범 사업 후 1963년 2월 9일에는 전염병예방
법*을 개정해 한센병의 격리 치료를 공식적으로 폐지했고, 정착촌은 짧은
시간에 빠르게 늘어났다.

정부가 정착촌을 만드는 기본적인 목적이자 효과로 꼽는 것은 경제성
이었다. 정착을 통해 국립병원 환자 수를 줄이고, 결과적으로는 소록도만
남긴 뒤 다른 병원을 폐쇄하면 경제적 부담을 줄일 수 있다는 계산이었다.
1966년 당시 국립병원 환자의 20~25%가 양성인데, 개별적으로 사회에
정착시키기 위해서는 단기 투자가 필요했지만 잘 되지 않는다는 이유였
다. 정착촌은 "점진적, 점차적으로 해결"하는 방식이었다.[33] 정착시키지 않
고 시설에 수용하면 시설 경비 외에도 "1년 먹이고 입히는 것"으로 정부 지
출이 1인당 약 2만 원이 소요되었는데, 정착 사업으로는 나협회와 정부가
보조하는 비용이 한 사람당 1년에 1500원이었다고 한다. 정착촌의 경제적
효과는 매우 구체적이고 분명하게 드러난다고 판단되었다. 사업 참여자들
이 "황무지를 개간해서 박토를 옥토로 바꾸어준 이득"까지 볼 수 있다는 점
에서 정착촌의 경제성은 재차 강조되었다.

정착촌의 또 다른 목적은 '부랑 환자'를 줄이는 것이었다. 정부와 나협회
가 1년에 약 700명 정도의 부랑 환자를 '색출'하는데, 대다수는 아편 중독
자거나 '직업 걸인'으로 분석되었다. 이들을 "타일러서" 수용소나 정착촌에
보냈는데, 결과적으로 정착 사업을 하면서 거리의 직업적인 걸인이 훨씬
줄어들었다. 이 '색출'과 정착 사업으로 유도하는 일에 나협회의 지부 조직

---

*   제29조 제1항에서 '라병환자'가 삭제되고 "제1항과 제2항(제3종 전염병 환자 중 주무부령으로
정하여 격리 수용되어 치료를 받는 자) 이외의 전염병 환자는 자가에서 격리 치료를 할 수 있다"
라고 명시했다.

이 적극적인 역할을 했다. '부랑 환자'를 줄였다는 점은 정착 사업의 중요한 성과로 꼽혔다.

정착 사업을 주장하는 근거로는 환자를 위한 것이라는 명분도 있었다. 유준은 "생의 의욕을 잃은 환자들이 자신의 생명은 자신의 노력으로 보지 保持시켜가는 자활 능력을 불어넣어 주었"다고 평가했다. 재활 환자와도 비교되었는데, "병들지 않고 육신과 정신이 튼튼한 우리들"은 "노력만 하면 부강하여질 수 있다는 생활관의 표본까지를 뒤바꾸어놓게" 되었으므로 이득이 많다고 정착 사업을 극찬했다.*

하지만 당시에도 정착 사업을 반대하는 목소리는 있었다. WHO는 "개개인이 사회에 침투하는 것만이 진정한 사회 복귀"라며 "집단 정착은 제2의 수용소화"라고 지적했다. 어떤 사람은 완치자의 사회 복귀는 전통사회로 복귀하는 것이라면서, 정착촌은 인위적으로 만든 특정 지역이므로 전통 사회가 아니며, 특정 지역은 사회를 형성하지 못하고 있다고 보았다.[34]

1960~1970년대에 한센병 완치자의 '사회 복귀'는 간단한 문제가 아니었다. 사회적 혐오가 극심한데다 완치자가 원하는 복귀 방식이 무엇인지도 단정하기 어려웠다. 정부에서는 개별 거주와 집단 정착 중 경제성 때문에 집단 정착을 추진했지만, 개별 정착을 하기 어려운 조건 또한 분명히 있었다. 국립병원 관계자는 국민의 한센병에 대한 이해가 부족하고, 정착 대상자가 일반 사회인과 접촉을 꺼리는 기피 성향이 있다는 점을 지적했다. 이 기피 성향은 "신체적, 정신적으로 결함을 보이려 하지 않는 자기 진외陳

---

* 유준은 1955년에 귀국, 1958년에 국내 최초로 '나병 치료 및 연구소'를 만들고 "나병은 고칠 수 있다", "나병은 예방할 수 있다"라고 강조했다. 유준, 〈나사업의 문제점—나전문가의 좌담회: 정착사업의 앞날을 전망해보자〉, 《새빛》, 1966년 9월.

싸 의식에서 우러난 것"이며, 따라서 정착 대상자는 개별적인 사회 복귀 대신 "오직 자신들의 처지를 잘 알기 때문에 동료들과의 집단 정착을 환영"한다고 보았다. 이러한 맥락에서는 정부의 행정력으로 기존 환자와 정착촌의 실태를 파악하고 정착 대상자를 '사회 복귀'시켜서 병원 등 시설 운영 부담을 줄여야 한다는 결론이 나올 수밖에 없었다.[35] 그러나 정착촌을 형성하는 과정은 여러 측면에서 순탄하지 않았고, 정부와 전문가가 내세운 '자활'의 불가능성은 정착 시도에서부터 표출되고 있었다.

자활과 정착의 한계

지역 내 위계와 대립

정착촌 형성과 운영 과정에서는 한센인 조직이 그 나름의 역할을 했다. 여러 국립병원이 폐쇄되면서 1969년 10월에 한국한센연합회가 결성되었는데, 당시 전국 최대 규모였던 익산농장 대표 유판진이 초대 회장을 맡았고 정부 사업을 위임받아 "부랑자를 단속, 선도계몽하고 이송"하게 되었다. 한센연합회는 1971년에 한성협회, 1974년에 한성협동회로 개칭했다. 한성협동회는 1975년에 각 시도 지부를 설립해 전국적인 조직을 정비하면서 보건사회부 사회단체로 등록되었다. 이 단체는 "나병 치유자의 복지 향상을 도모하고 정착민의 자립정신 함양과 자활 기반 구축 사업을 촉진하며, 사회 순화운동의 전개로 스스로의 권익을 옹호하여 인간 회복을 기함으로써 명랑사회 건설의 일익을 담당하고 정착 농원의 협동정신을 진작시키는 자조사업체"라고 규정되었다. 또한 "정부 시책에 의한 주무부 장관의 지시를 받은 제반 사업을 수행"하는 역할을 맡았다. 1970년대의 보건사회부 지침에서는 부랑 환자 단속, 강제송환(이하 강송)시 한성협동회와 대한나협회의 협조를 얻도록 정했다.[36]

정부의 강송은 해방 이후부터 1980년대까지 이어졌는데, 부랑 환자뿐만 아니라 정착촌 한센인도 대상이 되었다. 1970년대에 강제이송으로 소록도에 보내진 한센인의 증언에 따르면, 보건소와 한성협동회가 "무작정 강송 치는" 일이 있었다. "집이 앞이다 그래도 소용이 없"이 "잡아다가 실적"을 올렸다. 강송을 당해 소록도에 보내지면 6~8개월가량 외출을 나갈 수 없었다. 1980년에는 정부 관리 지침으로 "정착민의 총화와 자활 기반 조성에 저해 요소가 되는 불순한 정착민은 주민 총회의 결의에 의한 대표자의 건의에 따라 관할 시·도지사 책임하에 당해 정착장에서 퇴거 또는 국립나병원에 수용한다"라고 정했다. 이후 한성협동회는 도 단위의 지부를 구성하고 선도 요원을 두었고, 정착촌에서 마약을 하거나 문제가 되는 사람을 강송('선도')하는 역할이 강화된 것으로 추정된다.[37]

정착 사업이 원조를 받는 수단이었기 때문에 정착촌 내에서 벌어진 충돌도 있었다. 1964년 11월 문경의 상신농원에서는 농원 대표로 있다가 축출된 사람이 복귀하기 위해 주민 24명을 동원해 습격한 일이 있었다. 일곱 명의 농원 간부를 감금·폭행해 네 명이 중상을 입은 사건이었는데, 이전 대표는 한센인이 아니었고, 이권을 위해 대표로 복귀하고자 했던 것이다. 한하운은 이들을 '나상인癩商人'이라고 혹평했다. 대표들이 한센인을 유인해 구걸하도록 하고, 자신은 "사업을 한답시고 여관이나 호텔에 장기투숙하며 관계 기관에 돈을 뿌리고" 다녀서 정착촌에는 일부의 물자만 배급하고 "나머지는 대표가 다 먹으라는 식의 백지위임"도 하고 있다는 것이었다. 정착 사업이 원조 물자 도입의 근거가 되었던 만큼, 사업장의 이권 문제가 충돌의 한 원인이 되었다. 이권은 정착 사업이 확장되는 데도 중요한 역할을 했다. 한하운에 따르면 원조 물자는 "정착촌 상인들이 사이비 정착촌을 청산, 도처에다 마구 부화"하는 배경이었다.[38]

한편 1960년대 중반 각 지역에서는 한센인 자녀와의 공동 취학 문제가 있었다. 한센인에 대한 전문가와 일반의 인식 차이가 컸고, 갈등이 또다시 당사자의 문제가 되었다는 점에 주목해야 한다. 한센인 자녀의 취학 거부 사건은 1950년대 말 대전 동광국민학교를 시작으로 1964년 3월 전남 여천의 동, 나주의 산포, 경기 용인의 어정, 경북 울산의 농남, 전북 남원의 왕치, 경북 상주의 숭덕, 경남 진양의 원당, 경북 월성의 물천, 충북 청원의 북일, 충남 연기군의 송성 국민학교 등 전국에서 벌어졌다. 1969년 서울 세곡동 대왕국민학교에서 발생한 집단 등교 거부 사건은 최인호의 소설《미개인》의 모티프가 되기도 했다.《미개인》에 나오는 한센인 배제와 폭력은 전염의 공포 때문이 아니라 신자유주의적인 통치 기술 때문이었다는 분석도 있다.[39]

그러나 1960년대에 한센병 및 그 자녀에 대한 무지와 전염의 공포는 실재하는 문제였다. 이에 지역민은 집단행동이나 폭력으로 대응했지만, 전문가 집단은 계몽을 강조하는 동시에 전염을 막기 위한 통제를 용인했다. 나협회 등 전문가 집단은 우선 일본에서 유래한 "아직 한센병에 감염되지 않은 아동"이라는 의미의 '미감아未感兒'라는 용어를 썼고, 한센병이 유전된다는 공포는 잘못된 인식의 산물임을 지적했다.[40]

전문가들은 '공학 반대'에 대해서 몇 가지 대책을 내놓았다. 가장 강조한 것은 사회적인 의식 계몽이었다. 한센인의 자녀가 "일부 몰이해한 사회인으로부터 버림받고" 있다며 올바른 인식이 필요하다고 강조했다.[41] 한센인 자녀는 1964년 말 당시 4600여 명으로, 국민학교 1776명, 중학교 497명, 고등학교 52명 등이 일반 학교나 분교에서 수업을 받고 있었고, 2300여 명이 취학연령이었다. 나협회에서는 이들에 대한 공학 반대가 "필연적으로 야기될 것"으로 예상했다.[42] 반대가 필연적이라고 예상했다면 전염 공포는 일부의 몰이해에서 비롯되었다고 보기 어렵다.

나협회에서는 한센병이 음성인 환자에게서는 전염되지 않으며, 양성인 부모를 계속 접촉하지 않으면 발병하지 않는다고 하며 부모가 환자여도 의학적 관찰을 받으면 오히려 안전하다는 것을 알리고자 했다.[43] 이때 아동과 한센인 부모의 분리 정책이 계몽의 논리로 활용되었다. 출산 직후 아동을 시설에서 양육하게 하고 매년 1, 2회씩 검진해 건강 상태를 확인한다는 것이었다.[44] 유준도 전염성에 대해 양성 부모와 같이 생활하더라도 아무런 예방 처치를 안 했을 때 가능성이 있다는 것이며 BCG, DDS 등을 접종하면 완전한 예방이 가능하고, "발병 후 1년 이내에 전문 의사에게 발견되면 거의 해결"된다고 했다.[45] 바꾸어 말하면 의학적 관찰, 부모와 아동의 분리, 예방 처치가 가능해야만 전염의 우려를 줄일 수 있다는 의미이기도 했다.

또한 유준은 1966년에 있었던 정착촌 대표자들의 좌담회에서 의무교육 이상의 교육비 보조와 분교를 절대 반대한다고 밝혔다. 이외에도 몇몇 대표는 사업장에서 부모가 자녀 교육을 하고 공동 취학을 위해 노력해야 한다고 강조했다.[46] 지역민의 우려와 공포가 여전하고 한센인과의 갈등을 해소할 계기가 없는 상태에서는 실질적인 교육이 어려우므로 시설에서라도 교육이 필요하다는 지적도 있었지만, 전문가 집단은 양 주체에게 각각 계몽과 자활 노력을 요구하고 있었다.

정착촌의 구조적 제약

1970년대 초까지 정착촌의 한센인 자립은 요원한 상태였다. 자활 정착 사업이 실시된 후로도 10여 년이 지났지만 20% 내외만이 자립했다고 판단되었다.[47] 1966년 보건사회부와 나협회가 46일간 5개 국립병원과 66개 정착촌을 조사한 결과를 보면 당시 상황을 파악할 수 있다. 정착촌의 평균 소득 구성비는 정부나 민간단체 등의 원조가 39.8%, 축산 소득 37.2%, 농경 소득 20.6%, 사업 경영 소득 2.4% 순이었고, 1인당 연간 평균 소득은 1만 631원으로 전년도 기준 전 국민 평균 생계비 1만 8240원에 비해 부족했다. 외부 지원이 없다면 생계비가 평균 미달이었다. 경작 가능한 농토는 세대당 평균 590평으로 식량 자급도 사실상 어려웠다. 농토 300평 미만 세대가 29.3%, 300~900평 세대가 42.1%, 경작지가 없는 세대도 12.5%에 달했다.[48] 축산업도 불경기로 인해 "거의 전멸" 상태여서 해외시장을 개척하기 위해 일본에서 돼지 키우는 방법, 처리 과정을 조사해 수출을 위한 노력을 이어갔다.[49]

1960년대 한센인 정착촌이 자립, 자활하기 어려운 데는 여러 측면에서 구조적, 현실적 조건이 작용했다. 우선 정착 대상 지역 토지의 영세성을 들 수 있다. 정부가 사업 초기에 1인당 1000평을 제시했던 것으로 보이는데, 실제로는 세대당 몇백 평에 불과했다. 경북 월성의 희망농원에서는 평균 300평의 개간용 농지를 분배받았다.[50] 당시에 추진하던 농업 사업을 보면 필요한 농지의 기준을 볼 수 있는데, 경상북도에서는 '농업 근대화 사업'(1965년 8월)으로 구호 대상 농가는 900~1500평, 재정착 사업으로는 6000평씩 주도록 추진 중이었다. 정착촌이 안정적인 농가가 되려면 몇백 평의 농지로는 부족했다.*

---

*   1960년대 자활·정착 사업에서 개편된 자조·정착 사업에서도 분배의 최소 기준이 600평, 최대 2400평이었다. 김아람, 〈한국전쟁기 황해도민의 서해안 피난과 전후 전라남도 정착〉, 《동방학지》 180, 2017, 25~26쪽.

한하운은 "세대당 3000평을 확보하지 못하면 정착촌이라 할 수 없으며 지난날의 거지 떼 집단부락에 불과"하다며 몇백 평으로 자립한다는 것은 "의욕이 왕성하다 할지라도 기적을 바라는 것이며 불가능한 일"이라고 일 갈했다.[51] 사업장에서 개간할 토지가 부족하자 인접한 지역까지 개간에 나서고, 비토리 사건*과 같이 지역민과 극단적인 갈등에 처하는 상황이 벌어지고 있었던 것이다.

정착 사업 자금과 물자도 문제였다. 지원이 제대로 되지 않는 게 일차적인 문제였다면, 융자도 어려웠다. 안동 성좌원 대표는 자립 가능할 정도의 자금이 적기에 지원되지 않았다고 지적했다. 어떤 곳은 정착민 1인당 병아리 100마리 지원에 불과했다고 한다.[52] 주택이 지어지지 않아서 노천 생활을 하거나(영일 애도원) 한 채에 두 세대씩 수용해 잘 자리가 비좁은 사례(월성 희망농원)도 있었다.[53] 정착촌에서 축산업이 본격화된 것은 1970년대 중반으로, 5·16군정이 대대적으로 정착 사업을 실시한 지 10년이 지난 시점이다.

사업장 운영과 대표자 문제도 있었다. 앞서 서술한 오마도는 대표적인 자활 정착 사업으로 한센인이 개간·간척 작업을 했고 농지를 조성했으나 한센인의 정착촌이 되지 못했다. 오마도를 간척한 소록도 원생들은 약간의 임금을 받았으나 노동의 대가로 약속한 농지를 분배받지 못했고, 이관 과정과 농지 분양 과정에서 배제되었다. 오마도는 1969년 당시 공정 80%에서 공사가 중단된 채 방치되고 있었다. 사업장에는 바닷물이 넘나들면

---

* 1957년 8월에 삼천포 영복원에 살던 한센인이 농토를 확보하기 위해 사천 서포면 비토리 섬에 건너가서 개간을 하던 중 비토리 및 서포면 주민과 충돌해 한센인 22명이 현장에서 사망하는 등 집단으로 학살된 사건이다. 국가인권위원회,《한센인 인권 실태조사》, 2005, 58~59쪽.

서 제방의 곳곳이 붕괴 또는 유실되고 석축도 바다 밑으로 침하했음이 밝혀졌다. 그 원인은 제방 두께를 예산 절감 등을 이유로 줄이는 등 시공 당시부터 부실공사가 문제였고 시간이 지날수록 피해가 늘어났던 것이다. 또한 원조로 받은 공사비가 제대로 지출되지 않았다는 여러 의혹이 있었다. 이 공사는 공사 진도에 대한 당국자의 이견과 국고 보조 중단으로 노임 및 자재대 등의 빚만 진 채 중단되었다가 1989년에야 준공 승인이 났고, 농지는 1993년에 피해 농가 등에 매각되었다.[*]

또한 앞서 서술한 것처럼 '나상인'으로 불렸던 일반인 대표로 인해 지역

〈그림2-7〉 오마도와 해창만 간척공사 준공을 전하는 뉴스 화면. 《대한뉴스》 735호, 1969년 7월 19일.

---

[*] 오마도 간척은 1962년 6월부터 약 2년간 소록도 원생들의 노동으로 이루어졌는데, 사업권자가 전라남도로 바뀌었고 1968년 공유수면매립권도 고흥군에 이관되었다. 국가인권위원회, 앞의 보고서, 2005, 62~66쪽. 〈高興반도 干拓地 깨진 대단위 農土의 꿈〉, 《경향신문》, 1975년 3월 31일; 大韓癩管理協會, 앞의 책, 223쪽.

민과 한센인 간 충돌이 있었는가 하면, 대표가 정착촌을 상속 재산인 것처럼 장악하는 사례도 있었다. 정착촌을 세력 형성의 도구로 이용하거나 이에 협조하지 않으면 축출하는 방식이었다. 정착촌 대표에게는 토지, 지원자금과 물자를 관리, 운영하는 권한이 있었기 때문에 그 도덕성과 능력 여하에 따라서 정착촌의 운명이 좌우되는 구조였다. 한하운은 이러한 점에 대해 "정착촌은 사법권이 없는 단체"이며 "간부는 정착민의 생활을 보장하지 못한다면 스스로 물러나기를 바란다"라고 지적했다.[54]

이러한 문제는 병원이나 시설을 떠나왔거나 새로 시작하는 정착 사업에 참여하게 되는 한센인에게 좌절을 안겼다. 김정한의 소설 《인간단지》에서도 다룬 '낙동갱생원' 사건*처럼 지역민의 반대로 결국 계획대로 정착하지 못한 사례까지 포함하면 정착촌을 형성하는 과정에는 복합적인 제약이 있었다. 이는 국가권력이 추구한 통제와 관리의 통치 전략뿐만 아니라 전염병을 향한 사회의 불안과 공포, 이러한 사회 인식을 무지로만 치부해 계몽해야 한다는 전문가 집단의 이데올로기가 얽혀 있는 것이었다.

하지만 정착 사업과 정착촌이 지닌 한계에도 당시 한센인에게는 정착촌이 대안이기도 했다. "유일한 살 땅"이라고도 했다.[55] 정착촌을 만드는 과정에서 한센인은 자신의 한계에도 직면하는 가운데 자활을 위한 시도를 해나갔지만 동시에 제약은 계속해서 발생했다.

---

*   을숙도에 있던 낙동갱생원이 1963년 7월에 용호동으로 이주했으나 주민의 반발과 습격으로 2년 동안 정착하지 못하고 노숙하다가 논산, 김해에서도 계속 이주 반대에 부딪혔던 사례다. 김려실, 〈1970년대 생명정치와 한센병 관리정책〉, 《상허학보》 48, 2016, 279쪽.

한센인의 '사회 복귀'와 재이주

경북 월성의 희망농원은 5·16군정의 정착 시범 사업 세 지역 중한 곳이었다. 1959년부터 60명이 토지 10정보를 구입해 정착하던 중에 국립칠곡병원 퇴원자 240명이 1961년 12월에 입주했다. 12월 29일 입주식이 있던 날부터 한센인은 문제를 제기했는데, 각자의 토지와 무관하게 한곳에 집을 밀집해놓은 구조 때문이었다. 이를 도지사에게 따지기도 했다. 이 문제를 해결하기 위해 입주민은 '개척위원' 열 명을 선출하고, 향약을만들어 지침을 세웠다. 이장제를 만들어서 개간할 농지를 측량해 토질에따라 구분하고 분배했다. 당시 대상 지역 24만 평 중 농토가 될 만한 땅은 8000평에 불과했지만, 한센인은 자치 기구를 통해 효율적인 운영을 하고자 했다.

이장은 면, 군, 도, 케아CARE, the Cooperative for American Relief Every-where(미국의 구호단체), 봉사회, 천주교, 서울 구호기관에서 자금을 조달하기 위해 애를 써야만 했다. 그 결과 밀가루·강냉이 가루·의류 등이 들어왔고, 입주민은 돈을 모아서 계를 만들고 일용품을 판매하는 등 생활을 꾸려나갔다. 희망촌 사람들은 "온 산이 사람으로 덮여" "누구 하나 입을 벌리는사람도 없이 등신처럼 일을 했"다. "고생문이 이마빼기(이마)에 훤하게 열렸"던 곳에서 "올봄을 넘기지 못하고 뒤질(뒈질—인용자) 것"이라는 자조도있었으나 보름을 계획했던 개간이 일주일에 끝났다.[56] 그 후 희망농원은 어떻게 되었을까?

희망농원 외의 많은 정착 대상 공간은 비옥한 토지가 아니라 개간해야하는 황무지, 임야, 갯벌이었기 때문에 노동력 의존도가 매우 높았다. 특히정착 초기에는 중노동이 투입되어야 했다. 정착촌에 온 한센인이 '음성' 또는 '완치자'라고 하더라도 강도 높은 노동이 수월할 수 없었다. 열 시간에 가까운 중노동은 "상처투성이"인 이들에게 "무리가 아닐 수 없"었다.[57] 오랜 기간 병을 앓아서 허약하고, 장애가 있는 경우에는 지속적인 노동을 하기가 더욱 어려울 수밖에 없었다. "자활 이전에 신체가 결딴"날 판이었다.[58] 심지어 김해 희망원에서는 심한 노동으로 병이 재발하는 경우도 있었다.[59]

그런데 노동의 어려움 이전에 한센인이 정착촌에서 맞닥뜨리는 문제는 보다 근본적인 것이었다. 국가와 전문가 집단은 한센인의 '사회 복귀'가 병원과 시설의 운영 재정을 줄일 수 있다는 점 때문에 정착 사업을 적극적으로 추진했지만, 한센인이 '사회 복귀'가 무엇을 의미하는지, 더 나은 삶의 방식인 것인지를 스스로 고려할 수 있었는지는 알 수 없다. 당시 한센인은 정착촌을 만드는 주체이기보다 개간할 땅에 내보내지는 대상으로 여겨졌다.

또한 오랫동안 격리 생활을 하는 환자로 살았던 이들이 외부에 나와서 살기란 큰 변화였지만 마땅한 준비가 없었다. 한센인이 집단 정착촌이 아닌 연고지로 돌아가는 방법이 가장 효과적이라는 견해도 있었지만, 극히 일부의 경제적으로 윤택한 환자가 퇴원했을 때 연고지에서 큰 반대 없이 받아들여졌을 뿐이다. 1960년대 다섯 개의 국립기관에 있던 한센인은 대부분 빈곤했고 연고지로도 갈 수 없는 상황이었다.[60] 그 때문에 '사회 복귀'의 대안은 정착촌으로 획일화되었다. 한센인에게 복귀할 '사회'는 정착촌밖에 없는 현실이었다.

이러한 상황에서 시설에서도 한센인이 정착촌에 살기 위한 교육이 필요하다는 주장이 나왔다. 시설 자체가 담당하거나 상설 기구를 설치해 순회 교육을 하고, 강좌는 공민·교양·실업(광범위)·농업·원예·과수·화훼·축산·가공·가내공업·가사 등 과목의 전문가가 팀을 구성하는 형식이 제안되었다. 농촌진흥원에서 매년 기술 습득 강습회를 개최해야 한다는 의견도 있었다. 또한 시설이 한센인의 자치 활동을 용인하는지의 여부가 정착촌에서의 자활 활동에 미치는 영향이 크다며 시설 내에서 자치 기구, 경제 기구를 육성할 필요가 있다고 강조되었다.[61]

1970년대에 들어서며 안정적으로 유지되는 정착촌도 나왔다. 나주 호혜원은 1966년 말에도 정착촌 밖에서 이장을 하는 사람, 높은 월급을 받는 기술자 등 건강인과 함께 일하는 사람들이 있다고 소개되기도 했다.[62] 또 다른 곳이 바로 희망농원이다. 1974년에 몇몇 정착촌 대표들의 좌담이 열렸는데, 희망농원 대표도 참석해 개간과 양계에 성공했으며 인근 마을 경제도 발전해 상호 유통과 이해가 증진된다고 했다.[63]

실제로 희망농원은 토지 총면적 94.2헥타르에 생업인 축산으로 한우 68두, 돼지 1300두, 닭 18만 4800수를 기르고 있었고, 부업으로 잠업도 겸했다. 건물은 총 846동이었는데 주택 120동, 공공건물 15동, 부속 건물이

〈그림2-8〉 정비를 앞둔 2021년 희망농원 모습(경주시 제공).

711동에 달했다. 마을 내에 회관, 창고, 이발관 등 공동 시설과 국민학교, 유치원, 교회도 있었다. 115세대에 전기와 간이 상수도가 들어왔고, 47대의 전화가 있었다.[64] 이러한 희망농원의 상황은 다른 정착촌과 비교될 만했다.

비토리 사건이 있었던 영복원의 한센인은 이 사건으로 쫓겨난 후 재산도 없고 자급자족도 하지 못하고 있었다. 일하고 싶은 욕망은 있어도 여건이 되지 않으며 한센인 자녀가 사회 진출을 하려고 해도 냉대를 느낀다고 토로했다.[65] 또한 당시 오일쇼크와 물가 앙등으로 축산업이 불황이라 극심한 어려움이 있었다. 정착촌은 영세한 규모였기 때문에 돼지 400두 이상을 길러야 받을 수 있는 정부 사료도 받지 못했다. 더구나 수출업자나 중소 상인이 가격을 내리기 위해 정착촌에서 공급하는 고기의 질이 나쁘다고 선전하고 있었다.[66] 이런 상황에서 정착촌은 축산업 외에 잠업, 과수 등 다른 산업을 또 모색하고 있었다.

축산업 발달은 정착촌 '자활' 가능성의 척도가 될 정도로 정착촌 경제에서 중요한 비중을 차지했다. 1970년대에 들어서 축산업은 대부분의 정착촌에서 운영되었다. 육류 소비 증가와 음식 소비 패턴 변화로 1980년대 초반까지 축산업 전반에서 정착촌의 비중이 커졌고, 축산업의 안정화와 시장 확대가 정착 사업의 성공을 증명하는 근거로 활용되었다.[67] 1960년대 후반 서울, 인천, 희망농원(경북 월성)에서 전업형 축산이 시작되었지만, 어떤 배경에서 축산업을 시작했는지는 명확하지 않다. 일단 전문가를 통해 몇 가지 배경을 설명할 수 있다. 유준은 축산을 장려한 이유로, 소록도의 한센인이 "토끼, 개를 열의와 성의로 사랑하는 것을 보고 생각"했다며 "사람은 자기들을 멀리하지만 동물은 따르니까 애착 가지리라 추측"했다고 한다.

다른 이유로는 육체노동을 덜하면서 할 수 있다는 점과 일반인과 떨어져 살기 때문에 축산업에 좋은 조건이라는 점을 들었다.[68] 영농에 비하면 축산의 노동 강도는 낮다고 볼 수 있는데, 그보다 더 중요한 이유는 축산업이 악취와 폐수 등이 발생하는 산업이라 사회와 떨어져 있는 정착촌에서 더 유리하다고 보았다는 점이다. 즉 축산업이 확장되면 정착촌이 자활할 수 있었고, 이것은 사업이 성공했다는 근거가 되는 것이었지만, 이미 산업을 시작하던 시점부터 예견되는 문제를 내포한 채 정착촌이 축산업을 떠맡았던 것이다.

하지만 축산업이 안정되기까지는 여러 난관이 있었다. 병아리가 성계가 될 때까지 약 5~6개월이 걸렸는데, 이 시기에 유지비를 조달해야 했다. 1970년대 초에는 1인당 100수의 병아리를 지급하더라도 유지하지 못하고 파는 경우가 많았다. 정착촌의 70%는 자금난으로 양계를 못 한다고도 지적되었다. 이 시점에 나협회에서는 차관을 동원해 해외 기업에 위탁 경영하는 형식으로 조치원에 사료 공장을 지으려고 해서 문제가 되기도 했다.* 1970~1980년대에 축산업 팽창은 정착촌 현장에서 한센인이 다양한 문제를 감내하고, 경제적 불안정을 견디는 것으로 가능했다.

성공 사례로 알려진 희망농원은 이후 어땠을까? 안정적으로 유지되던 이곳에 또 다른 바람이 불었다. 1975년 4월에 대통령은 "국가에서 막대한 예산을 투입하여 개발하고 있는 경주 보문지구 개발의 저해 요인이 되고 있는 보문지구 주변 나환자촌에 대한 이전 대책을 조속히 수립하여 시행할 것"을 지시했다.[69] 경주관광종합개발계획에 따라 보문지구의 정착촌을 이

---

* 해외 기업 경영이 정착촌에는 도움이 되지 않는다는 지적이었다. 손정수(한국가톨릭사회복귀협회장), 〈사료공장 설립이 급선무가 아니다―나협은 본연의 임무에 충실하라〉, 《새빛》, 1971년 10월.

전하라는 것이었다.[70] 대통령 지시 직후 희망촌 이전 계획이 만들어졌고, 월성군 천북면 신당리로 이전이 결정되었다.

희망농원은 약 15년에 걸쳐 생활 기반을 확립했고, 문화 수준도 비교적 높았다. 그런데 관광 개발로 인해 한센인은 다시 이주를 해야 했다. 당시 정부 측에서는 한센병이 법정전염병이며, "음성 환자라 하더라도 일반 국민이 극히 혐오하는 질병"이기 때문에 각자 자의에 의한 분산 이주가 불가능하고 집단 계획 이주가 불가피하다는 방침으로 새로운 정착지를 설정했다.[71] 예상대로 신당리 주민들은 이전 계획에 강하게 반발했다. 면사무소를 점거하고 경찰과 대치하는 등 소동이 벌어졌고, 그 결과 주민 아홉 명이 구속되었다.[72]

희망촌 주민(한센인)은 불편이나 피해가 없도록 자신들의 의사를 충분히 참작하여 건축물과 토지 등 재산 피해에 대한 전면적인 보상, 이전 문제 대두 후의 생계 위축 보상, 축산 지원을 요구했다. 새로 이전할 지역에도 평지 면적을 최대한 확장할 것, 경주-포항 간 도로 개설, 토지소유권 부여, 주택 및 축사 등 기본 시설 마련, 입주 후 약 3년간 특별 지원 등 생활 안정 대책을 건의했다.[73]

실제로 안정 대책이 어떻게 실시되었는지는 확인이 필요하지만, 1979년 시점에는 축산자금을 지원하지 않았고, 사료 지원도 불투명했다. 생계지원비는 거택 보호 수준으로 구호하고 부식비 1인 1일 183원을 지급하도록 했다.[74] 이 또한 실제로 얼마나 지급되었는지는 알 수 없다. 당시 거택 보호는 1인당 월 1만 2755원을 받았는데, 쌀 한 가마니 가격은 약 4만 원이었다.[75] 3개월치 지원비가 쌀 한 가마니 값이 되지 않았기 때문에 최소 생계를 유지하기에도 부족했다. 특히 축산업이 활발하고 정착촌이 잘 유지되던 희망농원 주민들은 관광단지 개발로 인해 새롭게 이주·정착해야 했다.

정착촌의 안과 밖,
경계를 넘나드는 한센인

    1965년에 한하운은 정착촌이 형성된다면 "나자癩者는 이제는 자력으로 자활하여야만 하고 그렇지 못한 것은 나자의 무능력에서 오는 것이지 어느 누구의 잘못도 아닐 것"[76]이라고 단언했다. 그러나 정착촌 자활과 정착의 여부는 한센인 개인의 능력에 달려 있지 않았다. 정착촌에서는 국가의 격리 정책과 지역민의 혐오 외에도 복합적인 한계가 있었다.

    한센인의 집단 정착은 일제강점기부터 시작되었고, 1950년대에는 국가에 의해 집단부락 조성이 추진되었다. 한센인을 격리한다는 방침은 법적으로도 구체화되었다. 5·16군정은 자연적으로 조성된 정착촌까지 자활 정착 사업의 일환으로 취급하며 정착촌 확장에 나섰다. 1970년대까지 정착촌은 전국 각지에 100개 이상 형성되어 있었다. 정착 사업을 적극적으로 실시할 때 전문가의 조사와 견해가 반영되었고, 기본적인 목적은 경제성이었다. 병원 등 시설의 운영 비용을 줄이고 개간의 효과도 있다는 것이었다. '부랑환자'가 문제시되고 스스로 자활 의지를 가질 수 있다는 목적도 강조되었다. 1960년대에도 집단 정착이 제2의 수용소화라는 문제 제기가 있었으나, 그보다는 한센인의 개별 정착이 어렵다는 현실이 더 부각되었다.

    한센인 정착촌에서는 한센인 조직이 형성되면서 내부에도 위계가 만들어졌고, 단체는 정부와 협력하며 정착촌을 관리, 통제했다. 정착촌 내의 권력관계로 인해 정착촌에서 소록도로 보내지는 강송도 있었다. 지역 내 갈등은 원조 물자도 한 원인이 되었는데, 정착촌 사업 자체가 원조 물자를 받기 위한 수단이 되어 이권을 노리는 자도 많았다. 또한 자녀의 공동 취학 문제에서도 전문가는 지역민에게 계몽을, 한센인에게는 자활 노력을 요구하는 것으로 대응했다.

1960년대에 정착촌에서 한센인이 자활하기 어려운 조건은 외부에서 만들어졌다. 영세한 토지와 부족한 자금, 사업장 운영과 대표자의 문제점이 불거지기도 했다. 1970년대에 들어 축산업이 확대되고, 경제적으로 안정된 정착촌도 있었다. 그러나 이때도 10여 년 동안 중노동을 하고 경제 불안정을 버텨야 가능했다.

정착촌의 성패 여부보다 중요한 것은 한센인에게 '사회 복귀'가 무엇이었는가 하는 점이다. 자활과 정착이 갈등과 한계가 연속되는 속에서도 지속적으로 추구되는 목표였는데, 정작 당사자에게 복귀할, 복귀하고 싶은 '사회'가 무엇이었는지에 대해서는 관심이 없었다. 또한 1970년대에 정착촌이 잘 유지되던 곳도 정부의 개발, 축산업 문제로 인해 이전하거나 해체되는 과정을 맞게 되었다.

1960~1970년대 한센인에게 정착촌이 유일한 '사회'였을 때 이들은 그 나름의 자치 운영과 강도 높은 노동, 인내와 수용 등이 직면하는 한계 속에서 살아낼 수밖에 없었고, 그 과정은 강요된 '자활'이라는 목표를 달성하기 위함이 아니라 사회의 한 사람으로서 살아가는 것 그 자체였다. 또한 한센인과 가까이에서 또는 함께 살아갈 일반인이 다른 사람과 달리 특별한 혐오나 불안이 있어서 이주를 반대하거나 공학을 거부했던 것은 아니다. 정착촌에서 벌어진 한센인 학대와 학살을 부정하거나 간과한다는 의미가 아니라, 당대 사회 전반에 편견이 만연했음을 강조하고 싶다.* 의학 지식을 가진 전문가에게 선의가 있었다 하더라도 그들에게 한센인과 지역민은 시혜나 계몽의 대상이었고 동등한 인간으로 인식되지 못했다.

* 익산 정착촌의 어느 일반 주민은 2001년 방송 인터뷰에서 한센인에 대해 "제가 갖고 있는

이 글은 한센인 정착촌이 난민화된 주체를 수용하는 공간이면서도 자활을 요구받는 곳이었고, 그곳에서 한센인의 주체성이 발휘되기 어려웠음을 밝히고자 했다. 1960~1970년대에 한센인이 새로운 사회를 형성하고 정착하는 과정에서 겪었던 갈등과 충돌, 삶의 영위를 '격리와 배제'로만 전제할 수는 없다. 사회 속의 격리와 배제라는 구조적 인식과 전제는 정착촌 외부 권력의 시선이고, 이를 통해 또다시 정착촌과 한센인을 고립시킨다고 보기 때문이다. 국가, 전문가 집단, 한센인 조직, 지역민 등을 통해 볼 때 정착촌 내부와 외부는 연결되어 있었고 한센인의 삶은 중층적인 한계 속에서 제한되었지만, 또한 스스로 의지를 발휘할 수밖에 없었다.

그러나 여기서도 정착촌 한센인의 지향과 욕망을 적극적으로 밝히지 못했다. 단적으로 한센인이 집단 정착이 아니라 개인이나 가족 단위의 자유로운 정착을 원했는지, 정책적 지원을 받을 수 있는 집단 정착이 유리하다고 생각했는지도 분명하지 않다. 한센인의 목소리가 담긴 일부 자료에서도 이들은 '피해자'의 위치에 고정되어 있어서 이들이 어떤 삶을 구상했고, 어떻게 주체적으로 살고 싶었는지는 알 수 없었다. 하지만 한센인 정착촌이 다층적인 권력 구조와 당대의 현실에 놓여 있었음을 밝힘으로써 그 안에서의 한센인의 삶의 의미와 가능성을 열어두고자 한 것이다. 정착촌에서의 자활의 한계가 구조와 조건에 있었다면, 자활의 의욕과 그 가능성은 한센인에게 있었을 것이며, 그것이 국가나 한센병 전문가, 정착촌 간부 집단의 이해利害에 수렴되어야 할 이유는 없었다.

편견이나 사회인이 갖고 있는 편견이나 똑같다"라고 했다. 최원규, 〈한센씨병력자 정착촌 주민의 삶과 욕구: 격리와 배제의 권력 구조〉, 《한국사회복지학회 2004년도 춘계학술대회 자료집》, 2004, 432쪽.

수용소와
인종화된
식민주의

III

트라우마,

병역거부,

아카이브

수용소 이후의 수용소 '들'

인도네시아의 조선인
포로감시원 수기 및
오키나와 작가 오타 료하쿠의
〈검은 다이아몬드〉에 표현된
'식민주의 속 인종주의'

지은이 신지영

연세대학교 비교문학협동과정 교수. 한국근현대문학, 동아시아 비교문학, 마이너리티 및 디아스포라의 기록문학, 1945년 전후의 동아시아 유민·난민의 기록문학을 연구하면서 현재의 난민·장애·동물을 둘러싼 활동 및 논의와의 접점을 모색하고 있다.

저서로 《부/재의 시대》(2012), 《마이너리티 코뮌》(2016), 《コロニアル・エンカウンター—比較に抗して:1945年前後の朝鮮, 台湾, 日本の対話的テクストを読む》(勁草書房, 2024, 근간), 공저서로 《東アジアの中の戦後日本》(臨川書店, 2018), 《난민, 난민화되는 삶》(책임편집, 2020), 《Pandemic Solidarity》(Pluto Press, 2020), 《動物のまなざしのもとで》(勁草書房, 2022) 등이 있다.

1. 빼앗긴 의지 날조된 적대감
2. 수용소 이후의 수용소'들'
3. 식민주의 속 인종주의의 경험: 피해를 내포한 가해의 위치에서
4. 식민주의 속 인종주의로부터의 해방: 두 민족의 독립은 공존 가능한가
5. 군사분계선 근처에 '수용'된 존재

• 이 글은 《역사비평》 134호(2021년 3월)에 실린 〈수용소 이후의 수용소와 인종화된 식민주의〉를 수정·보완한 것이다.

빼앗긴 의지
날조된 적대감

수용소 경험은 한 존재의 내면과 관계에 어떤 영향을 미칠까? 오랫동안 장애인 탈시설운동을 전개해온 '장애와인권발바닥행동'이 기획한 책《나, 함께 산다》에서 최영은은 시설을 이렇게 정의한다. "시설은 생각도 마음대로 할 수 없는 곳이에요. (…) 일상적으로 하는 생각들마저 순전한 내 의지랄까 뭐 그런 걸 품을 수 없도록 해요."[1] 고병권은 시설에 대해 이렇게 말한다. "그것은 의지를 빼앗는다."[2] 이 말들은 수용소로부터의 해방이 수용소라는 물리적 공간에서 벗어났다고 자동으로 주어지는 것이 아님을 보여준다. 즉 수용소 이후의 '수용소'라는 문제를 제기한다.

행동뿐 아니라 생각을 통제하고, 권리뿐 아니라 의지를 박탈함으로써 또 다른 삶에 대한 상상을 불가능하게 하는 수용소라는 장치, 그것은 식민지의 일상과 동형적이다. 프란츠 파농은 식민지에서 식민화된 원주민은 "포위되어 있"으며, 그 "정해진 경계를 넘어가지 말" 것을 제일 먼저 배운다고 말한다.[3] 따라서 "식민화된 인간은 자신의 골수에 깊이 감춰진 이 공격성을 자신의 동포에 터뜨"려 "흑인들끼리의 싸움이 일어"난다는 것이다.[4] 식민주의가 민족이나 집단 사이의 위계를 만들고 그 위계화된 경계를 넘어갈 수 없도록 통제하듯이, 수용소 또한 그러한 위계와 넘어가서는 안 되는 선을 통해 작동한다. 이때 위로부터의 폭력은 동료에 대한 폭력으로 연쇄된다. 의지와 욕망을 박탈당한 상태, 피해의 경험이 비슷한 처지에 있는 존재에 대한 (공감이 아니라) 가해로 연쇄되는 구조, 그리하여 연대해야 할 존재들과 날조된 적대감을 팽팽하게 겨루게 되는 관계, 그것이 식민주의 속 수용소가 낳은 관계다. 이 박탈·폭력·적대로 팽배한 식민주의 속에서, 인종주의는 심화된다.

최근 엔데믹이 선언되었다. 그러나 과연 '우리'는 팬데믹 '이후'를 살고 있는 것일까? 예상보다 훨씬 길어진 팬데믹 속에서 수용·격리·배제는 취약한 존재를 겨냥하며 위계적으로 수행되었다. 전염병, 재난, 재해와 같은 상태가 소수자 사이의 식민화되고 인종화된 관계를 어떻게 심화하고 그 이후의 관계에도 영향을 끼치는지를 한층 더 깊이 묻게 되는 이유다. 이는 수용소 '이후'의 수용소화, 식민 지배 '이후'의 식민화에 대한 질문과 통한다. 식민주의 속 수용소화된 관계는 물리적 수용소가 사라지거나 제도적 식민주의가 끝난 이후에도 변형된 채로 지속되거나 연쇄되었다. 이는 식민화된 상황에서 작동하는 인종주의의 처참한 특성이다. 피해자끼리 서로에게 가해를 저지르도록 만드는 구조를 낳기 때문이다. 따라서 수용소로부터의 해방은, 현재의 '수용소화된 삶'에 대한 비판과 함께 역사적으로 형성되어온 '식민주의 속 인종주의'에 대한 고찰을 요청한다.

피해를 내포한 가해의 위치: 조선인 포로감시원과 오키나와 출신 군인

　　수용소 이후에도 지속되는 수용소화된 삶과 관계, 그것을 구체적으로 경험한 역사 속 존재들 속으로 들어가 보자. 제2차 세계대전 당시 일본군이 운영한 동남아시아 백인 포로수용소의 '포로감시원'으로 참여했던 조선인이 그들이다. 또한 일본군 군속으로 동남아시아에 가서, 그곳 원주민을 '의용대'로 참여시키는 일을 했던 오키나와인을 예로 들 수 있다. 이들은 한편으로는 일본 식민주의의 피해자인 동시에 다른 한편으로는 동남아시아인에게 가해자가 되었다.

　　식민지기 조선인 군속과 오키나와인 군인 등은 '강제동원'의 한 범주로 분류된다. 그러나 이들은 식민지 상황에서 일본 군대의 일부이기도 했기 때문에 전후 극동국제군사재판(이하 '전범재판')에 BC급 전범으로 회부된다. 그들의 '폭력' 행위가, 식민 지배하의 포로수용소에서 일본군의 명령에 의해 반강제로 이뤄진 것이었음에도, 그들은 전범재판에서 명령을 내렸던 일본인보다 훨씬 높은 비율로 사형을 언도받는다.[5] 더구나 이 사실은 충분히 알려져 있지 않다. 따라서 '한국·조선인 원元 BC급 전범자'가 중심이 되어 만든 '동진회同進會'와 '동진회를 응원하는 모임' 활동에서는 BC급 전범인 조선인을 '피해자'로 인정하는 '명예 회복'이 운동의 중요 화두가 되어왔다.

　　일본에서 2006년 7월 9일에 발족한 '동진회를 응원하는 모임'의 제1회 통신은 다음과 같이 보도했다. "한국 정부기관인 '진상규명위원회[6]'는 한국·조선인 원 BC급 전범자가 일본 강제동원의 피해자라는 인식하에 조사 확인하여, 올해(2006) 6월에 신청한 31명에 대해서 한국 내에서 명예 회복을 실현"했으며, 그 후에도 "조사를 진행하여 2006년 11월 12일 발표에 따르면 신청한 86명 중 83명을 '피해자'로 인정하여 명예를 회복하기로 결정되었고 나머지 3명에 대해서도 해당 지자체의 조사로 문제가 없으면 명예

회복이 될 것"이라고 말이다.[7]

연합군 포로를 감시하면서도 동시에 일본군의 감시를 받았던 '조선인 포로감시원'과 아시아인을 식민화한 가해자이면서 동시에 일본의 내국 식민지로 피해를 입었던 '오키나와 출신 군인'의 경험, 즉 피해의 위치에서 가해의 명령을 거부할 수 없었던 이들의 경험은 바로 이러한 논란 자체로 현재적 의미를 띤다. 식민 지배하 수용소에서, 식민주의와 인종주의가 어떻게 중층적으로 작동하는지를 드러내기 때문이다.

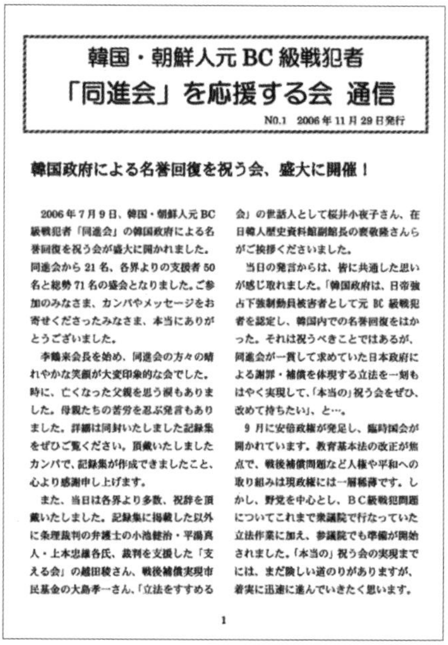
韓国・朝鮮人元BC級戦犯者
「同進会」を応援する会 通信
N0.1 2006年11月29日発行

韓国政府による名誉回復を祝う会、盛大に開催！

2006年7月9日、韓国・朝鮮人元BC級戦犯者「同進会」の韓国政府による名誉回復を祝う会が盛大に開かれました。同進会から21名、各界よりの支援者50名と総勢71名の盛会となりました。ご参加のみなさま、カンパやメッセージをお寄せくださったみなさま、本当にありがとうございました。

李鶴来会長を始め、同進会の方々の晴れやかな笑顔が大変印象的な会でした。時に、亡くなった父親を思う涙もありました。母親たちの苦労を忍ぶ発言もありました。詳細は同封いたしました記録集をぜひご覧ください。頂戴いたしましたカンパで、記録集が作成できましたこと、心より感謝申し上げます。

また、当日は各界より多数、祝辞を頂戴いたしました。記録集に掲載した以外に条理裁判の弁護士の小池健治・平湯真人・上本忠雄各氏、裁判を支援した「支える会」の越田稜さん、戦後補償実現市民基金の大島孝一さん、「立法をすすめる会」の世話人として桜井小夜子さん、在日韓人歴史資料館副館長の裵敬隆さんらがご挨拶くださいました。

当日の発言からは、皆に共通した思いが感じ取れました。「韓国政府は、日帝強占下強制動員被害者として元BC級戦犯者を認定し、韓国内での名誉回復をはかった。それは祝うべきことではあるが、同進会が一貫して求めていた日本政府による謝罪・補償を体現する立法を一刻もはやく実現して、「本当の」祝う会をぜひ、改めて持ちたい」、と…。

9月に安倍政権が発足し、臨時国会が開かれています。教育基本法の改正が焦点で、戦後補償問題など人権や平和への取り組みは現政権には一層稀薄です。しかし、野党を中心とし、BC級戦犯問題についてこれまで衆議院で行なっていた立法作業に加え、参議院でも準備が開始されました。「本当の」祝う会の実現までには、まだ険しい道のりがありますが、着実に迅速に進んでいきたく思います。

1

〈그림3-1〉 2006년 11월 29일에 발행된《한국·조선인 원 BC급 전범자 '동진회'를 응원하는 모임 통신》제1호의 첫 페이지.〈한국 정부에 의한 명예회복을 축하하는 모임, 성대하게 개최!〉라는 글이 실려 있다.

이처럼 가해와 피해가 중첩된 위치에 있었던 존재의 경험을 '피해를 내포한 가해자성'이라고 개념화해보자. '피해를 내포한 가해자성'이란 말은 동아시아의 구체적인 역사적·사상적 상황을 배경으로 한다. 식민 지배하에서 피해를 입은 피식민자나 소수자가, 식민권력의 감시와 명령하에서 다시금 다른 존재에게 폭력을 행사할 수밖에 없는 상황 말이다. 그러나 이 말은 그 상황을 '어쩔 수 없는 일'이라고 용인하고 면죄부를 주려는 것이 아니다. 오히려 다음과 같은 현재적 물음과 닿아 있다. '취약한 위치에서 명령에 의해 어쩔 수 없이 저지른 가해에 대해서 어떻게 성찰하고 책임질 수 있는가?' '그러한 가해가 사회 구조나 강압적 명령에 의한 것이었다 하더라도, 어떻게 하면 그 명령을 거부할 수 있는가?' 그리고 입 밖에 내기 두려운 질문 속으로 한발 들어서게 한다. '어쩔 수 없었다는 말 뒤에서 폭력과 지배에 동화되거나, 복종에 길들여져버리게 된 순간이 있지 않았을까?'

자기 자신의 피해만을 아파하는 것이 아니라, 식민화되고 수용소화된 사회 속에서 구조적으로 자신이 가해자가 될 수 있음을 성찰하는 것은, 고립된 피해자 의식에서 벗어나 또 다른 피해자와 공감하고 연대하면서 폭력의 연쇄를 끊어낼 수 있는 높은 성찰이자 윤리적 선택이다.

반면 얼핏 동형적으로 보이는 '가해를 내포한 피해자성'이라는 말은 식민자이자 권력자로서 가해를 저질렀음에도 자신의 피해만을 보면서 가해에 대해 성찰하지 않는 역사수정주의나 역사부정주의 그리고 백래시back-lash의 논리와 통할 위험성이 있다. 예를 들어 식민지 전쟁의 가해에 대해 반성하지 않으면서 히로시마, 나가사키의 원폭 피해만을 강조하는 일본 우파의 전쟁 인식, 재일조선인에 대한 민족적이고 구조적 차별을 개선하려는 노력에 대해 '특혜'라며 혐오 발언을 일삼는 일본의 '재일특권을 용납하지 않는 시민모임', 2018년 이후 한국에서 강렬하게 드러났던 페미니즘에 대한 백래시, 페미사이드femicide에 대한 공포가 난민에 대한 혐오로 발현되어 난민화한 예멘인의 체류에 71만 명이 반대 서명을 했던 2018년 한국 사회의 상황 등과 통한다.

따라서 '피해를 내포한 가해자성'과 '가해를 내포한 피해자성'은 결코 동형적이지 않다. 오히려 '피해를 내포한 가해자성'이라는 화두는 역사적 차원에서도 인식론적 차원에서도 '가해를 내포한 피해자성'에 대한 비판이 된다. 나아가, 주체가 아닌 '객체'의 자리에서 가해자성을 인식할 수 있는가 하는 물음이 된다.

무엇보다, 이 글의 궁극적 목표는 비판에 있지 않다. 오히려 식민화되고 수용소화된 구조 속에서 살아야만 하는 '객체'의 자리에서 또 다른 '객체'와의 연결을 발견하기 위한 것이다. 하나의 피식민 공동체(소수자 집단)가 다른 피식민 공동체(소수자 집단)의 고통을 공감하고 서로 연결될 수 있는 통로는, 이러한 구조적 가해성에 대한 인식과 성찰을 통해서 가능하지 않을까?

수용소 이후의 수용소 '들'

수용소 '들'에서의 49년: 조선인 포로감시원, 이영길/요시모토 나가요시

조선인 포로감시원 이영길李永吉, 창씨명 요시모토 나가요시慶本永吉의 삶에서 시작해보자. 이영길/요시모토 나가요시는 1914년 11월 1일 북한 강원도 평강에서 태어났다. 태평양전쟁기인 1942년, 말레이포로수용소 1분소(수마트라)에 네덜란드 포로를 감시하는 일본군 군속으로 강제 동원된다. 포로수용소 감시는 일본군의 통제하에서 이뤄진 강제적인 것이었지만, 전범재판에 'BC급 전범'으로 회부되어 1947년 9월 9일 6개월 유기형, 이후 징역 10년형을 선고받는다. 정신적 장애가 시작된 것은 자카르타의 치피낭형무소에서 복역하던 중이었다. 그 후 1950년 스가모형무소로 이송되고 1951년 11월에 가석방되지만 바깥세상에 나오지 못하고 그대로 시모후사요양원에 수용되었다가 1991년 그곳에서 숨을 거둔다.

이영길/요시모토의 일대기는 수용소 이후에도 지속되는 수용소화된 삶혹은 식민지 이후에도 지속되는 식민화된 삶에 대한 선명한 예다. 이영길/요시모토에 대해서는 기사, 증언을 바탕으로 한 글 등이 파편적으로 존재할 뿐 정확한 기록을 찾기 힘들다. 각 서술이 지닌 온도 차는 그가 왜 수용소 이후에도 수용소화된 삶을 살아갈 수밖에 없었는지를 암시할 뿐이다. 이처럼 이영길/요시모토에 대한 기록은 유민·기민·난민화된 존재의 경험을 어떻게 말하고 남길 수 있는가 하는 질문을 던져준다.

먼저 일본인 대상의 신문 기사를 보자. 1991년 8월 26일 《아사히신문》에는 〈조선인 전범, 고독사 병동에서 '전후'를 알지 못한 44년간〉이라는 기사가 실린다.

> 1947년경 정신분열증이 발병한 이후 기억이 멈춘 채 석방된 후에도 요양원의 폐쇄병동에서 나오지 못했다. (…) 1942년 조선에서 수마트라로 건너가 군속으로 네덜란드 포로를 감시했다. 아내와 딸 두 명을 남겨두고 수용소에서 근무할 때 아들 탄생 소식도 들었다. 전범재판에서 징역 10년의 판결이 내려져 자카르타의 치피낭형무소에서 복역했다. 그 후 약 반년 뒤 형무소의 작업장에서 갑자기 방으로 도망쳐, 머리를 양손으로 움켜쥐었고, 그 뒤 한마디도 말할 수 없게 되었다. 1950년 스가모형무소로 이송되고 1951년 11월 가석방. 그대로 시모후사요양소로 옮겨져 분열증 치료를 계속 받았다.[8]

이 기사는 28일 오후 1시, 시가 운영하는 화장터에서 화장하지만 '장례식은 미정'이라고 썼으며, 유족에게 유골이라도 전하고 싶어 가족을 찾고 있다는 '동진회: BC급 조선인 전범 모임'의 언급으로 끝난다. 비교적 진보적 성향의 신문에 실린 기사임에도 이 기사만으로는 왜 그가 전범이 되었는지, 왜 정신분열증이 발병했는지, 왜 정신병원에 44년 동안 갇혀 있어야 했는지, 왜 장례식은 미정이며 가족의 생사 확인이 어려운지 등은 알 수 없다. 그리고 더 정확히 말하자면, 이영길이 온갖 형태의 구금시설(수용소, 형무소, 요양원의 폐쇄병동 등)을 전전한 기간은 1942년 포로수용소에 조선인 포로감시원으로 강제 동원되었을 때부터 1991년 사망할 때까지 49년간 이다.

포로감시원을 했던 또 한 명의 조선인인 이학래의 증언은 이영길의 정신분열증이 어떻게 발병했는지를 조금 더 이해할 수 있게 해준다. 이학래는 이영길에 대해서 다음과 같이 회상한다. "병문안을 가도 불꽃놀이가 벌어질 때마다 전쟁이 생각나서 무서워했어요. 전쟁이 끝난 것도, 가족의 생사도 몰랐"다고 말이다.[9] 이영길이 공습을 두려워하고 가족을 그리워했다는 언급을 통해 그의 정신적 고통이 일본에 의한 식민지 전쟁에서 겪은 트라우마와 강제동원으로 인한 가족과의 결별에서 비롯되었을 것이라고 짐작해볼 수 있을 뿐이다.

문창재는 1990년대 초에《한국일보》의 주일특파원을 하면서 조선인 전범의 법적 투쟁을 취재하다가 이영길의 죽음을 접하게 되고, 포로감시원들의 증언을 토대로《나는 전범이 아니다》를 집필한다.* 이 책에 따르면 이영길은 2년 계약으로 인도네시아 수마트라의 포로수용소에 동원되었다. 그러나 이영길은 계약이 끝나도 돌아갈 수 없었고, 아내와 딸 그리고 태어난 아들 생각에 괴로워했다. 더구나 해방 후 포로수용소에서 포로를 학대했다는 이유로 '전범'으로 지목되어 10년 징역형을 언도받자 귀향할 수 없다는 충격에 정신이상이 되었다.

---

* 문창재, 〈머리말〉,《나는 전범이 아니다》, 일진사, 2005, 2쪽. 이 책은 이영길의 고향을 "경기 연천 출신"으로 기록하는 등 이학래나 우쓰미 아이코의 기술과 다른 경우가 발견된다. 증언을 바탕으로 한 책이란 점에서 역사 연구서와 달리 사실관계의 착오나 주관적 견해가 있을 수 있다는 점을 고려하면서, 주로 포로감시원을 둘러싼 정황을 추측하는 차원에 착목하여 인용한다.

10년 징역형이 확정됐다는 소식을 듣고 그는 작업 도구를 팽개치고 감방으로 달려갔다. 아무 말 없이 머리를 감싸 쥐고 한참을 괴로워하였다.

"왜 괴롭지 않겠어요? 가족을 만날 수 있다는 희망이 산산조각 났는데 어떻게 미치지 않겠어요. 일을 마치고 감방으로 돌아가 보니 이영길이 감방 바닥에 주저앉아 하염없이 벽만 바라보고 있었어요. 왜 그래, 하면서 얼굴을 살펴보았더니 눈동자가 풀려 있는 겁니다. (…) 1950년 도쿄 스가모형무소로 이감되고부터는 기억상실증이 더욱 심해져 지난 일을 아무것도 모르게 되니까, 1951년 일본 정부는 아무 조치 없이 그를 석방해버렸어요. (…) 정신착란에 우울증까지 겹쳐 큰 사고를 치지 않을까 걱정이 되니까, 후생성이 나서서 정신병원 깊숙이 가두어버린 것입니다."

그의 유해를 화장하던 날, 같은 감방에서 지냈던 문제행이 들려준 몇 마디 말이 이영길 인생 역전의 전부이다.[10]

포로감시원 동료들의 증언을 토대로 한 이 서술은 이영길이 가족을 그리워했고 형무소의 삶을 견디지 못해 정신적 장애를 갖게 되었음을 알려준다. 이 서술에 표현된 것은 이영길이 겪은 고통의 단지 일부였을 것이다. 그럼에도 이 글에서 주목을 끄는 것은 일본 후생성의 조치다. 식민 지배와 전쟁 책임을 상기시키고 전후 '일본'이란 국민국가가 어떤 존재들을 버렸는지를 상기시키는 '이영길/요시모토 나가요시'의 존재를, 여러 수용소(형무소, 요양원 폐쇄병동 등) 속에 꽁꽁 감춰버린 일본 후생성의 조치 말이다.

1991년 8월 21일 이영길은 죽는 순간에야 비로소 일본 지바현 국립 시모후사요양소 폐쇄병동 병실이라는 '수용소'에서 벗어날 수 있었다.[11] 그러나 더 정확히 말하자면 그는 죽은 후에도 수용소에서 나올 수 없었다고도 할 수 있다.*

이영길의 병이 악화되자 일본 정부는 1989년 그에게 금치산자 선고를 내리고 법정후견인을 지정했으며, 법정후견인의 허락 없이는 면회도 외출도 허용되지 않았다. 그의 죽음은 죽은 뒤 이틀 뒤에야 "직장암으로 이영길이 죽었으니 뒤처리는 법정후견인인 일본인 변호사와 상의하라"라는 통지로 동료들에게 알려졌다. 그러나 그의 시신은 동료들에게조차 공개되지 않았으며 장례식도 허용되지 않아서 '동진회'의 이름으로 장례식을 치를 수도 없었고, 단지 화장 전에 동료들이 향을 피우는 것만 가능했다. 식민기에 포로감시원으로서 이영길과 함께 지냈던 문태복은 "떠들썩하게 장례를 치르면 세상에 그의 억울한 죽음이 알려질 것이고, 그렇게 되면 일본의 비인도적 처사가 들통날 테니 그랬겠지요"라고 비난한다. 그의 시신은 유족이 확인되지 않는다는 이유로 한국계 사찰에 안치될 수 없었고, 이후 겨우 딸의 생존이 확인되어 2000년 4월에 도쿄의 한국계 절인 국평사로 옮겨 봉안할 수 있었다.

이영길이 수용되어 있던 국립 시모후사요양소는 1986년 8월 15일을 기해《마이니치신문》에 언급된 적이 있다.[12] 기사에 따르면 이 병원은 1941년 태평양전쟁기를 전후하여 일본 육군성이 머리 부상자와 정신장애자의 전문 요양소로 개설했다. 전후에는 일반적으로 정신장애를 진료하는 병원이 되지만, 전쟁에서 상해를 입은 자들의 사회 복귀가 어렵다는 점을 고려하여 드물게 전상자 병동을 남겨둔 병원이다. 이 병원에 입원한 이들은 "비행기 폭음을 들으면 사격 흉내를 내는 전 육군 중위, 어둠을 극도로 무서워하는 전 상등병"이었으며, 면회는 금지되었고, 낡은 병실 하나에 여섯 명이 생활했으나 1988년 8월에 일부 개축되었다.[13]

---

* 이하 다음 한 단락은 문창재, 위의 책, 17~20쪽의 내용을 정리·인용한 것이다.

〈그림3-2〉〈개인실이 생겨 빛이 비쳤으나, 지금도 투병 중, 36명의 원元병사〉,《마이니치신문》, 1986년 8월 15일 자 기사.

이 병원은 식민주의 전쟁이 끝난 후에도 그 전쟁의 경험이 사람들의 몸과 마음을 해치며 지속되고 있음을 보여준다. 특히 이영길이 있었던 '전상자 병동'은 일반 병실과 분리된 요양병원 내부의 일종의 수용소화된 장소였다. 더구나 이 병원에 일본인 전상자 외에 강제 동원된 조선인 군속 이영길이 함께 수용되어 있었다는 점은 이 기사 어디에서도 언급되지 않는다.

해방과 함께 포로감시원에서 벗어난 이영길을 기다린 것은 형무소라는 더 철저한 감시하의 수용 상태였다. 치피낭과 스가모형무소를 전전하다 겨우 형무소에서 벗어나게 되자, 다시금 요양소의 격리병동에 수용되었으며, 죽은 뒤에도 그의 삶은 '금치산자'의 영역에 유폐되어 변변한 장례식도 치를 수 없었다. '수용소는 왜 사라지지 않는가, 그리고 수용소에서 나온 뒤에도 왜 수용소화된 삶이 지속되는가?' 이 물음에 대해 이영길의 삶은 이렇게 답하는 듯하다. 유민·난민·기민이란 존재는 국민국가라는 것이 폭력·지배·위계를 통해 만들어진 너무나 불안정한 것임을 드러낸다. 따라서 국민국가를 유지하기 위하여 이들 유민·난민·기민의 존재는 수용소 속/사이에 숨겨두어야 할 것이 된다.

그런데 이영길의 삶에서 보다 접근하기 어려운 것은 수용소 속 포로감시원으로서의 행위, 즉 가해자로서의 경험이다. 이영길은 식민기에 일본군 군속인 포로감시원으로 강제 동원되었고 그 결과 정신장애를 얻게 되었지만, 그가 포로감시원으로서 일본군의 명령에 따라 백인 포로에게 폭력을 가했을 가능성도 간과할 수 없다. 즉 이영길은 일본군에 대해서는 식민주의의 피해자이며, 백인 포로에 대해서는 폭력을 행사한 가해자로서 '피해를 내포한 가해자성'을 띤 위치에 있었다. 이 수용소화되고 식민화된 위치에서 구조적으로 저지르게 된 가해는 어떻게 더 깊이 논의되고 기록될 수 있을까?

프리모 레비는《가라앉은 자와 구조된 자》에서 절멸 수용소 경험을 기록하는 것의 불/가능성을 토로한다. 이 불/가능성은 근본적으로는 절멸수용소의 어둠을 끝까지 경험한 자들은 생존하지 못했다는 데 기인한다. 죽은 자들의 경험은 죽은 자들에 '의해' 기록될 수 없기 때문이다. 또한 절멸 수용소의 경험이 너무도 고통스러웠던 만큼, 생존자들에게조차 제대로 기억될 수 없었다는 점도, 이 기록의 불/가능성에는 작동하고 있다. 따라서 레비는 '사실'에 기반하면서도 감정적 진실에 다가가기 위해서 자신의 기억을 수많은 문학작품, 미출간 일화를 포함한 여러 기록과 크로스체크 했다고 쓴다.[14] 이 글에서는 프리모 레비의 이러한 방법론을 차용하여 이영길의 삶이 조심스럽게 열어 젖힌 경험을, 여러 지역 혹은 민족의 수용소나 식민화된 경험과 겹쳐 서술한다. 이는 식민화되고 수용소화되어 그 기록을 남길 수 없었던 여러 '이영길'의 목소리를 들을 방법을 모색하기 위한 것이다. 또한 '이영길'의 경험을 보이지 않는 채로 남겨두거나 기존 역사에 기입해달라고 요청하는 게 아니라, 그 겹쳐짐과 어긋남을 통해서 또 다른 관계나 이야기를 상상해보려는 것이다.

구체적으로는 인도네시아에 포로감시원으로 갔던 조선인의 파편적 기록/문학과, 식민 말기 인도네시아에 일본 군대의 일원으로 동원된 주인공과 인도네시아인 사이의 관계를 다룬 오타 료하쿠의 〈검은 다이아몬드〉[15] 를 겹쳐 읽는다. 물론 오키나와는 제국일본의 '내부' 식민지였고 조선은 '외 부' 식민지였다는 차이가 존재한다. 그러나 두 상황을 겹쳐보는 것은 한국/ 조선인의 입장에서는 '가해자성'을 직시하게 해줄 것이고, 오키나와인에게 는 다른 피압박 민족과의 연결을 통한 '독립'을 상상할 수 있게 할 것이다. 이 직시와 상상은 '한 피식민 공동체의 독립/해방이 다른 피식민 공동체의 독립/해방과 공존할 수 있는가'라는 질문으로 확장된다.

식민주의 속 인종주의의 경험: 피해를 내포한 가해의 위치에서

일본군과 백인 포로 사이에서: 홍기성의 수기 〈조선인이기 때문에〉

조선인 포로감시원이 인도네시아나 싱가포르에서 경험한 수용 소는 어떤 것이었을까? 태평양전쟁 당시 조선인이 일본군의 일부로 강제 동원*되기 시작한 것은 1938년 4월 3일 육군특별지원병령(칙령 95호) 이후 이며, 징병제는 1942년 5월 8일에 실시된다.[16] 조선인 포로감시원은 군인이 아니라 군속[17]에 속했는데, 군속 중에서도 포로감시원 모집은 20~35세의

---

* 태평양전쟁에 군인이나 노동자로 끌려간 피식민지인을 지칭하는 용어로는 강제연행, 강제 징용, 강제동원 등이 사용된다. 또한 시기나 모집 형태에 따라 모집(1939년 9월~1942년 1월), 관 알선(1942년 2월~1944년 8월), 징용(1944년 9월~1945년 8월)으로 구분하기도 한다. 그러나 강제동원의 시기와 형태에 대한 구분은 학자마다 견해 차이가 있기 때문에 동일하게 적용 하기 어려우며, '강제연행'이란 용어는 '연행'의 강제성에만 초점을 맞춘다는 한계가 있다. 따라서 2018년 10월 30일 강제동원 대법원 판결에 명시된 '강제동원'을 쓴다.

남성을 대상으로 1942년 5월 15일에 시작되었고 계약 기간은 2년이었다.[18] 그러나 여러 증언을 참고하면 '군속' 모집에 조선인이 응했을지라도 그것은 어쩔 수 없는 상황에서 이뤄진 강제성을 띤 것이었음을 알 수 있다.[19]

특히 초점을 두고 싶은 것은 강제동원의 모집과 연행 과정뿐 아니라 포로감시원의 일상, 노동, 관계 자체가 식민주의 속 인종주의 작동의 핵심을 보여준다는 점이다. 무엇보다 포로감시원의 일상과 노동을 보면, 식민자의 폭력과 지배가 어떻게 피식민자에게 연쇄되고, 비슷한 위치에 있는 다른 피식민자에 대한 적대감과 폭력을 심화하는지를 깨닫게 된다.

1942년 9월부터 1945년 8월까지 일본군 군무원으로 타이·미얀마 철도 건설에 동원된 연합군 포로를 감시했던 이학래는 타이·미얀마에 도착하기 전 부산 노구치 부대에서 받았던 가장 끔찍한 훈련으로 '마주 보고 뺨 때리기'를 꼽는다. 처음에는 그 누구도 상대를 때리지 못하지만, "상등병이 지켜보고 있다가 '그런 식으로 때리는 게 아니야'라며 온 힘을 다해 때리는 시범을 보이"면 경쟁하듯이 서로 때려 뺨이 부어올랐다.[20]

이처럼 피식민지인이 폭력적인 명령과 위계 속에서 가해자가 되는 과정을 적나라하게 보여주는 텍스트가 〈조선인이기 때문에〉다.[21]* 이 글은 스가모 프리즌 3부작巢鴨プリズン三部作[22] 중 하나인 《벽 두꺼운 방》에 수록되어 있다.[23] 1952년부터 1953년에 걸쳐 출판된 이 3부작은 '전후' 처음으로 출판된 일본의 BC급 전범 수기집이다. 1952년 샌프란시스코조약 체결로 오키나와를 미국에 내주는 대신 일본 본토는 점령 상태에서 벗어남에 따라 GHQ(연합군 최고사령부)에 의한 검열이나 전쟁범죄에 대한 인식도 변

---

* 저자명은 홍기성의 필명인 '김기성'이다. 이하 이 글을 인용한 경우 '김기성/쪽'으로 표기한다.

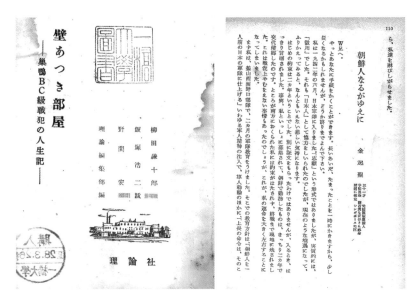

〈그림3-3〉홍기성(필명 김기성)의 수기 〈조선인이기 때문에〉가 실린 《벽 두꺼운 방: 스가모 BC 급 전범의 인생기》(1953)의 속표지와 게재면(日本圖書センター, 1992).

화하는 계기를 맞이했다. 이 수기집도 그런 분위기 속에서 출판되었다. 마찬가지 3부작 중 하나인 《우린 죽어야 할까》 〈서문〉에는 당시의 분위기가 잘 나타난다. 즉 종전 후 7년이 지나 전범 문제가 새롭게 거론되고 있으며, 1952년 "8월 15일을 기해 전면 석방을 연합국에 권고할 것"이라는 신문 기사도 언급한다.[24] 더 나아가 재판이란 공평해야 하는데도 "전범자가 패전국에만 있을 뿐 전승국에는 한 명도 없는 것은 무슨 이유일까?"라고 질문을 던지며 석방된 24명을 찾아가 그 수기를 싣는다고 밝히고 있다.[25]

이학래에 따르면 이 수기집은 스가모형무소 평화운동그룹의 중심인물이었던 노기 하루미치 등의 활동에 의해서 만들어졌고 조선인 수기도 실렸다고 한다. 그러나 작성된 배경에서도 나타나듯이 이 3부작은 식민주의에 대한 깊은 반성을 담고 있지는 않다.[26] 《벽 두꺼운 방》의 〈서문〉도 일본이 일으킨 태평양전쟁에 대한 반성보다는 BC급 전범의 입장을 대변한다는 점에서 다른 3부작과 논조가 비슷하며, 그 전쟁에 강제 동원되었던 조선인이나 타이완인 군속 및 군인에 대한 언급은 찾아보기 어렵다. 다만 드물게 《벽 두꺼운 방》은 익명이나마 조선인 포로감시원의 수기를 거의 최초로 게재했다는 점에서 주목할 만하다.[27] 비록 가시/비가시적 검열이 작동했을지라도 이 수기는 조선인 포로감시원의 일상, 노동, 관계를 구체적으로 살펴볼 수 있는 힌트가 된다.

홍기성의 수기를 보면, 위로부터의 폭력이 어떻게 수평적 관계의 폭력으로 연쇄되는가, 더 구체적으로 말하면 수용소에서 왜 조선인 포로감시원이 더욱 폭력적으로 변해가게 되는가를 추측할 수 있다. 그 원인은 일본군 훈련의 특성, 과도한 노동, 관계의 직접성, 인종주의적 갈등 등으로 집약된다. 첫째로, 명령과 위계에 복종하게 하는 일본군 특유의 훈련과 규율이 또 다른 타자에게 비인도적 폭력을 행사하는 것을 당연시하게 만들었다.

일본군의 독특한 규율이나 포로 대우는 악명이 높다. 일본은 1929년 7월 27일 '포로 대우에 관한 조약'에 서명했으나 비준하지 않았고 포로수용소의 조선인 감시원뿐 아니라 일본인 장교와 하사관에게도 제네바조약의 내용을 전달하거나 교육하지 않았다.[28] 더구나 일본 군대의 규율상 "일본 군대에는 포로가 존재하지 않"았거나 존재해선 안 되었다고 할 수 있는데, 이는 '전진훈戰陣訓' 때문이다. '살아서 포로가 되는 치욕을 당하지 말라'는 전진훈은 1941년 1월 도조 히데키가 육군대신으로 있을 때 모든 군대에 하달되었다.[29]

홍기성은 일본 군대에서 배운 야만적 교육은 자기 자신에게 "부하를 때리는 것을 아무렇지 않게 생각하게" 했고, 그것이 자신이 "부로*를 대하는 행위에서도 나타나게 되었"다고 토로한다(김기성/111쪽). 포로에게 폭력을 행사하면 "평소의 모든 불만이 우리들에게 집중적으로 향해져"왔고, 반대로 포로를 동정하면 일본인 상관은 "부로는 황군이 생명을 버리고 잡은 소중한 전리품"이라고 혼을 내서 "중간에 낀 존재의 고통은 말로 다할 수 없는 것"이었다고도 한다(김기성/112쪽). 이처럼 전쟁범죄에 대한 어떤 교육도 없었고 구타에 대한 금지도 없었던 것은 일본군의 감시를 받으며 백인 포로를 감시해야 하는 위치에 있었던 조선인 포로감시원이 폭력적으로 백인 포로를 대하게 했던 요인이었다.

둘째로, 조선인 포로감시원에게는 포로 감시 외에도 온갖 과도한 업무가 주어졌고, 이런 상황이 포로에 대한 폭력을 심화했다. 홍기성에 따르면 포로수용소의 일본인은 장교나 하사관뿐이고 그 수가 적어 조선인 포로감시원은 포로 감시는 물론이고 "위병소 근무, 위병소 내 작업 지휘, 배식, 위생 담당의 조수, 근무 배치, 서무, 통역 등 여러 가지 방면의 임무(상급자가 해야 할 것까지)"를 맡아야 했다(김기성/112쪽). 과중한 업무를 수행해야 하는 조선인 포로감시원은 포로가 규율을 지키도록 하는 데 더욱 어려움을 겪었고, 이는 폭력을 더 심화했다. 홍기성은 태면철도 건설이나 수마트라횡단철도 건설처럼 열악한 환경에서 일했던 감시원이 더 많이 전범으로 지목되었음을 언급하면서, 조선인이 포로에게 행한 폭력행위란 "궁지에 몰린 일반적인 정황이며 또한 그러한 정황에서 나타난 군대의 명령"이었음을 강조한다(김기성/113쪽).

이처럼 수용소는 조선인 포로감시원에게 폭력에 대한 무감각, 명령에 대

---

* 일본은 1929년 7월 27일 제네바조약에 서명하지만 비준은 하지 않았으며 '포로prisoners of war'라는 용어 대신 '부로俘虜'를 사용하여 국제인도법에 저촉되는 것을 피하려 했다. 이 글에서는 직접 인용을 제외하면 '포로'라고 표기한다.

한 절대 복종, 동료에 대한 적대감과 같은 습성을 주입했다. 그러나 홍기성의 다음과 같은 사건 서술은 조선인 포로감시원의 '피해를 내포한 가해자성'에 대해서 한 걸음 더 들어가 생각하게 한다. 폭력의 행사와 감각 정도는 피해자와 가해자 사이의 관계가 얼마나 위계적으로 구조화되어 있는지, 또한 그 관계가 얼마나 직접적인 접촉을 포함하는지에 따라 심화되었다. 이것이 식민주의 속 인종주의의 작동이자, 수직적 폭력이 수평적 폭력으로 전환되는 세 번째 특성이다.

홍기성이 백인 포로에 의해 전범으로 지목된 사건은 다음과 같다. 포로들이 물 정화 펌프가 있는 웅덩이에서 수영을 해서 고장이 잦자, 홍기성은 일본인 상관에게 혼이 났고, 그 후 그는 포로들에게 다음과 같은 행동을 한다.

> "니가 여기서 수영을 해서 펌프가 자꾸 고장 나고 너희들은 흙탕물을 먹게 되는 게 아니냐"라고 아무리 온화하게 이야기를 해도 딴 곳을 보고 '무슨 말을 하는 거지'라는 듯한 태도를 보였기 때문에 강바닥의 진흙을 손가락으로 조금 집어 올려 그의 입 속에 넣고는 "이런 진흙을 먹어도 좋다는 거냐!"라고 물었습니다. 그러자 그는 정말 싫은 얼굴을 하고 퉷퉷 하고 땅바닥에 계속해서 침을 뱉었습니다. 그러한 모습을 보고 있자니 저 자신이 매우 외롭고 슬퍼졌습니다. 그래서 사람이 사람을 감시하는 것이 얼마나 곤란한 일이며 또한 싫은 일인가를 절실히 느끼게 되었습니다. (…) 그러나 이 사건이 기소장에는 이렇게 쓰였습니다. "김은 부로를 계획적으로 모살하려고 콜레라균이 우글거리는 더러운 진흙을 부로의 입속에 넣고 말았다!"
>
> (김기성/114쪽)

위의 진술에서 드러나듯이 일본군에 의한 조선인 포로감시원에 대한 폭력은 포로에 대한 폭력으로 연쇄되었다. 특히 권력 차이가 명백한 상황에서 조선인 포로감시원의 행위는 포로에게 훨씬 더 폭력적으로 경험되었고, 포로에게 '가해자'는 식민주의 구조 전체가 아니라 '직접적'으로 위해를 가하는 조선인으로 감각되었다.

백인 포로 또한 일본인과 조선인을 구별하지 못해서 조선인을 전범이라고 지목한 것은 아니었다. 오스트레일리아인 포로 출신 휴 클라크는 "일본군 철도대가 우리들에게 노동을 시킬 때 우리를 현장까지 끌고 간 사람이 그들이고, 우리를 감시한 것도 그들이었습니다"라고 말한다.[30] 또한 "총책임자는 일본인이었고, 그다음이 한국인, 그다음이 코끼리, 그리고 맨 마지막이 우리 포로들이었습니다"라고도 증언한다.[31] 이러한 서술은 조선인에게 명령을 내리는 일본 병사보다도 직접 자신들을 관리하는 조선인 포로감시원에게 그들의 분노가 향했음을 말해준다.

넷째로, 백인 포로에 대한 인종적 열등감이 일본군의 폭력적 명령과 그 명령을 수행하는 조선인 감시원의 폭력을 심화한 측면도 있었다. 일본군에 의해 운영된 포로수용소는 포로의 수용, 노동, 처리만이 아니라, 아시아인으로서 일본 인종의 우수성을 선전하기 위한 식민주의 속 인종주의의 도구이기도 했다.

일본은 영국이나 네덜란드 등 서양의 식민지였던 동남아시아를 점령한 뒤, 연합군 백인 포로의 감시 업무를 일부러 식민지인인 조선인이나 타이완인에게 맡겼다. 특히 포로수용소를 포로가 잡힌 현지에 마련하는 게 아니라 일부러 조선과 타이완으로 포로를 이송하여 일본군의 우수성을 선전하는 효과를 노리기도 했다. 예를 들어 동남아시아에서 포획한 백인 포로 1000명은 조선으로, 2400명은 타이완으로 일부러 이송하여 피식민지 사람들에게 전시한 뒤 수용소에 수감함으로써 일본 인종의 우수성과 태평양 전쟁의 정당성을 선전한다.[32] 이런 분위기에서 조선인에게 포로감시원으로 가는 것은 거만한 영미인 포로를 우수한 '일본 국민'인 반도인이 지키는 영예로운 일로 포장되었다.[33]

이렇게 서구와 아시아의 인종주의적 분열을 자극하는 방식으로 구조화된 수용소에서 조선인이 일본군 상관으로부터 받은 명령을 포로에게 행사할 때는 서로 언어가 통하지 않고 몸짓언어가 다르다는 점이 폭력을 심화하는 요인이 되었을 것이다. 또한 서구인의 아시아인에 대한 우월감이 서구인에 대한 아시아인의 열등감과 함께 상승작용 했을 가능성도 간과할 수 없다.

취약한 위치에서 '가해의 명령'을 어떻게 거부할 수 있을까. 조선인 포로감시원은 명령을 거부하면 내가 죽는다는 공포로 각인된 폭력의 위계, 과도한 업무, 어쩔 수 없다는 체념을 내면화한다. 조선인이 백인 포로에게 느낀 인종적 열등감이, 억눌리고 지배받는 상황에서 조선인의 폭력을 증폭했을 가능성도 배제할 수는 없다. 백인 포로는 조선인 위에 일본군이 있다는 것을 알았지만, 일본군보다 직접 폭력을 행사하는 조선인 감시원에게 분노했다. 해방 후 상황이 역전되어 포로가 조선인 감시원을 수용·감시하는 입장이 되자 똑같은 폭력으로 복수했다. 식민주의 속 인종주의를 심화하는 수용소에서 그 누구도 이 날조된 적대감과 폭력의 연쇄에서 자유로울 수 없었다.

해방 후 연쇄된 수용소'들'과 수용소화된 관계

폭력을 당하고 행사하는 관계는 하나의 수용소에서 끝나지 않는다. 다른 수용소에서도 혹은 수용소 바깥에서도 '수용소화된 삶과 관계'

를 반복하게 한다. 식민화된 삶과 관계도 마찬가지다. 식민지에서 독립한 뒤에도 아시아 여러 지역에서 계속된 점령, 내전, 독재 그리고 신식민주의적 국제질서, 그 속에서 지속된 식민주의 속 인종주의가 이 연쇄를 선명히 증명한다.

먼저 물리적 의미에서 조선인 포로감시원은 식민기에는 포로수용소에 갇혔고, 해방 후에는 포로감시원이었던 전력 때문에 또 다른 수용소 혹은 형무소 등을 전전하게 된다. 해방이 되자 조선인 포로감시원은 자신들이 포로감시원으로 있던 포로수용소에 수용된다.[34] 그리고 이 수용된 조선인을 감시한 것은 이들에 대한 복수심을 지닌 백인 포로였다. 백인 포로는 갇혀 있는 조선인에게 가혹했고, 자신들에게 폭력을 행사한 감시원을 골라 전범재판에 회부해야 할 사람으로 지명했다. 포로감시원이었던 조선인은 "전쟁범죄에 관한 한 조선인은 일본인으로 취급한다"라는 방침에 따라 일본군과 마찬가지로 전범재판에 회부되는 대상이 되었기 때문이다.[35] 다행히 전범으로 지명되지 않으면 일본을 거쳐 조선으로 돌아갈 가능성이 있었지만, 지명되면 일본 스가모형무소*에 갇힌 뒤 사형에 처해지거나 무거운 형벌을 받았다.

---

* 스가모형무소는 시기에 따라 명칭 변화가 있었다. 1895년 경시청 감옥 스가모지서警視廳監獄巢鴨支署가 설치되었고, 1897년 스가모감옥巢鴨監獄으로 개칭되었다. 1922년에 스가모형무소巢鴨刑務所가 되었고, 1935년에는 도쿄부로 이전되었는데, 1937년에는 도쿄구치소東京拘置所로 개칭되기도 했다. 1945년 GHQ에 접수되어 '스가모 프리즌'이라고 불렸다. 1948년 12월에 극동국제군사재판에서 사형수 일곱 명의 교수형이 집행되었고, 1950년 8월에 일본인 형무관이 착임하면서 내부의 대우가 좀 개선되었다고 알려진다. 1952년 샌프란시스코조약 체결에 따라 다시 일본으로 이관되었고, '스가모형무소'라고 개칭되었다. 이후 1958년 5월에 폐쇄되었고, 스가모에 '도쿄구치소'가 복원되었다. 단, 이 글에서는 직접 인용을 제외하고 '스가모형무소'로 통칭한다.

수용소가 또 다른 수용소로 이어지고, 폭력이 또 다른 폭력으로 이어지는 이 구조를 수많은 포로감시원의 수기에서 확인할 수 있다. 수기를 쓴 홍기성의 경우도 그러했다. 수기집에서는 홍기성이 '남방'의 포로감시원이었던 것만 확인될 뿐 구체적 기록은 감춰져 있지만 해방 후의 궤적은 파편적으로나마 확인된다. 그는 싱가포르 창이樟宜형무소에 수감된 뒤 전범으로 지목되어 스가모형무소로 이송된다. 식민기에는 백인 포로를 감시하는 입장이었지만, 해방 후 창이형무소에서는 반대로 백인 포로였던 자들의 감시를 받으면서 강제노역과 학대를 당한다. 배가 고프다고 호소하는 홍기성에게 원래 포로였던 자들은 자신들이 당했던 것과 똑같이 수도꼭지를 입에 물리고 물로 배를 채우게 하고 머리를 때린다(김기성/115~116쪽).

동진회 회장인 이학래도 전범으로 지목되어 조선으로 돌아가지 못하고 스가모형무소에 수감되는 등 여러 수용소를 전전한 전력이 있다.* 그가 있던 타이에서는 조선인을 모아놓고 감시인으로 하여금 폭력을 행사했던 조선인을 지목하게 했다. 영국, 오스트레일리아, 네덜란드의 전 포로 서른 명가량이 여섯 군데 '대면 지목 장소'에 배치되었고, 조선인은 이 장소들을 통과해야 했다. 이때 누군가에게 지목된 그는 방콕 교외의 반얀형무소에 잠시 수용되었다가 창이형무소로 이송된다. 창이형무소는 "10미터는 족히 될 듯한 높은 담벼락"에 "육중한 철문"이 달린 입구를 지나면 "3층짜리 콘크리트 건물"이 나오는 위압적인 외관이었고, 이학래는 "포로를 감시하는 입장에서 자신이 갇히는 신세로 전락했다는 것, 입장이 역전되었다는 것에

---

* 이학래가 '스가모 프리즌'에 오는 과정은 이학래, 《전범이 된 조선청년》, 민족문제연구소, 2017, 61~104쪽의 내용을 재구성한 것이다. 직접 인용인 경우에만 '이학래/쪽'으로 표기한다.

왠지 가슴이 섬뜩해졌"다고 썼다(이학래/64~65쪽). 수용소에서는 너무나 배가 고팠고, 네덜란드인 혹은 영국인 감시인이나 경비병은 조선인을 여러 방식으로 학대했다.

> 어떤 경비병은 "목마르지?"라고 묻고 '마르다'고 하면 수도꼭지를 물고 개구리 배처럼 배가 불룩해질 때까지 물을 마시게 했고, '싫다'고 하면 구타하기도 했어요. 또 어떤 경비병은 "배고프지?"라고 묻고 '고프다'고 하면 '진흙덩어리'를 잔뜩 가지고 와서 먹였고, '싫다'고 하면 그걸 트집 삼아 또 구타했어요. (…) 포로감시원을 한 사실이 그들에게 알려지지 않았던 것은 정말 행운이었어요. 운 나쁘게 그들에게 발각된 사람은 경비병이 그 사실을 퍼뜨려서 매일같이 폭행당했어요. (이학래/66쪽)

이학래는 일본인인 우스키 중위가 포로에 대한 폭력의 모든 책임이 명령한 자신에게 있다고 증언한 덕분에 1946년 12월 24일 석방되지만, 귀환하기 위해 승선한 배에서 다시 기소되어 홍콩의 스탠리형무소로 보내지고 창이형무소에 재수감되어 20년형을 선고받는다. 이후 1948년 10월 오트럼형무소로 이송되었다가 1951년 8월 14일 타이레아호에 탑승하여 231명의 BC급 전범(조선인 27명, 타이완인 7명)과 함께 일본의 스가모형무소로 오게 된다.

국민국가 체제는 식민 지배 속에서 어떤 국가 단위에도 속할 수 없게 된 이러한 유민·난민·기민을 수용소-형무소 등을 전전시키며 숨겨두었고, 수용소와 식민지의 경험은 폭력과 위계로 점철된 관계를 연쇄·재생산했다.

그러나 더욱 문제가 된 것은 물리적으로 수용소 밖으로 나왔다고 해서 수용소화된 삶과 관계에서 벗어날 수 있었던 것이 아니라는 점이다. 온갖 수용시설을 전전하는 조선인 전범에게, 식민지로부터의 해방은 수용소로 부터의 해방을 물리적 차원에서도 허락하지 않았다. 특히 조선인 포로감시원이 수용소에서 벗어날 수 없었다는 것은 경제적인 차원에서 볼 때 더욱 명확해진다.

연합군 최고사령부가 관리하던 스가모형무소는 패전 직후 일본이 관리하던 때에 비해 식사 등의 처우가 나았고, 1952년 샌프란시스코강화조약 체결 이후에는 감시원이 일본인으로 대체되어 더욱 처우가 개선된다. 그렇다고 하더라도 형무소에 갇혀 있는 사람이라면 그곳에서 가석방되길 바라는 것이 일반적일 것이다. 그러나 조선인 전범은 형무소에서 출소시키려고 해도 이를 거부하고 자살하거나 단식투쟁에 돌입하기까지 했다. 왜 그랬을까?

스가모형무소에서 출소한 사람에게는 단지 법적 신원보증인에게 갈 차비와 군복 한 벌이 지급될 뿐이었다. 일본에 연고자도 없고 국민으로 인정받지도 못했고 전후 보상에서도 제외되어 있던 조선인 전범의 생계는 형무소 안에서보다 밖에서 더욱 막막했다. 수용소와 형무소를 전전해온 일본의 구식민지인이자 전범인 그들, 더 나아가 국민국가로 기반을 다지던 한국과 일본 어느 쪽에도 소속되지 못한 채 비국민으로 살아야 했던 그들에게 수용소 바깥은 결코 '수용소화된 삶'으로부터 해방이 될 수 없는, 지붕이 하늘일 뿐인 또 하나의 수용소였다.*

1947년 4월 8일 가석방으로 출소한 문태복의 경우를 보자.** 출소할 때 그는 쌀 표 한 장, 군복 한 벌, 신원보증인이 사는 곳까지 가는 여비로

---

*   2022년 한국의 외국인보호소에 구금된 채 고문당했던 피해자 M씨의 말을 다소 변형한 표현이다.

**   이하 두 단락은 다음의 증언을 참고해 구성한다. 문창재, 앞의 책, 22~24쪽.

800엔을 받는다. 그러나 신원보증인인 동료는 날품팔이 조선인 노동자가 모여 있는 가와사키 판자촌의 3조 다다미방에 살고 있어서 그는 그곳에서조차 더부살이를 할 수밖에 없었다. 결국 직업소개소에서 다치가와 기지의 짐 운반 일을 소개받지만 한국전쟁에 참여하는 일이었기에 그만두고 파친코 점원이 된다. 그곳에서 조선 여성과 결혼하지만, 온갖 날품팔이 일을 마다하지 않고 해도 일당 500엔 이상을 받지 못했다.

따라서 조선인 중에는 출소를 거부하고 자살하는 사람도 속출했다. 1954년 12월에는 가석방된 박창호가 출소 거부 단식투쟁을 벌이는 등 대책 마련이 시급해졌다. 1955년 4월 1일 70명의 동료와 함께 이학래를 중심으로 '동진회'가 결성된 것은 이런 상황 속에서였다.[*] '동진회' 회원은 1955년 7월 1일 총리 하토야마를 만나게 해달라는 기습시위를 시작하여 '재소자 데모'를 이어갔고, 타이완의 전범 모임들과 연대 활동을 펼쳤다. 일본 정부는 1955년 7월 28일 '스가모형무소 출소 제3국인 원호 대책에 관하여'에 합의했고 주택, 생업 자금, 대출, 취직 알선을 담당하는 조선인 중심의 '청교회' 외 타이완인 중심의 '우화회'가 생겼다. 그러나 전쟁 직후의 빈곤한 상황에서 전범이자 조선인인 그들은 일자리 잡기가 어려웠고, 이학래는 형무소에서 교육받은 자동차 면허나 정비사 부기 기술을 활용할 수 있는 동진교통주식회사를 만들어 일자리를 제공하게 된다. 이후 '동진회'는 BC급 조선인 전범의 명예회복운동이나 배상운동을 꾸준히 벌이면서 일본 내에서 살아갈 길을 마련한다.

---

[*]   이학래, 앞의 책, 124~126쪽. '1955년 4월 23일 요구'는 다음과 같았다. 조기 석방, 국가 보상 요구, 일본인 전범과 차별대우 철폐, 출소 후 일정 기간 생활 보장, 주택(공영주택 등), 취직 알선, 피복과 침구 지급, 생활 자금 일시 지급, 국비로 환자 치료 및 요양, 가족의 생활 지원, 일시 귀국 허가.

'동진회'의 활동과 동진교통주식회사 설립, 타이완 전범과의 연대 등을 보면, 수용소로부터의 해방은 수용소나 형무소에서 물리적으로 벗어났다고 주어지는 것이 아니라는 점을 확인하게 된다. 그런 점에서 '동진회' 활동을 배상운동이나 명예회복운동으로 파악하는 기존의 논의에 더하여, 수용소화된 삶을 반복해야 하는 존재가 거기서 벗어날 수 있는 관계를 만들어내는 코뮌적 활동으로 재조명할 필요가 있다. 이때 이학래가 말하는 스가모형무소 안 '평화 그룹'과 출소 직전에 다녔던 중앙노동학원 정경본과에 대한 언급은 수용소 내부의 수용소화되지 않은 관계를 보여준다는 점에서 시사적이다.

> 평화 그룹에서 공부하고 있을 때의 저를 돌이켜보면, 전 인생을 통해 가장 열심히 공부했고 보람도 느끼고 있었다는 생각이 듭니다. (…) 창이대학도 졸업하고 스가모대학도 다녔어요. 가고 싶어서 간 것은 아니었지만 그 교도소들은 저에게는 국제교양대학이었던 셈이었어요. (이학래/118쪽)
>
> (중앙노동학원에 ─인용자) 막상 가서 보고는 깜짝 놀랐어요. 완전히 빨갱이 세상이었어요. (…) 동료 가운데는 노면전차 요금 10엔이 없어서 등교에 애로를 겪는 사람도 있었어요. 형무소에 있는 저는 의식주 걱정이 없었고 달리 돈 쓸 곳도 없었기 때문에 (전범인─인용자) 제가 도움을 주었더니 학우들이 놀란 일도 있었어요. 중앙노동학원에는 여유가 있어서가 아니라 공부를 하고 싶어 온 사람들이 대부분이었기 때문에 돈이 없다고 해서 걱정하는 사람은 거의 없었어요. (이학래/123쪽)

동진회를 통해 경제적 지원을 받으며 수평적 관계를 회복해가고, 일본 정부와 한국 정부에 물질적·정신적 보상과 배상을 요구할 수 있는 최소한의 기반이 생겼다고 할지라도, 이영길이 보여주듯이 수용소와 식민지 경험이 준 트라우마 극복, '피해를 내포한 가해자성' 인식, 식민화된 인종주의적 관계로부터의 해방은 쉽게 이뤄지지 않았다. 이는 수용소라는 장소나 경제적 빈곤으로부터의 해방이라는 문제 외에, '객체의 자리에서 어떻게 가해자성을 인식할 수 있는가' 하는 물음으로 이어진다.

객체의 자리에서 인식된 '가해자성': 조문상의 유서 〈2분 뒤〉

전범의 수기나 사형 언도를 받은 전범의 유서에는 자살과 허망함이 반복적으로 등장한다. 홍기성은 "그때로서는 죽는 것이 우리에게 남겨진 유일한 길이었을지도 모릅니다. 그리고 여러 번 우리도 그것을 생각했습니다"라고 말하면서 감옥의 콘크리트 벽에 피가 나도록 머리를 박아 자해하거나 자기 목을 칼로 그어 자살을 시도하거나 수건으로 목을 맸던 사람들을 언급한다(김기성/118쪽). 이런 자살과 자해의 예는 홍기성의 수기뿐 아니라 포로감시원으로 갔던 사람들의 다른 증언과 르포에서도 반복적으로 나타난다.

BC급 전범으로서 사형 언도를 받은 사람이 남긴 유서나 그들을 지켜본 동료의 글에서는 자기 의지대로 살 수 없었던 수용소화되고 식민화된 삶에 대한 원통함과 허망함이 표현되어 있다. 홍기성은 일본인이라면 최후에 "조국을 위해서 몸을 바쳤던 것"이라는 자기 위로가 가능하지만, 조선인 전범에게는 그러한 마지막 위로조차 위탁할 곳이 없다고 말한다(김기성/117쪽). 특히 《세기의 유서》에 실린 사형 집행 2~3분 전까지의 심경 변화를 구체적으로 기록한 조문상趙文相의 글 〈2분 뒤〉[36]*는 식민지의 수용소

---

*   이하 이 글을 인용한 경우 '조문상/쪽'으로 표기한다.

에서 명령에 복종하며 수동적으로만 살아야 했던 존재가 갖게 된 정신적 피해의 깊이를 엿보게 한다.

조문상은 경성제국대학 출신 엘리트로 타이-미얀마 철도 현장에서 통역 역할을 한 뒤 전범으로 지목되어 창이형무소에서 사형되었다. 그의 유서에는 사형 전날의 만찬회부터 교수대에 오르기 직전까지의 심경 변화가 그려져 있다. 이 글 전체를 지배하는 정조는 자신의 의지대로 살 수 없었고 옳다고 믿었던 것조차 자신의 의지가 아닌 거짓이었음을 깨달은 자의 허망함이다.

> 황망한 일생이었다. 26년간이 거의 꿈처럼 지났다. 전광석화라는 말은 꼭 들어맞는 말이다. 이 짧은 일생 동안 나 자신은 무엇을 하며 살아왔을까? 완전히 자기 자신을 잊어버리고 있었다. 흉내 내기와 허망. 왜 좀 더 잘 살아내지 못했던 것일까? 설령 어리석거나 불행해도 자신의 것이라고 말할 수 있는 생활을 했다면 좋았을 것. 지식이 뭐라고 사상이 뭐라고 적어도 나 자신의 그것들은 대부분 타인에게서 빌린 것이었다. 더구나 그것을 내 것이라고 생각해왔을 뿐이라는 것은 얼마나 비참한 일인지….
> 친구요! 형제여! 너희들의 지혜로 너희들의 사상을 가져라. 지금 나는 스스로의 죽음을 앞에 두고 나 자신의 것이 거의 없다는 사실에 기막혀 하고 있다. (조문상/441~442쪽)

사형을 언도받은 조문상의 유서는 자신의 의지로 결정한 것이 아님에도 마치 자신의 결정인 것처럼 흉내 내기만 반복해온 피식민자의 삶에 대한 허망과 원통이 뒤섞여 있다. 가해조차 식민화된 명령에 의한 것이었기 때문에 조선인은 자신의 '가해자성'에 대한 반성조차 주체적으로 하기 어려

<그림3-4> 창이형무소에서 사형된 조문상의 유서와 수기. 〈한국·조선인 원元BC급 전범자 '동진회'를 응원하는 모임〉 홈페이지 자료.

운 위치에 놓인다.

가해자성에 대한 인정이나 인식 바로 직전에 멈춰선 원통함 혹은 피해와 가해가 중첩된 지점에 깊이 박힌 '내 것이 아무것도 없다 혹은 어리석게도 내 것이라고 믿어버렸다'는 피식민자로서의 부끄러움과 박탈감이 느껴진다. 이것을 '피해를 내포한 가해자성'을 지닌 자 혹은 식민주의 지배하에서 인종주의를 내면화한 자의 상태라고 한다면, 이 객체의 위치에서 가해자성에 대한 성찰은 과연 어떻게 주어질 수 있을까?

'피해를 내포한 가해자성'에 대한 인식이란, 피식민자나 소수자의 위치에서 겪은 피해의식에 머물지 않고, 그 피해가 발생한 구조적 가해자성을 들여다보는 것이다. 이는 다른 피식민 공동체나 소수자의 고통에 공감하면서 연쇄된 가해를 성찰하고 방지할 수 있는 방법, 곧 '객체의 위치에서 모색된 해방의 기획'이라고 할 수 있다.

식민주의 속 인종주의로부터의 해방: 두 민족의 독립은 공존 가능한가

인도네시아 독립운동에 참여한 조선인 포로감시원:
이상문/마쓰오카 에이지, 양칠성/야나가와 시치세이

식민지를 경험한 한국에서 식민주의의 극복은 독립된 국민국가 형성과 동일시되기 쉽다. 그러나 국민국가는 다시금 그 내부에 식민화된 삶을 사는 타자를 양산해냈다. 수용소 이후의 삶이 일본에서 비국민이자 금치산자로 살아야 했던 이영길에게 또 하나의 수용소화된 삶이었듯이 말이다. 따라서 식민주의로부터의 해방이 내부에 식민주의를 반복하는 것으로 귀결되거나, 수용소 이후가 또 하나의 수용소화된 삶으로 귀결되지 않기 위해서는 '피해를 내포한 가해자성'의 인식을 통해 각각의 피해를 보편적 공감의 지평으로 삼고, 각각의 가해자성을 서로 성찰하게 하는 관계가 필요할 것이다.

피해에 공감하고 가해자성을 성찰하는 관계를 모색하기 위해서 동아시아 역사 속의 두 유형을 조명해보자. 하나는 인도네시아에 포로감시원으로 동원된 뒤 인도네시아 독립운동에 참여한 조선인이다. 다른 하나는 인도네시아에 군인으로 동원된 뒤 독립운동을 하는 인도네시아인에게 공감하게 된 오키나와인이다. 이 연결의 근저에는 식민 지배에 대한 저항이 공감대로서 흐르고 있다. 인도네시아의 팔렘방포로수용소에서 포로감시원을 했던 유동조는 다음과 같이 말한다.

우리들은 말이지, 식민지에서 태어나 식민지에서 자라나 식민지 교육을 받고 노예 같은 취급을 당하면서 살아왔어. 그러니까 네덜란드 사람이 인도

네시아 사람을, 영국 사람이 인도 사람과 싱가포르 사람을 인간 취급하지 않는다는 걸 잘 알지.[37]

유동조의 통찰을 실마리 삼아 조선의 독립운동-인도네시아의 독립운동-오키나와의 '독립 앞의 머뭇거림'을 연결하면 '한 민족의 독립이 다른 민족의 독립과 공존 가능한가' 하는 질문이 떠오른다. 그리고 이 연결을 가능하게 한 동력으로서 '피해를 내포한 가해자성'이 인식될 수 있었던 계기와 마주하게 된다.

먼저, 인도네시아 포로수용소의 조선인 감시원이 전개했던 '조선의' 독립운동을 살펴보자. 인도네시아 자바의 포로감시원이었던 '이상문李相汶/마쓰오카 에이지松岡穎治'는《적도에 묻히다》의 〈전하는 말〉에서 이렇게 쓴다.

> 지금(2012 - 인용자)으로부터 68년 전, 머나먼 이국땅에서 혈서로 조국 독립에 헌신할 것을 맹세하며 의기가 충천했던 옛 동지들은 하나둘 저세상으로 떠나갔다. 이제 열 명의 동지 가운데 생존자는 내가 유일하다. (…) 돌이켜보면 인도네시아에서 귀국한 뒤 내 삶은 자바에서 고려독립청년당이 전개한 항일운동이 한국 독립운동의 역사로 평가받도록 하는 데 바쳐졌다 해도 지나친 말이 아니다.[38]

그가 증언하고자 했던 것은 '고려독립청년당'의 항일 활동, 즉 조선인 포로감시원들이 인도네시아에서 벌인 독립운동이다.* 인도네시아에 포로감

---

*   이하 '고려독립청년당'과 양칠성에 대한 세 단락의 내용은 논지 전개상 불가피하게 다음

시원으로 강제 동원된 조선인은 1944년 12월 29일 고려독립청년당을 창당하여 강령·당가·선언문을 작성했고, 총령·부서·직책을 정해 조직적인 독립운동을 기획한다.[39] 당령을 보면 조선민족의 자유와 국권 회복에 초점이 있지만, "아시아의 강도인 제국주의 일본"에 저항해야 한다든가, "세계 여러 나라에 우리의 진의를 소통함과 동시에 유래를 공고히 할 수 있는 최단의 길을 가라"라고 했듯이, 식민화된 세계와 아시아 인민의 연결을 촉구하기도 한다. 고려독립청년당은 1945년 1월 7일 스미레호 탈취 계획이 누설되어 5월 24일 당원 중 열 명이 군법회의에 기소되고 사형을 언도받지만, 일본의 패망이 가까워짐에 따라 석방된다. 이상문은 1945년 11월 암바라와에서 자결한 동지 세 명의 유골을 수습하고, 1946년 1월 6일 1주기 행사를 치른 뒤 4월 13일 '재在자바 조선인민회' 해산과 함께 승선한다. 이후 그는 전범으로 지목되는 것은 피했으나 여러 형무소를 전전하다 1947년 2월에야 조선으로 돌아온다.[40]

그런데 인도네시아에서 전개된 조선인의 독립운동은 '조선의' 독립운동에 한정된 것이 아니었다. 해방 후 전개된 인도네시아의 독립운동에 참여한 조선인들이 있었기 때문이다. 대표적인 예가 '양칠성梁七星/야나가와 시치세이梁川七星/코마루딘Komarudin'이다. 그는 조선의 농촌에서 '양칠성'으로 태어나, 일제에 강제 동원되어 자바섬 포로수용소에서 조선인 포로감시원 '야나가와 시치세이'로 있다가, 해방 후 인도네시아의 독립운동에 참여하여 공을 세우고 '코마루딘'이라는 이름으로 불렸으며, 1948년

논문의 내용을 간략히 요약하면서 새로운 주제와 사례를 가필했다. 졸저, 〈'난민'과 '인민' 사이: 梁七星·梁川七星·Komarudin·史尼育唔·中村輝夫·李光輝〉, 《상허학보》 48, 상허학회, 2016, 89~147쪽.

11월 네덜란드군에 체포되어 총살된다. 그는 일본인 연구자 우쓰미 아이코 등의 노력으로 조선인임이 밝혀져 비석에 "KOMARUDIN YANG CHIL SUNG, KOREA"로 다시 새겨질 수 있었다.[41]

네덜란드로부터 독립운동을 전개하던 인도네시아인이 조선인에게 무기와 군대 지식을 요청했고 조선인이 이를 제공했다는 증언은 해방 후 조선인의 수기나 구술 여기저기서 발견된다.[42] 그 밖에도 고려독립청년당이 인도네시아의 화교나 백인 포로와도 연결되어 상호 도움을 주고받았으며, 그들의 독립운동과 인도네시아의 블리타르Blitar 농민봉기 간의 연관성을 규명한 연구도 있다.[43] 이러한 예는 한 민족의 '독립'이 다른 민족의 '독립'과 연결된 사례라는 점에서 아시아 피식민자 연대의 상상을 자극한다.

그러나 인도네시아 독립운동에 참여한 타민족 출신자가 조선인뿐이었던 것은 아니다. 잔류 일본병 903명 정도가 인도네시아 독립운동에 참여했다고 밝혀져 있다.[44] 여기서 말하는 '일본병'의 범주에는 식민 지배로 인해 일본 군대에 강제 동원된 피식민지인이 섞여 있었다. 인도네시아 독립운동을 위한 싸움에 강제 동원된 조선인뿐 아니라, 일본 군인도 참여했다는 점을 볼 때 양칠성을 비롯한 조선인 군속이 인도네시아 독립운동에 참여한 것을 단순히 '아시아 피식민 연대'라고 해석하기 어려운 지점도 있다. 양칠성이 인도네시아 독립운동에 참여한 것도 해방 후 인도네시아에 남겨진 일본군 부대원 전체의 집단 결정이었을 가능성을 간과할 수 없기 때문이다. 따라서 양칠성의 행위를 일본-조선이나 네덜란드-인도네시아라는 관계뿐 아니라, 다른 여러 아시아 민족 및 소수자와의 관계 속에서 조명할 필요가 있다.

그러나 현재 양칠성과 같은 조선인이 인도네시아의 독립에 얼마나 깊이 공감하고 독립운동에 참여했는지를 살펴보기에는 자료의 한계가 명확하다. 더구나 동아시아의 냉전 질서 속에서 양칠성/야나가와 시치세이/코마루딘과 같이 정체성이 파편화된 채 제3의 길을 선택했던 존재의 기록은 충분히 남겨져 있지 않다. 식민 지배로부터 제도적 해방이 이뤄진 이후 국제적 내전인 한국전쟁과 분단을 경험한 남한에서 제3의 선택이나 중립의 선택은 '사회주의'로 간주되어 이데올로기적 탄압을 받았다. 국민국가 체제에 '국민'으로 기입될 수 없는 역사적 유민·난민·기민의 경험을 들을 수 있는 공론장도 요원했다. 우쓰미 아이코와 같은 연구자나 이상문과 같은 증언자를 통해 1975년에 들어와야 겨우 단편적으로 기록될 수 있었을 뿐이다.

조선인 군속 문제가 한국 소설에서 다뤄진 것도 1970년대 중반에 접어들면서부터다. 예를 들어 1973년 1월 1일부터 《중앙일보》에 연재된 최인훈의 《태풍》과 1976년에 발표된 선우휘의 《외면》을 들 수 있다.[45] 2000년 중반부터 이뤄진 강제동원 피해자의 구술 기록 작업에 의해 강제동원 군속 수기집이 발간되었고, 그중 안승갑은 인도네시아 반둥 지역의 네덜란드인 억류소 포로감시원으로 갔다가 고려독립청년당에 참여한 과정을 적고 있다.[46] 그러나 안승갑의 경우 1945년 8월 전범재판에 연루된 뒤 1947년 2월에 귀향했기 때문에, 해방 후에도 인도네시아에 남아 인도네시아 독립운동에 참여했던 조선인에 대한 언급이나 조선인과 인도네시아인의 관계에 대한 서술은 찾기 어렵다.

현재 확인할 수 있는 것은 우쓰미 아이코가 인도네시아인의 증언을 토대로 작성한 〈자바포로수용소 미귀국자 명부〉다. 이 명부에 인도네시아 독립운동에 참여했을 것으로 보이는 조선인의 명단이 있다.* 우쓰미는 양

---

* 이하 한 단락의 명단은 우쓰미 아이코·무라이 요시노리 지음, 김종익 옮김, 《적도에 묻히다: 독립영웅, 혹은 전범이 된 조선인들 이야기》, 역사비평사, 2012, 374~375쪽 〈추기〉에

칠성과 함께 게릴라 활동을 했던 인도네시아인으로부터 양칠성 외에도 함께했던 조선인의 창씨명 "아카키, 시로야마, 마쓰모토 등"과 게릴라 활동 시절 사용했던 이름을 듣고 그것을 〈자바포로수용소 미귀국자 명부〉를 통해 확인한다. 그 명단을 통해 우종수/아카키 세코赤城正交(경남 함양군, 납치), 이길동李吉童/마쓰모토 기치도宋本吉童(전남 화순군, 기재 내용 없음), 이종렬李鐘烈/수바르조(인도네시아 이름)/시로야마 쇼레쓰城山鐘烈(경남 창원군, 인정 불능, 인도네시아 납치), 양칠성梁七星/야나가와 시치세이梁川七星(전북 완주군, 기재 내용 없음) 등이 강제 동원된 뒤 귀국하지 않고 인도네시아 독립운동에 참여했을 것으로 추측할 수 있다. 우쓰미 아이코는 이외에도 다른 부대에서 활동했을 것으로 여겨지는 조선인 네 명의 이름을 더 찾아내 기록했다.*

조선인 포로감시원이 해방 후 고향으로 돌아가지 않고 인도네시아 독립운동에 참여했던 동기가 무엇이었는지는 알 수 없다. 식민 지배로 인한 인도네시아인의 고통에 공감했는지, 전범재판에 회부되어 백인 포로에게 가한 폭력에 대한 죗값을 받게 될 것이 두려웠는지, 고향에 돌아갈 방법을 찾지 못했는지, 인도네시아에 사랑하는 사람이 있었는지, 일본군 부대원 사이의 위계나 강요에 의한 것이었는지, 혹은 그 모든 것 때문이었는지 명확히 알 수는 없는 것이다. 조선인 포로감시원은 식민기에도 전후에도 '말하는 주체'로서 스스로의 경험을 남길 수 없었기 때문이다.

서 인용했다.
* 우쓰미 아이코·무라이 요시노리, 위의 책, 2012, 375쪽. 그 이름은 다음과 같다. 大島日起(제주, 확인 불능, 종전 후 독립운동에 들어가 납치되어 ○○○○), 永江淸雄(황해 해주, 종전 후 인도네시아군에 사로잡혀 감옥에 들어감. 그 후 상황은 알 수 없음), 西門萬初(전북 ○○군, 확인 불능, 납치), 國本星龍(전남 화순, 인도네시아 납치).

그러나 그들은 여러 증언, 구술 그리고 아카이브에 출몰한다. 조선어-일본어-인도네시아어, 세 개로 찢긴 이름은 '피해를 내포한 가해자성'의 자각이 한 공동체의 해방과 다른 공동체의 해방을 공존시키는 계기가 될 수 있는가 하는 물음을 남긴다. 이에 대한 대답은 완결될 수 없고, 영원히 논쟁적이라는 점에서 오히려 의미가 있다. 인도네시아 독립운동에 참여했던 조선인 포로감시원의 흔적은 피식민자 사이에 가능했을 '해방'을 향한 공감과 함께, 그 속에서도 다시금 반복되었을지 모르는 식민화된 인종주의의 위계·폭력을 끊임없이 성찰하게 하기 때문이다.

인도네시아 독립운동에 동요하는 오키나와인 군인:
오타 료하쿠, 〈검은 다이아몬드〉

식민기에 조선과 타이완이 '외지外地(일본 외부의 식민지)'라고 불렸다면, 오키나와는 일본 내부의 식민지로 여겨졌다. 한편으로는 일본군의 일원이면서 다른 한편으로는 독립과 자치를 바라는 이중적 위치에서 오키나와인은 조선인 포로감시원과 마찬가지로 '피해를 내포한 가해자성'을 띠게 된다.

일본인이고 싶은 욕망과 일본에서 독립하고 싶은 욕망을 동시에 지닌 이중적 위치에서 인도네시아 독립운동을 마주하게 된 오키나와인의 동요는 1949년 3월 《월간 타임스月刊タイムス》에 발표된 오타 료하쿠太田良博의 〈검은 다이아몬드黒ダィャ〉에서 엿볼 수 있다.[47] 〈검은 다이아몬드〉 초출

---

* 　이 소설의 번역은 오타 료하쿠 지음, 곽형덕 옮김, 〈흑다이아몬드〉, 《오키나와 문학선집》, 소명출판, 2020, 93~105쪽을 참고하되, 원문에 근거해 다소 수정했다. 이하 이 소설의 인용은 '오타/쪽'으로 표기한다.

지면에는 다음과 같은 소개가 붙어 있다.

> 차가운 전쟁 아래 인도네시아는 지금 세계의 주목을 받고 있다. 본편은 직접 인도네시아를 취재하여 종전 시의 혼돈스러운 민족의 고뇌와 그 움직임을 쓴 것으로, 보고문학으로서 또 한 편의 소설로서 독자의 흥미를 끄는 점이 있다고 생각한다. 필자는 시인으로서 전쟁 당시와 전쟁이 끝난 시기에 걸쳐 약 5년간 자바에 체재하며 직접 인도네시아를 견문한 사람이다. (오타/27쪽)

1945년 8월 일본에서 독립한 인도네시아를 재점령한 네덜란드는 1948년 12월 인도네시아의 저항을 누르기 위한 군사행동을 개시한다. 그러나 이는 오히려 세계의 이목과 관심을 인도네시아 독립운동에 쏠리게 한다. 오키나와 출신 작가 오타 료하쿠는 이 시기에 인도네시아에 체재하면서 독립운동의 열기를 체험하고 이 소설을 쓴다. 그가 〈검은 다이아몬드' 취재 노트를 중심으로〉에서 "〈검은 다이아몬드〉의 소재는 대부분이 실화다. 주인공 파니만도 실재 인물이다"라고 말했듯이 〈검은 다이아몬드〉는 르포 성격을 띤 기록/문학이다.

〈검은 다이아몬드〉를 쓴 오타 료하쿠는 오키나와현 시마지리군島尻郡 고친다東風平 출신이지만, 정작 이 소설에 오키나와인이라고 명시된 인물이 나오는 건 아니다. 그럼에도 오카모토 게이토쿠가 〈검은 다이아몬드〉를 "전후 소설의 효시이며 또한 1949년 말부터 1950년대 초에 걸쳐 전후 오

---

* 太田良博, 〈'黒ダイヤ' 取材ノートを中心に〉, 《太田良博著作集》 4, 伊佐美津子, 2006, 182쪽. 이하 이 글에서 인용할 경우 '오타 노트/쪽'으로 표기한다.

키나와 문학 재부흥기의 선구를 이루는 작품"이라고 평가했듯이,[48] 〈검은 다이아몬드〉는 오키나와 전후 문학사의 첫 작품으로 꼽힌다. 최근 한국에 번역되었을 때도 "'전후' 오키나와 문학의 시작을 알린 작품"으로 소개되었듯이 말이다.[49] 이러한 평가가 내려진 것은 오타가 오키나와 출신 작가라는 점 외에도 〈검은 다이아몬드〉가 오키나와의 당시 상황을 여러 방면에서 상기시키기 때문일 것이다.

소설의 내용은 비교적 단순하다. '나'는 인도네시아 의용군 양성을 위한 간부교육부대에서 원주민에게 일본어를 가르치거나 말레이어 통역으로 체재하던 중 순다 출신에 검은 다이아몬드와 같은 눈동자를 지닌 18세 소년 파니만과 만난다. 인도네시아의 오래된 왕조 발상지인 솔로에서 태어난 파니만에게 '나'는 깊은 관심과 동경을 느낀다. 일본의 패전 후 인도네시아가 독립을 선언하고 이윽고 네덜란드에 점령되어 독립전쟁을 벌이는 상황에서 '나'는 인도네시아 독립전쟁에 참여한 파니만과 거리에서 만난다. "너무 마른 것 아닌가"라는 '나'의 말에 파니만은 "스사"라고 답한 뒤 군중 속으로 모습을 감춘다. '스사'는 인도네시아인이 곤란하거나 괴로울 때 내뱉는 말이라고 소설 속에 설명되어 있다. 인도네시아의 독립을 위해 몸을 바치는 파니만을 본 '나'는 뭐라 표현할 길 없는 동요를 느끼며 그의 뒤를 따라갈까 망설이면서 그 자리에 멈춰 선 채로 소설은 끝난다.

그런데 이 소설은 발표 후 오키나와인 평론가 아라카와 아키라의 강한 비판과 마주한다.[50] 《류다이 문학》 1954년 7월호에 실린 〈전후 오키나와 문학 비판〉이라는 글에서 아라카와는 세 가지 측면에서 이 소설을 비판한다. 첫째, "파니만이라는 한 개인적 인물을 그리는 데 주안을 두고 인도네시아 혁명은 그 배경"으로만 다룬다. 둘째, '나'는 "파니만에게 인간적 공감을 느끼면서도 조국해방운동에 참여한 많은 청년들에 대해서는 여전히 침략자인 일본군의 입장에 선 '채' 일본군의 본질적 성격을 의심하지 않"는다. 셋째, '나'는 자신의 가해자성을 인식하거나 반성하지 않는다. 만약 '나'가 일본인으로서 자신의 가해자성을 인식했다면 "본질적으로는 침략자였던 일본군 입장에 있는 작가와 인도네시아의 관계, 새로운 침략자인 영국군에 대한 민족해방운동, 그 속에 파니만을 위치시키고 행동적인 청년의한 전형으로 그려야 했다"는 것이다.

이 비평에 대해서 오타는 2006년에 쓴 〈간파당했던 '작품의 본질'〉이라는 글에서 이렇게 말한다. 처음에는 "비평의 화살이란 의외의 곳에서 날아"오며 "너무 뜻밖의 일"이라 "과녁을 빗나가고 있"다고 생각했으나 점차 시간이 지날수록 자신도 알지 못했던 "작품의 본질이 날카롭게 관통당했다는 느낌"이 들었다고 토로한다.[51] 그러나 "황폐한 전후 오키나와의 상황 속에서 무루데카(독립)의 열기가 터져 나오는 인도네시아에 대한 동경이 집필 당시 내 마음속에 있었던 것만은 부정할 수 없다"라고 강조한다.[52]

아라카와의 비판대로 오타는 인도네시아 독립운동의 의의가 아니라 '나'와 파니만 사이의 개인적 친밀감을 강조한다. 더구나 '나'는 인도네시아 정치 문제에는 철저한 중립을 지키라는 상부의 지시를 충실히 따르고 있어, 인도네시아 전역이 독립전쟁으로 들끓을 때도 동요하지 않는다. 그가 동요하는 것은 파니만과 연결되었을 때다. 무장한 인도네시아 군인의 무리 중에서 생도였던 압둘라 카릴을 만나고 그로부터 "파니만도 함께 있습니다"라는 말을 듣자 "주위 광경이 눈부신 것처럼 느껴"지고 무장한 인도네시아 군인들에게 관심을 갖게 된다(오타/31쪽).

일본 군대 시스템의 구조적 잔혹성이나 일본 군인인 '나'의 가해자성에 대한 인식이 부족하다는 지적도 타당하다. 소설 속 '의용군 간부양성부대'는 일본의 아시아 침략 전쟁을 마치 '아시아 해방 전쟁'인 것처럼 선전하기 위해 인도네시아인을 강제 동원하여 만들어진 부대다. 그럼에도 '나'는 이러한 가해자성에 대한 성찰 없이 인도네시아 독립운동에 '의용군 간부양성 부대' 출신자가 많이 참여하고 있다고 자랑스럽게 말한다.

이러한 한계가 있음에도 주목하고 싶은 것은 인도네시아 독립운동에 깊이 공명하며 동요하는 오키나와인 작가 오타의 위치다. 작품의 "소재는 대부분 실화고 주인공 파니만도 실재 인물이다"라고 한 말을 근거로(오타 노트/182쪽), 소설의 핵심 장면마다 작가인 오타가 어떤 위치의 인물과 동일시되는지를 질문해보자. 오타의 분신이라고 할 수 있는 '나'는 한편으로는 인도네시아인을 의용대로 양성하는 일본 군인이지만, 다른 한편으로는 인도네시아 원주민 파니만의 독립운동에 한없이 동요되는 인물이기도 하다. 이처럼 오키나와 출신 작가 오타는 때로는 일본인 '나'의 자리와, 때로는 인도네시아인 파니만의 자리와 겹쳐진다.

먼저 '나'는 파니만을 자연화·여성화·신비화하는 데 어떤 망설임도 없다. 이때 '나'는 일본인의 위치에 있다. '나'는 인도네시아인 파니만을 이렇게 묘사한다.

> 성격이 온순해 호감이 갔다. 특히 그의 몸에서는 소박하고 청결한 기운이 발산됐다. 거무스름한 결이 있는 얇은 피부, 160센티 정도의 신장에 전체적으로 날씬한 느낌의 체구는 소녀처럼 날씬했다.
>
> 탱탱하고 아름다운 얼굴… 순다인 특유의 검은 다이아몬드와도 같은 눈동자! 그것은 온화하고 순정한 마음을 드러냈다. 이 검고 윤이 나는 눈동자의 깊숙한 곳에 살아 있는 그 넋까지도 검은 다이아몬드처럼 (…) 이 소년이 도대체 어디에서 태어난 것인지 궁금해서 물어봤던 적이 있다. 그는 사랑스러운 작은 입을 매력적인 모양으로 만들면서 간결하고 상쾌한 아름다

운 목소리로 '솔로'라고 말했다. (…) 그는 버릇없이 굴지도 않았고 딱딱하게 구는 일도 없어서 몇 시간 동안 이야기를 나눠도 질리지 않는 성격의 소유자였다. 그는 연약한 체구였지만 눈부실 정도의 건강함을 타고 태어났으며, 그 윤기 나는 피부에는 유순한 넋과 강인한 생명이 숨 쉬고 있는 것처럼 느껴졌다. (오타/27~28쪽)

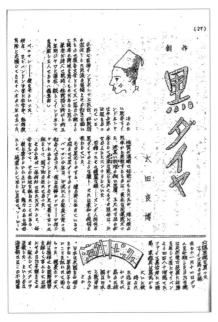

〈그림3-5〉〈검은 다이아몬드〉 게재면, 《월간 타임스》, 1949년 3월.

이는 서구인이 동양인을 보는 오리엔탈리즘의 시선이다. 또한 식민자 일본인이 인도네시아인을 보는 시선이기도 하다. 더 나아가 이 시선은 일본인이 '내부 식민지'였던 오키나와인을 보는 시선이기도 했다. 그럼에도 오키나와인 오타는 일본인 '나'의 자리에서 파니만을 자연화·여성화·신비화하고 있는 것이다.

다른 한편 '나'는 인도네시아 원주민 파니만에게 깊이 공감하고 심정적 동요를 느낀다. 다음의 인용은 인도네시아 독립운동 무장대 속에서 파니만을 발견한 순간, '나'와 파니만이 나눈 대화다. 이 장면에서 '나'가 파니만에게 표시하는 공감은 식민자가 피식민자에게 혹은 일본인이 인도네시아인에게 품는 오리엔탈리즘과는 뭔가 다르다. 식민자가 피식민자에게 보내는 우월감이 뒤섞인 '동정'이나 신비화된 '동경'이 아니라, 오히려 같은 피식민자로서의 공감이 느껴지기 때문이다.

> 하지만 역시 틀림없는 미소년 파니만이다! 그는 그리운 듯한 눈빛을 빛내면서 조금 수줍어했다.
> "사야파니만(파니만입니다)."
> 나는 엉겁결에 모르는 사람처럼 변한 그의 양팔을 잡았다.
> "쟈데크로스프칸(너무 마른 것 아닌가)…."
> 나는 갑자기 가슴이 먹먹해져서 절절한 말투로 가까스로 말했다.
> "스사" 하고 그가 가볍게 탄식을 내뱉었다.
> 우리가 나눈 것은 오직 그 말뿐이었다. 그는 아무런 말도 하지 않았다. 그 눈빛은 무언가 말하고 싶은 듯 빛나고 있었지만 한마디 중얼거린 후 아무런 말도 하지 않았다. 바로 그 순간 나에게 그가 탄식과 함께 흘린 '스사soe-sah'라는 말만큼 인상적이고 감명을 주는 말은 없었다. 그것은 보통 인도네시아 사람들이 곤란할 때나 괴로울 때 내뱉는 간단한 말인데, 그때만큼 절실하게 내 가슴에 그 말이 들렸던 적은 없었다. (오타/32~33쪽)

식민자인 '나'는 일본어(제국주의자의 언어)가 아니라 인도네시아어(피식민자의 언어)로 말했고, '스사'라고 답하는 파니만의 말에 격렬하게 동요한다. 가슴이 먹먹해지고 말투가 절절해질 정도로 파니만에게 공감하는 '나'는 소설에서 설정된 일본인의 자리가 아니라, 오히려 오키나와인이나 인도네시아인의 자리에 서 있는 듯하다.

비가시화된 오키나와, 망각된 가해자성

'나'의 파니만에 대한 이상할 정도의 공감 그리고 파니만의 말(심지어 말 이전의 감정을 담은 '스사'라는 탄식)에 대한 이해는 '나'(일본인)와 파니만(인도네시아인) 양쪽에 모두 연결된 오키나와인 작가 오타의 위치를 반영한다. 즉 '나'-파니만의 관계는 일본인-인도네시아인뿐 아니라, 오키나와인-인도네시아인 사이로도 읽힐 수 있는 것이다.

이 흔들리는 위치에서 일본군의 일원으로서 저지른 가해에 대해 오타는 어떠한 인식을 보여주는가? 〈검은 다이아몬드〉의 '나'는 인도네시아 독립운동에 참여하는 파니만에 대한 깊은 공감과 동요를 갖고 있음에도, 이 식민주의적 위계의 연쇄를 만들어낸 일본군의 가해자성에 대해서는 자각적이지 않다.

〈'검은 다이아몬드' 취재 노트를 중심으로〉를 참고하면, '파니만'(소설 속 인물과 구별해 따옴표를 붙인다)은 인도네시아의 독립을 위해 격렬하게 싸운 실존 인물임을 알 수 있다. 오타가 "〈검은 다이아몬드〉는 파니만이라는 한 명을 그려내는 것이 주목적으로, 인도네시아 혁명은 그 배경으로서 다뤄질 예정이었다"라고 했듯이(오타 노트/188쪽), 〈검은 다이아몬드〉는 '파니만'에게서 받은 인상을 동력으로 쓰인 작품이다.

> '파니만'은 TKR의 소대를 지휘하고 있었는데 (…) 문자 그대로 병사와 고락을 함께하고 있는 모습을 보고, 역시 '파니만'은 '진짜'였다고 나는 생각했다. 그 진짜를 본 감동이 〈검은 다이아몬드〉를 쓰게 된 직접적인 동기가 되었다. (…) 인도네시아 독립전쟁(부뻬라간·쿠무르데카안)의 영웅(빠후라완)으로서 육군기지 주변에 잠들고 있지 않을까라고 생각한다. (오타 노트/188쪽)

그런데 이 공감 속에는 일본군 위치에 있는 '나'(혹은 오타)가 스스로의 가해자성을 인식하는 부분이 결여되어 있다. 더구나 실존하는 '파니만'에게 오타가 이끌린 것은 단순히 '파니만'이 TKRTentara Keamanan Rakyat(시민치안군으로 수카르노에 의해 1945년 10월 5일 발족됨)에서 소대를 지휘하는 등 인도네시아 독립운동에 열심히 참여했기 때문만은 아니다. 그가 '파니만'에게 감동한 것은 그가 일본의 식민지배하에서 일본의 의용대로 교육받았고, 그것을 인도네시아 독립운동에 활용하기 때문이다. 인도네시아인 '파니만'이 아니라, 일본식 의용대 교육을 받은 '파니만'이라는 점이 감동의 핵심이다. 즉 오타는 네덜란드의 식민화에 저항하는 인도네시아인에 대해 공감함에도, 일본군의 일부로서 인도네시아를 식민화했던 오키나와인의 가해자성에 대한 성찰은 보여주지 않는 것이다.

〈'검은 다이아몬드' 취재 노트를 중심으로〉에 따르면 '나'의 캐릭터는 자바의 사령관이었던 마부치 이쓰오馬淵逸雄 등 다른 여타 일본 군인의 모습이 겹쳐져 형상화된 것이다. 마부치는 1941년 10월부터 조선에 주둔한 뒤 1945년 2월부터 인도네시아에 주둔한 일본군 사령관이다. 오타는 부하들을 모두 데리고 일본에 돌아온 것이 유일한 위안이라는 그의 이야기를 듣고 "나는 일본군 무기가 인도네시아에 전해졌던 그때의 일을 떠올렸다"라고 적는다(오타 노트/191쪽). 이처럼 오타는 '나'에 대해서 말할 때도, '나'의 역사적 모델인 마부치에 대해서 말할 때도 일본 군대에 의용군으로 동원된 인도네시아인이 패전 후 인도네시아 독립운동에 참여했고 일본군이 이를 도왔음을 강조할 뿐, 인도네시아 의용대가 일본의 식민지 전쟁을 위해 만들어졌다는 점에 대해서는 침묵한다.

그(파니만―인용자)가 소속되어 있던 자와[53]방위의용군은 장병 모두가 인도네시아인으로 구성되어, 그것이 만들어졌을 때 자와 전 지역은 열병에 들 뜬 듯이 들끓었다. 인도네시아가 처음으로 독자의 군대를 가진다는 전대 미증유의 사건이었기 때문이다. (오타 노트/182쪽)

인도네시아 독립전쟁의 주력이 된 것이 이 의용군이며, 현재 인도네시아공 화국 지도자의 많은 수가 의용군 출신으로, 그 인맥은 군만이 아니라 정계, 외교계, 재계 각 방면에 미치고 있다. (오타 노트/184쪽)

현재 상황을 만든 것은 독립 전 의용군의 실적이다. 그 실적의 그림자에는 일본군의 희생적 행위가 있었다. (…) 인도네시아는 일본군에게서 빼앗은 전차, 대포, 그 외 병기 및 대량의 탄약을 손에 넣고 일본군의 전 장비를 그 대로 받아 세운 것이다. (오타 노트/185쪽)

이 노트의 마지막에서 오타는 "인도네시아는 결국 자력으로 독립을 얻 어냈지만, 일본군이 독립의 계기인 발판을 만드는 데 손을 빌려주었던 것 은 틀림없다"라고 씀으로써 '가해자성'에 대한 인식은 끝까지 공백으로 남 을 뿐 아니라, 일본(군)의 전쟁 책임도 묻지 않는다(오타 노트/191쪽). 비록 일 본군의 장비가 인도네시아 독립전쟁에 활용되었다고 할지라도, 그것이 일 본의 전쟁 책임을 덜어주는 이유는 될 수 없다. 더구나 조선인 군속의 증언 에서 볼 수 있듯이, 무기와 기술을 건네준 일본군 중에 수많은 피식민자가 포함되어 있다는 점이나, 소설 속 인도네시아의 의용대가 원래 일본의 아 시아 침략의 도구였다는 점, 더 나아가 소설의 주인공 '나'가 인도네시아인 을 강제 동원하여 의용대로 양성하는 식민자였음은 언급되지 않는다.

가해자성에 대한 이러한 의식적/무의식적 무지는 왜 생기는 것일까? 단정할 수는 없지만, 〈검은 다이아몬드〉를 집필할 당시 오키나와인이 마주하고 있던 오키나와의 고통을 한 요인으로 추측해볼 수 있을 것이다. 급격하게 진행된 오키나와의 기지화나 전쟁 이후의 경제적 빈곤 등의 고통 말이다.

인도네시아에서 독립운동이 이뤄지던 그 무렵 "오키나와의 주민은 막사 생활을 하고 있어서 어디를 봐도 억새 들판이 펼쳐진 황량한 풍경"이었고, "아메리카의 식민지적 지위에 놓인 장래에는 희망을 가질 수 없"(오타노트/182쪽)었다. 와카바야시 또한 〈검은 다이아몬드〉의 배경을 언급하면서 당시 오키나와에서는 '독립'에 대한 열망이 커지고 있었지만, 반면 한국전쟁으로 심화된 아시아의 냉전 속에서 미군 기지화도 본격화되고 있었다고 말한다.[54] 독립에 대한 열망과 미군 점령이라는 양극단의 상황이 동시에 진행되던 오키나와의 상태는 '나'가 인도네시아의 독립에 대한 열망과 일본군인으로서의 위치라는 양극단에서 동요하고 있는 상태와 오버랩된다.

오키나와 독립에 대한 열망이 일본 본토로의 귀속으로 귀결되고, 1952년 샌프란시스코강화조약 체결로 일본 본토로부터도 버려져 미국의 점령이 장기화되었던 배경에는 한국전쟁이 있었다. 와카바야시는 또한 한국전쟁이 발발하자 오키나와의 미군 기지는 "후쿠오카의 아타즈케板付 기지와 함께 B-29의 출격 기지"가 되었고, 한국에 "6월부터 10월 말까지 사이에 전체 86만 6914갤런의 네이팜탄을 투하"했으며, 후텐마 기지는 "아메리카 원폭 투하 계획 속에 포함"되기까지 했다고 말한다.[55] 결국 한국전쟁이 휴전을 맞이한 1953년 4월 3일 "류큐열도 미국민 정부포고 제109호 '토지수용령'이 공표"되고 오키나와에서 "'암흑의 50년대'라고 불리는 시대가 시작"되었다.[56] 인도네시아의 독립도 "민족해방운동 속의 분열에 따라 좌파 세력의 이니셔티브를 억제할 수 있다고 판단한 네덜란드와 미국 간의 냉전적인 타협이 반영된 것"이라는 분석도 있다.[57] 당대의 오키나와는 높았던 독립의 열망이 점차 불가능해지고 미군 기지화가 본격적으로 진행됨에 따라, 아시아에 대한 오키나와의 가해자성도 제도적으로 구축되기 시작한다. 이러한 배경을 염두에 두면서 〈검은 다이아몬드〉를 살펴보면 마지막 부분이 새롭게 읽힌다.

> 이윽고 파니만은 (…) 다시 썰물처럼 빠져나가는 군중 속으로 모습을 감췄다. (…) 아름다운 청춘과 순결함을 민족을 위해 바치고 피와 먼지 속에서 총을 손에 쥐고 싸우는, 애처롭게도 건강한 그 뒷모습을 형용할 수 없는 마음으로 나는 전송했다. 가엾은 마음이 구름처럼 피어올라 마음을 죄어와 그의 뒤를 비트적거리며 따라가고 싶은 충동에 갑자기 휩싸였다. 아아… 검은 다이아몬드… 눈자위가 뜨거워졌다.
> "아시아가 선다. 우리가 일어선다. (…) 방위의 전사. 아시아의 전사. 인도네시아의 전사Asia Sudah bangun, Merdeka Kita, Membela diri tanah air-ku, madjulah, madjunlah, tentaka pem-bela, pahlawan Asia, dan Indonesia."
> 한 무리의 병사들이 부르는 그 행진곡에 침통함과 애상함을 느끼면서 나는 아연히 그 자리에 내내 서 있었다. 그로부터 4년….[*]

아라카와는 이 장면에 대하여 인도네시아 독립운동의 역사적 의의는 간과한 채 '동성애적' 연정만 표현한다고 비판했다. 그러나 이 장면은 오히

---

[*]   밑줄은 인용자. 밑줄 그은 알파벳 표기는 초출에는 없고 전집에만 있다. 이 변화에 대해서는 차후 추적이 필요하나 일단 밑줄로 변화를 표시한다. 太田良博, 〈黒ダイヤ〉, 《太田良博著作集》 4, 伊佐美津子, 2006, 179쪽.

려 인도네시아 독립운동에 강렬하게 공감하고 "비트적거리며 따라가고 싶은 충동에 갑자기 휩싸"이면서도, 독립은 요원해져가고 점령이 현실화되는 오키나와의 상황을 예감하면서 그저 그 자리에 멈춰서버린 상태가 아닐까. 미야기 기미코는 "식민지의 타자를 젠더적으로 포함하고 과잉하게 감정을 이입하는 그로테스크함이 '비'일본어로 폭로될 가능성 직전에, 이 텍스트는 끝나고 있다"[58]라고 평가했다. 이 그로테스크할 정도로 과잉된 파니만에 대한 감정이입은 일본인이라는 위치에 대한 동경과 인도네시아 독립에 대한 동경을 한 몸에 지니고서 흔들리던 1949년 전후 오키나와의 상태를 암시한다. 소설 마지막에 쓰인 "그로부터 4년…"이라는 말은 1945년에서 4년이 지난 1949년 오키나와의 이 상태를 예견하는 듯하다.

한편으로는 가해자의 자리에, 다른 한편으로는 피해자의 자리에서 흔들리며 동요하는 '피해를 내포한 가해자성'을 띤 오키나와인의 자리, 이 흔들림에 주목하는 것은 어떤 의미가 있을까?

이 흔들림은, 일본인에게 동화되고 싶은 욕망이 일본군의 가해자성 인식을 간과하게 하는 측면이 있음을 성찰하게 한다. 또한 한 공동체의 피해와 고통이 심화되고 있을 때 그 공동체의 가해자성을 인식하는 것이 얼마나 어려운지를 보여준다. 그러나 이 흔들림은, 미군 기지화가 심해지고 있었기 때문에 포기할 수밖에 없었던 오키나와의 독립에 대한 욕망을, 인도네시아의 경우를 통해 다시 인식하게 되는 순간을 나타내고 있기도 하다.

오타는 〈검은 다이아몬드〉의 주인공이 파니만이라고 언급한 적이 있다. 그럼에도 파니만은 소설 속에서 오직 '나'의 시선으로 관찰되고 이야기될 뿐, 이야기의 주체로는 좀처럼 등장하지 못한다. 이 말할 수 없고 오직 말해지는 대상이 될 수밖에 없는 상태는 조선인 포로감시원이었던 양칠성 그리고 양칠성과 함께 독립운동을 했던 인도네시아인들을 떠오르게 한다.

군사분계선 근처에 '수용'된 존재

　　식민화되고 수용소화된 관계는 식민주의로부터 제도적으로 해방되고 수용소에서 물리적으로 벗어났다고 해도 '식민화된 인종주의'의 형태로 다시금 반복되고 지속된다. 따라서 조선인 포로감시원이나 오키나와 출신 '일본군'처럼 '피해를 내포한 가해자성'을 지닌 존재가 위로부터의 명령을 거부하거나 구조적인 가해성을 성찰하는 것은 매우 어려운 일이다.

　　그러나 포로감시원이었다가 인도네시아 독립운동에 참여한 조선인 양칠성의 예와 〈검은 다이아몬드〉에서 (비록 가해자성의 인식은 충분치 않지만) 인도네시아 독립운동에 강렬히 공감하는 주인공의 예는 하나의 피식민 공동체와 다른 피식민 공동체의 독립이 공존하고 연대할 수 있었을 단초를 보여준다.

　　다시 한 번 처음의 물음으로 돌아가 보자. 피식민자나 소수자가 자신의 구조적 가해자성을 인식하는 것은 어떻게 가능할까? 포로감시원이었던 이학래가 포로와 만나 변모하는 순간에서 그 가능성을 엿보게 된다. 김학순이 일본군 '위안부' 생존자로서 증언한 1991년 8월 14일, 그로부터 5일이 지난 시점에 이학래는 오스트레일리아로 자신이 식민기에 감시했던 포로에 대한 사죄 여행을 떠난다. 그리고 8월 19~20일 오스트레일리아 캠벨 Cambell에서 열린 〈타이-미얀마 철도에 관한 심포지엄〉에서 발언하던 중 예상외의 반응과 마주한다. 그가 "가해자의 한 사람으로서 사죄의 말씀을 드리고 싶다"라고 한 후 이어서 "저도 몹시 힘들었다"라고 하자, "남의 탓으로 돌리는가, 당신 자신은 어땠는가?"라는 말을 듣게 되고, 그는 "포로들이 풍기는 섬뜩하리만치 냉엄한 분위기를 실감했"다고 고백한다.[59]

　　그로부터 5년이 지난 시점에 이학래는 자신이 포로감시원으로 있던 수용소에 포로로 수감되어 있던 던롭 군의관으로부터 《전쟁일기》라는 책을 받는다. 《아사히신문》은 이 순간을 〈사죄 여행〉이라는 표제로 실으면서 5년 전 던롭과의 대화를 더불어 게재한다.

> "피해자이면서 가해자로서 사죄하지 않을 수 없습니다. 고통스러운 여행이었습니다." 이학래 씨(70)는 두꺼운 책을 펼쳐 들며 불쑥 말했다. 《전쟁일기》라는 제목이 붙은 책 뒤표지에는 '용서와 이해를 담아'라고 영어로 쓰고 '에드워드 던롭'이라는 사인이 있었다. (…)
>
> 이: 가해자의 한 명으로서 마음으로부터 사죄하고 싶다.
>
> 던롭: 동료들이 차례로 죽어가는 것을 보고, 솔직히 말해 코리안 가드(조선인 포로감시원)에게 살의를 품고도 있었습니다. (…) 고소는 했지만 절대로 사형은 원치 않았습니다. 일본은 전범이라고 불리는 자들을 정중하게 대했습니까?
>
> 이: 버려진 존재입니다. 석방 후도 생활고와 병고로 두 명이 자살했습니다. 정신병원에 격리된 상태의 동료도 있습니다.
>
> 던롭: 당신들 조선인에게는 책임이 없습니다. 일본의 군대 조직 속에서 당신들은 포로를 감시하는 임무에 충실할 수밖에 없었죠. 일본 대신 죄를 짊어진 것입니다.[60]

피해자인 던롭 앞에서 이학래는 스스로를 '가해자'라 지칭하여 말하며, 신문 기사는 던롭과의 대화를 통해 일본 독자에게 일본의 식민지 전쟁 책임을 묻는다. 던롭 앞에서 가해자이며 일본 앞에서 피해자인 이학래의 위치는 기사 앞부분에서 스스로를 '피해자이면서 가해자'라고 지칭할 때 선명히 드러난다. 그리고 기사 마지막 부분에 언급되어 있듯이, 48년 만에 포로감시원 이학래와 포로 던롭의 대화가 이뤄진 1991년 8월 21일은 포로수용소에서 3년, 감옥에서 6년, 정신병원에서 40여 년간 살았던 이영길이 죽음으로써 49년 만에 겨우 수용소 밖으로 나온 날이기도 했다.

이학래는 일본으로 돌아온 뒤 던롭에게 사죄한 날이 곧 이영길이 죽은 날임을 알게 되고, "마치 두 사람의 화해를 보내준 듯한 죽음이다. 단지 우연이라고는 도저히 생각할 수 없다"라고 쓴다. '피해를 내포한 가해자성'을 지닌 조선인 전범의 몸과 정신이 수용소화되고 식민화된 삶에서 벗어나는 순간은 이처럼 자신의 가해자성을 인식하는 동시에 자신의 피해를 통해 다른 피해자와 공감하는 (죽은 자까지도 포괄한) 집단적 순간일지도 모른다.

그리고 이들의 만남은 다음의 물음을 미해결인 채 지속적으로 던져준다. '취약한 상태에 처해 있을 때 위로부터의 명령을 거부할 수 있는 힘은 어떻게 주어지는가?' '피해의 위치에서 구조적 가해자성을 성찰할 수 있을까?' '가해의 책임을 말하는 것이 주체의 자리에 대한 욕망으로 귀결되지 않을 수 있을까?' '스스로의 경험을 말할 수조차 없는 존재에 대한 구술과 기록은 어떻게 가능할까?' 이러한 끊임없는 질문 속에 이영길의 삶/기록을 새겨두고 싶다.

이영길의 유골은 많은 조선인의 유골을 안치하고 있는 도쿄의 사찰 국평사에서 "다른 무연고 조선인 유골 300여 구 가운데 신원이 확인된 유골 30여 구와 함께 한국으로" 오게 된다.[61] 이학래는 동료로서의 감격을 전하면서 이렇게 말한다.

이영길 씨의 유해가 가까운 시일 내에 태어난 고향인 한반도의 군사분계선 인근 땅에 봉환되게 되어 매우 기뻐하고 있습니다. 유족은 발견되지 않았습니다만, 태어난 고향 바로 곁까지 돌아갈 수 있는 것을 본인도 진심으로

기뻐하고 계시는 것이 아닐까요.[62]

이영길/요시모토 나가요시가 태어난 곳은 북한의 강원도 평강으로 군사분계선의 비무장지대 북쪽이라고 알려져 있다. 식민지에서 벗어났지만 냉전하의 신식민주의가 변형된 형태로 계속되며, 아시아 유민과 소수자의 시설화된 삶이 변화 없이 지속되는 현재, 이영길의 유골은 고향으로는 '돌아올 수 없'으며, 단지 '고향' 바로 곁에 '수용收容'될 수 있을 뿐이다.

그런데 고향으로 돌아왔으나 '수용受容'될 수 없는 존재도 있(었)다. 이학래의 사죄 여행 불과 5일 전에 있었던 김학순의 일본군 '위안부' 생존자로서의 증언은, 이학래의 발언에서는 등장하지 않는다. '피해를 내포한 가해자성'을 논하거나 동아시아 피식민자 연대를 논할 때 '여성'의 자리는 후경화되는 것이다.

이는 수용소 '이후의 수용소'의 문제가 아니라, 모든 시간성 속에 존재하는 수용소 '속 또 하나의 수용소'의 문제다. '피해를 내포한 가해자성'의 인식과 연결되어 있으면서도 그 논의의 층위를 완전히 달리해야 이야기될 수 있을 그/녀/들에 대해서는 추후의 과제로 삼고 싶다. 이 한계 속에서, 던롭에게 사죄하고 돌아왔던 이학래의 수기 속에 가까스로 그 흔적을 드러내고 있는 그/녀/들의 '부재하는 기록'을 보자.

경편철도가 논쁘라둑 사이를 왕래하게 되자, 힌똑에서 가까운 낀사욕Kin-sayok 수용소 부근에도 위안소가 개설되었어요. 현지 여성과 일본인 여성을 구분한 두 종류의 위안소가 있었는데, 일본인 여성이 있는 위안소는 장교용이었어요. 낮에는 식당 종업원으로 일하고, 밤에는 일본군의 성욕 상대가 되는 여성들이 있었어요. 이들은 감시를 받고 있어서 달아나지도 못하고, 부대 후방에 딸려서 함께 이동하는 듯했어요. (…) 제 친구는 위안소에서 조선인 아가씨를 만나서 신상 이야기를 듣고서 함께 울다가 돌아왔다고 했어요. (…) 군인들이 위안소에 가는 데는, 내일은 어디에서 죽을지도 모른다는 절박한 심정도 한몫하지 않았을까요. 저도 우스키 중위와 함께한 출장길에 '다녀오라'고 해서 간 적이 있어요. 저로서는 첫 경험이었는데, 상대는 현지 여성이었어요. 비번 때는 보통 '공용외출'이라는 완장을 차고 외출했습니다. 포로감시원은 군인보다 봉급이 많아서 제법 폼을 잡기도 했어요.[63]

일본군과 포로감시원 사이의 위계 속 더 깊은 주름 사이로 일본 여성, 조선 여성, 현지 여성으로 분류되어 갇혀 있던 그/녀/들의 구체적인 얼굴을 떠올리려 해본다. 그러자 양칠성의 아내가 인도네시아 현지 여성이었고, 그녀의 이야기를 단 한 번도 들어본 적이 없다는 것을 뒤늦게 깨닫게 된다.

강제수용과
병역거부

닛케이진과
《노노 보이》의 세계

지은이 권혁태

성공회대학교 인문융합자율학부 교수. 최근 저서로는 《일본 전후의 붕괴—서브컬처 소비사회 그리고 세대》(2013), 《평화 없는 평화주의—전후 일본의 사상과 운동平和なき 平和主義—戰後日本の思想と運動》(法政大学出版局, 2016) 등이 있고, 최근 공저서로는 《전후의 탄생—일본, 그리고 조선이라는 경계》(2013), 《두 번째 '전후'—1960~1970년대 아시아와 마주친 일본》(2017), 《주권의 야만—밀항, 수용소, 재일조선인》(2020)이 있다. 최근 논문으로는 〈4월혁명의 국제적 파장과 '반란'의 1960년—일본의 안보투쟁과 터키의 5월정변과의 비대칭적 인식을 중심으로〉(2020), 〈말소된 '저항'과 '가해자 없는 피해자' 신화—일본의 '전후'와 민주주의〉(2021) 등이 있다. 전쟁과 식민지에 대한 '전후' 기억 정치에 관한 단행본을 준비하고 있다.

1. 미국, 닛케이진에게 충성을 묻다

2. 강제수용과 인종주의

3. 《노노 보이》의 탄생과 닛케이진 1세 '모친'의 광기

4. 시민권자이면서 시민권자일 수 없었던 닛케이진

5. 《노노 보이》는 과연 '저항'했는가

• 이 글은 《역사비평》 134호(2021년 봄호)에 실린 〈강제수용과 병역거부—재미 닛케이진과 《노노 보이》의 세계〉를 수정·보완한 것이다.

미국, 닛케이진에게 충성을 묻다

27항: 당신은 미군 병사로 입대해 명령을 받으면 어디든지 전투 임무에 임할 의사가 있는가?

28항: 당신은 미합중국에 무조건 충성을 다짐하고 국내외의 모든 공격으로부터 미합중국을 충실히 지킬 것을 맹세하는가? 또한 일본의 천황이나 기타 외국 정부·권력·조직에 대해 어떤 형태로도 충성심을 품지 않으며 복종하지 않을 것을 맹세하는가?'

제2차 세계대전 중 미국 국방부의 이름으로 총 28개의 질문을 담은 이른바 '충성 질문서Loyalty Questionaries'가 미 대륙 서부 지역의 수용소에 1942년 초부터 격리 수용되어 있던 이른바 '닛케이진日系人(일본계 미국인 Japanese Americans, 미국 시민권자 및 일본 국적자를 포함)' 약 12만 명 중 17세 이상에게 배포되기 시작한 것은 1943년 2월부터다. 이 충성 질문서에는 생년월일, 성별, 주소, 신장 및 체중, 배우자의 인종, 미국 거주 친척, 일본 거주 친척, 학력, 외국 여행 경험, 종교, 사회활동 경험, 일본어 등의 외국어 능력, 취미, 범죄력, 외국 투자 여부와 그 액수, 구독 잡지와 신문, 일본 국적 취득 신청 여부, 일본 송환 요청 여부 등 26개의 민감한 신상 관련 질문이 있었고, 앞에서 인용한 이른바 27항과 28항이 이어진다.[2]

흔히 '충성 심사'라 불리는 이 질문의 의도는 명확했다. 수용 중인 닛케이진을 미국에 대한 '충성파'와 '비충성파'로 분류해 충성파는 부분 석방하고 비충성파는 격리 수용하기 위해서였다. 결과는 17세 이상 대상 인원 7만 8000명 중 6만 5000명(84%)이 무조건적으로 충성 서약, 즉 "예스예스Yes, Yes"라 답했고, "노노No, No"라 답한 이른바 비충성파는 1세와 2세를 합해 약 1만 3000명이었다. 이 1만 3000명 중에는 미국에서 태어나 속지주의 원칙에 따라 미국 시민권을 지닌 닛케이진 2세 7000명이 포함되어 있었다. 수용 중이었던 2세 남성 약 3만 8000명 가운데 20% 정도 규모였다.[3] 그런데 1941년부터 징병 정지 상태에 놓여 있던 닛케이진 2세(미국 시민권자)를 대상으로 1943년 12월부터 징병령이 재개되자, 징병 명령을 거부하고 군대 대신 감옥을 택하는 이들이 등장했고, 이들은 모두 315명에 달했다.[*]

물론 충성 심사에서 이른바 '노노'라 답한 닛케이진이 후일 징병 명령을 거부한 징병 거부자는 아니었고, 따라서 '노노 보이'와 닛케이진 징병 거부자가 반드시 동의어는 아니다. 하지만 후술하는 바와 같이, 닛케이진 2세 중에서 징병 명령을 거부하고 감옥을 택한 닛케이진 청년을 '노노 보이'라

---

[*]   병역거부 혐의로 체포되어 유죄 판결을 받은 닛케이진의 정확한 수치는 공식적으로 확인
되지 않는다. 다만 후술하는 에릭 뮬러Eric L. Muller는 약 300명, 모리타 유키오森田幸夫는
315명이라고 했다.

부르게 된 것은 바로 이 충성 심사에서 비롯되었다고 볼 수 있다.

이 글에서는 일단 징병을 거부한 이들 닛케이진 청년을 '노노 보이' 그리고 징병에 응한 닛케이진 청년을 '예스예스 보이'라 한다. 약 3만 3000명에 달했던 '예스예스 보이', 즉 군 입대를 택한 대표적인 사례로는 유럽 전선에 투입되어 적지 않은 인명 손실을 입은 닛케이진 부대 442보병연대와 100보병대대가 있다. 또 미국 육군정보부 소속으로 일본과의 태평양전쟁에 투입되어 주로 감청, 포로 심문 등의 통역 업무에 종사했던 닛케이진 부대도 있다. 통역 업무 등에 종사했던 이들 닛케이진을 일본열도와의 강한 유대 속에서 다룬 야마사키 도요코山崎豊子(1924~2013)의 대하소설《두 개의 조국》(1980~1993)은 가고시마鹿兒島 출신의 닛케이진 2세 '아모우 겐지天羽賢治'를 주인공으로, 체포·수용·입대·전쟁·점령으로 이어지는 닛케이진의 역사를 일본열도의 고난의 역사와 결합해 이를 전후 미일 친선 구도 속에서 재정립하려는 시도라 볼 수 있다.[4]

이 같은 '예스예스 보이'의 삶은 강제수용의 역경에도 전공戰功을 통해 미국에서 마이너리티로서의 입지를 다져갔다는 '성공 이야기'로 자리매김되어 닛케이진 역사의 주류를 차지하고 있다. 반면 미국 시민권을 지니고 있으면서도 시민권자로서의 권리를 원천적으로 부정당했다가 시민권자로서의 의무라는 이유로 내려진 징병 명령을 거부했던 '노노 보이'의 삶은 미국의 주류 역사에서도 혹은 닛케이진 역사에서도 이른바 '암흑의 역사'에 속한다. 특히 수용소 생활의 경험이 전쟁 종결 후에 많은 닛케이진에 의해 증언되거나 혹은 문학 작품의 형태로 폭넓게 알려졌음에도 이른바 '노노 보이'의 세계는 몇 가지 사례를 제외하고는 주류 언설에서 배제되어왔다고 볼 수 있다. 따라서 이 글에서 다루는 존 오카다John Okada(1923~1971)라는 닛케이진 2세가 발표한 소설《노노 보이》(1957)은 매우 예외적인 작품이라

할 수 있다.[5]

존 오카다의《노노 보이》에 대해서는 주로 문학 영역에서 다양한 분석이 이루어지고 있다.[6]《노노 보이》를 직접 다루지는 않지만, 닛케이진 병역거부 문제에 역사적 접근을 시도한 에릭 뮬러Eric L. Muller와 모리타 유키오森田幸夫의 방대한 연구[7]는 닛케이진의 강제수용과 병역거부 연구에서 길잡이 역할을 한다. 이 글에서는 문학과 역사학 분야의 기존 연구를 참고로 하면서, 존 오카다의《노노 보이》를 중심으로 닛케이진에게 가해진 강제수용과 징병 문제가 시민권citizenship, 인종race, 병역military service 문제와 어떻게 연동·굴절되어 표상되고 있었는지를 분석한다.

강제수용과 인종주의

잘 알려진 것처럼 1941년 12월 7일 이른바 일본의 '진주만 습격'으로 시작된 태평양전쟁은 당시 하와이와 미 대륙 서부 지역에 거주하던 닛케이진의 삶에 결정적인 영향을 미쳤다. 미국 연방정부는 FBI를 동원해 진주만 습격 직후인 12월 10일까지 사전에 작성된 블랙리스트에 따라 일본인 1291명(하와이 367명, 미국 본토 924명), 독일인 857명, 이탈리아인 147명을 체포해, 법무부 관할의 '적성 외국인alien enemy'용 구치소에 수감했다. 체포는 그 후에도 계속 이어졌고, 1942년 2월 16일 현재 구금 상태에 놓여 있던 '적성 외국인'은 일본인이 2192명, 독일인이 1393명, 이탈리아인이 264명에 달했다. 이 긴급체포는 적성 외국인의 첩보 활동이 일본 측의 군사 작전과 연동되어 있다는 추측에 기인한 것이었다.[8]

1942년 1월 25일 자《뉴욕타임스》에 게재된 '로버츠위원회Roberts Commission' 보고서에는 "일본 영사관 대리인agent 및 일본 외교 업무와 은밀한 관계를 맺고 있는 인물들이" 일본 측에 정보를 제공하고 있었다는 구절이 등장한다. 로버츠위원회는 진주만 습격 직후에 이 사건을 조사하기 위해 대통령이 위원장으로 지명한 연방대법원 판사 오웬 로버츠Owen Roberts(1875~1955)가 이끈 위원회로, 진주만 습격에 대비하지 못한 원인을 조사하기 위해 설치된 공적 기관이었다. 이 조사 보고서에 등장하는 "제5열fifth columnists", "내부의 적internal enemy"이라는 용어는 진주만 습격이 미국 내의 일본 '스파이'와의 협력하에 이루어졌음을 암시하게 만들었고, 이미 진주만 이전부터 잠복해 있었던 닛케이진에 대한 미국 사회의 의심과 공포를 결정적인 것으로 만들었다.[9]

하지만 이 단계에서 이들에 대한 체포 구금은 어디까지나 적성 외국인, 미국 시민권이 없는 외국인, 즉 독일·이탈리아·일본을 포함한 추축국 국민을 대상으로 한 것이지, '보통'의 닛케이진, 즉 미국 시민권을 지닌 닛케이진 '2세'를 대상으로 한 것은 아니었다. 물론 앞서 말한 야마사키 도요코의 《두 개의 조국》에 등장하는 주인공인 닛케이진 2세 아모우 겐지는 태평양전쟁 발발 초기에 체포되어 수용소에 강제 수용되는 인물로 그려지는데, 이는 매우 예외적이다.

사실 미국 측이 진주만 습격 이전에 일본의 '침투 공작'에 대해 어느 정도의 정보를 지니고 있었는지는 명확하지 않다. 아이오와주 상원 의원 민주당의 가이 마크 길레트Guy Mark Gillette(1879~1973)가 재미 닛케이진 및 하와이 닛케이진을 일본 정부가 일본군의 징병 대상에 포함하고 있는지의 여부를 국무성에 확인·요청했다는 기사가 진주만 습격이 있기 1년 전인 1941년 1월 4일 자 《뉴욕타임스》에 등장한다. 이 기사는 일본 정부가 하와이 닛케이진 8만 9500명에 대한 인구조사를 이미 마쳤고, 5만 명의 닛케이진이 군사훈련을 받았으며, 일본 정부의 명령하에 이 중 3800명은 하와이 부근의 섬에, 1200명은 미 대륙의 서해안에 각각 배치되었고, 일본과 독일의 협력하에 스파이 활동을 펼치고 있다고 보도했다. 물론 재미 일본영사관 측은 이 같은 사실을 부인했지만, 흥미로운 것은 《뉴욕타임스》가 정보의 출처를 로스앤젤레스의 '중한민중동맹단中韓民衆同盟團, Sino-Korean People's League'의 제보라고 밝혔다는 점이다.[10] 이 기사가 반드시 구체적인 사실에 근거한다고 보기는 어렵지만, 분명한 것은 진주만 습격 이전부터 일본과의 전쟁에 대비해, 닛케이진에 대한 정보 수집이 매우 활발하게 이루어지고 있었다는 점이다. 따라서 앞서 말한 진주만 습격 직후부터 단행된 닛케이진 주요 인사들에 대한 긴급체포는 진주만 습격 이전부터 수집해온 정보를 바탕으로 닛케이진의 첩보 활동이 미국 서해안 지역에 대한 일본 측의 군사 작전과 연동되어 있을 것이라는, 군사 안보상의 공포와 이에 대한 대응이었다고 볼 수 있다. 스티븐 스필버그 감독의 영화 〈1941〉(1979)은 진주만 습격 직후 일본에 대한 미국의 공포가 어떤 상태였는지를 코믹하게 풍자한다.

그런데 1942년 2월 19일 루스벨트 대통령은 '행정명령 9066호'를 발령하고, 서해안 지역의 닛케이진을 포함한 이른바 적성 외국인에 대한 명령권을 국방부 장관에게 부여하는 조치를 단행한다. 이 같은 조치는 정확히는 '군사 지역을 결정할 권한을 육군 장관에게 부여하는 명령'으로 "전쟁을 성공리에 수행하기 위해", "국방장관 및 장관이 필요에 따라 임명하는 사령관"에게 "군사 지역을 설정할 권한을 부여"한다는 것이며, 이에 따라 국방장관 및 사령관이 설정된 군사 지역에서 "일부 혹은 전원"을 "배제"하거나 "퇴거할" 권한을 국방장관 및 사령관이 가지게 되었다는 점이 중요하다.[11] 한마디로 말하면 국방장관 혹은 사령관에게 닛케이진의 운명이 맡겨진 셈이다. 이 조치는 미국 역사에서 이른바 문민 통치의 기반이 무너진 사례로 기록된다. 이 같은 '무모한' 조치가 가능했던 것은 독일계나 이탈리아계와 달리 약 12만 명의 닛케이진 중 다수가 1세여서 투표권이 없었고, 더구나 미국 시민권자인 닛케이진 2세도 투표 연령에 달하지 못한 미성년자가 다수였기 때문이다.

물론 초기에는 미국 법무부의 신중한 태도를 받아들여 서해안 지역으로부터의 '강제퇴거'는 일단 닛케이진의 '자발적' 의사에 의해 실시되었다. 하지만 자발적 이주는 성과를 거의 거두지 못했다. 자발적 이주가 개시된 3월 2일부터 약 3주 동안 겨우 2005명만이 이에 응했을 뿐이었다.[12] 결국은 '강제 집단 이주'로 정책을 선회한다. 서부방위사령부WDC, Western Defense Command 장관에 임명된 존 디윗John L. DeWitt(1880~1962) 장군은 3월 24일 명령을 내려 독일·이탈리아·일본 국적을 지닌 자와 일본인(독일인·이탈리아인은 해당하지 않음)을 조상으로 둔 모든 미국 시민에 대해 밤 8시부터 아침 6시까지 외출을 금지하고, 자택에서 5마일 이상 외출할 때는 군의 허가를 받아야 한다는 조치를 내렸다. 그리고 이어서 '국가의 안전보장을 위해 이전이 필요한 인물을 지정 지역에서 이전하는 것을 목적으로' 전시재배치국War Relocation Authority(3·18행정명령 9012)을 설치하고 이 기관의 관장하에 기존의 자발적 이주를 정지하고, 3월 31일부터 강제 집단 이주를 개시한다. 8월 7일까지 9만 2000명이 '임시 거주 구역'으로 이동되었는데, 이 중 70%는 미국 시민권을 가진 '2세'였다. 그리고 주로 내륙 지역에 건설된 열 개의 재배치 센터Relocation Center에 11월 1일까지 총 10만 6770명을 수용하게 된다. 닛케이진에 대한 강제수용의 역사가 시작된 것이다.

닛케이진에 대한 강제수용을 인종주의 정책으로 해석하는 견해가 대종을 차지하게 된 것은 정책 당국자에 의해 반복된 인종차별적 발언에 더해,

추축국인 독일과 이탈리아계를 제외하고 닛케이진만이 수용되었다는 역사적 사실 때문이며, 존 다우어John Dower의 견해는 이 같은 해석을 대표한다.[13] 하지만 스티븐 폭스Stephen C. Fox는 정부가 당초에는 독일계 및 이탈리아계의 강제수용도 적극 검토했다가 닛케이진에 비해 압도적으로 많은 독일계·이탈리아계 인구수와 이에 따른 막대한 비용 그리고 투표권을 가지고 있던 독일계 등의 수용이 가져다줄 정치적 부담 때문에 이들에 대한 강제수용을 단념하게 되었다고 말하면서 인종주의적 해석에 다소 이론을 제기한다.[14] 하지만 결과적으로 독일계와 이탈리아계를 제외한 닛케이진만을 강제 수용했을 뿐만 아니라, 시민권 보유자인 닛케이진 2세(닛케이진 인구의 약 70%)도 인종적 분류에 따라 강제 수용되었다는 점을 감안하면, 이 조치를 인종주의에 입각한 시민권 정지라는 사태로 해석할 수밖에 없다.

닛케이진 강제수용에 인종주의적 관점이 얼마나 강하게 투영되어 있는지는 당시 강제수용 책임자였던 서부방위사령부 사령관 존 디윗의 반복되는 발언에서도 확인할 수 있다. 디윗은 1942년 1월 "닛케이진의 충성심은 전혀 신용할 수 없다"라는 견해를 당시 사법차관보인 제임스 로James Rowe(1909~1984)에게 밝혔고, 1942년 2월 3일에는 당시 헨리 스팀슨Henry L. Stimson(1867~1950) 국방장관에게 "저 지역(캘리포니아 등)에 잠복해 있는 일본 스파이는 연안의 (일본) 잠수함과 정기적으로 무선 교신을 주고받으면서, 거의 모든 출항 선박에 대한 일본의 잠수함 공격을 돕고 있다"라고 보고했다. 그리고 다시 5주 후 스팀슨 장관에게 닛케이진 '2세'를 미 대륙의 서해안에서 배제해야 한다며, 그 이유를 다음과 같이 말한다.

닛케이진은 적성 인종이며, 미국 본토에서 태어난 다수의 2세, 3세는 미국 국적을 취득해 미국화되었지만, **인종적 혈연**은 묽어지지 않았다. 사활이 걸린 중요한 태평양 일대에는 현재 적이 될 수 있는 닛케이진 11만 2000명이 활개를 치고 있다.[15]

이 같은 발언은 닛케이진 수용이 '백인'의 인종주의에 입각해 있음을 보여주는 명백한 증거라 보아도 무방하다. 즉 이른바 안전보장을 위한 군사적 견해가 인종주의와 어떻게 결합되어 있는지를 보여주는 사례인 것이다.

철회된 징병 정지와 병역을 거부하는 닛케이진

그렇다면 강제수용이 닛케이진 징병에 어떤 영향을 미쳤을까? 미국 정부는 1940년 가을, 평시로서는 사상 최초로 '선별징병제Selective Military Service' 실시를 공표했다. 선별징병제란 징병 대상자가 지역 징병위원회에 출두하여 신원 등록을 하고, 이어지는 신체검사에서 적격 판정을 받게 되면 징집영장이 나올 때까지 대기하는 제도다. 시민권이 없는 재미 외국인에게 병역(미군 복무)을 통해 시민권을 획득할 수 있는 이른바 '병역 귀화military naturalization(1862년 7월 17일)'라는 제도가 있었지만, 닛케이진 등의 아시아계에게 이 제도는 거의 적용되지 않았고, 다른 경로로 미국 시민권을 취득하는 것도 거의 불가능했다. 따라서 일본에서 태어난 닛케이진 1세의 국적은 대부분 일본이었고, 이들은 선별징병제의 대상이 아니었다.* 문제가 된 것은 미국에서 태어나 시민권을 지니고 있던 2세였다. 그런

---

* 1918년부터 2005년까지 시민권 신규 취득자 202만 2085명 중 '병역 귀화'를 통한 시민권 취득자는 68만 7113명으로 전체의 3.4%를 차지한다. 이 점에 대해서는 Deenesh Sohoni & Amin Vafa, "The Fight to Be American: Military Naturalization and Asian Citizenship," *Asian American Law Journal* Vol.17, 2010, p.130 참조.

데 미국 국방부는 1942년 3월 3일 적성 외국인이라는 이유를 들어 이들 서부 지역에 거주하는 닛케이진 2세를 4-C로 재분류하여 군무 '부적격자'로 처리했다.[16] 즉 시민권을 정지시킨 조치(강제수용)에 이어 시민권자의 의무였던 징병 대상에서도 배제해버린 것이다. 미국 시민권자이면서도 시민권적 권리가 부정당하는 사태가 발생한 것이다.

하지만 미드웨이 해전 승리(1942년 6월) 이후 인종주의와 결합된 군사적 안전보장의 논리가 더 이상 작동할 수 없게 되었다. 전선이 아시아 쪽으로 이동하면서 일본군이 미국 영토를 직접 공격할 가능성이 거의 없어졌기 때문이다. 이에 따라 일괄 강제수용 정책에 변화가 불가피해져, 앞서 인용한 '충성 심사'라는 일종의 '식별 장치'를 통해 충성파는 출소시키고 비충성파는 격리수용소에 재차 감금하는 정책으로 전환했고, 1943년 2월부터 전국 10개 수용소에서 '충성 심사'를 실시하게 되었다. 이 같은 정세 변화는 닛케이진 징병 정책에도 변화를 가져왔다. 즉 기존의 입대 정지 조치를 철회하고 '충성'이 확인된 닛케이진 청년을 대상으로 지원 입대를 받는 정책으로 전환하게 된 것이다.

하지만 갑작스러운 정책 전환은 닛케이진 사회에 적지 않은 파장을 불러일으켰다. 작가 미쓰에 야마다ミツエ ヤマダ(1923~)의 시 〈모병관Recruiting Team〉에는 지원병을 모집하기 위해 수용소를 찾은 미국인 모병관을 둘러싸고 "바카야로"(바보, 멍청이)라고 외치는 1세의 분노와 귀를 쫑긋 세우고 모병관의 목소리에 귀를 기울이는 2세의 모습이 대조적으로 그려지면서, "징병될 권리가 있는 미국인인 내가 왜 지원을 해야 하는가"라는 2세의 목소리가 등장한다.[17] 즉 지원입대제도는 2세에게 출소할 수 있는 유일한 합법적 방법으로 받아들여지면서도 이 지원제도가 강제수용의 철회를 의미하는 것이 아니었기 때문에 적지 않은 반발이 터져 나온 것이다. 결국 지

원병 규모가 당초 예상치의 3분의 1에 그치면서 지원 입대 정책은 실패로 돌아간다.[18]

그런데 1943년 12월 미국 정부는 징병 정지 조치를 철회하고 2세에 대한 징병 재개를 발표한다. 전투 인력 증강의 필요성에 더해, 병역 완수가 닛케이진의 권리 향상에 도움이 된다는 논리를 펴고 있었던 '닛케이 미국인 시민동맹JACL, Japanese American Citizens League'(1929년 설립)의 의견을 반영한 결과였다. 그러나 이 같은 입장 선회는 닛케이진의 반발을 불러일으켰고, 닛케이진 2세는 공민권 회복(수용소 폐지와 석방)을 선결 조건으로 내걸면서 신체검사와 징병 등록을 거부했고, 이 중 315명이 재판에 회부되어 형무소 생활을 하게 된다. 존 오카다가 말하는 병역거부자로서의 '노노 보이'는 이렇게 해서 탄생하게 된 것이다.

《노노 보이》의 탄생과 닛케이진 1세 '모친'의 광기

존 오카다는 1923년 시애틀에서 태어나 워싱턴대학에서 영문학을 공부하던 중 진주만 습격 직후인 1942년 아이다호주 사막에 자리한 미니도카Minidoka수용소에 수용된다. 그곳에서 미군에 지원했고, 육군 항공대에 배속되어 정찰비행 중 일본 측의 교신 내용을 탐지해 영어로 번역하는 일에 종사했다. 종전 후 점령군 통역으로 일본에서 근무하기도 한 그는 미국으로 돌아와 워싱턴대학과 컬럼비아대학원에서 영문학과 도서관학을 공부한 뒤 주로 사서 업무에 종사하다 1971년 47세에 심장마비로 급사한다. 이 글에서 다루는 《노노 보이》(1957)는 존 오카다의 처음이자 마지

막 작품이다.[19]

존 오카다의《노노 보이》는 주인공 이치로 야마다(이하 이치로)가 2년간의 수용소 생활과 병역거부로 인한 2년간의 형무소 생활을 마치고 '고향'인 시애틀로 돌아오는 장면에서 시작해, 종전 직후의 미국 및 닛케이진 사회가 강제수용과 병역거부의 경험을 어떻게 받아들이는지를 이치로의 심리 묘사를 중심으로 재구성한다. 여기서 2년간의 수용소 생활은 1942년 3월부터 개시된, 재배치 센터라 불렸던 수용소 생활을 뜻하며, 이 체험은 당시 12만 닛케이진의 '공통 경험'이었다. 그런데 이치로에게는 다수의 닛케이진과는 다른 약 2년간의 형무소 경험이 있었다. 징병 명령을 거부한 죄로 형무소에 갇혔던 이른바 닛케이진 2세 315명의 '특수 경험'이 바로 그것이다. 시애틀 '귀향'의 시기는 특정되어 있지 않다. 트루먼 대통령이 병역거부 혐의로 유죄 선고를 받았던 닛케이진 63명에게 1947년 12월 10일 사면 결정을 내린 것을 감안하면, 아무리 늦어도 1947년 12월 10일을 넘지는 않을 것이다.[20]

부모와 자식 간의 갈등은 사회변동이 단기간에 격렬하게 일어나는 사회에서는 '코호트cohort'로서의 세대 갈등 형태로 더욱 첨예하게 드러난다. 《노노 보이》에서도 언어생활, 생활양식, 모국을 둘러싼 세대 갈등이 여실히 드러난다. 이치로의 부모는 영어를 거의 하지 못했고, 주인공 이치로 세대는 거의 일본어를 하지 못했다. 언어의 벽을 둘러싼 '갈등'은 영어를 받아들이지 않고 미국 사회에 동화를 거부하는 1세와 미국에서 태어나 미국식 교육을 받고 미국인으로 살아온 2세의 갈등으로 드러난다. 이치로에게 그의 부모는 35년 동안이나 미국에서 살면서 "하루도 일본을 벗어난 적이 없듯이 철저하게 미국을 거부"했고 "미국에서 계속 살겠다는 생각은 해본 적이 없"는, "미국의 공기를 마시면서도 일본이라는 나라로부터 발을 빼지 못

하"는 존재로 비친다.[21]

그런데 닛케이진의 공통 경험인 수용소 체험이 세대 갈등을 넘어 일본적 가치를 대표하던 남성 1세의 가부장권을 무너뜨리는 데 결정적인 역할을 했다는 점에 주목할 필요가 있다. 수용소 내 거주 공간은 가족 단위로 분리되었지만 화장실·목욕탕·식당 등은 공용 공간이었다. 이 공용 공간이 수용자들의 주된 생활공간이었고, 수용소의 이런 공간적 특징이 남성 1세 가부장 중심으로 작동해왔던 기존의 가족 공동체를 무너뜨린다. 식당에서 이루어지는 집단 식사로 여성은 가사노동에서 '해방'되었고, 2세 청년은 종적인 구속에서 벗어나 동일 연령 간의 유대를 강화함으로써 기존의 가부장 중심 종적 공동체는 성별·세대별로 구분되는 '새로운' 횡적 공동체로 빠르게 대체되어갔다.[22]

"닛케이진은 캠프 생활 때문에 가정 내에서의 권위가 붕괴했다고 분노를 표했다. 아이들이 더 이상 부모에게 그다지 의존하지 않게 되었기 때문"[23]이라는 1세의 '울분'은 그 변화를 단적으로 보여준다. 더구나 연령차가 한 세대 정도 떨어진 1세 남성과 2세 여성 간의 결혼이 많았던데다, 또 1세 부부조차도 '사진 신부寫眞花嫁'라 불리는 방식(사진을 통한 맞선 결혼)을 통해 결혼이 이루어진 경우가 적지 않아, 수용소 생활이 이런 '비정상적'인 결혼 생활을 파탄에 이르게 하는 요인으로 작용하는 등 기존의 가족제도에 커다란 균열을 가져다주었다.[24] 진 소코워브스키Jeanne Sokolowski가 수용소 생활이 시민권의 구속과 함께, 닛케이 여성에게는 젠더 규범으로부터의 '자유'를 가져다주었다고 지적하는 것은 이런 연유에서 비롯된다.[25]

따라서 존 오카다의 《노노 보이》에 병역과 '애국주의'로 무장된 전통적인 남성성masculine과는 대조적인 '거세'되고 '여성화'된 '훼손된 남성성 compromised masculinity'[26]을 지닌 무기력한 남성이 다수 등장하는 것은 결코 우연한 일이 아니다. 그런데 《노노 보이》에서 주목할 대목은 남성 가부장의 붕괴가 여성 가부장의 등장으로 대체된다는 점이다. 이 소설은 주인공인 2세 이치로와 1세 모친 간의 대립과 갈등으로 구성되어 있다고 할 만큼 모친의 존재가 절대적인데, 여기서 모친은 무너진 일본 남성을 대신하는 새로운 '폭군' 가부장이다. 그리고 '폭군' 가부장으로서의 모친의 존재를 부각하는 핵심 요소는 이치로의 병역거부가 본인의 의지가 아니라 모친이 이치로에게 강요한 결과라는 설정이다.

따라서 모친의 '강요'로 병역을 거부하고 형무소 생활을 경험해 미국 시민권자로서의 삶이 부정당한 이치로의 후회와 분노가 모친으로 향하는 것은 당연한 일이다. 그렇다면 이치로의 특수 경험은 수용소 생활을 통해 무너진 부친 가장의 남성성을 아들 이치로의 병역거부를 통해 '회복'하고 이를 대체하려는 모친의 '남성성'에 의한 결과라 볼 수 있다. 물론 부친의 남성성을 대체한 모친의 남성성이 반드시 아들의 병역거부로 이어져야 할 필연적인 이유는 없지만, 수용소 경험이 '시민권(국적)→병역(의무) 필→남성성의 증명'이라는 당연한 등식을 무너뜨렸기 때문에 모친에게는 아들 이치로로 하여금 미군 입대를 거부하게 만들어 일본에 대한 '충성'을 증명하는 길밖에는 남아 있지 않았다. 이 같은 모친의 충성심을 대표하는 것이 '일본 승전 미국 패전'이라는, 실제 역사와는 정반대인 가공의 신념을 전후에도 계속 고집하는 모친의 '광기'다. 모친은 일본의 패전 후에도 그것을 믿지 않는다. 모친이 믿고 있는 것은 일본의 승전과 미국의 패전이다.

> 충군이면서 명예로운 일본인인 귀하에게
> 아주 중요한 서신을 보낼 수 있게 되어서 마음으로부터 기쁨의 말씀을 드립니다. 승리를 거둔 일본 정부가 목하 천황 폐하께 흔들림 없는 충성을 지

켜온 해외 거주자를 일본으로 송환하기 위해 선박을 파견할 준비를 하고 있다는 연락이 우리에게 왔습니다. 일본 정부는 승리했지만, 그로 인해 발생한 여러 책임 때문에 선박 파견이 늦어질 수밖에 없게 된 점에 대해 유감의 뜻을 표하고 있습니다. 이 명예를 누릴 수 있는 소수의 한 사람으로 있게 된 것은 감사할 만한 일입니다. 연합군이 승리했다는 거짓을 믿게 하려고 기를 쓰는 라디오나 신문의 선전 공작은 무시해야 합니다. 특히 고국을 배신한 비국민 동포나 반역적 행위로 벌에 처해질 동포의 거짓은 무시해야 합니다. 승리의 날이 눈앞에 와 있습니다. 우리가 생각지도 못했던 보답이 주어질 것입니다. 우리는 일본인으로서 당연한 일을 했습니다만, 일본 정부도 이에 감사하고 있습니다. 가슴을 활짝 펴고 출항 준비를 해야 합니다. 배는 곧 옵니다.[27]

《노노 보이》에 브라질 상파울루에 거주하는 모친의 지인이 보낸 것으로 등장하는 이 편지는 모친이 일본의 '승전'을 이치로뿐만 아니라 주위의 닛케이진에게도 설파하는 근거로 등장한다. 하지만 주의해야 할 것은 이 같은 모친의 '광기'가 존 오카다가 만들어낸 소설 속의 상상이 아니라, 실제로 존재했던 역사적 사실에 근거를 두고 있다는 점이다. 미국 승전과 일본 패전을 믿지 않고 정반대인 미국 패전과 일본 승전을 믿는 이른바 '가치구미 勝ち組'(일본 승전파)의 활동은 특히 브라질의 닛케이진 사회에서 매우 활발했다. 30만 브라질 닛케이진의 90%로부터 지지를 받았다는 브라질의 '가치구미'는 패전에서 1940년대 후반까지 일본 패전이라는 사실을 사실로 받아들이는 이른바 '마케구미 負け組'(일본 패전파) 닛케이진 23명을 살해하는 등 '광기'에 가까운 테러 활동을 일으켰다.

이 같은 브라질의 가치구미를 이끈 대표적인 조직이 바로 '신도연맹臣道

連盟'(1945년 결성)이다. 전전의 '적성보국단赤誠報告団'(1944년 1월 발족), '흥도사興道社'(1944년 2월 발족)의 계보를 잇는 천황주의자인 이들은 1945년 신도연맹을 결성해 일본의 승리를 선전하면서 이른바 마케구미에 대한 테러를 이어간다. 당시 브라질 가치구미에서 지도적 역할을 한 전 육군 중령 요시카와 준지吉川順治(육사 13기)가 1944년 8월에 발표한 '30만 동포에게 보내는 지침', 이른바 '요시카와 정신'에서 이들 가치구미의 생각을 읽을 수 있다. 이 지침에서 요시카와는 브라질 거주 닛케이진은 일본 본국 혹은 대동아공영권으로 되돌아가야 하니 브라질 영주를 부정해야 하며, 또 브라질 국적을 지닌 2세도 모두 일본 국적으로 바꾸어야 한다고 주장한다. 특히 한국전쟁 시기에 이들 가치구미가 '반공의용대'를 모집해 한국전쟁에 참전할 의사를 공개리에 표명했다는 점은 이들 가치구미의 성격을 이해하는 데 매우 시사적이다.[28]

또 하나의 일화는 빈곤과 굶주림에 허덕여 "돈, 설탕, 옷, 쌀, 담배, 과자, 뭐든지" 보내달라는 일본 거주 친척의 편지를 모친이 전면 부정하는 장면이다. 모친은 이 편지조차도 "일본에서 온 것이 아닌", 미국 측의 "선전 공작"으로 치부한다.[29]

이렇게 보면 아들의 병역거부와 이에 따른 형무소 생활은 모친에게는 자랑스러운 '치적'이 되며, 반대로 자신의 아들을 '예스예스 보이'로 입대하게 만든 다른 닛케이진의 선택은 천황에 대한 '불충'이며 '반역'이면서 경멸의 대상이다. 미군에 입대했다가 전사한 닛케이진 청년의 부모에게 이치로의 모친이 "당신들은 일본인이 아니다. 당신들은 자신의 아들을 죽였"지만, "내 아들(이치로—인용자)은 강인하게 살아 있다. 그건 내가 내 아들을 겁쟁이로 키우지 않았기 때문이다. 자멸하거나 반역자가 되지 않도록 했기 때문"[30]이라고 퍼붓는 장면은 그 같은 모친의 광기를 여실히 보여준다.

모친의 광기는 결국 자살로 막을 내리지만, 여기서 모친의 자살은 일본이 전쟁에 실패한 것처럼, 모친의 길이 실패했음을 은유한다. 이 같은 구도 하에서 주인공 이치로의 '해방'은 '모친으로부터 벗어나기'임과 동시에 '일본으로부터 벗어나기'일 수밖에 없다. 물론 논리적으로는 모친의 죽음으로 아들 이치로는 모친과 일본으로부터 벗어나는 것이 가능해졌지만, 모친=일본이 만들어낸 '인종'과 '병역거부'라는 과거 때문에 미국 시민으로 들어가는/돌아가는 길로 이어질 수 없었다. 그래서 이치로의 절망은 전후 미국에서 계속된다.

시민권자이면서
시민권자일 수 없었던 닛케이진

그렇다면 여기서 인종이라는 숙명과 병역거부라는 과거가 이치로에게 어떻게 받아들였는지를 살펴봐야 필요가 있다. 《노노 보이》의 서두에는 닛케이진 제대군인인 '에토 미나토'가 병역거부자 이치로에게 경멸의 태도를 보이는 장면이 등장한다. 이치로는 에토의 모욕적인 태도에서 "미군의 녹색 야전군복"과 병역거부를 한 이치로에게 유죄 선고를 내린 "배심원들"을, 그리고 "네 죄가 얼마나 큰지 용서를 구하라"라는 미국 사회를 떠올린다.[31] 진 소코워브스키의 말을 빌리자면, 이치로에게 "에토의 신체는 국가의 신체body"였다.[32] 이치로에게 에토는 병역을 필하지 않은 '노노 보이'가 미국 시민권자로서 자격이 없음을 끝없이 확인해주는 존재다.

병역을 시민권자로서의 필수 자격으로 보는 이치로의 시선은 이른바 '착한' 백인과의 만남에서도 여실히 드러난다. 이치로가 재학했던 대학의 백인 교수는 이치로 등의 수용소 경험에 동정과 안타까움을 표하면서도, 자신이 제1차 세계대전 때 "조국에 복무한" 참전 용사라는 사실을 자랑스럽게 밝힌다. 또 포틀랜드의 토목회사 대표인 백인은 이치로에게 "국가가 자네들(닛케이진―인용자)을 여기저기에 격리한 것은 커다란 잘못"이라고 사죄하면서 이치로에게 높은 급여와 고용을 약속한다.[33]

이들은 닛케이진을 수용한 미국의 인종차별적 과거에 대해 사죄하는 '착한' 백인 사회를 상징한다. 하지만 이치로는 이 '착한' 백인에게 자신이 병역거부자임을 밝히길 주저한다. 왜냐하면 군대를 거부한 자신과 같은 닛케이진은 이 같은 '착한' 백인의 선의를 받아들일 자격이 없고, 강제수용을 경험했으면서도 군대에 입대했던 닛케이진에게만 그럴 자격이 있다고 생각하기 때문이다. 즉 이치로의 특수 경험(병역거부)과 닛케이진의 공통 경험(강제수용) 사이의 균열인 셈이다.

로제 카유아Roger Caillois는 병역을 시민권의 필수 조건으로 자리매김한 루이 앙투안 드 생쥐스트Louis Antoine de Saint-Just의 말을 인용하면서 징병제하에서 군대는 국토방위를 위해서가 아니라 공화국의 구성원을 강화할 필요에 의해 생겨났다고 말한다.[34] 즉 근대적 '국민(시민)'의 필수 요소로서 '병역 필'을 자리매김하는 것이다. "시민권이 정치적 민주주의의 증표인 것처럼, 병역은 시민권의 증표hallmark"라고 말한 군사사회학자 모리스 자노위츠Morris Janowitz의 말처럼[35] 이치로는 병역을 거부한 자신은 미국 시민의 일원membership이 될 자격이 미국에 의해 원천적으로 부정될 수밖에 없다고 생각한다. 하지만 이치로 등의 닛케이진에게 '병역 필'은 시민권자로서 미국 사회의 당당한 일원이 될 수 있는 충분조건이 아니라는 점에 주목할 필요가 있다. 포틀랜드의 카페에서 우연히 만난, 금빛 '제대 기장'을 달고 있는 닛케이진 남성 종업원을 보고 이치로는 다음과 같이 독백한다.

자신이 최고의 미국인이라는 것을 가게에 오는 모든 사람에게 증명하기 위해 셔츠에 '종군 기장紀章'을 붙여야 하는 젊은 일본인. (…) 저놈은 전쟁에 간 것만으로도 모자라, 커피를 마시러 오는 모든 사람에게 셔츠의 배지로, 자신이 나라를 위해 싸웠다는 것을 계속해서 증명해야 한다. 미군이 저놈의 얼굴을 미국인처럼 보이게 해주지는 않기 때문이다.[36]

즉 병역 필조차도 '얼굴'로 상징되는 닛케이진에 대한 인종적 낙인을 덮을 수 없기 때문에 '종군 기장'이나 '제대 기장' 같은 가시적인 기호를 통해 자신이 미국 시민의 일원이라는 것을 끊임없이 백인에게 확인해야 한다는 것이다. 닛케이진 제대군인 벌Bull이 술집에 미인 백인 여성을 대동하고 나타나는 모습을 보고, 이치로가 "벌에게 금발 여자는 자신이 미국에게 받아들여지지 않기 때문에" "이를 메우기 위한 것"으로 느끼는 것은 이 때문이다.[37] 그래서 이치로는 자신이 '제대 기장'을 달 수 없는 병역거부자일 뿐만 아니라, 닛케이진이라는 인종적 낙인에서도 벗어날 수 없는 존재라는 것을 절망적으로 확인할 수밖에 없다. 이치로는 병역거부와 인종이라는 '이중의 낙인' 아래 놓여 있기 때문이다. 후자가 닛케이진의 **공통 경험**이라면 전자는 이치로 같은 병역거부자의 **특수 경험**이다.

디니시 소호니Deenesh Sohoni에 따르면, 미국에는 인종과 시민권의 관계에 대해 서로 다른 두 가지 사고가 오랫동안 존재해왔다. 하나는 미국적 가치·신념을 공유하는 '시민적 시민권Civic Citizenship'으로서의 시민권 개념이고, 또 하나는 앵글로색슨, 즉 백인의 우월성에 뿌리를 둔 이른바 '에스노컬처ethno-cultural'로서의 시민권 개념이다.[38] 전자는 미국적 가치를 공유하기만 하면 누구나 미국 시민권자가 될 수 있다는 것이고, 후자는 앵글로색슨형의 백인만이 이런 가치를 생득적으로 가질 수 있다는 것이다. 강제수용은 시민권 혹은 공민권의 정지 상태를 의미한다. 따라서 강제수용은 닛케이진이라는 혈연적 카테고리, 즉 인종주의에 근거한다는 의미에서 후자의 기준이지만, 병역거부는 미국적 가치와 신념을 부정한다는 의미에서 전자의 기준에 속한다. 에토 등의 닛케이진 제대군인은 전자로서의 시민권적 의무를 다했지만, 후자인 혈연적 카테고리에서 벗어날 수는 없다. 그리고 이치로는 이 두 가지 기준 모두에서 결격자인 셈이다.

이런 절망은 닛케이진 병역거부자가 '양심적 병역거부자'와는 다르다는 설명에서 더욱 부각된다. 즉 닛케이진 여성 '에미'가 이치로에게 "너는 군대에 들어가는 것을 거부한 것뿐이라고. 게다가 네가 그렇게 한 이유는, 너는 양심적 병역거부자도 아니고, 양심적 거부자로서 병역을 거부한 자보다 더 심하다고도 할 수 없는데!"[39]라고 말하는 장면에서 전형적으로 드러난다. 사실 병역거부는 당시 미국에서 생소한 일은 아니었다. 제2차 세계대전 종결 직전인 1945년 7월 30일 연방수사국FBI이 발표한 바에 따르면, 병역거부자(기피자)는 모두 49만 4774명에 달했고 이 중 1만 2559명이 유죄 선고를 받았다.[40] 이치로로 대표되는 닛케이진 병역거부자 315명은 이 병역기피자에 포함되어 있을 것이다.

물론 당시 합법적으로 양심적 병역거부를 통해 대체복무를 할 수 있는 합법적인 길이 있기는 했다. 1940년 9월에 공포된 선별징병법은 기성의 종교 조직 일원에게만 한정되어 있었던 양심적 병역거부(대체복무) 신청 자격을 개인으로까지 확대했고, 이에 따라 이 자격을 얻은 사람은 산불 진화나 민간 의료 분야에서 대체복무할 수 있었다. 7만 2000명이 신청했고, 실제로 이 중 약 2만 5000명이 군대 내 비전투 업무에 근무했으며, 다른 1만 2000명은 민간 대체 업무에 종사하는 등 이들의 총수는 총 3만 7000명에 달했다. 이는 징병 인원 약 1000만 명의 0.37% 정도다.[41] 하지만 닛케이진 병역거부자에게는 이 같은 종교적 병역거부의 유산도 없었고, 그럴 의지나 신념을 공유한 사람도 거의 없었다. 더 중요한 것은 이들 양심적 병역거부자에게는 인종적 낙인이 없었다는 점이다.

결국 소설에서 이치로와 함께 병역거부자로 등장하는 '프레디'가 자포자기의 삶을 살다가 결국 병역거부자를 경멸하는 닛케이진 제대군인 '벌'과의 칼부림 끝에 자살에 가까운 교통사고로 삶의 막을 내리는 장면은 이중의 낙인 아래 놓인 이른바 닛케이진 병역거부자의 말로를 암시한다. 소설에서는 인종과 병역거부라는 이중의 낙인 아래 놓인 닛케이진은 그 낙인을 만들어낸 전쟁이 끝났음에도 그 낙인에서 결코 벗어날 수 없음을, 다시 말하면 미국 사회의 정당한 구성원으로서 복귀할 수 없음을 절망적으로 보여준다고 볼 수 있다. 《노노 보이》는 미국이라는 '상상의 공동체'로서의 국가와 로컬local로서의 닛케이진 공동체에 대한 귀속을 획득하려는 이치로의 투쟁을 그린 작품이지만,[42] 이 귀속을 향한 주인공 이치로의 투쟁이 강제수용이라는 닛케이진의 공통 경험과 이치로로 대표되는 병역거부자로서의 특수 경험을 통해 전쟁 종결과 법적인 사면 조치에도 전후 미국 사회에서 어떤 제약 조건하에 놓여 있는지를 매우 절망적으로 보여준다고 할 수 있다.

《노노 보이》는 과연 '저항'했는가

소설 《노노 보이》는 1957년에 출간되었지만 거의 주목을 받지 못하다가 1970년 중국계 미국인 제프리 창Jeffery Chan에 의해 '발견'되어 1976년에 복간되었고, 그 후 미국에서 대표적인 '아시아계 미국 문학'으로 자리 잡았다.[43] 그렇다면 1950년대의 '실패'와 1970년대 이후의 '성공'을 어떻게 생각해야 할까? 징키 링Jinqi Ling이 지적한 것처럼 1950년대 당시 미국의 인종·에스닉 문학 시장은 '흑인'을 중심으로 사회적 차별에 대항하는 '분노'의 문학이 장악하고 있었던 반면, 냉전과 핵전쟁의 위협하에서 '아시아' 문학은 '아메리카나이즈'된 '순종順從'의 문학이 지배하고 있었다. 이에 따라 수용소 경험을 다룬 닛케이 문학도 인종적 부정의의 형상화를 회피하는 전기傳記 문학이 주류를 이루고 있었다. 즉 문화적 정체성에 주목하면서도 닛케이진이 얼마나 '비非위협적인 타자'인지를 미국의 주류 사회에 환기하면서, 순조로운 동화를 전제로 한 '안전한 마이너리티safe minority'로서 닛케이진의 형상화가 주된 흐름이었다고 볼 수 있다. 하지만 오카다의《노노 보이》는 이 같은 안전한 마이너리티를 거부하고, 이른바 인종차별의 형상화를 통해 주류 언설에 '저항'하는 문학으로 등장했다.[44]

이 같은 징키 링의 주장을 액면대로 받아들인다면, 존 오카다가 말한 1950년대의 '실패'는 안전한 마이너리티로서 닛케이진의 형상화에 '저항'한 것에 그 원인이 있다. 그런데 1960년대 이후 공민권운동과 베트남반전 운동은 안전한 마이너리티로서의 삶을 거부하는 '저항하는 아시아인'의 형상화를 필요하게 만들었고, 이 같은 흐름의 연장선상에《노노 보이》가 아시아계 문학의 대표적인 성과로 '호출'된 것이다. 그렇다면 여기서《노노 보이》에 대해 다음과 같은 두 가지 의문을 제기해볼 수 있다. 첫째,《노노 보이》의 이치로는 과연 닛케이진 병역거부자를 '대표'하는가? 둘째,《노노 보이》를 '아시아 문학'의 성취라고 했을 때 과연《노노 보이》를 포함한 닛케이진 문학은 당시 재미 아시아 사회와 어떤 관계를 맺고 있었는가?

먼저 병역거부자로서의 이치로와 실제 병역거부자의 모습 사이에는 적지 않은 거리가 존재한다는 점을 지적해둘 필요가 있다. 병역거부자 이치로는 가치구미나 일본과의 관계를 스스로 사고하는 주체적 인물이 아니라 모친에 의해 휘둘리는 위약한 비주체적 존재로 등장한다. 일본의 '광기'가 모친의 '광기'를 매개로 이치로의 병역거부로 이어지는 구도다. 하지만 하트마운틴Heart Mountain 수용소에서 병역거부운동을 이끌었던 프랭크 에미Frank Emi 등은 이치로의 모습이 확고한 신념을 지닌 병역거부자의 실상과는 거리가 있다고 비판하면서, 이는 존 오카다 자신이 공군 병사로 참전해 시민권자로서의 의무인 병역을 마친 이른바 참전 병사였다는 사실과 관련이 있다고 말한다.[45] 징키 링은 오카다가 참전 병사였다는 사실이 오카다에게 병역거부를 소재로 삼아 '저항'하는 닛케이진 문제를 다룰 수 있는 자격을 부여했다고 지적하지만, 오카다의 동료들은 바로 이 같은 점 때문에 닛케이진의 형상화와 실상 사이에 적지 않은 거리가 생겼다고 지적한다.

여기서 '충성 서약' 반대와 병역거부에서 중요한 역할을 한 '기베이歸米 2세'의 문제를 빼놓을 수 없다. '기베이'란 미국에서 태어난 2세로 미국 시민권을 지니고 있지만, 어린 시절 일본으로 돌아가 성장기의 대부분을 일본에서 보내다가 전쟁 개시 전에 다시 미국으로 되돌아온 닛케이진을 뜻한다. 2세이면서도 주로 일본에서 교육을 받았기 때문에 1세와 가깝고, 언어 사용에서도 바이링구얼bilingual이거나 일본어가 모어인 경우가 많다.

1943년 3월 현재 수용자 약 11만 2000명 중 7만 2000명(64%)이 닛케이진 2세다. 이 중 5만 3000명(73%)이 일본에 간 적 없는 '순純 2세'이고, 미국 정부가 '위험 분자'로 간주한 기베이 2세는 약 1만 9000명으로 18%다. 그런데 충성 심사에서 17세 이상 2세 남성 3만 8000명 중 20%에 가까운 약 7000명이 '불충성No-no'을 선택했고, 이 7000명 중 일본에서 산 적이 없는 순 2세는 2600명이고, 기베이는 4400명이다. 즉 '불충성'을 선택한 7000명 중 기베이가 62.8%를 차지하며, 기베이 총 인원 약 1만 9000명 중 약 25%가 '불충성'을 선택했다.[46] 즉 기베이 네 명 중 한 명은 '불충성'을 선택했고, '불충성파' 전체에서 셋 중 둘은 기베이인 것이다. 물론 이 '불충성'이 병역거부로 직결되는 것은 아니지만, 병역거부자를 '노노 보이'라 표현하는 존 오카다의 문제의식에서 보자면, 기베이가 병역거부에서 매우 핵심적인 요소라는 점은 분명하다. 그런데 오카다는 《노노 보이》에서 주인공 이치로를 일본을 방문한 적 없는 순 2세로 설정했다. 그런 인물에게 '노노 보이'를 대표시키고, 이른바 친일본적 국가주의 혹은 가치구미 같은 사고를 모친으로 대표되는 1세에게 전유함으로써 강제수용과 병역 문제를 니케이진 2세가 어떻게 주체적으로 사고하고 이에 저항했는가 하는 문제를 소설 속에서 사상捨象해버린 것이다.

　두 번째, 이 소설에서 빼놓을 수 없는 부분은 중국인·조선인과 같은 이른바 '황색 인종'이나 혹은 마이너리티와의 만남이다. 닛케이진의 고난이 모국 일본이 일으킨 전쟁에서 비롯된 것이라면 당연히 일본과 적대적 관계에 있으면서도 미국의 주류 사회에서 일본인과 같이 황색 인종으로 통괄되어 타자화되는 중국인이나 조선인과의 관계를 빼놓을 수 없다. 중국인은 미국과 같은 연합국의 일원으로 백인과 함께 닛케이진의 상대편에, 그리고 조선인은 자신들의 의지와 관계없이 형식적으로는 '일본인'의 위치에 포괄되어 있었다. 당시 미국의 미디어에서는 '중국인을 일본인과 구별하는 방법'과 같은 표제하에 "적성 외국인 일본놈enemy alien Japs"을 "죄 없는 피해자 innocent victims"이며 "혈맹stanch ally"인 중국인과 구별하는 방법을 소개하는데,[47] 이는 아시아의 '파열破裂'을 상징한다. 따라서 닛케이진의 중국인 혹은 조선인과의 관계가 미국에서 이루어지는 아시아라는 인종적, 포괄적 분류와 어떻게 충돌하고 파열되는지가 매우 중요한데, 그 점에 대해서 오카다는 자각적이지 않다. 따라서 이 작품을 이른바 '아시아 문학'의 성취로 통괄하는 시점[48]은 또 하나의 '인종주의'라고도 볼 수 있다는 점에서 유보가 필요하다.

이 점과 관련해서 닛케이진 여성 작가 히사에 야마모토ヒサエ ヤマモト (1921~2011)의 《윌셔 버스Wilshire Bus》(1950)를 떠올릴 필요가 있다. 이 작품에서 닛케이진 주인공은 우연히 버스 안에서 술 취한 백인 남성이 중국인 부부에게 욕설을 퍼붓는 모습을 본다. 주인공은 중국인 부부가 당하는 곤경이 같은 아시아계 '얼굴'을 한 자신에게 닥칠 것을 염려해 모르는 척했다가, 마음을 고쳐먹고 중국인 부부에게 미소를 보인다. 그러나 되돌아온 것은 적의에 가득 찬 반응뿐이었다. 또 수용소 출소 직후 전차 정거장에서 우연히 만난 아시아계 노인을 닛케이진 동포라 착각하고 미소를 지었지만, 노인이 "아임 코리언I'm Korean"이라 쓰인 배지를 달고 있어 충격을 받고, 자신도 "아임 재퍼니즈I'm Japanese"라는 배지를 달고 싶다는 충동에 사로잡힌다.[49]

진구섭에 따르면, 재미 한인은 실제로 닛케이진과 자신을 구별하기 위해 한미 양국의 국기가 교차하는 모습과 '한미 양국의 승리를 위하여'라는 구호가 새겨진 배지를 달고 다녔다. 또한 하와이 재미한족연합위원회는 '나는 한국인'이라는 글귀가 새겨진 자체 신분증을 발급해 이를 휴대하게 했으며, 또한 신분 증명의 방법으로 한복을 착용하게 했다고 한다. 또 전쟁 초기에 미국 당국은 한국인을 적성 외국인으로 일본 국민에 편입해 제재 대상으로 삼았다가, 이에 대해 재미 한인의 항의가 빗발쳤고, 결국은 1942년 2월 9일 미국 법무장관 프랜시스 비들Francis Biddle이 재미 한인은 오스트리아인과 함께 적성 외국인에게 부과된 여러 제약에서 벗어난다고 발표했다고 한다.[50] 이렇게 보면 존 오카다의 《노노 보이》는 일종의 '인종 정치racial politics'의 문제를 다루면서도, 백인과 닛케이진의 문제로 이를 한정해버림으로써 닛케이진의 모국 일본에 의해 펼쳐진 '황인종' 간의 정치적 갈등·위계가 미국에서 백인을 향해 어떻게 '인정 투쟁'의 양상으로 발전했는지에 대한 자각이 전혀 드러나지 않는다.

사카이 나오키酒井直樹는 국민국가 혹은 '전후'에 묶여 있는 일본의 일국적 평화주의의 '자폐성'에 대한 비판과 이정표로서 《노노 보이》를 읽어내면서도, 동시에 《노노 보이》를 '국가의 편재遍在', 즉 '어디에나 있어서 개인이나 집단이 벗어날 수 없는' 국가의 존재를 환기하는 텍스트로 읽고 있다.[5] 하지만 사카이의 "국가의 편재"라는 개념을 받아들인다 해도, 즉 국가가 각 개인 혹은 인종이나 병역 문제에서 어떻게 다르게 등장하는지도 동시에 분석되지 않으면 안 된다. 즉 국가가 때로는 인종 혹은 병역을 기준으로 마치 절대적으로 여겨졌던 국적 혹은 시민권을 언제든지 이동시키고 박탈할 수 있는 주체라는 것이다. 그런 의미에서 '국가의 편재遍在'란 동시에 '국가의 편재偏在'이기도 하다.

아카이브 영화,
비/인종적 몽타주,
역사 쓰기

일본군 점령하 인도네시아의
수용소 포로를 둘러싼
영화를 읽는 방법

지은이 김한상

아주대학교 사회학과 부교수. 냉전기에 구축된 시청각 아카이브의 지식 체계와 아카이브 영화 읽기의 방법론에 대한 연구를 진행 중이다. 이와는 별개로 한국 사회의 인종주의와 인종 정치에 대한 사회학적 연구 역시 진행 중인데, 이 책에 실린 글은 이 두 가지 연구 관심사가 함께 만나 이루어진 것이라 할 수 있다. 대표 저서로 《시네-모빌리티: 한국 영화와 교통의 20세기 전환Cine-Mobility: Twentieth-Century Transformations in Korea's Film and Transportation》(Harvard University Asia Center, 2022), 《조국근대화를 유람하기: 박정희정권 홍보드라이브, 〈팔도강산〉 10년》(2008) 등이 있으며, 《positions: asia critique》, 《Journal of Asian Studies》, 《Journal of Korean Studies》, 《역사비평》, 《영화연구》 등의 학술지에 다수의 논문을 발표했다.

• 이 글은 《역사비평》 134호(2021년 봄호)에 실린 동명의 원고를 수정·보완한 것이다.

역사 쓰기로서의 파운드 푸티지 영화

수용소의 현실을 영화가 기록해내는 것은 쉽지 않다. 수용소와 같은 예외적 장소에 수용된 자들의 시선에서 영화적 기록을 만들어내는 경우는 극히 드물 것이며, 우연찮게 외부인의 카메라가 그곳을 담아낼 기회를 얻더라도 연출되지 않은 현실을 포착하기란 불가능에 가까울 것이다. 그렇기 때문에 역사적으로 존재했던 수용소에 대한 영상사회학적 혹은 시각문화연구적 접근이 가능한 영역은 수용소의 운영자가 남긴 영화 기록인 경우가 대부분이다. 수용소의 운영 주체가 선전을 목적으로, 혹은 관리 운영과 정보 기구 활동을 위해서 찍은 푸티지footage(영화 장면 조각)가 그 수용소의 운영이 중단되고 한참 후에 아카이브의 한구석에서, 혹은 누군가의 개인 소장품 더미 속에서 발견된다면 그것은 그 수용소에 살았던 이들의 삶에 대해 무엇을 말해줄 수 있을까? 아니, 그보다 그 긴 시간의 거리를 건너온 그 푸티지를 우리는 어떻게 읽어낼 수 있을까?

제국 일본군 점령하 인도네시아 자바의 포로수용소에서 제작된 선전 영화 〈콜링 오스트레일리아! 전쟁포로의 프레젠테이션, 호주인의 전갈 Calling Australia! P.O.W. Presentation. An Australian Message〉(c1943, 이하 〈콜링 오스트레일리아!〉)은 실제 선전 대상국인 오스트레일리아에서 상영된 적은 없으나, 제2차 세계대전 종전 후 몇 차례에 걸쳐 이른바 아카이브 영화 archival film로서 발견되고 재활용되었다. 연합국의 일원으로서 적군 노획 자료로 이 영화를 확보한 네덜란드령 동인도정부영화대Netherlands Indies Government Film Unit가 이른바 대항 선전 영화로 제작한 〈일본 제공Nippon Presents〉(1945)은 일본군의 영화에 출연했고 당시까지 생존해 있던 수용소 포로들의 육성 고발을 바탕으로 영화에서 탈취해온 장면과 병치하는 새로운 몽타주의 구축을 통해 기존 몽타주의 조작을 폭로하겠다는 기획으로 만들어졌다.

그 후 20여 년간 오스트레일리아 영연방국립도서관의 보존고에서 침묵하고 있던 이 영화는 다시 1960년대 중반 한 아키비스트(기록물관리자)에게 발견된 후, 1980년대 중반 국가기록원에서 독립하는 필름아카이브NFSA, National Film & Sound Archive of Australia의 기획에 따라 새로 제작되는 다큐멘터리의 재료로 다시 발견된다. 이렇게 만들어진 〈프로파간다의 포로들Prisoners of Propaganda〉(1987)은 원본의 몽타주를 반박하는 몽타주들과 병치하는 데 그치지 않고 원본의 생산 맥락을 추적하며 그 과정에 연루된, 이제는 노인이 된 생존 귀환 포로들과 영화 발굴 이후를 설명할 아키비스트, 영화 제작자, 시나리오 작가, 영화학자 등의 얼굴을 엮어 넣는다. 40여 년 만에 카메라 앞에 선 귀환 포로의 증언과 아카이브 자료를 바탕으로, 오스트레일리아군 포로가 어떻게 촬영에 동원되었고 그처럼 영화로 연출된 그들의 조작된 삶이 어떠한 큰 그림 속에서 기획되었는지를 추적한다.

여기서 우선 이 글이 〈콜링 오스트레일리아!〉에서 비롯된 두 편의 영화를 이른바 '파운드 푸티지found footage 영화' 혹은 '습득 영상 영화'로 규정함을 먼저 밝히고자 한다. 파운드 푸티지 영화란 기존에 제작된 영화나 미편집 푸티지를 새로운 영화 제작에 적극적으로 활용하는 제작 형태를 말한다. 이 두 편의 영화를 파운드 푸티지 영화라 칭함으로써 이 글은 이들 영화를 파운드 푸티지 영화 제작의 주요한 실천 방향 중 하나인 역사 쓰기histo-riography의 문제와 연결하고자 하는 것이다. 김지훈에 따르면 파운드 푸티지 영화 제작을 통해 기존 푸티지에 "새로운 역사적 의미"를 부여하거나 아카이브 푸티지를 "현재의 긴요함과의 대화" 속에 위치 짓는 실천은 주로 아방가르드 영화를 중심으로 1950년대부터 시작되었다.[1]

그렇게 볼 때 〈일본 제공〉은 그와 같은 아방가르드적 실천과는 무관하고, 오히려 김지훈이 말한 "대중적 프로파간다"로서 제작된 세계대전기 편찬 다큐멘터리compilation documentary 일반의 전통 속에 있다고 할 수 있을 텐데,[2] 흥미로운 것은 이 작품의 '편찬' 행위가 기존 푸티지와 새로운 푸티지의 충돌을 통해 원본이 시도한 사실의 조작을 폭로하는 역사화를 시도한다는 점에서(그 명백한 선전의 의도가 있음에도) 20세기 후반에 나타난 파운드 푸티지 영화 제작의 문제의식과 연결되는 지점이 있다는 사실이다. 〈프로파간다의 포로들〉 역시 원본의 사실 조작에 대한 수정 차원에서 대안적인 역사화를 시도한 다큐멘터리라는 점에서 파운드 푸티지 영화의 역사 쓰기 실천이라는 맥락 속에서 읽어낼 수 있을 것이다.

이렇게 두 작품을 파운드 푸티지의 전통 속에 위치 지었을 때 우리에게 던져지는 질문은, 그렇다면 '사실'을 두고 경쟁하는 원본과 두 편의 파운드 푸티지 영화에서 우리는 어떻게 역사를 읽어낼 것인가 하는 것이다. 원본이 사실을 조작한 프로파간다 영화이고 이후의 두 편이 이를 사실로 반박한 영화라고 이해하는 것은 편리한 입장이지만, 이는 이후의 두 편 역시 사실의 조작이라는 점, 즉 방법론적으로 보았을 때 편찬 영화를 포함한 다큐멘터리 영화 일반은 기본적으로 "액추얼리티actuality의 조작"[3]이라는 점을 간과한 접근이다. 중요한 것은 그러한 조작 너머로 어떤 것이 더 진실에 가까운 사실인지를 규명하는 것에 있다기보다는, 그와 같은 역사적 사실에 대한 태도를 통해 현재의 우리가 무엇을 읽어낼 것인지에 있다. 가령 원본과 이후 두 편이 서로 대립하는 지점이 있지만, 영화를 통해 공모하는 지점이 있다면 그것은 현재와 어떻게 대립하거나 재공모하는가? 사실의 편찬 행위가 내포한 조작이 근본적으로 역사 쓰기 일반의 문제라고 보았을 때, 이처럼 충돌하는 세 작품을 통해 우리는 어떠한 새로운 역사 쓰기를 모색할 수 있을 것인가? 이 글은 이러한 문제의식에 기반한다.

기이함

'공모'라는 단어를 떠올리게 한 것은 세 편 중에서 가장 근래에 만들어진, 그리고 세 편 중에서 프로파간다 영화의 태도로부터 가장 거리를 두고자 하는 것으로 보이는 〈프로파간다의 포로들〉에 등장하는 "기이함 the uncanny"이라는 단어였다. NFSA가 분리 독립해 나오기 전 오스트레일리아 국립중앙도서관National Library of Australia의 보존고에서 〈콜링 오스트레일리아!〉를 최초로 발견한 레이 에드먼드슨Ray Edmondson은 〈프로파간다의 포로들〉에 등장하는 인터뷰에서 1969년 당시 영화를 편집기에 걸어놓고 살펴볼 때 매우 당혹했으며puzzled, 어째서 "카메라맨이 저런 아마추어 콘서트 파티를 찍고 있는지 궁금"했다고 말한다.

그의 발언에 병행하여 화면에 나타나는 것은 〈콜링 오스트레일리아!〉의 마지막 시퀀스에서 백인 포로들이 오페라풍으로 차려입고 무대 위에서 베르디의 오페라 〈리골레토〉 중 아리아 〈여자의 마음La Donna È Mobile〉을 부르는 장면이다. 에드먼드슨의 발언에 이어 그가 이 영화에 대해 처음으로 자문을 구한 방송 제작자 피터 럭Peter Luck이 등장하는데, 그는 등장과 함께 다음과 같이 말한다. "우리가 알 수 있었던 건 이 영화에 기이한uncanny 뭔가가 있다는 것, 뭔가 신비스러운 것, 뭔가 불편하게 만드는 것, 뭔가 잘못되었고, 그걸 보면서 분명해지는 뭔가가 있다는 것이었죠."

아마도 이러한 반응은 영화 속의 오스트레일리아군 포로들이 어째서 그처럼 어색하게 연출된 장면 속에서 기이한 포즈를 취하고 있는지에 대한 의문 때문에 나온 것이었을 터다. 그래서인지 이와 같은 호들갑스러운 반응은 다큐멘터리가 진척되면서 〈콜링 오스트레일리아!〉의 전모가 드러남에 따라 자연스럽게 잦아든다. 아마도 그들은, 그리고 이 다큐멘터리는 그 '기이함'이 이들 백인 포로들이 수용소에서 풍요롭게 살고 있음을 강제로 연기해야 했던 그 강압성과 풍요로운 이미지가 주는 불일치에서 나온 것이라고 결론을 내린 것으로 보인다. 퍼즐이 풀렸기 때문에 영화의 첫인상이 주는 기이함의 정체는 그 이상으로 그들의 관심사가 되지는 않았던 것이다. 원본이 그러한 기이한 표현을 통해 억압하고자 한 것, 그러나 그 원본을 반박하는 파운드 푸티지 영화조차도 함께 공모하여 묻어두고 지나치고 있는 것, 그것이 무엇인지에 주목하고자 한다.

아마도 〈프로파간다의 포로들〉이 발견한 '기이함'과, 다시 이를 덮어버리고 가는 '공모'는 감독과 영화에 출연한 영화 전문가(에드먼드슨, 럭)의 관심사가 주로 피사체로서 포로에게 향했기 때문일 것이다. 안락한 삶을 강제로 연기해야 하는 포로의 고통스러운 조건과 서구 미디어에서 익숙하게 볼 수 있던 안락함이라는 이미지 사이의 괴리가 주는 '익숙한 낯섦uncanny[*]만큼이나 괴리를 주는 것은, 그처럼 그들에게 익숙한 백인 문화의 이미지와 그 이미지를 실제로 연출한 이들 사이의 괴리일 것이다. 〈프로파간다의 포로들〉은 이에 대해 제작진이 "미국 물을 먹은Americanized 젊은 영화인들"이었다고 쉽게 결론 내리고 더 이상의 질문은 던지지 않는다. 즉 "무사도 정신" 때문에 포로일지라도 "군인에게 양심에 반하는 연기를 하게 만드는 것에 반감"을 보였던 나이 든 구식 일본 장교들에 비해 〈콜링 오스트레일리아!〉의 젊은 제작자들은 실용적이었고, 이것은 미국적 문화에 익숙한 영향이라는 것이다.

감독 허영과 각본가 미즈타 시게토시가 이와 같은 반反무사도적 기획의 영화를 만들게 된 것이 진정 미국적 실용주의의 영향인 것인지, 아니면 제2차 세계대전 당시 각국의 영화 선전이 전쟁의 과열에 따라 광범위하게 취한 조작 기술의 일환이었는지^{**}에 대한 논의는 차치하더라도, 〈프로파간다의 포로들〉의 오스트레일리아인 내레이터와 네덜란드인 영화학자 프란스 니우엔호프Frans Nieuwenhof가 이를 미국화의 효과로 보는 것은 흥미롭다. 아마도 그들은 〈콜링 오스트레일리아!〉에 노골적으로 나타난 할리우드 양

---

*   피터 럭이 '언캐니uncanny'라는 표현을 사용하면서 반드시 이와 같은 프로이트적 용법을
     의식했다고 보기는 어렵다. 그러나 에드먼드슨과 럭이 공통적으로 보이는 태도는 〈콜링 오
     스트레일리아!〉의 익숙한 서구적 미장센과 연출 속에서 오스트레일리아 출신 포로들이 자
     신들의 적을 긍정적으로 설명하는 데 가담하고 있다는 데서 오는 낯섦에 대한 토로로 볼
     수 있다.

**   일례로 매슈 코언은 〈콜링 오스트레일리아!〉의 포로 동원을 1944년 작 나치 영화 〈테레
     지엔슈타트: 유대인 정착촌으로부터 나온 다큐멘터리Theresienstadt: Ein dokumentarfilm
     aus dem Jüdischensiedlungsgebiet〉의 유대인 동원에 견주어 설명한다. Matthew I. Cohen,
     Inventing the Performing Arts: Modernity and Tradition in Colonial Indonesia,
     University of Hawai'i Press, 2016, p.226.

식에서 그러한 미국화를 읽어낸 것으로 보인다. "포로들은 몰랐지만 이 영화는 상당히 그럴듯했고, 잘 만들어졌고, 할리우드가 눈물을 짜내는 능력에 대해 잘 알고 있음을 보여줬다." (특별히 일본인에 비해 미국에 더 가까웠다고 할 수는 없는) 허영의 이력을 보았을 때 그가 고지식한 일본군 장교들에 비해 미국 문화에 더 노출될 기회를 가졌을 것이라는 〈프로파간다의 포로들〉의 설명은 (아마도 허영에 대한 구체적인 지식이 적었던) 제작자들의 과장된 추측으로 판단되지만, 영화에 나타나는 할리우드의 영향은 감독 허영이 당시 이미 전 지구적 패권을 갖고 있던 할리우드 영화와 그 속에 나타난 미국 문화를 접할 기회가 많았다는 것을 말해준다.

〈프로파간다의 포로들〉은 그와 미즈타가 영화 제작 착수 전부터 "오스트레일리아인의 삶과 풍습을 연구하는 임무"를 부여받았다고 덧붙인다. 여기서 주목할 점은 그와 같은 미국식 혹은 미국화한 오스트레일리아식 문화에 대한 관심이 선전 대상에게 호소력을 갖기 위한 기획 속에 있었다는 점이다. 〈콜링 오스트레일리아!〉는 일본군 제16군 특별정보부 별반*에서 오스트레일리아가 대동아공영권에 동참할 것을 독려할 목적으로 제작되었

---

*   〈프로파간다의 포로들〉에서 별반別班은 "베판Beppan"이라 불리며, 더 자세한 설명은 나오지 않는다. 제16군 특별정보부는 주로 일본군, 연합군 포로 및 적국 민간인을 대상으로 한 선전을 담당했으며, 특별정보부 내 별반이 이 영화 〈콜링 오스트레일리아!〉를 기획하고 허영을 감독으로 고용하여 각본 작업을 하는 동안, 영화에서 "센덴 한Senden han"이라 구분된 특별정보부의 공식 선전 조직 선전반宣傳班은 기술적 지원을 담당했다고 한다. Frans Nieuwenhof, "Japanese film propaganda in world war II", *Historical Journal of Film, Radio and Television* 4-2, 1984, p.167. 한편 특별정보부와 별도의 조직이었던 선전부宣傳部, Sendenbu는 인도네시아 민간인을 주요 대상으로 선전을 진행했다고 한다. Aiko Kurosawa, "Propaganda Media on Java under the Japanese 1942~1945", *Indonesia* 44, October, 1987, p.59.

다. 즉 이 영화의 1차적 기대 관객은 오스트레일리아의 민간인과 오스트레일리아 출신 연합군인이었다. 제작이 완료되면 이 영화는 여러 벌의 상영용 프린트로 복제되어 오스트레일리아의 주요 도시에 공중에서 낙하산으로 투하될 예정이었다.* 그런 맥락에서 볼 때 이 영화의 다양한 서구식 문화 구현은 제작자들의 미국화 여부를 따지기 이전에 '기획된' 미국화의 산물이었다고도 볼 수 있다. 이처럼 〈프로파간다의 포로들〉은 그로부터 40여 년 후 오스트레일리아인이 만든 영화로서 〈콜링 오스트레일리아!〉의 제작자들이 오스트레일리아인 포로를 어떻게 다루었는지, 그리고 그들의 실패한 대對오스트레일리아 프로파간다의 기획이 어떤 것이었는지에 집중함으로써 '기이함'의 의미에 대해 더는 묻지 않고 있다.

그렇지만 〈일본 제공〉을 살펴보는 순간 세 작품의 공모 관계는 확연하게 드러난다. 〈프로파간다의 포로들〉의 에드먼드슨을 당황하게 한 아마추어 뮤지컬 콘서트 장면이 〈일본 제공〉에서는 아예 등장하지도 않는 것이다. 〈일본 제공〉은 〈콜링 오스트레일리아!〉의 주요 장면별로 생존 출연자들이 해당 장면의 제작 과정에서 목격한 조작 정황이나 해당 장면이 조작한 수용소의 실상에 대해 폭로하는 형식을 띠고 있다. 원본의 인용과 그에 대한

---

*   Frans Nieuwenhof, op. cit., p.167. 〈프로파간다의 포로들〉에 출연한 니우엔호프는 이러한 연합국 대상 선전이 전황의 변화 속에서 실행에 옮겨지지 못했다고 말한다. 구라사와 아이코에 따르면 자바에서 이루어진 일본군의 영화 선전의 중심 정책은 1939년의 일본 영화법 제정이 가져온 일본제국 내 영화 정책과 궤를 같이했다. 1942년 남방영화공작을 수립하면서 동남아시아 점령 지역의 영화산업을 통합하고, 도쿄를 중심으로 한 대동아공영권의 제작(니치에이日映), 배급(에이하이映配) 네트워크를 목표로 한 것이다. 이러한 자바 영화 정책의 중심에 있던 선전부가 아닌 특별정보부의 주도로, 연합국을 대상으로 제작된 〈콜링 오스트레일리아!〉는 남방 대상 영화 선전 정책과는 별개의 선전 정책에서 추진된 것으로 보인다. Aiko Kurosawa, op. cit., p.68.

생존자의 증언 그리고 그에 상응하여 원본과 대립하여 제시되는 폭로용 이미지의 조합으로 이루어진 각 시퀀스는 뒷부분의 두 시퀀스가 서로 순서가 바뀐 것을 제외하고는 대부분 원본의 순서대로 위치 지어져 있다.

그러나 33분 분량의 〈콜링 오스트레일리아!〉에서 약 6분 30초간 마지막 시퀀스를 차지하는 뮤지컬 공연이 전혀 인용되지 않았다는 점은 어떤 의도가 반영된 것이라 볼 수밖에 없다. 단순히 해당 장면이 폭로를 위한 재료로서 효과적이지 않았을 것이라고 판단하기에는 공연 자체가 수용소 포로들에게 상당한 연습과 준비를 요구한 결과로 보이기에 설명되지 않는 부분이 많다. 영국호주연극단BAT, British Australian Theatricals이라는 포로 극단이 1943년 6월 30일 바타비아Batavia(현 자카르타)에서 올린 이 공연은 존 램버트John Lambert라는 이가 제작한 〈눈부신 악당들Brighter Bandits〉이라는 제목의 3악장 뮤지컬 코미디라고 소개된다. 그러나 중간에 베르디의 〈여자의 마음〉을 코믹하게 부르는 장면이 나오는 것을 볼 때, 포로들이 자신들의 수준에서 기성 음악을 각색하여 올린 공연인 것처럼 설정된 듯하다.

존 램버트가 실존하는 포로 출신 작곡가의 이름인지, 가공의 이름으로 실제 작/편곡은 일본군 측이 담당했는지는 현재까지의 정보로는 알 수 없으므로 판단을 유보하더라도, 적어도 이 공연을 공연답게 만들기 위해서는 출연하는 포로들이 노래와 연기에 상당한 공을 들여 연습을 했어야 할 것이다. 〈여자의 마음〉 장면 같은 경우, 이 곡을 실제로 노래하는 기량 좋은 포로 가수와 그에 맞추어 프레임 안에서 익살스럽게 립싱크로 코믹 연기를 하는 또 다른 포로 그리고 그들 옆에서 자연스럽게 오페라풍 연기를 하는 다른 포로까지 어긋남 없이 곡에 맞추어 공연하고 있음을 볼 수 있다. 이처럼 〈콜링 오스트레일리아!〉 전체를 통틀어서 상당한 비중과 제작비가 투여된 것으로 보이는 시퀀스가 〈일본 제공〉에서는 어째서 조금도 인용되지 않은 것일까? 그것은 〈프로파간다의 포로들〉에서 현대 오스트레일리아의 영화 전문가들이 나타낸 당황스러움puzzled의 정동과 관련이 있는 것일까?

제2차 세계대전 후반기에 연합국을 중심으로 팽배했던 일본인에 대한 인종적 혐오가 종전 후에도 명백하게 잔존했을 시기에 만들어진 〈일본 제공〉은 흥미롭게도 인종적 대립에 대한 언급은 하지 않는다. 〈콜링 오스트레일리아!〉에서 가져온, 일본군 장교들이 등장하는 장면과 그 직후 이어지는 처참한 연합군 시체 장면의 몽타주가 극한의 인종적 대립을 추측하게 할 뿐이다. 이것은 아마도 1945년 종전 직후 당시 연합국이 점령지에서 취했던 온건한 선전 정책*의 반영일 수도 있을 것이고, 후술하게 될 인도네시아인의 아시아주의를 의식한 것일 수도 있다. 그렇다면 이와 같은 인종 문제에 대한 침묵이 〈눈부신 악당들〉의 시퀀스 부재와 연관될 수 있을까?

〈눈부신 악당들〉은 표면상으로 볼 때 백인에게 인종적 타자의 모습을 전시하는 공연이 전혀 아니다. 배역을 맡은 이는 모두 연합군 포로로서 오스트레일리아, 영국 혹은 네덜란드 군인이었고, 조작일 가능성이 있을지언정 존 램버트라는 서구식 이름을 가진 작곡가가 기획한 서양식 뮤지컬 코미디인 이 공연에서 인종적 타자를 직접 목도하게 하는 장면은 없다. 공연 프로그램 포스터를 붙이고 팸플릿 표지를 넘기는 몽타주에서 시작하는 이 시퀀스는 온전히 백인 남성 포로로만 이루어진 공연을 보여주는 데 대부분의 분량을 할애하며, 그동안 카메라는 무대 위 인물들을 미디엄숏medium shot이나 롱숏long shot으로 보여주면서 이탈리아어로 된 아리아를 부르며 말

---

* 일례로 미국 육군 민사국U. S. Army Civil Affairs Division은 점령지별로 민감할 수 있는 주제를 피해가며 상영할 다큐멘터리 영화 목록을 분류했는데, 일본에서는 제2차 세계대전에 관한 영화 일체를 제외했다. Han Sang Kim, *Uneven Screens, Contested Identities*, 서울대학교 박사학위논문, 2013, 71쪽.

은 배역대로 분장한 채 연기하는 포로의 모습을 담아낸다.

후반부에 이르면 배역을 맡은 포로 한 명이 대사 실수를 하고, 이때 이미 익스트림 롱숏extreme long shot으로 무대와 주변 전체를 잡은 카메라는 〈콜링 오스트레일리아!〉의 감독인 것처럼 위장한 백인 포로˙가 무대를 향해 개입하는 장면을 전시한다.˙˙ 이 과정에서 〈눈부신 악당들〉 공연의 바로 앞 시퀀스에도 등장했던 일본군 장교들은 조금도 모습을 나타내지 않으며, 공연 시퀀스가 끝나고 곧바로 이어지는 영화 엔딩 크레디트에서도 일본군과 감독 허영 등 일본 군속의 존재는 조금도 언급되지 않는다. 그렇다면 〈프로파간다의 포로들〉의 백인 전문가들이 이 공연 시퀀스에서 느낀 당황스러움의 정동 그리고 그에 공명하듯 〈일본 제공〉의 네덜란드령 동인도정부영화대가 이 공연 시퀀스를 한꺼번에 편집에서 제외한 정황은 어떻게 설명할 수 있을 것인가?

프란츠 파농의 '부인disavowal' 이론에 대한 글에서 데이비드 매리엇Da-vid Marriott은 "식민지 인종주의가 방어적 세계관의 일부인 한에 있어서 그것은 인종적 타자the racial other의 어떤 특성들에 대해 부인하는 것이기도 하다"라고 말한다.˙˙˙ 이 글은 이 시퀀스에 대한 두 영화의 대응이 단순히 적

---

*   이 영화의 부제는 '전쟁포로의 프레젠테이션: 호주인의 전갈'이며, 영화의 디제시스상에는 백인 포로가 연기한 허구의 감독과 연출진이 등장한다.

** 이 부분은 카메라워크는 그에 못 미치지만 이병일의 〈반도의 봄〉(1941)이 시도했던 영화 중 영화 〈춘향전〉의 자기 반영적 숏과 유사한 구성을 보여주기에 허영이 이를 참조한 것으로도 보인다.

*** David Marriot, *Whither Fanon?: Studies in the Blackness of Being*, Stanford University Press, 2018, p.41. 이 글에서 존 다우어의 '인종전쟁'과 프란츠 파농의 '부인' 이론을 적용하는 것은 네덜란드령 동인도정부영화대(〈일본 제공〉의 제작 주체) 및 오스트레일리아의 국가 역사 쓰기(〈프로파간다의 포로들〉)의 입장과 맥락에서 일본(과 허영)을 위치 짓는 것을 설

군의 선전 영화가 나타내는 낯섦에 대한 거부감이 아닌, 인종적 타자의 특성에 대한 부인의 혐의를 짙게 드리운다고 판단하는데, 그 이유는 다음과 같다.

첫째, 파농이 말한 인종적 타자가 〈콜링 오스트레일리아!〉에서는 〈눈부신 악당들〉이라는 극중극의 안에서도 바깥에서도 전혀 등장하지 않지만, 그럼에도 명백한 점은 〈일본 제공〉과 〈프로파간다의 포로들〉이라는 두 편의 파운드 푸티지 영화는 이 시퀀스에서 인종적 타자로서 일본군의 존재에 대해 매우 강하게 인지하고 있었다는 사실이다. 〈일본 제공〉은 일본군에게 당한 패배의 기억이 선명한 네덜란드군이 대항 선전으로 기획한 것이고, 〈프로파간다의 포로들〉은 제목에서도 알 수 있듯이 〈콜링 오스트레일리아!〉를 일본군 프로파간다로 명확히 규정하고 시작하는 다큐멘터리다. 따라서 두 영화의 제작자들은 〈눈부신 악당들〉의 시퀀스 표면상에 등장하지 않는 일본군의 존재를 그 누구보다 강하게 인지하고 있었을 것이기에, 이 시퀀스가 그들 앞에 낳은 정동은 인종적 타자를 마주함으로 인한 정동이었다고도 할 수 있을 것이다.

그렇게 볼 때 이 시퀀스에 등장하는 연합군 포로들의 모습은 일종의 꼭두각시 형상으로서 거부감을 불러일으켰을 수도 있을 것이다. 그 거부감의 핵심 기저에는 일본인이라는 인종적 타자의 부재를 인위적으로 위장한 것에 대한 인지가 있다. 영화의 초반에 등장하는 포로들의 일상 대화 시퀀스에서는 어색한 대사 처리와 함께 관객이 명확히 일본군의 존재를 인지하게 하는 대사와 장면이 나타나는 반면에, 이 공연 시퀀스는 일본군이 온전히

명하기 위함이다. 그 반대 방향, 즉 일본과 허영이 서구를 보는 위치는 '인종전쟁'으로 설명하기에는 좀 더 중층적이고 복잡한 인종 정치가 작동했다고 볼 수 있다.

부재한 세계로서, 전적으로 서구 문명의 유산처럼 위장된 공연 장면으로 인해 일종의 인종적 부인의 방편으로서 '익숙한 낯섦'의 정동이 도래한 것이다.

둘째, 그럼에도 이 시퀀스에서는 서양 문화로

〈그림3-6〉 〈콜링 오스트레일리아!〉의 여장 공연자.

위장된 이면에 이질적인 문화 양식이 드러난다. 뮤지컬 코미디 혹은 코믹 오페라의 형태로 공연되는 〈눈부신 악당들〉의 배역은 남성 포로로만 이루어지는데, 그 속에서 비규범적 성적 코드가 눈에 띈다. 익살스러운 차림과 몸짓의 남성 배우가 〈여자의 마음〉을 립싱크 하는 장면에서 그를 바라보며 가슴이 파인 옷을 입고 웃음을 짓는 복장 전도transvestite의 여성형 배역이 반복해서 포착된다(〈그림3-6〉). 트랜스젠더의 코드를 유머 코드로 사용한 이 장면은 일본군이 이 영화를 오스트레일리아의 일반인을 상대로 무차별 배포할 예정이었다는 점을 감안하면, 이성애규범적heteronormative 서구식 프로파간다 영화 제작의 관행에서는 분명 낯선 발상이다. 물론 서양 문화에서도 셰익스피어 연극 등에서 여성 배우를 금지한 이유로 남성이 여성을 연기한 사례[4]나 1920년대 베를린에서 은밀하게 성행했던 동성애 코드의 코믹 오페라의 사례[5]가 존재하지만, 이는 서구 근대의 성과학sexology에 근거하여 매끈하게 구획된 규범/비규범의 경계 양쪽에서 형성되었던 소수 문화에 가까웠다. 그러나 일본의 경우 메이지 유신을 경유하며 서구식 성과학을 수용했음에도 맥럴랜드의 지적처럼 규범과 비규범의 구분은 "극도

로 비균질적"이었으며, 근현대 일본 사회에서 "동성애적 욕망의 표출이 그 자체로 그 욕망을 표출하는 사람을 '동성애자'로 규범화하게 하는 것은 아니"다.[6] 오히려 일본의 주류 미디어에서는 동성애를 취미趣味, 유흥遊び 혹은 플레이プレイ로 묘사하는 경우도 흔히 나타난다.[7]

이렇게 볼 때 일종의 강제된 동성사회적homosocial 관계로서 포로수용소의 삶을 포로들의 고국 오스트레일리아의 일반인에게 '풍요로운' 것으로 위장하여 선전하고자 했던 목적의 영화에서 이와 같은 동성애 코드의 유머를 과감하게 사용할 수 있었던 것은 이를 '금기 위반'으로 보지 않고 자연스러운 유흥으로 여기는 비서구적 태도와 연관이 있다고 추측할 수 있다. 이를 일본적인 문화 양식이라 보는 해석이 과도하다면, 적어도 〈콜링 오스트레일리아!〉가 이성애규범적인 미국 및 대영제국의 선전 영화 전통에 대해서 잘 인지하지 못했기 때문에 이질적인 문화 양식을 노출한 것이라는 평가는 내릴 수 있을 것이다.*

셋째, 인종적 '열위에 놓인' 자의 '불온한 무의식'이 엿보인다. 〈콜링 오스트레일리아!〉는 오스트레일리아의 일반인을 대상으로 우호의 메시지를 보내기 위한 기획으로 제작되었으므로 표면상으로는 서구 문명에 대한 호의적인 묘사가 가득하다. 특히 포로의 생활이 풍요로움을 강조하기 위해서 수용소를 골프장, 수영장, 공연장 등이 갖추어진 서구의 휴양지처럼 나타낸 것이 그런 특징을 잘 보여준다.

그러나 다른 한편으로 이것은 그만큼 서구 문명에 대해 잘 알고 있는, 혹은 잘 알고 있다고 자신하는 이異 문명의 선전 주체가 만든 세계다. 그 인종

---

* 혹은 익명의 심사자가 제기한 것처럼 "서구보다 더 강도 높은 여성 혐오 차원에서 의외의 '동성애 코드'를 받아들"인 것으로 해석하는 것도 가능하겠다.

적 타자는 일반적으로 서구 백인종에 비해 열위에 놓인 것으로 받아들여지고, 이는 특히 제2차 세계대전 이후의 새로운 세계질서, 즉 〈일본 제공〉과 〈프로파간다의 포로들〉이 공유하는 세계질서 내에서도 유효하다. 그러나 그 인종적 타자는 자신이 영화적으로 구현한 세계, 〈콜링 오스트레일리아!〉의 세계에서 백인 문명을 넉살스럽게 흉내 내고 있으며, 백인 포로를 완벽하게 꼭두각시로 조종하고 있다. 아마도 남성으로 추정되는 이 인종적 타자는 포로 가족의 키스 장면*과 공연 시퀀스의 여장 포로의 모습에서 볼 수 있듯이 백인 여성과 남성 그리고 백인 남성과 남성 사이의 섹슈얼리티를 장악하고 통제하는 힘을 갖고 있는 것으로도 보인다.

이영재는 식민지 조선의 엘리트 남성이 황민화와 결합된 자신만의 유토피아를 만들어낸 영화 〈집 없는 천사〉(1941)에 대해 제국의 검열자들이 "민감한 반응"을 보인 것에 대해 분석하면서, "외부를 지워버린 피식민 주체의 가능성과 불온성"을 읽어낸 식민자의 불안이 그 영화에 대한 검열을 낳았다고 말한다.[8] 비슷하게도 〈콜링 오스트레일리아!〉는 외견상으로나마 백인 문명의 우위를 인정하고 서구적 근대로의 동화를 표방하면서도, 실상은 외부(실재하는 서구)를 지워버린 자신만의 유토피아를 전시한다. 그 능숙함과 익숙한 이질성에서 불온을 읽어낸 것이라면, 〈눈부신 악당들〉에 대해 〈일본 제공〉과 〈프로파간다의 포로들〉이 공통적으로 보이는 태도가 설명된다.

---

* 후술할, 오스트레일리아군 포로의 편지 작성 장면 직전 네덜란드군 포로가 부인을 만나 키스를 나누는 장면이다. 이 장면에 출연한 여성은 네덜란드 군속 혹은 군 가족으로 포로수용소에 수용된 것으로 보인다. 일본군이 네덜란드 민간인 여성 포로를 '위안부'로 동원한 당시의 정황으로 보았을 때, 이 영화의 성애적 표현도 그러한 성적 착취의 맥락 속에 있을 가능성이 있다.

비인종적 몽타주와 인종적 파열

그렇다면 인종적 타자에 대한 〈콜링 오스트레일리아!〉의 태도는 어떨까? 독특하게 서구적 근대성의 지향을 전시하는 원본 영화 〈콜링 오스트레일리아!〉에서도 일본군과 백인 포로 사이의 인종적 위계는 사소한 것으로 취급되거나 극복된 것처럼 '부인'된다. 이는 이 영화를 오스트레일리아인에게 보여줄 것을 목표로 했음을 감안하면 당연한 것으로도 보인다. 그러나 이와 같은 선전 목적을 염두에 두고 볼 때 간과해서 안 되는 지점은 제2차 세계대전이 명백히 '인종전쟁race war'의 성격을 띠었다는 점이다.

존 다우어는 《자비 없는 전쟁War Without Mercy》(1986)에서 제2차 세계대전의 중심적 두 전장인 유럽과 아시아에서 적을 향한 적개심과 잔인함의 정도가 달랐음을, 서구와 아시아의 인종적 차이가 전쟁의 중심적 기제가 되는 방식에서 찾았다. 즉 적일지라도 서로를 인간의 층위에서 바라보았던 유럽의 전장과 달리, 아시아에서는 서구의 오랜 비-서구 아시아 인종 혐오와 일본의 아시아적 순수성 지향에서 비롯된 서양 인종 혐오가 맞부딪힌 인종전쟁의 양상을 띠었다는 것이다.[9]

〈콜링 오스트레일리아!〉 역시 그 제작 현실에 대한 출연 포로들의 증언을 보면 인종전쟁으로서의 비인간적 측면이 존재한다. 〈일본 제공〉에 다시 출연한 오스트레일리아 공군 소속의 C. H. 노블 대령은 일본군이 〈콜링 오스트레일리아!〉를 촬영하면서 연출한 연합군 전사자 추도식이 실상은 추모 장식 뒤에 숨겨진 기관총과 철조망의 경계 속에서 진행된 것이며, 이에 커다란 모멸감을 느꼈다고 증언한다. 기독교식 추도식의 미장센이 인종적 타자로서 연합군 포로에 대한 정교한 "인간성 부인dehumanization"[10]의 기제 속에서 연출된 것이다. 〈일본 제공〉은 인종을 언급하지는 않지만, 이와 같은 인간성 부인의 맥락을 〈콜링 오스트레일리아!〉에 인용된 시퀀스 사이 사이에 몽타주로 끼워 넣음으로써 인종전쟁의 잔혹성을 강조한다.

그러나 원본 영화에서도, 그 후속의 파운드 푸티지 영화에서도 "가시성을 피해 나가는"[11] 무엇, 말해지지 않는 무엇이 여전히 공존한다. 그것은 백인종과 황인종의 위계 이면에 중층적으로 존재하는 또 다른 위계(들)를 매개하는 것으로서 감독 허영許泳(1908~1952)의 존재다. 한국 영화사에서 〈콜링 오스트레일리아!〉는 조선인 감독 허영이 〈그대와 나君と僕〉(1941) 이후 '남방'으로 가서 만든 영화로 알려져 있다. 제국 일본의 전시 선전 영화로서 이 영화의 감독을 맡은 허영은 당시 일본군 선전반 소속 히나쓰 에이타로日夏英太郎로 존재했다. 그러나 그의 존재 혹은 일본군 소속 영화감독의 존재는 오스트레일리아인 포로가 감독한 것으로 위장된 영화 속에 드러나지 않으며, 그렇기에 더더욱 조선인 허영의 존재는 지워져 있다.

인종적 위계와 부인의 맥락에서 본다면 허영의 처지는 보다 복잡하다. 다카시 후지타니는 제2차 세계대전을 통해 미국과 일본의 두 적국이 각기 공식적 인종주의를 거부하고 소수인종에 대한 "온화한 인종주의polite racism"적 관리를 통해 "제국주의의 새로운 포스트식민적 모델"을 실험했다고 지적한다.[12] 이는 〈콜링 오스트레일리아!〉가 만들어진 직후인 1944년 9월에 일본이 인도네시아인을 상대로 대동아공영권 아래의 독립국가 수립을 약속하게 된[13] 하나의 맥락을 설명해준다. 그런 환경 속에서 허영은 인도네시아인과 달리 일본인이 된Japanized 존재, 후지타니의 표현을 빌리자면 "국민화함으로써 탈식민화된decolonized by nationalizing" 주체였다.[14] 그러나 허영의 일본인 됨은 마치 〈집 없는 천사〉의 황민화된 엘리트 조선인이 내무성의 일본인에게 부정되었듯이, 동료 일본인에게 인정받지 못한 것으로 보인다. 그는 제16군 선전부에서 인도네시아 연극인을 관리, 교육하는 역할을 맡고 있었는데, 당시 선전부에 고용되어 있던 작가 아르메인 파네Armijn Pané는 허영을 두고 다른 일본인 선전부 검열관이 비웃는 것을 목격했다며, 이것이 그 검열관이 허영을 "일본인으로 간주하지 않는" 것임을 뒤늦게 깨닫게 되었다고 증언한다.[15]

또 다른 인도네시아 작가 뉴청셍Njoo Cheong Seng은 허영이 이를 극복하기 위해 취한 삶의 방식은 "일본인보다 더 일본인답게" 되는 것이었다고 회고한다.[16] 이것은 잘 알려진 대로 "내선일체의 실천"가로서 허영의 모습과도 호응한다고 할 수 있다.[17] 그러나 토머스 바커가 지적하는 것처럼 허영의 삶은 1945년 일제 패망까지의 행적만으로 이해해서는 곤란하며, 그 이후 그가 인도네시아에서 살아간 방식을 복합적으로 고려하면 그에 대한 판단이 간단한 문제가 아님을 알 수 있다.[18] 이에 대한 논의는 후술하겠다.

다시 〈콜링 오스트레일리아!〉로 돌아가 보면, 이 영화가 훗날 악명을 얻는 주된 근거가 되는 전쟁포로의 양심에 반하는 동원과 그들의 공연을 통해 작위적으로 연출된 서구식 풍요로운 삶은 앞에서 말한 것처럼 일정 부분 존 다우어가 지적한 인종전쟁의 맥락 속에서 읽을 수 있다. 그러나 다른 한편으로 허영이 지향한 내선일체 혹은 "일본 국민화를 통한 탈식민"이 파네가 목격한 것과 같이 얼마간의 실패를 수반하는 것임을 고려한다면, 그가 동일화에 실패한 타자의 타자로서 서구를 과연 어떻게 보았을지는 새로운 화두로서 던져지는 것이다.

그러한 맥락에서 볼 때 〈콜링 오스트레일리아!〉에서 흥미로운 부분은 영화의 '2부. 잊지 않도록Part II. Lest We Forget'에서 연출된 바타비아수용소의 서구식 삶의 한가운데에 플래시백의 형태로 인용되는, 오스트레일리아의 풍경을 담은 푸티지 몽타주다. 훗날 〈일본 제공〉과 〈프로파간다의 포로들〉

<그림3-7> 〈콜링 오스트레일리아!〉의 오스트레일리아 몽타주.

에 다시 출연하여 자신이 포로로 잡혀 있던 해군 서기 돈 맥내브임을 알리게 될 오스트레일리아인 병사가 수용소 내 어느 휴양지에서 자신의 연인에게 편지를 쓴다.* 편지는 멀리 떨어져 있는 연인과 가족, 고향을 그리워하면서 그곳의 충만한 아름다움, 이를테면 아름다운 해변이나 멋진 도시 그리고 코알라나 캥거루 같은 오스트레일리아의 상징을 떠올리는 내용으로 채워져 있다. 자신은 수용소에서 잘 지내고 있지만 연인과 다시 재회하고 싶다는 말로 끝맺는 이 편지 장면은 〈프로파간다의 포로들〉의 내레이터가 "눈물을 짜내는 할리우드식 능력"이 엿보인다고 꼬집은 평가에 호응한다. 휴양지에서 가족과 시간을 보내는 네덜란드인을 보고 부러움 속에 편지를 쓰며 연인과 고국을 그리워하던 병사는 끝내 눈물을 훔친다. 애상에 잠긴 그의 얼굴이 페이드아웃하면 바로 그 뒤를 앞에서 언급한 문제의 연합군 추모식이 잇는 것이다.

그런데 편지 내레이션 부분에 플래시백으로 인용된 푸티지 몽타주는 단순히 오스트레일리아 병사의 향수를 표현하는 역할에 그치지 않는다. 아마

---

* 편지의 내용을 읽어주는 보이스오버 내레이터는 여성으로, 〈일본 제공〉에 다시 출연한 돈 맥내브의 증언에 따르면 영어를 할 줄 아는 일본인 여성이었다.

도 오스트레일리아 당국의 선전기구가 제작한 영화들에서 채집해왔을 법한 이런 푸티지는 바타비아수용소의 연출된 풍요의 이미지 사이에서 각기 다른 화면 질감과 선명도를 띠고 등장하면서 어딘가에서 인용된 이미지임을 숨기지 않는다. 만약 이 영화가 당초 제16군 특별정보부의 계획대로 오스트레일리아 상공에서 낙하될 수 있었다면, 이 플래시백 몽타주는 오스트레일리아인에게 일본군이(혹은 영화의 디제시스가 제시하는 대로라면 이 영화를 '만든' 오스트레일리아군 포로들이) 오스트레일리아에서 생산된 이미지를 인용하고 있음을, 그리고 오스트레일리아의 아름다움을 일본이 인정하고 있음을 알리는 친화적 메시지로 쓰였을 것이다. 물론 전황의 변화로 그러한 계획은 영영 실현될 수 없었다.

그렇다면 관객을 만나기 전, 이 영화의 연출자이자 완성본의 첫 관객으로 영화를 대면했을 허영은 이런 이미지를 어떻게 마주했을까? 자신이 만든 유사-서구 이미지와 오스트레일리아에서 직접 만든 원본 이미지 사이의 미묘한 괴리를 그는 어떻게 받아들였을까? 40여 년 후 〈프로파간다의 포로들〉에 출연한 돈 맥내브는 〈콜링 오스트레일리아!〉를 찍으며 자신이 눈물 흘려야 할 장면에서 눈물을 흘리지 못하자 제작진이 안약을 건네줬다고 증언한다. 유사-서구의 풍요로운 휴양지에서 만족스러운 삶을 사는 백인 병사는 그럼에도 원본이 보내온 풍요의 이미지를 떠올리며 그리움에 눈물을 흘려야 한다.

장뤼크 고다르에 따르면 "역사 속에는 항상 그 한가운데에 어느 한순간"이 존재하는데, 그것은 "시간 속의 파열rupture"이며 "가시성을 피해 나가는 중간 휴지休止"로서, "몽타주를 통해 알아내야 하는" 것이다.[9] 이러한 몽타주 속의 '파열'은 "여느 전통적 역사 서사가 그러하듯이 이후 전개의 원인으로서 강조"되지 않고, 그보다는 오히려 "의문부호를 던지는 지점들을 구성한"다.²⁰ 오스트레일리아인 병사가 고국을 그리워하는 몽타주에서도 우리는 파열의 지점을 읽어낼 수 있을까? 이러한 몽타주를 연출해야 하는 허영의 입장에서 보면, 원본이 제시하는 풍요의 이미지는 감독 그 자신도 설득할 수 있을 만큼 충분히 풍요롭게 받아들여져야 하는 것이 아니었을까? 그처럼 자신이 느끼기에도 풍족한 타자로서 서구의 이미지 앞에서, 그와 적대하는, 그렇지만 온전한 동일시가 불가능한 필연적 타자로서 일본인의 입장을 취해야 하는 그에게 그러한 프로파간다적 환영의 주조는 단지 인종전쟁에서 적을 속이기 위한 기만적인 책략에 불과했을까? 어쩌면 에드먼드슨과 럭이 맞닥뜨린 '익숙한 낯섦'은 그들 서구인이 간과한, 연출가 허영의 '일본인이 된 조선인' 정체성이 가진 어떤 괴리와도 연관된 것이 아닐까? 그 괴리의 정동이 우리에게 주는 것을 달리 말하면, 이처럼 인종적 관계가 소거된 듯 처리된 몽타주에서 불현듯 수용소 내 인종 관계의 중층성이 시간 속의 파열을 내며 의문부호를 던지고 있는 것이 아닐까?

〈콜링 오스트레일리아!〉에는 이와 같은 비인종적 몽타주 외에도 인종적 관계를 사유하게 하는 몽타주가 존재한다. '1부. 하루하루Part I. Day By Day'는 초반부에 일본군 장교의 시연에 맞추어 아침 체조를 하는 백인 포로의 (상의 탈의한) 신체로 시작하여, 일장기와 욱일기를 들고 행진하는 인도네시아인을 발코니에서 백인 포로들이 바라보는 장면으로 끝을 맺고 있으며, '2부'는 백인 포로들이 일본인 의사에게 수술을 받는 장면으로 시작하여 앞서 언급한 연합군 전사자 추도식에서 추도문을 낭독하는 일본군 장교(〈그림3-8〉)와 추도식에 참석한 백인 포로를 번갈아 보여주는 몽타주로 끝을 맺는다. 이들 각각의 장면은 백인 포로와 일본군 사이 그리고 백인 포로와 인도네시아인 사이의 안정적인 관계를 보여주지만, 프로파간다 영화의 매끄러운 몽타주 사이에서 중간중간 나타나는 낯설고 기이한 휴지의 순간은 이처럼 가시화되지 않은 것을 읽어내기를 요구한다. 가령 인도네시아인 남녀가 제복을 입고 행진하는 모습을 바라보는 백인의 모습은 기본적으로 그들과 무관한 수용소 안에서의 삶을 살아가는 구경꾼의 자세처럼 보이지만, 한편으로는 "평화"와 "독

〈그림 3-8〉〈콜링 오스트레일리아!〉의 연합군 전사자 추도식.

립", "자유", "번영"을 되뇌며 (대동아공영권 내의) 유색인 군대를 사열하는 백인 군인의 모습처럼 보이기도 한다. 다시 그 순간, 일본인으로 온전한 동일화에 실패한 허영의 존재, 촬영 순간에도 편집 순간에도 이 장면들을 응시하고 있었을 그의 존재를 떠올리게 하는 멈춤이 찾아오는 것이다.

사마 와르나,
사마 방사

　　일본 제국주의의 패망 이후 허영의 삶을 주목한 토머스 바커는 인도네시아인 극작가 파네를 인용하면서 인도네시아 민족주의에 복무한 말년의 허영의 삶이 일종의 "문화변용인acculturatie" 혹은 "문화적 혼합물 cultural melange"에 가까운 것이었다고 말하며, 이를 그가 전쟁 중에 꿈꿨던 "대동아공영적 아시아 동포애"와도 조심스럽게 연결한다.[2] 이를 뒷받침

하는 허영의 궤적으로 언급되는 것은 1950년 후융 박사Dr. Huyung라는 인도네시아인의 정체성으로 그가 감독한 영화 〈하늘과 땅 사이Antara Bumi dan Langit〉(일명 〈프리다Frieda〉)를 둘러싼 논쟁이다. 이 영화는 인도네시아 토착민 남성과 동인도계 여성* 사이의 사랑을 담음으로써 식민권력에서 독립한 직후의 인도네시아 국가의 '국민'은 누구인가에 대한 논쟁 속에 휩싸였다.[22] 바커는 비-토착민으로서 허영이 이 영화와 논쟁에서 보인 포용적 태도가 종족적 민족주의ethnic nationalism를 넘어서는 문화변용적 가능성을 보인 것으로 평가하는 것이다. 바커는 특히 허영이 자신의 첫 인도네시아 영화인 〈하늘과 땅 사이〉에 네덜란드계 촬영감독인 엘머트 크라이도프Elmert Kruidhoff를 기용한 것이 그 증거라고 제시한다.[23]

일제 패망 후 허영의 선택을 일제 치하의 그의 궤적과 곧바로 연결해서 평가하는 것은 조심스러운 부분이다. 그러나 바커가 주목한 대동아공영적 아시아 동포애에 대해 고려한다면 그가 〈하늘과 땅 사이〉를 둘러싸고 취한 인종에 대한 태도는 문화변용보다는 좀 더 다층적인 맥락에서 고찰해야 할 것으로 보인다. 〈프로파간다의 포로들〉에 출연한 작가 악디앗 미하르자Achdiat Mihardja는 자바를 점령한 당시 일본이 선전 방송을 통해 전파한 구호가 "사마 와르나, 사마 방사sama warna, sama bangsa", 즉 '같은 색이면 같은 인종이다'라는 것이었다고 말한다. 이것은 수백 년간 안정적으로 아시아를 지배해온 백인 제국들로부터 아시아인이 등을 돌리게 만드는 인종전

---

* 이들에 대한 정확한 번역어를 찾기는 어렵다. 일반적으로 인도 피플Indo people 혹은 유라시안Eurasian이라 지칭되는 이 집단은 네덜란드령 동인도 식민기에 유럽인으로서의 법적 지위를 취득한 네덜란드계 혼혈인과 그 후손을 말한다. 즉 인종적으로 백인과 토착민 사이의 혼혈이면서 역사적으로는 네덜란드 식민 지배의 효과로 형성된 인구라 할 수 있다. 힌두계 인도인과 구분하기 위해서 이 글에서는 '동인도인' 혹은 '동인도계'로 지칭한다.

쟁의 구호이자,[24] 이러한 아시아 해방의 기수로서 일본에 "감사하는 아시아 인"의 서막이었다.[25]

〈프로파간다의 포로들〉의 미하르자는 인도네시아인이 제2차 세계대전을 통해 "자신감을 회복"할 수 있었던 것은 일본이 그들에게 군사와 행정 분야에서 훈련받을 기회를 제공함으로써 독립할 수 있는 능력을 기를 수 있게 해주었기 때문이며, 이에 대해 자신들은 "일본인에게 감사하게 생각한다"라고 말한다. 물론 구체적인 인도네시아 독립의 약속은 대동아공영의 복무를 "일본에 이득을 주는 것"과 무관하게 보이고자 한 당국의 선전 목적에 더 부합하는 것이자,[26] 그 약속에 대한 논의가 진지하게 나오면 "얼버무리거나" 그것이 일본-인도네시아 관계의 시작이라는 믿음을 "파괴"하는 일본 당국의 태도를 끌어내는 결과로 이어지는 것[27]이었으며, 그래서 결국은 전황의 변화와 함께 흐지부지되었다.

그렇지만 미하르자가 말하는 "자신감"의 측면에서 볼 때, 이러한 일본의 대동아공영 슬로건은 "유럽인에 대한 숭배를 불식"[28]하는 인종정치적 의미를 지녔다고 할 수 있다. 특히 "불쌍한 존재okawaisoni"로서 백인hakujin 포로의 민간인 접촉을 관리함으로써 제국 신민에게 인종적 자신감을 부여하고자 한 일본 군부는 인도네시아에서 잡힌 포로 중 아시아인의 인종적 특징이 나타나는 동인도계 포로는 동아시아 영토로 보내지 못하도록 조치하기도 했다.[29] 이는 역으로 인도네시아 안의 백인 포로가 인도네시아인에게 어떻게 전시되었을 것인가에 대해 추측하게 하며, 인도네시아인을 대상으로 제작되지는 않았지만 〈콜링 오스트레일리아!〉 역시 그러한 일상적 선전의 도구로서 백인 포로를 관리했던 맥락과 무관하지 않음을 알 수 있다. 조선인 출신 허영의 입장을 고려한다면, "백인 포로를 감시하는 피식민지인"이라는 "인종주의적 선전 도구"[30]로서의 복잡한 정체성 역시 이 영화의 제작 맥락과 무관하다 볼 수 없을 것이다. 이렇게 볼 때 허영의 대동아공영적 아시아 동포애는 바커가 말한 문화변용으로 매끄럽게 전이될 수 없는 인종적 복잡성을 띤다.

그렇다면 허영의 마지막 행보에 대해 어떠한 설명을 덧댈 수 있을까? 그가 일제 패망과 피식민지들의 연이은 독립의 정세 속에서 조선으로의 귀환을 포기하며 가까운 사이였던 군속 출신 김선기에게 남긴 푸념은 유명하다. 그는 자신이 〈그대와 나〉를 감독한 사람으로서 고국에 이미 이름이 크게 알려졌고, 그 때문에 자신이 귀국하면 필연 친일파로 낙인찍힐 것이라 토로했다고 한다.[31] 바커는 이러한 판단에 따른 인도네시아 잔류가 그가 (특히 한국 민족주의 사학으로부터) 기회주의자 혹은 실용주의자라고 평가받는 이유라고 말한다.[32] 허영은 선전부 활동을 통해 인도네시아의 작가, 예술가와 좋은 관계를 맺고 있었고, 그가 일본인이 아닌 조선인이라는 점은 그러한 인적 관계 속에서 안전하게 인도네시아의 독립운동에 가담하는 배경이 된 것으로 보인다.[33]

그러나 여기에 남는 것은 다시 인종 문제다. 바커가 "문화변용자"의 증거로 제시한 네덜란드 출신의 촬영감독 기용 그리고 동인도계를 여주인공으로 한 러브스토리의 채택은 그가 인도네시아에 남기로 한 여러 이유 중 인종적 측면에 대한 한 가지 추가적인 해석을 가능케 한다. 그것은 〈콜링 오스트레일리아!〉가 미묘하게 담아낸 어떤 괴리, 어떤 익숙한 낯섦과도 연결되는 것이다. 신지영은 1944년 조선인 포로감시원의 감시를 받은 적 있는 어느 네덜란드 포로의 증언에서 인종적 열등감으로 인해 "백인에게 주눅이 든 조선인 군속"이 일본인 병사에게 훌륭한 감시원으로 인정받고자 백인 포로에게 "극히 잔인"하고 폭력적으로 변해가는 과정을 읽어낸다.[34] 즉 조선인 군속과 네덜란드/오스트레일리아 포로의 관계는 아시아인과 백인으로 대별되는 인종적 위계와 제국 신민으로서 조선인과 일본인 사이의 인종적 위계가 충돌하고 길항하는 장이었던 것이다.

이런 맥락에서 보았을 때 제국 신민의 지위를 벗어난 허영이 백인 제국에 대항하는 아시아인의 독립운동에 가담하는 과정은 어떤 필연적 과정으로 보이기도 한다. 특히 일본제국의 인종 위계 속에서 일본인과 조선인의 관계가 조선인과 인도네시아인의 관계와 "거의 완벽에 가까운 일치"를 보여주었던[35] 맥락까지 더하면, 아시아의 신생 독립국가에 지식을 전수하는 "박사Dr."로서 인도네시아의 내셔널시네마film nacional를 정초하는 "영웅"[36]이 되고자 한 그의 인종적 자기 정체화를 엿보게 되기도 한다. 그러나 조선인 감시원이 백인 포로를 잔혹하게 대한 이면에 인종적 열등감이 있었던 만큼이나, 그 심리의 기저에는 백인 인종에 대한 동경, 백인 문명에 대한 열망도 함께 존재했을 수 있으리라는 추측도 할 수 있다. 〈콜링 오스트레일리아!〉의 기묘한 오스트레일리아 풍경의 몽타주는 허영이 품었던 그런 어떤 은밀한 열망을 보여주는 것이었을지도 모른다. 그가 〈하늘과 땅 사이〉에서 네덜란드인 촬영감독을 고용하고 동인도계 여주인공을 기용한 것은, 백인 문명의 카메라워크와 준-백인 여배우의 섹슈얼리티를 관리하는 자리에 섬으로써 바커가 말한 "인도네시아 민족주의에 관한 포용적 비전"[37]을 제시할 수 있는 관대한, 그러나 위계상으로는 우월한 자신을 확인하는 한 방편이 아니었을까?

아카이브, 카탈로깅, 역사 쓰기

마무리하기에 앞서 다시 이 글의 처음에 언급한 아카이브 영화와 역사 쓰기의 문제로 돌아가 보자. 〈콜링 오스트레일리아!〉가 2019년 한국에서 공개되기 전에도 이 작품의 몇몇 부분을 보는 것은 불가능한 일이 아니었다. 이 원본의 2차 저작인 파운드 푸티지 영화들이 존재했기 때문이고, 특히 〈콜링 오스트레일리아!〉보다 나은 접근성을 지니고 있었던 〈일본 제공〉의 존재 덕분이다. 〈일본 제공〉의 원 소장처인 네덜란드 음향시각연구소Nederlands Instituut voor Beeld en Geluid는 이 작품을 일반에 공개해온 것으로 알려져 있으며, 일본 야마가타 국제다큐멘터리영화제는 2005년 허영에 대한 특별전에서 이 작품을 상영했다.[38] 〈프로파간다의 포로들〉은 후술하는 것처럼 오스트레일리아 사회에서 공개된 후 DVD로 발매되어 시중에서 구입할 수 있는 여건을 갖추었다. 한국에서는 1997년 부산국제영화제에서 상영된 〈세 개의 이름을 가진 영화인〉(김재범/1997년)에서 〈콜링 오스트레일리아!〉의 일부 장면을 볼 수 있었다고 한다. 이들 각각은 〈콜링 오스트레일리아!〉에 대한 충실한 주석의 역할을 했지만, 주지하듯이 원본의 몽타주를 새롭게 배열함으로써 원본이 주는 해석의 지평을 보장하지는 못했다.

〈콜링 오스트레일리아!〉가 적어도 한국에서 오랜 기간 미지의 존재로 머물러온 것*은 허영이라는 복합적 인물에 대해 각국의 국가 아카이브가 각

---

* 일본의 경우 일부 연구자에 의해 1980년대 후반 오스트레일리아에서 비디오 판본으로 확보된 것으로 추정된다. 이 판본은 이렇게 일본을 경유하여 한국의 일부 개인 연구자에게 전달되기도 한 것으로 보인다. 한국예술종합학교 도서관에 기증된 영화평론가 이영일 소장의 비디오 역시 같은 판본으로 추정되는데, NFSA가 일반에 공개한 것이 1987년 이후임을 감안하면 이 역시 일본을 경유하여 입수한 것일 가능성이 높다. 그러나 2005년 야마가타 국제다큐멘터리영화제가 이 작품을 상영하지 못하고 〈일본 제공〉을 상영한 데서 보듯이, 이 판본의 존재 역시 일본 지식장 전반에 알려지지 않은 것으로 보인다.

기 다른 이해를 보였기 때문이라 생각된다. 허영은 국가별 아카이브 체계에서 서로 다른 이름으로 존재한다. 2009년 일본 국립필름센터(현 일본 국립영화아카이브)에서 소재가 확인되어 국내로 들여온 그의 영화〈그대와 나〉(1941)의 경우 한국영상자료원의 한국영화데이터베이스KMDb에서는 감독이 "허영"으로,[39] 일본 국립영화아카이브의 온라인 카탈로그에는 히나쓰 에이타로日夏英太郎로[40] 존재한다.

　허영이 삶의 후반을 보내며 그곳 언어로 네 편의 영화를 만들었던 인도네시아의 경우 별도의 온라인 카탈로그를 제공하지 않는 시네마테크 인도네시아Sinematek Indonesia를 대신하여 1926~2007년 인도네시아에서 제작된 영화를 데이터베이스화한 필름인도네시아Film Indonesia에서 그의 정보를 찾을 수 있는데, 여기서 그는 처음 자바를 찾았을 때의 이름인 히나쓰 에이타로Hinatsu Heitaro 혹은 후융 박사Dr. Huyung로 존재한다.[41] 그렇다면〈콜링 오스트레일리아!〉의 원 소장처인 오스트레일리아는 어떠할까? 그의 이름은 오스트레일리아 NFSA의 온라인 카탈로그에 2019년까지는 존재하지 않았으나, 2019년 한국에서 공개된 이후 히나쓰 에이타로Hinatsu Eitaro로 등재된 것을 확인할 수 있다.[42]

　이것은 아마도 허영이라는 복합적인 인물에 대한 한국 학계와 영화 관계자의 오랜 관심에도〈콜링 오스트레일리아!〉가 이곳에 존재해왔다는 사실을 그들이 알아내기 어렵게 만든 한 이유일 것이다. 물론 이 영화가 오스트레일리아인 포로들이 스스로 만든 영화임을 자처한, 조작된 배경을 갖고 있음을 감안하면, 오스트레일리아의 아키비스트들이 영화를 통해 확인할 수 있는 크레디트 정보에서 실제 감독인 히나쓰 에이타로의 이름을 찾을 수 없었을 것임은 자명하다. 그러나 적군에게서 노획한 영화로 40여 년 동안 아카이브 수장고에 잠자고 있던 이 영화가 처음으로 그 정체를 드러낸

1986년 당시에 NFSA의 적극적인 협조 속에 만들어진 〈프로파간다의 포로들〉을 경유하여 보면, NFSA 카탈로그상 그의 부재는 어쩌면 이 아카이브의 장소성과 관련된 어떤 필연이었을지 모른다는 추측을 하게 된다.

NFSA는 본래 1935년 영연방국립도서관Commonwealth National Library (현 오스트레일리아국립도서관National Library of Australia) 산하의 국립영상음향사료도서관National Historical Film and Speaking Record Library으로 설치되었으며,[43] 지금과 같은 형태의 기구로 독립한 것은 1984년 내부환경부Ministry for Home Affairs and Environment 장관의 제안에 따라 내각이 결정을 내리면서부터다.[44] 이에 앞서 1981년부터 "마지막 남은 영화를 찾아서The Last Film Search"라는 질산염 필름 수집/보존 캠페인이 진행되었는데, 이는 독립 기구로서 NFSA 설립의 필요성과 중요성을 알린 프로젝트였다.[45] 〈콜링 오스트레일리아!〉는 그보다 먼저 발견되었지만, "질산염은 기다려주지 않는다Nitrate won't wait"라는 이 캠페인의 구호처럼 "국가적 영화 유산Australia's film heritage"이 자칫 망실될 위기에 놓여 있다는 문제의식이 자극하는 "국민 됨의 상상력national imagination"이 NFSA의 아키비스트들로 하여금 질산염 필름으로 보존되던 이 영화의 복본을 긴급하게 제작하게 한 요인 중의 하나였음을 추측할 수 있다.[46]

실상 오스트레일리아인에게 〈콜링 오스트레일리아!〉는 사라질 뻔한 오스트레일리아인의 기록이라고도 할 수 있다. 영화에 찍힌 오스트레일리아군 포로는 비록 허위로 꾸며진 삶을 연기하고 있지만, 그 역시도 제2차 세계대전 시기 일본군의 포로로 살아야 했던 오스트레일리아인의 어떤 진실을 폭로하는 기록일 수 있기 때문이다. 그래서인지 〈프로파간다의 포로들〉은 이들 귀환 포로의 기념행사를 첫 시퀀스로 보여주며 시작한다. 퀸즐랜드전쟁포로협회의 1986년 총회 식장으로 들어서는 장면에서 내레이터는 이 영화가 "오스트레일리아의 전쟁사에서 사라진 페이지를 찾는 흥미진진한 연구"라고 밝힌다. 따라서 이 영화는 그리고 나아가서 이 영화 제작의 주 행위자인 NFSA는 〈콜링 오스트레일리아!〉를 오스트레일리아의 내셔널 역사 쓰기의 맥락에서 분류 및 배치하고 있음을 알 수 있다.

그런 이유에서였는지, 〈프로파간다의 포로들〉의 제작진은 조사를 통해 〈콜링 오스트레일리아!〉의 감독이 히나쓰 에이타로라는 이름을 가진 조선인이었음을 알아냈지만, 그 사실은 영화 속에서 잠시 스치듯 한 번 언급되고 만다. 〈프로파간다의 포로들〉 제작 지원을 통해 〈콜링 오스트레일리아!〉의 제작 배경을 알아내고자 했던 NFSA 역시 오랜 기간 그들의 카탈로그상에 이 정보를 반영하지 않았다. 오스트레일리아의 전쟁 역사라는 맥락에서 보았을 때 히나쓰 에이타로는 그저 적군의 심리전 부대의 일원일 뿐이었고, 조선인으로서의 정체성이라든지 어떻게 해서 그와 같은 작품의 감독을 맡게 되었는지 등에 대한 이야기는 그저 지엽적인 정보에 불과했으리라.

〈콜링 오스트레일리아!〉는 1969년 오스트레일리아 국립도서관의 질산염 영화 보존고에서 훗날 NFSA 설립의 주역이 되는 레이 에드먼슨에 의해 최초로 발견된 이후 질산염 필름의 부식으로 인한 망실 방지를 위해 복본으로 제작되었고, 1986년 NFSA에 의해 공개되었다(Barker/2017년/202쪽). 이 영화를 추적하는 과정을 다루기 위해 오스트레일리아 정부 산하의 영화사 필름오스트레일리아Film Australia가 제작하고 그레이엄 셜리Graham Shirley가 감독을 맡은 〈프로파간다의 포로들〉이 이듬해인 1987년에 제작, 공개되었다. 필름오스트레일리아는 주로 비상영용nontheatrical 영화를 제작, 배급했기 때문에 〈프로파간다의 포로들〉 또한 보급은 기관용 상영이나 교육 목적을 위해 제한적으로 이루어졌으나, 당시 오스트레일리아 언론과 영화인은 이 영화가 환기하는 제2차 세계대전의 기억에 적지 않은 관심을 보인 것으로 보인다.[47]

좀 더 대중적으로는 그다음 해인 1988년 민영 방송사 세븐네트워크Seven Network의 시사 프로그램 〈힌치 앳 세븐Hinch at Seven〉이 이 영화에서 발췌한 장면들을 방영하면서 〈콜링 오스트레일리아!〉의 존재를 알리는 데 기여했다.[48] 이때 〈힌치 앳 세븐〉의 제작자들이 〈프로파간다의 포로들〉에서 인용했다는 사실을 알리지 않음으로써 누가 〈콜링 오스트레일리아!〉의 최초 발굴자인지를 두고 지면 논란이[49] 벌어지기도 했다. 당시 이 방송 프로그램을 보도한 《시드니모닝헤럴드》는 이 전쟁포로 영화가 "일본이 어떻게 우리(오스트레일리아)를 기만하려 했는가How Japan tried to fool us"를 보여준다는 굵은 헤드라인의 기사를 1면에 게재하기도 했다.[50]

그러나 이처럼 전쟁 프로파간다가 만들어낸 기만과 일본군의 반인류적 포로 수용을 고발하는 오스트레일리아에서의 일련의 공개 이후로도 약 30년 가까이 〈콜링 오스트레일리아!〉는 한국 영화사에 미지의 영역으로 남아 있었다. 영화를 직접 확인할 수 있게 된 지금 시점에서 보더라도 오스트레일리아군 포로들이 주인공으로 출연하여 대사가 거의 모두 영어인, 인도네시아 주둔 일본군 제작의 이 영화를 한국 영화사에서 어떤 맥락 속에 위치시켜 읽어낼 것인지는 간단한 문제가 아닌 것으로 보인다.

한 가지 자명한 것은 지금까지 살펴본 것에서 볼 수 있듯이 오스트레일리아의 국립 아카이브인 NFSA의 카탈로깅에서 이 작품 〈콜링 오스트레일리아!〉는 오스트레일리아라는 국가의 내셔널 역사 쓰기 혹은 전쟁사 쓰기의 맥락 속에서 분류되어왔지만, 한국 학계에서는 이와 다른 계열의 역사 쓰기상의historiographic 맥락이 더 많은 흥미를 유발한다는 점이다. 더구나 허영의 궤적을 염두에 두면 이러한 흥미가 한국의 내셔널 역사 쓰기 혹은 내셔널 시네마로서 한국 영화의 역사 쓰기의 경계 속에 안전하게 놓일 수 없음도 명백하다. 여전히 삶의 많은 부분이 베일 속에 가려진 허영의 존재는 조선/한국 영화사의 매끄러운 전개에 이물처럼 자리 잡고 있다.

조르조 아감벤은 아우슈비츠의 생존자들이 '인종 말살'이라는 역사적 범죄의 진정한 목격자가 아니라, 오히려 그들처럼 살아 돌아오지 못한 무젤만Muselmann(죽은 자)과 같은 존재들이, 생존하지 못함으로써만 목격자일 수 있는 "증언의 불가능성"을 지적하며, 모든 증언에 존재하는 빈틈lacuna 혹은 잔여remnants에 주목한다.[51] 이것은 앞서 고다르가 말한, 몽타주를 통한 파열의 규명, 의문부호 던지기와 연결되는 것으로서, 〈콜링 오스트레일리아!〉의 매끄러운 증언으로 구성된 세 편의 잘 편집된 영화가 제시하는 역사 서사의 비/인종적 몽타주 사이사이에서도 빈틈과 잔여를 찾을 수 있다. "이미지에 기록된 과거는 현재보다 선행한 몸짓 또는 사건으로만 머물지 않고 현재의 시점에서 소환되고 현재의 국면과 변증법적 긴장을 형성할 때 비자발적 기억과 대안적 역사 쓰기를 활성화한다."[52] 즉 돌아온 아카이브 영화들의 빈틈 속에서 우리는 두 제국(일본과 미국, 즉 서구)의 효과라는 현재의 국면과 이루는 변증법적 긴장을 찾을 수 있다. 그 긴장 속에서 일본인이 되고자 한 조선인 허영을, 일본 군속 조선인으로서 백인 포로를 마주하며 백인 유토피아를 그려낸 영화감독 히나쓰 에이타로를, 그리고 자바일본군 선전반의 조선인 예술가로서 인도네시아 예술가에게 자립을 가르친 인텔리, 닥터 후융을 읽어낼 수 있기를 기대한다.

수용소,
식민에서
냉전으로

IV

포로감시원,

억류 민간인,

정치범

수용소 안에서의 언어와 권력관계

타이완인 포로감시원과
통역의 수용소 경험

지은이 란스치藍適齊

타이완국립정치대학교 역사학과 부교수. 미국 시카고대학교 역사학과에서 박사학위를 받았다. 주요 연구 영역은 타이완사, 근현대 동아시아사, 민족주의·식민주의·제국주의, 역사와 기억(특히 전쟁 기억)이다. 대표 저서로는《탈제국 동아시아 제국의 극복: 송환, 재정복과 재건Overcoming Empire in Post-Imperial East Asia: Repatriation, Redress and Rebuilding》(공저, BloomsburyPress, 2019),《번역통역 연구의 신지평: 영화, 게임, 테크놀로지, 전쟁, 교육과 번역통역翻譯通譯研究の新地平 ―映畫, ゲーム, テクノロジー, 戰爭, 教育と翻譯通譯》(공저, 晃洋書房, 2017),《해석사의 새로운 통찰New Insights in the History of Interpreting》(공저, John Benjamins Publishing Company, 2016),《전쟁의 역사와 기억戰爭的歷史與記憶》(공저, 國史館, 2015),《전쟁과 사회戰爭與社會: 理論, 歷史, 主體經驗》(공저, 聯經出版公司, 2014) 등이 있다. 한국어로 번역된 공저서로《'냉전' 아시아의 탄생: 신중국과 한국전쟁》(2013)이 있다.

옮긴이 쉬징야許景雅

연세대학교 국어국문학과 박사과정에 있다. 일제강점기 말부터 해방 초기 한국과 타이완의 문학과 문화 생산, 특히 구식민지 인구의 이동과 역사 기억에 초점을 맞춰 공부하고 있다.《함께 읽는 동아시아 근현대사》(2016)를 중국어로 옮겼다.

옮긴이 방수미

연세대학교 사학과 석사과정에 있다.

1. 제2차 세계대전 전장에서의 타이완인
2. 타이완인의 구체적인 수용소 근무 내용
3. 수용소 안에서 '언어'가 갖는 의미
4. 수용소 안에서의 '권력관계'
5. 결정적 요소로서의 '언어'

• 이 글은《中國21》45집(愛知大學 現代中國學會 刊, 2017년 2월)에 실린 〈타이완인 전범과 전후처리를 둘러싼 경계 넘기의 과제 1945~1956臺灣人戰犯と戰後處理をめぐる越境的課題 1945~1956〉을 수정·보완한 것이다.

제2차 세계대전 전장에서의 타이완인

제2차 세계대전 시기, 일본의 식민 혹은 군사 기구는 8만 명 이상의 타이완인을 병사로 모집, 동원했고, 12만 6000명 이상의 타이완인이 '군속軍屬'과 '민간 군사 인원軍伏'으로 파견되었다. 이 중 사상자는 3만 명이 넘는다.' 현존 자료에 따르면 제2차 세계대전이 끝나기 전에 20만 명 이상의 타이완인이 일본인 신분으로 출정했다. 이들 중 적어도 173명은 전후 군사법정에서 B, C급 전범으로 판결받았다. 그중 26명이 사형 판결을 받았고 21명이 처결되었다.* 제2차 세계대전 이후 진행된 B, C급 전범재판에서

---

* 대부분의 자료에서 확인할 수 있듯이 사형 판결을 받은 타이완인 전범은 26명이다. 상세한 분석은 鍾淑敏,《俘虜收容所: 近代臺灣史的一段悲歌, 曹永和先生八十壽慶論文集》, 樂學書局有限公司, 2001, 262쪽; 李展平,《前進婆羅洲: 臺籍戰犯監視員》, 國史館臺灣文獻館, 2005, 4~6쪽을 참조할 것. 여기서 주목할 것은 중수민이 일본 문헌을 인용하면서 더 상세한 설명을 덧붙인 부분인데, 그에 따르면 이 일본 문헌에는 26명의 타이완인 전범 중 다섯 명이 감옥에서 사망한 것으로 기록되어 있다. 이들은 복역 중 병사 또는 자살했다. 상

식민지 출신인 타이완인과 조선인/한국인의 인원수는 매우 두드러졌다. 당시 총 5개 연합국(오스트레일리아, 중화민국, 네덜란드, 영국, 미국)이 타이완인 전범을 기소하여 군사법정으로 이송했다. 이 중 오스트레일리아에서 심판한 타이완인 전범 수가 가장 많았고(95명), 그다음으로 중화민국(41명), 영국(26명), 네덜란드(7명), 미국/필리핀(4명)의 순이다.[2] 1995년에 일본후생성인양원호국日本厚生省引揚援護局이 편찬한《한국, 타이완 출신 전쟁재판 수형자 명부韓國臺灣出身戰爭裁判受刑者名簿》를 통해 알 수 있듯이 조선인/한국인 전범은 총 148명이었고, 이 중 23명이 사형 판결을 받았다.[3]

선행 연구에서는 대부분의 타이완인 전범이 전쟁 기간 동안 동남아시아 각지의 연합군 전쟁포로수용소에서 감시원 직무에 임했다고 말한다.[4] 이들 중 여덟 명이 전범으로 인정되어 사형 판결을 받았다.[5] 일본의 후생성 명부도 타이완인, 한국인 전범이 종군했을 때 포로수용소의 감시원을 담당한 인원수가 가장 많았음을 증명해준다.[6] 다음으로는 헌병대의 통역을 담당한 자였고, 마지막으로는 군속 신분을 가진 자였다. 기존 학술 연구와 구술사에 따르면 타이완인 전쟁포로수용소 감시원이 사형 판결을 받은 이유 중

세한 내용은 東京裁判ハンドブック編集委員會 編, 《東京裁判ハンドブック》, 靑木書店, 1989, 225쪽 참고. 해당 통계는 일본후생성인양원호국에서 정리한《한국, 타이완 출신 전쟁재판 수형자 명부》(1955)의 기록과 일치한다. 이에 따르면 오스트레일리아 재판에서는 두 명의 타이완인 전범이 '뜻밖의 사망'으로 기재되었다. 한 명은 '병으로 사망'했고 한 명은 '자살'했다. 나머지 한 명은 중국의 재판 기록에 따르면 '병으로 사망'했다. 결국 26명의 타이완인 전범은 모두 사망했으며, 이 중 21명은 실제로 처형되었다. 오스트레일리아 재판에 대해서는 다음 장에서 더 상세히 서술할 것이다. 1947년에 사형 판결을 받은 다섯 명의 타이완인 전범은 무기징역으로 감형되어 사형을 면했다. 여기에 나머지 처형된 21명의 타이완인 전범을 더해 이 글에서는 사형 판결을 받은 타이완인 전범이 26명이었음을 확인한다.)

대부분은 그들이 포로수용소에서 연합군 전쟁포로를 학대 또는 살해했기 때문이다.[7] '도대체 타이완인은 수용소에서 무슨 일을 했고, 수용소 생활에서 어떠한 경험을 했을까', '좀 더 보편적인 차원에서 그들의 경험은 수용소와 관련한 '수용화된' 상태, '통치성'과 '사회제도' 등의 논의에 대해 우리에게 진일보한 이해를 제공할 수 있을까', 또한 '비교의 관점에서 볼 때 같은 전쟁포로수용소의 감시원으로서 타이완인과 조선인/한국인 감시원의 경험 중 같거나 다른 부분은 무엇일까' 등의 문제는 타이완인 전범의 심판 과정에서 논의를 확장해볼 수 있는 과제다.

포로수용소 안의 실제 상황에 관한 자료가 매우 한정적이기 때문에 대부분은 당사자의 회고를 통해 당시 상황을 단편적으로 이해할 수밖에 없다. 전쟁 종결 직후인 1945년부터 1948년 사이에 각국이 남긴 전범재판소의 법정 기록이 관점상 상대적으로 더 완전하고 시간상 사건 발생 당시와 비교적 가까운 자료를 제공한다. 이 글에서는 오스트레일리아의 군사법정에서 심판했던 타이완인 전범에 대한 기록을 통해 각지의 포로수용소에서 보냈던 타이완인의 구체적인 근무 상황을 이해하고자 한다. 주로 살펴볼 의제는 수용소에서 타이완인의 근무 내용, 타이완인과 일본인 장교/병사 및 연합군 포로 사이의 상호 관계 그리고 수용소 내의 '권력관계'다. 마지막으로는 같은 '피식민자'로서 수용소 안에서 타이완인, 조선인/한국인 포로 감시원의 경험을 비교하고, 이를 통해 '언어'가 수용소에서 갖는 의미를 탐구하려 한다.

타이완인의 구체적인 수용소 근무 내용

오스트레일리아의 전범재판에서는 일곱 명의 타이완인이 사형 판결을 받았다. 전쟁 기간 동안 그들은 포로수용소에서 근무했다.[*] 주목해야 할 것은 처형된 타이완인 대부분이 포로수용소에서 감시원 업무를 맡았고, 동시에 통역 업무도 겸했다는 점이다. 이 글에서는 이들의 수용소 경험을 중심으로 분석할 것이다.

가장 많은 타이완인이 재판을 받은 안건은 오스트레일리아 법정이 1946년 4월 10일부터 16일까지 라바울Rabaul에서 진행한 '1943년 중국인 전쟁포로 살해'다.[**] 이는 중국 국민혁명군 제3군단 제88사단의 전쟁포로들이 살해된 사건을 처리하는 재판이었다. 이들 전쟁포로는 1942년 7월 일본군에게 포로로 잡혀[8] 1943년 1월에 라바울로 보내져 노동 업무를 담당했다.[9] 그 후 많은 포로가 같은 해 3월 3일과 11일에 일본인 병사와 타이완인 감시원에 의해 사살되었다(보고에 따르면 1차 사망자는 24명, 2차 사망자는 여섯 명이었다). 해당 재판에서 일본인 병사 두 명과 타이완인 감시원 일곱

[*] 오스트레일리아는 타이완인 전범을 심판한 가장 주요한 나라였다. 인원수만 보면 오스트레일리아 법정에서 유죄 판결을 받은 타이완인 전범은 총 95명으로 연합국 중에서 가장 많았다. 그중 일곱 명이 사형 판결을 받고 처형되었다(이 인원수도 연합국 중 가장 많다). 일본후생성인양원호국의 기록(1955) 참조. 한편 일본 학자 자엔 요시오茶園義男의 자료에서는 그 인원수를 109명으로 수정했다.

[**] Australian National Archives, *Proceedings of Military Tribunal, Sgt. Matsushima, Tozaburo and others*, Department of the Army, A471,80915. 이 기록에 따르면 한 명의 일본인 군조軍曹(일본 육군 하사관 계급의 하나)와 한 명의 일본인 사병, 두 명의 타이완인, 민간인 두 명(특설근로봉공단의 구성원)이 교수형을 선고받고 1946년 7월 17일에 처형되었다. 나머지 다섯 명의 타이완특설근로봉공단 인원도 교수형을 선고받았으나 1947년 6월 27일에 무기징역으로 감형되었다.

명이 살해 사건으로 기소되었다. 이 재판은 1946년 4월 16일에 심리가 종결되었고, 피고 전원이 교수형을 받았다.[10]

타이완인 전범 일곱 명의 이름은[11] 린파이林發一(하야시 하지메林一, AWC 2983), 천밍즈陳銘志(기요하라 다케오木代原武雄, AWC 2913), 린수이林水(오카바야시 에이큐岡林永久, AWC 2685), 쑤무蘇木(야나가와 우에타네柳川植種, AWC 2914), 린차오밍林朝銘(시무라 유조志村勇三, AWC2911), 후궈바오胡國寶(후루야 에이스케古谷榮明, AWC2912), 린동윈林東雲(다케바야시 쓰루이치武林鶴一, AWC 2684)이다. 판결이 내려진 후 하야시 하지메와 기요하라 다케오는 두 명의 일본인 병사와 함께 1946년 7월 17일 교수형에 처해졌고, 오카바야시, 야나가와, 시무라, 후루야, 디케바야시는 다른 전쟁범죄 재판의 증인이 되어야 했기에 1947년 6월 27일 무기징역으로 감형되었다.[12]

재판 기록에는 타이완인 전범들의 근무 내용이 상세하게 기재되어 있다. 검사 측 증인 중 한 명인 중국 국민혁명군 중위中尉 왕유신王又新은 1943년 1월 중국인 전쟁포로가 라바울에 도착한 이후부터 3월에 살해될 때까지 "바로 이 피고들이 그들(중국인 포로)을 계속 감시해왔다"[13]라고 증언했다. 이러한 증언을 통해 명령을 받은 타이완인이 중국인 포로를 감시했다는 사실을 명확히 알 수 있다. 한편 제26호 공급부대(26th Depot)에서 장교로 복무한 일본 측 증인 시마자키 마사오미島崎正臣는 법정에서 "타이완인은 어떤 군사훈련도 받지 않았다. 그들은 처음부터 끝까지 전 과정에서 그냥 군부軍伕였고, 아무도 그들에게 총기 사용법을 가르치지 않았다"[14]라고 밝혔다. 이 증언에 따르면 타이완인은 원래 모두 군부로 징용되었고 어떤 전투 훈련이나 집행과 관련된 임무를 받은 적이 없었다. 일본 정부의 관련 자료에 따르면 후생성의 전범 명부가 보여주는 것처럼 타이완인 군부는 모두 타이완특설근로봉공단臺灣特設勤勞奉公團의 구성원이었고 라바울에서 제26호 공급부대에 배속되어 하역, 운송, 군사 보급품 수집을 담당했다.[15] 그렇다면 원래 라바울에 파견되어 노동 업무를 담당하던 타이완인 군부는 어떻게 중국인 전쟁포로 감시 업무를 맡게 되었을까? 그 답은 심판 기록 속에 있는데, 바로 그들의 특수한 언어 능력 때문이었다.

수용소 안에서 '언어'가 갖는 의미

1943년 1월에 많은 중국인 포로가 라바울에 도착한 뒤, 현지를 점령한 일본 군대 안에는 세 부류의 상이한 배경을 지닌 사람들이 생겼다. 일본에서 온 군인, 일본 식민지에서 온 타이완인 그리고 중국에서 온 전쟁포로였다. 이 세 부류 사이에는 사실 공통 언어가 없었다. 그러나 이들 중 타이완인은 특수한 언어 능력을 지니고 있었다. 그들은 모국어가 중국 남방의 언어이고, 1895년 이후 일본의 통치하에서 식민 일본어 교육을 받았다. 따라서 타이완인은 일본어로 일본인과 대화가 가능했고, 한편으로는 중국인 포로와도 제한적으로 대화가 가능하여, 유일하게 세 부류와 모두 소통할 수 있는 능력을 가지고 있었다.*

오스트레일리아의 심판 기록에서 기소된 타이완인 전범들이 여러 차례 자신들의 특수한 언어 능력이 중국인 전쟁포로와 관련된 사무를 담당하

---

* 사실상 중국 각 지방의 구어 사이에는 상당히 큰 차이가 있다. 그러나 중국인 전쟁포로 중 소수가 중국 남방 방언 구사가 가능했기 때문에 그들은 대표로 선발되어 타이완인을 통해 일본인 장교와 소통했다. 이러한 상황은 그 소수 중국 포로들이 수년 후 구술로 직접 증언한 것이다. 國防部, 《南洋英烈: 二戰期間巴布亞紐幾內亞境內國軍將士紀錄》, 國防部 史政編譯局, 2009, 189쪽 참조.

게 된 결정적 요소였다고 언급했고, 이 때문에 그들이 이런 전쟁범죄에 연루되었다고 밝혔다. 피고인 명부에 제일 처음으로 등장한 타이완인 전범은 하야시 하지메(린파이)로, 그는 1946년 4월 12일 법정에 소환되었다. 하야시는 자신은 원래 라바울에서 제26호 공급부대에 소속되어 있었는데, 중국인 전쟁포로가 해당 지역에 도착한 뒤에는 자신의 임무가 포로수용소에서 매일 중국인 포로의 상황을 상급 병사, 즉 중국인 포로 사무를 관리하는 일본인 장교에게 보고하는 것이었다고 증언했다. 그는 중국인 포로 살해 사건에 관한 질문을 받았을 때 "나는 타이완인으로서 살해와 연관된 현장에는 일절 참석할 수 없었다. 내가 매일 명부를 가지고 인원을 확인해야 했기 때문에 중국인 포로들이 살해되었다는 사실은 알 수 있었다"라고 말했다. 또한 그는 "나는 거의 매일 부대의 사무실에서 일했고 때때로 중국어 통역도 맡았다"[16]라고 말했다. 그 외에도 사전에 작성된 심문 보고에 기재된 것을 보면 하야시는 "1943년 1월 나는 중국인 노동자의 주둔지에 파견되었다. (…) 나는 중국어를 조금 할 줄 알기 때문에 그곳에서 통역을 담당했고, 내 직무는 지시에 따라 이들 노동자를 다른 단위로 분배하는 것이었다"[17]라고 말했다. 여기서 주목할 것은 일곱 명의 타이완인 피고 중 하야시는 유일하게 다른 두 명의 타이완인 증인이 '중국인 통역'으로 지목한 사람이라는 점이다. 따라서 그는 중국인 포로수용소에서 가장 중요한 통역이었을 것으로 보인다.[18]

또 한 명의 타이완인 피고인 오카바야시 에이큐(린수이)는 1946년 4월 13일에 법정에 소환되었다. 오카바야시는 자신이 1942년 11월에 라바울에 도착했고, 제26호 공급부대에 배속되었으며, 자신의 임무는 중국인 전쟁포로수용소에서 "중국인 노동자를 따라다니며 그들이 일하는 것을 감시하는 것이었다"라고 말했다. 또한 1943년 1월부터 9월까지 통역을 맡았다고 했다.[19] 하야시와 마찬가지로 오카바야시도 서면 심문 보고에서 그의 직무가 '민간인 통역'이었고, 중국인 군부 감시 일을 담당했다는 것을 확인할 수 있다.[20]

　이상 두 명의 타이완인 전범이 제공한 증언이나 진술은 모두 언어 능력과 통역 직무가 이들이 라바울에서 중국인 포로 '감시' 임무를 지시받게 된 매우 중요한 요소라는 것을 가리킨다. 재판이 종결되고 몇 년이 지난 후 일본 측에서 처리한 몇 건의 '중국인 포로 살해 사건'과 관련된 후속 문서에서도 피고인이 된 타이완인 전범의 언어 능력이 그들이 전쟁에서 통역 직무를 부여받게 된 결정적 요소였다고 언급한다. 예를 들어 상술한 '중국인 포로 살해 사건' 판결에서 무기징역으로 감형된 다섯 명의 타이완인 전범은 1954년 일본 스가모巢鴨구치소에서 복역하던 중 일본의 법무 부문에 '사면' 신청을 제출했다. 이들의 신청에 응하여 일본 전범 관련 사무를 처리하는 기구인 후생성인양원호국은 타이완인이 라바울에서 중국인 포로를 처리한 직무 내용을 설명하는 문건을 편찬했다. 거기에는 특히 몇 명의 일본 군인이 중국인 포로의 행동을 감시하고 질서를 유지하고 또한 그들에게 임무를 부여하는 것을 담당했다고 기록되어 있다. 다만 이 문서는 다음과 같은 부분도 강조했다.

　　이 군인들은 중국어가 능통하지 않기 때문에 구성원 중에서 언어 능력이 비교적 우수하고 서기 업무에 뛰어난 20여 명의 타이완인을 선발하여 부대에서 일시적으로 보조로 배치했고… 그들이 중국인 군부를 감독, 인솔하게 했으며, 동시에 서기 작업에 능통한 몇 명의 타이완인에게 문서를 처리하게 했다.[21]

자료가 명확하게 보여주듯이 현지의 일본 군인은 중국인 포로와 소통할 수 없었다. 이와 반대로 라바울에 있는 타이완인 군부는 '중국어'가 능통하기 때문에 기존의 업무 외에 포로감시원을 담당했고, 이와 동시에 비공식 통역을 겸임하여 일본 군인과 중국인 포로의 소통에 협조했다.

이러한 상황이 보여주듯 수용소라는 '수용화된' 공간에서 한 개인의 직무는 돌발 상황이나 필요에 따라 임시로, 강제로 대폭 조정될 수 있었다. 요약하자면 수용소의 상태는 외부와 차단되었기에 일본인 장교가 우발적인 상황(갑자기 한 무리의 중국인 포로가 해당 지역에 보내지는 것)에 대응하기 위해, 내부 '통치성'을 달성하기 위해(중국인 포로를 관리하고 노동 업무를 분배하는 것) 기존의 '사회제도(타이완인 군부의 업무 직책 및 직무상 상호 관계를 맺는 대상)' 및 나아가 이 '수용화되는' 공간에서 모든 사람 사이의 책임, 권력과 의무 관계를 갑작스럽게 바꾼 것이다. 더 중요한 것은 이 '우발적인' 상황에서 타이완인 군부는 통치성을 달성하는 데 필요한 능력(중국인 전쟁포로와 소통할 수 있는 언어 능력)을 가지고 있었고, 이것은 타이완인 군부를 새로운 '사회제도'를 유지할 수 있게 하는 유일한 핵심 인물로 만들었다. 그러나 전후 전범재판에서 '수용화된' 공간에서 발생한 전쟁범죄를 검토했을 때 아무 결정권이 없는 타이완인 군부는 책임을 추궁당하는 주요 대상이 되었다.

또한 주목할 만한 것은 전후의 전범재판 과정에서 이처럼 특수한 '언어 능력'의 여부가 개인이 전쟁포로수용소에서 어떤 역할을 할지 결정하고, 아울러 이러한 언어 능력이 사후에 어떠한 전쟁 책임을 지는 결정적 조건이 되는지에 대한 부분이다. 더 정확히 말하자면 바로 이 타이완인 전범과 중국인 포로 간의 소통 여부가 오스트레일리아의 법정에서 타이완인 전범을 위해 변호사가 변호하는 이유 중 하나였다. 재판 과정에서 하야시 하지메와 오카바야시 에이큐는 자신이 통역을 담당했다는 것을 인정했고, 나머지 세 명의 타이완인 피고인(기요하라 다케오, 후루야 에이스케, 야나가와 우에타네)은 모두 "중국어 구사하는 법을 잊어버렸다"[22]라거나 혹은 "아예 중국어를 할 줄 모른다"[23]라고 표명했다. 이 세 명의 타이완인 군부의 증언에서 그 사실 여부와 관계없이 분명한 것은 전략적으로 자신들의 언어 소통 능력을 부인하여 중국인 포로 및 관련 사무와 그 이후의 '중국인 포로 살해 사건'에 관여한 것을 부정하고자 한 것이다. 이러한 변호 전략은 더욱 개개인의 '언어 능력'이 수용소에서 매우 특수한 의미를 지닌다는 점을 알려준다.

다음은 한 걸음 더 나아가 이러한 우발적인 상황 속에 놓인 타이완인 군부와 그들이 수용소 내부에서 각각 담당한 역할 그리고 서로의 상호 관계(특히 책임 및 권력과 의무 관계)가 어떤 극렬한 변화를 겪었는지 논의할 것이다.

수용소 안에서의 '권력관계'

앞서 서술한 재판 안건에서 하야시 하지메는 중국인 전쟁포로의 주요 통역원이었다. 그는 또한 중국인 포로 살해를 둘러싼 재판의 결과로 처형된 두 명의 타이완인 전범 중 하나였다. 그의 근무 상황을 통해 언어 능력과 통역 업무가 전쟁 기간 동안 수용소 내부인이 각각 담당했던 역할과 그들 간의 상호 관계를 어떻게 변화시켰는지, 또한 일본 군대에서 복역했던 타이완인을 어떻게 궁지로 내몰았는지를 알 수 있다.

1946년 4월 재판에 제출된 서명 문서에서 하기하라 스에히로荻原末碩라는 일본인 증인(1942년 11월부터 라바울에서 하야시의 상사였다고 자칭한 사람)은 하야시의 근무 상황에 관해 그와 대화를 나눈 적이 있다고 진술했으며, 당시 대화를 이렇게 회고했다.

전쟁 시기 중국인은 하야시를 싫어하는 것 같았고, 종전 후 그는 하마터면 습격을 당할 뻔한 적도 있었습니다. 그렇기 때문에 1945년 9월 말 그에게 어떤 이유가 있는지 물었을 때, 그는 다음과 같이 대답했습니다. "제가 중국인 포로수용소에서 일하는 동안 제 중국어가 굉장히 유창해서 장교의 명령을 중국인 포로들에게 전하고 때때로 그들에게 경고했습니다. 그러나 중국인 포로들이 노동 현장에서 군량을 훔치는 사건이 빈번히 발생했습니다. 한번은 제가 그들에게 '노동 중에 너희는 통조림을 훔쳐 먹는데, 이것은 들개와 같은 짓으로, 그런 행위를 계속하면 처벌받을 것이다'라고 말했습니다. 또 다른 때에는 중국인들이 숙사에서 제 험담을 하고 있어서 저는 '너희가 내 험담하는 걸 다 알고 있다. 만약 이걸 장교에게 보고하면 너희는 처벌받을 것이다. 그러나 지금 나에게 사과하면 더 이상 추궁하지 않겠다'라고 말했습니다. 그러니 그들은 사과했습니다. 그들이 저를 싫어하는 것은 이런 일 때문이라고 생각합니다. 저는 관리자가 비교적 쉽게 남의 미움을 받는 것 같다고 생각합니다."[24]

하야시는 중국어 능력 때문에 통역 직무를 맡게 된 것이 분명하다. 하지만 이 통역 업무는 하야시를 일본인 장교와 중국인 포로 사이에서 미묘하고도 곤란한 처지에 빠지게 했다. 게다가 하야시는 일본군에게 학대와 구타를 당하고, 심지어 살해되는 중국인 포로와 매일 대면해야 했기 때문에 그들로부터 미움을 받기도 했다.

하야시는 비공식 통역으로, 그의 상황은 개별적인 사례가 아니었다. 이를테면 마찬가지로 같은 재판에서 사형을 선고받았으나 나중에 무기징역으로 감형된 타이완인 전범 다카바야시 쓰루이치 역시 중국인 포로와 대면할 때 비슷한 처지에 놓였다. 다케바야시의 상사였던 사토 야스시佐藤康는

1946년 4월 재판 기간 동안 서명을 첨부한 문서를 제출했는데, 다카바야시의 성격과 업무 상황에 대해 다음과 같이 진술했다.

> 다카바야시의 성격은 워낙 온화하여 다른 타이완 사람이나 그 외의 사람들과 언쟁을 벌이는 일은 없었습니다. 그러나 건방진 면이 있어 저와 다른 일본인의 대화에 가끔씩 끼어드는 일이 있었습니다. 그래서 저는 그가 중국인에게도 건방진 면이 있었을 거라고 생각하며, 그는 약 1년간 중국어 통역을 했는데, 그 결과 중국인에게 큰 미움을 받았습니다. 종전 후 작년 10월 중반경 그가 산책하고 있을 때 많은 중국인에게 구타를 당해 중상을 입어 10일 정도 병상에 있었습니다. 이에 저는 병문안을 갔고 그의 얼굴과 두 눈에 상처 입은 것을 보았습니다.[25]

원래 군부나 노동자로 근무했던 타이완인과 중국인 전쟁포로는 단순히 같은 수용소에서 거주/노동하는 관계였고, 서로 어떠한 권력관계도 개입되지 않았다. 그러나 앞에서 언급한 증거가 알려주듯이, 언어 장벽으로 일본 군인과 중국인 포로는 소통할 수 없었다. 이러한 상황에서 통역은 필수불가결했다. 라바울에서는 일본어와 중국 방언을 모두 구사할 수 있는 타이완인이 유일하게 이 직무를 감당할 수 있었다. 따라서 기존 직무 외에, 예를 들어 타이완임시근로봉공단의 군부로서 다양한 언어를 구사할 수 있는 타이완인은 포로감시원의 직무를 부여받았고, 더불어 임시로 '중국어 통역'을 담당하게 되었다. 포로수용소의 '사회제도'에서 명령은 층층이 하달되는데, 그 최일선에 있던 것이 바로 타이완인이었다. 이들은 갑작스럽게 바뀐 직무로 인해 수용소에서 중국인 포로와 가장 직접적이고 지속적이며 또한 가장 밀접한 관계를 맺게 되었다. 이러한 상호작용 과정에서 타이완인 군부와 중국인 포로 사이에는 불균형한 권력관계가 형성되었다. 이 같은 새로운 '사회제도'에서 타이완인은 '감시'하는 책임과 '관리'하는 권력을 부여받았다. 동시에 타이완인은 일본 장교의 명령을 전달(혹은 집행)하는 직무를 담당했기 때문에 중국인 포로는 그들이 받았던 억압에 대하여 타이완인에게 그 책임을 물어야 한다고 인식했던 것이다.

이와 동시에 타이완인 군부와 일본인 상급자 사이의 권력관계에도 미묘한 변화가 일어나기 시작했다. '통치성'을 달성하기 위해 일본인 장교는 중국인 포로와 소통(및 관리)할 때 타이완인 군부에게 의지해야만 했다. 즉 일본의 장교든 병사든 중국인과 대화하거나 임무를 전달할 때는 타이완인의 통역이 필요했다. 그러나 다른 한편 타이완인은 직무상 지속적으로 일본인 장교의 명령을 받아야 했고 설령 살인 집행이라는 명령을 들어도 거절할 수 없었다.

상술한 안건 외에 오스트레일리아의 법정에서는 또 다른 '중국인 포로 살해 사건'과 관련된 안건을 심판했다. 이 안건에서 확인된 피해자는 네 명의 병든 중국인 포로였다.[26] 중국인 포로 살해 혐의로 기소된 피고인 중 한 명은 타이완인 판진톈潘進添(요네다 스스무米田進)이었다. 그는 1945년 4월 29일경 탈릴리Talili에서 네 명의 중국인 포로를 살해했다고 지목되었고, 따라서 1946년 4월 법정에 소환되어 4월 23일 교수형을 판결받고 1946년 6월 11일에 처형되었다.[27]

일본 측 기록에 따르면 원래 요네다 스스무의 직위는 라바울 공급부대의 '군속(민간인 군사 인원)'이었다.[28] 그러나 오스트레일리아의 법정 기록에 따르면 요네다는 '민간인 타이완 통역'이었다.[29] 탈릴리에 구류되었던 중화민국 국민군 소속 뤄메이링羅梅凌은 그가 포로를 감시하는 일본인 장교와 대화할 때마다 "요네다가 통역을 맡았다"라고 증언했다.[30] 또 다른 증인인

양빙楊兵은 중화민국 국민군의 제2소위少尉였는데, 그 역시 당시 요네다가 일본인 장교의 통역이었다고 지적했다.[31] 요네다 자신 역시 법정에서 자신이 일본인 장교와 중국인 포로의 대화 내용을 통역하는 직무를 부여받았다고 증언했다.[32] 이 기록들이 보여주듯, 요네다가 징집되어 부여받았던 직무는 원래 통역이 아니었다. 그러나 전쟁포로수용소에서 그의 주요 업무는 임시로 명령받아 했던 통역이었다.

요네다는 일본인 장교의 지시로 통역을 담당하게 된 후 '비전투 업무'에 속하지 않는 일이나 통역 업무를 요구받았다. 상술한 증인 양빙은 당시 요네다가 비전투 인원으로서 사살 과정에 참여했던 장면을 묘사했다. 그의 증언에 따르면 요네다는 중국인 포로에게 일본인 장교의 말을 전달했고, 일본인 병사 다지마田島의 지시하에 무기를 갖고(보병 총 한 자루) 범죄 현장으로 왔다.[33] 중국인 포로라는 피해자의 시각에서 보았을 때 요네다는 단지 일본인 장교나 사병의 명령에 따르는 조수에 불과했음이 명백했다. 전쟁포로수용소 내의 '권력관계'에서 타이완인 군부의 지위는 단지 포로보다 높았을 뿐, 사실상 포로 외에 가장 약한 위치에 있었다.

한편 법정 문건에 실린 요네다가 제출한 서명이 첨부된 조서에 따르면, 그가 중국인 포로 살해 사건에 연루된 경과는 다음과 같다.[34]

당시 저는 중국어 통역이었는데 제26호 공급부대의 탈릴리 분대에 소속되어 있었습니다. 제 기억에 그 사건은 1943년 4월 20일에 발생했습니다. 그날 통역 직무가 끝난 후 저는 중국인을 저격 장소로 데리고 갔는데, 아와노阿波野의 명령하에 두 명의 중국인을 사살했고, 상등병 다지마는 다른 두 명을 사살했습니다.

법정에서 변호사는 요네다에게 그와 일본인 장교들이 전쟁포로수용소에서 했던 일을 질문했다. 요네다는 포로수용소에서 타이완인이 단순히 중·일 쌍방 장교 사이에서 '통역'을 담당한 것에서 나아가 어떻게 새로운 임무를 부여받았는지, 그리고 중국인 포로 살해 행위에 참여했는지, 그 과정을 상세히 묘사했다.[35]

문: 당신은 언제 중국인 포로가 살해될 것을 알았습니까?

답: 저는 다지마를 따라 처형 장소에 가서야 알았습니다.

문: 병든 포로들이 산 위(처형 장소—인용자)로 이송되기 전 당신은 그들의 숙사에 가본 적이 있습니까?

답: 네. 가본 적이 있습니다.

문: 당시 다지마도 숙사 안에 있었습니까?

답: 네. 그렇습니다.

(…)

문: 당신은 병든 포로들이 숙사에서 산 위로 이송되는 과정에 동행했습니까?

답: 네. 저는 그들의 뒤를 따라갔습니다.

문: 아와노 상사도 당신들과 동행했습니까?

답: 네. 그 사람도 갔습니다. 그는 맨 앞에서 대열을 인솔했습니다.

문: 그는 당신들이 병든 포로들 숙사에 있었을 때 그 자리에 있었습니까?

답: 저는 포로수용소 입구에서 그를 만났습니다.

문: 당신들이 숙사에서 출발한 뒤였습니까?

답: 네. 그렇습니다.

문: 당신은 언제부터 중국인 포로들이 산 위로 이송될 것을 알았습니까?

답: 아와노 상사가 우리에게 그를 따라오라고 했을 때였습니다.

문: 병든 포로들이 출발하기 전 그 아침에, 당신은 다지마와 로 중위 사이의 대화를 통역했습니까?

답: 네. 통역했습니다.

문: 그들은 어디서 대화했습니까?

답: 로 중위의 숙소에서였습니다.

이후 판사의 심문하에 요네다는 그가 담당했던 역할이 상황에 따라, 그가 선택권이 없는 상황에서 어떻게 변동되었는지 더욱 상세하게 설명했다.[36]

문: 당시 일본인이 바로 근처에 있는데 민간인으로서 중국인을 사살하라는 명령을 받았을 때 당신은 이 상황이 심상치 않다고 여기지 않았습니까?

답: 저는 생각할 기회가 없었습니다. 그들은 저에게 생각할 기회를 주지 않았기 때문입니다. 중국인들이 사살되었을 때 저는 바로 굴 앞에 서 있었습니다.

문: 아와노 상사가 당신에게 명령했을 때 당신은 왜 항의를 했습니까?

답: 저는 타이완인 군부였기 때문입니다. 따라서 저는 중국인을 죽이는 것이 제 의무가 아니라고 생각했습니다.

문: 당신이 명령을 거부한 후에 무슨 일이 발생했습니까?

답: 제가 명령을 거부한 후에 아와노가 제 앞으로 다가와서 저에게 다지마와 똑같은 일을 하라고 했습니다. 아니면 저를 죽일 것이라고 했습니다.

문: 그가 그렇게 말했을 때 당신은 그가 정말 그렇게 할 것이라고 생각했습니까?

답: 네. 나는 그가 정말 그렇게 할 것이라고 생각했습니다.

이 재판 기록이 명백히 보여주듯 언어 장벽으로 일본 군인은 중국인 포로와 전혀 소통할 수 없었다. 따라서 일본어와 중국 방언을 구사할 수 있는 타이완인에게 기존의 직무 외에 임시로 '중국어 통역' 임무가 주어졌다. 포로수용소에서 일본인 장교나 병사가 중국인 포로와 대화나 말을 전달하려 할 때 타이완인의 현장 통역이 필요했던 것이다. 마찬가지로 중국인 포로가 일본 군인과 소통하려 할 때도 타이완인의 통역이 필요했다. 즉 일본인과 중국인이 함께 있는 모든 장소에 타이완인의 현장 통역이 필요했다. 따라서 타이완인은 중국인 포로와 관련된 모든 사무에 참여해야 했다. 편의를 위해, 또한 수용소 내에 인력이 부족했기 때문에 타이완인이 중국인 포로를 감시하는 책임도 맡게 되었다. 차후에는 중국인 포로를 살해하는 과정에서 일본인은 타이완인에게 똑같이 전 과정의 통역을 담당하도록 요구했다.

타이완인은 일본 군대에서 지위가 가장 낮았다. 일본인 장교, 심지어 병사의 명령에도 복종해야만 했다. 그들에겐 자신의 직무에 대해 아무 선택권이 없었다. 처음에 타이완인은 현장에서는 단순히 통역 직무만 담당하고 숙사에서는 일본인 장교의 명령을 중국인 포로에게 전달하기만 하면 되었다. 그러나 일본인 장교가 그 병든 중국인 포로들을 숙사에서 나가라고 명령하고 처형할 장소로 이동할 때까지 타이완인 통역은 전 과정을 함께하면서 일본인의 명령을 중국인에게 전달하게 되었다. 요네다의 사례를 예로 들면 일본인 장교는 원래 그에게 현장 통역을 하도록 했으나 나중에는 일본인 사병을 그에게 보내 다른 임무를 맡겼다고 한다. 그에게 무기를 갖고 중국인 포로들을 따라 굴, 즉 사살 장소에 함께 가라고 했다. 일본인 장교는 일본인 사병에게 병든 중국인 포로들을 죽이라고 지시했고, 이때 현장에 있는 타이완인도 지시를 받고 중국인을 사살했다. 타이완인은 아무런 권력이 없었기 때문에 일본인 장교와 병사의 요구를 거절하거나 저항할 수 없었다. 그들은 선택권이 없는 상황에서 명령에 복종해야만 했다. 따라서 원래 전장에서 일하던 타이완인은 이렇게 포로수용소에서 차례차례 새로운 임무를 맡았고, 이러한 과정에서 중국인 포로를 살해하는 과정에 참여했다.

새로운 직무를 임시로 부여받은 타이완인에게 갑작스럽게 변화되는 수용소 안의 '사회제도'(특히 이 중 새로운 책임, 권력과 의무 관계)는 최종적으로 상술한 바와 같이 그들을 새로운 곤경에 대면하게 했다. 어떤 타이완인은 범죄 현장에 함께 따라갔고, 어떤 타이완인은 선택권이 없는 상황에서 전쟁범죄에 참여했다. 상술한 분석은 수용소 내의 '권력관계' 중 타이완인이 일본인 장교의 명령에 저항할 수 있는 공간이 없었다는 것을 알려준다. 법정에서 변호사는 요네다에게 "아와노 상사가 당신에게 명령했을 때 당신은 총을 쏘게 하지 말라고 요청했습니까?"라고 질문했다. 요네다는 "저는 그에게 나는 살인할 수 없다고 말했습니다"[37]라고 말했다. 그러나 이처럼 폐쇄적이고 '수용화된' 상태에서 타이완인은 지속적으로 일본인 장교의 통제, 심지어 위협에 직면해야 했고 다른 선택권이 없었다. 바로 이러한 '권력관계' 아래에서 일본인 장교는 '임의적으로' 타이완인이 포로수용소에서 담당하는 직무를 바꿀 수 있었다. 타이완인은 '노동자'에서 '통역'으로, 최종적으로 중국인 포로를 살해하는 '집행자'가 되었다. 타이완인의 언어 능력이 포로수용소 내 사회제도의 변화를 가져왔고, 이것이 타이완인의 역할을 바꾸었을 뿐만 아니라 최종적으로 전후의 전범재판에서 책임까지 추궁받게 만들었다.

결정적 요소로서의 '언어'

지금까지 분석한 타이완인 전범들의 사례가 보여주듯이 제2차 세계대전 기간에 라바울의 일본군 전쟁포로수용소에서 근무했던 타이완인은 그들의 특수한 언어 능력 때문에 중국인 포로와 대면할 때 임시로 새롭고 특수한 직무를 부여받았고, 이로 인해 그들의 수용소 내 책임, 권력과 의무 관계가 바뀌었다. 상대적으로 다른 전장의 일본군 포로수용소에서 노동했던 사람들, 즉 일본인과 조선인/한국인, 그들의 직무(더불어 이와 관련된 수용소 안에서의 권력, 책임과 의무 관계)는 특수한 '언어 능력'이 결여된 상황에서 비교적 임시적인 변화가 나타나지 않았다.

또 한 가지 논의할 만한 것은 이 글에서 연구했던 포로수용소에서(예를 들어 요네다가 있었던 포로수용소) 중국인 포로와 연관된 사람은 일본인과 타이완인 외에도 사실 인도인 연합군(영국군) 포로도 있었다는 점이다. 그들도 중국인 포로와 같이 전쟁에서 일본군에게 잡혀 전전한 끝에 포로수용소로 보내진 연합군 병사였다. 따라서 포로수용소에서 그들의 신분과 등급은 중국인 포로와 같았다. 그러나 특별한 것은 인도인 포로가 타이완인(조선인) 포로감시원과 같은 피식민자라는 것이다. 재판 기록에서 몇몇 인도인 포로가 일본군의 지시하에 큰 굴을 팠고, 그 굴은 나중에 중국인 포로를 살해하는 장소로 사용되었다. 또한 많은 인도인 포로가 들것을 이용해 중병에 걸린 중국인 포로들을 굴 안으로 운반했다.[38] 그들도 중국인을 살해하는 과정에 참여했지만 재판 기록에서 전범으로 심판받은 인도인 전쟁포로는 단 한 명도 없었다. 원래 수용소에서 중국인 포로와 같은 지위에 놓였던 인도인 포로가 이러한 노동을 맡았던 가장 큰 이유는 그들은 중국인이 아니기 때문에 일본군이 내린 중국인 살해 지시에 반항하지 않을 것이라고 여

겼을 가능성이 크다. 그 밖에도 타이완인 감시원에 비해 인도인 포로는 언어상 중국인 포로와 소통할 수 없었기 때문에 일본인 장교로부터 주로 '노동' 성격의 직무만 부여받았다. 이 글은 이러한 결과에 의거해 다음과 같이 주장한다. 전쟁 상태에서 수용소 안의 '통치성'과 '사회제도'는 상황에 따라 지속적으로 변화할 수 있는데, 이러한 변화 속에서 '언어 능력'은 개개인의 권력, 책임과 의무 관계를 결정하는 관건 중 하나였다.

제국 각축 관계하의 타이완인

인도수용소 경험을
중심으로

지은이 **중수민**鍾淑敏

타이완 중앙연구원, 타이완사연구소 연구원. 연구 영역은 두 축으로 나뉜다. 하나는 동아시아 해역 속 타이완의 장기적인 역사 발전을 보는 시각으로, 식민지기 타이완섬 내부의 정치적·사회적 변천과 섬 외부에서의 타이완인의 활동을 관찰하는 작업이다. 다른 하나는 타이완총독부 식민 통치 내부의 문제로, '제국'의 시각으로 출발해 '대일본제국'에서 타이완의 위치를 탐구하는 작업이다. 주요 연구 주제는 식민지기 총독부의 '남지남양南支南洋' 정책, 타이완인의 해외 활동 및 전쟁 경험, 전쟁포로와 전범, 식민 관료와 식민 통치, 만생灣生과 재타이완 일본인 등이다. 대표 저서로《일제강점기 남양의 타이완인日治時期在南洋的臺灣人》(中央研究院臺灣史研究所, 2020),《근대사석론近代史釋論: 多元思考與探索》(공저, 東華書局, 2017) 등이 있다. 최근 발표한 논문으로는 〈제2차 세계대전 당시 타이완인 인도 강제수용소 구류기二戰時期臺灣人印度集中營拘留記〉《臺灣史研究》24, 2017년 3월), 〈전전 타이완인 영국령 북보르네오 이민사戰前臺灣人英屬北婆羅洲移民史〉《臺灣史研究》22, 2015년 1월) 등이 있다.

옮긴이 **장수지**

이화여자대학교 사학과 BK 연구교수.

옮긴이 **쉬징야**許景雅

연세대학교 국어국문학과 박사과정에 있다. 일제강점기 말부터 해방 초기 한국과 타이완의 문학과 문화 생산, 특히 구식민지 인구의 이동과 역사 기억에 초점을 맞춰 공부하고 있다.《함께 읽는 동아시아 근현대사》(2016)를 중국어로 옮겼다.

1. 잘 알려지지 않은 타이완인의 포로 경험
2. 인도수용소
3. 교전국 쌍방의 민간인 수용소
4. 다시 새로운 도전에 직면하다

• 이 글은《臺灣史研究》24(2017년 3월)에 실린 〈제2차 세계대전 시기 타이완인 인도강제수용소 구류기二戰時期臺灣人印度集中營拘留記〉를 수정·보완한 것이다.

잘 알려지지 않은 타이완인의 포로 경험

1941년 12월 8일 일본이 진주만과 말레이반도 등지에 공격을 개시한 후 교전국 쌍방은 방첩을 이유로 적성국가 국민의 거주 자유를 제한하기 시작했다. 일본은 영국·미국·캐나다·오스트레일리아·네덜란드 등의 적국인을 구류했고, 동시에 상대 국가 정부도 자국 및 식민지의 일본인 구류를 시작했다. 영국령 말레이시아(현 싱가포르와 말레이반도)에 거주하던 일본 국민은 인도로 이송되어 델리 부근의 고성인 푸라나킬라Purana Qila에서 야영하게 되었다. 나중에 미얀마와 인도 등지에 거주하던 일본인도 차례로 수용소로 이송되었다. 2000여 명의 억류자 중에는 200여 명의 타이완인이 있었다. 1943년 3월 13일부터 억류자는 차례로 델리 서쪽 약 400킬로미터 지점, 타르사막 옆에 있는 작은 오아시스 촌락인 아지메르 Ajmer성의 데올리Deoli, 泥於里수용소로 보내졌다. 그들은 전쟁이 끝난 다음 해인 1946년 5월에야 그곳을 떠나 싱가포르로 향했고, 고향으로 돌아갈 귀환선을 기다렸다. 같은 시기 네덜란드령 동인도(현 인도네시아)의 일본 국민은 바로 오스트레일리아로 보내졌는데, 그중 타이완인 독신 남성 100여 명이 오스트레일리아 남부의 러브데이Loveday로 보내졌고, 가족과 독신 여성 286명은 멜버른 북쪽 180킬로미터 지점의 타투라Tatura에서 집단생활을 하다가 1946년 3월에야 타이완으로 돌아왔다.

그 이전인 1942년에 일본과 영국 양국이 포로 교환을 실행한 적이 있었다. 임무를 수행한 선박은 다쓰타마루龍田丸와 가마쿠라마루鎌倉丸다. 1942년 7월 31일 다쓰타마루가 요코하마항에서 출발해 일본, 조선, 만주 각지에서 억류된 영국인, 오스트레일리아인, 네덜란드인, 벨기에인 등을 태우고 상하이와 사이공을 거쳐 모잠비크의 로렌수마르케스Lourenço Marques로 운항했다. 8월 10일에 출항한 가마쿠라마루는 상하이에서 유럽인을 탑승시킨 후 똑같이 로렌수마르케스로 운항했다. 일본의 외교 인원이 처음으로 인도에서 교환된 자들과 같이 봄베이(현 뭄바이)에서 교환선交換船을 탑승해 로렌수마르케스에 도착했다. 그 후 인도와 유럽에서 온 일본인이 다쓰타마루에 승선했고, 오스트레일리아의 수용소에서 온 일본인은 가마쿠라마루에 탑승해 각기 일본으로 돌아갔다.' 그러나 교환선은 타이완인과 거의 무관했고 대부분의 타이완인은 전쟁이 끝난 다음 해에야 귀국할 수 있었다.

왜 타이완인은 일본인과 같이 적국인으로 취급돼 강제로 인도와 오스트레일리아로 이송되었을까? 그것은 1894년에 일어난 청일전쟁에서 대청제국(중국)이 패전한 후 시모노세키조약에 의거해 중국의 한 성省이었던 타이완이 일본에 할양되었기 때문이다. 1897년 5월 8일 이후 타이완에 거주하는 사람은 일본인으로 취급되었다. 일본 국민이 된 후 타이완인이 해외로 나갈 때 소지해야 하는 것은 일본국 여권이었다. 따라서 일본과 연합군이 전쟁을 벌이자 타이완인도 일본인처럼 연합군의 적국 신민으로 취급되었다. 이것이 상술한 500여 명의 타이완인이 억류된 원인이었다.

제2차 세계대전 시기 민간인이 억류되었던 역사에 대해서는 연합국 측에서 상대적으로 더 많은 고소 및 비판하는 기록과 자료를 남겼고, 이와 관련된 연구도 더욱 많이 축적되었다. 연합군 측에서는 전쟁 기간에 일본이 국제조약을 위반하고 비인도적 대우를 했다고 고소했고, 전후에 이르러 미국, 영국, 오스트레일리아, 네덜란드 등의 국민은 일본의 잔혹한 행위를 고발, 항의했다. 그중 특히 여성에게 강제로 성매매를 하게 한 행위가 가장 많이 지적되었다. 이와 대비해 전시에 억류되었던 일본인 중에 가장 잘 알려진 사례는 강제 수용되었던 '일본계 미국인'이었고 그 외에는 많이 언급되지 않았다.

타이완인의 처지는 관심을 받지 못했을 뿐 아니라 억류되었던 자들도 전후 정권 변화 등의 이유로 침묵을 택하다 보니 이 부분의 역사는 실종된 상태다. 현재까지의 연구에서 란스치藍適齊[2]와 나가타 유리코永田由利子[3]는 오스트레일리아의 수용소 상황에 대해 논의한 적이 있었다. 필자도 〈제2차 세계대전 시기 타이완인의 인도수용소 억류기〉[4]라는 논문을 발표한 적이 있고, 또한《일제시기 남양에 있었던 타이완인》[5]이라는 책에서도 타이완인이 인도와 오스트레일리아에 억류된 문제를 논의했다. 이 글에서는 상술한 논문들을 기초로 하여 인도수용소를 중심으로 더 구체적으로 다수의 일본인과 함께 강제로 수용되었던 타이완인의 처지를 논의할 것이다. 우선 수용소 내 '일본인(일본 내지인, 오키나와인, 조선인과 타이완인)'의 구성을 분석하고, 그들이 수용소에서 어떠한 대우를 받았는지, 어떠한 고난을 겪었는지를 논의할 것이다. 다음으로 타이완인의 수용소 내 처우를 구분하기 위해 연합국과 일본군의 관리 차이를 비교하고 또한 전후의 국적 전환이 타이완인에게 어떠한 충격을 주었는지를 논의할 것이다. 이를 통해 억류 경험의 동아시아사적 의미를 검토할 것이다.

관련 자료는 주로 구류된 측의 사료를 이용한다. 타이완인은 문자 기록을 남긴 경우가 극히 적으므로 본문에서는 일부 구술 인터뷰 외에는 거의 대부분 일본어 자료나 남양의 화인華人 신문 자료에 의존한다. 중요한 자료 중 하나는 일본 외무성의 기록이다. 이를 통해 억류 과정과 다양한 세부 상황을 파악할 것이다. 이외에 타이완과 깊은 관계가 있는 '삼오공사三五公司*'의 기술자 고바야시 히로시小林博가 작성한 2944명의《말레이, 버마 및 인도 재류 방인의 피구류자 명부馬來ビルマ及印度在留邦人被抑留者名簿》가 타이완인을 연구할 때 가장 중요한 실마리가 된다. 또 하나의 중요한 사료는《싱가포르일보新嘉坡日報》기자 출신인 기무라 지로木村二郎가 1966년부터 발행하기 시작한 장장 38호의《인도와라통신インドワラ通信》이다. 기무라 지로가 이렇게 활동했던 덕분에 비슷한 구류를 경험한 사람들이 여러 친목 단체를 만들어 타이완인의 동태까지 포함된 중요한 정보를 남겼다.

아쉬운 점은 현재까지 타이완인이 스스로 남긴 기록이 발견되지 않는다는 것이다. 그러나 일본 외무성 외교사료관外交史料館에 보관되어 있는《여권대장旅券臺帳》**을 통해 타이완인의 족적에 대한 단서를 어느 정도 제공

---

* 삼오공사는 본래 타이완총독부 민정장관인 고토 신페이後藤新平가 '대안정책對岸政策'을 추진하기 위해 1902년(메이지 35)에 만든 회사로, 사장은 고토의 경제 고문이었던 아쿠자와 나오야愛久澤直哉였고, 주요 사업은 차오산潮汕 철로 건설, 푸젠福建 장뇌 전매 등으로 인한 화남 지방의 경제 확장이었다. 1906년 고토가 타이완을 떠난 뒤 삼오공사는 총독부 대안정책을 대리하는 보조금을 받지 못하게 되었다. 그러나 타이완에서 위엔청源成, 난룽南隆 농장을 건설하여 타이완과 여전히 밀접한 관계를 유지했다. 싱가포르의 고무농장에서도 타이완인 의사나 쿨리 감독 등을 고용하는 등 타이완인이 말레이반도와 싱가포르로 진출하는 데 중요한 중개 작용을 했다.

** 일본 외무성은 여권을 교부할 권리를 타이완총독부에 위탁했고, 총독부는 3개월마다 여권

받을 수 있다. 따라서 이 글에서도 중요한 구술 인터뷰와 증언을 따라가면서 문서 자료가 놓치는 부분을 보충해 나가려고 한다.

인도수용소

말라야에서 인도수용소로

1941년 12월 8일 말레이반도 남부 조호르Johor 각지의 일본인은 경찰국에 의해 소환되어 조호르바루Johor Bahru의 감옥에 집중 수용되었다. 12월 14일 밤 그들은 경찰의 삼엄한 경비하에 기차를 타고 스웨튼햄항Port Swetten Ham(1972년 Port Klang으로 개칭)으로 이송된 후 옛 인도인 이민수용소로 들어갔고, 여기서 말레이반도 각지에서 온 이들과 합류하여 지내게 되었다.[6] 싱가포르의 일본인 1140명은 먼저 시내의 감옥이나 경찰 유치장에 집중 수용되었고, 후에 여성과 아동은 '성요한섬'의 이민수용소로 보내졌으며 남성은 전부 창이형무소로 이송되었다. 1942년 1월 싱가포르와 말레이반도의 일본인은 싱가포르 북부의 셀레타Seletar 군사항으로 호송되었으며, 콜롬보를 경과하며 다시 나뉘어 인도로 이송되었다.[7] 그러나 말레이반도 북서쪽의 피낭섬에 거주했던 일본 국민은 억류되지 않았다. 그것은 일본군이 12월 8일 말레이반도에 공격을 시작한 후 그곳의 일본인이 영국군에 의해 체포되어 감옥에 억류되었다가, 예상치 못한 일본의 강력한

교부표와 반납표를 작성하여 외무성에 제출/보고했다. 신청 시 반드시 성명과 생년월일, 호적지, 거주지, 호주戶主, 여행 목적, 목적지, 수행원 등의 사항을 기입해야 했기 때문에 오늘날 이 명부는 타이완인의 해외 활동에 관한 기본 자료가 되었다.

공습과 빠른 속도로 인해 영국군이 16일에 바로 피낭섬에서 철수했기 때문이다. 현지 지도부인 조지아성의 경찰은 거의 전부 탈출했고 인도인이 풀어준 일본인 가운데 두 사람은 피낭섬을 빠져나와 영국군이 후퇴한다는 소식을 일본군에 전했다. 일본군은 즉시 제5군단을 파견해 피낭섬을 공격해 19일 상륙에 성공했다.[8] 따라서 인도수용소에는 피낭섬에서 온 일본인이 없었다.

과연 얼마나 많은 사람이 인도로 이송되었을까? 1942년 2월 21일 적십자회 대표가 인도 델리 부근의 푸라나킬라수용소를 방문했는데, 이때 2815명(남성 1841명, 여성 727명, 아동 247명)이 이곳에 수용되어 있었다. 그중 말라야, 싱가포르, 북보르네오에서 온 사람이 2598명이고 나머지는 미얀마와 이란, 인도와 실론에서 온 사람이었다. 거주 장소는 천막이었으나 그중 여성 250명은 고성의 건축물 내에 거주했다.[9]

1942년 8월 교전국 쌍방이 포로 교환을 실행한 후 푸라나킬라수용소에 있던 일본인은 1943년 3월부터 조를 나누어 아지메르성 데올리의 일본인 수용소로 옮겨갔다. 이때 수용소에 수용된 총인원은 남성 1343명, 여성 580명, 12세 이하 아동 178명으로 총 2101명이었다. 일본 내지인이 1889명으로 최다였고, 그 가운데에는 900여 명의 오키나와인도 포함되어 있었다. 타이완인은 184명이었고, 그 외에는 지나인 10명, 태국인 7명, 말레이인 5명, 조선인 5명 그리고 러시아인 여성도 1명 있었다.[10] 그 후에도 계속 사람들이 전입되었는데, 전입자 중 가장 인원이 많은 경우는 1944년 10월 미얀마 전장에서 옮겨온 여성 22명으로, 이들 중 대부분은 조선인이었다.[11]

이 억류된 자들은 어떤 집단이었는가? 19세기 이래 말레이반도 경내에서 지표에 드러난 주석광의 광물이 채굴되기 시작했고, 생고무 등 열대 농업과 철광 등 광산 채굴은 모두 대량의 인력을 필요로 했기에 화인華人 계약 노동자가 끊이지 않고 남양南洋으로 건너왔다. 영국 식민 정부가 고무 농장 개척을 장려하는 가운데, 일본인도 말레이반도에서 고무나무를 심기 시작했고 그 후 일본인은 고무·철광·수산을 중심으로 하는 3대 사업을 발전시켰다. 그중 고무와 광산은 화인 쿨리를 고용하는 경우가 많았다. 원래 일본인의 남양 진출 선봉에는 매매춘 여성이 있었다. 그런데 남양을 식민화한 유럽 각국이 제1차 세계대전으로 전쟁에 빠져들며 이 지역에 유럽 상품의 공급이 중단되자, 일본의 대남양 수출이 급속히 확대되어 수입상·소매상·선박회사·은행·상사 및 기타 '정당한 직업正業'에 종사하는 일본인과 그 가족의 유입이 증가했고, 상대적으로 매매춘 여성 등 '추업醜業(성매매)' 관련자의 비율이 감소했다. 이렇게 싱가포르에 거류하는 일본인의 직업별, 성별 구성 등에 대폭 변화가 일어났다.[12] 어부는 대부분 오키나와계였다. 이들은 원래 수마트라에서 어업에 종사했는데, 1920년대를 전후하여 불경기로 인해 싱가포르로 이주했다. 이들 중에 융푸후永福虎의 다창大昌회사에 고용된 자가 가장 많았고,[13] 다음으로는 오키나와의 다이세이구미大成組 등이었는데, 그 인원수는 약 900명이었다.[14] 수산 관계자는 1926년 이후 급증하기 시작하여 싱가포르에서 일본인이[15] 어업을 독점하는 상황이 되었다.[16]

수용소 내의 타이완인 군상

1930년대 싱가포르는 남양의 금융·경제·교통 등 다방면의 중심으로 발전하여, 주요 산업의 수요에 따라 금융·무역·해운·창고업 등 일본의 대형 상사들이 지점을 개설했고,* 이에 따라 중대형 상사의 일본인 지점

---

* 　금융: 요코하마쇼킨橫濱正金, 타이완은행·화남은행 지점 / 무역: 미쓰이물산三井物産, 미

〈그림4-1〉20세기 초의 싱가포르 시가지.

장·점원 등이 있었다. 그들과 현지의 일본 소상인下町族은 각각 상층과 하층의 계층을 형성했고, 그들보다 낮은 계층에 오키나와 어부와 타이완인이 있었다. 계급 관계 외에도 민족 요소가 더해져서 이러한 계층 관계는 수용소의 일본인 사회에서도 여실히 드러났다.

한편 19세기 이래 중일 간의 지속적인 충돌로 말레이시아의 신화교新華僑가 조국과 긴밀한 연계를 가지고 해외에서 일본에 대항을 지속해왔는데, 이것이 바로 중국 혈통에 일본 국적인 타이완인이 말레이 지역에 진입하게 된 시공간적 배경이다. 일본 기업은 대량으로 화인 쿨리를 고용하고 화인 노동자 관리에 용이하도록 종종 타이완인을 중간층으로 고용했는데, 식

쓰비시상사三菱商事, 센다상회千田商會 / 해운: 일본우선日本郵船, 오사카상선大阪商船, 국제기선國際汽船, 미쓰이물산, 이시하라산업해운石原産業海運 / 창고업: 남양창고南洋倉庫 등이 있었다.

민지에서는 2등 신민에 그칠 수밖에 없던 타이완인으로서는 이것이 질식의 공간을 뚫고 발전할 수 있는 커다란 호재였다. 삼오공사, 이시하라광업 石原鑛業(이시하라산업), 일본광업日本鑛業 등 일본 기업이 남방으로 건너가자, 이를 통해 향후 독립 경영을 할 수 있을 것이라고 기대하던 타이완인도 적지 않았다.

타이완인은 직업별로 대개 다음과 같이 분류할 수 있었다.

의약 관계자

의약 관계자 대다수는 고무, 광산 업자의 초빙에 응해 회사의 의사 명의로 가는 것이기에 유동성이 상대적으로 높지만 그래도 남은 사람들이 있었다. 삼오공사 고무농장은 처음 고용한 노동자 대부분이 화교였기에 특별히 타이베이의학교로부터 의무醫務 인원을 추천받았다.[17] 이후 이러한 협력 관계를 유지하고 있었다. 그 후 삼오공사 고무농장뿐만 아니라 이시하라철광(산업)과 일본광업 등의 회사도 타이완인 의사를 고용했기 때문에 의약 관계자는 해외 타이완인 중에서 특히 두드러지는 집단이 되었다. 1934년 타이완총독부의 조사에 따르면 말레이시아에 타이완인 의사는 15명이었다. 언어를 이유로 타이완 출신 의사에게 찾아가는 환자가 많았다. 타이완인 의사는 대부분 먼저 농장 병원에서 수년간 일한 뒤, 나중에 독립하여 개업했다. 예를 들어 린유이林由義, 정청쿠이鄭承奎, 옌상顔上, 장리퉈江立託가 있었고, 그 외에 각기 다른 지역에서 개업한 타이베이의료전문학교 졸업 의사가 11명이었다.[18]

일본 기업 관련자

상술한 것처럼 타이완인은 주로 중간자 역할을 했는데, 타이완인과 관계가 가장 긴밀한 기업은 삼오공사와 이시하라산업, 일본광업 등이 었다. 타이완인을 고용하는 것은 창업 초기뿐만 아니라 1930년대에도 지속되어서, 여권 신청 자료에 따르면 삼오공사의 고무농장 의사로 취직하기 위해 출국을 신청한 자들이 있었다. 또한 삼오공사에 취직되어 싱가포르로 갔다는 기록도 있다. 한편 광업 방면에서 말레이시아의 철광은 모두 일본인에 의해 채굴되었는데, 여기서 공급된 철광은 1936년 일본 전국 철광 총수요량의 31%, 수입 철광의 44%를 차지했다.[19] 광업회사에서 타이완인은 주로 감독이나 중개인을 했는데, 1930년대에 화인광산 노동자 대파업이 있었을 때 타이완인은 급히 말레이반도 동부 트렝가누주의 둔군Dungun 철광으로 가서 철광 노동을 하기도 했다. 그러나 영국이 1941년에 일본인의 재산을 동결해 이시하라산업은 조호르주에서 광업을 일시적으로 폐쇄했고 일부 인원도 이에 따라 철수했다.[20] 따라서 인도에 억류된 타이완인의 명단에는 광산에서 노동했던 타이완인이 보이지 않았다.

개인 경영자

타이완 특산물인 바오중차包種茶를 판매하는 차항茶行(차 도매상) 외에 상술했던 것처럼 많은 타이완인은 일본 기업에 고용되어 남쪽으로 건너온 후 독립한 자들이었다. 예를 들어 구두 제조 판매업, 사진업, 자동차 수리업, 고무 재배, 철광회사, 장난감 상인, 운수업, 인쇄업 혹은 일반 상인 등이었다.

타이완 연예인

수용소 내 타이완인의 약 절반이 이른바 '배우', '흥행단', '매약 행상', '행상', '음악사' 등의 업자 및 그 가족이었다. 원래 타이완에서 싱가

포르와 말레이반도로 수출되는 물품 중에는 소량의 음반이 있었다. 그것은 다이헤이레코드太平レコード회사, 타이완축음기회사 등의 푸젠어와 광둥어(하카客家)로 녹음된 앨범이었다.[21] 이는 1930년대 이전에 이미 남양에 타이완 음악을 듣는 시장이 있었다는 점을 시사한다.

한편 연예인이 남방으로 이주한 이유는 타이완총독부가 풍속 문란을 이유로 가자희단歌仔戲團을 단속했던 일과 관계가 있다. 그들이 돌아다닌 곳은 주로 싱가포르, 바투파핫Batu Pahat, 슬랑오르클랑Selangor Klang, 페락Perak주 타이바오와 타이핑, 조호르주의 무아르 등 화인 노동자가 집주한 지역이었다. 한 학자의 연구에 따르면 전전戰前 타이완에서 남쪽으로 건너온 타이완극단은 말레이시아에서 '타이완희臺灣戲'의 연출로 매우 인기가 많았다. 타이완 '현대 희곡'의 극종은 전통 민희閩戲, 푸젠희福建戲, 가자희와 연극을 포함했고, 무대 배경으로 선진적인 무대 장치를 사용했으며, 희곡 내용은 통속적이면서도 현지 화교의 감성에 부합했다. 배우의 잘생긴 외모, 뛰어난 노래 실력, 화려한 복장, 또한 관중의 공감을 불러일으키는 곡목曲目은 영국령 말레이시아 교민의 호평을 받았다. 1930년대 말레이시아 각지에서는 각종 오락 시설인 극장, 유예장遊藝場, 회당會堂이 설립되었다. 화교는 극을 즐겨 보았기 때문에 일부 극장은 끊임없이 영화를 상영했고 또한 극단에 무대를 제공하여 공연하도록 했다. 대부분의 유예장은 여러 희극단의 수요에 부합해 각종 무대를 설치하고 전통 희곡, 연극 등 공연을 할 수 있게 해주었다. 1930년대에 타이완의 희극단은 이러한 대극장에서 공연을 했다.[22]

타이완인의 고향은 대부분 푸젠이었고, 말레이시아의 화교도 태반이 푸젠에서 왔기에 중국이 고향인 혈연, 지연, 문화 등의 요소에, 타이완인의 희극단, 매약연예단賣藥演藝團이 만들어낸 생존 공간이 더해져 연예인의 존재는 말라야에 있는 타이완인 집단의 주요 특색 중 하나를 이루었다.

　종합하면 수용소 내부에서 타이완인의 약 절반은 연예인이었다. 그들은 일본인과 큰 관계가 없어 보인다. 다른 절반은 타이완에서 전문 훈련을 받았거나 일본 기업과 관련 있는 자였다. 즉 타이완인 사이에서도 계층이 존재하는데, 일본인과의 관계도 원근의 차이가 있었다.

관리와 대우

관리 규정

　억류된 일본인에 대하여 영국 당국은 처음부터 제네바포로조약의 규정에 따르겠다고 공언했다. 그러나 1929년 제네바 포로 관련 조약은 전쟁포로의 처치와 대우에 관한 것만 규정되어 있을 뿐 민간인에 대해서는 사실상 구체적인 규정이 없었다. 수용소 규칙에는 다음과 같은 내용이 있을 뿐이다. '철조망을 건드리거나 절벽으로 가지 말 것.' 즉 도주를 방지하려는 것이다. 또한 그곳이 유적지라는 이유로 땅 파기를 금지했다. 유사 군사교육 훈련 행위도 금지되었다. 매일 오전 9시에 점호하며 밤 10시 15분에 소등한다. 그러나 일본인의 요구로 더 이른 8시 반에 집합하여 '황거요배皇居遙拜'를 하고 난 후 9시 반에 점호를 하게 되었으며, 그 후 체조를 진행했다. 수용소 내에서 자비로 영국의 기관지인 《스테이츠맨Statesman》을 구입할 수 있었으며, 수용소를 드나드는 인도인을 통해 인도의 신문도 살 수 있었다.[23]

　1942년 3월부터 일본인은 음식물 제공과 생활비 지급을 유럽인 기준으로 상향해달라고 수차례 요구했다.[24] 1943년 2월 1일 이후 매월 1일 각 구류자의 장부에 개인의 비용과 생활비를 불입했는데, 그 기준은 12세 이상

〈그림4-2〉 데올리수용소에서 유통된 지폐.

은 4루피, 이하는 2루피였고, 개인 용품을 사는 데 이용하도록 했다. 피복의 공급은 1942년 10월 1일 이후 개인 장부에 지급 내역을 기록한 바에 따르면, 12세 이상은 매년 10월 1일 50루피, 4월 1일에 25루피 지급, 3세 이상 12세 이하는 10월 1일에 37.8루피, 4월 1일에는 18루피 지급, 3세 이하 유아는 10월 1일에 25루피, 4월 1일에 12.8루피를 지급했다.[25] 이와 대조해 독일인은 매월 20루피를 받았고 더불어 독일 정부는 3개월마다 1인당 40루피를 지불해서 일본인보다 사용할 수 있는 돈이 훨씬 많았다.[26] 한편 1944년 5월부터 일본 정부가 매월 12루피를 지불한 기록도 있다.[27]

　수용소의 음식은 일정량 배급되었다. 1943년 7월 스웨덴 대표가 제출한 보고서에 따르면 12세 이상인 자에게 공급된 식량의 표준량은 쌀 15온스, 보리 7온스, 콩류 2온스, 양파 2온스, 푸른 채소 8온스, 감자 2온스, 육류 혹은 어류 6온스 또는 4온스(매주 2회), 과일 3온스, 소금 1온스, 설탕 1온스, 차 4분의 1온스, 식용유 1온스, 땔나무 2파운드였다. 같은 해 11월 스웨덴영사관에서 방문했을 때는 음식 배급에 변화가 있었다. 쌀 17온스, 보리

8온스, 콩류 1.5온스, 푸른 채소 6온스, 감자 2온스, 육류 4온스, 어류(환자에게 4온스, 매주 2회), 과일 3온스, 소금 1온스, 설탕 2분의 1온스, 차 2분의 1온스, 식용유 4분의 3온스, 땔나무 3파운드였다. 배급량은 일본인을 위해 특별히 정한 것으로, 필요량과 그동안의 경험에 따라 상술한 조정이 행해졌으니 인도군이나 영국군과 비교하는 것은 적절하지 못하다고 했다.[28]

자치 생활

상술한 규정 외에 수용소 내부는 자치 관리를 시행했다. 억류자는 각기 다른 지역에서 왔고, 또한 수용소에 들어온 시기도 달라서 어떻게 공동생활을 할 것인지가 큰 문제였다. 미쓰이물산, 일본면화日本綿花, 미쓰이은행, 오사카아사히신문大阪朝日新聞, 타이완은행, 일본우선, 쇼킨은행正金銀行 등 대형 회사 지점장의 지휘하에 자치회가 성립되어 이사회-익장翼長-반장班長 세 단계로 체계를 세워 관리를 했다. 수용소는 세 개의 익翼으로 구성되었고, 따로 부인익婦人翼을 설치했다. 1942년 8월 14일 첫 번째 일본인 집단이 석방되어 떠났고, 각 반의 구성원이 다시 조직되어 이사회 역시 교체되었는데, 타이완인 의사인 옌상이 이사로 선출되었다.[29] 이때 처음으로 타이완인이 의사 결정에 참여하게 된 것이다.

푸라나킬라수용소에서는 천막생활로 인해 급수와 배수에 모두 문제가 있었고 위생 조건도 좋지 않았다. 이질과 학질 등 전염병이 늘 중대한 위협이었다.[30] 수용소 내에는 일본인 의사가 있었고 격리 천막도 설치하여 전염병 환자를 수용했다. 그 외 수용소의 경계 너머에 의원이 있었는데, 인도인 여의사 한 명과 간호사 두 명이 순회 진료를 했고 중환자는 시내의 군 위수병원衛戍病院으로 데려갔다. 티푸스, 수두, 이질, 학질 등 전염병이 만연했고 심각했다.[31]

1943년 3월 천막생활은 데올리로 옮겨가면서 완전히 바뀌었다. 데올리는 전화戰火가 닿지 않은 해발 330미터의 구릉이 산재한 평원 지대의 수용소로, 주변은 경작지이고 관목이 드문드문 보인다. 일본인은 세 개의 익에 나누어 입주했고 이탈리아인과 이웃해 있었다. 제1익에는 주로 자녀가 두 명 이하인 가족이 수용되었고 총인원 700명으로 여성 감독관 한 명이 관리했다. 제2익에는 자녀가 두 명 이상인 가족이 수용되었는데 독신 여성도 이 제2익의 별도의 동에서 지냈다. 총 597명이었으며 영국 여성 한 명이 관리했다. 제4익은 독신 남성 전용으로 총 804명이 있었다. 원래 제3익에는 독일인이 수용되었는데, 그들이 날씨가 너무 덥다고 원망하고 심지어 대규모 항쟁을 일으켜서 인도 북쪽의 데라둔Dehradun으로 이송되었다.[32] 이와 대비해 일본인은 어쩔 수 없이 인내하고 적응할 수밖에 없었다.

수용소는 전쟁 지역이 아니어서 안전은 확실히 보장되어 있었다. 관리 당국은 매일 오전 7시와 오후 6시 반에 점호하고, 숙사에서는 매일 오전 8시 이전에 청소를 했으며, 강제노동을 시키지 않았다. 그러나 가내수공업과 채소 재배, 원예 등은 권장했다. 일본인은 정원 가꾸기 대회를 열어서 각 집의 문 앞에는 거의 모두 정원이 생겨났고 주거 환경이 크게 개선되었다. 수용소 내에는 도서실이 있었는데, 약 400권의 영문 도서가 비치되어 있었다. 또한 많은 음반이 있었으며, 과거 독일인이 남겨둔 무대가 있어서 음악회를 열 수도 있고 영화도 방영할 수 있었다. 그러나 방송 청취는 금지되었다. 수용소 내 수요에 응하기 위해 매점, 이발소, 구두 수선소, 재봉소 등이 있었고 또한 운동을 장려하여 테니스장, 배드민턴장 및 축구장이 있었으며, 스모 대회도 열렸다. 생활 관리를 자치적으로 했기 때문에 1943년 8월 적십자회 대표단이 방문하여 '대다수의 구류자가 이전보다 생활이 훨씬 나아졌고 위생적인 음식을 얻게 되었다'고 인식할 수 있었다.[33]

하루 두 차례의 식사는 취사반이 교대로 조리했다. 취사반은 대략 100명당 한 명 정도인 실제 조리사 및 순번에 따른 여섯 명으로 구성되었다. 주방 도구는 군대의 규정에 따라 지급되었는데, 억류자 스스로 휴대하거나 구매한 경우도 있었다. 수용소의 영양부는 식생활을 개선하기 위해 고심을 거듭했다. 처음으로 영양부장을 맡은 자는 일본열대재배협회日本熱帯栽培協會의 지도자인 사카이 리키타堺利喜太였다. 그는 농학교 혹은 중등학교 지도자 출신이며, 말레이반도 캐머런하일랜즈Cameron Highlands에서 채소 재배에 종사했고 또한 제과·제빵이 가능했다. 그는 배급받은 식재료로 일본인의 수요에 맞게 음식을 개량했다. 예를 들어 콩류를 이용해 콩나물을 재배하고 두부와 미소를 만드는 식이었다. 또한 남은 밥으로 아이들에게 간식을 만들어주는 등 다양한 것을 고안하여 식생활을 개선했다.[34] 원예부에서도 적십자회로부터 채소 종자를 얻어서 배추, 무, 꽃양배추 등을 재배했고, 채소 종류가 늘어나자 심지어 아지메르 지역의 채소 대회에도 참가했다.[35]

일본인 되기 학습

구류 생활이 얼마나 지속될지 알 수 없는 상황에서 가장 큰 우려 사항은 아동의 교육 문제였다. 수용소 내 정규 일본인 교사는 모두 교환선을 타고 떠났지만, 학령아동 125명의 교육을 위해 수용소 내에 학교를 설립했다. 제1익에 설치된 '데올리수용소 제1국민학교'는 소학 6개 학년과 고등소학 2개 학년으로 총 8개 학급으로 구성되었다.[36] 억류자가 수차례 교과서를 보급해달라고 일본 측에 요청했고, 1944년 7월 일본 외무성 내의 '적국재류동포대책위원회'에서도 각 학년에 필요한 교과서를 발송하기로 결정했으나 실현되지는 않았다. 따라서 수용소의 임시교사들이 스스로 편집한 교과 내용으로 수업을 진행했다.[37]《인도와라통신》에 남아 있는 쇼와昭和 19년(1944)의 행사 일정에 따르면, 일본 내지와 마찬가지로 '충군애국忠君愛國', '야마토혼大和魂'을 강조하는 교가가 있었다. 1944년 4월 1일에 시업식을 했고, 이 첫 학기는 8월 15일까지였다. 오전 7시 15분에 교실 청소, 7시 반에 조회, 7시 45분까지 체조를 한 후 오후 4시까지 수업을 했다. 일요일 오전에는 체조, 경기, 교련을 했고 매월 두 차례 교외로 산책을 나갔다. 9월 1일에서 12월 26일은 2학기, 1945년 1월 8일부터 3월 25일은 3학기였다. 학기 중에는 '학예회'도 열었다. 그 프로그램은 요배, 묵도, 〈우미우카바海征かば, 海行兮〉(일본 군가—옮긴이) 제창으로 시작하여, 〈야스쿠니 신사〉, 〈아마테라스오카미〉를 노래하고, 활극 〈쇼난코小楠公〉(본명 구스노키 마사쓰라楠木正行, 일본 남북조 시대를 대표하는 무장—옮긴이)를 공연하는 등 당시 일본 내지 혹은 식민지의 교육 내용과 다를 것이 없었다.[38]

제2익의 학교 상황은 다음과 같다. 수용소 내에서 공부하다가 타이완으로 돌아온 직후 5학년으로 편입된 추원레이邱雲磊의 회고에 따르면, 이른바 학교라는 것이 식당 내에 설치되었지만 정규 교육은 아니었다. 추원레이와 의사 린스샹林世香의 아들 린치밍林啟明이 전후에 함께 회고하며 떠올린 가장 큰 인상은 함께 놀았다는 것이었다. 그러나 교사의 태도는 매우 진지해서 매일 한두 과목을 수업했고, 인쇄기가 없어 교재는 모두 수기로 제작했다. 한 반에 학생 열 명이 있으면 교사는 직접 열 권의 교재를 만들어야 했으니 상당한 수고였다. 추원레이는 인도의 수용소에 수용되기 전에 살던 집 주변에 말레이인과 인도인이 많았기 때문에 약간의 말레이어와 인도어를 익힐 수 있었으며, 수용소에 온 뒤에야 일본어를 배울 기회가 생겼다고 회고했다.[39] 또한 어떤 이들은 원래 일본어를 전혀 구사하지 못했으나 5년간의 수용소 생활로 일본어를 할 수 있게 되었고 모든 점에서 평등했기 때문에 연대감도 생겨났다고 회고했다.[40] 확실히 수용소 생활이 일본인과 오키나와인, 타이완인을 공존할 수밖에 없게 만들었고, 원래 해외에서는 일본어를 배울 기회가 적었던 아이들이 오히려 제한된 공간 내에서 일본인이 되는 학습을 하게 되었던 것이다.

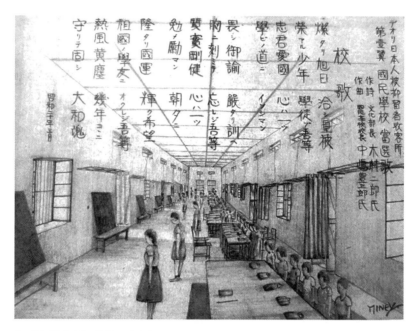

〈그림4-3〉수용소 내 학교(미네 가즈오峯一男 그림).

'충군애국 하고 야마토혼이 충만한 일본인 되기'라는 일본의 교육 목표 하에 타이완인은 자신들의 민속과 문화를 희생해야만 했다. 수용소의 타이완인 중에는 연예인이 반수를 차지했는데, 그들은 말레이시아에서 명성을 누렸지만 수용소에서는 공연할 수 없었다. 수용소에서 진행된 행사는 모두 일본식이고 아침 체조, 황거요배에서부터 일본의 기원절 등 각종 일본 기넘일 행사, 학생 일본어 배우기, 학예회에서 충신 구스노키 마사시게楠木正成 이야기 연출하기 등에 이르기까지 일본 본국의 교육을 만 리 밖 사막에도 이식해 이를 통해 일본의 애국 사상을 확대, 강화하고 일본인이 되도록 지도했던 것이다.

분쟁과 충돌 사건: 교환선과 2·26사건

푸라나킬라수용소 시기에는 위생 문제 외에도 식습관 차이로 인한 식재료 문제 역시 억류자에게는 큰 어려움이었다. 하지만 무엇보다도 가장 커다란 논쟁을 일으킨 것은 배급 문제가 아니라 첫 번째 교환선을 탈 인원, 즉 이른바 '선발조'를 선발하는 문제였다.

귀환 명단은 싱가포르를 점령한 일본군 제25군富集團과 외무성이 결정했는데, 우선순위는 다음과 같았다. 정부기관 직원, 일본인 학교 교사, 반관반민 단체의 임직원, 일본의 저명한 상사 등의 파견 인원, 일본의 중앙 단체에서 파견된 인원, 의사 등 특별 기술자. 그러나 실제로는 미쓰이물산, 미쓰비시상사 및 바투파핫의 대기업 인원이 뽑혔다. 그들은 경력이나 언어 능력 등으로 인해 억류자의 리더이기도 했지만 동시에 의사 결정자이기도 했다. 또한 일본 정부가 점령지 통치에 필요한 상사 직원을 중심으로 명부를 작성하도록 명령했고, 이에 이들의 가족과 친척도 우선 귀국자로 선정되어 개인 상점 종사자 등 '서민下町族'의 불만이 생겨났다.[41] 인원이 가장 많았던 타이완 어부 집단 역시 우선 귀환자 명단에는 없었고, 이로 인해 격렬한 몸싸움도 일어났다. 최종 확정된 제1차 귀환자 731명 중 타이완인은 세 명뿐이었다. 그들은 황웨이취안黃偉權(바투파핫, 삼오공사 의사), 류원셴劉文獻(세렘반반다르, 말레이고무 회계), 천안러陳安樂(주싱가포르 일본영사관)였다.[42] 또한 싱가포르 상품 진열관에 재직 중이던 조선인 정원국鄭源國, 정원상鄭源祥,

정원성鄭源成 삼형제도 제1차 귀환자의 명단에 있었다.*

1942년 제1차 교환선을 보낸 이후 1943년 8월에 제2차 귀환자 명단이 발표되었는데, 제2차 교환선은 현실화되지 못했고, 2000여 명의 일본인은 계속해서 억류되어 있었다. 이 한가로운 듯 보이는 수용소에서는 관리자와 피관리자 사이에도 별다른 충돌 없이 평화가 지속되었다. 전후 1946년 발생한 '2·26사건'은 수용소 당국이 일본인을 향해 발포 사격한 사건으로, 억류자는 그제야 마치 전장에서 목숨이 위태로운 상황에 놓인 것 같은 경험을 했다. 사실 매일 저녁 오락실에서 인도에서 발행한 영자 신문을 해설하는 사람이 있었지만, 1945년 8월 15일 일본이 항복을 선언한 후 먼 인도에 있던 일본인은 전혀 이 사실을 실시간으로 인식하거나 인정하지 못했다. 일본이 원자폭탄 공격을 받고 항복했으며 수많은 일본인이 황거 앞에서 통곡했다는 소식은 유언비어로 배척됐다. 어떤 사람은 연합군 측이 일본의 평화 제안을 받아들였고, 일본이 무조건 항복을 한 것이 아니라 일정 부분 양보를 한 것이며, 일본에게 유리한 조건하에 회담을 하게 되었다고 생각했다. 수용소의 총사령이 정전협정이 체결되었다고 선포했음에도 일본 승리설을 믿는 자가 절대다수였다. 그들은 베를린회담에서 영미 등의 나라가 이 기회를 틈탄 러시아의 세력 확장을 두려워하여 최대한 빨리 일본과 정전을 원했을 것이고, 이에 일본은 대등하게 강화했을 것이라고 생각했기 때문이다. 심지어 어떤 사람은 일본이 대승을 거둬 강화를 맺었다고 주장하기도 했다.[43]

---

* 정원국은 전후에 홍익대학교 교장을 맡았고, 원상은 1949년에 다시 싱가포르로 가서 한성무역회사韓星貿易會社를 경영했다. 원성은 건축업에 종사해 큰 일류 회사로 발전시켰고 또한 상공회의소 부회장도 역임했다. 鄭源昌,〈第一船帰還者から〉,《インドワラ通信》(神奈川) 9, 1974年 4月, 4쪽.)

1946년 첫날 일본 정부가 항상 발표하던 '연두하사年頭賀詞'가 도달하지 않자, '마케구미負け組(일본 패전파)'는 일본의 패전을 더욱 확신하게 되었고 '가치구미勝ち組(일본 승전파)'는 예민해졌다. 타이완인 내부에서도 패전파 는 위협의 대상이 되어서 구타당하거나 문 앞에서 분뇨를 뒤집어쓰는 등의 일을 당했고, 심지어 그중 일부는 병원에서 치료를 받기도 했다. 2월 20일 수용소 당국에서 구타자만으로 따로 새로운 익을 구성해 관리하려고 시도 했다. 그러나 70명 전부가 나오기를 거부했고 사태는 더욱 심각해져서 구타 피해자는 계속 늘어났다. 80명이 제1익에서 뛰쳐나와 수용소 당국에 보호를 요구했고, 당국은 소란을 진압하기 위해 인도군 보병부대 및 경찰의 지원을 요청했다. 2월 24일 수용소 당국은 제1익에 들어가서 구타자를 호송해 나오도록 했으나 일본인에게 거절당했고 심지어 공격까지 받았다. 25일에는 제2익 내 소동으로 인하여 점호를 할 수 없다는 보고를 받고 당국은 다시 제1익으로 진입하여 소란을 일으킨 70명을 내놓으라고 요구했지만 재차 거절당했다. 26일, 수용소 당국은 또다시 제1익에 진입했다. 이때 어떤 일본인이 경보를 울려 남녀 모두 뛰쳐나와 이들을 포위했다. 예리한 무기를 들고 죽이라고 외치는 사람도 있었고, 심지어 어떤 자는 도망치는 인도 관리인을 쫓아가 곤봉으로 공격했다. 이 상황을 본 수용소 총사령은 결국 발포를 명령하여 17명이 사망하고 14명이 구급 치료를 받는 참극이 발생했다. 전후 두 번째 해에 먼 인도에 있던 일본인이 일본의 패전을 받아들이지 못해 피격된 것이 '2·26사건'이었다.

원만한 사후 처리를 위해 인도 당국은 일본인의 귀환을 서둘렀다. 1946년 5월 11일 전원이 데올리에서 출발하여 16일에는 인도 동안의 비샤카파트남Visakhapatnam항에서 탑승했고, 5월 25일 저녁에 싱가포르에 닿았다. 익일에 일본인은 주롱Jurong, 裕廊의 일본인 수용소에 체류했고, 타이완인은 부킷티마Bukit Timah로 이송되어 각자의 배를 기다려 귀향했다. 수용소에서 공동 생활했던 '일본인'은 이제 서로 이국인이 되어 각자의 길을 가게 되었다.

교전국 쌍방의 민간인 수용소

일본군 통제하의 민간인 수용소

전후 일본에서 포로 사항을 주관하는 '포로정보국'은 국제적십자회의 보고를 통해 전시에 포로가 된 일본 군인과 민간인이 비교적 위생 조건이 좋은 가옥에서 지냈고 식량 공급도 해당 국가의 군대에 비하면 질이 좋아서 대개 만족했다고 표했다. 의료 면에서는 해당 국가 군의의 관리하에 일본인 의사가 결핵 등 일본인 전염병 환자를 치료했고, 환자는 격리 병실에서 적절히 치료를 받았다고 했다.[44] 즉 연합국의 일본 포로에 대한 대우를 긍정적으로 평가했다. 그러나 전시에 일본은 연합국 쪽에 1929년 포로 대우와 관련되는 제네바조약 규정을 준수하라고 요구했는데, 당시 일본 국내에서는 해당 조약을 비준하지 않았지만 사실상 일본은 해당 조약의 규정을 '준용'했고, 오히려 역으로 일본인에 대한 미국의 처치가 조약의 정신, 국제법 원칙과 인도주의를 위반한다고 지적했다. 그러나 일본이 조약을 준용해 합리적으로 포로를 대우했다고 자인했음에도, 전쟁 기간 동안 교전국 쪽으로부터 83건에 달하는 항의가 쏟아졌다.[45] 그렇다면 과연 일본은 어떻게 적국인을 관리했을까?

일본군이 점령하의 적국인에 대해 처음부터 집중적으로 관리하는 방침을 취한 것은 아니었다. 1943년 11월에 〈군억류자취급규정軍抑留者取扱規

程)이 발표된 후에야 각 점령지에서 동일한 처리 조치가 취해지기 시작했다. 예를 들어 네덜란드령 인도네시아에서 일본군은 1942년 3월에 자바를 점령한 후 즉시 적성국인을 체포했지만 집중적으로 관리하지 않았다. 1944년 3월에야 '자바군억류소'에서 6만 9779명을 수용했다. 인도네시아의 또 다른 큰 섬 수마트라에서는 처음에는 각 점령 부대가 적국인을 개별 관리했고, 1944년 4월에야 '수마트라군억류소'를 세워서 총 1만 1865명을 수용해 규정에 따라 군대가 적당한 양식을 제공했다.[46]

1942년 3월 일본군은 미국의 식민지인 필리핀 마닐라를 점령한 후 3355명의 적국인을 마닐라 시내의 세인트토머스대학에 수용했고, 그곳에 '마닐라적국인수용소'를 설립했다. 처음에는 적국인이 자치 생활을 하도록 했는데, 생활비는 적십자회가 지원해주었다. 1942년 7월부터 생활비는 군대에서 지불했는데, 매일 1인당 70분分으로 계산했고 외부 양식 등 물품 구매를 허용했으며 외부인의 물품 반입도 허용했다. 1944년 1월 일본군은 정식으로 '필리핀섬군억류소比島軍抑留所'를 설치했고 마닐라, 로스바뇨스 Los Baños, 바기오Baguio에도 분소를 설립했다. 수용소와 외부의 연락을 막아야 하기도 하고, 물자 입수도 어려웠기 때문에 물품을 제공하는 것으로 바뀌었고, 또한 억류자를 '지도해' 그들로 하여금 '자발적으로' 각종 노무에 종사하게 했고, 노동 공간을 설치해 자동차 운전, 위생 근무, 타이핑, 농원 작업 등 일을 시켰다. 그 가운데 특히 고구마와 채소류를 재배하게 하여 자급자족하도록 했다.[47]

일본군은 1942년 8월 말레이시아에서는 싱가포르의 창이에 '적성국인 수용소'를 설립하여 영국, 미국, 오스트레일리아, 네덜란드 등의 국적 사람들 2946명을 구금했다. 이들은 국적과 성별에 따라 나뉘어 수용되어 자치 생활을 하게 됐고, 일본군이 양식을 공급했다. 또한 양식의 자급자족을 격려하기 위해 농원 개척과 가축 사육이 장려됐다. 1944년 1월 민간인의 수용소는 군대가 직접 통제하는 '말레이시아군억류소'로 바뀌었다. 이때 수감된 인원수가 많아서 위생 환경이 열악해지고 양식 공급이 부족해졌다. 따라서 군대에서는 한편으로 양식 공급을 늘리고 한편으로는 노동력을 확보하기 위해 유급으로 일을 시키기 시작했다. 남성에게는 농사 개척을 장려하고 여성에게는 군대 측 화물 공장의 재봉 일을 위탁하여 일정한 급료를 제공했다.[48]

상술한 일본 측 자료를 보면 일본 쪽의 수용 조건과 관리 방식은 연합국의 그것과 큰 차이가 없어 보인다. 그런데 왜 연합국 측은 지속적으로 항의했을까? 이는 규정과 현실 사이에 차이가 있기 때문으로 보인다. 그 이유를 추측해보면 양식 공급이 충분한지의 여부가 그 원인 중 하나인 것 같다. 양식을 늘리고 자급자족을 달성하기 위해 일본군은 억류자에게 노동을 요구했는데, 이는 인도수용소에 있던 일본인의 자발적인 노동과 달랐다. 자바에 억류된 네덜란드 소년의 일기를 통해 그들의 생활상을 엿볼 수 있다. 1944년 9월 15일 농작이 강력하게 도입된 이후 농작이 일기의 핵심이 되었다. 예를 들어 "250명의 소년이 개작하러 갔다", "일요일의 농작업은 반일이다", "6시 30분부터 17시 30분까지 농작업이 있다"라는 등의 서술이 있는데, 여기서 소년은 열 살 이상의 남자아이를 가리킨다. 일본인이 구타, 체벌을 행한 것도 억류자가 일본인에게 한을 품게 되는 원인 중의 하나였다. 상술한 일기에서도 "어떤 소년이 변소 앞에서 소변을 보는데, 그것으로 제2반의 반장과 부반장이 일본인에게 채찍을 맞았다"[49]라고 했고, 또 한 네덜란드 소년도 그가 일본인으로부터 구타당한 상황을 기록했다. 한번은 점호할 때 우스운 이야기를 들어서 웃음소리가 나서였고, 다른 한번은 어떤 사람이 도둑질을 했는데 이로 인해 모든 사람이 경위에게 심하게 구타당했다. 도둑은 심지어 부상이 심해 병원으로까지 이송되었다.[50] 이와 대비해 인도에서는 적지 않은 사람들이 처벌을 받아 감금실에 갇혀 독거 생활을 했는데, 구타나 고문을 당한 기록은 보이지 않았다. 또한 일본인이 수용소의 여성을 위안소로 집어넣어 매춘을 강요한 행위는 가장 분노를 일으키는 행위였다. 이 지점도 전후 군사법정 재판에서 중요한 항목이 되었다.[51]

그러나 인종적인 멸시나 편견도 존재하지 않았을까? 다음에서 보고의 내용을 통해 그 점을 살펴보자.

연합군 관리하의 민간인 수용소

국제적십자회와 일본의 이익 대표국인 스웨덴 그리고 중립국 스위스에서 모두 시찰을 왔는데, 이들이 이후 제출한 보고서에는 대체로 긍정적인 평가가 담겨 있다. 예를 들어 1943년 11월 19일 스웨덴의 주봄베이 총영사관 파견원은 시찰 후 데올리의 수용소는 인도 정부가 모범적인 수용소가 될 수 있도록 많은 비용을 들여 열심히 건설한 곳이며, 그 결과 시설 및 처리 방식에서 좋은 인상을 준다고 평가했다. 양식糧食 부분에 대해서는 인도 당국은 줄곧 억류자의 바람에 맞추기 위해 노력했기에 모든 억류자가 만족할 수 있으며 영양이 불량하여 허약한 사람은 없다고 했다. 병원 시설 역시 완비되어 있어 수용소의 상황이 우수하며 억류자의 건강 상태도 모두 양호했고, 억류자와 당국 간의 관계도 극히 좋다고 보았다.[52]

보고서에는 또한 다음과 같이 기술되어 있다. 숙소는 견고한 벽돌과 시멘트로 지어졌고 통풍이 양호하며 테라스가 있고 넓은 운동장과 원예 용지가 있으며 주변은 나무덩굴이 에워싸고 있다. 각 익은 서로 자유롭게 왕래할 수 없다. 요리장, 샤워장, 수세식 변소 등으로 (억류자의) 필요를 만족시킬 수 있다. 위생 설비와 의료는 완벽히 구비되어, 네 채의 독립된 건물로 이루어진 병원이 있으며, 의료 설비도 모두 갖추었다. 독일인이 외과 과장을 맡고 있으며 몇 명의 조수와 간호사가 있다. 각 익에는 모두 일본인 의사가 있다.[53] 여기서 '일본인' 의사는 주로 타이완인인데, 일본인 의사가 모두 첫 번째 교환선을 타고 떠났기 때문에 수용소는 타이완인 의사에게 의지하고 있었다. 그 외에도 일본인과 타이완인을 포함하여 치과의사도 세 명 있었다. 1944년 9월 스웨덴의 주봄베이 총영사가 수용소를 시찰한 후 기록하기를, 관리소장이 친절하며 우호적인 태도를 보였고, 필요한 질서를 유지하고 있으며, 억류자의 행복에 관심을 갖고 있어서 전체적인 인상은 '매우 양호한 상황'이라고 했다. 또한 체벌이나 모욕이 없으며 억류자가 위험한 상황에 노출되는 경우는 생기지 않을 것으로 보았다.[54]

당국이 지급한 잔돈과 피복 비용은 독일인의 비용에 한참 못 미쳤고, 억류자는 지급 액수 인상을 희망했다. 스웨덴영사관의 보고에서도 이 사안을 언급했다. "억류 생활을 고통스럽게 느끼고 사회적 지위가 높은 500여 명이 이미 송환되었다. 현재는 간단한 생활에 익숙해진 계층이 구류되어 있다. 따라서 구류소의 현재 생활 기준은 이미 그들의 요구를 충분히 만족시키고 있다. 또한 당국에서는 이미 최선을 다해 구류자에게 최상의 대우를 해주고 있다."[55]

수용소에서의 양식 배급이 영국군과 다르다는 지점에 대해 관리 당국의 논조에 따르면 억류자 간의 생활양식의 차이가 매우 커서 조금이라도 유럽식 생활에 가까웠던 많은 이들은 아시아식의 풍미를 싫어했고 필요로 하지 않았으나, 대다수의 어부 또는 어부와 비슷한 계층으로 수용소의 절반을 점하는 노동자나 소상인에게는 이러한 배급이 충분하고 합리적이었던 것이라고 보았다. 보리가 지하실에 쌓여 있었다는 점은 수용소에 식량이 부족하지 않았고 오히려 억류자가 충분한 음식물을 얻고 있기 때문에 보리를 등한히 한다는 점을 알게 해주는 증거였다.[56] 여기서 서양인의 '아시아식'에 대한 경멸을 발견할 수 있다. 즉 보리의 수용 여부로 억류자의 생활수준을 판단했던 것이다.

사실상 억류 기간에 200여 명의 일본인이 사망했다.[57] 많은 사람이 감금된 경험도 있었다. 그러나 《인도와라통신》을 보면 일본인이 당시를 회고할 때 관리 측에 대한 불만, 즉 배급량의 부족함이나 소통 불량으로 인한 오해는 다 가슴에 두지 않았는데, 오히려 '승전파'와 '패전파'의 충돌은 마음에 걸리는 것이었다. 여러 편의 기사에서 각자 입장에서의 발화를 볼 수 있다. 각각 다른 지역, 다른 계층, 다른 신앙을 가진 사람이 강제로 같은 공간에 수용되어 살면서 축적된 불만이 일단 폭발하자, 전후 30여 년이 지난 후에도 상처가 아물지 못한 것이다. 어쩌면 그렇기 때문에 인도 억류 경험이 있었던 사람들은 관리 측에 대한 불만을 적극적으로 표출하지 않은 것일 수도 있다!

타이완인의 무릉도원?

모든 서양인의 보고에서 인도 당국의 관리를 긍정적으로 판단했고 타이완인도 특별히 불만은 없었다. 1946년 5월 타인완인이 인도에서 싱가포르로 돌아왔을 때 현지의 교포 신문은 〈연애, 결혼과 자식을 낳다, 생활이 소요자재逍遙自在하다, 신문을 볼 수 없었기에 모든 것이 마치 꿈속처럼, 일본의 투항 소식도 몰랐다〉라는 제목으로 인도수용소에 있던 타이완인을 묘사했다. 신문의 내용은 다음과 같다.

처음으로 왔을 때 영국군이 국제포로조약선언을 낭독하고 시종일관 그 조약을 준수했다. 조약 중에는 포로의 주택에서 5척 이내 범위는 포로 스스로 치워야 한다고 명시되어 있지만 인도인 관리자가 노예성이 강해 영국인을 두려워했을 뿐만 아니라 우리 황주黃冑 타이완 교포臺僑에게도 매우 공순했고 포로의 지위를 감히 멸시하지는 못했다. 모든 비천한 노역은 다 그들을 시킬 수 있고 그들이 명령을 복종하지 않는 일은 전혀 없었다.

계절마다 각 익은 번갈아가며 한 번씩 영희影戲를 관람할 수 있었고, 야외에 가서 산 풍경을 즐길 수 있는 자유까지도 얻었다. 평일에는 익소翼所 범위 내에서 산책, 운동, 채소 재배나 낚시도 할 수 있었다. 영국군 관리자의 태도는 친절하고 감금 같은 것은 절대 없었다. 가끔 병에 걸려도 병원에서 무료로 진찰하고 평상시에도 약품이 부족하지 않았다. (…) 또한 수용소에서 쓰는 지폐는 일반적인 인도 루피와 달리 수용소 내에서만 유통될 수 있었다. 포로의 편리를 위해 수용소 내에서 인도인이 각종 물품을 전매하는데, 수용소 외부로 가지고 나가면 폐지와 다를 바 없다. 술을 즐기는 자는 밖에서 마셔야 하고, 의복을 팔아야 마음껏 마실 수 있었다. 수용소에서 거주했던 4년 동안 노역의 고통도 없었고 생활은 매우 편안했다. 심산광야深山曠野로 피난한 진인晉人처럼 도원桃源으로 들어가 외부와 단절되었다.

인도에 있던 시기에 가장 불편했던 경우는 대부분 기후 때문이었다. 동절기에 서리가 내려 사람들의 피부를 얼리고 골수를 찢고 무더운 계절에는 작렬하는 햇볕으로 심지어 물을 끓일 수 있을 정도였다. 이상한 기후의 침습으로 사망한 일본 포로가 매우 많았고 우리 타이완 교포는 기본적으로 죽은 사람이 적었다. 그다음으로 인도의 예습으로 살생은 금지되어 있고 돼지고기도 먹지 않아 4년 내내 고기 맛을 모르는 것이 고통이었다.

교포들이 인도에서 4년간 집단생활을 하다 보니 집단의 의지를 가지고 일본인 및 류큐인과 격렬하게 싸운 적이 없었고 단결 정신으로 적은 수로 많은 수와 맞설 수 있었으며 또한 생활이 평안하기에 자꾸 희극 같은 일이 생

겨 연애, 결혼, 자식을 낳는다는 말도 자주 들었다.[58]

이 보도에서는 타이완인이 4년간 있었던 포로수용소를 무릉도원이라고 형용했다. 거처가 수용소 내부로 제한되고, 폭염과 혹한의 기후에 적응하기 힘든 것, 음식에 고기가 없는 것 등 외에 타이완인은 별다른 불만이 없었다. 영국군의 관대한 관리를 긍정적으로 평가하는 것과 함께 인종적 멸시도 찾아볼 수 있다. 예를 들어 인도인을 "노예성이 강"하여 본분에 벗어나는 요구를 할 수 있었다고 평가한 것이다. 이렇게 식민 모국과 식민지 사람을 구분하는 관점은 일본 내지인과 오키나와인 간의 차이를 서술한 데서도 볼 수 있다. 예를 들어 가혹한 기후가 일본인에게 더 위협적이고 따라서 일본인이 더 많이 사망했다고 판단했다는 점이다. 또한 타이완인의 단결성이 강하기 때문에 "적은 수로 많은 수와 맞설 수 있었"다고 한 점도 그렇다. 이러한 발언은 일본 신문에서는 보이지 않아 어쩌면 타이완인이 화교 앞에서 일부러 자신들과 일본인의 차이를 보이려는 의도였을 수도 있다.

그러나 '무릉도원'을 떠난 타이완인은 바로 새로운 도전에 직면해야 했다. 타이완인은 인도에서 싱가포르에 도착하자마자 즉시 부킷티마에 있는 타이완인수용소에 수용되었다. 이 수용소는 남양의 모든 타이완인을 수용하는 곳이었는데, 인원수가 가장 많을 때는 2000명에 육박했다. 제2차 세계대전이 폭발하기 전에 이미 남양에서 활동하던 타이완인이 있었는데, 그들 중 일부는 전쟁이 시작되기 전에 미리 고향으로 돌아가기도 했다. 전쟁때는 타이완인이 수용소에 억류되어 있었기에 전후 초기 남양에 있었던 타이완인의 절반은 전쟁 때 일본에 의해 동원된 자들이었다. 이들은 특수한 시기에 특수한 목적으로 남양으로 건너왔기 때문에 대부분 생활을 유지할 기반이 없었다. 따라서 전쟁이 끝나자마자 타이완인은 각자 동향회를 조직해 한편으로는 동향회를 통해 고향의 친지와 연락을 취하고, 다른 한편으로는 중화민국 정부와 연락을 취했다. 민·관의 각종 소통 통로를 거쳐 우선 타이완인은 함께 모여 타이완으로 귀환하기를 기다렸다. 싱가포르는 바로 인도네시아와 말레이시아 각지의 타이완인이 집결하는 곳이었다.[59] 기사의 내용은 이렇다.

> 각 부두의 타이완인은 일본의 붕괴로 인해 의지할 데가 사라졌다. 기탁자寄託者를 잃은 자들은 잇달아 수용소로 와서 당국에 수용해달라고 요구해 타향에서 기아의 고통을 피하고자 했다. 당국이 조사한 뒤 무죄인 것으로 확인된 자들은 여러 조로 나눠 원적原籍으로 송환한다. 만약 나쁜 짓을 저지르고 인민에게 기소된 자라면 즉시 당국에 의해 경찰소로 구류돼 심문을 받는다. 평상시 생활에 필요한 것은 당국이 공급해준다. 수용소 옆에서 채소를 재배하는 것 말고는 노역을 강제당한 자가 없다. 거주하는 방이나 뒷간까지도 역시 편안하고 모든 대우는 일본인 포로보다 낫다.[60]

영국군의 대우는 일본인보다 좋았고 전범의 혐의가 없는 자는 생계 걱정 없이 귀환을 기다리게 해주었다.

1946년 5월 수용소에 있던 타이완 교포는 잇따라 타이완으로 송환되었다. 그러나 "200여 명이 여전히 귀환을 고대하고 있어 수용소의 분위기는 한동안 매우 처량했다. 나중에 인도에서 100여 명이 이곳으로 이송되어 신구新舊 포로가 한곳에 모이자 문득 친밀감이 생겨 서로의 신세를 토로하며 탄식을 금치 못했다."[61] 그들은 탄식을 금치 못했을 뿐만 아니라 함께 다음에 도래할 변국을 맞이해야 했다.

상술한 것과 같이 수용소에서는 기존 싱가포르에 있던 타이완인뿐 아니라 타이완으로 귀환하기 위해 각지에서 집결해 귀환선을 고대하던 이들도 수용했다. 이때 자카르타의 타이완동향회 회장 린이첸林益謙을 중심으로 한 사람들이 밍타이회明臺會를 결성하고 《밍타이보明臺報》를 발행하여 그들의 심경을 토로했다.[62] 해당 신문은 타이완인이 중국 정부의 타이완 통치라는 새로운 국면에 어떻게 대응해야 할지 깊이 토의했다. 이들 중에 인도 수용소에서 왔고 원래 쿠알라룸푸르중화학교에서 교사를 지냈던 두춘리杜存禮는 〈우리의 사명〉이라는 제목의 글에서 중국어로 다음과 같은 논설을 전개했다.

> 지금 새로운 타이완을 건설할 때 첫 번째로 해결해야 할 문제는 정부를 도와 50년 동안의 노예화 교육과 멸족의 여독餘毒을 완전히 청산하고, 우리 타이완 600만 동포가 중국이 우리의 조국임을 인식하게 하는 것이다. 우리는 조국 내의 인민과 동종동족同種同族이다. (…) 청년들은 일제히 정의와 광명의 큰길로 매진한다. 우리의 구호는 ① 단결일치하고, 힘을 집중해 우리 타이완의 모든 것을 조국에 공헌한다. ② 정부를 도와 국내의 모든 탐관오리를 숙청한다.[63]

중국은 타이완인의 조국이라고 강조하고 50년 동안의 일본 교육을 '노예화 교육'이라고 인식해 일본의 '멸족여독'의 통치를 소탕하고자 한다. 다른 한편 "정부를 도와 국내의 모든 탐관오리를 숙청한다"라는 구호에서 타이완인의 중국 통치에 대한 근심을 엿볼 수 있다.

1946년 8월 6일 싱가포르에서 송환된 300여 명의 타이완인이 지룽基隆에 도착하면서 전쟁 발발 이래의 수용소 생활도 일단락되었다. 그러나 이들이 타이완으로 귀환한 후 대면한 것은 바람과 구름이 일어나는 거대한 변화의 국면이었다. 중국 정부는 식민자의 자태로 '일본에 의해 50년 동안 노예화된' 타이완에 군림했고 타이완은 탐관오리에 저항하자는 구호 아래 1947년 2월 28일 전 섬 규모의 대항거운동을 폭발시켰다.

다시 새로운 도전에 직면하다

타이완인이 전쟁으로 인해 강제로 인도에 수용된 특수한 경험은 전전에 아는 자가 많지 않았고 전후에는 정권 교체 등 시대적 곡절로 인해 거의 알려지지 않았다. 이 글에서는 이와 관련된 여러 사료를 탐구해 사실史實을 다시 구성하여 다음과 같은 결론을 얻었다.

첫째, 인도수용소 내 타이완인의 직업을 분석해보면, 일본 기업에 따라 남진한 자들, 예를 들어 기업과 함께 남쪽으로 이주하여 쿨리를 감독하거나 타이완인 의료 등을 담당하고 나중에 독립해 자영업을 하게 된 사람들을 보면 확실히 (개인적으로) 발전할 만한 여지가 있었다는 것을 확인할 수 있다. 영국령 말레이시아의 발전이 갖는 특수성은 화교 이민자에게 발전할 기회를 제공했고, 타이완 극단에는 생존할 공간을 주었다. 그러나 중일 양국 사이의 착종된 복잡한 관계로 인해 타이완인은 양자 사이에서 흔들릴 수밖에 없었고, 어려운 국면에 자주 직면해야 했다.

둘째, 적십자사나 스웨덴 영사의 보고를 통해, 구름 속에 있는 것처럼 서양 백인이 동양인을 바라보는 시선도 엿볼 수 있다. 보고서 가운데 '아시아식' 음식 배급이나, "현재 억류소의 생활 기준은 이미 충분히 그들의 수요를 만족시킬 수 있다"라거나, "체벌이나 모욕 없이는 억류자가 위험한 상황에 빠지게 만들 수밖에 없다"라는 등의 언사는 명백히 억류자를 한 단계 낮은 인간으로 보고 있음을 드러낸다. 즉 인종차별의 관점이 존재하는 것으로 보인다.

셋째, 식민지의 계층성으로 보면 일본 내지인, 오키나와인, 타이완인의 경계는 여전히 존재했다. 오키나와 어부가 가장 많았는데, 그들은 이 계층 가운데 일본 내지인보다 지위가 낮아 포로 교환 과정에서 배제되었다. 타이완인은 설령 전시에 특별히 이들의 협력이 필요한 상황이었더라도 일본인과의 관계는 바뀌지 않았다. 화교로부터 환영받던 타이완 희극단원은 수용소에서 어떠한 능력도 보여줄 기회가 없었다.

넷째, 수용소 내의 집단생활, 즉 매일 아침 행하는 황거요배, 체조 훈련 등 규율 잡힌 생활, 일본식 음식, 일본어 학습 등은 타이완인의 일본화를 강요했다. 해외로 이주해 원래 일본어나 일본 교육과 무관했던 타이완인은 일본인 되기 과정을 경험하게 되었다. 그러나 전후에 이르러 타이완인은 귀환을 기다리는 과정에서 국적 전환과 새로운 정권의 적응 문제에 직면해야 했다. 일본화와 재중국화라는 충격을 경험한 후 새로운 폭풍은 고향에서 그들의 귀환을 기다리고 있었다.

일본제국
해체 과정에서
연동되는
동아시아
난민과 수용소

타이완 보안사령부
군법처 간수소와
뤼다오 신생훈도처로부터의
문제 제기

지은이 현무암

홋카이도대학대학원 미디어·커뮤니케이션연구원 교수. 일본 도쿄대학대학원 인문사회계 연구과 수료 및 박사(사회정보학). 전공은 미디어문화론, 한일관계론이다. 저서로는 《노무현 시대와 디지털 민주주의》(2010), 《통일코리아統一コリア》(光文社, 2007), 《코리안 네트워크コリアン·ネットワーク》(北海道大学出版会, 2013), 《'반일'과 '혐한'의 동시대사'反日'と'嫌韓'の同時代史》(勉誠出版, 2016), 《'포스트제국'의 동아시아》(2023) 등이 있다. 공저서로는 《기시 노부스케와 박정희》(2012), 《사할린 잔류자들》(2019) 등이 있다.

• 이 글은 《동방학지》 195집(2021년 6월)에 실린 〈타이완의 '백색테러' 시기와 이행기 정의: 뤼다오 신생훈도처를 중심으로〉를 수정·보완한 것이다.

'고립무원의 섬' 타이완

감옥섬 타이완. 계엄령이 내려진 국민당 정권하에서 처절했던 국가 폭력에 의해 생명과 인권이 유린되었던 타이완을 사람들은 감옥섬이라 불렀다. 이 글은 '감옥섬 타이완'의 인권 탄압을 말 그대로 실제 감옥섬이었던 남동부의 외딴섬인 뤼다오綠島의 신생훈도처新生訓導處를 중심으로 살펴본 후, '백색테러白色恐怖' 시기에 정치범을 구류, 신문, 재판, 수감했던 시설이 '인권으로의 길'을 지나 국가인권박물관으로 거듭나는 과정을 통해 타이완의 '이행기 정의轉型正義'에 대해 살펴본다.

면적은 한국의 약 3분의 1, 인구는 약 2분의 1인 타이완은 국토 전체가 '고립무원의 섬'으로서 암흑의 시대에 박해와 탄압에 시달리고, 국제화 시대의 오늘날에도 주권국가체제의 국제질서로부터 배제되어 있다.' 국제정치에서 주체성 발휘를 제한받아온 타이완은 감옥화된 섬에서 국가 폭력에 맞서 인권을 존중하는 진보적이고 개방적인 정치문화를 만들어왔다. 이러한 "인권으로의 길"은 정치적 민주화를 넘어, 특히 선주 민족 및 성소수자의 권리, 탈원전 등에서 세계적으로도 괄목할 성과를 보이면서 사회·경제 각 영역으로 확장되고 있다.

남과 북으로 분단된 한국도 '섬'이라는 점에서 다를 바 없다. 민주화를 통해 2·28사건(1947)이나 백색테러 시기(1949~1987)에 유린된 인권을 회복하고 불의를 바로잡는 '이행기 정의'를 꾸준하게 추진해온 타이완과 독재 정권 및 일제 식민지 지배 시기에 벌어진 '과거사 청산'에 몰두해온 한국, 두 나라는 나란히 시민사회가 '과거의 극복'을 지탱하는 정치문화를 구축해왔다고 할 수 있다.

제주 4·3사건(1948)이나 5·18 광주민주화운동(1980)과 일맥상통하는 타이완의 국가 폭력은 2·28사건을 중심으로 어느 정도 알려졌다. 하지만 또하나의 거대한 폭력인 백색테러 문제는 국가인권박물관 등 기념 시설 비교를 통한 일종의 '기억의 정치' 영역에 머물러 있을 뿐, 그 실상이 잘 알려지지 않았다. 애초에 이 문제는 타이완에서조차 제대로 연구되지 않았고, 탄압받은 자들과 그 가족의 회고록·인터뷰 등에 기초한 자료집 작성 단계에 있는 것이 현실이다. 백색테러의 진상 규명이 더딘 것은 무엇보다 동시기 계엄령하에서 무엇을 쓰는 것도, 어떤 기록을 남기는 것도 위험한 일이었기 때문이다. 정치적 수난자들의 기록은 최근까지도 타이완에서 출판이 불가능했다. 또한 2·28사건과 달리 백색테러의 진상은 타이완의 국가 정통성 문제와 떼어 놓고 생각할 수 없었다. '국가 반란'이라는 주술에 묶인 제주 4·3사건의 명예회복이 우여곡절을 겪었듯이 말이다. 이런 까닭에 백색테러의 기록은 일본에서 먼저 출판되는 경우가 많았다. 여기에는 백색테러의 수난자 대다수가 식민지 시대에 일본어로 교육받으며 자아를 형성한 '일본어 세대'라는 점도 작용했다.

이 글에서는 일본과 타이완에서 출판된 백색테러의 정치적 수난자의 회고록 및 구술 기록과 전기물을 활용해 지금까지 한국에는 잘 알려지지 않았던 타이완 백색테러 시기의 뤼다오 신생훈도처의 기능과 역할을 고찰해보고 민주화가 이루어지기까지 타이완의 감옥화된 삶에 대해서 살펴보고자 한다.

기억의 혼동과 선택, 망각과 재생이라는 애매성을 포함하는 회고록·구술 기록을 역사 서술에 활용하는 것은 주의가 요구된다. 하지만 당시 신문 기록을 활용한 연구도 사료의 이데올로기적 편향으로 인한 오류와 한계를 벗어날 수 없고 감옥화된 삶의 '일상'을 온전히 재현할 수는 없다.* 여러 정치범 수용자의 경험을 교차하면 기억의 한계를 보완해 백색테러와 그 수난자를 수용했던 신생훈도처의 실상에 어느 정도 다가갈 수 있을 것이다.

뤼다오 신생훈도처를 역사적으로 고찰하는 것은 타이완의 현대 정치를 작동시키는 민주화에 이르기까지의 고난과 이행기 정의를 부각하기 위해서만이 아니다. 타이완의 백색테러나 한국전쟁에서 발생한 수많은 민간인 희생의 이면에서는 '적'이라 여겨진 무고한 자국민에 대한 박해가 통치행위로 치부되어 행사되었다. 그것은 국민이 내전 상태로 인해 돌연히 정치적 난민으로 내몰리는 것을 의미했다. 그런데 국민으로서의 정치적 난민에게 피할 수 있는 곳은 없었고, 이들은 '부역자 처단'이 정당화되는 국가 폭력에 노출되었다. 동아시아의 탈제국과 탈식민지의 '역사적 문맥'과 '공시

---

* 예컨대 기쿠치 가즈타카菊池一隆의 연구는 공안 기록 및 국가인권박물관 자료(國家人權博物館籌備處,《醫人治世: 白色恐怖醫師群像》, 國家人權博物館籌備處, 2017)로 백색테러의 실태를 분석했는데, 이 글에도 등장하는 옌스훙이 신생훈도처에 감금된 첫 정치범이라는 것이나, 석방 후에 국립타이완대학 의학부에 돌아갔다는 것 등 사실과 어긋나는 부분이 엿보인다. 菊池一隆,〈一九五〇年代の臺灣'白色テロ'の實態と特色: 外省人, 本省人に対する弾圧とその狙い〉,《愛知學院大學論叢》49, 愛知學院大學文學會, 2019, 187쪽.

적共時的 리듬'을 이해하기 위해서는 일본제국이 해체되어 냉전체제가 정착하는 과정에서 국민국가화를 위한 폭력이 어떻게 작동했는지, 그 과정에서 왜 수용소를 필요로 했는지에 대한 고찰이 필요하다.

타이완의 국공내전체제와 한반도의 분단체제를 잉태케 한 것은 제국주의와 냉전 구조라고 하는 20세기 동아시아의 지정학이었다. 다만 중요한 것은 지정학적으로 동아시아의 주변 위치에 놓인 두 나라가 어떻게 제국주의와 냉전 구조가 겹쳐진 중압감을 짊어져야 했는가 하는 점이다. 중국 문화를 연구하는 마루카와 데쓰시丸川哲史는 동아시아에서 냉전기가 확립되는 과정의 양상을 이전의 일본 식민지였던 타이완과 한반도를 통해 살펴보고, 양쪽 모두 1949년 신중국의 성립에서 한국전쟁에 이르기까지 냉전 구조를 만들어낸 역사적 사건에 깊이 규정됨으로써 '공시적 리듬' 속으로 휩쓸려 들어가게 되었다고 지적한다.[2]

국공내전에 패한 국민당이 옮겨간 타이완, 전면 충돌하는 분단국가 한반도는 일본제국이 해체되어 냉전이라는 극한의 이데올로기 대립의 최전선이 되는 '공시적 리듬'에 의해 밀접하게 연결되어 있었다. 이러한 양국의 정치적 난민에게 수용소는 죽음을 기다리거나 처형을 면한 자가 격리되는 장소로서 존재했다. 타이완에서는 보안사령부 군법처 간수소看守所(구치소)와 뤼다오 신생훈도처가 이러한 기능을 담당했다. 한국에서는 1948년 제주 4·3사건이 발생하자 전국의 형무소가 이 사건에 연루된 사람들의 수용 시설이 되었다. 한국전쟁이 발발하자 적과 내통할 가능성이 있는 '정치범'과 민간인이 집단 학살된 것처럼, 내전 상태에 있는 반공체제 아래 수용소는 죽음과 마주하는 장소였다. 적대 세력 섬멸이 정당화되는 한 국가 그 자체가 수용소였다.

제국의 해체가 가져오는 수용소의 탄생이 냉전체제 구축 과정에서 재편되는 것을 감안하면 구舊제국의 일본 또한 수용 기능의 일부를 담당했을 것임을 상상하기 어렵지 않다. 제국이 해체되어 국민국가로 수축된 일본은 일본인의 히키아게(인양)와 자국 안에 거주하는 조선인을 송환하기 위한 시설로 수용소를 필요로 했다. 제국 해체 과정에서 주요 기능이 일단락되자, 이윽고 한반도에서 밀항해오는 조선인을 송환하기 위한 목적으로 오무라입국자수용소(오무라수용소)가 설치되었다. 이곳은 밀항자를 송환하기 위한 시설이자 일본의 국민국가화에 방해가 되는 외국인, 그중에서도 '파괴적인 조선인'의 송환을 도모하는 시설이었다.[3] 그들이 향하는 곳은 전시 상태의 수용소 국가 한국이었다.

따라서 냉전적인 '공시적 리듬' 속에서 구축된 정치적 난민을 수용하는 일본·한국·타이완의 수용시설은 개별적이 아니라 제국 해체 이후 연동하는 것으로 파악할 필요가 있다. 오무라수용소에 대해서는 밀항자를 송환하기 위한 시설로서 조경희의 논문에서 다루고 있다. 여기서는 재일조선인을 추방하는 시설로서의 오무라수용소의 기능에 주목하여 그것의 타이완 버전이라고도 할 수 있는 보안사령부 군법처 간수소 및 뤼다오 신생훈도처를 조명한다. 그리고 결론 부분에서 일본제국 해체 과정에서 연동되는 동아시아 난민과 수용소의 '공시적 리듬'에 대한 의미를 제시하고자 한다.

'외래 권력의 중층화' 속에서의 국가 폭력

중층화하는 외세

타이완(중화민국)과 한국(대한민국)은 근현대사에서 많은 공통점을 갖고 있다. 그것은 두 나라 모두 제국주의와 냉전 구조가 겹쳐진 중압을 짊어져야 했던 동아시아 지정학의 주변 위치에 놓여 있었기 때문이다. 바꾸어 말하면 식민 지배로부터 벗어난 후에도 냉전 구조에 휩쓸려 들어간 타이완과 한국은 분단과 내전을 거쳐 반공독재체제를 경험하고, 경제성장에 의해 대두된 중산층이 치열한 싸움을 전개하면서도 구체제와의 일정한 타협을 통해 민주화를 쟁취하여 과거에 유린되었던 인권 회복을 추진해 나가는 탈식민화 과정을 헤쳐 나가고 있는 것이다.

동아시아의 패권을 두고 다툰 청일전쟁에서 승리한 일본은 1895년 타이완을 편입했다. 1910년에 병합된 한국보다 15년 앞서 식민지가 된 타이완은 반세기에 걸쳐 일본의 지배하에 놓여 있었다. 타이완에서도 한국과 마찬가지로 일본제국이라고 하는 외세에 저항해 독립운동을 전개하고, 식민 지배에 대한 저항을 통해 민족주의를 형성했다. 하지만 타이완의 독자적인 역사를 되찾는다고 하는 것은 타이완이 본래 중국의 일부로서 식민화되었다는 점에서 다른 맥락을 고려해야 할 것이다. 그렇다면 중요한 열쇠는 '타이완은 타이완인의 땅이다'라고 하는 주체성의 문제이며, 그 문제를 극단적인 방식으로 제시한 사건이 2·28사건과 백색테러로 상징되는 국가폭력이었던 것이다.

1945년 8월 15일 일본의 패전으로 광복을 맞이하게 된 타이완으로 건너온 국민당 통치자들은 '접수'라는 말에서 나타나듯이 타이완인에 대한 우월감을 갖고 정복자인 양 행동했다. 상급 정부기관일수록 타이완인이 배제되는 차별적인 체제가 구축되는가 하면, 문화 정책에서도 대륙에서의 '항일'의 의의를 강조해 타이완의 개성을 무시하는 결정을 내린 것이 타이완 지식인에게 큰 실망을 안겨주었다.[4] 결국 광복 후 대륙에서 건너온 장제스 蔣介石가 이끄는 국민당 정부군의 횡포와 부패, 그 과정에서 2·28사건이라고 하는 '타이완대학살'이 일어났고, 그 후에도 38년간에 걸쳐 계속된 계엄령하에서 백색 공포정치가 이어지게 되었다.

한국에서는 분단 극복이 '민족의 염원'이며, 그 정치 목표를 둘러싸고 국내 정치가 격렬하게 대립하고 있다. '조국 통일'을 이루어내야만 '민족 해방'을 맞이할 수 있기 때문이다. 마찬가지로 '본성인本省人(타이완에 토착화한 한족 이주자)'을 주체로 하는 타이완 민족주의 관점에서 본다면, 탈식민화는 국민당이라는 외래 권력의 통치로부터 벗어나 '타이완은 타이완인의 땅이다'라고 하는 '민족 해방'의 목표를 달성하는 것을 의미한다. 정치적 탈식민화는 이미 달성했으나 문화적 탈식민화는 지지부진하여 아직 시작조차 하지 못하고 있는 것이다.[5] 한국과 타이완은 '통일인가, 독립인가'라는 정치적 아이덴티티의 방향성은 다르지만, '민족 해방'을 지향하는 점에서는 다르지 않다.

그렇다면 '고립무원의 섬'으로서 타이완이 걸어온 근현대사를 더듬기 위해서는 국민당 지배하에서의 정치적 탄압을 야기한 조건인 '외래 권력의 중층화'에 주목할 필요가 있다.[6] 외세의 간섭이 거듭되는 역사를 거쳐 온 타이완 근현대사의 서사를 관통하는 '탈식민화의 중층성'을 포착하면, 타이완이 추구하는 이행기 정의가 동아시아의 탈식민적 상황 속에서 차지하는 의미를 뚜렷하게 드러낼 수 있게 된다.

백색테러 시대로: 내전의 연장

타이완에서 일어난 2·28사건은 1948년 제주도에서 일어난 4·3사건과 같이 오랫동안 터부시되어온 암흑시대의 서막이었다. 4·3사건이 1947년 3월 1일 3·1절 기념식에서 경찰의 발포가 발단이 되었다는 점을 고려한다면, 2·28사건은 그것과 거의 동시에 담배 암매상을 단속하는 과정에서 일어난 작은 사건(2월 27일)이 지배 권력에 대한 저항으로 발전했다고 볼 수 있다.* 그것은 일본제국주의가 붕괴한 후 새로운 영토 주권의 범위를 확정하기 위하여 변경의 '섬'에서 발생한, 식민지체제에 냉전체제가 서로 연동되어 결합됨으로써 나타난 결과였다.

미군이 지원하는 국민당 정부가 점령한 타이완과 미소 양대 진영에 의해 점령된 한반도라고 하는 동아시아의 지정학적 조건하에서, 국가 폭력의 형태는 분열된 국가에서 발생한 정치 탄압 방식의 세부적 차이뿐일지도 모른다. 이데올로기의 다름이 곧 '적'으로 인식됨으로써 '섬멸'의 대상이 되었다고 하는 점에서 타이완과 한국은 다르지 않았고, 거기에는 '탈식민화의 중층성'이 존재하는 것이다. 그러나 '외래 정권의 중층화'가 더욱더 농후한 타이완을 이해하기 위해서는 그 세부까지 살펴봐야 한다.

광복 이후 남북한이 전면 충돌한 한국전쟁에 이르는 과정에서도 제주 4·3사건과 같은 많은 정치 탄압이 벌어졌다. 특히 이데올로기 대립에 의한 폭력이 전면적인 방식으로 분출한 '내전의 한가운데'에서 수만 명의 사람들이 학살된 국민보도연맹사건처럼 군경이나 우익 단체는 '적'에게 협력할 가능성이 있는 사람들을 조직적으로 말살했다.

국공내전에 패해 철수한 국민당 정부의 '식민 국가settler state'로서의 타이완은 여전히 내전 상태가 계속되었다고 할 수 있다. 국민당과 함께 타이완으로 패퇴한 외성인外省人을 제외하고 본성인과 선주민족은 직접 전투를 경험하지 않았지만, 어느덧 '전투 없는 내전'에 휩쓸려갔다. 한국전쟁에서 '민간인 학살'이 자행된 바로 그 시기에 타이완에서는 백색테러라고 하

---

* 2·28사건에서 정부 측은 타이완인에 대하여 무차별 학살을 포함한 가혹한 탄압을 가해 저항을 완전히 진압했다. 사건의 희생자는 1만 8000명에서 2만 8000명 사이로 추정되지만, 수천 명에서 10만 명에 이른다는 설도 있다. 何義麟,《臺灣現代史: 二·二八事件をめぐる歷史の再記憶》, 平凡社, 2014, 7~8쪽.

는 공포정치가 행해졌던 것이다. 백색테러는 정치학자 우뤠이런吳叡人이 말하듯 중국 본토에서의 내전을 타이완으로 확산시킨 결과이며, 중국 본토 '내전의 연장'으로 볼 수 있다.[7]

이렇게 해서 성립한 타이완에서의 강압적인 권위주의 정치체제의 배후에는 남북한이 상대방의 지배 영역을 자국의 주권이 미치는 영토로서 헌법에 명기하여 '멸공 통일(한국)/국토 완정(북한)'을 추구한 것처럼, 타이완을 보루로 하여 중국 본토의 회복을 꿈꾸는 '대륙 반공反攻'이라고 하는 일관성이 존재했다.[8] 이러한 실지 회복의 슬로건은 국내의 독재체제를 유지하기 위한 공식적인 이데올로기로 작동했다. 그것에 이의를 제기하는 인사들에게 '반체제파'라는 낙인을 찍음으로써 타이완에서는 비첩匪諜, 한국에서는 간첩間諜이라고 하는 '공산당 스파이', 즉 정치범을 수없이 만들어냈다.

폭주하는 특무 조직

다수의 타이완 청년이 국민당 정부에 의해 국공내전에 동원되었지만 타이완 본도가 직접 전란에 휩싸이지는 않았다. 그러나 난징南京에 수도를 둔 중화민국 정부가 1948년 5월 9일에 공포한 총통 및 국회의원을 종신직으로 하는 '동원감란시기임시조관動員戡亂時期臨時條款'은 1991년에 폐기되기까지 헌법의 효력을 정지하여 이후 38년간에 걸쳐서 계엄령을 가능케 하는 근거가 되었다. 1949년 5월 20일 계엄령이 발효한 직후 '징치반란조례懲治叛亂條例'를 공포, 시행하여 정치범을 처벌할 수 있는 근거를 갖추고, 이어서 중통(당)과 군통(군)이 경쟁하는 특무 조직(정보기관)을 총괄하는 '정치행동위원회'가 설치되었다. 타이완으로 철수한 장제스는 특무 조직을 재편해 그 총괄 기능을 부활, 강화하는 것이 중국공산당을 이기는 필수 조건으로 인식하여, 그 조직을 가장 신뢰하는 장남 장징궈蔣經國에게 맡겼다.[9] 백색테러의 시작이다.

1949년 말 대륙에서 공산당에 패한 국민당은 정식으로 타이완으로 철수했다. 그것은 이제 타이완의 '반체제파'나 '불평분자'를 억압하는 것에 그치지 않고, 국내 치안과 안전을 위협하는 '반역자'의 처단이라고 하는 새로운 단계에 돌입한 것을 의미했다. 따라서 국민당 정부는 저항하는 조직을 발본색원하기 위한 연대처벌제도를 도입하여 '지비불보知匪不報', 즉 한국에서의 '불고지죄'가 처벌의 대상이 되었고, 또한 고문이 자행되고 무고한 죄로 누명을 쓰는 사람이 생겨나게 되었다. 한국의 국가보안법에 해당하는 '감란시기검숙비첩조례戡亂時期檢肅匪諜條例'가 1950년 6월 13일 제정되었다.

다만 한국전쟁이 발발할 때까지 타이완에서 '비첩'을 적발해도 내외적으로 위기가 겹치는 국민당 정부는 바로 사형에 처한 것이 아니었고, 더구나 본성인의 사회주의자 청년을 총살하는 것에는 망설임이 있었다.[10] 그런데 한국전쟁이 발발하여 미군이 제7함대를 타이완해협으로 파견함에 따라 타이완의 안전 보장이 확보되었다고 판단한 장제스 정권은 대내적 탄압을 더욱 강화했다.

이처럼 한국전쟁이라고 하는 국제 전쟁하에서 '탈식민화의 중층성'에 놓이게 된 한반도와 타이완은 밀접하게 연결되어 있었다. 이에 대해서는 정치적 수난자들이 공통으로 지적하고 있는데, 그중에서도 후술하는 옌스훙顔世鴻은 한국전쟁과 자신의 운명이 연동되고 있음을 민감하게 느끼고 있었다. 옌스훙은 자신이 연루된 사건과 한국전쟁이 관련 있음을 밝혀내려 했는데, 이렇듯 그는 한반도와 타이완 및 베트남의 운명이 일체화된 것으로 생각하고 있었다.[11]

백색테러를 실행한 곳은 당, 정부, 군의 정보기관인 특무 조직이었다. '정치행동위원회'는 특무 공작에 관여하는 모든 당·정·군 조직을 지휘했는데, 이처럼 정부보다 더 많은 권한을 갖고 특무 조직을 총괄한다는 것은 총통이 권력의 중심에 있다는 것을 상징했다. 1950년대 초기의 특무 조직 운용은 분업이 전혀 이루어지지 않은 채 혼란스러웠고, 1955년에 국가안전국이 발족하면서 비로소 일원적인 정치체제가 확립되었다.[12]

타이완의 대공 방첩 수사 활동은 조사국, 헌병사령부, 타이완성보안사령부가 담당하고 있었다. 중통과 군통의 두 계통 사이의 경쟁은 타이완에도 도입되었지만, 대륙과 타이완의 분단 상태가 고착됨에 따라 현실성을 잃게 되어 점차 사라지게 되었다. 특히 대륙에서 '실적'을 거두기가 힘들어진 상황에서 각각의 특무 조직은 타이완 내부의 '공산주의자 색출'에 전념하게 되었고, 서로 앞 다투어 검거에 나서게 되었다.[13]

이처럼 당·정·군에 소속된 각각의 특무 조직은 타이완 내의 공작과 대륙 내의 공작을 서로 연계하지 않고 따로 실행했는데, 타이완 내에서 일어난 대부분의 '반란' 사건의 재판은 1949년 9월에 설립된 타이완성보안사령부(1958년에 타이완경비총사령부로 재편)에 소속된 군법처에서 다루었다. 체포되어 취조를 받은 정치범은 이곳에서 군법에 의한 재판을 받은 것이다. 사형을 선고받은 정치범은 곧바로 형장으로 끌려가 총살에 처해졌고, 징역형을 선고받은 경우에는 군인감옥에 수감되거나 감옥섬인 뤼다오로 끌려가 장기간 격리되었다.

군법에 의한 재판:
보안사령부 군법처 간수소

백색테러의 난우들

백색테러는 인권 탄압이 극에 달한 국가 폭력의 상징이다. 그 중심에는 신생훈도처라고 하는 뤼다오의 정치범수용소가 있었다. 한국전쟁 당시 국민보도연맹 학살이 초기에 집중적으로 일어난 것처럼, 타이완에서도 백색테러는 초기인 1950년대 전반부에 극단적인 방식으로 전개되었다. 간신히 사형을 면한 사람들은 뤼다오섬의 신생훈도처로 보내졌다. '뤼다오'는 백색테러 시기를 통해서 지리적으로나 관념적으로나 '반역자는 말소된다'는 암시를 통해 정치적 행동을 규율하는 절망의 기호로서 기능했다.

이 글에서 주로 참조한 백색테러의 정치적 수난자는 차이쿤린蔡焜霖, 쑤유펑蘇友鵬, 커치화柯旗化, 중첸순鍾謙順, 천사오잉陳紹英, 황화창黃華昌이다. 〈표4-1〉의 내용과 경력에서 알 수 있듯이 이 여섯 명의 수난자는 각각 체포 당시의 사상이나 신분, 투쟁 경력 그리고 연루된 사건은 서로 다르지만, 자신들의 체험을 수기나 회고록, 구술 기록이나 전기 등을 통해 남기고 있다. 그런데 차이쿤린과 쑤유펑의 구술 및 전기를 제외한 네 명의 회고록은 일본어로 집필된 것이다. 앞서 언급했듯이 '일본어 세대'인 수난자들은 중국어보다 일본어로 회고록을 집필하는 경우가 많은데, 이것은 수난자들이 타이완어나 하카어客家語를 모국어로 하여 일본어로 교육을 받은 한편 북경어에는 익숙지 않았기 때문이기도 하다. 일례로 황화창의 중국어판 회고록은 차이쿤린 등이 번역했다.

백색테러 수난자들은 같은 처지에 놓인 동지를 '난우難友'라고 했다. 그럼 먼저 회고록 및 구술, 전기를 바탕으로 이 글에 등장하는 정치적 수난자

여섯 명의 경력을 간략하게 소개한다.

<표4-1> 백색테러 수난자 일람

수난자	생몰년	투옥 기간	회고록·구술 기록·전기
차이쿤린	1930~2023	1950~1960	차이쇼지 구술 기록,《차이쿤린 라이프스토리: 우리는 노래만 할 수 있다》, 타이베이: 옥산사, 2019.
쑤유펑	1926~2017	1950~1960	공자오순 지음,《사망행군: 휘사오다오의 반란자가 된 신동, 쑤유펑 의사의 일생》, 타이베이: 전위출판사, 2018.
커치화	1929~2002	1951~1953 1960~1975	《타이완 감옥도: 번영 뒤에 감춰진 본모습》, 도쿄: 이스트 프레스, 1992.[14]
중첸순	1914~1986	1968~1975	황샤오퉁 편역,《타이완 난우들에게 기도하다: 한 정치범의 외침》, 도쿄: 일중출판, 1987.
천사오잉	1925~2010	1950~1957 1962~1971 1972~1982	《외래 정권 압제하의 생과 사: 1950년대 타이완 백색테러, 한 수난자의 수기》, 가와사키: 수영서방, 2003.
황화창	1929~2010	1950~1963	《타이완 소년 항공병: 드넓은 하늘과 백색테러 청춘기》, 도쿄: 사회평론사, 2005.

차이쿤린蔡焜霖

1930년 타이중臺中주 다자大甲군(현 타이중시)에서 태어났다. 1949년 고등학교를 졸업하고 초등학교 사무원으로 근무하던 중 1950년 9월 고교 시절의 독서회가 반란 조직에 참가했다는 혐의로 장화彰化헌병 대에 연행되었다. 그 후 타이난臺南헌병대로 이송되어 단체로 수용되어 있을 때 자신이 '간첩 사건'에 연루된 것을 알았다. 재판에서는 '타이베이臺北 전신국 지부 사건'으로 10년 형을 선고받았다. 1951년 5월 17일 뤼다오의 신생훈도처로 보내져 1960년 9월에 석방될 때까지 10년간 복역했다. 필자는 그의 안내로 2019년 뤼다오 신생훈도처 및 징메이景美군법처 간수소가 있었던 국가인권박물관을 방문했다.

쑤유펑蘇友鵬

1926년 타이난시 산화善化에서 태어났다. 타이베이제국대학 의학부 재학 중에 소집되어 타이베이 근교의 우구五股에서 패전을 맞았다. 1949년 국립타이완대학 의학부를 졸업하고 동대학 부속 병원에 근무하던 중, 1950년 5월 13일 '타이베이시 공작위원회 사건'으로 같은 병원의 선배 의사 세 명과 함께 체포되었다. 선배들과는 단지 서적을 돌려 읽었을 뿐이고 모임에 참석한 적도 없었지만, 신문은 단 한 번뿐이었고 증인 신문도 없이 10년 형을 언도받았다. 동료 중 쉬창許强은 사형에 처해졌다. 쑤유펑은 신문 조사에서 드물게 고문을 받지 않았다. 1951년 5월 17일 뤼다오의 신생훈도처에 보내져 1960년 5월에 석방되었다. 전기의 저자 공자오순龔昭勳은 쑤유펑의 조카다.

커치화柯旗化

1929년 가오슝高雄현 쮀잉左營에서 태어났다. 타이완성립사범학원 영어전수과 재학 중에 겪은 2·28사건 때 동급생이 총살되었다. 가오슝에서 중학교 교사로 근무하다가 입대 대기 중 사범학교 시절의 합창단 활동이 반란 조직으로 간주되어 체포된 후 타이베이로 압송되었다. 무죄 판결로 사상 감화 훈련에 처해져 1952년 1월부터 1년간 신생훈도처에서 지냈다. 그러나 신생훈도처에서 만난 동료와 접촉했다는 이유로 1961년 10월에 다시 체포되어 경비총사령부 보안처에 수감되고 징역 12년 형을 언도받았다. 1973년 10월에 형기가 만료되었지만 석방되지 못하고 예비 감찰 기관인 신생감훈대新生感訓隊로 보내져 1976년 6월에야 석방되었다.

중첸순鍾謙順

1914년 타오위안桃園 룽탄龍潭현의 명망 있는 기독교 가정에서 태어났다. 19세에 일본으로 건너가 도쿄의 아소麻生수의전문학교를 졸업 했다. 2·28사건 때는 신주新竹감옥을 습격하는 등 방위단을 결성하여 지휘 하지만 셰쉐훙謝雪紅이 주도하는 타이완공산당 봉기에는 협력하지 않았 다. 국민당 정부의 타이완 차별에 저항하여 독립운동에 투신했다. 홍콩에 서 '타이완재해방연맹'을 조직한 랴오원이廖文毅 일파와 접촉하여 조직 건 설에 나서지만, 1950년 5월 13일 '타이완인 향토방위독립군 사건'으로 체 포되어 7년 형을 선고받고 1951년 4월 뤼다오로 이송되었다. 1957년 만 기 출소하지만 1962년 또다시 체포되어 10년간 감옥 생활을 했다. 1971년 10월에 석방되었지만 이듬해 6월에 세 번째로 체포되어 1982년 11월에 출소하기까지 총 27년간 복역했다.

천사오잉陳紹英

1925년 신주주 주난竹南군 싼완三灣압(현 먀오리苗栗현 싼완향)에 서 태어났다. 14세에 고학을 결심하고 일본으로 건너가, 센슈專修대학 야 간전문부에 진학했다. 1945년에 징집되어 6개월 후 패전을 맞이했다. 타이 완으로 돌아온 후 적산 기업 잔난展南의 당업(설탕) 생산 합작사 설립 운동 에 매진하는 한편 청년단 활동에도 관여했다. 청년단 활동 등으로 특무 기 관의 감시를 받던 중 1950년 4월 체포되었다. '타이완민주자치연맹 사건' 으로 13년 형을 선고받고 1951년 5월 17일 뤼다오의 신생훈도처로 보내졌다. 그 후 1953년에는 타이베이의 신뎬新店군인감옥으로 이감되었으나, 1961년 10월에 또다시 뤼다오로 이감되어 1963년 5월 석방되었다.

황화창黃華昌

1929년 신주주 주난군(현 먀오리현 주난)에서 라면 행상을 하는 가난한 가정에서 태어났다. "고향의 하늘을 지키는 비행 장교가 되는 꿈"을 이루기 위해 육군소년비행병학교에 입학, 이후 육군항공사관학교에 진학하여 특공 훈련을 받지만 패전으로 출격을 면했다. 민간 항공회사 근무 중 2·28사건이 발생했다. 타이베이에서는 제대 군인, 군속의 결집을 호소하는 운동이 일어났고, 소년 비행병 시절의 동기로부터 참가를 요구받아 향토자위군의 항공돌격대에 가입했다. 공산주의에는 관심이 없었지만 선배와 동급생의 권유로 '신타이완 건설의 혁명운동'에 관여하여 1950년 6월 9일 체포되었다. 징역 10년 형을 언도받고 1951년 5월 17일에 뤼다오로 보내져 1960년 6월에 출소했다.

백색테러의 피해자 중에는 농민, 노동자 등 사회 하층민도 포함되어 있었지만, 특히 의사나 교사, 군인 출신, 대학 출신 등 지식인 엘리트가 많았다. 백색테러에 의해 정치범으로 처형된 정치적 수난자의 평균 연령은 35세였다. 이렇게 사형에 처해진 사람은, 일례로 타이완대학 의학부를 나온 예성지葉盛吉의 짧은 인생을 그린 양웨이리楊威理의《한 타이완 지식인의 비극: 중국과 일본의 사이에서 예성지 전기》(1993)나, 파란만장한 중하오둥鍾浩東의 인생을 남겨진 사람들이 회상하는 란보저우藍博洲의《황마차의 노래》(2006, 중국어판 초판은 1991)처럼 전기나 회상록을 통해 기억될 수밖에 없다.[15]

사형을 면하더라도 징역 10년이 보통으로 여겨질 정도의 가혹한 군사재판이었다. 지하 조직에 가담하지 않았던 커치화는 무죄로 사상 감화 훈련 처분을 받았지만, 고문도 받지 않고 한두 번의 신문과 진술서 확인만 했던 '단순 가담자'인 차이쿤린이나 쑤유핑도 10년 형을 언도받았다. 또한 이 글의 수난자는 모두 남성인데, 백색테러에는 남녀 구분 없이 많은 여성도 사형에 처해지거나 뤼다오의 신생훈도처로 보내졌다.

다음은 이러한 백색테러 수난자의 회고록, 구술 기록, 전기를 통해서 타이완의 국민당 정권하에서 자행된 정치 탄압의 실상에 다가가 보고자 한다.

백색테러와 정치 탄압의 암흑기

국민당 정부가 유혈 진압한 2·28사건에서 중국공산당 지하 조직의 역할은 제한적이었지만 사건 후 민중의 원망과 한탄, 실망은 타이완에서 지하 조직의 발전을 가속화했다.[16] 2·28사건은 광복 후 타이완 내부의 민족 문제에 영향을 미쳐 상당수의 타이완 지식인이 국민당 정부 당국에 반대하는 태도를 갖게 했다. 그중에는 좌익 경향인 사람도 있었지만 그렇지 않은 대부분의 사람도 중국공산당이 국민당을 무력으로 격퇴하기를 기대했을 것이다.[17]

이 글의 수난자들도 공산주의에 공감하지 않았지만 지하 조직에 가입한 중첸순이나, 조직에는 가담하지 않고 사회운동을 전개한 천사오잉, 혹은 고교나 대학 시절 활동으로 인해 연루된 차이쿤린이나 커치화, 그리고 좌파 사상과는 관계없이 '신타이완 건설'의 일념으로 조직에 가담한 황화창과 같이 '정치범'이라고 할지라도 그 처지는 가지각색이었다. 쑤유핑의 경우 병원의 동료가 지하 조직에 가입했는데, 이것은 지식인층에서 흔히 볼 수 있는 당시의 문화적 상황이었다.

1949년에 계엄령이 다시 공포되고, 특히 '중앙정부의 타이완 이전' 후 특무 조직에 의한 고압적인 통치를 강화하여 누명, 오심이 빈번해지면서 인권침해 사건은 이루 다 기록할 수 없을 정도로 늘어났다.[18] 발단이 된 백색 테러 시기의 도래를 알리는 탄압 사건이 타이완성립사범학원과 타이완대학의 학생들이 경찰과 충돌한 4·6사건(1949)이었다. 당시 사범학원 학생으로 기숙사 생활을 하고 있던 커치화는 사건에는 휘말리지 않았지만,[19] 이에 앞서 3월 29일에 타이베이의 학생들이 '청년절'을 축하하기 위한 대규모 합창 대회에서 '혁명가'를 불렀는데,[20] 합창단의 일원이었던 커치화는 거기에 참가했을 것이다. 그리고 5월 20일에 계엄령이 내려지고, 게다가 '징치반란조례'도 시행되어 공산당 스파이 적발을 빌미로 한 정치 탄압이 본격화되었다.

1950년 5월 13일 타이완의 국방부 총정치부 주임 장징궈는 중국공산당의 지하 조직 80개를 적발해 중공 타이완성공작위원회 최고 책임자 차이샤오첸蔡孝乾을 체포했다고 발표했다.[21] 쑤유평과 중첸순이 체포된 것은 바로 이날이었다. 쑤유평은 차이샤오첸이 전향하여 제출한 900명 안팎의 조직 참가자 명단에 이름이 들어 있던 쉬창과 같은 대학 병원에 근무하고 있었다. 타이베이시공작위원회의 리더였던 궈슈충郭琇琮은 쉬창 등 동료 의사들을 끌어들였지만, 신참 의사인 쑤유평은 조직에는 가입하지 않았고 기껏해야 선배 의사들과 서적을 돌려본 정도였다. 의사들이 주모자가 된 '타이베이시 공작위원회 사건'에서는 궈슈충과 쉬창 등 14명이 총살형에 처해졌다.

중첸순이 연루된 '타이완인 향토방위독립군 사건'은 백색테러 초기의 타이완 독립 조직 사건인데, 이 시기는 '타이완 독립파'보다 '공산당 스파이'가 주요한 타깃이었다.

대륙 중국의 항공대에 합류하기 위하여 일본 밀항을 시도하던 중 황화창은 5월 13일 자 신문 1면을 장식한 〈타이완 보안사령부가 '공비 지하 조직' 타이완공작위원회 간부 수십 명을 체포〉라는 제목의 기사를 읽었는데, 자신의 조직도 이날의 대량 체포를 전후로 와해되어 있었다.[22] 이때 황화창을 '타이완 해방의 선견대'로 끌어들인 사람이 도쿄고등사범학교 재학 중에 학도병으로 출진했다가 돌아온 후 타이완사범학원 영어전수과의 학생으로 4·6사건에도 관여한 천수이무陳水木였다.[23] 천수이무는 커치화의 가오슝중학 선배로 사범학원에서도 서로 허물없이 의견을 나누는 사이였는데,[24] 타이완 해방을 위해 황화창을 비행사로 중국의 항공대에 보내는 임무를 맡고 있었다.

타이완성공작위원회의 학생운동 핵심 단체인 '학생공작위원회 사건'은 학생운동에 대한 대규모의 탄압 사건이었다. 체포된 45명의 평균 연령은 23.5세로 그중 11명이 사형에 처해졌다.[25] 1950년 10월 1일 자 신문에서 사건을 접한 커치화는 그중 여섯 명이 사범학원 학생으로, 더구나 천수이무를 포함한 세 명이 영어전수과인 것에 큰 충격을 받았다.[26] 타이완성립사범학원은 당시 타이완 학생운동의 중추를 이루고 있었다.

같은 사건으로 처형된 《한 타이완 지식인의 비극》의 주인공 예성지는 도쿄제국대학 의학부에서 수학하고 돌아와 타이완대학 의학부에 편입하여 졸업한 의사로, 선배인 궈슈충, 쉬창과 함께 타이베이시공작위원회의 일원이었다. 궈슈충은 1944년에 타이베이제국대학에서 항일 조직을 결성하여 징역 5년을 선고받은 항일 투사였다. 이 두 사건의 사형은 11월 28일과 29일에 잇달아 집행되었다. 궈슈충과 쉬창 등은 사형장으로 향하던 중 〈인터내셔널가〉를 합창했는데, 이를 탐탁잖게 여긴 당국은 14명의 유해를 수습하지 못하게 하고 방치하여 본보기로 삼으려 했다. 같은 책에 기록되어

있듯이, 다음 날 예성지 등 11명은 그 광경을 목격하면서 선배들의 뒤를 따랐다고 전해진다.[27]

예성지의 소개로 공산당에 입당한 타이완대학 의학부 후배였던 옌스훙도 같은 사건으로 체포되어 12년 형을 선고받았다. 옌스훙은 2012년에야 《칭다오둥루青島東路 3호: 타이완의 부조리한 시대를 상기시키는 나의 백년》을 출판했다. '칭다오둥루 3호'는 보안사령부 군법처가 있었던 곳이다. 이 책의 뒤표지에는 "이 부조리한 시대에 군법처 간수소에 들어가면 운이 좋은 사람의 정차역은 뤼다오, 운이 없는 사람의 정차역은 마창팅馬場町이었다"라고 쓰여 있다.[28] 뤼다오로 보내진 자신과 마창팅에서 처형된 선배들과의 갈림길이 된 '칭다오둥루 3호'에 그 회한이 담겨 있는 것이다.

이러한 사건에 그치지 않고, 1950년 5월 13일의 대량 체포로부터 약 한 달 후인 6월 25일에 한국전쟁이 발발하자 유망한 청년들이 군사재판에서 가혹한 판결을 언도받아 총살에 처해졌다. 국민당 정부는 한국전쟁 발발을 절호의 빌미로 삼아 각지에서 '비첩' 적발 활동을 한층 더 강화했다.[29]

죽음의 점호: 형장의 이슬로 사라진 정치범

앞서 살펴본 바와 같이 1950년대 초기 특무 조직의 운용에는 혼란 상태가 이어졌지만, 주요한 조사, 신문 기관은 국방부 보밀국保密局 남소 및 북소와 타이완성보안사령부 보안처(정보처의 후신)였다. 차이쿤린, 커치화, 천사오잉은 보안사령부 보안처에서 그리고 쑤유핑, 황화창은 국방부 보밀국에서 신문을 받았다. 타이베이시 형경총대刑警總隊에 체포되어 조사를 받은 중첸순은 보안사령부 보안처로 옮겨진 다음 날 보안사령부 군법처로 보내졌다. 차이쿤린은 보안사령부 보안처에서 다시 국방부 보밀국으로 이감되었다.[30] 천사오잉은 이러한 특무 기관 외에도 헌병사령부, 사법

행정부 조사국, 타이완성 형경총대 등이 있었고 "많은 특무 조직이 경쟁적으로 조작, 날조하여 체포했기 때문에 각 특무 기관의 구치소가 많았음에도 어디든 초만원으로 인간 지옥을 만들어냈다"라고 기술했다.[31]

이들 특무 조직의 조사 신문에는 특무 요원에 의한 가혹한 고문이 기다리고 있었다. 기소되기까지는 가족과의 연락이나 면회가 허용되지 않았기 때문에 구속된 정치범이 어디에 있는지조차 알 수가 없었다. 보안사령부 보안처는 식민지 시대의 정토진종 동본원사에 있었기 때문에 정치범은 "동본원사를 잊지 말라"라고 하며 서로를 격려했다.[32]

군사재판이 이루어진 곳은 바로 보안사령부 군법처였다. 고문이나 장시간 신문이 횡행한 보안사령부 보안처의 '인간 지옥'보다도 이곳 군법처 간수소가 더욱 가혹했는지도 모른다. 정치범은 새벽녘에 불려나가는 동료 사형수를 떠나보내야 했기 때문이다. 수난자들은 모두가 두꺼운 철문이 열리는 삐걱거리는 소리에 죽음을 재촉하는 공포와 불안을 느끼지 않을 수 없었다. 차이쿤린은 같은 구역의 감방에 수감되었던 동갑 나이의 19세 청년이 사형에 처해지는 것을 보고 자신도 살아남을 수 없으리라 각오했다.[33] 이러한 수난자들의 모습을 공자오순은 다음과 같이 묘사했다.

> 1950년대 칭다오둥루 3번지에 있는 군법처 간수소에 갇힌 수난자는 모두 아침 일찍 죽음의 점호를 체험했다. 어둠이 가시지 않은 새벽녘 두꺼운 철문 소리에 눈이 떠지고 자신의 이름이 불리지 않을까 하는 두려움에 떨며 기다리는 나날이 계속되었다. 그날 누가 불리어 나가는지 알 길이 없고 호명된 사람은 그날로 소중한 목숨을 잃는다는 것을 모두가 알고 있었기 때문이다. 일부 사람들, 아마 자신이 사형될 것이라 생각한 수난자는 스스로 일찍 일어나 먼저 몸을 수건으로 닦고 복장을 단정히 하고 점호를 기다렸

다. 점호가 끝난 후에는 자신이 호명되지 않았으면 오늘은 죽지 않고 지나 갔다는 생각으로 옷을 벗어 정리하고, 다음 날 다시 그것을 되풀이했다.[34]

당시 국민당 정부는 '반란죄'에 대해서는 기소장도 작성하지 않았을 뿐만 아니라 변호사 선임도 없는 1심 판결로 끝을 냈고, 상소할 권리조차 주지 않았다. 판결이 내려지면 사형수는 바로 사형장으로 보내졌다. 사형수의 총살은 새벽녘 아직 어둠이 채 가시지 않은 시간에 집행되었기 때문에 거의 매일처럼 오전 5시경에 출정을 명하는 '죽음의 점호'가 실시되었다. 법정에서는 본인 확인을 하고 '사형'이라는 판결문의 주문만을 읽을 뿐이었다. 사형수는 고량주와 만두가 주어지는 의식을 마치면 헌병에게 넘겨져 그대로 군용 트럭에 실려 형장으로 향했다. 일본 통치 시대에 마창팅이라 불리던 형장은 타이베이의 남서부를 흐르는 신덴 계곡 강가에 위치해 있었다.[35]

재판에 관해서는 몇 가지 패턴을 볼 수 있는데, 아침 일찍 이루어지는 판결은 사형수만을 대상으로 행해지는 경우가 많았던 것으로 보인다. 쑤유핑은 1950년 11월 29일 오후에 재판을 받고 징역 10년 형을 언도받았는데, 같은 사건으로 사형이 선고된 귀슈충과 쉬창 등 선배 의사들은 전날인 11월 28일 아침 일찍 처형되었다.[36] 천사오잉의 경우는 전원이 함께 모여 출정했는데, 사형이 선고된 리더 세 명 외에는 일률적으로 13년 형이라고 하는 판에 박힌 판결이 내려졌다.[37]

한편 황화창처럼 사건의 주요 인물이 아닌 경우 재판 출정도 없이 후에 판결문이 전달되기도 했다.[38] 중첸순이 연루된 '타이완인 향토방위독립군 사건'도 사형 선고가 없는 경우였는데, 단 두 번의 재판으로 1950년 7월 9일에 판결이 내려지고 수개월 후 일곱 명 중 한 명에게만 판결문이 전달되었을 뿐이었다.[39] 애초에 무기나 유기형을 결정하는 판결문의 초안을 총통부가 사형으로 변경해 장제스가 그것을 결재했다는 것이 밝혀진 것처럼,[40] 윗선에서 일률적으로 사형으로 변경한 경우도 있었다.[41] 따라서 사형 판결을 내리는 것은 처형 직전이 될 수밖에 없었던 것이다.

타이완 영화 〈비정성시悲情城市〉(1989)에서는 감옥에 수감된 청년이 일본 가요 〈황마차의 노래〉가 흐르는 가운데 형장으로 향하는 모습이 인상적으로 그려진다.[42] 이 장면은 중일전쟁 당시 항일 전선에 참가하고 광복 후에는 공산당 지하 조직에 관여하여 1950년 10월 14일 사형에 처해진 중하오둥이 모델로 알려져 있다. 《광명보光明報》를 발간하여 '징치반란조례' 공포 전에 체포된 지룽基隆중학교 교장이었던 중하오둥은 무죄 감훈(사상 개조)을 선고받아 뤼다오 신생훈도처의 전신인 네이후內湖국민학교에 설치된 신생총대新生總隊에 수감되었다. 감화 교육을 거부한 중하오둥은 '징치반란조례'가 공포된 후 보안사령부 군법처로 돌려보내지고, 재심 끝에 사형이 선고된 것이다.[43]

감방은 달랐지만 차이쿤린이나 황화창도 〈황마차의 노래〉를 부르며 중하오둥을 배웅했다.[44] 천사오잉은 9월 하순에 마침 신뎬 분소에 이감되어 있었기 때문에 그 현장에는 없었지만, 난우로서 깊은 인상을 남겼던 중하오둥의 에피소드를 회고록에 기록했다.[45] '죽음의 점호'가 시작되면 통상은 〈안식가〉를 부르는데, 중하오둥은 이때 〈황마차의 노래〉를 요청했고, 그것이 영화의 한 장면이 되었다. 이처럼 진혼곡을 불러주는 것이 곧 죽음을 맞게 되는 수난자에게 남은 동료가 할 수 있는 유일한 일이었다.[46]

또한 취조는 일단 끝났다고 할지라도 군법처 간수소도 '인간 지옥'이라는 점에서 별반 차이가 없었다. 수난자들이 공통으로 말하는 것처럼, 다리를 뻗을 수 없을 만큼 밀집된 공간에서, 야간에는 모포를 교대로 잡고 흔들어 무더운 감방의 공기를 환류시키지 않으면 잠조차 잘 수 없을 정도로 열악했다. 감방이 정치범으로 넘쳐날 때는 전원이 같이 누울 수 없기 때문에 수면 시간을 나누어서 교대로 취침해야 하는 형편이었다.[47]

백색테러는 한국전쟁과 겹치는 1950년부터 1954년에 걸쳐 가장 극심했는데, 그것은 1987년 계엄령 해제 후에도 계속되어 1992년 형법 제100조(국체의 파괴 및 전복 활동을 단속하는 법률)가 개정될 때까지 이어졌다. 이와 같이 백색테러 시기에 대해서는 1949년부터 1954년까지 냉전 초기 대규모 좌익 숙청을 가리키는 협의의 정의와, 1987년 혹은 1992년까지 국민당 정부에 의해 실행된 정치적 이단자에 대한 체계적인 정치 폭력으로 이해하는 광의의 정의가 있다.[48]

이 글에서는 뤼다오 신생훈도처도 백색테러의 일환으로 보아 광의의 정의를 채택한다. 그렇다면 백색테러 시기에 군사 법정이 수리한 정치 사건은 2만 9407건이며, 억울한 누명을 쓴 피해자는 약 14만 명에서 20만 명 이상으로 추정된다.[49] 사형이 집행된 자는 3000명을 밑돌지 않을 것으로 여겨지지만 어느 쪽이든 정설은 없다.[50]

정치범을 총살한 다음 날에는 신문에 "중공 스파이 모모가 처형되었다"라는 기사가 실리고 타이베이역 정면 입구와 보안사령부 군법처에 사형 집행 공고가 게시되었다.[51] 운 좋게 사형을 면한 정치범은 징역형으로 복역하게 되는데, 이 시기 가장 많은 수난자가 수감되었던 곳이 뤼다오에 설치된 정치범수용소, 즉 보안사령부 신생훈도처(1951~1965)/국방부 뤼다오감훈감옥(1972~1987)이었다.

백색테러에 의한 정치범과 별도로 초기 타이완경비총사령부의 관할하에는 사상범, 소행 불량자, 아편 중독자, 실업자, 노숙자 등 법률에 벌칙 조항이 없으나 치안에 해를 끼칠 우려가 있다고 생각되는 이들을 수용해 '생활 지도'와 '직업 훈련'을 실시하는 노동 개조 캠프인 직업훈련총대가 있었는데, 이윽고 뤼다오에도 설치되었다.[52] 당국은 신생훈도처를 장경영구莊敬營區로, 직업훈련총대를 자강영구自強營區로 나누어 감옥섬으로서의 뤼다오를 관리했다.

감옥섬, 뤼다오의 정치범수용소

뤼다오의 정치범수용소: 신생훈도처

뤼다오는 타이둥臺東시에서 동북쪽으로 약 30킬로미터 떨어진 태평양 해상에 위치하고, 면적은 약 16제곱킬로미터로 타이완에서 네 번째로 큰 섬이다. 원래는 휘사오다오火燒島로 불렸으며 일본 통치 시대에는 부랑자 수용소가 있었다. 1949년 뤼다오로 개칭되는데, 1950년대에 백색테러가 만연하여 정치범이 급증하는 가운데 '유형의 섬'이었던 뤼다오에 1951년 정치범수용소가 설치되었다.

하지만 국민당 정부가 처음부터 뤼다오에 정치범수용소를 설치하려고 했던 것은 아닌 듯하다. 앞서 언급했듯이 보안사령부는 감훈 처분을 내린 정치범의 감화 교육을 담당하는 시설로 1950년 2월에 타이베이에 '네이후 신생총대'를 설치하고, 이것이 이듬해인 1951년 4월에 뤼다오로 이전하여 신생훈도처가 되었다.[53] 한국전쟁 발발 전후로 본격화하는 백색테러에 맞춰 이들을 집중 수용할 대규모 정치범수용소가 필요해진 것으로 보인다. 천사오잉은 "타이완인에 대한 탄압, 숙청 계획을 세운 시점에서 미리 여기에 정치범수용소를 건설할 구상이 있었고 대규모 체포를 개시함과 동시에

시공했다"라고 기술했다.[54]

1951년 5월 17일 타이완 북부의 지룽항에서 4000톤 급의 LST형 선박이 보안사령부 군법처 간수소 및 국방부 군인감옥(타이베이감옥)의 정치범 약 700명을 태우고 출항했다. '죄수'에게는 두 명을 한 조로 하여 수갑을 채웠다. 행선지가 뤼다오라는 것을 항해 중에 소문으로 알게 된 이도 적지 않았다. 이 선박에는 차이쿤린, 쑤유핑, 천사오잉, 황화창 네 명도 승선하고 있었다. 4월에는 이미 중첸순이 가오슝에서 해군 수송선으로 뤼다오에 도착해 있었는데, 그에 앞서서 '타이중사건'(1950)에 연루된 정치범도 입소해 있었다.[55] 차이쿤린 일행의 입소는 순서로는 세 번째였지만, 이 대규모 입소가 뤼다오 신생훈도처의 본격적인 시작이라 할 수 있다. 신생훈도처는 1965년까지 운영되는데, 이곳을 거쳐 간 정치범은 2000~3000명에 달한다고 한다.

뤼다오는 타이완 내부의 유형지로서 말 그대로 감옥섬이었다. 1951년 5월에 뤼다오로 이송된 정치범은 엄중한 경계 속에 섬 주민의 부락을 거쳐 신생훈도처에 도착했다. 그곳에는 슬레이트 지붕의 판자로 된 막사가 전부였다. 내부에는 목제 2층 침대가 놓여 있었고 출입구는 철문이었다. 철조망을 둘러쳤는데 주위에는 아직 담이 없었고 주변 환경은 거의 정비되어 있지 않았다.[56] 정치범은 우선 수용소의 환경 정비를 위하여 맨손으로 중노동을 해야만 했다. 보급 물자의 운반도 수용자의 노동에 의존했다.

신생훈도처는 정치범수용소였지만 명칭에서도 알 수 있듯이 '사상 개조' 시설이기도 했다. '마르크스-레닌주의의 좌익 사상과 일본제국주의의 노예 교육인 군국주의 사상'을 철저히 개조하여 새로운 인생으로 다시 태어나도록 이끈다는 의미에서,[57] 수용자들은 수형복 왼쪽 가슴에 원형의 '신생' 마크 명찰을 달았다.[58] 결국 이곳에는 커치화처럼 무죄로 사상 감화 훈련

처분을 받은 사람도 있거니와 장기 징역형을 언도받은 사람도 보내졌던 것이다. 또한 난르다오南日島전투(1952)나 한국전쟁에서 붙잡힌 중국군 포로도 격리된 막사에 수용되어 있었다.

신생훈도처는 군대식으로 관리돼 기상, 점호, 식사, 취침 등 모든 것이 나팔을 통한 통일 관제로 이루어졌다.[59] 1개 중대가 약 120명으로 합계 6개 중대로 편성되었다. 앞서 입소한 1중대를 포함하여 7개 중대로 출발한 것이다. 제1~4중대가 제1대대, 제5~7중대가 제2대대로 편성되었는데, 이윽고 수용자가 증가하게 되어 제3대대(제9~12중대)까지 편성되었다.

1개 중대는 다시 2개 분대로 구성되고 3개의 반이 1분대를 편성했다. 분대에는 분대장인 대위와, 중위 혹은 소위가 맡는 정치 간사가 배속돼 통제하고, 15명 정도로 구성된 각 반의 반장은 수용자 중에서 뽑았다. 중대가 작업이나 취사의 기본 단위가 되었다. 5월 17일에 입소한 네 명도 처음에는 시설 정비에 동원되었는데, 생활이 궤도에 오르자 오전 중에는 학과 교육, 오후에는 노동 작업이 매일의 일과가 되었다. 영내의 환경 정비가 어느 정도 일단락된 후에도 해안의 바위를 깨뜨려 높은 담을 자신들이 스스로 쌓아야만 했다.

1951년 5월에 들어온 본진에는 30여 명의 여성도 포함되어 있었다. 여성 정치범은 교사나 학생이 많았다.[60] 이들은 여성 분대에 편재돼 제6중대 소속이었는데 제8중대의 빈 막사를 사용했다. 여성 분대는 학과 외에 물 긷기나 연극 활동을 제외하고는 외출하지 못했고 남성과의 접촉은 금지되었다.[61] 여성 정치범은 생산대에도 참가하지 않았기 때문에 부식은 제6중대가 공급했는데,[62] 식사 시간이 되면 제6중대가 음식을 여성 분대에 날랐다는 증언도 있다. 여성 분대는 1954년 5월에 전원이 타이베이 교외의 투청土城에 설치된 감화 시설인 생산교육실험소로 이송되었다.

이와 관련하여 제8중대의 막사가 비어 있었던 것은, 신생훈도처는 타이완 본도에서 정치범을 뤼다오로 보내는 업무를 담당하는 중대를 두었기 때문이었다. 1951년 4월에 네이후신생총대가 뤼다오로 옮겨 신생훈도처가 설치됐을 때 일부가 타이완 본도에 남아 정치범의 수송 업무를 담당했다. 통제 관리도 뤼다오의 신생훈도처와 동일했던 것처럼 이곳이 바로 신생훈도처 제8중대였던 것이다. 차이쿤린도 신생훈도처가 제3대대로 확대되었음에도 제8중대는 존재하지 않았다고 구술하고 있다.[63]

네이후신생총대가 뤼다오로 이전함에 따라 이곳은 정치범을 뤼다오로 보내기 위한 집결 장소가 되었다. 하지만 뤼다오로 가는 모든 정치범이 '네이후집중수용소'를 거쳐 간 것은 아니었다. 본진으로 뤼다오로 보내진 차이쿤린은 보안사령부 군법처에서 교실에 판자로 칸막이를 쳐서 감방을 만든 열악한 시설에 이감된 후 지룽항으로 향했는데, 후에 이곳이 '신생총대'라는 것을 알게 되었다.[64] 한편 천사오잉과 황화창은 국방부 군인감옥에서 바로 근처의 화산華山 화물역으로 가서 지룽항으로 이동했다.[65] 첸샤오잉 등 국방부 군인감옥의 정치적 수난자가 지룽항에 도착했을 때 차이쿤린 등 '신생총대'에서 온 수난자는 이미 승선해 있었다. 뤼다오에 신생훈도처가 생긴 후에도 네이후집중수용소를 '신생총대'라고 불렀던 것이다.[66]

하지만 무죄 감훈 처분을 받아 1952년 1월에 뤼다오로 가기 위해 네이후집중수용소로 이동한 커치화는 이곳이 신생훈도처 제8중대라고 정확하게 인식하고 있었다.[67] 그리고 같은 해 4월 상순 백수십 명이 가오슝항을 통해 뤼다오로 보내졌다. 커치화는 사상 감화 훈련 대상자만으로 편성된 제1중대(또 하나는 제2중대)에 배치되고 징역형을 선고받은 정치범은 새로 만들어진 제10중대로 편성되었다.[68] 이처럼 네이후신생총대는 신생훈도처 제8중대로 운영되다가 1952년에는 학교 측에 반환되었다.

그렇다면 신생훈도처는 당초 8중대 규모로 설치되었다가, 예상을 넘는 정치범을 수용하게 되어 규모를 확대해 나갔다고도 볼 수 있다. 그리고 확장된 시설을 활용하기 위해 중국군 포로도 수용하는 등 기능의 확대로 이어진 것이다.

뤼다오 감옥섬에서의 생활: 사상 개조와 집중 수용

뤼다오를 감옥섬이라고 하는 것은 섬 자체가 유형지로서, 신생훈도처는 감옥으로서의 엄중한 경비 시설이 아니었다는 것을 의미한다. 야간에는 막사에 자물쇠가 채워졌고 영외 출입은 금지되었지만 주간 노동 작업의 경우 외부 출역도 많았으며 두 개의 정문도 개방되어 있었다. 다만 신생훈도처의 배급은 열악해서 영양을 보충하기 위해 채소를 재배하고 나중에는 닭이나 거위, 돼지 등의 가축도 길러 자급 생활을 해 나갔다. 섬 주민에게 생선을 사들이면서 현지 주민과의 접촉도 늘어갔다.

섬 주민은 감색 죄수복(정치범)보다도 녹색 제복(부대 병사)을 더 두려워했다는 말처럼 정치범이 범죄인이 아니라는 것을 이해하고 있었다. 정치범수용소에는 쑤유평과 같은 다수의 의사도 수감되어 있었는데 군의보다도 이들 의사가 더 신뢰를 받았다. 현지 주민이 신생훈도처에서 수술을 받고 목숨을 구한 경우도 있어서 정치범과 현지 주민의 신뢰 관계는 점차 돈독해졌다. 이윽고 정치범 의사는 신생훈도처 부설 의무소에서 모든 진료를 담당하게 되었고 내과, 외과, 이비인후과, 산부인과, 안과 등 여러 분야의 의사가 관리 당국의 군인과 그 가족 그리고 수용된 정치범, 뤼다오 주민에게까지 질 높은 의료 서비스를 제공하게 되었다.[69]

신생훈도처에는 의사뿐만 아니라 고학력 엘리트나 농민, 공장 노동자 등 각 방면의 인재가 모여 있어 수용자 대부분에게는 적당한 작업이 배분되었다.[70] 류마거우流麻溝라는 영내에 흐르는 내천에 건설한 저수지도 수용자에 의해 만들어졌다. 생산대나 취사대, 기술대나 오락대 등 영내의 운영이나 활동도 수용자가 담당했다. 차이쿤린에 따르면 현지 주민의 아이들이 공부를 하러 오기도 했다.

그런 의미에서 매일 해야 하는 정치 학습과 따가운 햇볕 아래서의 노동 작업은 혹독하고 힘들었으며 멀리 떨어진 가족이 면회를 오기도 쉽지 않은 상황이었지만, 수형자로서는 본도의 군인감옥보다는 사상 개조가 목적인 감옥섬의 신생훈도처 생활이 살아 나가기에 유리한 점도 있었던 것이다. 본진보다 한발 앞서 뤼다오에 들어온 중첸순은 "외딴섬이라 공기가 좋고 환경도 나쁘지 않았다. 죄수의 숙소도 군법처 간수소나 타이베이의 감옥보다 훨씬 편했다"라고 수용소의 첫인상을 회고했다.[71]

그렇지만 대부분의 정치범이 10년 혹은 그 이상의 형기를 복역해야 하는 장기수였고 부당하게 체포되어 언제 석방될지 모르는 고립된 섬에서의 생활은 인권 유린이라고밖에 할 수 없었다. 또한 대륙 중국과의 분쟁이 일어날 경우에는 총살될 수도 있다는 중압감도 견뎌내야 했다. 차이쿤린도 이야기하듯 한국전쟁 상황에 따라 국민당이 불리해지면 신생훈도처의 정치범을 몰살하지 않을까, '신생'들은 모두 초조해하지 않을 수 없었던 것이다.[72] 초기에는 탈주 사건이 발생해 탈주자가 사살되거나 총살형에 처해지기도 했다. 소동을 일으키면 해안의 토치카에 감금되는 징벌을 받았다.

이렇게 정신적으로 힘든 상태에 내몰린 정치범도 적지 않아 스트레스 해소를 위해 오락대의 문화 활동이나 중대별 대항 운동회가 장려되었다. 합창단 활동도 인정되고 악기도 들어오게 되어 악단도 결성되었다. 쑤유펑의 바이올린을 모델로 하여 수십 개가 제작되었다.[73] 물론 수용소에서 음악은 생존 수단이나 희망의 메시지가 되기도 하지만 신생훈도처에서의 합창단이나 악단은 음악이라고 하는 매체가 폭력과 살인의 '백그라운드 뮤직'이 될 수 있음을 보여준다.[74] 실제로 질환이나 자살, 작업 중 사고로 인해 다수의 사망자가 발생했고, 이러한 희생자는 영외 산기슭에 조성된 '13중대'라고 불리는 신생훈도처 공동묘지에 매장되었다.

또한 가족이 사건으로 인한 탄압을 호소할 때마다 해외 언론이나 인권 단체의 실태 조사도 실시되었는데, 이러한 활동은 대외적 선전에 활용되었다. 당시 신생훈도처의 기록 사진을 촬영한 천명허陳孟和는 1952년 '타이완성공작위원회 학술연구회 사건'으로 15년 형을 선고받아 1967년에 석방될 때까지 대부분을 뤼다오에서 보냈다. 천명허는 학과 교육이나 문화활동, 운동회 등 신생훈도처 생활을 보여주는 자신이 찍은 사진이 연출된 것이고, 대부분 시간을 할애했던 가혹한 노동 개조에 관해서는 아무런 기록이 남아 있지 않다고 토로했다.[75]

신생훈도처가 사상 개조 시설이라고 해서 정치범 수용자가 마냥 형기 만료만을 기다리는 것은 아니었다. 신생훈도처에서는 관리상 빈번히 지장을 초래하거나 혹은 평가가 나쁜 수용자를 군인감옥으로 이감하곤 했다.[76] 1953년 6월 천사오잉은 60명가량의 정치범과 함께 불안한 가운데 타이완 본도로 송환되었다. 그중 일부는 군법처로 보내져 20여 명이 총살되었다고 기록했는데,[77] 실제로는 14명이 사형에 처해진 '뤼다오 신생훈도처 재반란'이라고 불리는 사건이 조작된 것이다. 이 사건은 한국전쟁 휴전 협상 당시 중국인민지원군의 '반공 포로'를 답습하여 국민당 정부가 전개한 '일인일사 양심구국운동'이 실패한 것에 대한 책임을 전가하려 한 것에서 비롯되었다.

이 사건에서 차이쿤린과 늘 같이 노동 활동을 했던 동료 차이빙훙蔡炳紅도 사형에 처해졌다. '양심구국운동'이 실패로 돌아가자 신생훈도처 당국은 수용소 내부 조사를 실시했다. 학습 자료를 활용한 '사회주의 자료'와 서로를 격려하는 메모가 발견된 것이 발단이었다. 당시 중국군 포로로부터 경쾌한 리듬의 〈공산혁명의 노래〉를 배워서 불렀는데, 차이빙훙은 같은 타이난 출신의 여성 분대원에게 노래 가사를 적은 메모를 건넨 것이 증거가 되었다. 당초 한 사람에게만 사형이 선고되고 차이빙훙도 3년의 '감훈 처분'에 그쳤지만, 장제스의 '엄중하게 재심하라'는 지시에 따라 결국 14명이 사형에 처해졌다.[78]

또한 별건 사건으로 재판을 받기 위해 본도에 이감되기도 했다. 중첸순과 함께 신생훈도처로 보내진 랴오스하오廖史豪, 황지난黃紀男은 새로 발각된 조직(타이완민주동맹) 사건에 연루돼 군법처로 압송되어 재판을 받고 신뎬군인감옥에 수감되었다.[79]

천사오잉도 1961년 10월 신생훈도처에 다시 돌아올 때까지 신뎬에 새로 설치된 군인감옥에서 복역했다. 이러한 '타이완 송환'에 관하여 신생훈도처에서는 표면상으로는 여전히 사상 개조를 실시한다고 했지만 실질적으로는 틀림없는 감옥 대리 집행 기관으로 되돌아간 것이라고 천사오잉은 지적했다.[80] 1959년 말부터 다수를 점하고 있던 형기 10년의 정치범들이 만기 석방되었는데,[81] 신생훈도처를 유지하기 위해서 정치범은 언제라도 뤼다오로 이감될 가능성이 있었던 것이다.

그런데 신생훈도처의 관리 태세가 안정되면서 탈주나 소동이 일어날 위험성이 줄어들자 당국은 정치범의 요구를 일정 정도 수용하여 국민당의 기관지《중앙일보》도 볼 수 있게 되었다. 천사오잉이 뤼다오에 다시 돌아왔을 때는 도로가 포장되어 보급 물자도 군용 트럭으로 운반하게 되고 막사도 철근 콘크리트 건물로 개축되었다. 채소나 가축의 자급자족이 가능해져 식량도 충분해졌고 산에서의 생산대 활동이나 주민 부락으로 식료품을 구입하러 갈 때에도 감시병이 붙지 않는 등 통제가 크게 느슨해졌다. 복리사(매점)에서 담배나 술도 자유롭게 살 수 있었다.[82] 일반 도서도 비교적 자유로이 반입할 수 있었다.[83] 통제가 완화됨에 따라 불상사도 발생했지만, 뤼다오라고 하는 감옥섬은 정치범과 주민이 공생하는 유형지였다.

뤼다오가 감옥섬인 이상 생활에 일정한 여유가 생겼다고 하더라도 형기 만료 시점에 그곳에서 벗어난다는 보장은 없었다. 복역 중에 국민당이나 장제스·장징궈를 비판하면 그것이 사실이 아니더라도 밀고된 사람은 직업훈련총대가 있는 가오슝현의 외딴섬인 샤오류추小琉球로 보내져 형기가 연장되는 경우도 자주 발생했다고 천사오잉은 회고했다.[84] 실제로 첫 본진으로 뤼다오에 들어온《칭다오둥루 3호》의 저자 옌스훙은 형기가 만료되었지만 '사상이 개선되지 않았다'는 이유로 감훈 연기 처분을 받아 샤오류추로 보내졌다가 1964년 1월에 타이베이로 돌아왔다. 그 후에도 옌스훙은 타이완대학 의학부에는 돌아가지 못하고 타이베이의과대학에서 학업을 이어갔다.[85]

형기를 마치고 신생훈도처에서 석방되기 위해서는 보증인 두 명이 필요했는데, 공민권을 가지고 있는 한 사람과 점포 한 곳의 보증인이 필수였다.[86] 정치범을 백안시하는 분위기에서 점포 보증인을 확보하는 것은 간단한 일이 아니었다. 정치적 수난자는 출소하더라도 장기간 '유폐'된 정치범을 경원하는 사회의 엄혹한 현실이 기다리고 있었다. 정치범은 국민당의 정보 및 치안 당국에 의해 감시당했고 공공기관에 취직하는 것도 곤란했으며 사기업에 취직하더라도 관내 경찰의 감시를 받았다. 수난자들은 사회적으로 고립되고 그 가족도 일상의 어려움을 겪어야 했다.[87]

징메이군법처 간수소와 녹주산장

천사오잉이 1961년 타이완 본도의 신뎬군인감옥에서 뤼다오의 신생훈도처로 다시 돌아왔을 때 1950년대 초기에 체포된 형기 10년 이하의 정치범은 만기를 맞이했지만 뤼다오에는 여전히 1000명에 가까운 정치범이 수용되어 있었다.[88] 차이쿤린, 쑤유펑, 황화창이 1960년에 출소한 후에도 커치화가 1961년에, 중첸순이 1962년에 또다시 체포된 것처럼 백색테러는 1960년대에도 맹위를 떨치고 있었다.

하지만 정치범을 무차별로 대량 체포하는 '공산주의자 색출'은 시대에 맞지 않게 되고 정치범 집단 수용 기관의 존재 의의도 저하되어갔다. 또한 사상 개조를 위한 기관으로 1954년에 앞서 언급한 생산교육실험소가 설치됐기 때문에 사상 개조와 집중 수용이라고 하는 두 가지 기능을 함께 가진

〈그림4-4〉 옛 징메이군법처 간수소(백색테러 징메이기념원구).

신생훈도처의 필요성도 점차 줄어들었다. 1965년에 신생훈도처는 폐지되고 정치범은 뤼다오와 바다 건너 마주하는 타이둥현에 설치된 국방부 타이위안泰源감훈감옥으로 이감되었다. 이후 뤼다오에는 직업훈련총대 제3총대 및 뤼다오경비지휘부만 존속했다.

그사이에 강압적인 국민당 정부의 정치 기반도 안정되고 특무 조직도 정비되었다. 앞서 언급한 바와 같이 1958년에 타이완성보안사령부는 다른 기관과 통합하여 타이완경비총사령부로 재편되었다. 1967년에는 타이베이의 칭다오둥루에 있는 경비총사령부 군법처와 국방부 법무국 등 국방부의 여러 기구가 신뎬의 투랑교에 인접한 군법학교 부지로 이전하여 간수소도 설치되었다. 여기가 이른바 징메이군법처 간수소다. 수많은 젊은이를 형장의 이슬로 사라지게 한 보안사령부 군법처 간수소 건물 터는 민간에 불하되어 현재 그 자리에는 쉐라톤그랜드타이베이호텔이 서 있다.

그런데 1970년 2월에 타이완 독립을 요구하는 타이위안감옥의 정치범들이 산악 지대로 탈주하여 게릴라전을 전개하는 타이위안사건이 일어나 당국을 긴장시켰다. 감옥섬의 의의를 재확인한 국방부는 급거 뤼다오의 신생훈도처 터에 높은 담으로 둘러싸인 감옥을 건설하기 시작하여 1972년에 준공했다. 정식 명칭은 국방부 뤼다오감훈감옥이었지만 일반적으로 '녹주산장綠洲山莊'으로 불렸고, 타이위안감옥 및 그 외의 타이완 각지에 산재해 있던 군사형무소의 정치범을 모두 이곳으로 이감했다. 녹주산장은 신생훈도처와 달리 육각형의 중앙대에서 방사형으로 네 동의 감방이 전개되는 전형적인 폐쇄식 형무소였다.[89] 따라서 하루에 30분가량의 산책만 허용되고 도서 반입도 금지되는 등 통제 관리도 엄격하여 수난자는 정신적 고통에 시달렸다.

이 글에서 녹주산장을 경험한 수난자는 커치화와 중첸순이다. 커치화는

1961년에 두 번째로 체포되어 뤼다오에 수용되어 있을 당시 신생훈도처가 폐쇄되었기 때문에 일시적으로 타이위안감옥에 이감되었다. 그는 1972년 4월에 녹주산장으로 보내졌는데, 1973년 10월에 형기가 만료되었지만 석방되지 못하고 예비 감찰 기관인 신생감훈대로 이감되었다. 당국은 신생훈도처가 있던 자리에 별도로 신생감훈대를 설치했다. 녹주산장에서 출소한 정치범은 오른쪽으로 가게 되면 석방, 왼쪽으로 가게 되면 신생감훈대에 또다시 수감되는 운명이 기다리고 있었던 것이다. 이렇게 해서 커치화는 1976년 6월에 석방될 때까지 뤼다오에서 지냈다.

중첸순은 두 번째 복역 중에는 보안사령부 군법처 간수소나 안컹安坑군인감옥 일부를 빌려 설치한 '안컹 분소'에 수감되었으나 신설된 징메이군법처 간수소에는 이발사 출역 때문에 가끔 간 적이 있었다. 1971년에 석방

〈그림4-5〉 당시 상태로 보존된 뤼다오감훈감옥(백색테러 뤼다오기념원구).

된 중첸순은 이듬해 세 번째로 체포되어 싼장리三張犁 조사참(사법 행정부 조사국의 출장소)으로 이송돼 취조받은 후 징메이군법처에서 재판을 받았다. 징역 15년 형을 언도받은 중첸순은 뤼다오로 이송되어 석방될 때까지 녹주산장에서 복역했다.

이후 계엄령이 해제되자(1987) 국방부 경비총사령부에 소속된 녹주산장에 민간인을 수용할 수 없게 되었다. 법무부는 별도로 뤼다오 안에 숭덕사법감옥(타이완뤼다오감옥)을 설치하여 당시 약 40명의 정치범을 이곳으로 옮겼다. 정치범이 뤼다오를 떠난 후에 경비총사령부는 뤼다오감훈감옥에 직업훈련총대 제3총대를 이전하여 감훈 판결을 받은 폭력단원을 수용하게 되었다.[90] 직업훈련총대도 1991년에 뤼다오기능훈련소로 다시 바뀌는데, 이렇게 1990년대에는 정치범수용소로서의 뤼다오의 이미지도 변화해 갔을 것이다.

타이완과 한국의 이행기 정의와 과거 청산

이행기 정의의 장벽을 넘어서

1950년대 백색테러에 의해 타이완 내 반체제 세력이 일소되었다. 1960년대는 가장 억압적인 시기였지만 해외의 타이완독립운동과 연대하여 타이완 내에서도 국민당에 대한 저항운동은 멈추지 않았고 정치 사건도 빈발했다. 1970년대에 들어서 일련의 탄압과 저항, 충돌을 거쳐 타이완 현대 정치사 최대의 전환점이 된 것이 '메이리다오美麗島사건'(1979)이다. 국제 사회의 압력으로 이 사건의 법정 변론이 전면 공개되고 신문에 보도됨으로써 일반 민중은 민주화를 요구하는 정치의식을 높여갈 수 있었다. 1980년대가 되어 2·28사건이라고 하는 역사적 기억의 '터부'가 드디어 깨지게 되었다. 특히 1980년대 후반부터 1990년대 전반까지 2·28사건의 진상 규명과 민주화운동은 서로 연동되어 움직이는 형태로 전개되었다.[91]

1987년에 타이완을 38년간에 걸쳐 질곡의 시대로 내몰았던 계엄령이 해제되었다. 하지만 백색테러를 초래한 악법은 그대로 온존하고 있었다. 1991년 4월 리덩후이李登輝 총통은 중국공산당을 반란 단체로 간주한 '동원감란시기임시조관'을 폐지하여 내전 상태의 종결을 선언했다. 이러한 정세 변화에 발맞춰 입법원은 같은 해 5월에 잇달아 '징치반란조례' 및 '감란시기검숙비첩조례'를 철폐하는 한편, 이듬해인 1992년에는 형법 제100조의 '예비 혹은 음모 내란죄' 조항을 삭제함으로써 백색테러 시대에 종지부를 찍었다. 오랜 세월에 걸쳐서 인권을 유린했던 경비총사령부도 폐지되었다.

나아가 2·28사건의 진상 규명에도 착수하여 그 결과 〈사건 진상 규명 조사보고서〉가 공표되고 희생자의 명예 회복이나 해마다 기념 활동도 정착하게 되었다.[92] 1995년에는 '2·28사건 처리 및 보상조례'가, 1998년에는 '계엄시기 부당한 반란·비첩 심판안건 보상조례'(이하 '부당심판조례')가 각각 성립하여 보상·배상의 길이 열렸다. 이처럼 인권운동이 활성화됨에 따라 2·28사건과 관련하여 요구한 사죄, 배상, 진상 공개, 기념비 건립, 기념일 제정 등의 주장은 현재 그 대부분이 실현되었다. 이와 달리 백색테러에 관해서는 '부당심판조례'가 제정되었으나 가장 기본적인 진상 조사마저 지지부진하여 앞으로 나아가지 못한 채 남아 있었다.[93]

사실 지금까지 2·28사건은 공적 영역에서는 백색테러보다 더 큰 주목을 끌어왔다. 타이완 문학 연구자 마루카와 데쓰시丸川哲史가 지적하듯이

2·28사건에 대해서는 국공내전이 본격화하기 이전 중화민국 체제 내부의 모순으로서, 대륙에서의 국공내전과 따로 분리된 타이완 고유의 비극으로 표현하는 것이 어렵지 않았다. 따라서 이 사건을 국민당 정권에 대하여 역사적 책임을 묻는다는 의미에서 타이완 내부의 문제로 다루기 쉬운 반면, 백색테러의 경우는 대륙의 공산당과의 관계를 의식할 수밖에 없다고 하는 점에서 내부적인 처리는 물론 '명예 회복'에 관한 처리도 곤란한 측면이 내재되어 있다.[94]

백색테러에 희생된 많은 사건이 타이완성공작위원회와 관련된 사안인 것처럼, 공산당에 가입한 리더가 지하 조직을 결성하여 국민당 정권의 전복을 꾀한 '반란'도 있었다는 점은 틀림없다. 그러나 타이완으로 철수해온 국민당 정부가 반체제 인사의 정치운동을 '반란'으로 규정할 수 있는지에 대한 여부는 차치하고 이러한 사건에 다수의 '무고'한 사람이 연루되어 초법적 폭력에 시달렸다. 그리고 압정에 저항한 사람까지 '반란'의 낙인을 찍어 '공산주의자 색출'의 대상으로 삼았던 것이다.

제주 4·3사건에서 봉기한 500명의 무장 세력만이 아니라 도 전체에서 수만 명의 사람이 학살된 것처럼, 타이완에서는 백색테러로 인해 900명의 공산당원보다 훨씬 많은 사람이 처형되었다. 2000년에 제정된 '제주 4·3사건 진상규명 및 희생자명예회복에 관한 특별법'에 대해서 한국의 헌법재판소는 동법률의 의결 취소를 요구하는 청구에 대해서는 기각했지만, 파괴활동을 주도한 무장 봉기 지도자나 남조선노동당 제주도당의 중심적 역할을 한 간부에 대해서는 '희생자로 볼 수 없다'는 판단을 내렸다.[95] 이러한 '희생자'의 선별이 지역민의 균열과 역사의 공백을 가져다주면서, 과거사 청산이 국가주의 틀 안에서 '명예 회복'을 우선하는 벽에 맞닥뜨리고 있는 것이다.[96]

타이완의 '부당심판조례' 제정에서도 그 대상자로부터 '반란자'나 '공비'를 제외하는 정부 안의 조항(8조 2항)이 군과 공안 기관의 거센 저항과 피해자 단체의 분열로 인해 수정되지 않았다.[97] 이러한 '국가 반란'이라는 주술로 인해 '2·28사건 처리 및 보상조례'의 법률 명칭에서 '보상'을 '배상'으로 수정하는 법안이 2007년 3월 8일에 입법원에서 통과되었지만, '부당심판조례'는 '배상'으로 수정되지 않은 채 지금에 이르고 있다.

2016년에 차이잉원蔡英文 정권이 발족하자 '이행기 정의 촉진조례'(2017) 등 관련법이 정비되었다. 이처럼 타이완에서는 이행기 정의가 순탄하게 진행되고 있는 것처럼 보이지만 결코 그렇지만은 않았다. 한국에서의 과거사 청산 작업이 정치 지형의 변동에 따라 많은 굴곡을 거친 것처럼 2·28사건 그리고 백색테러를 불러일으킨 장본인인 국민당과의 정치적 타협은 이행기 정의의 정착을 가로막는 요인이 되었다. 그러나 이러한 '반란'의 주술에 갇힌 상황도 국가인권박물관이 설립됨에 따라 다소 풀리게 되고 이행기 정의를 정착시킬 수 있는 조건이 마련되었다.

정치범 수용소에서 국가인권박물관으로

2018년 5월 17일 두 곳의 원구(공원)로 이루어진 국가인권박물관이 문을 열었다. 당일은 백색테러 뤼다오기념원구에서, 그다음 날은 백색테러 징메이기념원구에서 각각 제막식이 거행되었다. 5월 17일은 뤼다오 신생훈도처에 차이쿤린, 쑤유핑, 천사오잉, 황화창을 포함하는 첫 본진이 도착한 날이다. 이렇게 해서 국가가 공식적으로 독재 정권 시대의 백색테러 정치적 수난자를 기억하고 이행기 정의를 촉진하는 활동에 나서게 되었다. 이를 통해 2·28사건과 백색테러를 차별하는 방법론의 단절을 다소간 해소했다고 할 수 있다. 그런데 백색테러 시기의 부정적 유산의 보존과 기념화 작업은 그에 앞서 약 20년 전부터 시작되고 있었다.

2000년에 인권과 민주화를 슬로건으로 내세운 민진당 정권은 타이완 역사상 최초로 정권 교체를 이루어내고 '인권 외교'라는 정책 방침을 명확히 했다. 2001년 12월에 이전까지 국가 폭력의 중심부였던 총통부의 1층 갤러리에서 〈인권으로의 길: 타이완 민주 인권 회고전〉이 개최된 것은 인권 시대로의 돌입을 알리는 상징적인 행사였다. 그리고 다양한 여러 가지 인권 정책을 추진하게 되는데, 그중에는 인권기념박물관 설립도 포함되어 있었다. 이렇게 해서 2002년 3월에는 행정원에 의해 박물관 준비실의 조직 조례가 입법원에 송부되었다. 그러나 이후 심의가 이루어지지 않아 동년 12월 4일에는 법적 근거가 부족하다는 이유로 국민당과 신민당이 중심이 되어 준비실 조직 조례 폐기안이 의결되었다.[98]

이러한 가운데에도 백색테러 시기에 정치범의 인권을 탄압한 현장인 뤼다오의 정치범수용소와 신뎬군법처 간수소의 건물 터 보존이 차근차근 진행되었다. 1997년에 입법위원 스밍더施明德 등이 옥사가 남아 있는 녹주산장의 보존을 요구하자, 행정원은 기념관 설립 계획을 밝혔다. 1999년에는 백색테러 당시 수난자들의 이름이 새겨진 뤼다오인권기념비가 세워졌다. 그리고 2002년 1월에 규모를 확대해서 뤼다오인권기념원구가 개원했다. 교통부 관광국의 주관으로 신생훈도처와 녹주산장의 건물 터가 인권 교육의 현장으로 보존·재건된 것이다. 2005년 5월 17일에는 뤼다오인권기념비 앞에서 수난자들과 그 가족이 모인 가운데 인권 음악회가 개최되었다.

신베이新北시 신뎬구에 위치한 징메이군법처 간수소 구역은 1992년 경비총사령부 폐지 후 국방부의 군사재판소, 검찰청으로 사용되어오다가, 2002년 총통부 인권자문소위원회에서 보존이 결정되어 '동원감란시기 군법심판 기념원구'로 조성하게 되었다. 이후 행정원 문화건설위원회가 국방부와 원구 보존 사업에 관한 협의를 계속해 2007년에 '타이완인권징메이원구'로 개원했다. 2008년 5월 마잉주馬英九 정권이 들어서자 이듬해 행정원 문화건설위원회는 이를 '징메이문화원구'로 개칭했는데, 인권 단체가 반발하여 '인권' 두 글자를 다시 넣어 '징메이인권문화원구'로 최종 결정되었다.[99]

이 두 원구는 각각 개별적으로 관리되었으나 국민당 정부는 이전 정권에서 미뤄진 국가인권박물관의 설립을 추진해 그 산하에 징메이·뤼다오 두 곳의 기념 원구를 두고 총괄하게 했다. 이렇게 해서 2011년 세계인권기념일인 12월 10일을 맞아 잠정 조직으로서 국가인권박물관 준비실이 설치되었다. 그러나 국가인권박물관의 설립 근거가 되는 국가인권박물관 조직법이 의결된 것은 또 한 번의 정권 교체를 거쳐 차이잉원 정권 때인 2017년 11월 28일이었다. 이에 대해 정리쥔鄭麗君 문화부장(장관)이 "국가인권박물관의 개관은 '이행기 정의'를 실현하기 위한 일부분에 지나지 않는다"라고 언급했듯이 이것은 이행기 정의 정착을 향한 첫걸음이었다.

이렇게 해서 2018년 5월 국가인권박물관은 '백색테러 뤼다오기념원구'와 '백색테러 징메이기념원구'를 산하 조직으로 하는 행정원 문화부 직속 기관으로서 공식 활동을 시작했다. 같은 해 10월과 12월에는 백색테러 시기에 '반란죄' 등으로 유죄 판결을 받은 피해자 1270명과 1505명의 판결을 취소하는 행사가 국가인권박물관(징메이기념원구)에서 열렸다. 제주 4·3사건에서 불법으로 군사재판에 넘겨진 피해자의 재심 청구가 받아들여져 무죄 판결을 받아낸 것도 2019년의 일이었다.

타이완에서의 국공내전체제와 한국에서의 분단체제를 잉태한 동아시아의 지정학적 동시대사에서 이행기 정의/과거사 청산을 추진하고 있는 양국이 서로의 근현대사에 공감하고 정치 문화를 공유하는 것은, 제국-광복-냉전-독재가 복잡하게 얽힌 동아시아에서 '과거 극복'의 보편성과 특수성을 해명하는 데도 필요한 작업이 될 것이다. 동아시아에서 피해 양상은 다양하지만 그 속에 내재하는 국가주의의 본질을 간파함으로써 경계를 넘어 국가 폭력에 이의를 제기하는 기억의 방법과 화해의 비전을 제시할 수 있다. 무엇보다 타이완과 한국은 세계적으로 '이행기 패러다임의 종언'이라고 일컬어지는 작금의 상황에서 독자적인 이행기 정의/과거사 청산의 모델을 구축하고 있다. 그리고 동아시아의 냉전 구조에 의해 규정된 타이완과 한국이 '과거 극복'의 정치 문화를 공유하는 관계의 가능성을 모색할 수 있다면, 그것은 '고립무원의 섬'으로서 타이완이 걸어온 근현대사에서 '인권으로의 길'을 더듬는 것으로부터 시작될 것이다.

동아시아 난민과 수용소의 '공시적 리듬'

제국주의와 식민지, 전쟁과 내전, 독재와 억압이라고 하는 국가 폭력의 사슬에 휩쓸려 들어간 동아시아의 탈식민적 상황에 작동하는 전 지구적 근현대사와 지역적 국제정치의 힘은 과연 무엇인가? 이러한 문제에 접근하기 위해서라도 타이완에서 있었던 백색테러체제의 확립을 동아시아 냉전체제 확립의 일환으로 자리매김하여 파악할 필요가 있다. 그럼으로써 아직 남아 있는 동아시아의 냉전체제를 극복할 수 있는 역사 서술의 가능성이 열릴 것이다.[100]

이러한 역사 서술을 시도하기 위한 방편으로 식민지 조선에서 태어나 백색테러 시기에 정치적 수난자가 된 식민자 2세 작가 고바야시 마사루小林勝의 경험을 통해 동아시아 난민과 수용소의 '공시적 리듬'에 대해서 살펴보고자 한다. 그는 황화창과 같은 육군항공사관학교에 진학하여 특공 훈련을 받지만 일본의 패전으로 출격을 면하고, 조선에 대한 향수를 금욕적으로 억제하면서 조선을 테마로 하는 작품을 발표했다. 일본 패전 후 공산당원이 된 고바야시는 1952년에 발발 2주년을 맞은 한국전쟁 반대 투쟁으로 투옥된 후, 재일조선인 정치범이 형기를 마치고도 오무라수용소로 보내져 한국으로 송환되는 현실을 보면서 아무것도 할 수 없는 상황에 대한 '분노'를 자신의 작가 활동의 출발점으로 삼았다.[101]

냉전체제가 확립되는 동아시아에서 일본도 예외는 아니었다. 전후 개혁을 향한 대중운동이 고양되는 가운데, 제3차 요시다 내각의 성립은 연합군 최고사령부의 대일 점령 정책 전환을 위한 정치 세력으로, 보수 세력이 전면에 나서게 되는 계기였다. 이때부터 공산당원이나 그 동조자를 해고하는 레드 퍼지Red Purge가 시작되었다. 연합국 점령하에서 전후 개혁의 후퇴를 의미하는 '역코스'는 한국전쟁 발발로 인해 가속화하는데, 일본 정부 또한 적극적으로 레드 퍼지에 가담했다.[102] 이러한 광풍은 정부 기관으로부터 민간 기관으로도 이어져 고등교육 기관이나 언론 기관도 휘말리게 된다. 고바야시 마사루는 자신이 나고 자란 조선이 전란에 휩싸이는 가운데 일본이 미군의 출격·병참 기지가 되어 가담하는 것에 반대하며 경찰기동대에 맞섰다.

하지만 고바야시 마사루에게 더욱 충격적이었던 것은 한반도가 전시 상황임에도 '불법입국자'뿐 아니라 해방 전부터 일본에 거주해온 재일조선인이 본국으로 강제 송환되는 것이었다. 여기에는 이승만 정부가 강제송환을 요구한 공산당원 등 '불온분자'도 포함되어 있었다. 이들 '파괴적 조선인'은 형기를 마치면 석방되는 것이 아니라 한국으로의 강제 송환을 위해 오무라 수용소로 보내졌다.

수많은 민간인이 '적'으로 내몰려 집단으로 학살되는 판국에 한국으로 강제 송환된 '파괴적 조선인'을 기다리고 있는 것은 죽음뿐이었다. 그것은 위정자에게도 충분히 예상되는 일이었다. 샌프란시스코강화조약 체결을 위한 일본과 미국의 협상 및 그 준비 작업에 대해 기록한 외무성의 〈일본외교문서 샌프란시스코강화조약 대미교섭〉이 적나라하게 그 내용을 말해준다. 요시다 총리는 델러스 대일강화조약 교섭특사로부터 샌프란시스코강화조약에 한국이 서명하는 것에 대해서 동의를 요구받자, 다음과 같은 이유를 들어 거부했다.

> 재일조선인은 지극히 성가신 존재다. 그들을 조선으로 송환하는 문제에 대해서는 종종 맥아더 원수에게 말한 적이 있다. 맥아더 원수는 지금 돌려보내면 송환된 사람은 한국 정부에 의해 목이 잘리기 때문에, 인도주의적 입장에서 지금은 그 시기가 아니라는 의견이었다. 그러나 조선인이 돌아가지 않으면 곤란하다. 전쟁 중에는 그들을 일본에 노동자로 데려와 탄광에서 일하게 했다. 이것이 종전 후 일본 사회가 혼란을 겪는 한 원인이 되었다. 일본공산당은 그들을 하수인으로 사용하고, 그들 대부분은 적화되었다.[103]

고바야시 마사루가 옥중에서 목격한 것은 처형과 다를 바 없는 강제송환을 초법적으로 집행하는 일본의 입국 관리 행정이었다. 고바야시 마사루의 첫 작품 〈어느 조선인 이야기〉(1952)가 바로 이러한 경험을 바탕으로 쓴 소설이다. 형기를 마친 조선인 공산당원을 외국인출입국관리청 직원이 오무라수용소로 이송하는 열차 안을 무대로 하는 이 소설은, 이들의 대화를 통해 처형될 것이 확실한 전쟁터로 조선인을 강제 퇴거하는 일본 사회의 부조리에 대해서 고발한다.[104]

이 작품 속 이야기가 픽션에 그치지 않고 자신의 경험으로 쓰였다는 것은 고바야시의 옥중 생활 기록을 봐도 알 수 있다. 한국전쟁 반대 투쟁으로 경시청 유치장에서 2개월을 보낸 고바야시는 1952년 9월 고스가小菅에 있는 도쿄구치소(당시 일시적으로 형무소)로 이감되었다. 이곳에서 수첩을 사용할 수 있게 된 고바야시는 경찰청 유치장의 경험을 시로 표현했다. "그대들은 어디로 갔는가"라고 운을 떼는 이 시는 형기를 마치고 죽음이 기다리는 '그대의 나라'로 끌려가는 '조선의 동지'에 대한 무력감과 더불어 연대의식을 표현하고 있다. 이처럼 강제 퇴거되는 '조선의 동지'는 자전적 장편소설 《단층지대》에도 등장한다.[105]

조선인과 타이완인을 외국인으로 규정하는 일본제국 헌법하에서 공포된 마지막 칙령인 '외국인등록령'(1947년 5월 2일)은 애초 조선인에 대한 치안입법으로 입안·기초된 것이었다.[106] 실제로 오무라수용소가 설치된 1950년 이후 샌프란시스코강화조약이 발효되기 직전까지 3633명이 부산으로 강제 송환되었는데, 이들 중에는 '불법 입국자'뿐만 아니라 외국인등록령이나 형법을 위반한, 하지만 해방 전부터 일본에서 살아온 거주자 445명이 포함되어 있었다. 일본이 미군 점령하에 있던 시기에는 한국전쟁 중임에도 한국은 이들 강제 송환자를 모두 받아들였다.[107]

이들 445명 가운데 한국 측에서 송환을 요구한 '불순분자'가 얼마나 포함되어 있었는지는 알 수 없다. 한일회담 때도 '악질 공산주의자'를 송환하는 문제에 대해서는 한일 양국의 입장이 일치했다. 그런데 일본이 주권을 회복한 후 한국은 한일회담 협상을 위해 오무라수용소로부터 강제 송환되는 이들을 받아들이지 않겠다고 거부하게 된다. 실제로 일본이 '불순분자'를 무작정 송환한 것은 아니다. 하지만 전갑생이 지적했듯이, 일본 정부는 일본 공산주의자에 대한 공직 배제 발표 이후 재일조선인연맹이나 재일본

대한민국거류민단 등 민족단체 활동가를 강제 추방한다고 발표하기도 하고, 실제로 실행에 옮기기도 했다.[*]

문학 연구자인 최범순도 〈어느 조선인 이야기〉를 분석했는데, 그는 이 작품이 전쟁 특수를 누리던 전후 일본이 그 이면에서는 전쟁난민과 정치사범을 비인도적·변칙적 방법으로 강제 송환했다는 사실을 선구적으로 고발한 소설로서, 일본 전후문학사에 기록될 만하다는 의미를 부여한다.[108] 이 것은 고바야시 마사루와 마찬가지로 육군항공사관학교에 들어갔다가 패전을 맞이했던 황화창과 같이 백색테러의 표적이 된 난우=정치적 난민이 주로 일본어로 기록해 그 공백을 메웠던 타이완의 백색테러 시기 정치적 수난자와 같은 역할을 수행한 것이라 할 수 있다.

이처럼 국민국가화를 위한 폭력으로 점철된 동아시아의 난민과 수용소는 그 나라의 역사 과정 속에서 기록되는 것이 아니라, 국가-국민이라는 연결고리의 바깥 경계에서 시작될 수밖에 없었던 것을 의미한다. 최범순이 지적했듯이 오무라수용소는 한국전쟁과 관련된 동아시아의 전후 상황이 응집된 시설-제도-공간이었다.[109] 동아시아 난민과 수용소의 '공시적 리듬'으로 일본·한국·타이완의 수용시설을 일본제국 해체 이후 연동하는 것으로 파악하려는 시각이 요구된다.

---

[*] 전갑생, 〈한국전쟁기 오무라수용소大村收容所의 재일조선인 강제추방에 관한 연구〉,《제노사이드 연구》5, 2009, 39쪽. 이보다 뒤의 일이지만 1960년대 전매청 직원 이세영이 가족과 함께 일본으로 밀항하다가 쓰시마에서 붙잡히자, 한국대사관 직원이 입국관리국장을 방문해 이들 가족을 한국에 넘기도록 요구했다. 일본 정부는 신중하게 생각해야 한다고 하면서도 이세영 일가를 오무라수용소에도 수용하지 않고 송환자 명부에도 없는 이들을 1967년 3월 27일 제57차 송환선에 승선시켜 한국으로 돌려보냈다. 玄武岩,《コリアン·ネットワーク－メディアと移動の歷史と空間》,北海道大学出版会, 2013, 344쪽.

수용소의
현재

V

입관수용소,

외국인보호소,

공중화장실

입관수용소란
무엇인가

지은이 다카야 사치高谷幸

도쿄대학대학원 인문사회계연구과 교수. 도쿄대학대학원 인간·환경학연구과 수료 및 박사(인간·환경학). 전공은 사회학·이민 연구다. 주요 저서로《추방과 저항의 정치追放と抵抗のポリティクス》(ナカニシヤ出, 2017),《이민정책이란 무엇인가移民政策とは何か》(편저, 人文書院, 2019),《입관을 묻는다―현대 일본 이주민의 수용과 저항入管を問う―現代日本における移民の収容と抵抗》(공저, 人文書院, 2023) 등이 있다.

옮긴이 김보람

일본 근현대사 속에서 마이너리티 민중의 생활과 이동 및 식민주의 경험을 공부하고 있다. 연세대학교 사학과에서〈아시오광독사건에 나타난 생존의 임계〉(2023)로 석사학위를 받았다. 박사과정 유학 준비 중이다.

1. 입관수용소의 현재: 피수용자의 비인간화

2. 일본 입관수용소의 역사: 제국과 국민국가의 경첩

3. 통치의 영역: 주권과 법의 관계를 중심으로

4. 입관 행정: 주권을 만들어내는 통치의 영역

5. 입관수용소에서의 공방: 벌거벗겨지는 생명과 저항

6. 제국과 국민국가 사이에서: 벌어지는 공방

• 이 글은《문화교류연구文化交流研究》35호(2022년 3월)에 실린 동명의 원고를 수정·보완한 것이다.

입관수용소*의 현재: 피수용자의 비인간화

식민지는 법질서에 의한 통제와 보장이 유예되는 가장 탁월한 현장이다. 예외 상태로서의 폭력이 '문명'에 봉사하도록 기능하는 것으로 치부되는 영역이다.

－ 음벰베Mbembe,《네크로폴리틱스Necropolitics》

오무라수용소에서 구일본제국 시대 일본 정부의 모습을 볼 수 있다고 해도 과언이 아니다. 일본의 전후도, 평화헌법의 자취도 그곳에는 없다.

－ 박정공朴正功,《오무라수용소》

2021년 3월 나고야 출입국재류관리국名古屋出入國在留管理局(이하 나고야입관)의 수용시설에서 스리랑카인 여성 위슈마 산다말리Rathanay-ake Liyanage Wishma Sandamali가 사망했다. 위슈마는 2017년 유학생으로 일본에 와서 얼마 지나지 않은 시기부터 같은 국가 출신의 연인과 동거하고 있었으나, 임신중절의 강제나 신체적 폭력, 집에서 내쫓기는 등의 가정폭력 피해를 입고 경찰서에 찾아갔다. 그러나 위슈마는 가정폭력 피해자로서 보호받은 것이 아니라, 정해진 체류 기간을 초과했다는 이유로 현행범으로 체포되어 나고야입관으로 송치된 후 수용되었다. 2020년 8월의 일이다.

위슈마는 입관수용소에서도 가정폭력을 호소했지만 무시되었으며, 사정 청취나 배우자 폭력 상담지원센터에 통보하는 등 '가정폭력 사건에 관한 조치요령'에서 정하는 대응이 취해지지 않았다.¹ 그러나 실제로는 위와 같은 가정폭력만이 아니라, 위슈마는 수용 중에도 전 연인으로부터 "스리랑카에서 나(위슈마)를 찾아 보복하겠다"라는 공격적인 편지를 받으면서 위협받고 있었다. 위슈마가 경찰서에 찾아가면서, 자신도 미등록 체류 중이라는 사실이 경찰에게 발각되어 체포된 전 연인이 위슈마에게 분노와 협박이 담긴 편지를 보낸 것이다. 그러나 입관은 이런 편지도 문제시하지 않았다.

수용 이후 얼마 지나지 않아 위슈마의 건강이 악화되었다. 그러나 적절한 의료 조치를 받지 못했으며, 가방면仮放免(한국에서는 '보호일시해제'―옮

---

* '입관入管'은 '출입국관리' 또는 '출입국재류관리'의 줄임말로, 출입국재류관리 행정 및 담당 기관을 칭할 때도 사용된다. 입관수용소는 일본에서 강제퇴거 대상에 해당한다는 "의심을 받을 만한 상당한 이유"가 있는 외국인을 강제 수용하는 출입국관리 행정의 집행 활동을 담당하는 시설을 가리키는 용어다. 이와 같은 기능을 하는 수용시설의 명칭은 국가나 지역별로 다르며, '입관수용소'는 이 글에서 설명하는 역사성을 담고 있는 용어다. 한국의 경우 해당 시설을 가리켜 외국인'보호'소라는 명칭을 사용하는데, 비판적 고찰을 전제로 쓸 필요가 있다(이 책에 함께 실린 심아정의 글 참고). 따라서 한국적 맥락으로 번역하지 않고 '입관수용소'라는 용어를 그대로 사용했다. ―옮긴이

간이)도 이뤄지지 않았다. 사망 후 5개월이 지난 2021년 8월에 출입국재류관리청出入國在留管理廳(이하 입관)이 공표한 최종 보고서*나 보도에 따르면, 그해 1월 중순 이후 위슈마의 건강은 서서히 악화되어 2월에는 이미 자기 힘으로 걷거나 식사를 할 수 없었다.² 침대에서 떨어져 도움을 요청하기 위해 직원을 호출하는 벨을 울렸지만, "스스로 하세요"라며 대응하지 않은 일도 있었다. 또한 카페오레를 제대로 마시지 못하고 코로 분출한 위슈마에게 직원은 "코에서 우유가 나온다"라는 식의 "우스갯소리"를 하거나, 사망 전날에 이미 제대로 말조차 할 수 없게 된 그녀에게 "아론 알파Aron Alpha?"**라고 반문하는 식으로 응답했다고 한다.

이 짧은 기술에서도 알 수 있듯, 수용소 직원은 위슈마의 위중한 상태를 염려하는 것처럼 보이지 않는다. 위슈마가 나쁜 건강 상태를 호소하는 것을 "가방면 허가를 노린 항의"나 "과장"으로 치부하고 꾀병이라고 의심하며 적절한 대응을 하지 않은 것이다. 또한 "우스갯소리"에 대해서는 "직원이 스스로 기분 전환도 하면서 A씨 본인(위슈마—인용자)에게도 친근하게

---

* 그러나 수용소 내부 감시 카메라의 영상을 본 야당 국회의원에 따르면, 보고서의 내용에는 영상과 다른 점이 있으며 "보고서는 실태를 감추고 있다"라는 비판을 받고 있음에 주의할 필요가 있다(〈入管の報告書 映像とずれ〉, 《朝日新聞》, 2022년 1월 22일 석간).

** 아론 알파Aron Alpha는 일본의 접착제 상품명으로, 한국에서의 '본드'와 같이 접착제의 대명사로 쓰인다. 출입국재류관리청의 보고서에 따르면, 음식을 섭취하지도 못하고 말조차 제대로 할 수 없는 위슈마에게 간호조무사가 "뭘 먹고 싶은지"를 묻자, 위슈마는 "아로…"라며 잘 알아들을 수 없는 소리를 냈다. 그러자 간호조무사 한 명이 "아론 알파?"라고 반문한 것이다(出入國在留管理廳, 〈令和3年3月6日の名古屋出入國在留管理局被収容者死亡事案に關する調査報告書〉, 2021년 8월 10일, 49쪽). "아로…"라는 신음과도 같은 소리를 '고통'으로 받아들이지 않고 "우스갯소리"로 대답한 이 사건은, 간호조무사가 위슈마의 위중한 건강 상태에 진지하게 대응하지 않으며 존중 없는 태도로 '돌봄'을 지속해왔음을 드러낸다.—옮긴이

다가가고 싶다는 생각에서" 나온 말이라는 견해를 적고 있다. 보고서는 위의 사례들을 포함하여 부적절한 대응이 있었음을 인정하는 한편, 위슈마의 사인은 구체적으로 특정하기 어려우며 의료적 대응에 대해서도 어느 정도 합리성이 있었다는 결론을 내렸다. 그런 뒤에 가장 우선적인 개선책으로 "전 직원의 의식 개혁"을 호소하며 "출입국재류관리의 사명과 유의사항出入國在留管理の使命と心得"을 책정해야 한다고 언급했다.

그러나 위슈마가 사망한 사건을 직원의 '의식' 문제로 보는 것은 적절하지 않다. 그보다는 입관수용소라는 장소의 특이한 구조를 문제 삼을 필요가 있다. 실제로 1997년부터 전국의 입관수용소에서 혹은 그로부터 송환 중에 병이나 자살로 목숨을 잃은 사람은 적어도 21명이 넘는 것으로 추정된다.[3] 또한 장기간에 걸쳐 피수용자에게 가해지는 직원의 폭력, 모욕, 방치, 의료 등의 부적절한 대응이 지적되어왔다.[4] 그 배경에는 강제퇴거의 대상이 된다는 의심을 받는 외국인을 원칙적으로 모두 수용한다는 '전건수용주의全件收容主義' 방침이나, 실질적으로 무기한 수용이 가능한 체제가 있다.

애초에 혼자 서서 걷거나 먹는 일도 할 수 없고 말조차 할 수 없는 인간을 앞에 두고 도와달라는 요청을 방치하거나 "우스갯소리를 한다"라고 대응하는 사태는, 인권침해라는 표현 이상으로 심각한 일이다. 실제로 위슈마에 대한 대응이 기록된 나고야입관 내부 영상을 본 위슈마의 여동생은 "동물처럼 취급되고 있다"라고 진술했다.[*] 이런 느낌은 위슈마의 여동생에

---

[*]   〈入管女性死亡でビデオ映像開示 遺族 "動物のように扱われていた"〉《每日新聞》, 2021年 8月 12日). 또한 이 "동물처럼"이라는 표현에 대해서는 인간중심주의를 전제한다는 비판을 할 수 있을 것이다. 그러나 다수의 피수용자가 수용소에서 자신의 존엄이 훼손된 경험을 이렇게 표현하고 있다.

게만 새겨진 것이 아니다. 오히려 "동물처럼" "인간으로 취급되지 않는다" 라는 표현은 수용을 경험한 대부분의 이주민·난민이 반드시라고 해도 좋을 정도로 입에 담는 말이다.

이런 입관수용소의 '비인간화'를 두고, 보도 등에서는 종종 입관이 전전戰前 특별고등경찰特別高等警察의 체질이나 정신을 계승하고 있다고 지적해왔다. 출입국관리 법제의 성립에 대해 고찰한 오누마 야스아키大沼保昭는 1978년의 논문에서 "입관의 경우 경찰, 특히 특별고등경찰이 주로 담당하고 있던 전전의 감각이 잔존하고 있으며, 인적으로 보아도 전후戰後 입관 담당자는 일시적으로 경찰의 계보를 잇고 있었다"라는 사실을 지적한다.[5] 그렇다고 해도 오누마의 지적으로부터 이미 40년 이상이 지나고 전후 75년 이상이 지난 현재, 수용소의 폭력이 특별고등경찰의 정신을 계승하고 있다는 것을 증명하기는 어려울 것이다. 또한 만약 그렇다고 한들, 그런 정신이 왜 현재에 이르기까지 유지되어왔는가 하는 물음이 남는다. 게다가 입관수용소와 같은 기능을 하는 해외의 수용시설이나 그와 유사하게 이주민·난민을 공간적으로 가두는 시설에서도 마찬가지의 폭력이 지적된다.[*] 그렇기에 입관수용소의 문제를 그저 특별고등경찰의 정신이 연속한다고 보는 것은 너무 단순한 이해일 것이다.

따라서 이 글은 역사와 근대국가의 권력 구조라는 관점에서 입관수용소

[*]   Alison Mountz et al, "Conceptualizing Detention: Mobility, Containment, Bordering, and Exclusion", *Progress in Human Geography* 37-4, 2012, pp.522~541. 제네바에 사무실을 둔 비영리단체 글로벌구금프로젝트Global Detention Project는 이주민이나 난민을 수용하는 각국 수용시설의 정보를 수집하고 분석하는데, 많은 국가에서 법적 보호나 적정 절차가 없는 수용이 보고되고 있다(https://www.globaldetentionproject.org, 2021년 11월 30일 열람).

라는 장의 특질을 검토하고, 그곳이 역사적으로도 권력 구조적으로도 제국과 국민국가의 경첩으로서 자리 잡고 있음을 논할 것이다. 동시에 이러한 국가의 권력이 언제나 피수용자의 저항을 불러일으켜왔다는 사실에도 주목하여, 입관수용소란 '벌거벗겨진 생명生の剝き出し化'을 강제하는 권력과 '인간'이고자 하는 피수용자의 저항이 공방을 벌이는 공간임을 지적하려 한다.

일본 입관수용소의 역사: 제국과 국민국가의 경첩

입관 수용시설이란 유효한 체류 자격을 가지고 있지 않은 외국인을 수용하는 시설이다. 나가사키현長崎縣 오무라시大村市와 이바라키현茨城縣 우시쿠시牛久市에는 수용과 송환에 특화된 업무를 담당하는 '입국자수용소 입국관리센터'가 자리하고 있으며, 그 외에 전국의 출입국재류관리국이나 공항에도 수용시설이 설치되어 있다.

이런 입관 수용시설의 단서는 전후 미군 점령기에 있다. 1945년 아시아 태평양전쟁이 종결되고 일본제국이 붕괴함으로써 제국에 포함되어 있던 지역에서는 대규모의 인구 이동이 일어났다. 우선 1946년 3월까지 '내지(일본을 의미—옮긴이)'로부터 약 134만 명의 조선인이 귀환했다고 추정된다.[6] 연합군 최고사령관 총사령부SCAP, Supreme Commander for the Allied Powers 역시 조선인이나 타이완인을 가능한 한 귀환시키고자 하는 방침을 취했다. 그러나 한반도의 식량 부족이나 인플레이션, 불안정한 정치 정세가 전해지면서 귀국 희망자는 감소하고 있었다. 또한 SCAP과 일본 정부가 귀환자의 재산 반출을 제한했기 때문에 귀국 후 생활의 전망이 서지 않아 일본에 남은 사람도 많았다.

한편 1946년 봄부터 한반도에서 일본으로 이동해오는 사람도 눈에 띄게 많아졌다. 그 대다수는 이전에 일본에서 지냈거나 가족 또는 친척이 일본에 있는 사람이었지만, SCAP은 '내지'로의 이동을 제한하기 위해 복수의 지령을 내렸다. 그해 6월에 발령된 〈일본으로의 불법입국 억제에 관한 총사령부 각서日本への不法入國の抑制に關する總司令部覚書〉에서는 일본 정부에 수색 및 단속, SCAP으로의 인도 등의 대응을 요구했다.[7] 이 지령을 기초로 그해 7월 사세보인양원호국佐世保引揚援護局(당시 나가사키현 히가시소노기군東彼杵郡 에가미촌江上村에 위치) 내에 하리오수용소針尾収容所가 설치되었다. 당시 원호국은 '내지'에 있던 조선인이나 중국인, 타이완인, 난세이제도南西諸島 출신자를 송환하고 있었다. 이에 더하여 원호 업무는 원호국이, 감시와 호송은 경찰이 담당하는 형태로 '불법입국자'의 수용 및 송환이 이뤄지게 되었다.[8] 일본에서 '불법입국자'나 체류 자격을 잃은 외국인을 추방하기 위해 유치하는 수용시설의 시초가 되는 것이 바로 이 하리오수용소다.

그 후 점령이 끝나가자 SCAP은 일본 정부에 출입국관리에 특화된 행정 기구의 설치를 요구했다. 그에 따라 1950년 10월 '출입국관리청설치령'이 교부되었다. 또한 이 설치령에 기초하여 하리오수용소의 시설을 개조한 '하리오입국자수용소'가 발족했다. 그러나 부지 내에 경찰예비대의 주둔이 결정되면서 수용소는 그해 12월 갑자기 나가사키현 오무라로 이설되어 '오무라입국자수용소'로 불리게 되었다. 그 후 오무라수용소는 몇 차례 조직 개편을 거치면서도 1980년대까지 원칙적으로 조선인을 수용·송환하는 시설로서 기능하게 된다. 1980년대 이후 조선인 피수용자가 감소하는 대

〈그림5-1〉 오무라입국관리센터(2012년 1월 촬영).

신 다른 국적이나 지역의 외국인이 수용되면서 명칭도 '오무라입국관리센터'로 변경되어 현재에 이르고 있다.

이렇게 일본의 입관수용소는 일본제국의 해체에 따라 동아시아가 국민국가로 재편되는 중에 설치되었다. 로저스 브루베이커가 말하듯, 이민족을 포함하는 형태로 판도를 확대한 제국의 붕괴는 종종 사람들의 대규모 이동과 민족 분리를 촉진하는 경향이 있다.[9] 특히 그 붕괴로 인해 '민족화nationalizing'를 도모하는 국민국가로 재편될 경우가 그러하다.* 브루베이커는 주

---

* 브루베이커에 따르면 민족화하는 국가nationalizing state 란 종족문화적ethnocultural인 용어로 정의된 "핵심 민족core nation"의 존재가 상정되어 그 "핵심 민족"을 위한 것으로 이해되는 국가를 말한다. 이때 "핵심 민족"의 언어, 문화, 인구 구성, 경제적 복리, 정치적 주도권은 국가에 의해 보장되고 증진되어야 한다고 여겨진다. 즉 "민족화하는 국가"의 주요 요소로는 "① 시민 혹은 영주 인구 전체와는 구별되는 것으로 이해되는 특정한 종족문화적

로 제1차 세계대전 후와 소련 붕괴 후의 동유럽에 대해 논하지만, 일본제국 해체 후의 동아시아는 정치체제에 따른 분단을 수반하면서 복수의 민족화 국가로 재편되고 있었다. 이러한 문맥에서 오무라수용소는 전후 일본이 스스로를 민족화 국가로서 재정의할 때 결정적인 역할을 했다. 즉 다민족제국이 품고 있던 인구를 강제적·물리적으로 각각의 '바람직한' 국민국가에 할당하는 장치로서의 역할이다. 그런 의미에서 오무라수용소는 제국과 국민국가 사이의 경첩과 같은 장소였다고 할 수 있다.

통치의 영역:
주권과 법의 관계를 중심으로

해나 아렌트는 19세기 말 제국주의 시대의 식민지 국가가 당시 유럽에 존재하던 입헌국가와는 전혀 다른 원리를 가졌다는 점에 주목한다. 그중 하나는 아렌트가 '관료제'라고 부르는 지배 원리다. 여기서 관료제란 관료 기구를 의미하는 것이 아니라 행정이 과도한 권한을 가지는 지배를 말한다.

인 민족이 국가를 '소유'한다는 감각, ② 핵심 민족의 (이전에는 부적절하게 분배되고 있던) 특정 이익을 증진하기 위해 국가권력을 이용하는 '시정' 또는 '보상'의 프로젝트"가 있다(Rogers Brubaker, *Nationalism Reframed: Nationhood and the National Question in the New Europe*, Cambridge University Press, 1996, p.103). 일본은 아시아태평양전쟁 패전 직후부터 당시 '내지'를 "민족화하는 국가"로 재편하고자 했다고 할 수 있다. 점령기에는 일본 측 의향이 정책에 반영되지 않은 면이 있지만, '내지'는 종족문화적으로 정의된 '일본인'의 국가로서 이해되고, 조선인이나 타이완인의 권리를 정지 또는 제한하면서 '외국인화'가 서서히 진행되고 있었다.

관료제란 정치 대신 행정이, 법률 대신 정령政令이, 결정자의 책임이 추궁될 수 있는 공적·법적 결정 대신에 관청의 익명 처분이 등장하는 지배 형태다.[10]

아렌트는 관료제를 "행정 수단을 통한 지배"라고도 바꿔 말하면서, 그 "기술상의 특징은 합법성, 즉 보편적 타당성을 가지는 법률의 불역성이 방기되고, 그 대신 한정된 기간에 적용하기 위한 목적으로 계속해서 난발하는 법령이 등장한다는 점에 있다"[11]라고 지적한다. 제국주의는 스스로의 지배 영역을 팽창해가는 운동 원리를 지닌다. 법률은 확고하지만 그렇기에 변화에 대응하기 힘들기 때문에, 이러한 제국주의 팽창 정책을 지탱하기 위한 기반으로 적절하지 않다. 따라서 법률 대신 관=행정의 규정이라는 정령政令에 기초한 통치가 이뤄지게 된다. 이러한 생각을 기반으로 하여 아렌트는 행정에 막대한 권한이 위임된 식민지주의 국가의 지배 형태가 유럽의 입헌적 국민국가의 지배 형태와는 다르다고 파악했다.

그러나 정치사상사가 오타케 고지大竹弘二에 따르면, 유럽에서도 근대 국가는 본디 행정국가로서 출발했다.[12] 오늘날 행정은 법 집행에 종사하는 정치 영역을 의미한다. 이러한 관점에서 보면 행정은 입법이 있기에 비로소 성립하는 활동처럼 생각된다. 그러나 오타케는 카를 슈미트의 논의를 단서로, 근대국가의 본의를 행정 활동에서 발견한다. 국민국가는 종교 대립이 계속되던 시대를 배경으로 생겨났는데, 이런 질서의 붕괴 상황에서 정치는 종교나 신학으로부터 규범성을 구할 수 없게 되었고, 자립할 수 있는 "고유의 원리"가 요구되었다. 이때 새로운 통치 논리로서 생겨난 것이 국가이성론이다. 이것은 전쟁이나 내란 상황이라는 예외 상태에서 안전을 확보하기 위해 "법이나 도덕을 침범하여 집행되는 통치 기구"를 정통화하는 논리였다.[13] 또한 여기서 '공공선'이란 "시민이 공정하고 포용적인 정치 생활을 하기 위한 공동 목적이 아니라, 오로지 공안과 질서의 확립을 의미하는 말로 변용되어" 있었다.[14]

그러나 법이나 도덕을 초월하여 기능하는 통치는 자의적 권력 행사로 이어질 수밖에 없다. 이 점을 문제시한 슈미트는 근대의 주권 원리가 통치를 규제하는 원리로서 구상되었다고 보았다. 주권은 일반적으로 입법권으로서 정의된다. 하지만 오타케에 따르면 주권은 필요라는 명목으로 무한히 확대될 가능성을 가지는 통치의 실천에 법적 규범이라는 제동을 걸기 위해 발명되었다.

> 주권의 본질적 정의는 '입법권'이라는 것이다. 이는 국가의 모든 실정법의 규범 근거이며, 통치에 규범성을 부여하는 정당화의 원천이다.[15]

이로부터 근대 정치의 특징이라고도 할 수 있는 삼권분립이나 '공개성'의 원칙이 도출된다. 의회는 '공개성'을 체현하며, 입법권은 주권이 드러나는 장으로 상정된다. 한편 행정은 주권 담지자의 대표인 의회를 통해 만들어지는 법의 집행기관이며, 법에 의해 끊임없는 감시를 받는다. 즉 행정이라는 통치의 영역은 주권이나 법에 의한 규범이 주어지며 길들여진다.

위와 같이 통치와 주권의 관계를 정리한 오타케는 그럼에도 주권 이론은 근대 역사에서 "통치를 길들이기에 근본적으로는 성공하지 못한 것은 아닐까"라는 의문을 제기한다.[16] 그가 직접 염두에 둔 것은 신자유주의적 정책에서 전형적인 "국가의 민영화"나 정책 과정에서 전문가에 대한 위탁과 같이, 법이나 주권으로부터 떨어진 형태로 정치가 전개되는 현재적인 사태다. 하지만 그는 애초에 "통치는 본질적으로 법이나 주권으로부터 분

리되어갈 가능성을 품고 있다"라고 지적한다.[17]

입관 행정:
주권을 만들어내는 통치의 영역

당시 일본의 출입국관리 행정은 통치가 법이나 주권으로부터 자립한 형태로 전개되는 전형적인 분야였다. 근대국가의 행정 활동 속에서 출입국관리라는 영역이 가지는 특이성 때문이다. 이 특이성을 베헤렌(베트남에 평화를! 시민연합) 활동을 통해 입관수용소에 수용된 '밀항자'의 해방을 요구했던 오다 마코토小田實의 글을 통해 생각해보려 한다. 다음의 인용문은 오다가 쓰루미 순스케鶴見俊輔와 함께 지방의 입관수용소를 방문하여 책임자와 대면한 장면을 묘사한 부분이다.

두 명의 기쓰네 우동 양반* 중 한 사람이 불쑥 아무렇지도 않게 말했다. "안 쓰여 있나요? 그럼 제가 쓰지요."

(…) 이런저런 이야기가 오간 후 쓰루미 씨는 어디에서 손에 넣었는지 수용소의 규칙이나 세칙 같은, 그러니까 수용소 법률에 관한 문서를 꺼내어 그 양반의 발언에서 모순을 지적했다.

(…) "짐이 곧 국가다"라고 말한 왕이 옛날 유럽에 있었다. 달리 말하면 '법률이란 곧 짐이 쓰는 것이다'라는 것이다. 분명 내 눈앞의 기쓰네 우동 양반

---

* 말단 관리를 희화화한 표현이다. '기쓰네 우동(유부 우동)'이 갖는 일본적 맥락을 살릴 필요가 있어서 그대로 번역했다. ― 옮긴이

은 그런 대왕의 위치에 서 있었다. (…) 아니, 더욱 나를 놀라게 한 것은 그가 대왕이 되고 있으면서도 여전히 한낱 행정직원 그 자체이기도 했다는 그 하나의 사실이었다.[18]

"기쓰네 우동"은 마쓰모토 세이초松本清張의 소설에서 언제나 기쓰네 우동만 먹는 형사의 이미지로부터 가져온 표현으로, 일개 행정직원을 의미한다. 오다는 그 직원이 "제가 쓰지요"라며 스스로 규범을 만들어내는 힘을 가지고 있다는 점을 지적한다. 또한 그 힘은 행정 기구의 위계질서 속 그들의 위치에 걸맞지 않을 정도로 큰 권력이다. 즉 오다가 말하듯, 일개 행정직원이 절대주의 국가의 왕에 비유될 수 있을 정도로 "생살여탈권을 쥔 전지전능한 신과 같은 존재"[19]가 되는 것이 입관수용소다.

이렇게 입관은 스스로 규범을 만들어내는 힘을 가지고 있다. 법률학 분야에서 이것은 입관이 가지는 광범위한 재량권으로 위치 지어져왔다.* 입관이 이토록 거대한 재량권의 근거를 얻는 곳은, 출입국관리 행정이 국가의 주권에 속하는 사항이라는, 그 내용의 특이성에 있다.[20] 즉 국가는 누가 국내에 입국할지, 또 체류를 인정할지를 자유롭게 판단할 수 있다는 것이 입관의 입장이다. 게다가 대법원(최고재판소) 역시 입관의 이러한 입장에 정통성을 부여해왔다. 1978년 매클레인 사건マクリーン事件**의 대법원 판결

---

* 예를 들어 입관법 조문에는 법무대신 등이 "~할 수 있다"라는 문언이 많이 사용되고 있는데, 이는 법무대신 등의 재량을 인정하는 조문으로 해석된다. 또한 외국인의 출입국이나 귀화에 관한 처분은 행정불복심사법의 대상에서 제외된다. 兒玉晃一·關聡介·難波滿,《コメンタール 出入國管理及び難民認定法 2012》, 現代人文社, 2012, 18쪽.
** 1970년 9월 7일 일본에 체재 중이던 미국 국적 로널드 매클레인Ronald Alan McLean이 체류 기간 갱신불허가처분의 취소를 요구하는 행정소송을 제기하고, 불허가처분의 효력 정

에서는 "외국인에 대한 헌법의 기본적 인권의 보장은 (…) 외국인 체류 제도 범위 내에서 부여되는 것에 지나지 않는다"라는 판단을 내렸다. 그리고 이 사건의 판결은 이후 외국인 체류를 다루는 재판에서 참조되면서 입관의 광범위한 재량권을 인정하는 판결의 근거가 되어왔다.[*]

이렇게 입관 행정을 국가의 주권에 속하는 사항으로 위치시킨다는 것은, 반대로 말하면 입관 행정을 주권의 행사로 본다는 의미이기도 하다. 앞에서 살펴보았듯이 주권이나 법은 행정의 작용을 감시하고, 경우에 따라서는 제동을 거는 역할을 한다고 상정된다. 그러나 입관 행정의 집행은 주권을 체현하는 것으로 위치 지어지며,[**] 그렇기에 주권에 의해 길들여져야 할 영

지를 신청한 사건이다. 법무대신이 밝힌 갱신불허가처분의 이유는 ① 미신고 이직, ② 정치 활동 참가였다. 매클레인은 체류 중에 베트남전쟁 반대, 미일안보조약 반대, 재일외국인 정치 활동에 대한 억압 반대 등을 주창하는 '외국인 베헤렌' 활동에 참여하고 있었다. 원고(매클레인) 측에서는 정치 활동을 이유로 체류 연장을 거부하는 것은 헌법에서 보장하는 외국인의 기본적 인권 및 정치 활동의 자유를 침해한다고 주장했다. 재판에서는 이러한 헌법의 보장이 체류 허가를 결정하는 국가의 재량을 구속하는지의 여부가 심리의 대상이 되었다. 상고심 판결에서는 법무대신이 외국인의 정치 활동을 "소극적 사정으로 참작"하여 체류 기간 갱신을 결정할 재량권을 가진다는 판단이 내려졌다.(最高裁判所大法廷 昭和 53年 10月 4日 宣告 昭和 50(行ツ) 120 判決, https://www.courts.go.jp/app/hanrei_jp/detail2?id=53255, 2022년 1월 27일 열람. ― 옮긴이)

[*] 다만 사건 이후 국제인권규약을 비준하는 등 국내외의 환경이 변화함에 따라 매클레인 판결이 현재도 통용될 수 있을지에 대해서는 의문이 제기된다. 申惠丰, 〈侵害續く在留外國人の人権〉, 《Jounalism》, 2021年 11月, 40~45쪽; 水上洋一郎, 〈'提起'入管改革への課題〉, 《世界》, 2021年 11月.

[**] 뒤에서 서술하겠지만, 조르조 아감벤은 수용소를 법규범이 유예된 예외 상태가 영구화된 공간으로 파악했다. 아감벤에게 주권이란 법의 효력을 유예하는 동시에 그 유예된 공간에서 행사되는 권력이다. 또한 주디스 버틀러 역시 푸코와 아감벤의 논의를 참조하면서 관타나모형무소에 대해 "국가가 법을 정지하거나 자기의 목적에 맞춰 왜곡하는 행위를 통해 주권이 다시 도입된다"라고 논한다. 따라서 "법의 정지는 통치성과 주권의 통합을 가능"하게

역으로 생각되지 않는다. 오히려 입관 행정이 스스로 규범을 창설하고, 그 것을 주권의 행사로 위치시킨다. 즉 입관이라는 "통치행위의 효과로서 주 권이 생산되는"[21] 형태가 되고 있다.

입관 행정에 법이나 주권이라는 제동이 없을 뿐만 아니라, 행정의 효과 로서 주권이 만들어지는 상황은, 달리 말하면 입관 행정의 영역이 길들여 지지 않는 벌거벗기는 통치의 공간, 곧 '예외 상태'라는 것을 의미한다.

입관수용소에서의 공방: 벌거벗겨지는 생명과 저항

조르조 아감벤은 "수용소란 예외 상태가 규범이 되기 시작할 때 열리는 공간"이라고 말한다.[22] 예외 상태란 전형적으로는 전쟁과 같이 통상 적인 법규범이 일시적으로 유보되고 통치가 전면화되는 상황을 가리킨다. 반면 수용소는 이러한 예외 상태가 일시성을 잃고 정상화된 공간으로 만들 어진다. 나치의 수용소를 참고한 아감벤은, 수용소에 수용된 사람들은 법 적 보호를 완전히 박탈당했다고 말한다.

피수용자가 모든 정치적 지위를 박탈당하고 완전히 벌거벗은 생명으로 환 원되었다는 사실 자체로, 수용소는 이전에 한 번도 실현된 적 없는 가장 절

한다. Judith Butler, *Precarious LIfe: The Powers of Mourning and Violence*, Verso, 2004(ジュディス・バトラー 著, 本橋哲也 譯,《生のあやうさ》, 以文社, 2007, 103쪽). 이들 논의를 고 려했을 때 주권만이 아니라 입관법이 담보하는 입관수용소에서 법은 정지될 필요가 없다. 오히려 법과 통치성과 주권의 통합이 가능한 공간이라고 할 수 있다.

대적인 생명정치적 공간이며, 그곳에서 권력은 그 어떤 매개도 없는 순수한 생물학적 생명과 마주하게 된다.[23]

아감벤은 법적 보호를 박탈당한 채 수용된 인간은 "벌거벗은 생명bare life", 즉 "생물학적 생명"으로 환원된다고 논했다. 이는 정치로부터 배제된 존재를 말한다.

그러나 '생물학적 생명/정치적 생명'이라는 아감벤의 이분법적 발상은 비판을 받기도 했다.[24] 수용소(또는 난민캠프 등 그에 필적하는 공간)에서 이주민·난민은 '생물학적 생명'만을 살아가는 것이 아니기 때문이다. 오히려 그들이 어떻게 정치적으로 저항하고 있는지에 주목하여 그 '정치적 생명'을 강조한다.

하지만 정치적 생명에 대한 강조 역시 아감벤이 갇힌 이분법을 전제한 것처럼 보이기도 한다. 이 글에서는 그런 전제를 벗어나서 입관수용소의 권력 구조를 피수용자에게 '벌거벗겨짐'을 강제하는 지속적이고 전면적인 과정으로 이해하고자 한다. 즉 '벌거벗음'을 보호를 박탈당한 생명의 성질로서가 아니라, 입관수용소의 권력 작용을 의미하는 개념으로 생각해보면 어떨까? 이미 살펴보았듯이, 수용소에서 입관은 스스로 규범을 만들어내는 힘을 가지고 있으며, 또한 주권이라는 최고의 결정권을 체현하는 것으로 위치 지어졌다. 입관수용소는 그 권한 아래서 물리적 폭력이 행사되는 장소이기도 했다. 피수용자는 의심의 눈초리를 받기 일쑤이고, 그들의 호소는 무시되거나 방치되며, 때로는 '징벌'이 가해지는 일도 있다. 즉 그들은 '동물'처럼 취급되며 실제로 적지 않은 피수용자가 생명을 잃었다. 수용소의 권력이란 피수용자의 생명으로부터 권리나 존엄을 빼앗고 벌거벗기는 힘이다.

그러나 이것이 곧 수용소에 갇힌 피수용자가 마땅히 "벌거벗은 생명"으로 환원됨을 의미하지는 않는다. 오히려 '벌거벗기는' 권력은 반대로 사람들의 저항을 만들어냈다. 오무라수용소가 설립되고 20년이 지나서 발행된 《오무라수용소 20년사大村收容所20年史》에는 "특수 사건"이라는 항목이 있는데, "소요"나 "단식투쟁", "자해 행위", "폭행 사건", "도주" 등이 열거되고 있다. 그중 대다수는 입관의 질서에 대한 끊임없는 이의신청이다. 현대의 피수용자도 마찬가지다. 수용을 경험했던 한 필리핀인은 "거기에 들어가서 나는 더 강해졌다. 그런 구접스러운 짓을 다시는 겪고 싶지 않다"라고

〈그림5-2〉 도쿄출입국재류관리국의 수용시설(도쿄입관)과 동일본입국관리센터(우시쿠수용소)에서 총 2년 8개월간 수용되었던 칠레 출신 페냐 클라우디오Peña Claudio의 그림.

말한다. 다른 남성은 수용소 안의 상태를 그림으로 그려 외부에 전했으며, 또 다른 피수용자는 매일 일어난 일이나 직원의 대응 등을 자세하게 기록하면서 그 언젠가를 준비하고 있다. 또한 2018년에 입관이 '가방면'의 기준을 강화했을 때는 전국 복수의 수용소에서 단식투쟁이 일어났다.

게다가 팬데믹 상황에서 피수용자의 저항은 수용소 밖으로 확장될 수 있었다. 2020년 입관청이 수

용소 내 감염을 막는다는 명목으로 약 6400건의 가방면을 인정했기 때문이다.* 2017~2019년 임시 방면 허가 건수가 연간 2000건을 밑돌았던 것을 고려하면 대폭 증가했음을 알 수 있다. 반면 2020년 입관청은 수용소의 장기 수용을 해소한다는 목적으로 난민 인정 신청 중에는 본국 송환이 불가능한 '송환정지효력' 규정에 예외를 설치하는 등 일본 체재를 희망하는 난민 신청자나 미등록 이주자의 송환이 쉬워지도록 수정한 입관법 개정안을 국회에 제출했다.

이 법안 제출은 서두에서 이야기한 위슈마의 죽음이 밝혀진 시기와 겹치면서 광범위한 비판을 불러일으켰다. 이주민의 권리를 요구하는 NGO는 국회 앞에서 농성을 벌이거나 SNS를 통한 항의운동을 펼쳐 나갔다. 농성 현장에는 일시적으로 수용이 해제되어 가방면된 사람들도 있었다.

농성장은 평소에는 비가시화되었던 피수용자의 모습이 드러나 그들의 목소리가 들리는, 순간의 공공공간으로서 눈앞에 나타났다.[25] 팬데믹은 "집에 머무세요stay home"라는 구호 아래 사람들을 '집home'이라는 갇힌 공간에 '머물게stay' 만드는 상황을 초래한 반면, 피수용자에게는 다른 상황을 가져왔다. 즉 그들은 (일시적이라고는 해도) 그때까지 갇혀 있던 수용소에서 해방되어 공공공간에 나타날 수 있었다. 그렇게 공공공간에서 울려 퍼진 그들의 목소리는 보다 넓은 사회로 가 닿을 수 있었다. 결국 이 항의운동은 입관법 개정안 폐기로 이어졌다.** 출입국에 관한 법안이 폐기된 것은

* NPO 법인 '이주자와 연대하는 전국 네트워크' 부처 요청(2021년 3월 9일)에 대한 입관청 제출 자료. 가방면이란 피수용자의 입관 수용을 일시적으로 해제하는 것을 의미한다. 그러나 가방면자가 수용소 밖에서 생활할 때 취업을 금지하거나 거주 중인 광역 행정구역(도도부현) 밖으로 이동할 경우 사전 신청을 요구하는 등 다양한 제약을 부여하고 있다.
** 2023년 6월 〈출입국 관리 및 난민인정법 및 일본국과의 평화조약에 의거하여 일본의 국적

〈그림5-3〉 입관법 개정안에 반대하는 NPO 법인 '이주자와 연대하는 전국 네트워크'의 의회 앞 농성에서 발언하는 가방면자(2021년 4월 촬영).

을 이탈한 자 등의 출입국 관리에 관한 특례법의 일부를 개정하는 법률(이하 '개정입관법')〉이 성립, 공포되었다(2023년 법률 제56호). 이 '개정입관법'은, '보완적 보호 대상자' 인정제도의 창설, 송환 효력 정지의 예외 규정의 창설, 벌칙부付 퇴거명령제도의 창설, 수용에 대신하는 감리조치제도의 창설, 재류 특별 허가의 신청 수속의 창설 등을 내용으로 한다('보완적 보호 대상자' 인정제도는 2023년 12월 1일부터 시행, 그 외는 2024년 6월 15일까지 시행 예정). 그중 '보완적 보호 대상자' 인정제도는 일본 내에서 비판을 받고 있다. '개정입관법'에서 보완적(인도적) 보호의 범위가 국제적 기준과 큰 차이가 있다는 점, 기존 난민 인정 기준의 엄격함을 유지하면서 "난민에는 해당하지 않으나 박해의 우려가 있어 출신국으로 돌아갈 수 없는 사람"이라는 보호의 대상 범위 역시 해석의 여지에 맡겨두었다는 점 등이다. 또한 기존 법에서 난민 신청 불인정을 받은 사람 중, 일본에 오랜 기간 거주하거나 결혼, 아이 등을 이유로 재류할 필요가 인정되는 사람에게 적용되던 '인도적 배려에 의한 재류 허가' 제도가 삭제되었다는 점 역시 큰 문제로 지적된다. 자세한 내용은 〈改定入管法により開始した '補完的保護'とは？―難民保護の現状から考える〉, 2023년 12월 6일(https://d4p.world/news/24217, 2024년 2월 15일 열람)을 참조.―옮긴이

1973년 이래 48년 만의 일이었다. 이처럼 수용소는 '벌거벗겨진 생명'을 강제하는 힘과 피수용자의 저항이 공방을 벌이는 공간이기도 하다.

제국과 국민국가 사이에서: 벌어지는 공방

이 글에서는 역사와 권력 구조에 주목하면서 입관수용소란 무엇인가 하는 물음에 답하고자 했다. 아감벤은 수용소란 국민국가의 구조인 영토, 질서, 출생이라는 관계성이 제대로 기능할 수 없게 될 때 만들어진 것임에 주의를 기울이도록 촉구한다. 즉 유럽의 수용소는 기존의 국민국가 구성원을 정하던 규범을 따를 수 없게 된 현실에서, 규범의 변혁이 이뤄짐과 동시에 설치되었다는 것이다. 일본의 입관수용소 역시 아시아태평양전쟁의 종결에 따라 일본제국이 붕괴하고 동아시아가 국민국가로 재편되는 과정에서 만들어졌다. 당시 일본은 제국으로부터 민족화하는 국민국가로 전환되는 과정에서 구성원을 정하는 규범을 변화시켰다. 제국과 국민국가 사이를 잇는 경첩으로 기능한 수용소는 물리적 폭력을 수반하면서 영내의 인구를 새로운 구성원의 규범에 합치시키기 위한 장치였다. 즉 새로운 규범에 의해 '외국인화'된 사람과, 제국의 기억과 네트워크를 기반으로 새로운 국민국가의 국경을 넘어오는 '외국인'을 선별하여 가두고 추방하기 위한 장소로 기능해왔다. 그런 의미에서 수용소는 국민=종족문화적인 '일본인'이라는 국민국가 구성원 규범의 집행기관이다.

동시에 수용소는 제국과 마찬가지로 통치성이 전면화된 공간이기도 하다. 출입국관리를 국민국가의 주권을 드러내는 장으로 위치시키고 그 영역을 관리하는 입관은 입관 행정의 집행을 주권의 체현으로 여긴다. 수용소는 제국과 국민국가 사이의 경첩이라는 장에 놓여 있다. 여기서 주권은 통치를 제어하는 것이 아니라, 오히려 "통치 효과"로서의 주권이 만들어지고 있다. 이 통치 권력은 피수용자의 생명을 '벌거벗기는' 효과를 가지는데, 이는 피수용자가 언제나 '벌거벗은 생명'으로 살아감을 의미하지 않는다. 그 효과는 피수용자의 저항을 불러일으켰으며, 역사 속에서 수용소는 실제로 피수용자의 저항의 장이기도 했다. 그런 의미에서 수용소는 '벌거벗겨진 생명'을 만들어내려는 권력과, '인간'이고자 하는 저항자가 공방을 벌이는 공간이기도 했다.

외국인보호소와 출입국관리 체제의 현재적 계보

'비국민'의 시간이
고여 있는 장소,
계류된 삶을 만나다/듣다

지은이 심아정

동물, 난민, 여성, 가해자성을 키워드로 공부와 활동을 이어가고 있다. '외국인보호소폐지를위한물결 International Waters 31'을 시작하면서 이주 구금을 국경 통제와 시설화된 삶의 문제로 다시 만났다. 화성외국인보호소 면회 활동 마중, 국제법X위안부 세미나 팀, 피스모모평화페미니즘연구소, 번역 공동체 '잇다', 아카이브평화기억 등을 통해 대학 바깥에서 새로운 앎과 삶을 모색하는 중이다. 번역서로는《유곽의 총파업》(근간),《일본인 '위안부'―애국심과 인신매매》(2021) 등이 있고, 최근에 쓴 글은〈페미니즘과 생태적 관점으로 다시-쓰는 '민'들의 법정의 계보〉(《사이間SAI》 31호, 2022),〈가해국 여성들의 피해, 일본인 '위안부'문제를 어떻게 '문제화'할 것인가〉(《문학들》 64호, 2021),〈코로나19의 시간과 구금의 정치―화성외국인보호소에 계류된 삶들〉(《백조》 7호, 2021),〈'위안부' 소송, 국제면제 법리와 '여성' 인권의 충돌―젠더적 관점에서 조망하는 '위안부' 판결의 의미〉(《일다》, 2021) 등이 있다. 공저서로는《난민, 난민화되는 삶》(2020),《동아시아 혁명의 밤에 한국학의 현재를 묻다》(2020) 등이 있다.

1. '보호'라는 이름의 '구금'

2. 이게 다 '출입국관리법' 때문이다

3. '비국민'의 시간이 고여 있는 장소, 계류된 삶을 만나다/듣다

4. 화성외국인보호소 '새우꺾기' 고문 사건 그리고 이후의 시간

5. 외국인보호소폐지운동, 그 파동의 지대에서

• 이 글은《황해문화》114호(2022년 봄호)에 실린 동명의 원고를 수정·보완한 것이다.

'보호'라는 이름의 '구금'

2020년 11월 화성외국인보호소 면회 활동을 하는 '마중'에 합류했다. 서울역에서 무궁화호를 타고 수원역에 내려서 버스를 타고 한 시간쯤 더 가면, 찾아오기 어려운 외진 곳을 골라 잘도 지었다는 생각이 들 정도로 삭막한 풍경 속에 화성외국인보호소와 화성직업훈련교도소가 나란히 모습을 드러낸다. 정문 앞에는 영문으로 '화성 이미그레이션 디텐션 센터 Hwaseong Immigration Detention Center'라는 표지판이 걸려 있다. '구금'의 뜻을 지닌 디텐션Detention이 어쩐 일인지 '보호'로 번역되어 있다.

'출입국관리법'에서는 '보호'를 어떻게 정의할까? 원래는 '법률상 보호'를 정의하는 규정이 없었는데, 보호의 개념이 사전적 의미와 달리 사용된다는 비판이 제기되어 2010년에 규정이 신설되었다고 한다(2010년 5월 14일, 법률 제10282호). 출입국관리법 제2조 제11항은 보호를 다음과 같이 규정한다.

'보호'란 출입국 공무원이 (…) 강제퇴거 대상에 해당된다고 의심할 만한 상당한 이유가 있는 사람을 출국시키기 위하여 외국인보호실, 외국인보호소 또는 그 밖에 법무부장관이 지정하는 장소에 인치引致하고 수용하는 집행 활동을 말한다.

이 같은 정의에 따르면 이주민의 '보호'는 강제 퇴거(추방)될 만하다는 '의심'을 전제로 한다. 이러한 의심하에 강제퇴거를 심사하고 집행하는 과정에서 '구금'하는 행위를 '보호'로 규정하는 것이다. 그러나 '영장'이 아닌 '보호명령서'로 인신을 구속하는 과정에서 발생하는 인권침해에 대한 법적 보호 장치는 제대로 마련되어 있지 않다. 놀랍게도 인신보호법은 보호소에 구금된 외국인에게는 적용되지 않는다.

'보호'라는 미명하에 사실상 갇혀 있는 이들 중 대부분은 비자 허용 기간이 지난 '불안정 이주자*'다. 체불 임금을 받기 위해 귀국을 미루며 지내다가 불심검문으로 잡혀 들어왔거나, 여러 사정으로 체류 기한 연장을 놓친 이들, 받아온/도래할 박해로 난민 신청 중인 이들이 대부분이고, 2020년부터 2022년 사이에는 코로나 상황 때문에 형사범으로 집행유예를 받거나

---

*   이들은 흔히 '불법체류자'로 불린다. 그러나 '불법'이라는 단어가 형사범을 연상시킨다는 점에서 이러한 용어 사용은 지양되어야 한다. 실질적으로 한국 법무부 출입국 역시 체류 기간을 넘긴 출입국법 위반자를 일시적으로 구금할 경우 이를 '행정상' 즉시 강제하는 행위로 규정하고 있다. 이 글에서는《반란의 매춘부》의 옮긴이 이명훈의 번역어를 차용하여 서류 절차 없이 국경을 넘는 사람을 '밀입국'이 아닌 '미등록 이주undocumented migration' 로, 합법적 경로를 통해 이주했지만 비자 허용 기간을 초과하거나 실직 등의 이유로 시간이 지남에 따라 미등록자 또는 불안정한 등록자가 되는 경우를 지칭할 때는 '불안정 이주 irregular migration'로 표기하기로 한다. 몰리 스미스·주노 맥 지음, 이명훈 옮김,《반란의 매춘부: 성노동자 권리를 위한 투쟁》, 오월의 봄, 2022, 123쪽 역주 참고.

실형을 산 후 강제퇴거명령을 받아 출국 대기 중인 이들도 외국인보호소에 머무르고 있다.

이처럼 구금된 이들은 난민 신청자를 포함하여 여러 '행정적인' 사정으로 체류 기간을 넘긴 사람이 대부분이다. 국제이주기구IOM, International Organization for Migration에서 공식 발간한 용어집에서는 '행정적' 구금을 '형사적' 구금과 엄밀히 구분한다. 대부분의 국가에서는 이러한 구분에 따라 이민법을 위반한 자를 강제퇴거 조치할 때까지 '행정적'으로 구금할 것을 원칙으로 한다. 이는 체류 기간을 넘긴 것을 형사 범죄로 간주하여 감옥 같은 곳에 가두는 징벌적 조치를 취하지 않겠다는 뜻이다.

출입국관리법에서 말하는 '보호' 또한 엄밀히 말하면 행정적 필요에 따른 '비형벌적' 인신 구속에 해당한다. 그러나 한국의 외국인보호소는 교정 시설과 동일한 구조로 설계된데다, 사실상 출입국관리법이 무기한 구금을 허용해왔기 때문에 결국 징벌적 시공간의 성격을 띠게 된다는 점에서 매우 문제다. 미리 말해두지만, 이 글의 취지는 '형사적' 구금이 아닌 '행정적' 구금이라면 괜찮다는 것이 아니라, 국가 안보나 국경 관리 체제까지 들먹이면서 불안정 이주자를 '구금'하는 것을 당연시하는 한국 사회의 인식과 제도에 대해 이의를 제기하고 '구금' 그 자체를 문제 삼자는 것이다.

한국 내 외국인보호시설은 화성, 청주, 여수에 있는 전문 보호시설 3개소와 전국의 출입국 외국인청 16개소, 출장소 9개소를 합친 부속 보호시설 25개소가 있다. 이 가운데 화성외국인보호소는 규모가 가장 크고 수용 인원도 가장 많다. 보호소 내 강제퇴거 대상자는 거칠게 두 부류로 나눌 수 있다. 귀국을 준비하는 단기 구금자와 난민 신청 중이기 때문에 돌아갈 수 없는 장기 구금자. 후자의 경우라면 사실상 '무기한' 구금에 가깝다. 감옥 생활에도 최소한 '형기'라는 게 있다. 그러나 외국인보호소에는 기약 없이 유예된 삶이, 그리고 그들의 시간이 출렁이며 고여 있다. 이 글은 목격자이자 조력자로서 이곳에 계류된 삶을 마주한 2년간의 기록이다.

이게 다 '출입국관리법' 때문이다

인권 상실의 지대, '신체의 자유'와 '국가 주권의 재량' 간 충돌 지점

이주구금immigration detention이란 이주 및 출입국을 통제하는 권한에 근거한 구금을 말한다. 구금된 이주민에게도 '신체의 자유'는 반드시 보장되어야 하는데, 출입국 통제는 '국가 주권'의 행사로 인식되어왔기 때문에 이제껏 입법 및 집행 단계에서 '상당한 재량'이 인정되어왔다. 이주 구금제도에서 인권 문제는 다름 아닌 '신체의 자유'와 '국가 주권의 재량'이 충돌하는 지점에서 발생한다.¹ 실제로 외국인보호소 면회 활동과 폐지운동을 병행하면서 보호소 직원이나 출입국 공무원에게 '상당한 재량'이 인정되는 상황을 목격하거나 전해 듣게 되었고, 때로는 그들의 '재량'이 어떤 상황에서는 생살여탈권처럼 행사될 수 있다는 현실에 대해 커다란 문제의식을 갖게 되었다. 이런 맥락에서 출입국관리법의 개정 내용과 몇몇 문제적 조항을 살펴볼 필요가 있다.

출입국관리법 제51조에는 "강제퇴거의 사유가 있다고 의심할 만한 상당한 이유가 있고, 도주하거나 도주할 염려가 있는 경우에 보호명령 또는 긴급보호의 절차를 거쳐 그 외국인을 보호할 수 있다"라고 되어 있는데, '상당한 이유'라든가 '도주의 염려'라는 용어는 그 해석이 자의적이어서 그 자체로 인권침해의 소지가 다분하다. 게다가 일반적으로 인신을 구속할 경우 법원의 판단에 따라 발부되는 '영장'이 필요하지만, 이주민의 인신 구속

연도	출입국관리법의 제·개정 내용
1963년	기존 '외국인의 입국·출국과 등록에 관한 법률'을 구체화하며 제정됨.
1967년	수용(인신구속)에 관한 사항을 법률로 정하는 것으로 개정.
1992년	이주구금제도의 명칭을 '수용'에서 '보호'로 변경하는 내용으로 개정. 출국 명령을 받은 자의 도주 우려에 대한 대책으로 일시보호제도를 도입.
2005년	구금 시설 내 외국인에 대한 강제력 행사에 관한 규정을 도입. 구금된 외국인의 처우에 관한 사항 중 일부를 법률로써 정하는 것으로 개정.
2010년	3개월을 초과하는 보호에 대한 법무부장관의 승인제도 도입. 구금의 요건을 여권을 소유하지 않는 자 또는 교통편 미확보 등으로 구체화.

은 출입국관리소장 등이 발부한 '보호명령서'에 의해 결정된다는 점도 문제다.

'무기한 구금'의 진앙, 출입국관리법 제63조 제1항

지방출입국·외국인관서의 장은 강제퇴거명령을 받은 사람을 여권 미소지 또는 교통편 미확보 등의 사유로 즉시 대한민국 밖으로 <u>송환할 수 없으면 송환할 수 있을 때까지</u> 그를 보호시설에 보호할 수 있다.(밑줄은 인용자.)

출입국관리법 제63조 제1항은 강제퇴거 대상 외국인의 '무기한 구금'을 가능하게 하는 근거 조항이다. '강제퇴거'란 '추방'의 완곡한 법적 표현이며 '강제송환'이라고도 한다. 언제까지, 얼마 동안 구금하겠다는 기간의 '상한' 이 정해져 있지 않고, 법무부 이외에 제3의 독립적 기관이 관여할 수 있는 절차 또한 마련되어 있지 않다. 이 문제적 조항에 대해서는 세 번이나 위헌심판제청이 있었는데, 법원이 위헌법률심판을 제청하면 헌법재판소가 해당 법률의 위헌 여부를 가리게 된다. 2013년 헌법재판소 결정에서는 위헌 의견(5인)이 합헌 의견(4인)보다 다수였지만, 위헌 정족수(6인)에는 이르지 못했다. 그러나 합헌이라고 판단한 의견도 현행 이주구금제도를 정비할 필요성이 있다는 점은 인정했다.[2]

현행 난민법 제3조는 "난민 인정자, 인도적 체류자, 난민 신청자를 본인의 의사에 반해 본국으로 강제 송환할 수 없다"라고 규정한다. 국회가 비준한 국제법인 난민협약 역시 "난민을 어떠한 방법으로도 그 생명 또는 자유가 위협받을 우려가 있는 영역의 국경으로 추방하거나 송환해서는 안 된다"라며 강제송환 금지 원칙을 명시한다.

그러나 출입국관리법 제63조 제1항은 난민 신청자의 경우처럼 애초에 송환 불가능한 사람을 '송환할 수 있을 때까지' 보호하겠다는 기괴한 의지를 피력한다. 돌아갈 수 없는 저마다의 이유를 가진 난민 신청자에게 이러한 법조항은 사실상 기약 없이 갇혀 있어야 한다는 것을 의미한다. 강제퇴거명령을 받은 이들이 외국인보호소로 보내진 후 본국으로 송환되거나 난민 인정을 받을 때까지 길게는 수년씩 보호소에 구금되는 배경에는 이러한 출입국관리법이 버티고 있다.

그렇다면 다른 나라는 구금 기간의 상한을 어느 정도로 규정할까? 독일의 경우 강제추방을 위한 구금은 6개월까지 명할 수 있고, 더 긴 기간이 소요될 것으로 예상될 경우 최대 12개월을 연장할 수 있도록 정하고 있으며, 유럽연합EU '불법체류자' 송환 지침[3] 역시 이와 동일하게 규정한다. 미국은 강제퇴거 대상인 외국인을 구금하되 90일의 퇴거 기간 이내에 퇴거를 집행하도록 하고, 미국 연방대법원은 퇴거 기간 경과 후 무기한 구금이 허용되는 것이 아니라 그 합리적 기간은 6개월로 추정된다고 판시했다. 이와 같이 국제적 기준이나 다른 입법 사례에서 최대 구금 기간을 정하도록 하

는 이유도, 상한이 정해져 있지 않은 구금이 중대한 인권침해를 초래할 가능성이 있기 때문이다.[4]

실제로 화성외국인보호소의 최장기 구금인 O는 4년 8개월 동안 갇혀 있었다. 그는 구금 중 난민재판에 호송해달라고 요구했지만 "호송 가능 인원이 없다"라는 이유로 보호소 측에 의해 거부당했고, 네 번의 패소를 겪는 동안 단 한 번도 법원에 출석할 수 없었다. 2017년 보호소 측의 재판 호송 거부로 자신의 기본권이 침해당했다며 헌법소원심판을 청구한 뒤에야 그는 '보호해제'되었다. 당시 사건을 담당했던 변호사는 "화성보호소는 헌법재판소가 헌법 소원을 인용할 경우 다른 난민 신청자의 장기 구금에도 영향을 끼치는 등 후폭풍이 불 것을 우려해 헌재 결정이 내려지기 전에 O의 보호를 해제한 것으로 보인다", "헌재는 O가 이미 보호소를 나왔기 때문에 재판 호송 거부 처분에 따른 피해가 해소되었다고 판단해 각하 결정을 내렸다"라고 설명했다.[5] 그러나 보호소에서 풀려난 것만으로 무려 4년 8개월이라는 시간을 빼앗긴 O의 피해가 해소되었다고 말할 수 있을지, 당시 헌재의 판단에도 여전히 커다란 의문이 남는다.

세 번의 위헌 제청 끝에 2023년 3월 23일, 헌법재판소는 출입국관리법 제63조 제1항에 대해 헌법 불합치 결정을 내렸다(헌법재판소 2020헌가1, 2021헌가10 병합). 물론 무기한 구금에 대한 헌법 불합치 판결은 환영할 만한 성과다. 그러나 이러한 결실이 곧장 장기 구금자의 즉각적인 보호 해제로 이어지지는 않는다. 또한 이번 판결만으로는 단속-구금-추방이라는, 가난한 국가에서 온 비국민을 향해 차등적으로 행사되는 합법화된 연쇄적 국가 폭력을 끊어낼 수 없다. 위헌 제청, 입법 그리고 법 개정 운동이 이주 구금 문제를 다룰 때 중요하다는 것에는 동의한다. 그러나 '국경 통제'라는 원초적인 국가 폭력 앞에서, 이를 사법적으로'만' 접근하는 것에 대해서는 위화감을 떨쳐버리기 어렵다.

헌재 결정 이후로도 법무부와 경찰은 아랑곳하지 않고 대대적인 합동 단속을 실시하여 일터뿐만 아니라 예배당, 콘서트장, 마트, 버스정류장과 같은 일상의 공간에서 비국민을 잡아들였다. 비국민의 일상은 이렇듯 '공공'의 이름으로, '국민'의 안전을 위해, 느닷없이 들이닥친 공권력에 의해 하루아침에 중단된다. 2023년 상반기에만 3만 7000여 명이 강제출국 혹은 자진출국이라는 이름으로 '추방'되었다. 헌법 불합치 판결 이후로도 "외국인보호소 지금-당장 폐지하라"라는 목소리를 멈출 수 없는 이유가 바로 여기에 있다.

이주 문제는 어떻게 국가 안보의 문제가 되었나

면회실 벽에는 "이곳은 국가보안시설이므로 일체 사진 촬영을 금합니다"라는 경고 문구가 붙어 있다. 화성외국인보호소는 '국가보안시설'이다. 보호소에 구금된 이들이 국가 안보를 위협하기라도 한다는 말인가? 비국민을 가둠으로써 국민의 안전이 보장되기라도 한다는 것일까? 난민과 불안정 이주민의 인권에 대한 담론은 언제, 어떻게 '안보'의 영역으로 포섭되었나?

미국의 경우 2001년 9·11사건 이후 국토안보부DHS, The Department of Homeland Security와 22개의 연방사무소, 이민세관단속국ICE, Immigration and Customs Enforcement이 출범했다. 이는 제1차 세계대전 이후 국방부가 창설된 이래 미국 정부가 단행한 가장 크고 중요한 조직 개편에 해당한다. 이민단체들은 이런 조치가 기본적인 시민권에 위배된다며 거세게 반발했다. 그러나 미국 정부는 이민자와 테러리즘 '연루 의심자'의 정보를 수집하기 위해 국가 행정력을 증대했고, 이런 와중에 국가 안보에 '위험하다고 추정되는' 이주자를 객관적 증거 없이 구금하거나 추방했다. 결론적으로 국토안보부나 이민세관단속국과 같은 기구의 창설은 이주 담론을 왜곡하고, 테러리즘에 대한 공포는 '이주' 문제를 '국가 안보'의 문제로 둔갑시켰다.[6]

유럽의 경우 이주에 대한 "자신의 모순을 추방하거나 아니면 탈지역화하고 싶어" 한다. 유럽연합은 2004년부터 아프리카인의 이주 홍수를 막기위해 북아프리카의 모로코, 알제리, 튀니지 등 이른바 마그레브 국가를 '전위부대'로 삼기 시작했고, 조건부 원조를 통해 이주와 국경 통제를 개발 협력과 밀접하게 연관시켜왔다. 2008년 10월 말리의 수도 바마코에 설립되어 제9차 유럽개발기금으로부터 자금을 지원받은 '이주정보관리센터'와 같은 프로젝트는 이주와 국경 통제의 외재화 과정을 보여주는 대표적인 사례다. 이러한 기획은 말리 정부를 유럽의 경계 안으로 포섭하고, 이주와 개발을 새롭게 연계하는 특징을 갖는다.[7]

유럽연합은 2015년부터 난민이 지중해나 유럽으로 향하기 전에 원천차단하는 방식을 적극적으로 추진하고 있다. 이를 위해 기금을 설립하고 니제르, 에티오피아, 리비아, 수단 등 난민의 이동 경로가 되는 주요 국가에 자금을 지원한다. 그 규모만 한화로 3조 8000억 원이 넘는다고 한다. 이러한 정책으로 유럽연합의 국경은 아프리카 사하라사막까지 확장되었다. 유럽의 자금으로 아프리카 국가들의 국경경비대 및 해안경비대가 유럽연합대신 난민을 차단하거나 수용하고 있기 때문이다.[8]

게다가 많은 사설 단체가 국경을 지키는 데 참여하게 되었다. G4S 같은 사설 보안 회사는 오스트레일리아, 벨기에, 프랑스, 이스라엘, 네덜란드, 영국, 미국과 같은 법적 관할권을 가로질러 국경 통제에 가담하고 있다. 주 경쟁사인 SERCO와 함께 G4S는 '망명시장Asylum Market'이라 불리는 장에서 작동하며, 여러 법적 관할권 내에서 이주 구금과 추방에 관한 '서비스'

를 위해 여러 국가와 계약을 맺어왔다.[9] 난민의 인권을 고민하는 담론은 이런 식으로 국경 통제를 둘러싼 안보화 과정의 일부가 되어버릴 수 있다. 국가는 진짜 난민에게 합법적인 체류 자격을 부여하고 가짜 난민을 색출하여 구금하고 추방하는 차별화 전략을 통해, 후자를 비난함으로써 국경 통제를 정당화하며 전자를 지원하는 방식을 취하는 것이다.

'비국민'의 시간이 고여 있는 장소, 계류된 삶을 만나다/듣다

첫 면회에서 만난 A, 이슬람 국가를 떠나온 비무슬림 성소수자[*]

첫 면회에서 만난 A는 이슬람 국가를 떠나온 비非무슬림 성소수자 난민 신청자이며, 구금된 지 8개월이 지났다고 했다. 무엇보다 '수감복'을 연상케 하는 '보호복'을 입고 나타난 모습과 감옥의 접견실에서나 볼 수 있는 두꺼운 아크릴판을 사이에 두고 수화기로 대화를 나눠야 한다는 사실에 큰 충격을 받았다. 등에 커다랗게 '보호외국인'이라고 쓰여 있는 보호복은 일주일에 딱 한 번 지급된다고 한다.[**]

자기소개를 하고, A의 건강 상태를 묻고, 프랑스어와 아랍어를 구사하는 그로서는 이해할 수 없는 '한국어로 쓰인' 난민 불인정 결정 통지서의 내용을 알려주고, 필요한 생필품을 체크하다 보면 허락된 20분이 금방 지나

---

[*] 이 글에 등장하는 사례는 당사자와의 지속적인 관계 속에서 허락을 구하고 인용되었지만, 국적과 이름은 밝히지 않기로 했다.

[**] 2021년 당시의 이러한 의복 규제에 관해서는 규정 자체는 그대로지만, 2022년 2월 현재 부분적으로 상의 사복을 허용하는 등의 조치를 취하고 있다고 구금인들은 전한다.

간다.

동성애를 금지하는 형법이 있는 엄격한 이슬람 국가에서 온 A는 동네에서 점점 괴롭힘이 심해져 린치를 당하는 등 노골적인 차별과 혐오 때문에 300킬로미터나 떨어진 곳으로 이사를 했지만, 그곳에서도 집 안으로 돌멩이가 날아들어 가구가 파손될 정도로 박해를 받았다. 2018년 그는 비자가 필요 없는 한국행 비행기를 탔다. 그의 난민 신청은 다음과 같은 사유로 불인정되었다(A의 동의하에 공개).

> 신청인은 무종교인이자 동성애자로서 이슬람 사회인 자국에서 차별받아 난민임을 주장하나, 진술을 뒷받침할 만한 별다른 입증 자료가 없는 점, 신청인이 진술하는 위협은 주로 자국인들에게 비난과 욕설을 들은 것으로 박해에 상당하는 신빙성을 부여하기 어려우며, 신청인은 동성애 및 종교와 관련하여 자국 정부나 자국민들로부터 주목을 받을 만한 적극적인 활동을 한 사실이 없고 (…) 자국에서 신중하게 동성애 활동을 한다면 박해적 상황에 노출될 가능성이 희박할 것으로 보이는 점 등을 종합해볼 때, 신청인은 '난민법'상 난민 인정의 요건을 충족했다고 하기 어려워 난민 불인정을 결정한다.

"동성애 및 종교와 관련하여 자국 정부나 자국민으로부터 주목받을 만한 적극적인 활동"을 해야만 난민으로 인정받을 수 있다니, 도대체 대한민국의 판사는 무슨 소리를 하고 있는 걸까? 엄격한 이슬람 사회에서 비무슬림이라는 사실을, 동성애자 관련 형법까지 있는 견고한 이성애 중심주의 사회에서 동성애자라는 사실을 광장에서 외치기라도 해야 한다는 것일까? 이것이 대체 가능하기나 한 일인가? 게다가 귀국 후 "신중하게 동성애 활동을 한다면 박해적 상황에 노출될 가능성이 희박할 것"이라니, 자신의 성정체성을 평생 숨기고 살라는 소리인가?

알아보니 몇 년 전 대법원에서 "성소수자 난민은 본인의 정체성을 숨기고 살아갈 수 있으며, 그것은 조금 불편하게 사회적으로 제약을 당하는 것일 뿐이지, 그것을 '난민협약'상의 박해로 볼 수 없다"라는 판례가 나왔고, 그에 준해서 계속 부당한 난민 불인정 사유가 나오고 있다고 한다.* 한국의 법원에서는 이처럼 '언어도단'에 가까운 말이 '대안적 피신 이론**'이라는 확고한 이론으로 자리 잡고 있다.

현재 한국의 법원은 동아시아의 법원에서 가장 많은 난민 판결을 선고하고 있다. 이제 한국의 판례는 단지 개별 원고의 권리 구제, 제도 형성적 측면을 넘어 비교법적으로 해외 법원에서의 참고 사례로도 원용될 수 있는 상황이기 때문에 법리적으로 정확하지 않은 판결을 선고할 경우 그 파장은 국제 관계와 해외의 난민 심사에까지 미칠 수 있다. 축적된 사건의 수만큼 이제는 판결에서도 난민 요건에 대한 보다 정치한 분석이 요청되는 것이다.[10]

---

* "…이러한 사회적 비난, 불명예, 수치를 피하기 위하여 스스로 자신의 성적 지향을 숨기기로 결심하는 것은 부당한 사회적 제약일 수 있으나, 그것이 '난민협약'에서 말하는 박해에 해당하지는 아니한다…."(대법원 2017년 7월 11일 선고 2016두56080 판결)

** 한국의 법원은 동성애자로서 박해 가능성을 주장하는 경우 '원고의 성적 지향이 알려지지 않은 다른 마을'로 이주하면 된다는 전제하에 원고의 청구를 기각한다. 이것이 '대안적 국내 피신'이라는 개념이다. 그러나 성소수자의 경우 오로지 안전을 위해 다른 마을에서 성적 지향을 숨기고 살아야 하는 상황 자체가 '난민협약'상 인정되는 박해 상황이고, 반동성애적 법률이 존재하는 국가에서는 어느 지역에서든 원고가 자신의 성적 지향을 은폐하고 살아야 하는 상황에 직면할 수밖에 없다. 김지림, 〈성적지향 및 성정체성에 근거한 난민신청의 이해〉, 《난민법의 현황과 과제》, 경인문화사, 2019, 257쪽.

공무원에게 '재량'이 아닌 '의무'를 부여하라

구금 기간이 장기화되면서 지병이 악화된 A는 건강상의 이유로 '보호일시해제'를 신청하여 1년 만에 '밖'으로 나오게 되었다. 보호일시해제란 주로 1년 이상 장기 구금된 이들이 신병 치료, 난민소송 준비, 출국 전 신변 정리 등을 이유로 문제가 해결될 때까지 일시적으로 풀려나는 제도다. 허가를 위해서 신원보증인과 보증금, 진단서 등 사유를 입증할 수 있는 서류, 신원보증인의 잔액증명서, 거처의 확보 등이 요청된다. 보증금은 300만 원에서 최대 2000만 원에 이른다.

그러나 장기 구금으로 경제활동이 중단되었거나 도와줄 가족과 지인이 없는 이는 보증금 마련이 어려워 신청할 엄두조차 내지 못할 뿐 아니라, 보증금 부과가 오로지 공무원의 '재량'에 맡겨져 있고 공개된 기준이 없다는 것 또한 문제다. 어느 날 수속을 위해 찾아간 출입국에서 공무원이 내뱉은 말은 듣고도 믿을 수 없었다.

"보증금을 300만 원만 준비하셨다고요? 아… 500만 원 정도는 받아야 할 것 같은데…."

보증금은 도대체 어떤 기준으로 책정되는 것일까? 절차에 대한 정확한 기준이 없을 때 '재량'은 고개를 비집고 등장한다. '국가 주권의 상당한 재량'은 바로 이런 순간에 이런 식으로 구현되는 것이다. 동료 활동가는 출입국에 가면 보증금 가격을 '후려쳐야 한다'고 조언해주었다. 기준에 따라 책정된 금액을 내는 것이 아니라, 흥정에 가까운 협상을 통해 그때그때 정해지기 때문이다. 따라서 보호소 '밖'으로 나올 수 있는지의 여부는 다름 아닌 보호소/출입국 공무원의 재량, 즉 어떤 순간에 전적으로 '주권자' 행세를 하게 되는 공무원의 자의적 판단에 달려 있다. 이들의 판단은 법률적 '가치'

를 갖는 결정은 아니지만, 경우에 따라 법률에 맞먹는 '힘'을 갖는다.*

최계영은 출입국관리법 제63조 제4항 "강제퇴거명령을 받은 사람이 송환될 수 없음이 명백하게 된 경우에는 그의 보호를 해제할 수 있다"라는 규정에 대해 행정청에 '할 수 있다'는 '재량'을 부여할 것이 아니라, '송환될 수 없음이 명백하게 된 경우에는 보호를 해제해야 한다'는 '의무'를 부여하는 조항으로 개정되어야 한다고 주장했다."

이러한 주장은 이주구금이 지닌 근본적인 문제, 즉 '출입국 통제가 국가의 주권적 행위이므로 입법과 집행 과정에서 상당한 재량이 인정된다'는 지금까지의 암묵적 이해를 그 토대에서부터 흔드는 전복적 발상이라 할 수 있다. '재량'이 아닌 '의무'로서 출입국관리법의 각 조항을 검토하는 새로운 시각의 확보는 국가 주권 행사와 신체적 자유라는 개인의 기본권이 충돌하며 빚어지는 인권침해를 더 이상 용인하지 않겠다는 법적 실천의 의지라고도 볼 수 있지 않을까.

그러나 보호일시해제로는 구금 상태에서 일시적으로 벗어날 뿐, 이후의 삶을 온전히 보장받을 수 있는 것은 아니다. '밖'으로 나온 이들은 한 달에 한 번 출입국에 찾아가 도주의 의심을 받지 않도록 거소지 확인을 하고, 3개월마다 체류 기간을 연장하는 그야말로 '시한부' 생활을 해야 한다. 그런데 출입국 공무원은 이들에게 노동을 금지하면서도 휴대전화 개통 후 전화번호를 알려달라고 한다. 불안정 이주민은 신분증이 없기 때문에 자신의 명의로 된 휴대전화를 개통하거나 지낼 거처를 계약할 수 없다. 다른 이의 명의를 빌린다 하더라도 노동이 금지된 상태에서 통신비는 어떻게 마련하

---

*   아감벤은 이러한 힘을 '법률 아닌 법률의 힘'이라고 한다. 조르조 아감벤 지음, 김항 옮김, 《예외상태》, 새물결, 2009, 79쪽.

고 생활은 어떻게 꾸려 나갈 수 있단 말인가.

보호일시해제 된 이들의 대부분은 생계의 어려움 외에도 의료적·법률적 어려움을 겪는다. 장기 구금으로 악화된 지병이나 새로 발견된 질병까지 더해져 '밖'에 나와서도 병원을 오가는 일이 잦고, 불행 중 다행으로 소송 구조*를 받아 변호사를 선임하여 난민인정소송을 할 수 있게 된 극소수를 제외하면, 난민 신청자 대다수는 변호사도 없이 '나 홀로 재판'[12]을 받게 된다.

A의 난민인정소송을 조력하면서 성소수자에 대한 한국 사회의 차별과 혐오가 난민 면접 조사의 녹취록이나 대법원의 판결문에 공공연히 드러나 있다는 사실에 커다란 충격을 받았다. 이성애자에게는 묻지 않았을 질문과 성정체성을 드러내지 말고 살라며 '숨겨진 권리'를 웅변하는 판결문을 마주하고서, A를 위해서만이 아니라 이 사회에서 살아가는 구성원의 삶의 조건을 바꾸기 위해서라도 그의 난민 인정은 중요하다는 생각이 들었다. 이렇게, '그들'의 문제는 '우리 사회'의 문제로 육박해왔다.

갇혀 있는 삶을 '듣는다'는 것

2020년 12월에 발생한 동부구치소 코로나 집단감염 사태로 화성외국인보호소도 술렁이기 시작했다. TV를 통해 사태를 파악한 구금인 사이에서 감염 공포가 증폭했다. 코로나로 하늘길마저 막히자 귀국 항공편이 취소되거나 심지어 자국 정부가 자국민의 입국을 거부 혹은 금지하는

---

* 소송구조제도란 소송비를 지출할 자금 능력이 부족한 사람에게 법원이 당사자의 신청 또는 직권으로 재판에 필요한 비용(인지대, 변호사 보수, 송달료, 증인 여비, 감정료, 기타 재판 비용)의 납입을 유예 또는 면제함으로써 그 비용을 내지 않고 재판을 받을 수 있도록 하는 제도다.

경우까지 발생하여 장기 구금자 수가 급증하면서 보호소는 한때 북새통을 이뤘다. '마중'이 법무부에 요청한 정보 공개 자료에 따르면 727명이 정원인 화성외국인보호소의 수용 인원은 2021년 3월 현재 1045명이었다.

면회 활동을 시작하자마자 코로나 단계가 격상되어 면회가 전면 금지되었다. 구금인이 정신적으로 고립되지 않도록 면회 이외의 다른 방법을 궁리해야 했다. 열 명 남짓한 '마중'의 동료들과 함께 요일마다 순번을 정하고, 보호소 '안'에서 걸려오는 전화를 받기로 했다. 콜센터의 구멍가게 버전이랄까. 필자는 금요일마다 전화를 받았다. 면회 재개까지는 무려 7개월이 걸렸다.

처음엔 거의 알아들을 수 없었던 이른바 '보호소 영어'에도 익숙해졌다. 전화 응대를 할 때 유창한 영어는 아무짝에도 쓸모가 없다. 영어가 모국어가 아닌 사람이 많기 때문에 알아듣기 쉽게 천천히 띄엄띄엄 단어를 나열하는 편이 소통에는 훨씬 도움이 된다. 정해진 요일이 아닐 때도 보호소 '안'에 갇힌 이들이 '목소리'로 나의 일상에 출몰하곤 했다. 똑같이 반복되는 일상이 견디기 힘들다, 중범죄자도 아닌데 왜 24시간 낯선 사람들과 한방에 갇혀 있어야 하나, 외부 진료를 신청했는데 매일 기다리라고만 한다, 운동을 못 해서 햇볕을 쪼일 수 없으니 피부염이 생겼다 등등. 자신들이 겪고 있는 어려움에 대한 조력을 호소하는 전화가 대부분이었다.

'031'이라는 지역번호가 뜨면 나의 일상은 어그러진다. 최대한 전화를 받으려고 하지만 놓칠 때도 많고, 마음이 힘들 때는 받지 않을 때도 있다. 그래서 그들의 이야기를 '듣는다'는 것은 전혀 수동적인 행위가 아니다. 나의 시간과는 전혀 다른 속도와 밀도로 흐르는 시간 속에 갇힌 이들의 하루하루를, 그 감각을, 그 마음을 듣는다는 건 엄청난 집중력과 상상력이 요구되는 일이기 때문이다. '듣기'는 적극적이고 능동적인 행위라는 것을 보호소 '안'에 있는 이들과의 관계 속에서 매번 절감한다. '들리는' 것과 '듣는' 것은 그래서 다르다. 보호소 '안'에 있는 이들에게는 섣부른 연대를 말할 수 없다. 당신의 고립감을 '이해할 수 있다'거나 '공감한다'는 말도 좀처럼 하지 않는다. 상황이 곧 '나아질 거야It's getting better'라는 말은 아예 입에서 떨어지지도 않는다. 실상 그들의 상황은 나아질 기미가 보이지 않기 때문이다. 그 대신 보호소에 구금되기 이전의 삶에 대해 묻곤 한다. 생의 감각마저 뺏기는 일이 없도록.

화성외국인보호소 '새우꺾기' 고문 사건 그리고 이후의 시간

대대적이고 공식적인 법무부의 2차 가해

2021년 9월 27일 언론 보도를 통해 화성외국인보호소의 '징벌방'이라 불리는 독방에서 '새우꺾기' 고문을 당한 M의 사진과 동영상을 보고 많은 이들이 큰 충격을 받았다. 원고대리인 이한재 변호사와 처음으로 M을 면회 갔을 때 그는 2021년 3월 말부터 몇 달간 지속된 인권 유린에 대해 자세히 기록한 일지를 건넸다. 변호사들은 M의 말과 기록에 근거해서 끈질긴 정보 공개 청구 과정을 거쳐 CCTV영상을 확보했다. 영상을 확인하는 과정에서 폭력의 당사자가 아닌 목격자에게 영향을 준다는 '2차적 외상 스트레스장애Secondary Traumatic Stress Disorder'를 겪는 것이 아닐까 싶을 정도로 마음이 힘들었다. 억울함과 분노 그리고 무력감을 왕복하는 감정이 반복되었다.

사건이 보도된 다음 날, 법무부와 보호소 측은 당사자의 허락 없이 '새우꺾기' 고문과 인과 관계가 전혀 없거나 심지어 당사자의 모습이 아닌 사진과 동영상을 언론에 유포하면서 대대적이고 공식적인 2차 가해를 서슴지 않았고, 그 과정에서 피해자를 '괴물'로 만들며 그의 전력前歷을 문제 삼았다. 기다렸다는 듯 엄청난 혐오성 댓글이 달렸다. '난동'을 부리는 외국인을 그럼 어쩌란 말이냐, '내국인' 직원의 안전은 누가 지키느냐 등등.

여기서 한 가지, '난동'에 대해 짚고 넘어가자. 2021년 9월 28일 대리인단 기자회견에서 재일조선인 유학생 간첩단 조작 사건의 피해 생존자 이동석은 이번 새우꺾기 고문 피해 당사자 M이 보호소 '안'에서 보내온 전언을 대독했다. 법무부가 문제 삼은 '난동'에 대해서 M은 연대를 요청하며 다음과 같은 메시지를 전해왔다.

　　나는 난동을 부렸다. 인정한다. 그러나 그것은 내가 겪은 부당한 폭력에 대항하는 유일한 방법이었다는 것을 부디 잊지 말아 달라.

법무부의 보도자료 문구들과 고문 피해를 호소하는 당사자의 편지 내용을 비교해보면, 무엇이 '난동'이고 '안전'이며 '보호'인지 되묻지 않을 수 없다. 법무부와 보호소 측은 온갖 폭력을 자행하고도 "보호 장비의 사용은 보호 외국인의 자해 방지와 안전을 위한 불가피한 조치"였다고 공식적으로 밝히고 있다.[13]

'안전'이란 무엇일까? '안전'은 누군가에게 보호됨으로써 보장받는 무엇인가가 아니라, "스스로를 보호하고 방어하며 살아갈 수 있는 힘"이 아닐까.[14] M은 극한의 상황에서도 이 힘을 양도하거나 포기하지 않았다. 극심한 치통에 시달려 의료 조치를 요청했음에도 장시간 방치되며 요구를 묵살당하자, 그는 CCTV를 향해 보란 듯이 샴푸 두 병을 마셨다. 그러고 나서야 겨

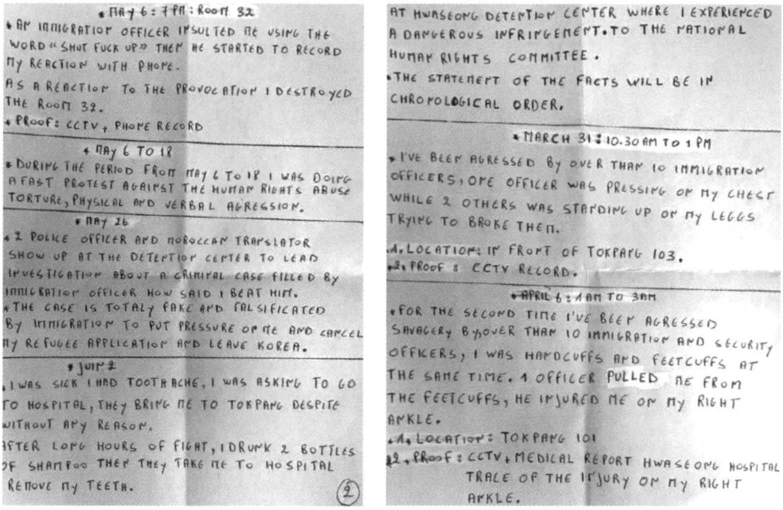

* MAY 6 : 7 PM : ROOM 32
* AN IMMIGRATION OFFICER INSULTED ME USING THE WORD « SHUT FUCK UP » THEN HE STARTED TO RECORD MY REACTION WITH PHONE.
AS A REACTION TO THE PROVOCATION I DESTROYED THE ROOM 32.
* PROOF : CCTV + PHONE RECORD

* MAY 6 TO 18
* DURING THE PERIOD FROM MAY 6 TO 18 I WAS DOING A FAST PROTEST AGAINST THE HUMAN RIGHTS ABUSE TORTURE, PHYSICAL AND VERBAL AGRESSION.

* MAY 26
* 2 POLICE OFFICER AND MOROCCAN TRANSLATOR SHOW UP AT THE DETENTION CENTER TO LEAD INVESTIGATION ABOUT A CRIMINAL CASE FILLED BY IMMIGRATION OFFICER HOW SAID I BEAT HIM.
* THE CASE IS TOTALY FAKE AND FALSIFICATED BY IMMIGRATION TO PUT PRESSURE ON ME AND CANCEL MY REFUGEE APPLICATION AND LEAVE KOREA.

* JUIN 2
* I WAS SICK I HAD TOOTHACHE, I WAS ASKING TO GO TO HOSPITAL, THEY BRING ME TO TOKPANG DESPITE WITHOUT ANY REASON.
AFTER LONG HOURS OF FIGHT, I DRUNK 2 BOTTLES OF SHAMPOO THEN THEY TAKE ME TO HOSPITAL REMOVE MY TEETH.
②

AT HWASEONG DETENTION CENTER WHERE I EXPERIENCED A DANGEROUS INFRINGEMENT. TO THE NATIONAL HUMAN RIGHTS COMMITTEE.
* THE STATEMENT OF THE FACTS WILL BE IN CHRONOLOGICAL ORDER.

* MARCH 31 : 10.30 AM TO 1 PM
* I'VE BEEN AGRESSED BY OVER THAN 10 IMMIGRATION OFFICERS, ONE OFFICER WAS PRESSING ON MY CHEST WHILE 2 OTHERS WAS STANDING UP ON MY LEGGS TRYING TO BROKE THEM.
1. LOCATION: IN FRONT OF TOKPANG 103.
2. PROOF : CCTV RECORD.

* APRIL 6 : 1 AM TO 3 AM
* FOR THE SECOND TIME I'VE BEEN AGRESSED SAVAGERY BY OVER THAN 10 IMMIGRATION AND SECURITY OFFICERS, I WAS HANDCUFFS AND FEETCUFFS AT THE SAME TIME. 1 OFFICER PULLED ME FROM THE FEETCUFFS, HE INJURED ME ON MY RIGHT ANKLE.
1. LOCATION : TOKPANG 101
2. PROOF : CCTV + MEDICAL REPORT HWASEONG HOSPITAL TRACE OF THE INJURY ON MY RIGHT ANKLE.

〈그림5-4〉 고문 피해자 M이 기록한 인권 유린 관련 일지.

우 외부 진료를 다녀올 수 있었고, 돌아와서 그는 다시 독방에 갇혔다.

법무부가 M을 '괴물화'하며 언론에 무단으로 배포한 동영상에는 그가 샴푸를 들이켜기 전에 샴푸통을 들었다 놨다 하며 한참을 망설이는 장면은 모두 생략되어 있다. 생략된 영상 속 순간순간이야말로 M이 극단의 상황에서 자신을 '보호'하기 위해 방법을 찾고 고군분투했던 시간이 아닐까. M의 '난동'을 볼모로 삼아 그에게 자행한 폭력을 정당화하는 법무부의 논조는 M을 극단의 행동으로 몰아세운 상황과 조건을 모조리 은폐하고 있다.

법무부는 피해 조사 결과를 발표하면서 이 사건이 '인권침해'라는 사실을 분명히 인정하면서도, 징벌적인 독방 감금이 남용되고 있다는 사실 자체를 문제 삼지도, 가해자 처벌이나 책임을 언급하지도 않았다. 급기야 관련된 시행세칙 등을 촘촘하게 보완해 '적법한 절차에 따라' 독방을 운영하겠다는 입장까지 내놓았다. 결국 가둬서는 안 되는 사람을 자의적으로 가두어 발생하는 문제에 대한 '근본적 대책' 없이 '절차적 기준'만 마련한다는 것인데, 이는 합법적인 절차에 따라 독방에 가두고 인권침해를 계속하겠다는 것에 다름 아니다.

급기야 법무부는 '외국인보호규칙' 개정안에 〈그림 5-5〉와 같은 '보호의자', '보호침대' 등의 '보호' 장비를 개선책으로 내놓기에 이르렀다. '외국인보호규칙'은 국회에서 제정되는 법률이 아니라, 행정예고가 끝나면 법무부 장관 결재만 거치면 공포되는 시행세칙이다. 이러한 황당한 대책은 이번 사건의 근본적 원인에 대해 법무부가 파악도 성찰도 하지 못하고 있을 뿐 아니라, 가해자로서의 자각 또한 전혀 없음을 적나라하게 드러내는 것이다.

사건이 보도된 이후로도 M은 가해자 집단으로부터 분리되지 않은 채 4개월이 넘도록 피해 발생 장소인 화성외국인보호소에 갇혀 있었다. 심지어 외부 진료를 나갔을 때 보호소 측은 고문과 폭행을 주도했던 핵심 가해자에게 피해자의 호송을 맡기는 등 사안의 심각성을 전혀 자각하지 못하고 있었다.

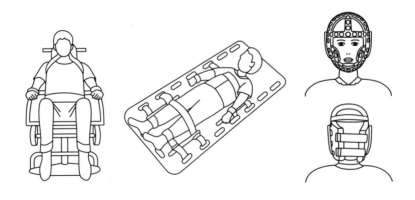

〈그림5-5〉 법무부 '외국인보호규칙' 개정안에 담긴 수용자 결박(보호) 장비.

이 사건을 계기로 보호소 안에 구금된 이들이 적극적으로 자신의 소식을 전해오기 시작했다. 〈그림 5-6〉은 구금되었던 이들 중 한 사람이 보호소 3층 내부를 그려 보내준 것을 디지털화한 것인데(《시사인》738호 참조), 일렬로 늘어선 철창과 독방은 이곳이 과연 '보호'를 위한 공간인지 되묻지 않을 수 없게 만든다. '수용거실'이라 부르는 방마다 쇠창살이 있고, 방과 방 사이의 이동은 금지되어 있다. '개방형 보호시설'이라며 단 한 층만 방 사이의 이동을 할 수 있게 해두었는데, '모범수'와 같은 층위에서 고분고분한 이들에게만 이곳에 수용한다는 점도 부당한 일을 당한 이들의 입을 사전에 막는다는 점에서 여전히 문제적이다. 대부분의 구금인은 여러 명이 좁은 공간에서 24시간 내내 삼시세끼 함께 먹고 자며 생활한다. 같은 국적의 사람은 가능하면 한방에 넣지 않는다. 이런 곳에서 과연 '신체의 자유'가 보장될 수 있을까? 어느 누가 이런 '보호'를 원한단 말인가?

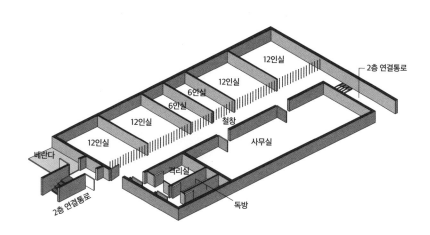

〈그림5-6〉 화성외국인보호소 3층 내부구조.

보호일시해제의 이중적/악의적 운용

'새우꺾기' 고문 피해자 M은 인권 유린으로 인한 건강 악화, 고문 가해자와의 분리 등을 이유로 보호일시해제를 요청했으나, 법무부는 다음과 같은 이유로 불허를 통보했다(M의 동의하에 공개).

> 귀하의 보호일시해제 청구 사유를 검토했으나, 피보호자의 생명, 신체에 중대한 위협이나 회복할 수 없는 재산상 손해 발생 사유에 해당하지 않는 점, 그 밖에 중대한 인도적 사유가 보이지 않는 점 등 보호를 해제하여야 할 불가피성이 없다고 판단되어 불허 결정함. 끝.
>
> (불허 결정일: 2021년 8월 18일, 수원출입국 외국인청)

반복적으로 끔찍한 고문에 노출되어 인권침해가 있었음에도 출입국으로부터 보호일시해제를 위한 '인도적 사유'가 보이지 않는다는 불허 통보를 받은 것은 납득할 수 없는 사태다. 이에 대해 2021년 12월 13일 국가인권위원회가 (진정서를 내고 반년이 다 되어가는 시점에서) 인권침해를 인정하고 피해자 M의 보호일시해제를 권고했는데, 국가인권위의 결정문에는 이번 '새우꺾기' 고문 사건에서 법무부 산하 기관 화성외국인보호소가 다음의 법조항을 모두 어겼다고 명시되어 있다.

- 헌법 제10조: 국가는 개인이 가지는 불가침의 기본적 인권을 확인하고 이를 보장할 의무를 진다.
- 헌법 제12조: 신체의 자유와 고문 금지
- 세계인권선언 제5조, 자유권규약 제7조: 어느 누구도 고문 또는 잔혹하거나 비인도적이고 굴욕적인 처우 또는 형벌을 받지 아니한다.

- 출입국관리법 제56조의 3 제1항: 피보호자의 인권은 최대한 존중하여야 한다.
- 외국인보호규칙 제3조: 외국인 보호 시설의 수용시설로서의 이용을 금지한다.

그러나 국가인권위의 권고에서조차 가해자의 처벌이나 책임자에 대한 언급은 찾아볼 수 없었다. 이러한 태도는 국제기구와 해외의 인권단체들이 보였던 반응과는 사뭇 대조적이다. 세계고문방지기구OMCT, Organisation Mondiale Contre la Torture*는 이번 사건을 계기로 결성된 '외국인보호소 고문사건 공동대책위원회'에 서한을 보내왔다. 청와대에 전달된 이 서한에서는 법무부가 내부 조사를 했음에도 가해자 기소를 고려하지 않은 점, 피해자가 피해 발생 장소 및 가해자로부터 분리되지 않은 점이 지적되었고, 피해자의 보호 해제, 배상 및 의료·심리적 지원과 책임자에 대한 조사 촉구가 명기되었다. 이미 대책위 단위에서 유엔의 '자의적 구금에 관한 실무그룹Working Group on Arbitrary Detention'에 긴급구제 신청을 제기하여 한국 정부의 답을 기다리는 중이다. 유엔난민기구에서도 사건 보도 직후 사안의 엄중함을 상기하고 대책을 촉구하는 권고를 법무부에 보내왔다. M의 보호일시해제 요청은 사건 보도 이후 4개월이 지나도록 묵살되다가 2022년 2월 8일에 이행되었다.

그러나 이토록 까다로운 보호일시해제는 보호소의 사정에 따라 '특별'이라는 수식어를 붙이고 신속하게 진행되기도 한다. 특히 보호소 내에서 적

---

*   OMCT는 '고문'에 맞서는 가장 큰 국제단체다. 고문과 부당한 대우를 근절하고, 피해자를 지원하기 위해 전 세계 200여 개의 시민단체연합으로 구성돼 있다.

절한 의료적 조치를 받지 못한 외국인의 건강 상태가 급격히 악화되었을 때 매우 낮은 금액의 보증금만 내고 '데려가라'는 경우나 보증금/신원보증인 없이 보호일시해제가 허가되는 경우도 있는데, 이는 '허가'라기보다 보호책임을 회피하며 '환자를 내쫓는' 행태에 가깝다.

예를 들어 2020년 7월 화성외국인보호소에서 가슴 통증과 혈변, 고열 등의 증세를 보였던 Y가 보증금/신원보증인 없이 황급히 '특별보호일시해제*'된 사례가 있다. 며칠 후 그는 대형 병원에서 폐결핵과 HIV Human Immunodeficiency Virus 양성 판정을 받았고, 병원은 보호소 측에 이 사실을 알렸다. 당시 보호소에는 비상이 걸렸다. HIV 때문이 아니라, 공기 중 감염되는 결핵 때문이었다.

우여곡절 끝에 Y는 다시 보호소로 돌아와 구금되었다. 그는 결핵 치료가 완료되었음에도 HIV 감염인이라는 이유로 창문 없는 격리실에 혼자 갇혔다. HIV는 공기 중 감염이 되지 않는데도, 이에 대한 한국 사회의 편견과 몰이해가 고스란히 외국인보호소에 녹아들어 '감옥 안 감옥' 같은 공간이 운영되고 있는 것이다. Y의 보호일시해제 요청은 다음과 같은 이유로 불허되었다(Y의 동의하에 공개).

> 보호일시해제업무 처리규정(법무부 훈령) 제6조(대상) ① 청장 등은 피보호자가 다음 각 호의 어느 하나에 해당하는 사유로 보호된 자가 아닌 경우에 일반해제를 할 수 있다.

---

* '특별보호일시해제'는 보호일시해제의 요건을 충족하지는 못하나 부득이하게 일시해제를 하여야 할 상당한 사유가 있다고 인정되어 보호명령을 한 소장이 법무부장관에게 미리 보고한 후 결정하는 처분을 말한다. 보호일시해제업무 처리규정(법무부 훈령) 제17조(대상 및 심사 절차) 참고.

9. '감염병의 예방 및 관리에 관한 법률'이 지정한 후천면역결핍증AIDS 등 감염병 환자

그러나 에이즈는 감염병법 체계에서도 위험도가 낮은 3급 감염병이다. 즉 HIV 감염인은 감염병법상으로도 격리 대상이 될 수 없다. M의 사례에서는 법무부 쪽에 불리한 선례를 남기는 것을 피하려는 것으로 보이는 정치적 이유로 허가를 미뤘던 보호일시해제가, Y의 사례에서는 중증 환자를 내쫓는 식으로 하루아침에 특별보호일시해제를 허가했다가 재구금하는 등 오로지 행정의 편의를 위해 이중적이고 악의적인 행태로 보호일시제도를 운영하고 있음을 지적하지 않을 수 없다.

한국 사회의 혐오와 편견이 응축된 '감옥 속 감옥': HIV 감염인 Y의 격리 생활

화성외국인보호소에는 여러 명이 함께 생활하는 일반실 외에도 누군가 소란을 피우거나 싸움을 했을 때 징벌적으로 보내지는 '독방'이 있고, 구금된 이들 사이에서 'VIP룸'으로 불리는 가족실(격리실)이 있다. HIV 감염인이라는 이유로 10개월째 보호소 격리실에 구금되어 있던 Y가 2021년 12월 말 더 이상 극한의 고립을 견디지 못하고, 그동안 갇혀 지냈던 방을 모조리 때려 부쉈다. 그 과정에서 변기 파편에 다리를 다쳤고 곧바로 응급실에 실려가 시술을 받았다.

터질 게 터졌다고 말할 수밖에 없다. 그는 창문도 없는 방에서 10개월을 혼자 버텼다. 밖으로 나간 건 외부 진료를 받은 두 번뿐이다. 바람을 느낄 수도, 비를 맞을 수도 없는 숨 막히는 시간이 10개월이나 계속되었다. 어느 누구도 이렇게 오랜 시간을 절대적인 고립감 속에서 혼자 갇혀 지낼 수 없

다. 격리 구금 6개월이 넘어간 시점에서 Y는 정신적 어려움을 호소하기 시작했다.

코로나로 면회가 금지된 8개월간 거의 매일 그의 전화를 받았다. 휴대전화 반입이 금지된 각각의 수용실에는 공중전화가 설치되어 있다. 혼자 갇혀 있는 Y에게 공중전화는 그를 세상과 이어주는 유일한 통로다. 휴대전화는 입소 시 다른 소지품과 함께 압수, 보관된다. 구금인은 국제전화카드를 구입해서 오로지 수용실에 설치된 공중전화로만 외부와 소통할 수 있다. 최근에는 요청을 하면 수용실이 아닌 지정된 장소로 이동해서 20분 정도 문자나 SNS를 확인할 수 있도록 조치가 완화되었다.

Y가 '바람'을 느낄 수 있는 날은 3개월에 한 번, 외부 진료를 나갈 때가 유일하다. 수갑이 채워지고 보호복을 입은 채 서너 명의 보호소 직원의 감호를 받으며 '밖'에 나갔다 온 그는 사람들이 자기를 쳐다보는 그 눈빛에서 참을 수 없는 수치심을 느꼈다고 말했다.

계속되는 격리 구금의 상황을 타개할 어떤 전망도 보이지 않자, 극도의 고립감으로 인한 Y의 정신적인 어려움이 계속되면서 더 이상의 위로도, 어떤 격려도, 신뢰에 기반한 대화마저도 불가능한 국면으로 접어들었고, 그가 나를 원망하고 때로는 위협하며 정신적으로 무너져가는 과정을 무참한 심정으로 지켜봐야 했다. '밖'에서 그에게 조력하겠다는 개인과 단체가 생겼고 그로 인한 희망이 보이기도 했지만, '안'에 갇힌 그는 '밖'에서 일어나는 작은 변화를 감지할 수 없었고, 매일매일 격리실 안 똑같은 사물 속에서 지옥 같은 하루하루가 끝없이 반복되었다. 10개월 동안 그가 마주했을 풍경이라곤 방 안에 놓인 정수기, 전화기, TV, 샤워실 그리고 변기뿐이었다.

위태위태한 임계 상황 속에서 간신히 버텨오던 Y의 세계가 방 안의 기물과 함께 산산이 부서지던 날에도 그는 철저히 혼자였다. 누군가의 삶이 왜 이렇게까지 극한의 상황으로 내몰려야 하는 것일까? 무엇 때문에.

외국인보호소폐지운동,*
그 파동의 지대에서

'어사일럼asylum'은 라틴어로 '아a(없는)', '실레syle(체포할 권리)', '움um(장소)'이 결합된 단어로, 불법이나 문제를 일으킨 사람이 추적자로부터 피신하여 보호받을 수 있는 장소와 권리를 뜻한다. 지금도 '시킹 어사일럼seeking asylum'이라는 표현은 난민 지위를 신청한다는 뜻으로 사용된다.[15] 그러나 '체포할 권리가 없는 장소'여야 할 어사일럼은 한국에서 종종 신체의 자유를 억압하는 '수용소'로도 번역된다. 기묘한 전도顚倒다. '난민 수용소'는 존립 불가능한 장소라고 단언할 수 있어야 하지 않을까. 그들은 범죄자가 아니며, 수용소나 감옥에 갇혀 마땅한 존재가 아니기 때문이다.

시설이 "단순히 물리적인 장소로서의 분리나 유예된 시간, 폐쇄적인 삶만을 의미하는 것이 아니라, 이상적인 인간(존재)의 상이 무엇인지를 호명하는 메커니즘이자, 내가 사는 곳에서 공존하고 싶지 않은 대상이 누구인지를 적극적으로 호명하는 기제"[16]라고 한다면, 외국인보호소는 '국민'이 사는 곳에서 공존하고 싶지 않은 대상을 '불안정 이주민'으로 특정하고, 그

---

* 'International Waters31'(이하 IW31)은 '새우꺾기' 고문 피해자 M에 대한 조력을 계기로 외국인보호소 폐지를 주장하게 된 모임이다. International Waters는 국경이 없는 모두의 바다, 즉 '공해公海'를 뜻한다. 흐름과 파도 속에서 늘 흔들리며 아무도 소유할 수 없는 공해. 'IW31'에서 '31'은 한 달을 채우는 '하루'들의 합산이다. 31명이 모여서 M의 하루하루를 번갈아 함께 채워 나갈 수 있으면 좋겠다는 상징적인 바람을 담았다.

들과 '함께 살지 않겠다'고 선언하는 장소에 다름 아니다. 이런 맥락에서 외국인보호소라는 시설의 폐지는 여러 층위의 '탈시설운동'과 함께 논의될 수 있다.

외국인보호소폐지운동이 '탈시설'이라는 문제 설정에 접속하게 된 것은 외국인보호소를 나와도 여전히 사회적으로 고립되어 살아갈 수밖에 없는 현실에 대해 고민하게 되면서부터다. 외국인보호소에서 보호일시해제로 풀려나도 미등록 상태의 비국민은 노동권, 이동권, 건강권, 주거권 등이 보장되지 않을뿐더러, 출입국 외국인청에 매달 출석하여 도망가지 않았다는 사실뿐 아니라, 도망가지 않겠다는 의지를 입증해야 하는 상태, 즉 '추방-유예'의 상태에서 위태롭고 불안한 삶으로 내몰린다.

장애인탈시설운동의 최전선에서 시설 폐지를 이뤄낸 활동가들은 탈시설운동이 다름 아닌 '주거권운동'이라고 입을 모아 강조한다. 장애인에게 시설을 나온다는 건 '집을 만드는 싸움'이기 때문이다. M이 우여곡절 끝에 보호소를 나오게 되었을 때, 그를 조력하면서 제일 먼저 고민했던 것도 바로 '살 집'이었다. 미등록 상태에서는 자기 이름으로 월세 계약을 할 수도, 통장을 만들거나 휴대전화를 개통할 수도 없다. M에겐 누군가의 이름을 빌려서만 살아낼 수 있는 삶이 기다리고 있었다.

M은 여러 공론장에서 "나는 지붕 없는 감옥'에 살고 있다, 노동권을 보장하라"라는 주장을 해왔다. 보호소 '밖'으로 나와도 감시와 통제, 여러 부당함이 이어진다는 것을 드러내는 중요한 말이다. 그런데 '노동권을 보장하라'는 M의 주장이 타당하다고 하더라도, 다른 이들에 대한 조력 활동을 이어 나가면서 새로운 고민이 생겨났다. 바로 '노동권' 너머의, 일할 수 없는/하지 않는 몸들을 만나면서부터다.

난민 신청과 심사 과정이 장기화되면서 노인성 인지장애가 생긴 난민 신청자, HIV 감염인이라는 이유로 보호소에서 오랜 격리 구금으로 정신질환이 발병한 구금 해제자, '미성년자'라는 이유로 일할 자격이 주어지지 않는 이주 배경 청소년, 그 밖에도 신장 투석 등 장기적인 치료를 요하거나 C형 간염 등 값비싼 특허약으로만 치료 가능한 질병을 가진 난민 신청자, 차별과 혐오가 만연한 일터를 견디지 못하고 뛰쳐나와 '이런 취급 받으면서 더 이상 일하지 못하겠다'고 노동을 거부하는 이도 있었다. 노동을 할 수 없는/하지 않는 불안정 이주민이 시설에 갇히거나 쫓겨나지 않고도 함께 살아갈 수 있다면, 그것은 어떤 세상일까? 조력 과정은 기존의 문제의식이 갱신되고 새로운 물음에 끊임없이 도전을 받는 과정이기도 했다.

'탈시설'과 '폐지'운동은 탈시설 혹은 폐지 '이후'의 삶을 상상하고, '국민'의 안전을 위해서 '비국민'이 갇히지 않고도, '비장애인'의 안전을 위해서 '장애인'이 갇히지 않고도 함께 살아갈 수 있는 세계를 만들기 위해 분투한다는 지점에서 공통항을 갖는다. 여기에는 장애인도 일하게 해달라, 미등록 비국민도 일하게 해달라는 간청과 호소만으로는 그 삶을 오롯이 보장받을 수 없는 몸'들'이 있다는 것 또한 놓쳐서는 안 된다.

그렇다면 구금의 대안은 무엇인가? 외국인보호소 폐지를 주장할 때마다 "그래서, 대안은 뭔데?"라는 공격적인 물음을 마주하곤 한다. 이때마다 상기하는 문구는 미셸 푸코가 1976년 몬트리올대학에서 '구금형의 대체 방안'이라는 강연을 했을 때 언급했던 한 구절이다.

우리가 조심하지 않는다면 감옥의 대안이라는 것은 결국 지금까지 감옥 '내부'에서 이루어졌던 기능을 감옥 '밖'으로 자유롭게 해방하고, 그에 따라 통제, 감시, 정상화, 재사회화 같은 여러 절차가 이 기능을 다시 수행하는 방법이 될 수도 있습니다.[17]

보호소 '밖'으로 나온다 하더라도 보호소 '안'에서 작동했던 감시와 통제라는 '통치'의 기술이 형태를 달리하여 여전히 작동한다는 사실을 여러 조력 활동을 통해 알아차리게 되면서, 푸코가 '감옥정보그룹GIP, Group of Information on Prison'을 창설하고 수감자의 이야기를 감옥 밖으로 전하는 운동을 하면서도 왜 '감옥 폐지'라는 카드를 쉽사리 꺼내들지 않았는지 이해할 수 있게 되었다. 물리적인 구금시설이 폐쇄된다 한들, 이 사회 내에서 작동하는 합법화된 국가 폭력은 다른 모양새로 사회구성원 사이를 이간질하고, 분리하고, 통제할 것이라는 50년 전 푸코의 경고는 지금 여기에서도 여전히 유효한 참조점이 된다.

'폐지'라는 상상력은 종종 '현실'에 부합하지 않는 '이상'으로 치부된다. 사법적 해결과 정책을 논하는 공론장은 '폐지론자'를 달가워하지 않는다. 언제나 '현실적 대안이 아니'라는 단정과 함께 본격적인 논쟁에서 배제되어 온 것도 사실이다. 외국인보호소폐지운동과 면회 활동을 병행하다 보니, 시설 폐지를 주장하면서도 시설 '안'에 있는 이들의 처우 개선 등을 요구하지 않을 수 없는 분열증적 상황을 마주하게 된다. 그럴 때마다 시설 '밖'에 대한 상상력은 곧잘 시설 '안'의 당장의 현실을 개선하려는 노력에 번번이 잠식당하고 만다. 시설이나 처우의 '개선'이 아닌, '폐지'를 주장하는 것은 '온건한' 구금, '허용 가능한' 구금, '효과적인' 구금 따위를 더 이상 구상하지 않겠다는 의지의 표명이기도 하다.

불안정 이주민이나 난민 신청자를 '구금하지 않는' 방식의 현실적인 대안 중 하나는 '외출'과 '경제활동'이 보장되는 '생활형 숙소'다. 그러나 얼핏 생활형 숙소로 보이지만 실상은 '창살 없는 감옥'이나 다름없는 곳도 있다. 예를 들면 '특별 기여자'로 호명된 아프가니스탄 난민 신청자들에게 임시 거처로 제공된 진천 공무원연수원과 여수 해경교육원은 외출이나 변호사

접견, 일체의 면회가 금지된다는 점에서 '생활형 숙소'가 아닌 '구금시설'이며, 이곳은 난민의 삶보다 행정상의 편의를 우선하여 운용되었다.

'또 다른 구금'을 초래하는 형태로 구금의 대안이 제시되어서는 안 된다. 경제활동과 외출의 자유 등 자율성이 보장되는 생활형 숙소야말로 아무도 가두지 않는 대안의 공간이 될 수 있지 않을까. 구금의 대안은 반드시 구금이 아닌 방식으로, 불안정 이주민의 노동권을 확보하는 과정 속에서 논의되어야 한다. 이주구금의 문제는 무엇보다 불안정한 노동의 문제와 연쇄적 관계에 있기 때문이다.

단속-구금-강제퇴거로 이어지는 징벌적 제도는 이주를 계획하는 일부 사람을 단념케 할 수는 있지만, 이주를 행하는 모든 사람을 최악의 조건으로 이끌 수도 있다. 이를 해결하기 위해 북반구의 국가들은 노동법 개정이 아닌 이민법 제정에만 골몰하며 불안정 이주의 근본적이고 구조적인 원인을 고민하지 않고 국경 경비에 수십억 달러를 쏟아 붓고 있다. 이러한 상황은 문제를 극도로 악화시킬 따름이다. 예를 들면 영국은 노동자의 착취를 막는 데 쓰이는 것보다 훨씬 많은 자원을 이민 규제에 허비하고 있다. 2009년 국가최저임금위원회는 93명의 감사관을, 악덕 고용주 인허가 심사국은 25명의 심사관을 두고 있는 반면, 국경관리국이 제안했던 지방 이민 담당 팀의 배정 인원은 무려 7500명이었다고 한다.[18]

한국이라고 다를까. 2021년 12월 24일 이주노동자의 사업장 변경을 원칙적으로 금지하여 사실상 '강제노동'을 조장한다는 비판을 받아온 '고용허가제'에 대해 헌법재판소가 7 대 2로 합헌 결정을 내렸다. 노동자가 아닌 고용주의 이익만을 반영한 이번 결정은 출입국관리법이 불안정 이주자의 안전한 삶을 고려한 것이 아닌, 행정상의 편의만을 반영하는 것과 유사한 맥락에 놓여 있다. 난민에게 적대적이기까지 한 난민법은 2021년 12월

28일 자로 입법 예고되었고, 이주노동자를 옥죄는 고용허가제하에서는 불안정 이주자의 온전한 삶과 노동의 자리가 부재한다.

그러나 이주구금이 정부 당국의 통치성과 법/제도에만 기대어 작동하는 것은 아니다. '구금'과 '추방'이 동시적으로 일어나는 외국인보호소는 비국민을 밀어내며(그러나 반드시 필요로 하며) 만들어지는 국민의 자리에 있는 사람들의 '전략적인 무관심'으로 지탱된다. 외국인보호소는 애초에 '외국인을' 보호하기 위해서가 아니라, (위협적 존재로 낙인찍어둔) '외국인으로부터' '국민을' 보호한답시고 지어진 것 아닐까? 국민의 표백된 안전을 위해 비국민 누군가는 주야장천 감옥 같은 곳에 갇혀서 존재를 유린당하며 지옥같이 반복되는 하루하루를 살아내야 한다. 관계자 외 출입 금지? 그들이 갇혀 있는 이유를 생각하면 국민 모두가 '관계자'다.*

---

* 2024년 5월 9일, 서울중앙지법 민사71단독 김영수 부장판사는 2022년 화성외국인보호소에서 발생한 '새우꺾기' 고문 피해생존자 M이 국가를 상대로 낸 손해배상청구 소송에서 국가가 M에게 1000만 원과 지연이자를 지급하라며 원고 일부승소 판결했다. 이는 국가가 M에게 가한 행위가 명백한 폭력임을 명시한 판결이며, 국가주요시설로 지정된 외국인보호소에서 발생한 인권침해에 금전배상을 결정한 첫 판결이라는 점에서 큰 의미가 있다.

탈시설운동은 모두의 화장실운동과 어떻게 만나는가

지은이 나영정

활동가. 현재 성적 권리와 재생산 정의를 위한 센터 셰어SHARE, 가족구성권연구소, 연구모임POP의 창립 멤버로 활동하고 있다. HIV/AIDS인권활동가네트워크, 소수자난민인권네트워크 등에 참여하고 오류동퀴어세미나에서 함께 공부하고 있다. 감금과 범죄화를 타자에 대한 통치행위로 만들어왔던 국가 폭력의 역사를 정치적 쟁점으로 만들고, 시설폐쇄운동과 성적권리운동이 만나서 만들어낼 해방의 지평에 관심이 많다. 저널 《인권운동》, 단행본 《배틀그라운드: 낙태죄를 둘러싼 성과 재생산의 정치》(2018), 《페미니즘 교실》(2019), 《경계 없는 페미니즘》(2019), 《무지개는 더 많은 빛깔을 원한다》(2019), 《뉴노멀》(2020), 《시설사회》(2020), 《Crip Genealogies》(Duke Univ Press, 2023), 《캐노피에 매달린 말들》(2023) 등을 함께 만들고 썼다.

1. 수용시설과 공중화장실의 마주침
2. '벽 없는 감금'을 통해 시설화의 양상 포착하기
3. 공중화장실은 어떻게 '시설사회'와 만나는가
4. 시설사회를 바꾸는 퀴어한 힘

• 이 글은 장애여성공감, 성적 권리와 재생산 정의를 위한 센터 셰어SHARE, 가족구성권연구소, HIV/AIDS인권활동가네트워크, 소수자난민인권네트워크, 연구모임POP, 오류동퀴어세미나 등의 활동과 동료들과의 논의를 기반으로 집필했다.

수용시설과 공중화장실의 마주침

수용시설과 공중화장실의 마주침은 어떤 의미를 발생시킬까? 교정시설과 더불어 수용시설은 매우 닫힌 공간이며, 공중화장실은 마치 누구에게나 열려 있는 것을 전제로 하는 공간이다. 그런데 공중화장실을 이용할 때 어려움을 겪는 이들이 시설에 수용되는 '몸'과 상당 부분 겹친다는 것을 떠올리는 순간, 공중화장실이라는 도시의 인프라가 수용시설에 적합하다고 여겨진 '몸'을 배제하는 장치로 작동하는 이유를 알 수 있게 된다. 더불어 물리적 시설에 갇히지 않더라도 은폐된 존재로 살기를 강요당하는 이들이 겪는 성적 낙인은 공중화장실에 대해 '선량한 시민'들이 갖는 안전에 대한 공포와 겹쳐진다. 따라서 장애인탈시설운동과 모두의 화장실을 만들고자 하는 운동이 만났을 때 서로에게 중요한 참고 사항을 제공하고 때로는 해결하기 어려운 질문을 던지면서 여러 가지 정치적 쟁점을 다룰 수 있는 힘을 가질 수 있으리라 기대하게 되었다.

장애인탈시설운동은 누가, 왜 수용되어야 하는지를 질문하며, 노동시장에 편입되기 어려운 조건을 가진 사람을 넘어서 일상생활을 하는 데 타인의 보조가 필요한 '중증/중복 장애인'이 시설이 아니라 '사회'에서 살아갈 수 있다는 것을 천명했다. 또한 그것을 위해서 가족, 특히 여성의 희생을 통해서가 아니라 활동지원사가 정당한 임금을 받으며 장애인의 활동을 보조할 수 있도록 제도를 만들었다. 이를 통해서 살아가기 위한 조건을 행운이나 배려가 아니라 권리로 만들고자 했다. 결국 이러한 변화의 과정을 겪으면서 시설의 존재는 사람을 보호하기 위해서 존재하는 것이 아니라, 사회에서 누군가를 배제하기 위해서 존재한다는 것을 밝혀냈고, 탈시설운동은 누구도 사회 밖에 남겨두지 않기 위해서 시설폐쇄운동을 지향하기 시작했다.

한국에서 이러한 탈시설 지원 정책을 만들기까지 많은 죽음이 있었고, 그로부터 촉발된 장애인과 연대운동의 끈질기고 처절한 투쟁이 이러한 변화를 가능하게 했다. 동시에 서구 '선진국'의 법제도 사례를 통해 장애인의 삶이 '정상화'되어야 한다는 지향, 장애인도 시민이라는 권리 선언 등이 제도화에 영향을 미쳤다. 이러한 영향은 운동과 불화하기도 하고, 일정 부분 운동과 결합되어 서로의 성격을 변화시키기도 했다. 정상화 담론과 소비자주권으로 표현되는 권리 담론이 주류를 설득하는 논리가 되기도 하고, 제도화된 이후에는 오히려 현장을 규율하는 원리가 되기도 했다. 제도가 만들어져도 정상적인 삶을 살 수 있을 것이라고 기대되지 않는 장애인, 소비자주권을 행사하기 어렵다고 판단되는 장애인은 이러한 제도와 맞지 않는 존재가 되고, 나아가 권리를 얻을 자격을 의심받게 되는 것이다.

'장애여성공감'은 페미니즘과 소수자운동의 관점으로 제도화의 이러한 명암에 주목하고, 어떻게 운동을 갱신해 나갈 것인지에 관심을 두었다. 또한 탈시설운동을 장애인만의 투쟁이 아니라 수용과 감금, 사회적 배제의 문제를 겪는 다양한 소수자와의 연대를 통해서 문제의 원인을 정체성이 아니라 권력의 문제로 돌리고, 해방의 방법을 함께 찾아 나서고자 했다. 이러한 활동의 일환으로 시설사회의 문제점을 다각도로 밝혀 나가면서《시설사회》*를 출간했다.

이 글은 이러한 궤적을 환기하면서 수용소의 현재 의미를 고민하며, 시설 수용에 도전해왔던 장애인탈시설운동의 의미를 점검하고, 공중화장실을 둘러싼 접근성과 젠더/섹슈얼리티를 매개로 한 갈등, 차별과 혐오에 대항하는 것이 어떻게 탈시설운동과 연결될 수 있는지 모색하려고 한다. 이것이 연결될 수 있다면, 시설사회를 넘어서기 위한 동료들의 얼굴 또한 확장될 것이다. 공공 인프라와 반폭력의 확장, 모두를 위한 공중화장실 논의에서 트랜스젠더, 장애인, 이주민의 목소리를 드러내는 것이 '선량한 여성'에 대한 혐오와 폭력을 조장하는 것이라는 잘못된 경계를 해체하기 위한 노력이 시설사회에 대한 도전과 연결되는 이유를 공유하고 싶다.

---

* 《시설사회》(와온, 2020)는 시설을 통해 시설 밖을 정상화하고, 지배 권력을 유지·강화하는 사회를 '시설사회'라고 명명했다. 장애여성공감은 이러한 문제의식을 가지고 노숙인, 난민, HIV 감염인, 정신장애인, 비혼모, 탈가정 청소년 등 여러 소수자 집단의 활동가·연구자와 지속적으로 만나왔다. 이 책은 사회에서 배제되고 은폐된 존재가 공통으로 경험하는 억압의 구조를 밝히고, 함께 해방될 수 있는 방법을 모색한다.

'벽 없는 감금'을 통해 시설화의 양상 포착하기

시설에 적합한 '몸', 질문하기

　　한국 사회에서 대부분의 수용시설은 장애인과 노인, 노숙인(부랑인 포함)을 대상으로 한다. 하지만 시설 수용을 위해서 장애인, 노인, 노숙인 등을 나누는 경계는 명확할 수 없을뿐더러 그 기준도 애매하다.* 누가, 어떤 시설에 적합한지를 심사하기 위해서 노동력의 유무인지, 집의 유무인지, 일상생활 보조 필요의 유무인지를 정하는 것도 명확하지 않기 때문이다. 하지만 이렇게 대상으로 시설을 구별하면 마치 수용의 원인이 장애, 나이, 노숙인 것 같은 오인을 하도록 만들고, 변화해야 하는 것은 사회가 아니라 문제 있는 개인이 된다. 국가가 만드는 보호수용제도의 목표와 목적은 스스로 혹은 가족 안에서 보호하지 못하는 '문제 있는' '비정상적인' 국민을 재활시키거나 단순 수용함으로써 문제를 해결하는 방식이었기 때문이다.

　　황지성은 후기 식민과 냉전 안보 위협, '저개발' 상태라는 복합적 상황의 근현대 한국 사회에서 '비정상성', '열등성'을 가진 집단이라는 꼬리표는 장애인에게 한정되는 것이 아니라, 모든 인구에게 언제든 적용될 수 있는 문제였다고 이야기한다. 또한 이들을 불능화하는 데는 국가와 사회에서 인종, 섹슈얼리티, 장애 등과 관련해 형성된 다양한 규범의 폭력이 동시에 작

---

*　김재형은 "'부랑인'이라는 범주의 출현은 일제의 식민지 통치와 결부된 인종주의적이고 제국주의적인 의도와 관련됐다"라고 밝힌다. 이들 중 최초로 규정된 부랑인은 1912년 제정된 '경찰범처벌규칙' 제1항으로, 이 조항은 부랑인을 "일정한 주소 또는 생업 없이 각 지역으로 배회하는 자"로 정의한다. 김재형, 〈부랑인에 대한 사회적 배제의 구조〉, 《절멸과 갱생 사이》, 서울대학교출판문화원, 2021, 28쪽.

564

동되었다고 지적한다.' 이진경은 "죽음정치적 노동은 '죽음에 이르도록 운명 지어진' 사람들로부터의 노동의 착취(추출)이며, 그로 인해 이미 죽음이나 생명의 처분 가능성이 전제된 삶의 '부양'은 국가나 제국의 노동의 요구에 응하도록 하는 선에서 제한된다"라고 했다. 그러면서 그러한 죽음정치적 노동의 예시로 한국 근대사에 나타난 군사노동, 성노동, 군대 성노동, 이주노동을 들었다. 국가와 자본이 공모하여 만들어낸 죽음정치적 노동이란 노동의 결과 불가피하게 신체와 정신이 훼손되는 대가로 생존할 수 있는 집과 음식을 얻을 수 있도록 기획된 노동을 뜻한다. 국가가 이러한 노동을 기획하고 관리하기에 그 성격은 은폐되고 민족이나 안보 등의 가치로 대체된다.

황지성과 이진경의 논지를 통해서 확인하듯이, 시설의 경계를 확장해서 사고하는 것은 시설 수용의 원인을 다시, 제대로 지목하기 위한 것이다. 후기 식민지 자본주의 사회에서 국가 주도로 벌어진 토지 수용과 착취, 수탈의 결과가 바로 수용시설의 구조적 원인이다. 이는 특정한 사람을 죽음노동으로 내몰면서, 혹은 비정상이라는 이유로 보호를 철회하고 권리를 박탈하는 방식으로 진행되었다. 현재도 이는 진행 중이며 산업의 배치나 규모가 변화함에 따라 죽음정치적 노동의 양상 또한 변하고 더욱 만연해지고 있다. 코로나19로 촉발된 '뉴노멀' 사회에서 택배 노동자가 죽음노동을 하고 있다는 점이 단적인 예로 드러나고 있다.

한편 국가가 운영하는 거주 시설 외에도 종교 시설이나 민간, 의료산업이 운영하는 기도원, 병원 등 또한 시설화의 한 양상으로 자리잡아왔다. 정신장애인을 장기간 수용하는 정신병원/정신요양시설, 노인성 질환을 가진 이들을 수용하는 요양병원/요양원 또한 수용시설로 기능하는 현실을 확인하고 있다. 권미란은 대부분의 요양병원이 에이즈 환자 입원을 거부하는 가운데, 에이즈 환자를 전담하는 요양병원의 경우 사회로부터 완벽하게 단절하는 기능을 하고 자신의 의지대로 퇴원하지 못하게 만들면서 삶의 종착지 역할을 하고 있다고 증언한다.

에이즈 환자는 노인과 함께 생활하는 것이 너무 위험해서 입원을 거부당하지만, 에이즈 환자를 전담으로 수용하는 요양병원은 에이즈 환자가 너무 위험해서 사회에 "풀어놔서는 안 돼"라고 하고 "환자가 퇴원하고 싶어 하면 가라앉을 때까지, 퇴원 생각 없어질 때까지 주사를 놓습니다"라며 철저한 관리를 과시했다.[3] 또한 노숙인에게 접근하여 술과 밥을 준다면서 요양병원에 강제 입원시키고 복지 급여를 탄 요양병원이 적발되었는데, 유인된 150명의 노숙인 중에서 60여 명이 지적장애인으로 추정됐다.[4] 따라서 이미 만들어진, 혹은 이윤을 이유로 앞으로도 계속 만들어질 수용시설의 정원을 채우기 위해서 어떤 몸이 선별되고, 이동하는지는 고정되어 있지 않다. 노동력의 수탈과 착취가 심화되고, 땅과 집으로부터 쫓겨나는 사람이 발생하는 한 이 문제는 계속될 것이기에 이러한 감금의 네트워크[5]가 어떻게 형성되고 연결되는지 파악하는 것이 갈급하다.

또한 가정과 시설의 경계에도 도전적인 질문이 필요하다. 김순남은 국가와 사회가 시설에서의 삶을 정당화하고 시설로 보내질 인구 집단을 분류하는 근거는 '가족을 만들 수 없는, 만들어서도 안 되는' 혹은 '가족에게조차 버림받은' 존재에게서 찾아볼 수 있다고 지적한다. 시설화 정책의 대상은 '이상적인 가정환경'으로부터 일탈된 존재와 긴밀하게 연결되고, 이상적인 가정환경은 정상 신체 중심주의, 능력주의, 빈곤하지 않은 이성애 가족 질서를 공고히 하는 과정이기 때문에 이러한 질서를 흔드는 불온한 존재가 시설 수용이 필요한 존재로 구성된다는 것이다.[6]

국가는 사회와 가정의 정상성, 경제발전을 지향하는 사회적 가치를 보호한다는 명목으로 누군가가 어쩔 수 없이 별도로 마련된(격리된) 공간에서 보호받아야 한다고 설득한다. 하지만 시설에 적합한 몸을 생산하고, 시설에 공급하는 네트워크가 작동하는 이유는 그것이 주류 질서를 유지하는 데 이득을 주기 때문이다.

대항 논리의 확장

근대국가의 출발과 함께했던 시설 수용은 전 세계적으로 나타났다. 그리고 이에 대항하는 유럽과 북미의 장애인과 빈민의 투쟁사는 시설과 감금을 둘러싼 시공간적 감각을 키워내며 지정학적 고려를 가능하게 했다.

1960년대 말 미국에서 에드 로버츠Ed Roberts, 주디 휴먼Judy Heumann을 비롯한 중증 장애인 활동가가 중심이 된 투쟁을 통해서 만들어진 자립생활운동의 모델은 점점 발전하고 확산되어 재활의료 서비스 중심이었던 장애인 정책의 패러다임을 변화시켜 나갔다.* 한편 북유럽에서 1969년 벵트 니리에Bengt Nirje에 의해 제안된 '정상화' 개념이 국제적으로 장애인(특히 발달장애인) 운동과 정책의 중요한 용어가 되었다. 스웨덴 정부는 1980년대에 이르러 활발해진 시설폐쇄운동과 결합하여 '장애인도 정상인의 생활

---

* "미국에서 자립생활운동이 태동된 이유는 여러 가지 사회 환경에서 찾을 수 있다. 60년대의 미국 사회는 흑인민권운동, 여성운동, 반전운동 등 자유주의와 진보적 이념들이 마련돼 장애인민권운동도 싹틀 수 있는 조건이 형성됐다. 또한 장애인은 서비스의 소비자라는 소비자 중심주의, 수용시설에서 벗어나 지역사회에서 함께 살아가야 함을 주장하는 탈시설화운동, 장애인은 단순히 치료를 요하는 존재가 아니라 잘못된 인식이나 고정관념을 문제로 보는 탈의료화운동, 공민권운동 등 사회 분위기는 장애인인권운동에 큰 영향을 미쳤다." Woo, Joo-Hyung, "Challenge of Legal System for the Independent Living Paradigm," *The Journal of Special Education: Theory and Practice* 7-4, 2006, p.263.

리듬에 따라 평범하게 살아가는 것'을 의미하는 정상화 전략을 취했다.[7]

백인 비장애인 이성애자 성인 남성을 모델로 한 이러한 정상적인 생활 리듬은 아침에 일어나 출근하고 저녁에 퇴근하며, 6일을 일하는 풀타임 정규직 노동자를 상정했다. 시설이 아니라 지역사회에서 살아간다는 것을 사회 통합과 정상화라는 개념으로 제시했지만, 지역사회와 노동시장, 비장애 남성의 규범적인 삶의 시간적 모델은 적어도 패러다임 차원에서는 도전받지 않았다. 사회복지 서비스가 이러한 모델에 입각해서 설계되고 제공된다고 할 때 서비스에 적합한 대상과 서비스로서 제공될 만한 내용은 이미 많은 이를 배제하고 특정한 삶의 모델을 강요할 위험이 있다.

서구에서 시작된 장애인자립생활운동의 이념은 당시 꽃피웠던 민권운동의 영향을 받아 만들어졌다. 하지만 동시에 신자유주의 영향 속에 부상했던 소비자 권리 패러다임과 우생학적 발전주의에서 기반한 정상화의 개념 또한 핵심적으로 자리 잡고 있었다. 이러한 장애인 운동과 정책을 비판하며 마르크스주의에 입각해 장애의 사회적 모델을 제시한 영국의 마이클 올리버나 미국의 제임스 찰턴 등과 같은 학자와 영국의 UPIASThe Union of the Physically Impaired Against Segregation,* 미국의 자립생활운동, 스웨덴의 자기권리옹호운동 등과 같은 장애인운동은 감금에 반대하고 빈곤과 차별에 저항하면서 사회적 변혁을 강조했다.[8]

이러한 장애인자립생활운동의 경험과 이념은 일본을 경유해 1990년대 말 한국 사회에 전해진다. 한국은 2000년대 이후 본격화된 장애인자립생

---

* 분리에 저항하는 신체장애인 연합 UPIAS는 1976년 단체 명칭을 제목으로 한 글을 발표하고 손상이 아니라 사회적 억압으로서 장애를 상정했는데, 이 억압은 자본주의 사회의 다양한 물질적 기초로부터 유래한다고 밝혔다.

활동동 투쟁을 통해서 중요한 법 제정의 성과를 얻어냈다. 하지만 한국에서 제도화된 장애인 자립지원 정책 또한 공공 서비스 시장화의 흐름 속에서 이루어져 바우처를 기반으로 설계되었다는 점에서 구조적 한계가 있다.[9] 신자유주의 국가에서 당사자의 자기 결정을 실현시키는 주류화된 방식이 소비자가 되는 것이었기에, 바로 가장 소비자로부터 멀리 있었던 '능력 없는' 장애인 또한 소비자의 반열로 오르는 권리화가 진행되었다. 이러한 흐름에 대항하는 진보적/전투적 장애운동이 (생물학적) 당사자주의를 비판하면서 변혁적 관점을 강조했고,[10] '장애여성공감' 또한 이 운동에 참여하면서 동시에 페미니즘과 소수자 관점의 결합을 추구해왔다. 자립과 독립의 의미를 능력과 자격의 문제로 회귀시키지 않기 위해서는 불안정성을 인정하고 상호 의존성이 서로의 지지와 연대가 될 수 있는 동료 관계를 어떻게 형성할 것인가를 정치적으로 질문하는 것이 필요하기 때문이다. 또한 노동권을 노동할 수 있는 사람의 권리로 자격화하지 않기 위해서 무엇이 노동으로 인정되고 있는지를 다시 질문하고, 이때 자본주의에 의해서 무가치화된 것뿐만 아니라 노동으로 불인정되는 것, 불법적인 것에 대해서도 다시 질문하는 것이 필요하다는 고민을 하는 중이다.[11]

나아가 사회로부터 격리되어야 한다고 규정되는 것이 정상적인 사회질서를 문란하게 하는 행위라 할 때 노동 불능, 노동 기피뿐만 아니라 정상 가족의 성적 규범을 흔드는 존재와 행위 또한 그 대상이 된다는 점에서 '정상화'라는 가치는 젠더/섹슈얼리티를 비롯해 다각도에서 도전받아야 한다.

시설사회와 '벽 없는 감금'

감금은 공공집회로부터 공간적으로 분리되었음을 의미하지만, 판결의 지속 혹은 알 수 없는 무기한 구금의 지속 또한 수반한다. 공적 영역은 부분적으로는 강제적 격리 장소들을 통해 구성되기에, 공적인 것을 정의하는 경계들은 감금된 자, 격리된 자, 투옥된 자, 추방당한 자, 그리고 사라진 이들을 정의하는 경계들이기도 하다.[12]

시장과 감옥은 해나 아렌트가 말하는 "출현할 권리"를 심각하게 제한하면서, 공적 공간을 억누르고 말살하고 전유하기 위해서도 함께 작동한다.[13]

시설사회의 문제의식을 좀 더 공공공간의 정상성 규범과 연결함으로써 어떤 시민이 타자화되고 은폐되는가의 문제에 대한 논의로 나아가려고 한다. 또한 시설사회를 유지함으로써 이득을 얻는 세력을 가시화함으로써 경제적 불평등을 영속하는 조건과 정상성 규범이 공명하는 지점을 연결하고자 한다. 그래야만 어떤 존재가 불법화되고, 그로 인해서 빈곤해지고, 성적 낙인을 부여받으며, 성과 재생산 권리를 박탈당하고, 즐거움과 미래에 대한 기대를 박탈당하는 것과 연결되는지 이해할 수 있게 된다.[14]

이 글에서 '벽 없는 감금'은 시설화된 억압의 문제의식을 잇고, 보다 젠더/섹슈얼리티 이슈로 인해서 범죄화되는 양상에 주목하는 언어다. '벽 없는 감금'은《시설화와 성적 억압: 한국 사회의 시설화에서부터 벽 없는 감금까지》[15]라는 글에서 물리적 수용시설 이외에 시설 밖에서 사실상 격리된 삶을 강요당했고 성적 억압과 낙인으로 고통받는 이들이 어떻게 탈시설운동에 참여할 수 있는지를 모색하며 쓴 말이다. 이 말은 팔레스타인해방운동에 연대하는 장애정의운동을 비롯한 다양한 사회운동에서 영향을 받았다. 신스 인발리드Sins Invalid라는 단체는 팔레스타인인이 끊임없는 군사적 공격, 음식과 물, 의료적 처치 차단 등으로 열린 감옥open air prison 상태에 놓이며 영구적 장애를 가지게 되었다는 점을 지적하면서 '감금된 상태'

에 있는 이들의 해방을 위해서 함께 저항할 것을 제안한다.

정상화와 소비자주의에서 벗어나기 위한 문제의식은 인간다운 삶의 조건을 얻기 위해 노력하는 이들의 이동과 관계 맺음을 제한하고 성적 문란, 가난 등에 대한 낙인을 통해서 범죄화하고 실제로 감금하거나 사회적 격리의 효과를 꾀하는 문제로까지 나아간다. 또한 이러한 억압의 양상이 결국 자본의 흐름을 원활하게 하고, 불평등을 영속하기 위한 거대한 프로젝트의 일부라는 점을 잊지 않도록 해준다.

따라서 '벽 없는 감금'이 문제화하는 것은 '누가, 왜 시설에 수용되는가?'라는 질문을 넘어서, 시설 수용을 정당화하는 논리가 어떻게 시설 안팎을 규율하면서 정상사회(불평등으로 인한 위기사회)를 만드는 데 동원되었는지를 탐문한다. '벽 없는 감금'이라는 말을 확장해서 사용함으로써 팔레스타인이 처한 독보적 상황에 대한 인식을 흐릴 위험이 있지 않은가 고민했지만, 어떤 현상을 난민화, 노예화로 비유하는 것보다는 좀 더 구체적인 억압의 양상을 드러내고 연결감을 가지며 각자의 자리에서, 또 함께할 수 있는 도전을 상상할 수 있지 않을까 생각해본다.

김현철은 감금지리를 "감금을 단순히 특정한 장소, 고정된 지점fixed point에서 발생한 일회적/일탈적 행동으로 보는 것이 아니라, 그 감금이 발생하기 전과 후 그리고 감금되어 있는 동안 다층적으로 얽혀 있는 관계와 감정, 경제/정치적 착취와 소외를 '과정'의 측면에서 이해하는 것"이라고 제안한다. 또한 "감금지리는 감옥을 단순히 '죄를 지은 사람을 가두는 곳'에서 멈추는 것이 아니라, 어떤 정체성과 몸을 담지한 존재들이 불균등한 권력의 역학 속에서 감금되고, 그 감금된 몸들이 어떻게 복지와 노동착취의 사각지대에 놓이게 되는지에 대해 이야기할 수 있는 언어를 제공한다"라고 지적한다.[16] 이러한 논의를 따라 벽 없는 감금의 문제를 과정으로, 권리의 사각지대 문제로 인식할 수 있고, 특정한 정체성이나 특정한 장소로 고정하지 않고 다층적인 권력의 역학 관계를 분석할 수 있다.

공중화장실은 어떻게 '시설사회'와 만나는가[17]

모두의 화장실운동

모두의 화장실은 공중화장실에서 배제된 장애인, 논바이너리/트랜스젠더 등도 모두 접근 가능한 화장실을 만들자는 움직임으로서 대개 성별중립화장실과 다양한 유형의 장애를 가진 이들, 임신한 사람과 어린이, 노인을 비롯해 다양한 '몸'이 접근 가능한 물리적 환경을 구축하는 것을 목표로 한다. 이 문제의식을 좀 더 확장해서 신변 처리를 넘어 다양한 이유로 공중화장실을 방문하고 마주치는 사람들을 떠올려보면 어떨까? 먼저 공중화장실은 도시의 공원화장실, 빌딩이나 프랜차이즈 음식점 등에 설치된 민간 개방 화장실, 기차역이나 터미널 화장실 같은 장소를 떠올릴 수 있다. 여기서 잠을 자고, 샤워를 하고, 섹스를 하는 사람들이 있다. 이러한 행위는 단속되고 범죄가 될 가능성이 있다.

화장실의 쓰임을 늘리는 이들은 노숙인, 탈가정 청소년, 낯선 상대와 섹스하는 사람만이 아니다. 화장실을 청소하는 사람에게 화장실은 휴식과 때로 식사의 공간이고, 먼 길을 가는 장애인이나 노인에겐 전동휠체어를 충전하는 공간이며, 화장실이 부족한 쪽방이나 고시원에 사는 이들에겐 외출 준비를 위해서 찾는 곳이기도 하다. 화장실로부터 배제되는 경험은 공중화장실에서 불법 촬영의 공포에 떨며 불안을 느끼는 여성, 도시와는 양상이

다르지만 휴식도 없이 논밭 한가운데서 일하면서 화장실이 아닌 곳에서 볼일을 봐야 하는 이주 여성 노동자가 함께 공유하는 문제다.

모두를 위한 화장실에 대한 논의는 도시권, 민주주의와 시민권에 관한 논의를 참조할 수 있다. "'도시에 대한 권리'는 1968년 프랑스 전역을 휩쓴 시위에서 널리 사용된 구호 중 하나였으며, 이후에도 세계 여러 도시에서 발생한 도시사회운동의 지향점이 되었다. 도시권 개념은 도시에서 일상을 살아가는 시민의 요구와 권리가 무엇이고 이를 어떻게 확보할 수 있을지, 도시 공간이나 도시 생활에서 배제되거나 소외되는 사람들을 어떻게 포용할 것인지에 대한 다양한 논의를 낳았고, 국가 중심 시민권citizenship 개념의 재구성 필요성을 불러일으키는 등 세계 각국의 도시운동과 도시정치에서 중요한 의제가 되었다."[18]

소수자는 도시의 공간에서 충분히 참여하고 향유하고 재현되고 있는가? 권리를 부여받고 더 나은 세계를 요구하며 자신의 목소리를 내는 주체가 되고 있는가? 이러한 질문을 품고 공중화장실 문제를 다루는 것은, 장애인화장실의 접근성을 모니터링하는 활동이 법 규정 준수를 확인하는 공무원의 역할을 대리하는 것이 아니라, 도시의 권력을 급진적으로 변화시켜 나가려는 운동의 일부가 될 수 있도록 한다. 청소 노동자가 쉬거나 밥을 먹는 장소가 되거나 혹은 청소 도구가 보관되는 장애인화장실의 문제는 화장실 용도에 대한 관리 감독 소홀로 문제시되지 않고 그 건물에서 누가 공통적으로 소외되고 있는지를 깨닫게 한다.

장애인화장실을 다목적화장실, 가족화장실로 바꾸어 나가는 흐름에 대해서 꺼림칙한 느낌이 드는 것은 장애인보다 어린이를 먼저 내세움으로써 장애인화장실에 대한 사람들의 인식(세금 낭비, 공간 낭비)을 바꾸지 않고 비껴 나가려는 위험이 감지되기 때문이다. 이때 내세워진 어린이는 어린이

〈그림5-7〉 타이완 대중교통역사에 위치한 성별중립화장실 표지. 남녀 구분 없이 용도와 기능만 표시되어 있다.

그 자체가 아니라 경제발전을 위한 미래의 소중한 자원이자 이성애 정상가족 규범의 상징으로서, 성별이 뒤섞여도 안전하고 여전히 정상적인 '가족'이 함께 이용하는 화장실을 안정화하는 데 이용된다. 이런 상황이라면 차라리 장애인이 청소 도구와 공존하는 것이 왜 더 모욕적인지 말하기 어려워진다. 장애인은 우리 사회에서 미래의 소중한 존재로 인식된 적이 없기 때문이다. 그리고 성별이 뒤섞여 공존할 수 있는 화장실인데 왜 트랜스젠더와 논바이너리인 사람은 여전히 그 어떤 화장실도 안전하게 사용할 수 없는지 설명할 수 없다.

공중화장실 이용에 어려움을 겪는 이는 대개 시설화된 장소에서 살아가는 사람이다. 즉 일시적, 장기적으로 개인 화장실을 갖지 못한 사람이고, 자고 섹스하고 씻기 위한 인프라를 충분히 갖추지 못하고 안전을 확보하지 못한 사람과 상당히 겹친다. 또한 이들은 시설에 수용되거나 노동시장에서 사생활을 확보하지 못하고 화장실에 갈 때도 감시와 통제 아래 놓인 사람과 공통된 경험을 한다.

공간을 점유할 권리

　　장애를 가진 사람이 골방에 갇혀 살거나 대중교통수단이 없는 산속 시설에 수용되어 있을 때 공중화장실에 접근하는 문제는 전혀 '장애인의 이슈'가 아니었다. 과거 주류 사회에 통합된 엘리트/경증의 장애인은 자신의 능력껏, 은밀하게 화장실 문제를 해결해왔을 것이다. 비장애인으로 패싱되거나 통합되기 위해서는 이러한 문제 제기 자체가 핸디캡이 될 가능성이 높다. 트랜스젠더가 자신이 원하는 성별 표현을 전혀 할 수 없는 시공간에서도 모두를 위한 화장실은 정치적 이슈가 되지 않는다.

　　소수자가 거리에 나와서 자신을 드러내고 발언하기 시작하면서 도시의 배제적인 구조가 문제화되기 시작한다. 장애인이 도시 설계에 참여하고 공중화장실을 이용 가능하도록 접근성을 마련하는 데 목소리를 내는 것은 아름다운 화장실 문화가 아니라, 휠체어와 활동을 보조하는 타인의 존재도 정당하게 공간을 점유할 권리가 있다는 것을 의미한다. 따라서 화장실의 기능성, 효용성 등 능력을 높이는 문제로만 접근하는 것은 그것을 이용하는 사람의 역량 강화를 제대로 인식하지 못할 위험이 있다. 화장실의 기능이 떨어진다고 해도 많은 장애인은 이미 화장실을 이용해왔다. 그리고 이미 많은 사람은 화장실을 신변 처리를 넘어서 노동하고, 생존하고, 관계 맺는 공간으로 확장해왔다. 그들에 의해 공중화장실은 도전받고 권리가 논의되어야 하는 공간으로 변화해왔다.

　　모두를 위한 화장실이 모두의 기능에 대처하는 기술의 역량이 아니라, 모두가 도시에 참여할 권리로서 상상되어야 하는 이유다. 그것은 단지 자본의 투입, 과학기술의 발달에 사람들이 종속되지 않고, 아직 사회에 등장하지 못해서 미처 반영하지 못한 누군가의 목소리를 반영할 수 있도록 여지를 남겨두기 때문이다. 또한 기능의 편리함은 화장실을 이용하는 사람을 정상화하는 방향으로 향할 때 정당화되기 쉽지만, 근본적으로는 배제를 반대하고 평등을 지향할 때 빛을 발한다. 젠더 비순응자를 위한 화장실에 대한 논의는 왜 기능의 편리함으로 포함되지 않는가? 이는 기능에 대한 논의가 이미 정상성의 지평 안에서 한정되고 있다는 것을 뜻한다. 따라서 이 지평을 넓히기 위한 민주주의와 정의가 핵심이다.

비규범적인 젠더/섹슈얼리티의 실천은 도시 공간을 점유할 권리가 있는가? 지속성을 담보할 수 있는가? 2019년에 게이크루징 문화를 재현하는 미술 전시 〈동성캉캉〉이 서울에서 열렸고, 유성원의 《토요일 외로움 없는 삼십대 모임》(난다)이 출간되어 주류적인 게이커뮤니티에서 배척하는 주변화된 장소를 드러내는 작업이 진행되었다. 한편 최근 코로나19로 인해 게이섹슈얼리티 지리학이 드러났다. 확진자의 이동 동선이 공개됨에 따라서 밤 문화를 즐기는 순서와 동선, 시간 등이 자세하게 알려졌다. 그중 몇 곳은 폐업을 했고, 몇 곳은 달걀 투척을 받았으며, 혐오 낙서를 당해야 했다. 이태원의 트랜스젠더 여성은 일하는 업소가 쉬는 동안 임시로 다른 일을 찾아야 했고, 레즈비언을 위한 업소 또한 운영 유지의 어려움을 타개하기 위해서 고군분투하고 있다. 한편 동성애 혐오를 조장하는 대표적 인물인 염안섭은 게이크루징 장소가 코로나19 전파에 심각한 영향을 줄 수 있다고 하면서 ○○○터미널 3층 화장실에 가서 유튜브 방송을 하고 강남에 위치한 게이사우나 앞에서 통성 기도 시위를 벌인다. 과연 안전과 사생활을 침해하는 것은 누구인가?

'후천성면역결핍증예방법'은 전염병과 관련한 유일한 개별법이고, 그중 '전파매개행위금지' 조항은 전염병을 옮길 만한 우려가 있는 행동을 했다고 간주한 사람을 형사 처벌하는 독보적인 조항이다. HIV 감염인의 성적 실천을 범죄화하는 것으로 활용되는 이 조항은 문란함을 처벌하는 효과를 꾀한다. HIV 감염인을 격리하고 이동을 제한하는 조항은 상당 부분 없어졌지만, 여전히 '치료보호조치'와 관련된 규정이 존재한다. '동성애=에이즈'라는 여전히 강력한 도식은 문란한 섹슈얼리티를 사회로부터 격리하고 사회를 보호해야 한다는 정동을 촉발하고, 전파매개행위금지 조항이 바로 그 문란함을 범죄로 만드는 역할을 하고 있다.*

퀴어 혐오의 대표적인 양상은 문란한 성과 성폭력을 의도적으로 구분하지 않는 것이다. 남성의 비규범적인 젠더 표현과 정체성 또한 성적 문란함의 결과이기 때문에 이 또한 성폭력의 원인으로 지목된다. 이러한 총체적인 그릇된 이해가 성별중립화장실에 대한 여성의 공포를 구성하고, 트랜스젠더 여성에 대한 혐오와 배제를 정당화한다. 성적 문란함과 성폭력을 구분하지 않는 것은 국가의 성풍속 규제에서 출발했다. '음행을 상습하는 부녀'(비규범적 젠더/섹슈얼리티를 실천하는 비남성)에 대한 보호를 철회하고 사회 밖으로 밀어냈던 가부장적 국가의 법이 이들에게서 삶의 장소를 빼앗고 정당한 몫을 요구하지 못하도록 만들어왔다.** 안전은 보호에 대한 일방의 약속이 아니라, 공간을 정당하게 점유할 권리를 통해서 확보될 수 있다. 그렇

---

*   헌법재판소는 2023년 10월 26일, HIV에 감염된 사람의 전파매개행위를 금지한 후천성면역결핍증(에이즈) 예방법 처벌조항은 헌법에 어긋나지 않는다는 결정을 했다. 전파매개행위죄 폐지운동을 주도했던 HIV/AIDS인권활동가네트워크의 논평 참조. notacrime-hiv.org/?p=1720.

**   황지성은 장애여성 시설화 과정을 연구하면서 서울시립부녀보호소, 서울시립영보자애원과 같은 시설이 "윤락우려여성", "요보호여성"으로 규정된 이들뿐만 아니라 빈곤한 상황에서 부계 혈통의 계승과 생계 부양에서 불필요한 여성, 시설과 길거리 삶으로 인해 폭력피해와 정신적 장애를 얻게 된 여성이 장기간 수용되고 사회에서 은폐되어왔다는 것을 밝힌다. 황지성, 《장애여성의 시설화 과정에 관한 연구 – 서울시립부녀보호지도소 사례를 중심으로, 1961~2010》, 서울대학교 박사학위논문, 2023.

기 때문에 성차별적 질서에 입각해 보호받을 만한 존재를 가려내고 사람 간의 위계를 만드는 권력에 대항하지 않는 한 누구의 안전도 지속적으로 보장받을 수 없다.

이동권은 도시의 흐름을 바꾸는 저항

소수자가 도시의 공간에서 충분히 참여하고, 향유하고, 재현되기 위해서는 이동해야 한다. 국회의원에 당선되고, 집을 소유하고, 경제활동을 하기 이전에 이동은 훨씬 근본적이고 보편적인 문제다. 소수자가 얼마나 정치에 참여하고 있는가, 얼마나 집을 소유하고 있는가, 얼마나 자산을 보유하고 있는가의 문제로 접근하는 것은 지금의 권력 구조 안에서 얼마나 지분을 소유하고 있는가를 보여줄 수 있지만 공중화장실 문제로 연결하기는 어렵다. 그들은 자신의 집이나 특권화된 장소에서 볼일을 해결할 수 있기 때문이다. 게다가 공간을 점유할 권리가 없는 집단이 싸우지 않고 이동할 권리를 가질 리는 만무하다.

집을 점유하지 못하고 거리에서 생활하는 노숙인에게도 이동할 권리를 보장하지 않는다. 이동할 권리는 신체 기능이 아니라 어떤 몸이 어떤 곳에 적합한지를 판단하는 권력과 결부되고, 어떤 몸이 이동하기 위해서 사회가 어떤 수단을 제공할 것인지의 문제이기 때문에 수용소를 정당화하는 권력과 부딪힌다.* 자신의 결정에 따라 이동하고, 타인과 관계 맺는 것, 이것 자체가 시설사회를 넘어서기 위한 기본적인 인프라가 되고, 이를 가능하게

---

* 강상구는 걷기와 자전거 타기가 체제에 도전하는 것이라고 주장한다. 지금의 석유 중심 산업 체제가 자동차를 기반으로 하기 때문이다. 독점 강화, 양극화, 자본주의적 소비의 극단화도 자동차 중심의 이동 체제로의 이행과 일치한다. 강상구, 《걷기만 하면 돼: 새로운 사회를 위한 상상, 녹색기본소득에 관하여》, 루아크, 2019.

하는 인프라를 구축하도록 요구하는 것이 탈시설 인프라다. 모두를 위한 공중화장실 문제를 해결하기 위해서 필요한 것은 배제와 격리의 억압과 참여의 문제를 다각도로 조명하는 것이다. 이는 서울시가 촛불집회에 참여한 수만 명의 시민을 위해서 공중화장실을 제공했던 것과 궤를 같이한다. 이는 촛불집회가 사회공공성에 기여한다는 가치판단에 따른 정치적인 행위였다(물론 때로는 압도적인 수가 사회공공성 자체를 선취하기도 한다).

이러한 관점에서 모두를 위한 화장실은 도시에서의 참여·평등·자유·안전의 문제에서 어떤 계급·성별·성적 지향과 성별 정체성·장애·인종이 배제되고 있는가, 이들이 이동하는 중에 어떤 문제를 겪는가의 문제와 상당 부분 겹친다. 따라서 강남역 사건 이후 "가장 시급한 문제는 여성의 안전이며, 잠정적으로 젠더 비순응자나 장애인이 뒤로 밀리더라도 기다려야 한다"라거나, "안전의 문제를 다루기 위해서 불가피하게 이제 시작하는 성별 중립화장실운동은 잠시 침묵해야 한다"라거나 하는 방식으로 조율되어서는 안 된다. 이는 다시 안전의 문제를 공간의 분리와 기능, 규제의 문제로 축소한다. 가해자는 사람이고, 가해행위를 정당화하는 권력은 젠더 권력이며, 이것을 산업화하고 자본을 불리는 이들은 소수자의 사회 참여와 평등 추구를 가로막는 지배 권력이다.

페미니즘 혹은 여성 대중의 이름으로 젠더 비순응자의 이동을 제한하는 것이 정당화될 수 있는가? 2020년 토지주택공사가 도입하려다가 폐기한 공중화장실 QR코드 입장 정책은 여성 전용 공공화장실, '몰카 방지' 화장실로 명명되었다. QR코드 입장 정책은 즉각적으로 스마트폰이 없는 이들을 거절한다. 또한 본인 명의의 스마트폰을 가지지 못한 사람, 본인의 신분증이 자신의 성별과 불화하는 사람은 '비여성'이 될 수밖에 없다. 차별과 폭력에 대응하고 안전을 확보할 수 있는 역량을 치안 권력에 넘겨주게 되면 여성 혹은 피해자의 자격을 심사하는 것으로 넘어가는 것 외에 다른 길이 없다.

장애인의 장애인화장실 요구, 젠더 비순응자의 성별중립화장실 요구는 도시의 정상 신체 중심성과 이성애 시스젠더cisgender 중심성에 도전하는 행위다. 이것이 화장실 문제이기 때문에 배려, 권리 이전의 욕구, 저항 이전의 단지 생존으로 주장하는 것은 왜 이러한 도전이 가로막히는가에 대해 제대로 설명해주지 못한다. 밤길을 걸을 자유와 턱을 제거하도록 요구할 권리, 자가용보다 도보·자전거·휠체어·대중교통이 주인이 되는 거리, 생계를 위한 활동이 불법이 되지 않을 방법을 찾을 권리, 젠더 비순응자가 자신의 성별을 공공연하게 표현할 권리, 퀴어 간의 성적 표현이라는 이유로 차별적으로 제지받지 않을 권리가 모두 이동권에 포함되거나 연결된다.

"미생물에서부터 물류까지, 결국은 사람의 신체를 매개로 이동하기 때문에 누구의 이동권을 우선적으로 부여하고 보장할 것인가는 국가 통치의 지향 속에서 몸들은 위계적으로 매겨진다. 결국에는 이 이동의 문제는 재생산의 영역과 깊이 개입된다. 발전주의 체제와 신자유주의 체제를 계속 유지하고 발전시켜 나가려는 국가 기조하에서 어떤 이들의 활동을 환영할 것인가는 어떤 이들의 재생산을 환영하고 지원할 것인가의 문제와 연결되기 때문이다."⁹ 그렇기 때문에 물리적 교통수단으로 이동권을 한정하는 인식은 권리로서의 이동이 경제활동('정상 시민')에 부합할 때나 정당화된다. 이동권이 지향하는 바가 사람들이 타인을 만나고, 관계를 맺고, 사회에 참여하는 것으로 확장될 때 이동권의 내용 또한 다른 권리와 연결되면서 확장되고, 이것이 도시의 흐름을 변화시키며 시설사회를 해체하는 것과도 만날 수 있다.

위생과 혐오는 어떻게 감금의 논리가 되는가

언론에서 주기적으로 많은 수의 남성이 소변을 본 후 손을 씻지 않는다는 보고를 할 때마다 많은 이들이 경악한다. 심지어 코로나 시대에도 여전히 손 씻기를 건너뛰는 사람들이 있다고 통탄한다. 공공 교통에서 손잡이는 누구에게나 꺼림칙할 수 있지만 우리는 사실 타인과 공유하는 모든 장소와 물건에 그런 리스크가 포함되어 있다는 사실을 보통은 잊고 살아간다. 따라서 우리가 더럽다, 혐오스럽다고 느끼고 인식하는 특정한 누군가는 사실이라기보다는 우리의 기대나 전제에 가깝다. 이는 소수자가 공적 공간에서 배제되고 표백되는 논리와 공명한다. 공중보건, 위생의 관념은 도시를 규제하고 통제하기 위한 권력이 작동하는 오래된 방식이었다.

깨끗한 화장실은 안전하고 평등한가? 그 깨끗함은 어떤 방식의 청소를 통해서 유지되는가? 화장실의 청결함은 1차적으로 배설물(소변, 대변, 생리혈, 체액, 침, 콧물 등)의 관리일 텐데, 이러한 배설물에 대한 혐오의 감정은 배설물 자체에 대한 것도 있겠지만, 누구의 것으로 상상하는가에 대한 문제와 분리되기 어렵다. 성별중립화장실이 고급 빌딩이나 호텔, 미술관, 공공기관 등에 설치된다면 청결과 안전에 대한 불안감은 현저히 낮아질 것이다. 혐오의 감정은 신체에서 빠져나온 물질에 대한 것으로 그치지 않고 어떤 사람에 대한 것으로 연결된다.[20] 《어쩌면 이상한 몸》에서 김상희는 신변 처리를 하는 활동지원사의 노동이 신체의 온갖 내장과 혈액, 체액을 다루는 의료인의 노동보다 천하다고 평가받는 이유는 활동지원사의 노동이 보편적인 환자가 아니라 사회적으로 삶의 가치를 인정받지 못하는 장애인을 위한 것이기 때문이라고 분석했다.[21] 진은선은 장애여성이 신변 처리를 하고 섹스를 할 때 타인의 보조가 필요하며, 이 과정에서 상호 위생과 프라이버시와 욕망에 대한 기존의 인식이 도전받아야 한다고 주장한다. 또한 이러한 도전을 위해서 다음과 같은 질문을 던진다. "깔끔하고 매끈한 욕망이 과연 존재하는가. 욕망과 사회적 억압과 뒤엉켜 있는 공간으로서의 몸, 더럽고 수치스럽다고 여겨지던 것들이 실은 자연스러운 것이고, 누군가의 손을 빌려야 한다는 사실이 나의 사생활, 내 공간, 내 몸을 끝없이 노출하고 있지만, 아무런 갈등도 없는 매끈한 욕망은 애초에 존재할 수 없는 것이다. 그렇다고 해서 내 몸에 대한 주도권과 욕망이 없다는 뜻도 아니다. 타인의 조력, 지원이 필요한 몸, 성적인 실천에 지원이 필요한 몸이 수치심을 가지지 않고 어떻게 긍정하며 욕망을 실현할 것인가. 이때 필요한 우리 사회의 정의나 약속은 무엇이어야 할까."[22]

위생에 대한 관념의 전제를 돌아보고, 더러움이 어떤 존재와 행위에 할당되어왔는가에 대한 사회문화적 관습과 규범을 돌아보지 않는다면 모두를 위한 화장실 프로젝트는 '성공'하기 어렵다. '남자는 화장실을 너무 더럽게 써서 같이 쓰기 싫다'는 그 마음의 복잡한 결 안에는 꽤 토론할 것이 많다. 이 마음은 단지 서서 누기 때문에 소변이 튀는 문제로 한정되지 않는다 (물론 중요한 문제 중 하나다).

우리는 누구와 어떤 공간을 어떻게 공유할 것인가? HIV 감염인의 기숙사 입소를 거부하는 대학, 예멘 난민에게 세 명 이상 모여서 다니지 말라고 말한 법무부, 지하철 리프트 때문에 목숨을 잃은 장애인, 서울로 7017에 눕기 금지 조항을 만들었다가 철회한 서울시의회, 강제 퇴거되는 세입자와 노점상, 도시 미관을 이유로 납치되어 시설에 수용되었던 빈곤한 이들, 이태원 밖에는 잘 다니지 않는다고 말하는 이주민과 트랜스 여성도 도시 위생의 사회적 관념으로 인해 숨겨진 사람들이다. 그리고 이들 모두 공통적으로 화장실 문제를 겪는다. 존재가 아니라 박테리아나 바이러스, 빈곤 문제나 질서 문란으로 재현되고 환원되는 사람들이다. 그렇게 되면 이에 대

〈**그림5-8**〉 경기도 동두천의 낙검자수용소. 박정희 정권은 기지촌 성노동자를 대상으로 일주일에 두 차례 성매개감염병 검진을 강제했고, 이 검진에서 떨어진 사람은 치료가 마무리될 때까지 강제 수용되었다. 보건증 검사는 일상적으로 이루어졌고, 폭력적 연행도 비일비재했다. (사진: 장애와인권발바닥행동)

한 대응 전략 또한 비인간화된다. 사회에 문제를 일으키는 요인을 위생에 대한 은유로 간단히 치부하고 청결을 대책으로 제시할 때 이들은 공중화장실의 위생을 망치는 이들로 다시 상상될 것이다.

위생 관념과 안전에 대한 감각을 어떻게 연결할 것인가가 중요하다. 성매개감염의 예방을 위한 지식의 환류와 예방 조치에 대한 접근성은 낮은데, 특정한 사람의 섹슈얼리티를 문란하다고 낙인찍기 위해서 동원되는 위생의 감각은 매우 강력하다. 코로나19에 대해서 낙인이 부여됐던 집단, 우한 지역민, 대림동 지역 주민, 대구 지역 사람, 성소수자 등도 이러한 모순을 경험한 적 있다. 위생적이지 못하고 안전을 위협하는 이들은 벽 없는 감금을 경험하고 있지만, 동시에 자가 격리가 불가능한 삶의 조건을 가진 이들이 많고, 누구보다 고립감을 느끼며 동료를 필요로 하는 이들이다. 또한 위생을 확보하기 위한 물리적, 관계적 인프라에 접근하는 문제를 정치적으로 다루지 않으면 누군가가 역설적으로 도시의 위생을 유지하기 위해서 위생을 포기당하는 구조가 계속 은폐된다. 하지만 위생과 건강은 누군가를 격리한다고 해서 해결될 수 없다. 사람은 이동하며, 공기와 물이 순환하는 구조를 가로막는 방안은 장기화될 수 없기 때문이다. 어떻게든 함께 살 수 있는 방법을 고안하지 않은 채 소수자에게 책임과 부담을 전가해왔던 방식이 지금의 혐오와 공포, 불평등과 폭력의 구조를 만들었다. '벽 없는 감금'은 이러한 구조를 유지하기 위해서 소수자가 견디고 있는 불평등의 구조이며, 문화적으로 이러한 구조를 정당화하는 장치다.

시설사회를 바꾸는 퀴어한 힘

이 글을 통해서 장애인 수용에 반대하는 자립생활운동과 시설폐쇄운동의 맥락을 검토하고, 나아가 시설사회를 만드는 차별과 억압의 논리를 파악함으로써 구금과 수용이 물리적인 시설 안팎에서 어떠한 양상으로 벌어지는지를 살펴보았다. 사회를 보호한다는 명목으로 정당화되는 구금과 수용은 경제발전을 위해서 이루어졌고, 정상 가족과 성규범을 보호하기 위한 것으로 정당화되며 두 가지는 단단하게 엮여 있다. 이른바 정상적인 성규범에서 일탈한 사람과 집단에게 가해지는 성적 억압이 경제발전을 위한 논리와 어떻게 연결되는지를 밝힘으로써 소수자의 억압이 부차적인 것이 아니라 지배질서와 단단히 얽혀 있음을 제기했다.

가족과 성규범을 보호하는 논리는 때로 여성과 어린이를 보호한다는 것으로 치환되어 트랜스젠더, 이주민, 미혼모, 탈가정 청소년, 홈리스 등을 차별하고 구금하는 대중의 논리로 동원되기도 하며, 이러한 논리는 공중화장실을 둘러싼 공포와 소수자에 대한 혐오를 통해서 표출된다. 공중화장실은 도시에서 차별과 빈곤으로 주변화된 이들이 노동하고, 휴식하고, 생존하고, 관계 맺는 공간으로서 기능해왔다. 동시에 도시의 인프라가 생산성을 중심으로 위계화된 조건에서 소수자가 이동하고 관계 맺기 위해서 '출현'을 시도하고, 시설화의 억압에 도전하는 비규범적인 몸'들'이 출현하면서 비로소 부각되는 공간이기도 하다. 따라서 공중화장실을 모두가 접근 가능한 공간으로 만드는 운동이 지향하는 것은 위생 관리와 기능 개선에 머무르지 않는다.

모두가 수용시설에 구금되지 않고 생존, 이동, 관계 맺기를 위한 자원에 접근 가능한가를 질문하면서 화장실이라는 필수 공간이 시설 폐쇄와 해방이라는 큰 목표에 다가가기 위한 하나의 정치적 장소가 되길 바란다. '벽 없는 감금' 상태에 있는 소수자가 여기서 벗어나기 위해서, 공중화장실에서 마주치는 불구의 몸'들'이 어떻게 감금을 넘어서는 동료가 될 수 있는지 계속 질문하는 것을 멈추지 않는다. '모두의 화장실운동'이 탈시설을 위한 인프라가 되고, 탈시설운동은 모두의 화장실을 만드는 힘이 될 수 있다. 앨리슨 케이퍼가 말한 것처럼 "화장실 접근을 (트랜스젠더와 장애 문제의) 연합 구축의 장소로 인식하는 일은, 공중화장실이나 개인 화장실이라는 사회적으로 승인된 공간 너머에서 발생하는 배제적 행위에도 비판적 관심을 쏟게 만들어, 화장실이라는 물리적 공간 너머로 우리를 이동"시킨다.[23] 화장실 문제를 겪고 있는 불구들이 이 문제를 다시 정의할 수 있는 힘을 가질 때 시설사회를 바꿀 수 있는 퀴어한 힘이 생길 것이라고 믿는다.

1부

재해 속 빈곤의 비/가시화

자료

內水護,《資料足尾鑛毒事件》, 亜紀書房, 1971.

東海林吉郎·布川了 編著,《足尾鑛毒亡國の慘狀 ― 被害農民と知識人の証言(復刻)》, 傳統と現代社, 1977.

松本英子 編,《鑛毒地の慘狀 第一編》, うまに書房, 1902(2000復刊).

安在邦夫·堀口修 編,《足尾銅山鑛毒事件關係資料 第4卷》, 東京大學出版會, 2009a.

安在邦夫·堀口修 編,《足尾銅山鑛毒事件關係資料 第29卷》, 東京大學出版會, 2009b.

田中正造全集編纂會 編,《田中正造全集 第2卷》, 岩波書店, 1977b.

田中正造全集編纂會 編,《田中正造全集 第7卷》, 岩波書店, 1977a.

栃木縣史編纂委員會 編,《栃木縣史 通史編: 近現代 三》, 栃木縣, 1984.

栃木縣史編纂委員會 編,《栃木縣史 資料編: 近現代 九》, 栃木縣, 1980.

단행본

데이비드 쾌먼 지음, 강병철 옮김,《인수 공통 모든 전염병의 열쇠》, 꿈꿀자유, 2020.

롭 닉슨 지음, 김홍옥 옮김,《느린 폭력과 빈자의 환경주의》, 에코리브르, 2020.

加藤圭木,《紙に描いた〈日の丸〉足下から見る朝鮮支配》, 岩波書店, 2021.

東海林吉郎,《(新版) 通史·足尾鑛毒事件 1877~1984》, 世職書房, 2014.

鹿野正直 編,《足尾鑛毒事件研究》,三一書房, 1974.

茂野吉之助 編,《古河市兵衛翁傳》,五日會, 1926.

小松裕,《田中正造の近代》,現代企畫室, 2001.

松永伍一 編,《農民: 近代民衆の記錄 1》,新人物往來社, 1972.

永島与八,《鑛毒事件の眞相と田中正造翁》,永島与八, 1938.

牛山敬二,《農民層分解の構造(戰前期)》,農業總合研究所, 1975.

日本史研究會 編,《講座日本史 第6卷: 日本帝國主義の形成》,東京大學出版會, 1970.

長岡新吉,《明治恐慌史序說》,東京大學出版社, 1971.

田村紀雄,《川俁事件》,社會評論社, 2000.

村上安正,《足尾に生きた人々一語りつぐ民衆の歷史》,隨想舍, 2000.

Robert Stolz, *Bad Water: Nature, Pollution & Politics in Japan, 1870~1950*, Duke University Press, 2014.

논문

신지영,〈재난 이후의 '피난약자'—내부로의 '避-難'과 외부에서의 '生-存'〉,《민족문학사연구》69권, 2019.

신지영,〈중첩된 재난과 팬데믹 연대—한일 장애 활동가 및 간호사 구술을 중심으로〉,《역사비평》, 2020.8.

石井人也,〈社會問題の〈発生〉〉,《岩波講座 日本歷史 第16卷》,岩波書店, 2014.

小西德應,〈足尾銅山溫存の構造—第三回鑛毒予防工事命令を中心に〉,《政經論叢》第58卷, 第3·4號,明治大學政治經濟研究所, 1989.

'귀환'과 '정착' 사이에서

자료

김광주,〈악야〉,《백민》, 1950년 2월.

엄흥섭,〈발전〉,《문학비평》, 1947년 6월.

채만식,〈소년은 자란다〉,《월간문학》, 1972년 9월, 유고. (《채만식전집》6, 창작과비평사, 1987.)

황순원,〈담배 한 대 피울 동안〉,《신천지》, 1947년 2월.

단행본

권혁태·이정은·조경희 엮음,《주권의 야만: 밀항, 수용소, 재일조선인》, 한울, 2017.

안상훈·조성은·길현종,《한국 근대의 사회복지》, 서울대학교출판부, 2006.

이우용 편저,《해방공간의 문학연구 Ⅱ: 문학작품론 및 북한문학》, 태학사, 1990.

논문

김예림, 〈'배반'으로서의 국가 혹은 '난민'으로서의 국민: 해방기 귀환의 지정학과 귀환자의 정체성〉,《상허학보》24, 2010.

김윤진, 〈해방기 엄흥섭의 언어의식과 공동체의 구상〉,《민족문학사연구》60, 2016.

김익균, 〈해방기 사회의 타자와 동아시아의 얼굴: 해방기 소설에 표상된 상해에서 온 이주자〉,《한국학연구》38, 2011.

오태영, 〈민족적 제의로서의 '귀환': 해방기 귀환서사 연구〉,《한국문학연구》32, 2007.

이경재, 〈만주국 붕괴 이후의 귀환서사 연구〉,《만주연구》19, 2015.

이민영, 〈해방기 귀환 소설의 경계인식 연구〉, 서울대학교 석사학위논문, 2008.

이연식, 〈종전 후 한·일 양국 귀환자의 모국 정착과정 비교 연구: 포스트콜로니얼 관점에서 본 식민자와 피식민지민의 전후실태 비교〉,《한일민족문제연구》31, 2016.

이연식, 〈해방 직후 '우리 안의 난민·이주민 문제'에 관한 시론〉,《역사문제연구》35, 2016.

이연식, 〈해방 직후 서울지역의 주택부족문제 연구 유입인구의 증가와 관련하여(1945~1948)〉,《서울학연구》16, 2001.

이영미, 〈해방공간의 김광주 소설에 나타난 섹슈얼리티 연구〉,《한국문학이론과 비평》9, 2005.

이종호, 〈해방기 이동의 정치학: 염상섭의 단편소설을 중심으로〉,《한국문학연구》36, 2009.

정재석, 〈해방기 귀환서사 연구〉, 연세대학교 석사학위논문, 2007.

정종현, 〈해방기 소설에 나타난 '귀환'의 민족서사: '지리적' 귀환을 중심으로〉,《비교문학》40, 2006.

황병주, 〈미군정기 전재민구호救護 운동과 '민족 담론'〉,《역사와현실》35, 2000.

박탈 혹은 국가와 사회 사이의 난민

자료

국가법령정보센터 http://law.go.kr.

국가전자도서관 http://viewer.nl.go.kr.

국가통계포털 https://kosis.kr.

국회임시회의속기록 http://likms.assembly.go.kr/record.

뉴스라이브러리 https://newslibrary.naver.com.

대한민국신문아카이브 https://nl.go.kr/newspaper.

대한민국 국방부 정훈국 전사편찬회, 《한국전란1년지》(1950~1951), 1951.

대한민국 국방부 정훈국 전사편찬회, 《한국전란2년지》(1951~1952), 1953.

단행본

권헌익 지음, 정소영 옮김, 《전쟁과 가족》, 창비, 2020.

김광주 외, 《피난민은 서글프다》, 수도문화사, 1951.

김광주, 《지구의 비극》, 수도문화사, 1951.

김동춘, 《전쟁과 사회》, 돌베개, 2005.

김성칠 지음, 정병준 해제, 《역사 앞에서》, 창비, 2016.

김송 엮음, 《전시문학독본》, 계몽사, 1951.

김태우, 《폭격》, 창비, 2013.

도미야마 이치로 지음, 심정명 옮김, 《시작의 앎》, 문학과지성사, 2020.

부산일보사 기획연구실, 《임시수도천일》하, 부산일보사, 1984.

스테파니 데구이어 외 지음, 김승진 옮김, 《권리를 가질 권리》, 위즈덤하우스, 2018.

염상섭, 《취우·새울림·지평선》, 글누림, 2017.

유진오 외, 《고난의 90일》, 수도문화사, 1950.

이치노카와 야스타카 지음, 강광문 옮김, 《사회》, 푸른역사, 2015.

주디스 버틀러·아테나 아타나시오우 지음, 김응산 옮김, 《박탈》, 자음과 모음, 2016.

질 들뢰즈·펠릭스 가타리 지음, 김재인 옮김, 《천 개의 고원》, 새물결, 2001.

한나 아렌트 지음, 이진우 외 옮김, 《인간의 조건》, 한길사, 2010.

한나 아렌트 지음, 홍원표 옮김, 《혁명론》, 한길사, 2007.

논문

강성현, 〈한국전쟁기 예비검속의 법적 구조와 운용 및 결과〉, 《사회와역사》103권 0호, 2014.

강성현, 〈한국전쟁기 유엔군의 피난민 인식과 정책〉, 《사림》33호, 2009.

고려대학교박물관 편, 《현민 유진오 제헌헌법 관계자료집》, 고려대학교출판부, 2009.

공준환, 〈한국전쟁기 민간인 피해 조사의 사회학적 연구〉, 서울대학교 석사학위논문, 2015.

김아람, 〈한국전쟁기 난민정착사업의 실시와 구호의 성격〉, 《한국민족운동사연구》91, 2017.

김춘수, 〈한국전쟁 시기 계엄의 성격〉, 《사림》50권 0호, 2014.

김태우, 〈한국전쟁 연구 동향의 변화와 과제 1950~2015〉, 《한국사학사학보》 32, 2015.

서동수, 〈한국전쟁기 유진오의 글쓰기와 피난의 윤리성〉, 《우리말글》 52, 2011.

서만일, 〈한국전쟁 초기 민사정책: 부산의 피난민 통제 및 구호 그리고 경제 복구〉, 《석당논총》 72권 0호, 2018.

서희경, 〈한국전쟁에서의 인권과 평화: 피난민 문제와 공중폭격 사례를 중심으로〉, 《한국정치연구》 21권 1호, 2012.

신동진, 〈귀속재산에 대한 토지개혁과 제 문제〉, 《고려법학》 95권 0호, 2019.

윤해동, 〈식민지근대와 공공성〉, 《사이》 8권 0호, 2010.

이민영, 〈전시의 서울과 피난의 (불)가능성〉, 《현대소설연구》 71호, 2018.

이연식, 〈해방 직후 서울 소재 '적산요정' 개방운동의 원인과 전개과정: 1946~1947년 제1·2차 개방을 중심으로〉, 《서울과 역사》 84호, 2013.

이현주, 〈해방 직후 적산처리 논쟁과 대일배상 요구의 출발〉, 《한국근현대사연구》 72집, 2015.

차철욱 외, 〈한국전쟁 피난민들의 부산 이주와 생활공간〉, 《민족문화논총》 45집, 2010.

테오도르 휴즈, 〈염상섭의 적산문학〉, 염상섭, 《취우》, 글누림, 2018.

황병주, 〈해방 공간 한민당의 냉전 자유주의와 사유재산 담론〉, 《동북아역사논총》 59호, 2018.

2부

격리와 단가

자료

《臺灣の癩根絶策に就て》, 財団法人臺灣癩予防協會, 1935.

《臺灣總督府癩療養所樂生院案內》

《萬壽果》

《昭和十三年年報》, 臺灣總督府癩療養所樂生院, 1939.

《昭和十八年年報》, 臺灣總督府癩療養所樂生院, 1944.

《昭和七年年報》, 臺灣總督府樂生院, 1934.

警務局衛生課, 〈最近臺灣に於ける結核予防事業の伸展〉, 《社會事業の友》 第133號, 1939年 12月.

堀江琢朗, 〈癩患者はなぜ逃げたりするか〉, 《社會事業の友》 第127號, 1939年 6月.

堀口英一, 〈癩醫の見た北條君の文學〉, 《科學ペン》, 1938年 3月.

宮原敦, 〈臺灣の癩人〉, 《臺灣醫學界雜誌》 第201號, 1919年 7月.

麓花冷,〈我等の文學〉,《科學ペン》第3卷 第2號, 1938年 3月.

福留栄,〈癩患者とその家族の悩み〉,《社會事業の友》第127號, 1939年 6月.

上川豊,〈臺灣總督府の救癩事業回顧 後編〉,《レプラ》第21卷 第6號, 1952年 11月.

上川豊,〈臺灣總督府の救癩事業回顧〉,《レプラ》第21卷 第5號, 1952年 9月.

上川豊,〈樂生院の使命〉,《臺灣時報》第136號, 1931年 11月.

柴山武矩,〈流れゆく〉,《社會事業の友》第120號, 1938年 11月.

柴山武矩,〈上川博士に問ふ〉,《社會事業の友》第98號, 1937年 1月.

柴山武矩,〈樂生院歌人〉,《社會事業の友》第104號, 1937年 7月.

阿部知二・内田守・太田正雄・小林秀雄・下村宏・本田一杉・高野六郎,〈癩文藝を語る'座談會'〉,
    《改造》, 1939年 7月.

中村不羈兒,〈臺灣に癩療養所の設置せらるるまで〉,《社會事業の友》第27號, 1931年 2月.

志能鏑川・桑田紀行,〈特殊病院訪問記 (1) 更生院と樂生院〉,《臺灣警察時報》第273號, 1938年
    8月.

단행본

藤野豊,《いのちの近代史 ― '民族浄化'の名のもとに迫害されたハンセン病患者》, かもがわ出
    版, 2001.

藤野豊,《日本ファシズムと醫療》, 岩波書店, 1993.

山本俊一,《増補 日本らい史》, 東京大學出版會, 1997.

財団法人日辯連法務研究財団ハンセン病問題に關する檢証會議 編,《ハンセン病問題に關する
    檢証會議最終報告書》上, 明石書店, 2007.

澤野雅樹,《癩者の生 ― 文明開化の条件としての》, 青弓社, 1994.

板垣直子,《事變下の文學》, 第一書房, 1941.

片野眞佐子,《皇后の近代》, 講談社, 2003.

荒井裕樹,《隔離の文學 ― ハンセン病療養所の自己表現史》, 書肆アルス, 2011.

논문

芹澤良子,〈ハンセン病醫療をめぐる政策と傳道 ― 日本統治期臺灣における事例から〉,《歷史
    學研究》第834號, 2007年 11月.

范燕秋,〈癩病療養所與患者身份的癩病社會史〉,《臺灣史研究》第15卷 第4期, 2008年 12月.

上川豊,〈ハンセン病者を守って〉,《臺灣引揚史》, 臺灣協會, 1982.

자료

《경향신문》
《동아일보》
《매일경제》
《入國管理月報》
《親和》

단행본

권혁태·이정은·조경희 엮음,《주권의 야만: 밀항, 수용소, 재일조선인》, 한울, 2017.

어빙 고프먼 지음, 심보선 옮김,《수용소: 정신병 환자와 그 외 재소자들의 사회적 상황에 대한 에세이》, 문학과지성사, 2018(1961).

조르조 아감벤,《아우슈비츠의 남은 자들》, 새물결, 2012.

G. W. オルポート 著, 福岡安則 譯,《質的研究法》, 弘文堂, 2017.

オルトヴィン·ヘンスラー 著, 舟木徹男 譯,《アジール: その歴史と諸形態》, 國書刊行會, 2010.

ジョルジョ·アガンベン,《ホモ·サケル: 主権権力と剥き出しの生》, 以文社, 2007.

ハンナ·アーレント,《全体主義の起源 2 帝國主義》, みすず書房, 1972(1951).

ハンナ·アーレント,《全体主義の起源 3 全体主義》, みすず書房, 1974(1954).

吉留路樹,《大村朝鮮人収容所 知られざる刑期なき獄舍》, 二月社, 1977.

大村朝鮮人収容調査団,《調査報告書》, 1977.

梁石日,《夜を賭けて》, 幻冬社, 1997.

網野善彦,《無緣·公界·樂》, 平凡社, 1987.

朴沙羅,《家の歴史を書く》, 筑摩書房, 2018.

朴順兆,《韓國·日本·大村収容所》, JDC, 1982.

朴正功,《大村収容所》, 京都大學出版會, 1969.

法務省大村入國者収容所 編,《大村入國者収容所二十年史》, 1970.

有薗眞代,《ハンセン病療養所を生きる》, 世界思想社, 2017.

玄武岩,《コリアン·ネットワーク: メディア·移動の歴史と空間》, 北海道大學出版會, 2013(2007).

논문

薄井明,〈全体主義と《アサイラム》: E・ゴフマンを強制収容所と全体主義社會の主題に導く四つ
の繋がり〉,《北海道醫療大學看護福祉學部紀要》27, 2020.

1960~1970년대 한센인 정착촌의 형성과 '자활'의 한계

자료

경상북도 경주시 사회산업국 사회과,《희망농원관계》1975(국가기록원 BA0697817).

경상북도 경주시 사회산업국 사회과,《희망농원관계》(국가기록원 BA0697825).

경상북도 경주시 사회산업국 사회과,《희망촌 이주 용지 보상》(국가기록원 BA0697820).

《경북일보》

《경향신문》

《동아일보》

《새빛》

《호남신문》

단행본

국가인권위원회,《고령화 측면에서 본 한센인 인권상황 실태조사 결과보고서》, 2019.

국가인권위원회,《한센인 인권 실태조사》, 2005.

김기현 외,《한센병, 고통의 기억과 질병 정책》, 국사편찬위원회, 2005.

김아람,《난민, 경계의 삶》, 역사비평사, 2023.

김재수,《천주교 구라사》, 한국가톨릭나사업연합회, 2002.

김재형,《과거사 청산을 위한 국가 폭력연구(Ⅱ): 1970년대 보안처분제도의 형성과 부랑인 단속·
수용을 중심으로》, 한국형사정책연구원, 2020.

김재형,《질병, 낙인》, 돌베개, 2021.

대한나관리협회,《한국나병사》, 1988.

보건복지부,《한센인 피해사건 진상조사》, 2011.

영남대학교 총장 덕암 유준 박사 고희기념문집 간행·편찬위원회,《나무 심는 마음》, 영남대학교출
판부, 1986.

정근식,《(소록도 100년) 한센병 그리고 사람, 백년의 성찰 ― 역사편》, 국립소록도병원, 2017.

한빛복지협회,《한센인 생활환경 실태조사 및 한센인에 대한 인식 조사》, 2012.

한성협동회, 《땅을 빼앗긴 게 아냐, 희망을 뺏긴 것이지: 기억으로 다시 쓰는 국가 폭력과 편견의 기록》, 2002.

행정백서편찬위원회, 《행정백서》, 1964.

논문

김기주, 〈소록도 자혜의원 나환자정책의 성격〉, 《역사학연구》 44, 2011.

김려실, 〈1970년대 생명정치와 한센병 관리정책〉, 《상허학보》 48, 2016.

김려실, 〈냉전과 박애 ― 냉전기 미국의 구라활동과 USIS 영화 〈황토길〉의 사례〉, 《현대문학의 연구》 55, 2015.

김미정, 〈나환자에 대한 일반 대중의 인식과 조선총독부의 나병 정책 ― 1930~40년대 소록도갱생원을 중심으로〉, 《지방사와 지방문학》 15-1, 2012.

김아람, 〈1950년대 후반~60년대 전반 정착사업의 변천 과정과 특징〉, 《역사문제연구》 38, 2017.

김아람, 〈1960년대 개척단의 농지조성과 갈등 구조〉, 《사학연구》 131, 2018.

김아람, 〈한국전쟁기 황해도민의 서해안 피난과 전후 전라남도 정착〉, 《동방학지》 180, 2017.

김원중, 〈한센병 강제격리 정책의 전환 요인: 코크레인 보고서를 중심으로〉, 《아세아연구》 63-1, 2020.

김재형, 〈말레이반도에서의 한센병 관리 정책의 형성과 변화에 관한 연구〉, 《탐라문화》 63, 2020.

김재형, 〈한센인의 격리제도와 낙인·차별에 관한 연구〉, 서울대학교 사회학과 박사학위논문, 2019.

김학균, 〈《당신들의 천국》에 나타난 한센병의 은유 고찰〉, 《한국현대문학연구》 36, 2011.

오덕애, 〈근대의학 담론이 '한센병'에 미친 영향 ― 한하운의 텍스트를 중심으로―〉, 《한국문학논총》 82, 2019.

오현석, 〈한센인의 유랑과 정착에 대한 불안 의식 연구 ― 한센병 문학을 중심으로―〉, 《인문연구》 78, 2017.

전종숙·최원규·정무성, 〈소록도 한센병 배상소송 후 한국 한센인들의 해원解冤 경험〉, 《한국사회복지학》 71-3, 2019.

정근식, 〈동아시아 한센병사 연구를 위하여〉, 《보건과 사회과학》 12, 2002.

정근식, 〈오키나와 한센병사에서의 절대격리체제의 형성과 변이〉, 《사회와 역사》 73, 2007.

정근식, 〈질병공동체와 이주의 네트웍 ― 두 정착마을 사례를 중심으로〉, 《사회와 역사》 69, 2006.

정충실, 〈1970, 1980년대 한국영화에서 한센병 재현〉, 《인문연구》 83, 2018.

주윤정, 〈해방 후 한센인 관련 사회사업〉, 《교회사연구》 29, 2007.

주윤정·양종민, 〈질병 스티그마와 젠더의 교차성: 한센인들의 사회적 차별과 가족 내 차별 경험〉, 《가족과 문화》 32-1, 2020.

최병택, 〈남장로회선교부 한센병 환자 수용정책의 성격(1909~1950): 여수 애양원을 중심으로〉, 《한국기독교와 역사》 32, 2010.

최원규, 〈생명권력의 작동과 사회복지 — 강제불임 담론을 중심으로〉, 《상황과 복지》 12, 2002.

최원규, 〈한센씨병력자 정착촌 주민의 삶과 욕구: 격리와 배제의 권력 구조〉, 《한국사회복지학회 2004년도 춘계학술대회 자료집》, 2004.

한순미, 〈"나병은 낫는다": "당신은 (이 사실을) 아십니까?" — 잡지 《새빛》 수록 나병 계몽운동 자료 검토(1964~1970)〉, 《구보학보》 21, 2019.

한순미, 〈"달과 별이 없어도 밝은 밤" — 한센병의 감각과 증언〉, 《구보학보》 26, 2020.

한순미, 〈위생, 안보, 복지: 1970년대 나병 계몽운동의 변곡점 — 잡지 《새빛》 수록 나병 계몽운동 자료 검토(1970~1979)〉, 《지방사와 지방문화》 23-2, 2020.

한순미, 〈점점 사라져가는 얼굴들 곁에서: 한국 한센병 문학 연구의 특수한 시점〉, 《횡단인문학》 4, 2019.

한순미, 〈한센인의 삶과 역사, 그 증언 (불)가능성〉, 《민주주의와 인권》 14-3, 2014.

3부

수용소 이후의 수용소 '들'

자료

《每日新報》
《朝日新聞》

理論編集部, 《壁あつき部屋: 巢鴨BC級戰犯の人生記('戰爭と平和'市民の記錄)》, 日本圖書センター, 1992.

巢鴨遺書編纂會, 《世紀の遺書》, 巢鴨遺書編纂會刊行事務所, 1953.

일제강점하강제동원피해진상규명위원회, 《남방기행(강제동원군속수기집)》, 2008.

일제강점하강제동원피해진상규명위원회, 《조선이라는 우리나라가 있었구나》, 2008.

新川明, 《琉大文學》(〈戰後沖繩文學批判〉), 1954年 7月.

太田良博, 《太田良博著作集》 4(〈見ぬかれていた'作品の本質'〉), 伊佐美津子, 2006.

太田良博, 《月刊タイムス》(〈黒ダイヤ〉), 1949年 3月.

《'동진회'를 응원하는 모임 통신'同進會'を應援する會通信》, https://kbcq.web.fc2.com/rippou/rippou2.html.

國立病院機構下總精神醫療センター, https://shimofusa.hosp.go.jp/access/index.html.

단행본

곽형덕 편역, 《오키나와 문학선집》, 소명출판, 2020.

문창재, 《나는 전범이 아니다》, 일진사, 2005.

서중원 기록, 정택용 사진, 장애와인권발바닥행동 기획, 《나, 함께 산다》, 오월의봄, 2018.

우쓰미 아이코 지음, 이호경 옮김, 《조선인 BC급 전범, 해방되지 못한 영혼》, 동아시아, 2007.

우쓰미 아이코·무라이 요시노리 지음, 김종익 옮김, 《적도에 묻히다》, 역사비평사, 2012.

이학래, 《전범이 된 조선청년》, 민족문제연구소, 2019.

정혜경, 《조선인 강제연행, 강제노동 1: 일본편》, 선인, 2006.

프란츠 파농 지음, 남경태 옮김, 《대지의 저주받은 자들》, 그린비, 2007.

프리모 레비 지음, 이소영 옮김, 《가라앉은 자와 구조된 자》, 돌베개, 2018.

岡本恵徳, 《沖縄文學の地平》(《戰後沖縄文學の諸相》), 三一書房, 1981.

林英一, 《東部ジャワの日本人部隊―インドネシア残留日本兵を率いた三人の男》, 作品社, 2009.

岩崎稔·大川正彦·中野敏男·李孝徳, 《継続する植民地主義》(宮城公子, 〈暴力の表象と沖縄文學の'戰後': 一九五〇年代をめぐって〉), 青弓社, 2005.

若林千代, 《ジープと砂塵》(〈'荒涼たる風景'のなかの問い〉), 有志舎, 2015.

논문 및 기사

신지영, 〈'난민'과 '인민' 사이: 梁七星·梁川七星·Komarudin·史尼育唔·中村輝夫·李光輝〉, 《상허학보》48, 상허학회, 2016.

신지영, 〈탈식민화의 '불/완결성'과 관계성의 계기들: 최인훈의 〈태풍〉(1973), 선우휘의 〈외면〉(1976), 오시로 다쓰히로大城立裕의 〈솔로의 소나기ソロの驟雨〉(1998)〉, 《동방학지》, 2023년 9월.

유기훈, 〈폐쇄병동 코로나19 집단감염, 감추어진 질문들〉, 《beminor》, 2020년 2월 23일.

유병선, 〈일본 군정기 자바 조선인 군속의 항일비밀결사와 암바라와 사건〉, 고려대학교 사학과 석사학위논문, 2011.

장용석, 〈'일제 포로감시원 동원' 조선인 유골 올가을 한국으로〉, 《뉴시스1》, 2017년 8월 7일.

〈韓國人元BC級戰犯たち'無念の死受け提訴決意⋯'同進會'李鶴來會長コメント〉,《民團新聞》,
　　　2017年8月15日.
〈個室でき, 光差したが⋯ 今なお闘病, 36人の元兵士〉,《朝日新聞》, 1986年8月15日, 18面.

강제수용과 병역거부

단행본

진구섭,《누가 백인인가―미국의 인종 감별 잔혹사》, 푸른역사, 2020.

Chuman Frank E., *The Bamboo People: The Law and Japanese-Americans*, Japanese
　　　American Citizens League, 1981.
Deenesh Sohoni, "Fighting to Belong: Asian American Military Service and American Cit-
　　　izenship", David E. Rohall, Morten G. Ender, Michael Matthews (Ed.), *Inclusion in
　　　the American Military*, Lexington Books, 2017.
John Okada, *NO-NO BOY*, University of Washington Press, 2014.
John Okada, Frank Abe, Greg Robinson, Floyd Cheung, *John Okada: The Life and Redis-
　　　covered Work of the Author of No-No Boy*, University of Washington Press, 2018.

エリック・ミューラー(Eric L. Muller) 著, 飯野正子 譯,《祖國のために死ぬ自由―徴兵拒否の日
　　　系アメリカ人》, 刀水書房, 2004.
ジョン・オカダ 著, 中山容 譯,《ノー・ノー・ボーイ》, 晶文社, 1979.
ジョン・オカダ 著, 川井竜介 譯,《ノーノー・ボーイ》, 旬報社, 2016.
ジョン・ダワー,《容赦なき戰争 太平洋戰争における人種差別》, 平凡社, 2001.
デイ多佳子(Takako Day),《日本の兵隊を撃つことはできない―日系人强制収容の裏面史》, 芙
　　　蓉書房, 2000.
ミツエ・ヤマダ(Mitsuye Yamada) 著, 石幡直樹・森正樹 譯,《収容所ノート―ミツエ ヤマダ作品
　　　集》, 松柏社, 2004.
加藤尚武,《戰争倫理學》, ちくま書房, 2003.
森田幸夫,《アメリカ日系二世の徴兵忌避―不条理な强制収容に抗した群像》, 彩流社, 2007.
酒井直樹,《死産される日本語・日本人》, 新曜社, 1996.
太田恒夫,《日本は降伏していない―ブラジル日系人社會を揺るがせた十年抗争》, 文藝春秋,
　　　1995.

논문

안동현, 《노-노 보이》에 나타난 인종차별주의 비판 ─ 성취와 한계〉, 《영미문학연구》9-9, 2005.

Deenesh Sohoni & Amin Vafa, "The Fight to Be American: Military Naturalization and Asian Citizenship", *Asian American Law Journal* Vol.17, 2010.

Fox, Stephen C, "General John DeWitt and the Proposed Internment of German and Italian Aliens during World War II", *Pacific Historical Review*, Jan 1, 1988.

James Burk, "Citizenship Status and Military Service: The Quest For Inclusion by Minorities and Conscientious Objectors", *Armed Forces & Society* 21-4, Summer 1995.

Jean Anne Mansavage, "A Sincere and Meaningful Belief: Legal Conscientious Objection During The Vietnam War", Graduate Studies of Texas A&M University, Doctor Of Philosophy, 2000.

Jeanne Sokolowski, "Internment and Post-War Japanese American Literature: Toward a Theory of Divine Citizenship", *MELUS* 34-1, Oxford University Press, 2009.

Jinqi Ling, "Race, Power, and Cultural Politics in John Okada's No-No Boy", *American Literature* 67-2, Duke University Press, 1995.

Kim, Daniel Y, "Once More, with Feeling: Cold War Masculinity and the Sentiment of Patriotism in John Okada's No-no boy", *Criticism* 47-1, Winter 2005.

Steven Yoda, Alice Ito, Daryl Maeda & Gary Mukai, "The Question of Loyalty", *EDUCATION ABOUT ASIA* 7-2, Association for Asian Studies, Fall 2002.

李孝德, 〈'場'なき者たちの刻銘 (1) ジョン・オカダ《ノー・ノー・ボーイ》〉, 《前夜》1, 2004年 10月.

飯田深雪, 〈日系作家ヒサエ・ヤマモトの短編に描かれた他者としての記憶 ─ 収容後のアメリカ社會におけるアジアの〈同胞〉との關係を中心に〉, 《神奈川縣立國際言語文化アカデミア紀要》7, 2017.

아카이브 영화, 비/인종적 몽타주, 역사 쓰기

단행본

이영재, 《제국 일본의 조선영화》, 현실문화, 2008.

Agamben, Giorgio, *Remnants of Auschwitz: The Witness and the Archive*, Zone, 1999.

Baskett, Michael, *The Attractive Empire: Transnational Film Culture in Imperial Japan*, University of Hawai'i Press, 2008

Cohen, Matthew Isaac, *Inventing the Performing Arts: Modernity and Tradition in Colonial Indonesia*, University of Hawai'i Press, 2016.

Dower, John, *War Without Mercy: Race and Power in the Pacific War*, Pantheon Books, 1986.

Fujitani, Takashi, *Race for empire: Koreans as Japanese and Japanese as Americans during World War II*, University of California Press, 2011.

Leyda, Jay, *Film Begets Film*, Allen & Unwin, 1964.

Lundemo, Trond, "Montage and the Dark Margin of the Archive", *Cinema and Agamben: Ethics, Biopolitics and the Moving Image*, Bloomsbury, 2014.

Mark, Ethan *Japan's Occupation of Java in the Second World War*, Bloomsbury, 2018.

Marriott, David, *Whither Fanon?: Studies in the Blackness of Being*, Stanford University Press, 2018.

Utsumi, Aiko, "Japanese Racism, War, and the POW Experience", *War and State Terrorism: The United States, Japan, and the Asia-Pacific in the Long Twentieth Century*, Rowman & Littlefield, 2004.

內海愛子·村井吉敬,《シネアスト許泳の〈昭和〉》, 1987.

논문

김지훈, 〈2010년대 한국 다큐멘터리의 아카이브적 전환과 벤야민적 역사쓰기 — 논픽션 다이어리, 88/18, 순환하는 밤〉,《문학과영상》19권 3호, 2018.

나승회, 〈침략전쟁 시기 친일 예술인의 변신에 관한 고찰〉,《일어일문학》35, 2007.

신지영, 〈'난민'과 '인민' 사이〉,《상허학보》48, 2016.

한상언, 〈조선군 보도부의 영화 활동 연구〉,《영화연구》41, 2009.

Barker, Thomas, "Colonial Mobility and Ambiguity: The Life of Filmmaker Hinatsu/ Huyung", *TRaNS: Trans-Regional and-National Studies of Southeast Asia* 5(2), 2017.

Edmondson, Ray, "National Film and Sound Archive: The Quest for Identity," PhD thesis,

University of Canberra, 2011.

Kim, Jihoon, "The Uses of Found Footage and the 'Archival Turn' of Recent Korean Documentary", *Third Text* 34(2), 2020.

Kurosawa, Aiko, "Propaganda Media on Java under the Japanese 1942~1945", *Indonesia* 44(October), 1987.

Nieuwenhof, Frans, "Japanese film propaganda in world war II: Indonesia and Australia", *Historical Journal of Film, Radio and Television* 4(2), 1984.

4부

수용소 안에서의 언어와 권력관계

자료

Australian National Archives:

Proceedings of Military Tribunal, Sgt. Matsushima, Tozaburo and others, Department of the Army, A471,80915 [War Crimes—Military Tribunal—MATSUSHIMA Tozaburo (Sergeant) AWC 2910; AYIZAWA Harimoto (Private) AWC 2651; HAYASI Hajimo AWC 2683; KIOHARA Takeo AWC 2913; OKABAYASHI Eikyu AWC 2685; YANAGAWA Vetane AWC 2914; SHIMURA Yuzo AWC 2911; FURUYA Eisuke AWC 2912; TAKABAYASHI Tsuruichi AWC 2684; Date and Place of Tribunal-Rabaul, 10~16 April 1946].

Proceedings of Military Tribunal, Tasaka, Mitsuo and Others, Department of the Army, A471,80978 [War Crimes—Military Tribunal—TASAKA Mitsuo (Lieutenant) AWC 2915, 26th Supply Depot; TAJIMA Moriji (Lance Corporal) AWC 2916, 228th Infantry Regiment; YONEDA Susume AWC 2686; Date and Place of Tribunal-RABAUL, 23 April 1946].

日本外務省檔案:《講和条約発効後: 赦免勧告關係, オーストラリアの部, D-1-3-0-3-9-2, 1954.

日本厚生省引揚援護局,《韓國臺灣出身戰爭裁判受刑者名簿》, 1955年 12月 1日.

단행본

國防部,《南洋英烈: 二戰期間巴布亞紐幾內亞境內亞境內國軍將士紀錄》, 國防部史政編譯局, 2009.

李展平,《前進婆羅洲: 臺籍戰犯監視員》, 國史館臺灣文獻館, 2005.

李展平,《戰火紋身的監視員: 臺籍戰俘悲歌》, 國史館臺灣文獻館, 2007.

鍾淑敏,《俘虜收容所: 近代臺灣史的一段悲歌, 曹永和先生八十壽慶論文集》, 樂學書局有限公
　　　司, 2001.

鍾淑敏,《戰爭罪犯與戰後處理: 以俘虜收容所監視員爲中心》, 發表於〈戰後臺灣社會與經濟變
　　　遷〉國際學術研討會, 中央研究院臺灣史研究所, 2009.

蔡錦堂,《戰爭體制下的臺灣》, 日創社文化事業有限公司, 2006.

茶園義男,《BC 級戰犯豪軍 Manus 等裁判資料》, 不二出版社, 1991.

茶園義男,《BC 級戰犯豪軍 Rabaul 裁判資料》, 不二出版社, 1990.

東京裁判ハンドブツク編集委員會 編,《東京裁判ハンドブツク》, 青木書店, 1989.

제국 각축 관계하의 타이완인

자료

《インドワラ通信》

《臺灣日日新報》

〈南方に於ける邦人事業〉,《週刊東洋經濟新報》2005號, 1942年 1月.

〈戀愛, 結婚及生子, 生活逍遙自在, 因無從獲睹報紙, 一切如在夢中, 更不知日本投降一臺俘在印
　　　集中營一〉,《南洋商報》, 1946年 6月 6日.

〈英領馬來在留日本人の消長〉,《支那及南洋情報》(臺灣總督官房調查課) 12月號, 昭和 4年.

〈戰爭爆發之頃 遣印臺俘已返星 現暫安置武吉智馬待當局處理 日寇投降後臺俘已遣返千餘
　　　名〉,《南洋商報》, 1946年 6月 1日.

菅沼勝太郎,〈交換船龍田丸で歸へりて〉,《自由通商》15-12, 1942年 12月.

《各國財政, 經濟及金融關係雜纂 / 馬来ノ部·第一卷》(外務省外交史料館藏), アジア歷史資料セ
　　　ンター(JACAR), https://www.jacar.go.jp.

《大東亜戰爭關係一件 / 交戰國間敵國人及俘虜取扱振關係 / 一般及諸問題 / 在敵國本邦人

収容所視察報告 / 在英ノ部·第五巻》, アジア歴史資料センター(JACAR), https://www.jacar.go.jp.

《大東亜戦争關係一件 / 交戦國間敵國人及俘虜取扱振關係 / 在敵國本邦人關係 / 在英(含属領)本邦人關係·第二巻》(外務省外交史料館藏), アジア歴史資料センター(JACAR), https://www.jacar.go.jp.

茶園義男, 《俘虜情報局·俘虜取扱の記録(付)海軍兵學校'國際法'》, 不二出版, 1992.

臺灣總督府衛生課, 《南支南洋に於ける醫療施設》(上巻), 臺灣總督府熱帶産業調査會調査書, 1935.

稲場長左, 《南洋事情講演集》, 臺灣總督官房調査課, 1930.

防衛廳防衛研修所戰史室 編, 《マレー進攻作戦》, 朝雲新聞社, 1966.

昭南特別市調編, 《馬來ビルマ及印度在留邦人被抑留者名簿》, 出版者不明, 1943(?).

단행본

レオ·ゲレインセ 著, 難波收 譯, 《日本軍強制收容所の心 ― レオ·ゲレンセ自傳》, 手帖舍, 1995.

内海愛子 編, 《ジャワ·オランダ人少年抑留所》, 梨の木舍, 1997.

峰敏朗, 《インドの酷熱砂漠に日本人收容所があった》, 朝日ソノラマ, 1995.

小宮まゆみ, 《敵國人抑留: 戰時下の外國民間人》, 吉川弘文館, 2009.

植田喜代治, 《わが心の自叙傳》, 自刊本, 1972.

永田由利子, 《オーストラリア日系人強制收容の記録》, 高文研, 2002.

鍾淑敏, 《日治時期在南洋的臺灣人》, 中央研究院臺灣史研究所, 2020.

清水洋·平川均, 《からゆきさんと經濟進出: 世界經濟のなかのシンガポール ― 日本關係史》, コモンズ, 1998.

논문

クリスチャン·ダニエルス(唐立), 〈雲間の曙光 ―《明臺報》に見られる臺灣籍日本兵の戰後臺灣像 ―〉, 《アジア·アフリカ言語文化研究》51號, 1996.

藍適齊, 〈戰後海外臺灣人的集中與遣返〉, 收入呂芳上主 編, 《中國抗日戰爭史新編(陸)戰後中國》, 國史館, 2015.

矢景裕子, 〈糸滿漁民によるシンガポール出稼ぎ漁業: 1920年代を中心に〉, 《待兼山論集·文化動態論篇》45, 2011年 12月.

鍾淑敏, 〈二戰時期臺灣人印度集中營拘留記〉, 《臺灣史研究》24-3, 2017年 9月.

沈國明, 〈臺灣現代戲劇對外傳播―以東南亞研究爲例〉, http://taiwanfellowship.ncl.edu.tw/files/scholar_publish/2013-fyksoyzmdllbebl.pdf. (2021年 4月 11日 다운로드).

자료

《朝日新聞》, 2020年 7月 31日(夕刊).

國家人權博物館籌備處, 〈國家人權博物館籌備處簡介〉, 2015.

外務省 編纂, 《日本外交文書 サンフランシスコ平和条約 対米交渉》, 外務省, 2007.

陳文成博士記念基金會, 《緑島人權記念園區展示影片 白色見證》, 2003.

헌법재판소, 〈제주 4·3사건 진상 규명 및 희생자 명예 회복에 관한 특별법 의결 행위 취소〉, 2001
년 9월 27일.

단행본

이경분, 《수용소와 음악: 일본의 포로수용소, 트레지엔슈타트, 아우슈비츠의 음악》, 성균관대학교
출판부, 2021.

柯旗化, 《臺灣監獄島: 繁栄の裏に隠された素顔》, 第一出版社, 2005.

龔昭勲, 《死亡行軍: 從神童到火燒島叛亂犯 蘇友鵬醫師的一生》, 前衛出版社, 2018.

顏世鴻, 《青島東路三號: 我的百年之憶及臺灣的荒謬年代》, 啟動文化, 2012.

曹欽榮·林芳微他, 《流麻溝十五號: 綠島女生分隊及其他》, 書林出版, 2012.

陳文成博士記念基金會, 《人權への道: レポート·戰後臺灣の人權》, 陳文成博士記念基金會,
2007.

蔡焜霖口述, 薛化元·游淑如記錄撰文, 《逆風行走的人生: 蔡焜霖的口述生命史》, 玉山社, 2017.

蔡焜霖口述, 蔡秀菊記錄撰文, 《我們只能歌唱: 蔡焜霖的生命故事》, 玉山社, 2019.

高誠晩, 《'犠牲者'のポリティクス: 濟州4·3/沖縄/臺灣2·28歷史清算をめぐる苦惱》, 京都大學出
版會, 2017.

大沼保昭, 《在日韓国·朝鮮人の国籍と人権》, 東信堂, 2004.

藍博洲, 間ふき子·塩森由岐子·妹尾加代譯, 《幌馬車の歌》, 草風館, 2006.

小林勝, 《小林勝著作集》4, 白川書院, 1976.

松田康博, 《臺灣における一党独裁の成立》, 慶應義塾大學出版會, 2006.

若林正丈·家永眞幸 編, 《臺灣研究入門》, 東京大學出版會, 2020.

楊威理, 《ある臺灣知識人の悲劇: 中國と日本のはざまで 葉盛吉傳》, 岩波書店, 1993.

吳叡人 著, 駒込武 譯, 《臺灣, あるいは孤立無援の島の思想: 民主主義とナショナリズムのディ
レンマを越えて》, みすず書房, 2020.

原佑介,《禁じられた郷愁―小林勝の戦後文学と朝鮮》, 新幹社, 2019.

田村志津枝,《非情城市の人びと: 臺灣と日本のうた》, 晶文社, 1992.

鍾謙順 著, 黃昭堂 編譯,《臺灣難友に祈る: ある政治犯の叫び》, 日中出版, 1987.

陳紹英,《外来政権圧制下の生と死: 一九五〇年代臺灣白色テロ, 一受難者の手記》, 秀英書房, 2003.

何義麟,《臺灣現代史: 二·二八事件をめぐる歴史の再記憶》, 平凡社, 2014.

玄武岩,《コリアン·ネットワーク―メディアと移動の歴史と空間》, 北海道大学出版会, 2013.

丸川哲史,《臺灣における脱植民地化と祖國化》, 明石書店, 2007.

黃華昌,《臺灣·少年航空兵: 大空と白色テロの青春記》, 社會評論社, 2005.

논문

김민환,《동아시아의 평화기념공원 형성과정 비교연구: 오키나와, 타이페이, 제주의 사례를 중심으로》, 서울대학교 대학원 박사학위 논문, 2011.

박강배,〈대만, 사람들의 기억과 기념: 대만 2·28기념관〉,《민주주의와 인권》5-2, 광주: 전남대학교 5·18연구소, 2005.

이영진,〈'공포의 문화'에서 벗어나기: 대만 현대사와 기억의 장소〉,《아시아리뷰》20, 서울대학교 아시아연구소, 2020.

전갑생,〈한국전쟁기 오무라수용소大村收容所의 재일조선인 강제추방에 관한 연구〉,《제노사이드 연구》5, 2009.

정나이웨이,〈대만 2·28사건의 재조명 과정〉,《4·3과 역사》18, 제주4·3연구소, 2018.

최범순,〈일본의 전후기억과 송환의 망각 ― 고바야시 마사루〈어느 조선인 이야기〉시론〉,《일본어문학》82, 2018.

한지은,〈대만에서 장소를 둘러싼 정체성과 기억의 정치〉,《문화역사지리》26-2, 한국문화역사지리학회, 2014.

현무암,〈밀항·오무라수용소·제주도 ― 오사카와 제주도를 잇는 '밀항'의 네트워크〉, 제주대학교 재일제주인센터 편,《재일제주인과 마이너리티》, 경인문화사, 2014.

菊池一隆,〈一九五〇年代の臺灣'白色テロ'の實態と特色: 外省人, 本省人に対する弾圧とその狙い〉,《愛知學院大學論叢》49, 愛知學院大學文學會, 2019.

吉田裕,〈戦後改革と逆コース〉, 吉田裕 編,《日本の時代史 26 戦後改革と逆コース》, 吉川弘文館, 2004.

三尾裕子,〈外来権力の重層化と歴史認識: 臺灣と舊南洋群島の人類學的比較〉,《文化人類學》81-2, 日本文化人類學會, 2016.

徐勝,〈臺灣'戒嚴時期叛乱暨匪諜不當審判案件補償條例'の研究: その成立と改正をめぐって〉,《立命館法學》271·272, 立命館大學法學會, 2000.

薛化元,〈二二八事件をめぐる'正義と和解の追求': 名誉回復運動の歴史的考察(一九八七年~一九九七年)〉, 二二八事件紀念基金會 著, 陳儀深·薛化元 編,《二二八事件の眞相と移行期正義》, 風媒社, 2021.

小林勝,〈ある朝鮮人の話〉,《人民文學》2月号, 1952年.

佐藤和美,〈民進党政権の'人権外交': 逆境の中でのソフトパワー外交の試み〉,《日本臺灣學會報》9, 日本臺灣學會, 2007.

陳儀深,〈より多くの眞相を, より多くの移行期正義を〉, 二二八事件紀念基金會 著, 陳儀深·薛化元 編,《二二八事件の眞相と移行期正義》, 風媒社, 2021.

天江喜久,〈臺灣韓僑のポストコロニアル: 任斗旭·臺灣韓僑協會理事長を中心に〉,《立命館アジア·日本研究學術年報》1, 立命館アジア·日本研究所, 2020.

丸川哲史,〈1940年代後半への視座(覚書): '冷戦'=白色テロか臺灣の文化構造にもたらした潜在的意味〉,《アジア遊學》48, 勉誠出版, 2003.

5부

입관수용소란 무엇인가

단행본

Agamben, Giorgio, *Homo Sacer: Il Potere Sovrano e la Nuda Vita*, Einaudi, 1995(ジョルジョ·アガンベン 著, 高桑和巳 譯,《ホモ·サケル─主権権力と剥き出しの生》, 以文社, 2003).

Agamben, Giorgio, *Mezzi senza Fine, Bollati Boringhieri*, 1996(ジョルジョ·アガンベン 著, 高桑和巳 譯,《人権の彼方に: 政治哲學ノート》, 以文社, 2000).

Arendt, Hannah, *The Origins of Totalitarianism*, Harcourt, Brace & World, (1951)1968(ハンナ·アーレント 著, 大久保和郎·大島かおり 譯,《全体主義の起原》2, みすず書房, 1972).

Brubaker, Rogers, *Nationalism Reframed: Nationhood and the National Question in the New Europe*, Cambridge University Press, 1996.

Butler, Judith, *Precarious LIfe: The Powers of Mourning and Violence*, Verso, 2004(ジュディス·バトラー 著, 本橋哲也 譯,《生のあやうさ》, 以文社, 2007).

Foucault, Michael, *Sécurité, Territoire, Population: Cours au Collège de France. 1977~1978*, Gallimard & Seuil, 2004(ミシェル·フーコー 著, 高桑和巳 譯,《安全·領土·人口: コレージュドフランス講義1977~1978年度》, 筑摩書房, 2007).

Gondogdu, Ayten, *Rightlessness in an Age of Rights: Hannah Arendt and the Contemporary Struggles of Migrants*, Oxford University Press, 2015.

大沼保昭,《'新版'単一民族社會の神話を超えて―在日韓國・朝鮮人と出入國管理体制》, 東信堂, 1993.

大竹弘二,《公開性の根源》, 太田出版, 2018.

法務省大村入國者收容所,《大村入國者收容所二十年史》, 1970.

法務省出入國管理局,《出入國管理の解雇と展望》, 1980.

森田芳夫,《在日朝鮮人の處遇と現狀》, 湖北社, (1955)1975.

兒玉晃一・關聡介・難波滿,《コメンタール 出入國管理及び難民認定法 2012》, 現代人文社, 2012.

入管問題調査會 編,《密室の人権侵害―入國管理局收容施設の實態》, 現代人文社, 1996.

佐世保引揚援護局,《佐世保引揚援護局史・上卷》, 1949.

平野雄吾,《ルポ入管―絶望の外國人收容施設》, 筑摩書房, 2020.

논문

McNevin, Anne, "Political Belonging in a Neoliberal Era: The Struggle of the Sans-Papiers," *Citizenship Studies* 10-2, 2006.

Mountz, Alison, et al., "Conceptualizing Detention: Mobility, Containment, Bordering, and Exclusion," *Progress in Human Geography* 37-4, 2012.

Sigona, Nando, "Campzenship: Reimaging the Camp as a Social and Political Space," *Citizenship Studies* 19-1, 2015.

Walters, William, "Acts of Demonstration: Mapping the Territory of (Non-) Citizenship," Engin F. Isin and Greg, M. Nielson eds., *Acts of Citizenship*, Zed Books, 2008.

稲葉奈々子,〈'自助'奪われた非正規滯在外國人 支えは共感, その可能性と限界〉,《Journalism》12月號, 2021.

小田實,〈'キツネウドン大王'たちの歴史〉,《朝日ジャーナル》Vol. 14-11, 1972.

水上洋一郎,〈'提起'入管改革への課題〉,《世界》11月號, 2021.

申惠丰,〈侵害續く在留外國人の人権〉,《Jounalism》11月號, 2021.

외국인보호소와 출입국관리 체제의 현재적 계보

자료

최계영, 〈이주구금의 쟁점들〉, 《인권의 관점에서 바라본 이주민의 권리》, 대한변협 난민이주외국인특별위원회 법원 국제인권법연구회 공동학술대회자료집, 2021.

단행본

몰리 스미스·주노 맥 지음, 이명훈 옮김, 《반란의 매춘부: 성노동자 권리를 위한 투쟁》, 오월의 봄, 2022.

미셸 푸코 지음, 이진희 옮김, 《감옥의 대안》, 시공사, 2020.

산드로 메자드라·브렛 닐슨 지음, 남청수 옮김, 《방법으로서의 경계》, 갈무리, 2021.

어빙 고프먼 지음, 심보선 옮김, 《수용소: 정신병 환자와 그 외 재소자들의 사회적 상황에 대한 에세이》, 문학과지성사, 2018.

장애여성공감 엮음, 《시설사회》, 와온, 2020.

제람 강영훈, 《암란의 버스, 야스민의 자전거》, 제람씨, 2021.

조르조 아감벤 지음, 김항 옮김, 《예외상태》, 새물결, 2009.

최계영 엮음, 《난민법의 현황과 과제》, 경인문화사, 2019.

향기·은영·섬나리, 《훔친 돼지만이 살아남았다》, 호밀밭, 2022.

논문

김진 외, 〈한국 이주구금제도의 문제점에 관한 국제인권법적 검토〉, 《공익과 인권》 30, 경인문화사, 2020.

이은아, 〈9·11 이후의 이민법과 오바마의 이민정책 변화〉, 《트랜스라틴》 17, 2011.

탈시설운동은 모두의 화장실운동과 어떻게 만나는가

자료

김현철, 〈'감금'에서 '감금지리carceral geographies'로, 언어화되지 않은 착취와 소외, 감정과 트라우마, 살들fleshes의 논의를 위해〉, 《글로컬포인트》 3호, 2019. http://blog.jinbo.net/glocalpoint/78.

나영·나영정, 〈국가권력과 신자유주의 질서에 대항하는 섹슈얼리티-인권-운동〉, 《인권운동》 3호,

2021. https://hrmovement.tistory.com/7.

나영정, 〈이동권은 재생산 정의다〉, 《셰어》, 2022년 5월 3일. https://srhr.kr/issuepapers/?idx
=11327003&bmode=view.

진은선, 〈아무것도 오염되지 않은 깔끔한 관계는 불가능하다〉, 《Without Frame! Vol.2: Trash
Can 나의 힘은 쓰레기통이다》, 우프, 2022.

황지성, 〈비정상 신체의 궤적 읽기: 페미니즘, 탈식민주의, 장애 운동의 교차를 모색하며〉, 《한국장
애학회 2018년 추계학술대회 발표집》, 한국장애학회, 2018.

〈모두를 위한 화장실 어떻게 만들까〉, 토론회 자료집, 서울시NPO지원센터, 2019년 5월
18일.

〈복지부동 복지부, 강제입원 노숙인 대책 마련하라〉, 《비마이너》, 2014년 7월 22일.

〈여성 부랑인 강제 수용시설 영보자애원, 진상 규명 될까?〉, 《비마이너》, 2021년 11월 15일.

HIV/AIDS인권활동가네트워크 〈범죄가아니다〉 홈페이지(notacrime-hiv.org).

단행본

강상구, 《걷기만 하면 돼: 새로운 사회를 위한 상상, 녹색기본소득에 관하여》, 루아크, 2019.

김도현, 《장애학의 도전》, 오월의봄, 2019.

마사 너스바움 지음, 조계원 옮김, 《혐오와 수치심》, 민음사, 2015.

서울대학교 사회학과 형제복지원연구팀 엮음, 《절멸과 갱생 사이》, 서울대학교출판문화원, 2021.

앨리슨 케이퍼 지음, 이명훈 옮김, 《페미니스트, 퀴어, 불구》, 오월의봄, 2023.

이성규, 《장애인복지정책과 노말라이제이션: 정상성 개념의 형성과 진화》, 홍익재, 2001.

이진경 지음, 나병철 옮김, 《서비스 이코노미: 한국의 군사주의·성 노동·이주 노동》, 소명출판,
2015.

장애여성공감 엮음, 《시설사회: 시설화된 장소, 저항하는 몸들》, 와온, 2020.

장애여성공감 엮음, 《어쩌면 이상한 몸》, 오월의봄, 2018.

제임스 찰턴 지음, 전지혜 옮김, 《우리 없이 우리에 대한 것은 없다》, 울력, 2009.

주디스 버틀러 지음, 김응산·양효실 옮김, 《연대하는 신체들과 거리의 정치》, 창비, 2020.

콜린 반스·마이클 올리버·렌 바턴 엮음, 김도현 옮김, 《장애학의 오늘을 말하다》, 그린비, 2017.

Tari Young-Jung Na and translated by Yoo-Suk Kim, "Institutionalization, Gender/Sexu-
ality Oppression, and Incarceration without Walls in South Korea: Toward a More
Radical Politics of the Deinstitutionalization Movement," *Crip Genealogies*, Duke
University Press Books, March 24, 2023.

논문

강현수, 〈'도시에 대한 권리' 개념 및 관련 실천 운동의 흐름〉, 《공간과 사회》 32, 2009.

황지성, 《장애여성의 시설화 과정에 관한 연구 ─ 서울시립부녀보호지도소 사례를 중심으로, 1961~2010》, 서울대학교 박사학위논문, 2023.

Woo, Joo-Hyung, "Challenge of Legal System for the Independent Living Paradigm," *The Journal of Special Education: Theory and Practice* 7-4, Research Institute of the Korea Special Education, 2006.

주

여는 글

1   박중엽, 〈접견 시간은 10분, 동료시민이 이야기를 시작했다〉, 《뉴스민》, 2024년 2월 28일.

2   조해람, 〈단속차량을 들이받고 그는 달렸다, 친구들이 울부짖어서〉, 《경향신문》, 2024년 3월 15일.

3   박중엽, 앞의 기사.

4   박중엽, 〈교도소에서 온 '통근 버스' 김민수의 편지⋯ "여러분이 저의 희망"〉, 《뉴스민》, 2024년 3월 7일.

5   어빙 고프먼 지음, 심보선 옮김, 《수용소》, 문학과지성사, 2018. 이하 한 단락의 내용 정리는 16~17쪽, 1장 〈총체적 기관의 특징들에 관하여〉를 참고했다.

6   이 글의 논점을 보다 깊이 확인해볼 수 있는 호시나 히로노부의 저서는 다음을 참조하면 된다. 星名宏修, 《植民地を讀む: '贋'日本人たちの肖像》, 法政大學出版局, 2016.

7   이 글의 논점을 보다 깊이 확인해볼 수 있는 김아람의 저서는 다음을 참조하면 된다. 김아람, 《난민, 경계의 삶》, 역사비평, 2023.

8   이 글에서 사용된 아카이브 영화 분석 방법을 보다 깊이 확인해볼 수 있는 김한상의 저서는 다음을 참조하면 된다. Han Sang Kim, *Cine-Mobility: Twentieth-Century Transformations in Korea's Film and Transportation*, Harvard University Asia Center, 2022.

9   이 글의 논점을 보다 깊이 확인해볼 수 있는 현무암의 저서로는 다음을 참조하면 된다. 현무암 지음, 김경옥 외 옮김, 《'포스트 제국'의 동아시아》, 소명출판, 2023.

10   일본의 입관수용소 및 법제도에 대한 다카야 사치의 보다 심화된 논의를 참고할 수 있는

저서로는 다음을 참조하면 된다. 岸見太一, 髙谷幸, 稲葉奈々子 著, 《入管を問う: 現代日本における移民の収容と抵抗》, 人文書院, 2023.

11 "About internally displaced persons: Special Rapporteur on the human rights of internally displaced persons," United Nations HUMAN RIGHTS OFFICE OF THE HIGH COMMISSIONER. https://www.ohchr.org/en/special-procedures/sr-internally-displaced-persons/about-internally-displaced-persons.

12 권혁태·이정은·조경희 엮음, 《주권의 야만: 밀항, 수용소, 재일조선인》, 한울, 2017.

13 〈국내 난민 현황〉(통계), 2023년 12월 31일 기준, 난민인권센터, https://nancen.org/2397.

14 클레어 키건 지음, 홍한별 옮김, 《이처럼 사소한 것들》, 다산책방, 2023, 119~121쪽.

재해 속 빈곤의 비/가시화

1 신지영, 〈중첩된 재난과 팬데믹 연대―한일 장애 활동가 및 간호사 구술을 중심으로〉, 《역사비평》, 2020년 8월, 122쪽.

2 데이비드 콰먼 지음, 강병철 옮김, 《인수공통 모든 전염병의 열쇠》, 꿈꿀자유, 2020.

3 宇井純, 《公害原論(Ⅰ·Ⅱ·Ⅲ)》, 亜紀書房, 1971.

4 小松裕, 《田中正造の近代》, 現代企畵室, 2001, 14~49쪽 참조.

5 鹿野正直 編, 《足尾鑛毒事件研究》, 三一書房, 1974.

6 田村紀雄, 《田中正造をめぐる言論思想: 足尾鑛毒問題の情報化プロセス》, 社會評論社, 1998; 田村紀雄, 《川俣事件》, 社會評論社, 2000; 石井人也, 〈社會問題の'発生'〉, 《岩波講座 日本歴史 第16巻》, 岩波書店, 2014, 281~314쪽.

7 Robert Stolz, *Bad Water: Nature, Pollution & Politics in Japan, 1870~1950*, Duke University Press, 2014.

8 롭 닉슨 지음, 김홍옥 옮김, 《느린 폭력과 빈자의 환경주의》, 에코리브르, 2020, 43~52쪽.

9 松本英子 編, 《鑛毒地の慘狀(第一編)》, うまに書房, 1902(2000年 復刊).

10 茂野吉之助 編, 《古河市兵衛翁傳》, 五日會, 1926, 153~176쪽.

11 광산 주변의 토지 면적 1만 6600정보 중 관림은 1만 4463정보로, 1882년 도치기현은 농상무성農商務省의 묵인 속에 해마다 한 번씩 윤벌輪伐 구역을 지정하고 벌목권을 광산에 매각했다. 1883년 80정보에 불과하던 윤벌 면적은 1885년과 1888년에 거듭 면적 변경을 하면서 1888년에는 약 1580정보까지 증가했다. 和田國次郎, 〈鑛毒事件調査復命書〉,

1897(月日缺),《足尾銅山鑛毒ニ關スル委員報告 卷一》, 447~451쪽. 國立公文書館 所藏. (安在邦夫·堀口修 編,《足尾銅山鑛毒事件關係資料 第4卷》, 東京大學出版會, 2009a, 451~473쪽에 수록.)

12 長岡宗好,〈別子銅山鑛業及鑛毒調査復命書〉, 1897年 8月 20日,《足尾銅山鑛毒ニ關スル委員報告 卷一》, 495~544쪽. 國立公文書館 所藏. (安在邦夫·堀口修 編, 앞의 책, 2009a, 509~558쪽에 수록.)

13 〈度良瀬川に魚族絶つ〉,《郵便報知新聞》, 1890年 1月 27日. (小松裕, 앞의 책, 2001, 259쪽에서 재인용.)

14 1897년 조사에 따르면 내무성, 농상무성, 대장성에 제출된 광업 정지에 관한 청원은 총 63건, 그중 61건이 1896년부터 1897년 사이에 집중되어 있다.〈足尾銅山鑛毒ニ対スル停止非停止請願ノ實況〉,《第二類 委員調査之部》, 國立公文書館 所藏. (栃木縣史編纂委員會 編,《栃木縣史 資料編: 近現代九》, 栃木縣, 1980, 606~614쪽.)

15 〈足尾銅山鑛業停止請願(草案)〉, 1896年 9月, 佐野市鐙塚町 山崎正氏 所藏. (栃木縣史編纂委員會 編, 앞의 책, 1980, 587~589쪽.)

16 〈足尾銅山鑛毒に關する答辯書〉, 1897年 3月 18日. (永島与八,《鑛毒事件の眞相と田中正造翁》, 永島与八, 1938, 173~178쪽.)

17 鹿野正直 編, 앞의 책, 1974, 7쪽〈표1〉참조.

18 〈公益ニ有害ノ鑛業ヲ停止セザル儀ニ付質問書〉, 1897年 2月 24日. (田中正造全集編纂會 編,《田中正造全集 第7卷》, 岩波書店, 1977a, 405~410쪽.)

19 栃木群馬茨城埼玉四縣足尾銅山鑛業停止同盟事務所,〈足尾銅山鑛毒被害種目參考書〉, 1897年 2月 24日. (栃木縣史編纂委員會 編, 앞의 책, 1980, 559~567쪽.)

20 鑛毒被害復舊請願在京委員,〈鑛毒被害地復舊請願〉, 1897年 6月 27日. (栃木縣史編纂委員會 編, 앞의 책, 1980, 829~833쪽.)

21 庭田源八,〈鑛毒地鳥獸蟲魚被害實記〉, 1898年 2月 10日. (松永伍一 編,《農民: 近代民衆の記錄 1》, 新人物往來社, 1972, 167~168쪽.)

22 〈足尾銅山鑛毒事變 請願書并始末略書〉, 1898年 5月. (田中正造全集編纂會 編, 앞의 책, 1977b, 672~673쪽.)

23 〈足尾銅山鑛業停止請願書〉, 1897年 10月 8日. (永島与八, 앞의 책, 1938, 233쪽.)

24 栃木群馬茨城埼玉四縣足尾銅山鑛業停止同盟事務所,〈足尾銅山鑛毒被害種目參考書〉, 1897年 2月 24日. (栃木縣史編纂委員會 編, 앞의 책, 1980, 560쪽.)

25 栃木群馬茨城埼玉四縣足尾銅山鑛業停止同盟事務所,〈足尾銅山鑛毒被害種目參考書〉, 1897年 2月 24日. (栃木縣史編纂委員會 編, 앞의 책, 1980, 560쪽.)

26 〈足尾銅山鑛毒事件調査委員會議事速記錄〉第三號, 1897年 4月 15日. (栃木縣史編纂委員會 編, 앞의 책, 1980, 717쪽.)

27 〈足尾銅山鑛毒事件調査委員會議事速記錄〉第四號, 1897年 4月 26日. (栃木縣史編纂委員會 編, 앞의 책, 1980, 723쪽.)

28 〈足尾銅山鑛毒事件調査委員會議事速記錄〉第一號, 1897年 4月 13日. (栃木縣史編纂委員會 編, 앞의 책, 1980, 649쪽.)

29 이 사실은 아시오광산 사무원이 익명으로 《리쿠고 잡지六合雜誌》에 투서(1900년 4월 15일, 132호)하면서 밝혀졌다. 松本隆海 編, 《足尾鑛毒慘狀畵報》, 靑年同志鑛毒調査會, 1901. (東海林吉郎·布川了 編著, 《足尾鑛毒亡國の慘狀―被害農民と知識人の証言(復刻)》, 傳統と現代社, 1977, 85~91쪽.)

30 〈足尾銅山鑛毒事件調査委員會議事速記錄〉第一號, 1897年 4月 13日. (栃木縣史編纂委員會 編, 앞의 책, 1980, 653쪽.)

31 〈足尾銅山鑛毒事件調査委員會議事速記錄〉第一號, 1897年 4月 13日. (栃木縣史編纂委員會 編, 앞의 책, 1980, 653쪽.)

32 〈足尾銅山鑛毒事件調査委員會議事速記錄〉第六號, 1897年 5月 15日. (栃木縣史編纂委員會 編, 앞의 책, 1980, 744~745쪽.)

33 〈足尾銅山鑛毒事件調査委員會議事速記錄〉第六號, 1897年 5月 15日. (栃木縣史編纂委員會 編, 앞의 책, 1980, 745쪽.)

34 〈明治三十年鑛毒調査委員會報告要領〉 (栃木縣史編纂委員會 編, 앞의 책, 1980, 635~637쪽.)

35 〈足尾銅山鑛業停止請願書〉, 1897年 10月 8日. (永島与八, 앞의 책, 1938, 232쪽.)

36 〈足尾銅山鑛業停止請願(草案)〉, 1896年 9月, 佐野市鐙塚町 山崎正氏 所藏. (栃木縣史編纂委員會 編, 앞의 책, 1980, 587~589쪽.)

37 栃木縣史編纂委員會 編, 《栃木縣史 通史編: 近現代三》, 栃木縣, 1984, 856~872쪽.

38 村上安正, 《足尾に生きた人々―語りつぐ民衆の歴史》, 随想舍, 2000, 36~37쪽.

39 小西德應, 〈足尾銅山温存の構造―第三回鑛毒予防工事命令を中心に〉, 《政經論叢》第58卷, 第3·4號, 明治大學政治經濟研究所, 1989, 307~364쪽.

40 〈足尾銅山鑛毒事件調査委員會議事速記錄〉第三號, 1897年 4月 15日. (栃木縣史編纂委員會 編, 앞의 책, 1980, 710쪽.)

41 〈鑛毒被害地視察者への注意〉, 1901(추정). (田中正造全集編纂會 編, 앞의 책, 1977b, 735쪽.)

42 平井次郎, 〈足尾銅山ノ鑛毒ニ就テ〉, 《國家醫學會雜誌》142·143號, 1899. (小松裕, 앞의

책, 2001, 777쪽.)

43 鹿野正直 編, 앞의 책, 1974, 164쪽.

44 鹿野正直 編, 앞의 책, 1974, 308~309쪽.

45 鹿野正直 編, 앞의 책, 1974, 211쪽.

46 鹿野正直 編, 앞의 책, 1974, 204~209쪽.

47 牛山敬二,《農民層分解の構造(戰前期)》, 農業總合研究所, 1975, 8쪽.

48 〈邦内の一國に比すべき戸數及人口を有する土地に対し鑛毒除害處分を果たさざる義に付質問〉, 1898年 6月 6日. (永島与八, 앞의 책, 1938, 303~304쪽.)

49 〈邦内の一國に比すべき戸數及人口を有する土地に対し鑛毒除害處分を果たさざる義に付質問〉, 1898年 6月 6日. (永島与八, 앞의 책, 1938, 305쪽.)

50 足尾銅山鑛毒被害停止處分請願事務所,〈鑛毒被害民救濟ノ請願書〉, 1900年 2月. (栃木縣史編纂委員會 編, 앞의 책, 1980, 851~854쪽.)

51 東海林吉郎,《(新版)通史·足尾鑛毒事件 1877~1984》, 世職書房, 2014, 102쪽.

52 松本隆海 編,《足尾鑛毒慘狀畫報》, 靑年同志鑛毒調査會, 1901. (東海林吉郎·布川了 編著, 앞의 책, 1977, 95쪽.)

53 松本隆海 編,《足尾鑛毒慘狀畫報》, 靑年同志鑛毒調査會, 1901. (東海林吉郎·布川了 編著, 앞의 책, 1977, 72~206쪽에 수록.)

54 鹿野正直 編, 앞의 책, 1974, 389~427쪽.

55 足尾銅山鑛毒被害停止處分請願事務所,〈鑛毒被害民救濟ノ請願書〉, 1900年 2月. (栃木縣史編纂委員會 編, 앞의 책, 1980, 851쪽.)

56 田村紀雄,《川俣事件》, 社會評論社, 2000, 172쪽.

57 田口菊汀,〈毒原跋涉記〉, 佐藤儀助 編,《亡國の縮圖》, 新聲社, 1901年 3月. (東海林吉郎, 布川了 編著, 앞의 책, 1977, 212쪽.)

58 〈鑛毒被害地視察者への注意〉, 1901(추정). (田中正造全集編纂會 編, 앞의 책, 1977b, 726~727쪽.)

59 〈鑛毒被害地視察者への注意〉, 1901(추정). (田中正造全集編纂會 編, 앞의 책, 1977b, 727쪽.)

60 田口菊汀,〈毒原跋涉記〉, 佐藤儀助 編,《亡國の縮圖》, 新聲社, 1901. (東海林吉郎·布川了 編著, 앞의 책, 1977, 215~216쪽.)

61 〈鑛毒被害地見分旅行案内記草稿〉, 1901. (田中正造全集編纂會 編, 앞의 책, 1977b, 571~578쪽.)

62 田口菊汀,〈毒原跋涉記〉, 佐藤儀助 編,《亡國の縮圖》, 新聲社, 1901. (東海林吉郎·布川了

編著, 앞의 책, 1977, 212~213쪽.)

63 松本英子 編, 앞의 책, 1902, 21쪽.

64 松本英子 編, 앞의 책, 1902, 124쪽.

65 松本英子 編, 앞의 책, 1902, 30쪽.

66 長岡新吉, 《明治恐慌史序說》, 東京大學出版社, 1971, 180~198쪽.

67 松本英子 編, 앞의 책, 1902, 66쪽.

68 松本英子 編, 앞의 책, 1902, 127쪽.

69 松本英子 編, 앞의 책, 1902, 128쪽.

70 足尾銅山鑛毒處分請願事務所, 〈足尾銅山鑛毒被害地出生死者調査統計報告書(一)〉 1899年 10月. (内水護, 《資料足尾鑛毒事件》, 亜紀書房, 1971, 362~373쪽에 수록.)

71 田口菊汀, 〈毒原跋涉記〉, 佐藤儀助 編, 《亡國の縮圖》, 新聲社, 1901. (東海林吉郎·布川了 編著, 앞의 책, 1977, 230쪽.)

72 松本英子 編, 앞의 책, 1902, 32쪽.

73 〈明治三十五年鑛毒調査委員會議事筆記(抄)〉, 《鑛毒調査委員會機密記錄〈內閣へ報告 ニ關スルモノ〉明治三十五年》, 國立公文書館 所藏. (栃木縣史編纂委員會 編, 앞의 책, 1980, 942~1017쪽에 수록.)

74 〈被害地ノ狀況沿革及ビ地方廳內報〉, 1903年 3月 2日. (栃木縣史編纂委員會 編, 앞의 책, 1980, 574쪽에 수록.)

75 〈明治三十五年鑛毒調査委員會議事筆記(抄)〉, 《鑛毒調査委員會機密記錄〈內閣へ報告 ニ關スルモノ〉明治三十五年》, 國立公文書館 所藏. (栃木縣史編纂委員會 編, 앞의 책, 1980, 1000~1001쪽.)

76 購讀地被害民救濟佛教有志會, 〈購讀地被害民救濟事業第一期報告〉, 1902年 6月 30日, 23~31쪽. 國立公文書館 所藏. (安在邦夫·堀口修 編, 《足尾銅山鑛毒事件關係資料》 第 29卷, 東京大學出版會, 2009b, 322~337쪽에 수록.)

77 林春雄, 〈銅ノ慢性中毒ニ於テ〉, 《醫事新聞》 第607號, 1902年 2月. (小松裕, 앞의 책, 2001, 777~782쪽.)

78 佐部彦次郎, 〈鑛毒卜人命〉, 1903年 10月 10日. (内水護, 앞의 책, 385~398쪽.)

79 林春雄, 앞의 글, 1902年 2月. (小松裕, 앞의 책, 2001, 779쪽.)

80 〈海老瀬村大字間田生死人口戶數等調査表〉, 1901年 11月 14日, 15~17쪽. 國立公文書 館 所藏. (安在邦夫·堀口修 編, 앞의 책, 2009b, 322~337쪽에 수록.)

81 〈安蘇郡醫會請願書〉, 1901年 4月(日不詳). (永島与八, 앞의 책, 1938, 505~506쪽.)

82 田中正造, 〈序〉, 荒畑寒村, 《谷中村滅亡史》, 岩波書店, 1999, 8쪽. (1907년 平民書房 발행.)

83 小手川豊次郎 ほか,《足尾鑛毒問題解決處分》, 有隣堂, 1902, 63~88쪽. (安在邦夫·堀口 修 編,《足尾銅山鑛毒事件關係資料 第29巻》, 東京大學出版會, 2009, 407~487쪽에 수록.)

84 松本英子, 앞의 책, 1901, 104쪽.

85 졸저,〈아시오광독사건에 나타난 생존의 임계〉,《민족문학사연구》81, 2023, 505~560쪽을 참조.

86 加藤圭木,《紙に描いた〈日の丸〉足下から見る朝鮮支配》, 岩波書店, 2021.

'귀환'과 '정착' 사이에서

1   안상훈·조성은·길현종,《한국 근대의 사회복지》, 서울대학교출판부, 2006, 160~162쪽.

2   가장 대표적인 연구는 다음과 같다. 정종현,〈해방기 소설에 나타난 '귀환'의 민족서사: '지리적' 귀환을 중심으로〉,《비교문학》40, 2006; 정재석,《해방기 귀환 서사 연구》, 연세대학교 석사학위논문, 2007; 오태영,〈민족적 제의로서의 '귀환': 해방기 귀환서사 연구〉,《한국문학연구》32, 2007.

3   이종호,〈해방기 이동의 정치학: 염상섭의 단편소설을 중심으로〉,《한국문학연구》36, 2009; 김예림,〈'배반'으로서의 국가 혹은 '난민'으로서의 인민: 해방기 귀환의 지정학과 귀환자의 정치성〉,《상허학보》29, 2010.

4   이연식,〈해방 직후 '우리 안의 난민·이주민 문제'에 관한 시론〉,《역사문제연구》35, 2016, 146~149쪽.

5   이와 관련된 작품은 다음과 같다. [방공호] 김동리,〈혈거부족〉,《백민》, 1947; 김송,〈외투〉,《민성》, 1949; 손소희,〈회심〉,《백민》, 1948; [정거장] 최정희,〈청량리역 근처〉,《백민》, 1947; 채만식,〈소년이 자란다〉,《월간문학》, 1972; 곽하신,〈정거장광장〉,《신천지》, 1947; [전재민 수용소] 박연희,〈38선〉,《백민》, 1948; 장덕조,〈삼십 년〉,《백민》, 1950; [남의 집 추녀 밑] 계용묵,〈별을 헨다〉,《동아일보》, 1946; 엄흥섭,〈집이 없는 사람들〉,《백민》, 1947; [전셋방] 황순원,〈두꺼비〉,《우리공론》, 1947; 홍구범,〈봄이 오면〉,《백민》, 1947; 박영준,〈부로-커〉,《우리문학》, 1947; 유주현,〈번요의 거리〉,《백민》, 1948; [빈민굴] 김광주,〈악야〉,《백민》, 1950.

6   박재섭,〈해방기 소설연구〉, 이우용 편저,《해방공간의 문학연구 Ⅱ: 문학작품론 및 북한문학》, 태학사, 1990, 190쪽.

7   엄흥섭,〈발전〉,《문학비평》, 1947년 6월(김희민 엮음,《해방3년의 소설문학》, 세계, 303쪽에서 인용함).

8 한국학중앙연구원, 〈향토문화전자대전〉, http://iksan.grandculture.net/iksan/toc/ GC07501430.

9 채만식, 〈소년은 자란다〉, 《채만식전집》 6, 창작과비평사, 1987, 341쪽. 이후 〈소년은 자란 다〉에서 인용할 경우 책 제목과 쪽수만 표기한다.

10 〈소년은 자란다〉, 343쪽.

11 〈소년은 자란다〉, 343쪽.

12 정종현, 앞의 글, 150쪽.

13 〈소년은 자란다〉, 366쪽.

14 〈소년은 자란다〉, 365쪽.

15 채만식, 앞의 책, 408쪽.

16 이경재, 〈만주국 붕괴 이후의 귀환서사 연구〉, 《만주연구》 19, 2015, 29쪽.

17 〈소년은 자란다〉, 371쪽.

18 〈소년은 자란다〉, 375쪽.

19 〈소년은 자란다〉, 375쪽.

20 황병주, 〈미군정기 전재민 구호救護 운동과 '민족 담론'〉, 《역사와현실》 35, 2000, 107쪽.

21 전재민 여성이 생활난을 이기지 못해 사창가로 전락하는 사례에 관한 신문 보도에 대한 정 리는 위의 글, 107쪽; 이연식, 〈종전 후 한·일 양국 귀환자의 모국 정착과정 비교 연구: 포스 트콜로니얼 관점에서 본 식민자와 피식민지민의 전후실태 비교〉, 《한일민족문제연구》 31, 157~158쪽을 참조할 것.

22 황순원, 〈담배 한 대 피울 동안〉, 《신천지》, 1947년 2월, 214쪽.

23 황순원, 위의 글, 214쪽.

24 황순원, 위의 글, 215쪽.

25 이영미, 〈해방공간의 김광주 소설에 나타난 섹슈얼리티 연구〉, 《한국문학이론과 비평》 9, 2005, 278쪽.

26 김익균, 〈해방기 사회의 타자와 동아시아의 얼굴: 해방기 소설에 표상된 상해에서 온 이주 자〉, 《학국학연구》 38, 2011, 57쪽.

박탈 혹은 국가와 사회 사이의 난민

1 김동춘, 《전쟁과 사회》, 돌베개, 2005, 9쪽.

2 질 들뢰즈·펠릭스 가타리 지음, 김재인 옮김, 《천 개의 고원》, 새물결, 2001, 860쪽.

3 위의 책, 860~861쪽.

4 이에 대해서는 강성현, 〈한국전쟁기 예비검속의 법적 구조와 운용 및 결과〉, 《사회와역사》 103권 0호, 2014를 참고할 것. 이 연구는 예비검속과 계엄법 그리고 계엄 상태 효과를 창출하는 국방경비법 등을 중심으로 학살의 법적 구조를 분석하고 있다. 인용은 48쪽.

5 서만일, 〈한국전쟁 초기 민사정책: 부산의 피난민 통제 및 구호 그리고 경제 복구〉, 《석당논총》 72권 0호, 2018; 김아람, 〈한국전쟁기 난민정착사업의 실시와 구호의 성격〉, 《한국민족운동사연구》 91, 2017.

6 차철욱 외, 〈한국전쟁 피난민들의 부산 이주와 생활공간〉, 《민족문화논총》 제45집, 2010.

7 강성현, 〈한국전쟁기 유엔군의 피난민 인식과 정책〉, 《사림》 33호, 2009; 서희경, 〈한국전쟁에서의 인권과 평화: 피난민 문제와 공중폭격 사례를 중심으로〉, 《한국정치연구》 21권 1호, 2012.

8 김동춘, 앞의 책, 특히 2장 참고.

9 각 주체의 의식이나 내면에 대한 연구는 주로 문학 연구 영역에서 이루어지고 있다. 점령, 수복, 1·4후퇴 무렵의 서울 잔류자와 피난민의 의식을 중심으로 피난의 정치화 양상을 분석한 논문으로는 이민영, 〈전시의 서울과 피난의 (불)가능성〉, 《현대소설연구》 71호, 2018 참고.

10 스테파니 데구이어, 〈권리들을 가질 '권리'〉, 스테파니 데구이어 외 지음, 김승진 옮김, 《권리를 가질 권리》, 위즈덤하우스, 2018, 33쪽.

11 헌법의 재산권과 교육 및 복지 관련 사회권 보장은 제헌국회의 대한민국헌법 2장 국민의 권리의무 참조. 원문은 고려대학교박물관 편, 《현민 유진오 제헌헌법 관계자료집》, 고려대학교출판부, 2009, 226~228쪽.

12 '계엄법'(1949년 11월 24일 제정, 시행), 국가법령정보센터(http://law.go.kr).

13 도미야마 이치로 지음, 심정명 옮김, 《시작의 앎》, 문학과지성사, 2020, 107쪽. 그는 계엄 상태를 "사법적으로 한정된 듯 보이는 신문訊問 영역이 일상 세계로 확대"되는 폭력이 "고개를 드는" 장으로 설명하면서, 신문의 대상이 되어버린 자의 '말'과 폭력 예감의 문제를 논한다.

14 김성칠 지음, 정병준 해제, 《역사 앞에서》, 창작과비평, 2016, 175쪽.

15 염상섭의 《취우》 등을 포함해 1945~1953년 시기의 문학을 '적산문학'으로 범주화해 해방에서 한국전쟁기의 소유 체제와 연관 지어 해석하는 시사적인 논의로는 테오도로 휴즈 해설, 〈염상섭의 적산문학〉, 염상섭, 《취우》, 글누림, 2017, 595~606쪽을 참조. 이 논문에서 '적산문학'은 일차적으로 일본과 미군정이 남기고 관리하고 입수, 배분한 적산에 대한 표상과 주장을 담고 있는 일련의 작품을 가리킨다. 더불어 재현의 수준을 넘어서, 한반도 자체

를 누가 소유할 것인가라는 식민성의 문제와 닿아 있는 개념이기도 하다.

16 염상섭,《취우·새울림·지평선》, 글누림, 2017, 396쪽.

17 《취우》이후 주요 인물들의 부산 피난과 그곳에서의 생활은《새울림》과《지평선》두 작품
    으로 서사화되었다. 두 작품은 위의 책 참고.

18 염상섭,《취우·새울림·지평선》, 글누림, 2017, 51쪽.

19 위의 책, 71~72쪽.

20 위의 책, 44쪽.

21 위의 책, 17쪽.

22 위의 책, 426쪽.

23 주디스 버틀러·아테나 아타나시오우 지음, 김응산 옮김,《박탈》, 자음과 모음, 2016,
    21~24쪽.

24 위의 책, 34쪽.

25 이 글에 나타난 유진오의 자기 정당화 논리를 도강파, 잔류파, 지하 잠적파 지형 내에서 검
    토하는 논문으로는 서동수,〈한국전쟁기 유진오의 글쓰기와 피난의 윤리성〉,《우리말글》
    52, 2011 참고.

26 유진오,〈서울탈출기〉, 유진오·모윤숙·이건호·구철회,《고난의 90일》, 수도문화사, 1950,
    41쪽. (원문은《한국전쟁기 문학/수기/제도 자료집》8, 영인북, 2009.)

27 위의 글, 42~43쪽.

28 김광주,《지구의 비극》, 수도문화사, 1951, 22쪽. (원문은《한국전쟁기 문학/수기/제도 자료집》
    8, 영인북, 2009.)

29 김광주,〈이단〉, 김광주·조연현·한무숙,《피난민은 서글프다》, 수도문화사, 1951, 35~36쪽.
    (원문은《한국전쟁기 문학/수기/제도 자료집》8, 영인북, 2009.)

30 위의 책, 18쪽.

31 위의 책, 27쪽.

32 위의 책, 50쪽.

33 서만일, 앞의 논문, 271쪽.

34 부산의 피난민 수용(생산 공장, 창고, 극장 등)과 노숙 등 생활고에 관한 생생한 기록은 부산
    일보사 기획연구실,《임시수도천일》하, 부산일보사, 1984, 특히 제6화 참고.

35 〈序〉, 김광주·조연현·한무숙,《피난민은 서글프다》, 수도문화사, 1951. (원문은《한국전쟁기
    문학/수기/제도 자료집》8, 영인북, 2009.)

36 물론 피난민의 '국민 됨의 도리'나 '애국심'을 논하는 필자도 있다. 조연현,〈해바라기의 생
    리〉, 위의 책; 이무영,〈피난민의 권리〉, 김송 편,《전시문학독본》, 계몽사, 1951. (원문은《한

국전쟁기 문학/수기/제도 자료집》1, 영인북, 2009.)

37　한나 아렌트 지음, 이진우 외 옮김, 《인간의 조건》, 한길사, 2010, 특히 2장. 이러한 인식론적 틀은 프랑스혁명과 미국혁명을 비교하면서 '행복(풍요)'과 '자유'를 차이화한 혁명론에서도 확인할 수 있다. 이와 관련해서는 한나 아렌트 지음, 홍원표 옮김, 《혁명론》, 한길사, 2007, 특히 2장 참고.

38　'사회' 개념 형성의 계보와 아렌트의 사유에 대해서는 이치노카와 야스타카 지음, 강광문 옮김, 《사회》, 푸른역사, 2015, 특히 2장 참고.

39　이를 각각 1차 피해와 2차 피해로 범주화한 것으로 공준환, 〈한국전쟁기 민간인 피해 조사의 사회학적 연구〉, 서울대학교 석사학위논문, 2015 참고.

40　서울과 지방에 가한 공중폭격과 그로 인한 인명, 도시, 지역 파괴에 관해서는 김태우, 《폭격》, 창작과비평, 2013, 특히 9장 참조.

41　이와 관련해 한국전쟁의 폭력성을 유대와 친밀성의 파괴에서 찾은 권헌익의 연구는 시사점이 크다. 권헌익 지음, 정소영 옮김, 《전쟁과 가족》, 창비, 2020 참고.

42　〈사회, 농림, 국방, 내무, 교통, 보건부 장관으로부터 충남북 전남북 경남북 각 지사에게〉, 《한국전란1년지》(1950~1951), 대한민국 국방부 정훈국 전사편찬회, 1951, C49쪽.

43　강성현, 앞의 논문, 116쪽. 유엔군(미군)은 피난민을 원주민과도 다른 "추방된 자들"로 파악했고, 이를 전제로 군사적 필요에 따라 무력행사도 서슴지 않았다.

44　법률 제145호 '피난민 수용에 관한 임시조치법', 국가기록원. http://theme.archives. go.kr/next/chronology/archiveDetail.do?flag=1&page=9&evntId=0049286408& sort=year.

45　법률 제146호 〈'피난민 수용에 관한 임시조치법' 중 개정 법률〉, 《한국전란1년지》(1950~ 1951), 대한민국 국방부 정훈국 전사편찬회, 1951, C61쪽.

46　1951년의 〈정부의 피난민 구호 대책 기본 요령〉에 따르면 1951년 2월 10일 당시 피난민 총수는 489만 369명이고, 이 가운데 집단 수용자는 123만 7820명이다. 구호 대상은 노약, 자력으로 생계유지 불능자를 우선한다는 원칙 등이 제시되어 있다. 《한국전란1년지》 (1950~1951), 대한민국 국방부 정훈국 전사편찬회, 1951, C61, D32쪽. 도별, 주별 피난민 동태 통계 및 구호 상황 통계는 D33~D38쪽 참고.

47　1950년 10월 25일 현재 주택 피해 상황 통계는 〈주택피해상황〉, 《한국전란1년지》 (1950~1951), D14~D15쪽 참고. 원인은 공습, 총포, 화재, 기타로 나뉘어 있다.

48　〈개설―국내정세〉, 《한국전란2년지》(1951~1952), 대한민국 국방부 정훈국 전사편찬회, 1953, C48쪽.

49　이 보고서는 "가장 정확하다고 생각되는 피난민 통계표"를 싣고 있는데, 통계 수치가 실제

수치보다 훨씬 적을 것이며, 지난 6개월 동안 다수의 피난민이 고향으로 돌아갔으므로 이 통계 수치가 1950년 말부터 1951년 초 사이에 생긴 피난민 통계를 그대로 표시한다고 보기는 어렵다는 전제를 단다. 1951년 8월 31일 현재 서울 및 전국 피난민 수를 알려주는데, 총수는 368만 9000명으로 집계되어 있다.《한국전란2년지》(1951~1952), 대한민국 국방부 정훈국 전사편찬회, 1953, C400쪽.

50 국회에서는 이러한 행태를 비판하면서 정부와 경찰 권력을 향해 강력하게 문제 제기를 했다. 제14회 〈국회임시회의속기록〉(1952년 12월 3일) 13~19쪽 참고. 토의 안건 가운데 〈무허가건축물 강제철거 중지에 관한 건의안〉 참고. 속기록은 http://likms.assembly.go.kr/record/mhs-60-010.do#none 참고.

51 전재민이나 피난민 통계와 관련해서는 〈전全 전재민 통계표〉(1950년 6월 25일~1952년 3월 15일); 〈전재지별 남한 피난민 통계표〉(1950년 6월 25일~1952년 3월 15일); 〈전재민 거주 상황별 통계표〉(1952년 3월 15일 현재) 등 참고. 모두《한국전란2년지》(1951~1952), 대한민국 국방부 정훈국 전사편찬회, 1953, D21~D24쪽.

52 '귀속재산처리법', 국가법령정보센터, https://www.law.go.kr/lsInfoP.do?lsiSeq=55121&ancYd=19491219&ancNo=00074&efYd=19491219&nwJoYnInfo=N&efGubun=Y&chrClsCd=010202&ancYnChk=0#0000 참고.

53 처벌 대상은 "서울 인천 지방 등을 위시한, 괴뢰군에 의하여 피탈되었던 지역 내에 소재한 귀속기업체, 귀속주택 등 국가 재산에 대하여 불법점유 우又 는(이하 '또는'―인용자) 파괴행위를 자행하는 자, 권력기관, 단체 또는 차등기관에 소속한 개인 또는 단체로서 권력을 빙자하여 점유 또는 파괴하는 자" 등이다. 〈정일권 계엄사령관, 탈환지구 국가재산 조치에 관하여 포고〉,《한국전쟁1년지》, 1951, C15쪽 참고.

54 《동아일보》, 1950년 11월 11일.

55 '귀속재산처리법', 1949.

56 이현주, 〈해방 직후 적산처리 논쟁과 대일배상 요구의 출발〉,《한국근현대사연구》72집, 2015, 212쪽.

57 전자화된 문헌 자료 조사 결과, 관련 자료는 양적으로 많지 않다. 지역 행정 자료가 간헐적으로 보이는데, 이보다는 당시 신문 매체에 상대적으로 많이 나온다. 역산에 대한 별도의 연구나 본격적인 논의는 전무하다. 당시 부역자 처벌 양상을 살피면서 아주 간략하게 언급한 것으로는 김동춘, 앞의 책, 167쪽 참고.

58 〈역산관리에 관한 건〉, 강원도 기획관리실 법무담당관, 1954. 원문은 국가전자도서관 https://www.archives.go.kr/next/search/searchTotalUp.do?select_search_box=1&upside_query=%EC%97%AD%EC%82%B0#none 참고.

59   《조선일보》, 1952년 8월 16일.

60   박제환 의원의 발언이다. 제8회 〈국회임시회의속기록〉, 1950년 10월 31일, 7~8쪽. 원문은
      http://likms.assembly.go.kr/record 참고.

61   제8회 39호 〈국회임시회의속기록〉, 1950년 10월 31일, 4쪽. 조광섭 의원 발언.

62   제8회 40호 〈국회임시회의속기록〉, 1950년 11월 1일, 16쪽. 박영출 의원 발언.

63   김성칠, 앞의 책, 260쪽.

64   김동춘, 앞의 책, 167쪽.

65   《동아일보》, 1950년 10월 2일.

66   《조선일보》, 1954년 12월 9일.

67   《조선일보》, 1951년 9월 1일.

68   《조선일보》, 1953년 8월 2일.

69   《동아일보》, 1953년 8월 24일.

70   윤해동, 〈식민지근대와 공공성〉, 《사이》 8권 8호, 2010, 171~173쪽.

71   김동춘, 앞의 책, 65쪽.

72   〈이대통령 공포문〉(1950년 10월 2일), 《한국전란1년지》(1950~1951), 대한민국 국방부 정훈
      국 전사편찬회, 1951, C15~C16쪽.

73   주택난과 동족애의 호소는 해방기에도 귀환자를 둘러싸고 그대로 나타났다. 해방기 상
      황에 대해서는 이연식, 〈해방 직후 서울 소재 '적산요정' 개방운동의 원인과 전개과정—
      1946~1947년 제1·2차 개방을 중심으로〉, 《서울과 역사》 84호, 2013.

74   《경향신문》, 1950년 1월 16일.

75   《동아일보》, 1951년 5월 25일.

76   《동아일보》, 1951년 11월 3일.

77   《민주신보》, 1953년 7월 5일.

78   《서울신문》, 1953년 7월 17일.

79   《경향신문》, 1953년 10월 16일.

80   라이다 맥스웰, 〈권리들을 '가질' 권리〉, 스테파니 데구이어 외 지음, 앞의 책, 73~74쪽.

격리와 단가

1   上川豊, 〈樂生院の使命〉, 《臺灣時報》 第136號, 1931年 11月, 3~4쪽.

2   小崎治子, 〈樂生歌壇 柴山武矩先生選〉, 《萬壽果》 第5卷 第2號, 1938年 6月, 45쪽. '만수

과'는 파파야를 의미한다.

3 시바야마 다케노리에 관해서는 星名宏修, 〈震災·美談·戰爭期世代―〈君が代少年〉物語を讀む〉(《植民地を讀む―〈贋〉日本人たちの肖像》, 法政大學出版局, 2016)을 참조.

4 板垣直子,《事變下の文學》, 第一書房, 1941.

5 荒井裕樹,《隔離の文學―ハンセン病療養所の自己表現史》, 書肆アルス, 2011.

6 《第二十三回帝國議會貴族院癩予防ニ關スル法律案特別委員會議事速記錄》 중에서 인용. 藤野豊,《日本ファシズムと醫療》, 岩波書店, 1993, 14쪽에서 재인용.

7 山本俊一,《增補 日本らい史》, 東京大學出版會, 1997, 15~16쪽.

8 藤野豊, 앞의 책, 1993, 10쪽.

9 澤野雅樹,《癩者の生―文明開化の条件としての》, 靑弓社, 1994, 52쪽.

10 1905년 11월 7일 자 《東京日日新聞》에는 "우리나라는 인도 다음으로 많은 나병 환자 수를 가지고 있으며, 인구 비율로 보자면 세계 제일의 나병 국가이니 이 사실은 국가의 수치다"라는 기사가 실려 있다. 藤野豊, 앞의 책, 1993, 12쪽에서 재인용.

11 藤野豊, 앞의 책, 1993, 19쪽.

12 藤野豊, 앞의 책, 1993, 87~88쪽.

13 藤野豊, 앞의 책, 1993, 33~38쪽.

14 片野眞佐子,《皇后の近代》, 講談社, 2003, 168~169쪽.

15 荒井裕樹, 앞의 책, 2011, 173쪽.

16 〈沿革〉,《昭和十三年年報》, 臺灣總督府癩療養所樂生院, 1939, 3쪽, 8쪽.

17 藤野豊,《いのちの近代史―'民族浄化'の名のもとに迫害されたハンセン病患者》, かもがわ出版, 2001, 129쪽.

18 藤野豊, 〈無らい縣運動の概要と研究の課題〉(無らい縣運動研究會 編,《ハンセン病絶対隔離政策と日本社會―無らい縣運動研究》, 六花出版, 2014)를 참조.

19 財団法人日辯連法務研究財団ハンセン病問題に關する檢証會議 編,《ハンセン病問題に關する檢証會議最終報告書》上, 明石書店, 2007, 817~818쪽.

20 警務局衛生課,〈最近臺灣に於ける結核予防事業の伸展〉,《社會事業の友》第133號, 1939年 12月, 2쪽.

21 范燕秋,〈癩病療養所與患者身份的癩病社會史〉,《臺灣史研究》第15卷 第4期, 2008年 12月, 94~95쪽.

22 芹澤良子,〈ハンセン病醫療をめぐる政策と傳道―日本統治期臺灣における事例から〉,《歷史學研究》第834號, 2007年 11月, 30쪽.

23 芹澤良子, 위의 논문, 2007, 30~31쪽.

24 국가나 지방자치체, 군대로부터 보조금을 받는 대가로 운항을 유지하도록 명령을 받은 '명령항로' 중 하나로, 타이완의 지룽基隆 항과 일본의 오사카항, 고베항, 오키나와의 나하항 등을 연결했다.—옮긴이

25 〈現在患者本籍地別地(昭和七年)〉,《昭和七年年報》, 臺灣總督府樂生院, 1934, 25쪽.

26 〈入院狀況〉,《昭和七年年報》, 臺灣總督府樂生院, 1934, 16쪽.

27 〈風紀〉,《昭和七年年報》, 臺灣總督府樂生院, 1934, 20쪽.

28 宮原敦,〈臺灣の癩人〉,《臺灣醫學界雜誌》第201號, 1919年 7月, 14쪽.

29 上川豊,〈國辱'癩'を除く力〉,《萬壽果》, 第3卷 第2號, 1936年 8月, 17쪽.

30 《臺灣の癩根絶策に就て》, 財団法人臺灣癩予防協會, 1935, 11~12쪽.

31 澤野雅樹, 앞의 책, 1994, 113쪽.

32 澤野雅樹, 앞의 책, 1994, 125쪽.

33 上川豊,〈臺灣總督府の救癩事業回顧 後編〉,《レプラ》第21卷 第6號, 1952年 11月, 44쪽.

34 上川豊, 앞의 글, 1932, 44쪽.

35 宮原敦, 앞의 글, 1919, 5쪽.

36 《臺灣の癩根絶策に就て》, 財団法人臺灣癩予防協會, 1935, 5쪽.

37 上川豊,〈臺灣總督府の救癩事業回顧〉,《レプラ》第21卷 第5號, 1952年 9月, 24쪽.

38 志能鏑川·桑田紀行,〈特殊病院訪問記 (1) 更生院と樂生院〉,《臺灣警察時報》第273號, 1938年 8月, 112~118쪽.

39 志能鏑川·桑田紀行,〈特殊病院訪問記 (1) 更生院と樂生院〉,《臺灣警察時報》第273號, 1938年 8月, 112~118쪽.

40 福留栄,〈癩患者とその家族の悩み〉,《社會事業の友》第127號, 1939年 6月, 37쪽.

41 〈收容患者異動表〉,《昭和十八年年報》, 臺灣總督府癩療養所樂生院, 1944, 23~24쪽.

42 堀江琢朗,〈癩患者はなぜ逃げたりするか〉,《社會事業の友》第127號, 1939年 6月, 46쪽.

43 荒井裕樹, 앞의 책, 2011, 108쪽. 또한 호조 다미오가 전생병원에 입원한 후에 처음 발표한 소설은 1934년 6월 《산앵》에 수록된 〈동정기동貞記〉다. 高山文彦,《火花 ―北条民雄の生涯》, 角川書店, 2003, 115쪽.

44 麓花冷,〈我等の文學〉,《科學ペン》第3卷 第2號, 1938年 3月, 98쪽.

45 麓花冷, 위의 글, 1938, 98쪽.

46 麓花冷, 위의 글, 1938, 99쪽.

47 荒井裕樹, 앞의 책, 2011, 192쪽.

48 阿部知二·內田守·太田正雄·小林秀雄·下村宏·本田一杉·高野六郎,〈癩文藝を語る'座談會'〉,《改造》1939年 7月, 162쪽.

49 〈臺灣總督府樂生院慰安會庶務細則〉,《昭和七年年報》, 臺灣總督府樂生院, 1934, 52~53쪽.

50 潘木,〈私ども〉,《萬壽果》第4卷 第1號, 1937年 4月, 26쪽.

51 上川豊,〈癩療養所々長賜謁の光栄に感激して謹詠せる〉,《萬壽果》, 1935年 4月, 9쪽.

52 南山,〈近詠 病る身となりて〉,《萬壽果》第2卷 第2號, 1935年 10月, 24쪽.

53 蘇月生,〈樂生歌壇の人々〉1,《萬壽果》第6卷 第1號, 1939年 4月, 26쪽.

54 柿森純二郎,〈夕餉〉,《萬壽果》第3卷 第1號, 1936年 2月, 13쪽.

55 吉野一,〈退院〉,《萬壽果》第3卷 第2號, 1936年 8月, 68쪽.

56 吉村和朗,〈再入院して〉,《萬壽果》第5卷 第1號, 1938年 2月, 30~33쪽.

57 柴山武矩,〈流れゆく〉,《社會事業の友》第120號, 1938年 11月, 39~40쪽.

58 柴山武矩,〈上川博士に問ふ〉,《社會事業の友》第98號, 1937年 1月, 50쪽.

59 柴山武矩,〈樂生院歌人〉,《社會事業の友》第104號, 1937年 7月, 76쪽.

60 柴山武矩,〈樂生院歌人〉,《社會事業の友》第104號, 1937年 7月, 76쪽.

61 蘇月生, 앞의 글, 1939, 25쪽.

62 柴山武矩,〈病者の歩み〉,《萬壽果》第5卷 第1號, 1938年 2月, 58쪽.

63 志能鏑川·桑田紀行, 앞의 글, 1938, 121쪽.

64 蘇月生, 앞의 글, 1939, 26쪽.

65 武田史郎,《萬壽果》第6卷 第2號, 1939年 6月, 39쪽. 제목이 없다.

66 上川豊,〈ハンセン病者を守って〉,《臺灣引揚史》, 臺灣協會, 1982, 65쪽.

오무라수용소를 둘러싼 젠더화된 기억 서사

1 "おまえは娑婆よりここがええんやろ. 何もせんと寝て暮らせるさかい. しかし (…) 刑務所で刑を務めたもんを, またぞろここへ送り込んで何年も閉じ込めるっちゅうやり方は世界に例がない. 人権蹂躙も甚だしい. ここには憲法も國際法も何もない." 梁石日,《夜を賭けて》, 幻冬社, 1997, 407쪽.

2 차승기,〈수용소라는 안전장치: 오무라수용소, 폴리스 그리고 잉여〉, 권혁태·이정은·조경희 엮음,《주권의 야만: 밀항, 수용소, 재일조선인》, 한울, 2017, 164쪽.

3 "'場違い'な朝鮮人を帰還させるために國民國家の境界上に設けられた強制送還のシンボルとしての'非在の場所'でもあったのだ." 玄武岩,〈密航·大村收容所·濟州島 ─ 大阪と濟州島をむすぶ'密航'のネットワーク〉,《コリアン·ネットワーク: メディア·移動の歴史

と空間》,北海道大學出版會, 2013(2007), 363쪽.

4   조경희, 〈불안전한 영토 밖의 삶: 해방 이후 70년대까지 제주인들의 일본 밀항과 오무라수 용소〉, 권혁태·이정은·조경희 엮음, 앞의 책.

5   吉留路樹, 《大村朝鮮人收容所 知られざる刑期なき獄舍》, 二月社, 1977.

6   밀항의 대략적 규모와 송환으로 이르는 경로에 대해서는 권혁태, 〈'밀항자'는 어디에서 와 서 어디로 갔을까?〉, 권혁태·이정은·조경희 엮음, 앞의 책 참조.

7   조경희, 앞의 글, 133~137쪽.

8   차승기, 앞의 글, 166쪽.

9   "一人の人間が, 特定の空間, 人間, ないし時間と關係することによって, 持續的あるいは 一時的に不可侵なものとなる, その拘束力をそなえた形態." オルトヴィン·ヘンスラー 著, 舟木徹男 譯, 《アジール: その歷史と諸形態》, 國書刊行會, 2010, 17쪽.

10   網野善彦, 《無緣·公界·樂》, 平凡社, 1987.

11   ハンナ·アーレント, 《全体主義の起源》 2, みすず書房, 1972(1951), 256쪽.

12   어빙 고프먼 지음, 심보선 옮김, 《수용소: 정신병 환자와 그 외 재소자들의 사회적 상황에 대한 에세이》, 문학과지성사, 2018(1961), 16쪽.

13   有薗眞代, 《ハンセン病療養所を生きる》, 世界思想社, 2017, 177쪽.

14   福岡安則, 〈質的調査の醍醐味〉, G. W. オルポート 著, 福岡安則 譯, 《質的研究法》, 弘文 堂, 2017, 39쪽.

15   이하의 피수용자 '처우' 내용은 法務省大村入國者收容所 編, 《大村入國者收容所二十年 史》, 1970, 제5~6장을 정리한 것이다.

16   위의 책, 65쪽.

17   朴正功, 《大村收容所》, 京都大學出版會, 1969, 64쪽.

18   〈被收容者心得〉(全文), 위의 책, 43~48쪽.

19   朴順兆, 《韓國·日本·大村收容所》, JDC, 1982, 69~70쪽.

20   이정은, 〈예외 상태의 규범화된 공간: 한일 국교 수립 이후의 오무라수용소〉, 권혁태·이정 은·조경희 엮음, 앞의 책, 231쪽.

21   法務省大村入國者收容所 編, 앞의 책, 56, 78쪽. 수용소 내 갈등에 대해서는 현무암, 앞의 글, 참조.

22   박순조, 앞의 책, 11쪽.

23   ハンナ·アーレント, 《全体主義の起源 3 全体主義》, みすず書房, 1974(1954), 12장. ジョ ルジョ·アガンベン, 《ホモ·サケル: 主権権力と剥き出しの生》, 以文社, 2007.

24   차승기, 앞의 글, 178쪽.

25 권혁태, 앞의 글, 48쪽. 권혁태가 참조한 《출입국관리월보》에는 출입국 관리 당국의 퇴거 강제 집행에 따른 애로 사항에 "북조선 출국을 희망하는 조선인 피퇴거 강제자에 대한 북조선 측의 수용 거부"라는 서술이 있다. 《入國管理月報》 117, 1970年 9月, 25쪽.

26 현무암, 〈한일관계 형성기 부산수용소·오무라수용소를 둘러싼 '경계의 정치'〉, 권혁태·이정은·조경희 엮음, 앞의 책.

27 어빙 고프먼, 앞의 책, 30~31쪽.

28 鎌田信子, 〈大村収容所をたずねて〉, 《親和》 33, 1956, 12~15쪽.

29 大村朝鮮人収容調査団, 《調査報告書》, 1977, 10~11쪽.

30 위의 책, 16쪽.

31 《동아일보》, 1959년 10월 2일.

32 《동아일보》, 1968년 10월 26일.

33 〈사회 캠버스〉, 《경향신문》, 1958년 9월 29일.

34 신동준, 〈오무라입국자수용소 현지 루포〉 6, 《동아일보》, 1959년 9월 30일. 이 기사에서는 또한 여성 수용소의 큰 문제 중 "북한행을 희망하는 공산계 부녀자들 문제"를 지적한다. 남성은 서로 격리되어 있지만 여성은 한방에 같이 있어 분열과 격투가 벌어지기도 한다고 전한다.

35 鎌田信子, 앞의 글.

36 "その, 腹減ると, ものすごい面白い. 面白いいうんか, うちのこの部屋の何十倍もあんねん. ほやからそこで行ったり来たり. みんなと話, 合うしな. 食べるものでもいっぱい. そのときもそんなんはせえへんかった(空腹にはならなかった). 山盛りやった. 覚えてる." "(…) 女は女同士の部屋があんねんな. 男はまた別にあるしな. ほんだら, 同じ人やけどみんな韓國で行きながら捕まった人やから, おばちゃん, このおばちゃん(貞姫伯母さん自身みたいな人やから. みんな話が合うやんか. どないして来てん. こないして来てんとかな. 話も弾むわ. しんどいとか閉じ込めるとか, そんなんない." "刑務所いうても, めっちゃええねん. (…) おなかいっぱいご飯食べられるしな, 何も苦労はないんやけど, でも子どもやんか. もう早よ親のところに帰りたい, こればっかりや." 朴沙羅, 〈家の歴史を書く〉, 筑摩書房, 2018, 111~112쪽.

37 위의 책, 113~114쪽.

38 〈나라 체통 깎는 日本密航 강력단속〉, 《동아일보》, 1967년 12월 7일; 〈밀항사범 벌칙 강화〉, 《매일경제》, 1974년 8월 7일.

39 鎌田信子, 앞의 글. 일본에서 김치가 보급되지 않았던 시대의 김치를 조센즈케(조선 장아찌)라 했다.

40 《入國管理月報》84, 1967, 21쪽.

1960~1970년대 한센인 정착촌의 형성과 '자활'의 한계

1 〈조선나예방령〉, 시행 1935년 6월 1일, 〈조선총독부제령〉 제4호, 1935년 4월 20일 제정, 국가법령정보센터(http://www.law.go.kr).

2 김미정, 〈나환자에 대한 일반 대중의 인식과 조선총독부의 나병 정책—1930~40년대 소록도갱생원을 중심으로—〉,《지방사와 지방문학》 15-1, 2012, 458~460쪽.

3 大韓癩管理協會,《韓國癩病史》, 1988, 121~122쪽.

4 김재형,《한센인의 격리제도와 낙인·차별에 관한 연구》, 서울대학교 사회학과 박사학위논문, 2019, 112쪽.

5 최병택, 〈남장로회선교부 한센병 환자 수용정책의 성격(1909~1950): 여수 애양원을 중심으로〉,《한국기독교와 역사》 32, 2010; 김기주, 〈소록도 자혜의원 나환자정책의 성격〉,《역사학연구》 44, 2011; 김미정, 앞의 논문; 정근식,《(소록도 100년)한센병 그리고 사람, 백년의 성찰—역사편》, 국립소록도병원, 2017 등.

6 김재수,《천주교 구라사》, 한국가톨릭나사업연합회, 2002; 주윤정, 〈해방 후 한센인 관련 사회사업〉,《교회사연구》 29, 2007.

7 최원규, 〈한센씨병력자 정착촌 주민의 삶과 욕구: 격리와 배제의 권력 구조〉,《한국사회복지학회 2004년도 춘계학술대회 자료집》, 2004.

8 정근식, 〈질병공동체와 이주의 네트워크—두 정착마을 사례를 중심으로〉,《사회와 역사》 69, 2006.

9 김려실, 〈1970년대 생명정치와 한센병 관리정책〉,《상허학보》 48, 2016.

10 김원중, 〈한센병 강제격리 정책의 전환 요인: 코크레인 보고서를 중심으로〉,《아세아연구》 63-1, 2020.

11 김재형, 앞의 논문.

12 김학균,《《당신들의 천국》에 나타난 한센병의 은유 고찰》, 한국현대문학연구 36, 2011; 오현석, 〈한센인의 유랑과 정착에 대한 불안 의식 연구—한센병 문학을 중심으로—〉,《인문연구》 78, 2017; 정충실, 〈1970, 1980년대 한국영화에서 한센병 재현〉,《인문연구》 83, 2018; 오덕애, 〈근대의학 담론이 '한센병'에 미친 영향—한하운의 텍스트를 중심으로—〉,《한국문학논총》 82, 2019; 한순미, 〈"달과 별이 없어도 밝은 밤"—한센병의 감각과 증언〉,《구보학보》 26, 2020.

13 한순미, 〈"나병은 낫는다": "당신은 (이 사실을) 아십니까?"―잡지《새빛》수록 나병 계몽운동 자료 검토(1964~1970)〉,《구보학보》21, 2019; 한순미, 〈위생, 안보, 복지: 1970년대 나병 계몽 운동의 변곡점―잡지《새빛》수록 나병 계몽 운동 자료 검토(1970~1979)〉,《지방사와 지방문화》23-2, 2020.

14 이용설의 기록에 대해서는 김재형,《질병, 낙인》, 돌베개, 2021, 172쪽 참조; 유준의 희망촌 건립에 대해서는 유준, 〈한센정착운동의 형성〉,《한센병, 고통의 기억과 질병 정책》, 국사편찬위원회, 2005, 277~285쪽과 영남대학교 총장 덕암 유준 박사 고희기념문집 간행·편찬위원회,《나무 심는 마음》, 영남대학교출판부, 1986, 63~65쪽 참조.

15 〈癩病退治의 三年計劃, 醫療對策等確立, 初年度에 4個療養所完成〉,《호남신문》1949년 12월 15일.

16 《한국나병사》에서는 '정부 나병 대책 기본 정책 및 사업 연차 계획'이 성안되었다가 전쟁으로 유보되었다고 하는데, 김재형의 연구에서는 다루고 있지 않다. 김재형, 앞의 논문, 116~117쪽.

17 〈癩患者 理想村設置 趣旨書〉, 大韓癩管理協會, 앞의 책, 147~148쪽.

18 김재형, 앞의 책, 208~209쪽.

19 김재형, 위의 책, 177~178쪽.

20 〈理想村(隔離部落設置計劃案(1例)〉, 大韓癩管理協會, 앞의 책, 149~150쪽.

21 大韓癩管理協會, 앞의 책, 182~184쪽.

22 陳文源(나협서울시지부 간사장), 〈특집 사회복귀문제―社會復歸에의 提言〉,《새빛》, 1965년 9월; 大韓癩管理協會, 앞의 책, 411~414쪽.

23 '전염병예방법', 시행 1957년 2월 28일, 법률 제308호, 1954년 2월 2일 제정, 국가법령정보센터(www.law.go.kr).

24 김재형, 앞의 책, 320~325쪽.

25 行政白書編纂委員會,《行政白書》, 1964, 250~251쪽.

26 정착 사업의 시기별 차이에 대해서는 김아람, 〈1950년대 후반~60년대 전반 정착 사업의 변천 과정과 특징〉,《역사문제연구》38, 2017 참조.

27 〈賤待받는 癩病患者에 복음〉,《경향신문》, 1961년 10월 30일.

28 미국 잉여농산물(PL 480) 제2관, 제3관, 유엔식량계획의 지원을 받았다. 김아람, 앞의 논문, 2017, 380쪽.

29 〈癩患者 자활部落 金堤 月城 等地에〉,《경향신문》, 1961년 11월 23일; 〈癩病管理事業本格化〉,《동아일보》, 1961년 11월 24일; 〈絕望도 눈물도 안녕!〉,《경향신문》, 1961년 12월 28일; 〈癩患에 自活의 길〉,《경향신문》, 1961년 12월 28일.

30　1988년 기준.

31　인원, 아동은 1972년 4월 기준.

32　大韓癩管理協會, 앞의 책, 202~204쪽.

33　차윤근(보건사회부 보건국장), 〈나사업의 문제점─나전문가의 좌담회: 정착사업의 앞날을 전망해보자〉, 《새빛》, 1966년 9월.

34　大韓癩管理協會, 앞의 책, 208쪽.

35　방승준(국립나병원 보건과장), 〈나병 환자의 사회복귀〉, 《새빛》, 1970년 12월; 〈나환자 實態調査 시급 제一회 나병 管理 세미나서 진지한 討論〉, 《동아일보》, 1970년 12월 14일.

36　국가인권위원회, 《한센인 인권 실태조사》, 2005, 70~73, 191~193쪽.

37　한성협동회의 1980년대 사업 중 축산업 진흥과 관련된 자립 기반 조성 사업도 중요했다. 국가인권위원회, 앞의 보고서, 68~71, 194~195, 657~661쪽.

38　大韓癩管理協會, 앞의 책, 237쪽.

39　김려실, 앞의 논문, 285~293쪽.

40　김대발(나협경부지부간사장), 〈미감아동에 대한 개념을 시정하자〉, 《새빛》, 1966년 5월.

41　이병학(대한나협회장), 〈공동취학의 문을 활짝 열자─미감아동 취학문제 간담회〉, 《새빛》, 1965년 2월.

42　김동화(대한나협회 사무국장), 〈미감아동과 공학문제〉, 《새빛》, 1965년 6월.

43　이병학(대한나협회장), 앞의 글.

44　김동화(대한나협회 사무국장), 앞의 글.

45　유준(대한나학회장), 〈나사업의 문제점─나전문가의 좌담회: 정착사업의 앞날을 전망해보자〉, 《새빛》, 1966년 9월.

46　〈특집 사회복귀의 그 후─정착대표자들의 좌담회〉, 《새빛》, 1966년 12월.

47　김대발(안동 성좌원), 〈불구나환자 사회복귀에 대하여〉, 《새빛》, 1971년 7월.

48　大韓癩管理協會, 앞의 책, 265~266쪽.

49　〈특집 좌담, 정착촌과 양돈사업 전망〉, 《새빛》, 1972년 4월.

50　김채봉·윤석원, 〈정착기 1회〉, 《새빛》, 1966년 9월.

51　한하운, 〈특집: 사회복귀 문제, 나자 사회복귀에 있어서 실제적 문제〉, 《새빛》, 1965년 9월.

52　김대발(안동 성좌원), 앞의 글.

53　남종성, 〈전국나사업기관순회 11, 영일 애도원 편〉, 《새빛》, 1965년 7월; 김채봉·윤석원, 〈정착기 1회〉, 《새빛》, 1966년 9월.

54　한하운, 앞의 글.

55　한하운, 앞의 글.

56 김채봉·윤석원, 〈정착기 1회〉, 《새빛》, 1966년 9월.

57 남종성, 〈전국나사업기관순회 11, 영일 애도원 편〉, 《새빛》, 1965년 7월.

58 김대발(안동 성좌원), 〈불구나환자 사회복귀에 대하여〉, 《새빛》, 1971년 7월; 한하운, 〈특집: 사회복귀 문제, 나자 사회복귀에 있어서 실제적 문제〉, 《새빛》, 1965년 9월.

59 김준(김해 희망원), 〈특집 사회복귀의 그 후—정착대표자들의 좌담회〉, 《새빛》, 1966년 12월.

60 최시룡(보사부 WHO나병고문관실), 〈우리나라 나음성자 사회복귀 문제〉, 《새빛》, 1965년 10월.

61 한하운의 발언, 〈사회복귀를 논의, 나학회 춘기 세미나〉, 《새빛》, 1965년 7월; 한하운, 〈특집: 사회복귀 문제, 나자 사회복귀에 있어서 실제적 문제〉, 《새빛》, 1965년 9월; 류상순(나협 전북지부간사장), 〈정착사업 보완을 위한 제언〉, 《새빛》, 1966년 4월.

62 최일담(나주 호혜원 대표), 〈특집 사회복귀의 그 후—정착대표자들의 좌담회〉, 《새빛》, 1966년 12월.

63 정기석(월성 희망농원 대표), 〈특집 좌담, 정착 후 12년과 오늘의 현실〉, 《새빛》, 1974년 3월.

64 월성군, 〈희망촌이전계획〉 1979년 3월, 경상북도 경주시 사회산업국 사회과, 《희망농원관계》(국가기록원 BA0697825).

65 하경천(삼천포 영복농원 대표), 〈특집 좌담, 정착 후 12년과 오늘의 현실〉, 《새빛》, 1974년 3월.

66 정기석(월성 희망농원 대표), 앞의 글; 정근식, 앞의 논문, 48쪽.

67 정근식, 앞의 논문, 48쪽.

68 〈특집 좌담, 정착 후 12년과 오늘의 현실〉, 《새빛》, 1974년 3월.

69 〈대통령각하 지시사항 추가 통보〉, 1975년 4월 17일, 〈나환자촌 이전〉, 1975년 5월 8일, 경상북도 경주시 사회산업국 사회과, 《희망농원관계》, 1975(국가기록원 BA0697817).

70 희망농원 회장, 〈희망농원 이전관계 건의〉, 1978년 8월 4일, 경상북도 경주시 사회산업국 사회과, 《희망촌 이주 용지 보상》(국가기록원 BA0697820).

71 월성군, 〈희망촌이전계획〉, 1979년 3월, 경상북도 경주시 사회산업국 사회과, 《희망농원관계》(국가기록원 BA0697825).

72 〈面事務所점거 機動隊와 대치 "나환자移住 반대"〉, 《동아일보》, 1977년 10월 24일; 〈나환자村 移轉반대 亂動주모 9명 구속〉, 《경향신문》, 1977년 10월 27일.

73 희망농원 회장, 〈희망농원 이전관계 건의〉, 1978년 8월 4일, 경상북도 경주시 사회산업국 사회과, 《희망촌 이주 용지 보상》(국가기록원 BA0697820).

74 경상북도지사, 〈희망촌 이전에 따른 생계지원〉, 1979년 5월 23일, 경상북도지사, 〈희망촌

이전에 따른 생계지원〉, 1979년 5월 28일, 경상북도 경주시 사회산업국 사회과,《희망촌 이주 용지 보상》(국가기록원 BA0697820).

75 〈一般米 한 가마 41,000원〉,《동아일보》, 1979년 1월 9일; 〈새해엔 무엇이 어떻게 달라지나〉,《경향신문》, 1979년 12월 28일.

76 한하운, 앞의 글.

수용소 이후의 수용소 '들'

1 최영은, 〈나는 최영은, 사람답게 살고 싶은 인간일 뿐입니다〉, 서중원 기록, 정택용 사진, 장애와인권발바닥행동 기획,《나, 함께 산다》, 오월의봄, 2018, 132쪽.

2 고병권, 〈초대를 받았다〉,《나, 함께 산다》, 오월의봄, 2018, 325쪽.

3 프란츠 파농 지음, 남경태 옮김,《대지의 저주받은 자들》, 그린비, 2007, 72쪽.

4 위의 책, 73쪽.

5 조선인 포로감시원 동원의 강제성에 대해서는 우쓰미 아이코의 많은 책이 증명해놓았다. 번역된 책으로는 이호경 옮김,《조선인 BC급 전범, 해방되지 못한 영혼》, 동아시아, 2007; 우쓰미 아이코·무라이 요시노리 지음, 김종익 옮김,《적도에 묻히다》, 역사비평사, 2012 등이 있다.

6 원문은 '진상구명위원회真相究明委員会'로 '진상규명위원회'의 오식으로 보인다.

7 〈한국 내의 동향韓國内での動き〉,《'동진회'를 응원하는 모임 통신'同進會'を應援する會通信》1, 2006년 11월 29일, 3쪽, https://kbcq.web.fc2.com/rippou/rippou2.html.

8 이학래,《전범이 된 조선청년》, 민족문제연구소, 2019, 174쪽; 〈朝鮮人戰犯, 孤獨の死 病棟で'戰後'しらずに44年間 千葉〉,《朝日新聞》1991年 8月 26日, 夕刊, 17頁.

9 〈韓國人元BC級戰犯たち'無念の死受け提訴決意…'同進會'李鶴來會長コメント〉,《民團新聞》, 2017年 8月 15日(https://www.mindan.org/old/front/newsDetaild116.html, 검색 2020년 10월 28일).

10 문창재,《나는 전범이 아니다》, 일진사, 2005, 20~21쪽.

11 〈國立病院機構下總精神醫療センター〉(https://shimofusa.hosp.go.jp/access/index.html); 유기훈, 〈폐쇄병동 코로나19 집단감염, 감추어진 질문들〉,《beminor》, 2020년 2월 23일 (https://beminor.com/detail.php?number=14380&thread=03r02r11, 검색 2020년 5월 2일).

12 〈個室でき, 光差したが… 今なお闘病, 36人の元兵士〉,《每日新聞》, 1986年 8月 15日, 18면.

13 위의 기사.

14 프리모 레비 지음, 이소영 옮김,《가라앉은 자와 구조된 자》, 돌베개, 2018, 38쪽.

15 太田良博,〈黑ダイヤ〉,《月刊タイムス》, 1949년 3월, 27~33쪽.

16 졸저〈'난민'과 '인민' 사이: 梁七星·梁川七星·Komarudin·史尼育晤·中村輝夫·李光輝〉,《상허학보》48, 상허학회, 2016, 89~147쪽. 조선인 포로감시원 동원 과정에 대한 증언과 사료를 통한 고찰은 이 논문을 참고할 것. 이하 한 단락은 내용 연결을 위해서 이 논문의 논의를 간략히 요약했다.

17 정혜경,《조선인 강제연행, 강제노동 1: 일본편》, 선인, 2006, 221쪽. 군속은 군대 구성원이지만 육해군에 복무하는 군인 외의 역할을 하는 자로, 용원·용인·문관 등을 포함한다.

18 우쓰미 아이코·무라이 요시노리 지음, 김종익 옮김,《적도에 묻히다: 독립영웅, 혹은 전범이 된 조선인들 이야기》, 역사비평사, 2012, 51~52쪽.

19 졸저, 앞의 논문, 상허학회, 2016을 참고하면 된다.

20 이학래,《전범이 된 조선청년》, 민족문제연구소, 2017, 50쪽.

21 金起聖,〈朝鮮人なるがゆめに〉, 理論編集部,《壁あつき部屋: 巢鴨BC級戰犯の人生記('戰爭と平和'市民の記錄)》, 日本圖書センター, 1992.

22 3부작은 다음과 같다.《우린 죽어야 할까われ死ぬべしや: BC級戰犯者の記錄》(亞東書房, 1952),《벽 두꺼운 방壁あつき部屋》,《그 후로부터 7년あれから七年: 學徒戰犯の獄中からの手紙》(飯塚浩二, 光文社, 1953).

23 이학래, 앞의 책, 120쪽.

24 亞東書房,〈まえがき〉,《われ死ぬべしや: BC級戰犯者の記錄》, 亞東書房, 1952, 1쪽.

25 위의 글, 1쪽.

26 이학래, 앞의 책, 120쪽.

27 理論編集部,〈刊行のことば〉,《壁あつき部屋: 巢鴨BC級戰犯の人生記('戰爭と平和'市民の記錄)》, 日本圖書センター, 1992.

28 우쓰미 아이코 지음, 이호경 옮김,《조선인 BC급 전범, 해방되지 못한 영혼》, 동아시아, 2007, 122~126쪽.

29 위의 책, 123쪽.

30 문창재, 앞의 책, 64쪽 재인용.

31 오스트리아인 포로 톰 모리스의 증언. 문창재, 앞의 책, 107쪽 재인용.

32 우쓰미 아이코, 앞의 책, 2007, 130~131쪽.

33 〈반도청년의 영예, 英美人 捕虜監視員에 大量採用〉,《每日新報》, 1942년 5월 23일, 朝.

34 김임용,〈한국 사람도 많이 죽었어요, 포로 학대했다고〉, 일제강점하강제동원피해진상규

명위원회, 《조선이라는 우리나라가 있었구나》, 일제강점하강제동원피해진상규명위원회, 2008, 192쪽.

35 우쓰미 아이코·무라이 요시노리, 앞의 책, 2012, 306쪽.

36 趙文相, 〈あと二分〉, 巢鴨遺書編纂會, 《世紀の遺書》, 巢鴨遺書編纂會刊行事務所, 1953, 441~44쪽.

37 우쓰미 아이코, 앞의 책, 2007, 217쪽.

38 우쓰미 아이코·무라이 요시노리, 앞의 책, 2012, 369~370쪽.

39 〈高麗独立青年党運動史〉(초안, 독립기념관 소장); 우쓰미 아이코·무라이 요시노리, 앞의 책, 2012, 193~200쪽.

40 우쓰미 아이코·무라이 요시노리, 앞의 책, 2012, 277~285쪽.

41 위의 책, 18쪽.

42 강석재, 〈쓰고 싶은 이야기 대모집 우수작 수마트라의 남십자성〉, 《예향》 127, 1995년 4월, 244~256쪽(〈부록 2-3: 잡지 자료〉, 《인도네시아 동원 여성명부에 관한 진상조사》, 143쪽).

43 유병선, 〈일본 군정기 자바 조선인 군속의 항일비밀결사와 암바라와 사건〉, 고려대학교 사학과 석사학위논문, 2011.

44 林英一, 《東部ジャワの日本人部隊──インドネシア残留日本兵を率いた三人の男》, 作品社, 2009, 16~17頁.

45 최인훈, 〈태풍〉, 《중앙일보》, 1973년 1월 1일부터 연재; 선우휘, 〈외면〉, 《쓸쓸한 사람》, 한진출판사, 1977. 이 두 소설에 대해서는 졸저, 〈탈식민화의 '불/완결성'과 관계성의 계기들: 최인훈의 〈태풍〉(1973), 선우휘의 〈외면〉(1976), 오시로 다쓰히로大城立裕의 〈솔로의 소나기ソロの驟雨(1998)〉, 《동방학지》, 2023년 9월 참조.

46 일제강점하강제동원피해진상규명위원회, 〈왜놈들 손에 죽느니 나라를 위해 싸우다 죽겠다〉, 《남방기행(강제동원군속수기집)》, 2008, 220~241쪽.

47 太田良博, 〈黒ダイヤ〉, 《月刊タイムス》, 1949年 3月, 27~33쪽.

48 岡本恵徳, 〈戰後沖縄文學の諸相〉, 《沖縄文學の地平》, 三一書房, 1981, 231쪽.

49 곽형덕, 〈작품 가이드: 오타 료하쿠 '흑다이아몬드'〉, 《오키나와 문학선집》, 소명출판, 2020, 107쪽.

50 新川明, 〈戰後沖縄文學批判〉, 《琉大文學》, 1954年 7月. 이하 한 단락은 이 비평의 논점을 요약한다.

51 太田良博, 〈見ぬかれていた '作品の本質'〉, 《太田良博著作集》 4, 伊佐美津子, 2006, 180~181쪽.

52 위의 글, 181쪽.

53 인도네시아의 섬. 영어로 자바라고 한다.

54 若林千代, 〈'荒涼たる風景'のなかの問い〉, 《ジープと砂塵》, 有志舍, 2015, 267쪽, 271쪽.

55 위의 책, 274~275쪽.

56 위의 책, 275쪽.

57 위의 책, 267쪽.

58 宮城公子, 〈暴力の表象と沖縄文學の'戰後': 一九五〇年代をめぐって〉, 岩崎稔·大川正彦·中野敏男·李孝德, 《継続する植民地主義》, 青弓社, 2005, 245쪽.

59 이학래, 앞의 책, 193쪽.

60 〈謝罪の旅〉, 《朝日新聞》, 1996年 1月 31日, 3頁.

61 장용석, 〈'일제 포로감시원 동원' 조선인 유골 올가을 한국으로〉, 《뉴시스1》, 2017년 8월 7일(https://m.news1.kr/articles/?3068537&view=pc?view=m#_enliple).

62 〈韓國人元BC級戰犯たち'無念の死受け提訴決意…'同進會'李鶴來會長コメント〉, 《民團新聞》, 2017年 8月 15日.

63 이학래, 앞의 책, 56쪽.

강제수용과 병역거부

1 Steven Yoda, Alice Ito, Daryl Maeda, Gary Mukai, "The Question of Loyalty", *Education About Asia* 7-2, Fall 2002, p.52.

2 '덴쇼 엔사이클로피디어Densho Encyclopedia'에는 닛케이진 수용에 관한 많은 자료가 공개되어 있다. '충성 질문서' 원본 사진도 이 누리집에서 열람할 수 있다(https://encyclopedia.densho.org/Loyalty_questionnaire, 2021년 8월 9일 열람). '전승傳承'의 일본어 음에서 따온 '덴쇼'는 '과거를 보존해 다음 세대로 계승한다'는 취지로 미국 시애틀에 1996년 설립된 비영리단체다(辻本志郎, 〈太平洋戰争中の日系人収容を後世に傳える'DENSHO'〉, 《デジタルアーカイブ學會誌》 4-1, 2020, 22~23쪽).

3 デイ多佳子(Takako Day), 《日本の兵隊を撃つことはできない―日系人強制収容の裏面史》, 芙蓉書房, 2000, 89~90쪽.

4 山崎豊子, 《二つの祖國》 1-4, 2009, 新潮社.

5 일본어판은 ジョン·オカダ 著, 中山容 譯, 《ノー·ノー·ボーイ》, 晶文社, 1979와 ジョン·オカダ 著, 川井竜介 譯, 《ノーノー·ボーイ》, 旬報社, 2016이 있고, 영어판은 John Okada, *NO-NO BOY*, University of Washington Press, 2014가 있다.

6 Jinqi Ling, "Race, Power, and Cultural Politics in John Okada's No-No Boy," *American Literature* 67-2, Duke University Press, 1995; 안동현, 《《노-노 보이》에 나타난 인종차별주의 비판: 성취와 한계》, 《영미문학연구》 9-9, 2005; 酒井直樹, 《死産される日本語・日本人》, 新曜社, 1996; 李孝德, 〈'場'なき者たちの刻銘(1)―ジョン・オカダ《ノー・ノー・ボーイ》〉, 《前夜》 1, 2004年 10月.

7 森田幸夫, 《アメリカ日系二世の徴兵忌避: 不条理な強制収容に抗した群像》, 彩流社, 2007; エリック・ミューラー 著, 飯野正子 監譯, 《祖國のために死ぬ自由: 徴兵拒否の日系アメリカ人》, 刀水書房, 2004(Eric L. Muller, *Free To Die for Their Country: The Story of the Japanese American Draft Resisters in World War* Ⅱ, University of Chicago Press, 2001).

8 戰時民間人再定住・抑留に關する委員會 編, 讀売新聞社外報部 譯, 《拒否された個人の正義―日系米人強制収容の記録》, 三省堂, 1983, 27~28쪽. 영어판, p.55. 일본어 번역본에는 '닛케이 미국인, 독일계, 이탈리아계'로 표현되어 있지만, 원문에는 "Japanese, Germans, Italians"로 되어 있다.

9 "Text of the Report of the Roberts Commission on the Facts of the Japanese Attack on the Pearl Harbor", *The New York Times*, Jan 25, 1942; Fox, Stephen C, "General John DeWitt and the Proposed Internment of German and Italian Aliens during World War Ⅱ," *Pacific Historical Review*, Jan 1, 1988, p.412.

10 "INQUIRES IF JAPAN DRAFTS AMERICANS", *The New York Times*, Jan 5, 1941.

11 戰時民間人再定住・抑留に關する委員會 編, 앞의 책, 292쪽.

12 戰時民間人再定住・抑留に關する委員會 編, 앞의 책, 52쪽.

13 ジョン・ダワー, 《容赦なき戰争 太平洋戰争における人種差別》, 平凡社, 2001, 156~159쪽.

14 Fox, Stephen C, "General John DeWitt and the Proposed Internment of German and Italian Aliens during World War II", *Pacific Historical Review*, Jan 1, 1988, p.57.

15 이상은 戰時民間人再定住・抑留に關する委員會 編, 앞의 책, 33쪽.

16 森田幸夫, 앞의 책, 121쪽.

17 ミツエ・ヤマダ 著, 石幡直樹・森正樹 譯, 《収容所ノート: ミツエ ヤマダ作品集》, 松柏社, 2004, 56~57쪽(Yamada, Camp Notes and Other Writings: Rutgers UP, 1998, p.23).

18 エリック・ミューラー, 앞의 책, 80쪽.

19 John Okada, Frank Abe, Greg Robinson, Floyd Cheung, *John Okada: The Life and Rediscovered Work of the Author of No-No Boy*, University of Washington Press, 2018.

20　Chuman Frank E., *The Bamboo People: The Law and Japanese-Americans*, Chicago, Japanese American Citizens League, 1981, p.261.

21　ジョン・オカダ 著, 川井竜介 譯, 앞의 책, 22~23쪽, 28쪽, 38쪽.

22　エリック・ミューラー, 앞의 책, 51~53쪽.

23　戰時民間人再定住・抑留に關する委員會 編, 앞의 책, 135쪽.

24　デイ多佳子, 앞의 책, 74쪽.

25　Jeanne Sokolowski, "Internment and Post-War Japanese American Literature: Toward a Theory of Divine Citizenship," *MELUS* 34-1, 2009, Oxford University Press, p.70.

26　Kim, Daniel Y, "Once More, with Feeling: Cold War Masculinity and the Sentiment of Patriotism in John Okada's No-no boy," *Criticism* 47-1, Winter 2005, p.69.

27　ジョン・オカダ 著, 川井竜介 譯, 앞의 책, 31~32쪽.

28　太田恒夫, 《日本は降伏していない―ブラジル日系人社會を揺るがせた十年抗争》, 文藝春秋, 1995, 37~41쪽.

29　ジョン・オカダ 著, 川井竜介 譯, 앞의 책, 61쪽.

30　ジョン・オカダ, 위의 책, 52쪽.

31　ジョン・オカダ, 위의 책, 19~20쪽.

32　Jeanne Sokolowski, "Internment and Post-War Japanese American Literature: Toward a Theory of Divine Citizenship," *MELUS* Vol. 34, No. 1, Spring, 2009, p.85.

33　ジョン・オカダ, 앞의 책, 201쪽.

34　加藤尚武, 《戰争倫理學》, ちくま書房, 2003, 93~94쪽.

35　Morris Janowitz, James Burk (ed.), *On Social Organization and Social Control*, University of Chicago Press, 1991, pp.226~227. James Burk, "Citizenship Status and Military Service: The Quest For Inclusion by Minorities and Conscientious Objectors," *Armed Forces & Society* Vol. 21, No.4, Summer, 1995, p.504에서 재인용.

36　ジョン・オカダ, 앞의 책, 213쪽.

37　ジョン・オカダ, 앞의 책, 117쪽.

38　Sohoni, D., "Fighting to Belong: Asian American Military Service and American Citizenship," David E. Rohall, Morten G. Ender, Michael Matthews (Ed.), *Inclusion in the American Military*, Lexington Books, 2017, p.58.

39　ジョン・オカダ, 앞의 책, 141쪽.

40　"FBI Tracked Down 494,774 Evaders", *The New York Times* July 30, 1945.

41 Jean Anne Mansavage, *A Sincere and Meaningful Belief: Legal Conscientious Objection During The Vietnam War*, Graduate Studies of Texas A&M University, Doctor Of Philosophy, 2000, pp.38~39.

42 Kim, Daniel Y, op. cit p.65.

43 川井竜介, 〈ジョン・オカダと物語の背景 ―譯者のあとがきにかえて〉, ジョン・オカダ, 앞의 책.

44 Jinqi Ling, op. cit, p.361.

45 John Okada, Frank Abe, Greg Robinson, Floyd Cheung, op. cit p.279.

46 デイ多佳子, 앞의 책, 89~91쪽.

47 "How to Tell Your Friends from the Japs," *Time*, December 22, 1941; "How to Tell Japs from the Chinese," *Life*, December 22, 1941.

48 フランク・チン, 〈ジョン・オカダをさがしに: あとがきにとして〉, ジョン・オカダ, 앞의 책, 311쪽.

49 飯田深雪, 〈日系作家ヒサエ・ヤマモトの短編に描かれた他者としての記憶 ―収容後のアメリカ社會におけるアジアの〈同胞〉との關係を中心に〉, 《神奈川縣立國際言語文化アカデミア紀要》7, 2017.

50 진구섭, 《누가 백인인가 ―미국의 인종 감별 잔혹사》, 푸른역사, 2020. 134~137쪽.

51 酒井直樹, 앞의 책, Ⅲ장 및 Ⅳ장 참조.

아카이브 영화, 비/인종적 몽타주, 역사 쓰기

1 Jihoon Kim, "The Uses of Found Footage and the 'Archival Turn' of Recent Korean Documentary", *Third Text* 34-2, 2020, p.237.

2 김지훈, 〈2010년대 한국 다큐멘터리의 아카이브적 전환과 벤야민적 역사쓰기 ―논픽션 다이어리, 88/18, 순환하는 밤〉, 《문학과영상》 19권 3호, 2018, 380~381쪽.

3 Jay Leyda, *Film Begets Film*, 1964, p.10(김지훈, 앞의 글, 381쪽에서 재인용).

4 Bonnie J. Morris, "History of Lesbian, Gay, Bisexual and Transgender Social Movements", on the *APA LGBT Resources and Publications* section of the American Psychological Association website, 2009(https://www.apa.org/pi/lgbt/resources/history, Accessed October 2020).

5 Alex Ross, "Berlin Story: How the Germans invented gay rights—more than a cen-

tury ago", in *The New Yorker*, January 19, 2015, Accessed October 2020.

6   Mark McLelland, "Male Homosexuality and Popular Culture in Modern Japan", in *Intersections: Gender, History and Culture in the Asian Context* 1-3, 2000, Accessed October 2020.

7   Ibid.

8   이영재,《제국 일본의 조선영화》, 현실문화, 2008, 189쪽.

9   John Dower, *War Without Mercy: Race and Power in the Pacific War*, Pantheon Books, 1986, pp.10~11.

10   Ibid., p.11.

11   Trond Lundemo, "Montage and the Dark Margin of the Archive", Cinema and Agamben: *Ethics, Biopolitics and the Moving Image*, Bloomsbury, 2014, p.199.

12   Takashi Fujitani, *Race for empire: Koreans as Japanese and Japanese as Americans during World War II*, University of California Press, 2011, p.7.

13   Aiko Kurosawa, "Propaganda Media on Java under the Japanese 1942~1945", *Indonesia* 44(October), 1987, pp.91~92.

14   Takashi Fujitani, op. cit., p.7.

15   Thomas Barker, "Colonial Mobility and Ambiguity: The Life of Filmmaker Hinatsu/Huyung", *TRaNS: Trans-Regional and-National Studies of Southeast Asia* 5-2, 2017, p.203.

16   Matthew I. Cohen, *Inventing the Performing Arts: Modernity and Tradition in Colonial Indonesia*, University of Hawai'i Press, 2016, p.226.

17   나승회,〈침략전쟁 시기 친일 예술인의 변신에 관한 고찰〉,《일어일문학》35, 2007, 163쪽.

18   Thomas Barker, op. cit., p.205.

19   Trond Lundemo, op. cit., p.199.

20   Ibid., p.200.

21   Thomas Barker, op. cit., pp.209~210.

22   Thomas Barker, op. cit., pp.207~209.

23   Ibid., p.209.

24   John Dower, op. cit., pp.5~6.

25   Aiko Utsumi, "Japanese Racism, War, and the POW Experience", *War and State Terrorism: The United States, Japan, and the Asia-Pacific in the Long Twentieth Century*, Rowman & Littlefield, 2004, p.121.

26 Aiko Kurosawa, op. cit., p.92.

27 Ethan Mark, *Japan's Occupation of Java in the Second World War*, Bloomsbury, 2018, p.115.

28 Aiko Utsumi, op. cit., p.122.

29 Ibid., p.122.

30 신지영, 〈'난민'과 '인민' 사이〉, 《상허학보》 48, 2016, 104쪽.

31 内海愛子·村井吉敬, 《シネアスト許泳の'昭和'》, 1987; Michael Baskett, *The Attractive Empire*, 2008, p.89(나승회, 앞의 글, 270~271쪽에서 재인용).

32 Thomas Barker, op. cit., p.205.

33 Ibid., p.206.

34 신지영, 앞의 글, 123~124쪽.

35 위의 글, 124쪽.

36 Fandy Hutari, "Seputar Stichting Hiburan Mataram," *Footage* (June 19, 2017)(http://jurnalfootage.net/v4/seputar-stichting-hiburan-mataram, accessed Oct 18, 2019).

37 Barker, Thomas, "Colonial Mobility and Ambiguity: The Life of Filmmaker Hinatsu/Huyung", *TRaNS: Trans-Regional and-National Studies of Southeast Asia* 5-2, 2017, p.209.

38 Yamagata International Documentary Film Festival, 2020년 10월 18일 확인(https://www.yidff.jp/2005/cat085/05c088-e.html).

39 한국영화데이터베이스KMDb, 〈그대와 나君と僕〉, 2020년 10월 18일 확인(https://www.kmdb.or.kr/db/kor/detail/movie/K/00166).

40 國立映畫アーカイブ, 〈君と僕〉, 2019년 10월 15일 확인(http://nfad.nfaj.go.jp/det.php?-mode=0&data_id=74579).

41 film indonesia, "Hinatsu Heitaro", 2020년 10월 18일 확인(http://filmindonesia.or.id/movie/name/nmp4b9bad3cd98a8_dr-huyung).

42 NFSA, CALLING AUSTRALIA, 2019년 10월 15일; 2020년 10월 18일 확인(http://col-search.nfsa.gov.au/nfsa/search/display/display.w3p;adv=no;page=1;query=calling%20australia%20Media%3A%22FILM%22;rec=2;resCount=10).

43 NFSA, "The early years," 2019년 10월 17일 확인(https://timeline.nfsaa.com/the-early-years-2).

44 NFSA, "The NFSA is formally established," 2019년 10월 17일 확인(https://timeline.nfsaa.com/the-nfsa-is-established-by-parliament).

45 Edmondson, Ray, "National Film and Sound Archive: The Quest for Identity," PhD thesis. University of Canberra, 2011. p.316.

46 Ibid., p.119.

47 《캔버라타임스The Canberra Times》, 1월 7일, 1987, 9;《필름뉴스Filmnews》, 11월 1일, 1987, 4.

48 《시드니모닝헤럴드The Sydney Morning Herald》, 10월 17일, 1988, 1.

49 《시드니모닝헤럴드》, 10월 18일, 1988, 29; 10월 20일, 1988, 18.

50 《시드니모닝헤럴드》, 10월 17일, 1988, 1.

51 Giorgio Agamben, *Remnants of Auschwitz: The Witness and the Archive*, Zone, 1999, pp.33~34.

52 김지훈, 〈생명정치, 몽타주, 이미지의 잠재성: 조르조 아감벤과 영화〉, 《비교문화연구》 49, 2017, 76쪽.

수용소 안에서의 언어와 권력관계

1 蔡錦堂, 《戰爭體制下的臺灣》, 日創社文化事業有限公司, 2006, 121쪽.

2 日本厚生省引揚援護局, 《韓國臺灣出身戰爭裁判受刑者名簿》, 1955, 4쪽.

3 日本厚生省引揚援護局, 위의 자료, 1955, 4쪽. 이 수치는 다른 학술 연구의 기록 수치와 일치한다. 상세한 것은 内海愛子, 《朝鮮人 BC級 戰犯の記錄》, 勁草書房, 1982, ii장과 東京裁判ハンドブック編集委員會 編, 《東京裁判ハンドブック》, 青木書店, 1989, 225쪽 참조.

4 鍾淑敏, 《俘虜收容所: 近代臺灣史的一段悲歌, 曹永和先生八十壽慶論文集》, 樂學書局有限公司, 2001, 262쪽; 李展平, 《前進婆羅洲: 臺籍戰犯監視員》, 國史館臺灣文獻館, 2005, 6~7쪽 참조.

5 중수민은 일본인 학자 자엔 요시오茶園義男가 정리한 세 건의 전쟁범죄 문서에 근거하여 도표를 정리했다. 이 도표에는 타이완인 전범 중 총 여덟 명이 처형되었다고 기록되어 있다. 상세한 것은 鍾淑敏, 앞의 책, 2001, 280~281쪽 참조.

6 日本厚生省引揚援護局, 앞의 자료, 1955, 2쪽.

7 학자들은 법정 기록과 아카이브 자료 및 타이완인 전범들이 구술한 1차 자료를 기반으로 하여 동일한 결론을 얻었다. 상세한 것은 李展平, 앞의 책, 2005; 鍾淑敏, 앞의 책, 2001; 鍾淑敏, 〈戰爭犯罪與戰後處理: 以俘虜收容所監視員爲中心〉, 發表於戰後臺灣社會與經濟

變遷國際學術研討會, 中央研究院臺灣史研究所, 2009 참조.

8   1946년 4월 10일 劉偉寶 대위上尉, 일본 육군의 마쓰시마 도자부로 군조 등은 군사법정
     재판 과정에서 증언했다. Australian National Archives, A471.80915.

9   〈1946년 4월 11일, 李維恂 대령上校의 법정 증언〉, Australian National Archives,
     A471.80915.

10   〈1947년 5월 14일, Memorandum for Judge Advocate General〉, Australian National
     Archives, A471.80915.

11   〈Record of Military Court, Court, Place, Date and Formation: Rabaul, 1946년 4월
     10~16일, 8 MD〉, Australian National Archives, A471.80915. AWC는 오스트레일리아
     당국이 해당 전범에게 주는 식별 번호다.

12   〈Record of Military Court, Court, Place, Date and Formation: Rabaul, 1946년 4월
     10~16일, 8 MD〉, Australian National Archives, A471.80915. 1947년 7월 12일에 피고
     인의 판결 선고가 변경되었음이 발표됐다.

13   〈1946년 4월 11일, 왕유신 중위의 법정 증언〉, Australian National Archives,
     A471.80915.

14   〈1946년 4월 15일, 회계 담당 소좌少佐 시마자키 마사오미의 법정 증언〉, Australian Na-
     tional Archives, A471.80915.

15   日本厚生省引揚援護局, 앞의 자료, 1955.

16   〈1946년 4월 12일, 피고인 하야시의 법정 증언〉, 상세한 것은 Australian National Ar-
     chives, AWC: A471.80915. 참조.

17   〈1946년 2월 1일, 하야시의 법정 증언〉, Australian National Archives, AWC:
     A471.80915.

18   〈1946년 4월 15일, 타이완인 다니오카 구니히로古岡國弘와 민간인 도요타 도시오豐田俊
     雄의 진술〉, Australian National Archives, A471.80915.

19   〈1946년 4월 13일, 피고인 오카바야시 나가히사의 법정 증언〉, Australian National Ar-
     chives, AWC: A471.80915.

20   〈1946년 2월 1일, 피고인 오카바야시 나가히사의 법정 증언〉, Australian National Ar-
     chives, AWC: A471.80915.

21   〈1954년 2월 27일, 사면 신청 문건〉, 日本外務省檔案, 《講和条約発効後: 赦免勧告關係》,
     オーストラリアの部 D-1-3-0-3-9-2, 1954, 377~379쪽.

22   〈1946년 4월 13일, 기요하라 다케오와 후루야 에이스케의 법정 증언〉, Australian Nation-
     al Archives, A471.80915.

23 〈1946년 4월 15일, 야나가와 우에타네의 법정 증언〉, Australian National Archives, A471.80915.

24 〈1946년 4월 15일 민간인 하기하라 스에히로의 진술〉, Australian National Archives, A471.80915.

25 〈1946년 4월 15일 민간인 사토 야스시의 진술〉, Australian National Archives, A471.80915.

26 Australian National Archives, *Proceedings of Military Tribunal, Tasaka, Mitsuo and Others*, Department of the Army, A471.80978.

27 〈Warrant of Execution〉, Australian National Archives, A471.80978.

28 日本厚生省引揚援護局, 앞의 자료, 1955, 36쪽.

29 〈Précis of Evidence〉, Australian National Archives, A471.80978.

30 〈뤄메이링의 법정 증언〉, Australian National Archives, A471.80978.

31 〈양빙의 법정 증언〉, Australian National Archives, A471.80978.

32 〈요네다 스스무의 법정 증언〉, Australian National Archives, A471.80978.

33 〈양빙의 법정 증언〉, Australian National Archives, A471.80978.

34 〈요네다 스스무의 진술〉, Australian National Archives, A471.80978.

35 〈요네다 스스무의 법정 증언〉, Australian National Archives, A471.80978.

36 〈요네다 스스무의 법정 증언〉, Australian National Archives, A471.80978.

37 〈요네다 스스무의 법정 증언〉, Australian National Archives, A471.80978.

38 〈요네다 스스무의 법정 증언〉, Australian National Archives, A471.80978.

제국 각축 관계하의 타이완인

1 小宮まゆみ, 《敵國人抑留 : 戰時下の外國民間人》, 吉川弘文館, 2009, 79~80쪽.

2 藍適齊, 〈戰後海外臺灣人的集中與遣返〉, 呂芳上 編, 《中國抗日戰爭史新編(陸)戰後中國》, 國史館, 2015, 445~452쪽.

3 永田由利子, 《オーストラリア日系人強制收容の記錄》, 高文研, 2002.

4 鍾淑敏, 〈二戰時期臺灣人印度集中營拘留記〉, 《臺灣史研究》 24-3, 2017年 9月, 89~140쪽.

5 鍾淑敏, 《日治時期在南洋的臺灣人》, 中央研究院臺灣史研究所, 2020.

6 〈2.英領各地抑留邦人狀況抑留所視察報告ハA.7.0.0.9-11-1-10-2〉 / 〈7.在〈マレー〉邦

人狀況〉,《大東亞戰爭關係一件 / 交戰國間敵國人及俘虜取扱振關係 / 在敵國本邦人關係 / 在英(含屬領)本邦人關係·第二卷》, 外務省外交史料館藏, 소장번호: A-7-0-0-9_11_3_1_002, 〈アジア歴史資料センタ―(JACAR)〉Ref.: B02032805600, https://www.jacar.go.jp.

7 〈2.英領各地抑留邦人狀況抑留所視察報告ハA.7.0.0.9-11-1-10-2〉/〈7.在〈マレ―〉邦人狀況〉,《大東亞戰爭關係一件 / 交戰國間敵國人及俘虜取扱振關係 / 在敵國本邦人關係 / 在英(含屬領)本邦人關係·第二卷》, 外務省外交史料館藏, 소장번호: A-7-0-0-9_11_3_1_002, 〈アジア歴史資料センタ―(JACAR)〉Ref.: B02032805600, https://www.jacar.go.jp.

8 防衛廳防衛研修所戰史室 編,《マレ―進攻作戰》, 朝雲新聞社, 1966, 133~139쪽.

9 〈3.在インドノ部 / 2.ニューデリ―収容所視察報告〉,《大東亜戰爭關係一件 / 交戰國間敵國人及俘虜取扱振關係 / 一般及諸問題 / 在敵國本邦人収容所視察報告 / 在英ノ部·第一卷》, 外務省外交史料館藏, 소장번호: A-7-0-0-9_11_1_10_2_001, 〈アジア歴史資料センタ―(JACAR)〉, Ref.: B02032527200, https://www.jacar.go.jp.

10 〈2.英領各地抑留邦人狀況〉,《大東亜戰爭關係一件 / 交戰國間敵國人及俘虜取扱振關係 / 在敵國本邦人關係 / 在英(含屬領)本邦人關係·第二卷》, 外務省外交史料館藏, 소장번호: A-7-0-0-9_11_3_002, 〈アジア歴史資料センタ―(JACAR)〉Ref.: B02032804500, https://www.jacar.go.jp.

11 中司博, 〈収容所抑留邦人入所目錄〉,《インドワラ通信》27, 1984年 10月, 2쪽.

12 清水洋·平川均,《からゆきさんと經濟進出: 世界經濟のなかのシンガポ―ル―日本關係史》, 1998, 23~47쪽.

13 矢景裕子, 〈糸滿漁民によるシンガポ―ル出稼ぎ漁業: 1920年代を中心に〉,《待兼山論集·文化動態論篇》45, 2011年 12月, 15~35쪽.

14 外務省歐亞局第二課, 〈馬來經濟事情一班〉, 1935年 6月,《各國財政, 經濟及金融關係雜纂 / 馬来ノ部·第一卷》(外務省外交史料館藏), 소장번호: E-1-2-0-X1_B9_001, 〈アジア歴史資料センタ―(JACAR)〉, Ref.: B08060613100, https://www.jacar.go.jp.

15 外務省歐亞局第二課, 〈馬來經濟事情一班〉, 1935年 6月,《各國財政, 經濟及金融關係雜纂 / 馬来ノ部·第一卷》(外務省外交史料館藏), 소장번호: E-1-2-0-X1_B9_001, 〈アジア歴史資料センタ―(JACAR)〉, Ref.: B08060613100, https://www.jacar.go.jp.

16 〈英領馬來在留日本人の消長〉,《支那及南洋情報》(臺灣總督官房調查課, 昭和 4年 12月號, 38~40쪽.

17 〈醫學校卒業生聘用〉,《臺灣日日新報》, 1913年 4月 11日, 2쪽.

18 臺灣總督府衛生課,《南支南洋に於ける醫療施設》上卷, 臺灣總督府熱帶產業調査會調
    査書, 1935, 194쪽, 196~198쪽.

19 〈南方に於ける邦人事業〉,《週刊東洋經濟新報》2005호, 東京, 1942年 1月, 34~37쪽.

20 〈邦人引揚 土人生活難 增岡石原產業技師歸朝談〉,《臺灣日日新報》, 1941年 11月 23日,
    2쪽.

21 稻場長左,〈英領馬來事情〉,《南洋事情講演集》, 臺灣總督官房調査課, 1930, 96쪽.

22 沈國明,〈臺灣現代戲劇對外傳播―以東南亞研究爲例〉, http://taiwanfellowship.ncl.
    edu.tw/files/scholar_publish/2013-fyksoyzmdllbebl.pdf, 2021년 4월 11일에 다운로
    드함.

23 〈6.インド抑留生活日記〉,《大東亜戰争關係一件 / 交戰國間敵國人及俘虜取扱振關係 /
    在敵國本邦人關係·第二十卷》(外務省外交史料館藏), 소장번호: A-7-0-0-9_11_3_020,
    〈アジア歴史資料センター(JACAR)〉, Ref.: B02032707500, https://www.jacar.go.jp.

24 〈收容所自治機構要項〉, 4쪽;〈3.在インドノ部 / 2.ニューデリー収容所視察報告〉, Ref.:
    B02032527200, https://www.jacar.go.jp.

25 〈5昭和十八年度1〉,《大東亜戰争關係一件 / 交戰國間敵國人及俘虜取扱振關係 / 一
    般及諸問題 / 在敵國本邦人収容所視察報告 / 在英ノ部·第五卷》(外務省外交史料
    館藏), 檔號: A-7-0-0-9_11_1_10_2_005,〈アジア歴史資料センター(JACAR)〉, Ref.:
    B02032532900, https://www.jacar.go.jp.

26 〈デオリー移動 四翼の生活初まる 竹内音治·インタン日誌より〉,《インドワラ通信》(神奈
    川) 5, 1970年 1月, 4쪽.

27 〈第二次交換発表 竹内音治·インタン日誌より〉2,《インドワラ通信》(神奈川) 6, 1971年
    6月, 6쪽.

28 〈6昭和十八年度2〉,《大東亜戰争關係一件 / 交戰國間敵國人及俘虜取扱振關係 / 一
    般及諸問題 / 在敵國本邦人収容所視察報告 / 在英ノ部·第五卷》(外務省外交史料館
    藏), 소장번호: A-7-0-0-9_11_1_10_2_006,〈アジア歴史資料センター(JACAR)〉, Ref.:
    B02032533000, https://www.jacar.go.jp.

29 〈收容所自治機構要項〉,《インドワラ通信》(神奈川) 18, 1980年 1月, 4쪽;〈三五公司印度
    抑留者顛末記: 三宅定次氏の本社報告〉, 2쪽.

30 菅沼勝太郎,〈交換船龍田丸で歸へりて〉,《自由通商》15-12, 1942年 12月, 57~61쪽.

31 〈6.インド抑留生活日記〉, https://www.jacar.go.jp.

32 〈デオリー移動 四翼の生活初まる 竹内音治·インタン日誌より〉,《インドワラ通信》(神奈
    川) 5, 1970年 1月, 4쪽.

33 〈6昭和十八年度2〉, Ref.: B02032533000, https://www.jacar.go.jp.

34 結城七郎, 〈苦労した食生活改善 栄養部がやったこと〉, 《インドワラ通信》(神奈川) 26, 1984年 7月, 2쪽.

35 結城七郎, 〈デオリーで作った野菜のかずかず〉, 《インドワラ通信》(神奈川) 27, 1984年 10月, 3쪽.

36 峰敏朗, 《インドの酷熱砂漠に日本人収容所があった》, 1995, 242쪽.

37 〈1.要救恤ノ實態及ソノ対策關係 / 1.在濠・印・欧邦人の救恤救濟案〉, 《大東亜戰爭關係一件 / 交戰國間敵國人及俘虜取扱振關係 / 一般及諸問題 / 在敵國本邦人救恤問題・第一巻》, 外務省外交史料館, 소장번호: A-7-0-0-9_11_1_8_001, 〈アジア歴史資料センター(JACAR)〉, Ref.: B02032510600, https://www.jacar.go.jp.

38 〈熱風黄塵の中でいそしんだ學び舍〉, 《インドワラ通信》(神奈川) 3, 1968年 7月, 6쪽.

39 2017년 4월 29일 추원레이 교수와의 인터뷰에 의거함.

40 黄天祥, 〈懐かさ胸一杯！〉, 《インドワラ通信》(神奈川) 14, 1977年 7月, 4쪽.

41 植田喜代治, 《わが心の自叙傳》, 自刊本, 1972, 57쪽; 清水洋・平川均, 《からゆきさんと經濟進出: 世界經濟のなかのシンガポール―日本關係史》, 1998, 153쪽에서 재인용.

42 昭南特別市 調編, 《馬來ビルマ及印度在留邦人被抑留者名簿》, 발행처 불명, 1943?.

43 〈私の八月十五日〉, 《インドワラ通信》(神奈川) 22, 1982年 8月, 5쪽.

44 茶園義男, 《俘虜情報局・俘虜取扱の記録(付)海軍兵學校'國際法'》, 不二出版, 1992, 137~138쪽.

45 茶園義男, 위의 책, 1992, 145~159쪽.

46 같은 책, 118~119쪽.

47 茶園義男, 앞의 책, 1992, 119쪽.

48 같은 책, 121~122쪽.

49 内海愛子 編, 《ジャワ・オランダ人少年抑留所》, 梨の木舎, 1997, 122~125쪽.

50 レオ・ゲレインセ 著, 難波収 譯, 《日本軍强制収容所の心―レオ・ゲレンセ自傳》, 手帖舍, 1995, 40~41쪽.

51 이에 대해 内海愛子, 앞의 책, 1997, 59~70쪽의 해설을 볼 것.

52 〈4印度1〉, Ref.: B02032531900, https://www.jacar.go.jp.

53 〈4印度1〉, 《大東亜戦争關係一件 / 交戰國間敵國人及俘虜取扱振關係 / 一般及諸問題 / 在敵國本邦人収容所視察報告 / 在英ノ部・第四巻》, 外務省外交史料館藏, 소장번호: A-7-0-0-9_11_1_10_2_004, 〈アジア歴史資料センター(JACAR)〉, Ref.: B02032531900, https://www.jacar.go.jp.

54 〈4印度1〉, Ref.: B02032531900, https://www.jacar.go.jp.

55 〈5昭和十八年度1〉, Ref.: B02032533000, https://www.jacar.go.jp.

56 〈6昭和十八年度2〉, Ref.: B02032533000, https://www.jacar.go.jp.

57 〈抑留中死亡者二百余〉,《インドワラ通信》(神奈川) 20, 1984年 7月, 4~5쪽.

58 〈戀愛, 結婚及生子, 生活逍遙自在, 因無從獲睹報紙, 一切如在夢中, 更不知日本投降─臺俘在印集中營─〉,《南洋商報》, 1946年 6月 6日, 2판.

59 전후 타이완인의 집결과 귀환은 鍾淑敏, 앞의 책, 2020, 351~356쪽을 참조할 것.

60 〈戰爭爆發之頃 遣印臺俘已返星 現暫安置武吉智馬待當局處理 日寇投降後臺俘已遣返千餘名〉,《南洋商報》, 1946年 6月 1日, 2판.

61 〈戰爭爆發之頃 遣印臺俘已返星 現暫安置武吉智馬待當局處理 日寇投降後臺俘已遣返千餘名〉,《南洋商報》, 1946年 6月 1日, 2판.

62 クリスチャン·ダニエルス(唐立), 〈雲間の曙光 ─《明臺報》に見られる臺灣籍日本兵の戰後臺灣像─〉,《アジア·アフリカ言語文化研究》51號, 1996, 136~138쪽.

63 クリスチャン·ダニエルス(唐立), 위의 글, 1996, 143쪽.

일본제국 해체 과정에서 연동되는 동아시아 난민과 수용소

1 呉叡人 著, 駒込武 譯,《臺灣, あるいは孤立無援の島の思想: 民主主義とナショナリズムのディレンマを越えて》, みすず書房, 2020, 78쪽.

2 丸川哲史,《台湾における脱植民地化と祖国化》, 明石書店, 2007, 17쪽.

3 현무암, 〈밀항·오무라수용소·제주도─오사카와 제주도를 잇는 '밀항'의 네트워크〉, 제주대학교 재일제주인센터 편,《재일제주인과 마이너리티》, 경인문화사, 2014, 98쪽.

4 丸川哲史, 앞의 책, 2007, 31쪽.

5 呉叡人, 앞의 책, 2020, 18~19쪽.

6 三尾裕子, 〈外来権力の重層化と歴史認識: 臺灣と舊南洋群島の人類學的比較〉,《文化人類學》81-2, 日本文化人類學會, 2016, 217~227쪽. '외래 권력의 중층화'에 대해서 우뤠이런呉叡人은 '연속적 식민화' 혹은 '중층적 식민화'라는 개념을 사용한다. 呉叡人, 앞의 책, 2020, 16쪽.

7 呉叡人, 앞의 책, 2020, 62쪽.

8 松田康博,《臺灣における一党独裁の成立》, 慶應義塾大學出版會, 2006, 433쪽.

9 松田康博, 앞의 책, 2006, 365쪽.

10 藍博洲 著, 間ふさ子·塩森由岐子·妹尾加代 譯,《幌馬車の歌》, 草風館, 2006. 222쪽.

11 顏世鴻,《青島東路三號: 我的百年之憶及臺灣的荒謬年代》, 啟動文化, 2012, 440쪽.

12 松田康博, 앞의 책, 2006, 348~353쪽.

13 松田康博, 앞의 책, 2006, 353쪽.

14 이 글에서는 2005년에 타이베이에서 재출판된 제3판을 사용한다.

15 楊威理,《ある臺灣知識人の悲劇: 中國と日本のはざまで 葉盛吉傳》, 岩波書店, 1993; 藍博洲, 앞의 책, 2006.

16 陳儀深,〈より多くの眞相を, より多くの移行期正義を〉, 二二八事件紀念基金會 著, 陳儀深·薛化元 編,《二二八事件の眞相と移行期正義》, 風媒社, 2021, 18쪽.

17 薛化元,〈二二八事件をめぐる〈正義と和解の追求〉: 名譽回復運動の歷史的考察 (一九八七年~一九九七年)〉, 二二八事件紀念基金會 著, 陳儀深·薛化元 編, 앞의 책, 2021, 379쪽.

18 陳儀深, 앞의 글, 2021, 18쪽.

19 柯旗化,《臺灣監獄島: 繁栄の裏に隠された素顔》, 第一出版社, 2005, 109~115쪽.

20 丸川哲史,〈1940年代後半への視座(覚書):〈冷戰〉=白色テロが臺灣の文化構造にもたらした潛在的意味〉,《アジア遊學》48, 勉誠出版, 2003, 135쪽.

21 楊威理, 앞의 책, 1993, 248쪽.

22 黃華昌,《臺灣·少年航空兵: 大空と白色テロの青春記》, 社會評論社, 2005, 255쪽.

23 黃華昌, 앞의 책, 2005, 271~278쪽.

24 柯旗化, 앞의 책, 2005, 113쪽.

25 陳文成博士記念基金會,《人権への道: レポート·戰後臺灣の人権》, 陳文成博士記念基金會, 2007, 34쪽.

26 柯旗化, 앞의 책, 2005, 118~119쪽.

27 楊威理, 앞의 책, 1993, 269~270쪽.

28 顏世鴻, 앞의 책, 2012.

29 龔昭勳,《死亡行軍: 從神童到火燒島叛亂犯 蘇友鵬醫師的一生》, 前衛出版社, 2018, 101쪽.

30 蔡焜霖口述, 蔡秀菊記錄撰文,《我們只能歌唱: 蔡焜霖的生命故事》, 玉山社, 2019, 86~87쪽.

31 陳紹英,《外来政権圧制下の生と死: 一九五〇年代臺灣白色テロ, 一受難者の手記》, 秀英書房, 2003, 231쪽.

32 陳紹英, 앞의 책, 2003, 213쪽.

33 蔡焜霖口述, 薛化元·游淑如記錄撰文,《逆風行走的人生: 蔡焜霖的口述生命史》, 玉山社, 2017, 93쪽.

34 龔昭勳, 앞의 책, 2018, 118~119쪽.

35 鍾謙順 著, 黄昭堂編 譯,《臺灣難友に祈る: ある政治犯の叫び》, 日中出版, 1987, 119쪽; 陳紹英, 앞의 책, 2003, 240쪽; 楊威理, 앞의 책, 1993, 239쪽; 黄華昌, 앞의 책, 2005, 284쪽.

36 龔昭勳, 앞의 책, 2018, 109쪽; 陳紹英, 앞의 책, 2003, 240쪽; 楊威理, 앞의 책, 1993, 239쪽; 黄華昌, 앞의 책, 2005, 284쪽.

37 陳紹英, 앞의 책, 2003, 242쪽.

38 黄華昌, 앞의 책, 2005, 287쪽.

39 鍾謙順, 앞의 책, 1987, 57쪽.

40 陳文成博士記念基金會, 앞의 책, 2007, 104~105쪽.

41 楊威理, 앞의 책, 1993, 263쪽.

42 일본어 제목은〈호로바샤노우타幌馬車の唄〉. 작사 야마다 도시오山田としを, 작곡 노바라다메지野原爲二. 유행가로 콜럼비아레코드사에서 1932년과 1935년에 두 종류의 레코드가 연속으로 발매되었다. 첫 번째는 와다 하루코和田春子가, 두 번째는 마쓰바라 미사오松原操·사쿠라이 겐지櫻井健二가 불렀다. 田村志津枝,《非情城市の人びと: 臺灣と日本のうた》, 晶文社, 1992, 32쪽.

43 藍博洲, 앞의 책, 2006, 179~186쪽.

44 蔡焜霖口述, 蔡秀菊記錄撰文, 앞의 책, 2017, 97~107쪽; 黄華昌, 앞의 책, 2005, 284~285쪽.

45 陳紹英, 앞의 책, 2003, 229~230쪽.

46 龔昭勳, 앞의 책, 2018, 119쪽.

47 鍾謙順, 앞의 책, 1987, 47쪽.

48 吳叡人, 앞의 책, 2020, 71쪽.

49 若林正丈·家永眞幸 編,《臺灣研究入門》, 東京大學出版會, 2020, 29쪽.

50 陳文成博士記念基金會, 앞의 책, 2007, 17쪽.

51 楊威理, 앞의 책, 1993, 273쪽.

52 天江喜久,〈臺灣韓僑のポストコロニアル: 任斗旭·臺灣韓僑協會理事長を中心に〉,《立命館アジア·日本研究學術年報》1, 立命館アジア·日本研究所, 2020, 39쪽.

53 藍博洲, 앞의 책, 2006, 182쪽.

54 陳紹英, 앞의 책, 2003, 262쪽.

55 鍾謙順, 앞의 책, 1987, 56~63쪽.

56 陳紹英, 앞의 책, 2003, 258쪽.

57 黃華昌, 앞의 책, 2005, 294쪽.

58 柯旗化, 앞의 책, 2005, 154쪽.

59 黃華昌, 앞의 책, 2005, 295쪽.

60 柯旗化, 앞의 책, 2005, 141쪽.

61 曹欽榮·林芳微他,《流麻溝十五號: 綠島女生分隊及其他》, 書林出版, 2012, 410쪽.

62 顏世鴻, 앞의 책, 2012, 343쪽.

63 蔡焜霖口述, 蔡秀菊記錄撰文, 앞의 책, 2019, 111쪽.

64 蔡焜霖口述, 蔡秀菊記錄撰文, 앞의 책, 2019, 107쪽.

65 陳紹英, 앞의 책, 2003, 252~254쪽; 黃華昌, 앞의 책, 2005, 291쪽.

66 陳紹英, 앞의 책, 2003, 254~255쪽.

67 柯旗化, 앞의 책, 2005, 147쪽.

68 柯旗化, 앞의 책, 2005, 153~154쪽.

69 國家人權博物館籌備處,〈國家人權博物館籌備處簡介〉, 2015.

70 陳紹英, 앞의 책, 2003, 266쪽.

71 鍾謙順, 앞의 책, 1987, 63쪽.

72 蔡焜霖口述, 蔡秀菊記錄撰文, 앞의 책, 2017, 115쪽.

73 龔昭勳, 앞의 책, 2018, 180쪽.

74 이경분,《수용소와 음악: 일본의 포로수용소, 트레지엔슈타트, 아우슈비츠의 음악》, 성균관
   대학교 출판부, 2021, 11쪽.

75 陳文成博士記念基金會,《綠島人權記念園區展示影片 白色見證》, 2003.

76 陳紹英, 앞의 책, 2003, 297~298쪽.

77 陳紹英, 앞의 책, 2003, 283~285쪽.

78 蔡焜霖口述, 蔡秀菊記錄撰文, 앞의 책, 2019, 131~140쪽.

79 鍾謙順, 앞의 책, 1987, 71쪽.

80 陳紹英, 앞의 책, 2003, 298쪽.

81 黃華昌, 앞의 책, 2005, 332쪽.

82 陳紹英, 앞의 책, 2003, 299~300쪽.

83 蔡焜霖口述, 薛化元·游淑如記錄撰文, 앞의 책, 2017, 106쪽.

84 陳紹英, 앞의 책, 2003, 300~301쪽.

85 顏世鴻, 앞의 책, 2012, 343쪽.

86 黃華昌, 앞의 책, 2005, 333쪽.

87 鍾謙順, 앞의 책, 1987, 180쪽.

88 陳紹英, 앞의 책, 2003, 301쪽.

89 國家人權博物館籌備處,〈國家人權博物館籌備處簡介〉, 2015.

90 國家人權博物館籌備處,〈國家人權博物館籌備處簡介〉, 2015.

91 何義麟,《臺灣現代史: 二・二八事件をめぐる歷史の再記憶》, 平凡社, 2014, 193~196쪽.

92 何義麟, 앞의 책, 2014, 195쪽.

93 陳文成博士記念基金會, 앞의 책, 2007, 148쪽.

94 丸川哲史, 앞의 책, 2007, 27・44쪽.

95 헌법재판소,〈제주 4・3사건 진상 규명 및 희생자 명예 회복에 관한 특별법 의결 행위 취소〉, 2001년 9월 27일.

96 高誠晩, 앞의 책, 2017, 80~81쪽.

97 徐勝,〈臺灣'戒嚴時期叛乱暨匪諜不當審判案件補償條例'の研究: その成立と改正をめぐって〉,《立命館法學》271・272, 立命館大學法學會, 2000, 455쪽.

98 佐藤和美,〈民進党政権の'人権外交': 逆境の中でのソフトパワー外交の試み〉,《日本臺灣學會報》9, 日本臺灣學會, 2007, 138쪽.

99 國家人權博物館籌備處,〈國家人權博物館籌備處簡介〉, 2015.

100 丸川哲史, 앞의 글, 2003, 137~138쪽.

101 小林勝,〈私の朝鮮 - あとがきに代えて〉, 小林勝,《小林勝著作集》4, 白川書院, 1976, 256쪽.

102 吉田裕,〈戰後改革と逆コース〉, 吉田裕 編,《日本の時代史 26 戰後改革と逆コース》, 吉川弘文館, 2004, 67~71쪽.

103 外務省 編纂,《日本外交文書 サンフランシスコ平和条約 対米交涉》, 外務省, 2007, 409쪽. 外交史料館デジタルコレクション(https://www.mofa.go.jp/mofaj/ms/da/page25_001057.html).

104 小林勝,〈ある朝鮮人の話〉,《人民文学》2月号, 1952年.

105 原佑介,《禁じられた郷愁ー小林勝の戰後文学と朝鮮》, 新幹社, 2019, 62~63쪽.

106 大沼保昭,《在日韓国・朝鮮人の国籍と人権》, 東信堂, 2004, 220쪽.

107 玄武岩,《コリアン・ネットワークーメディアと移動の歴史と空間》, 北海道大学出版会, 2013, 360쪽.

108 최범순,〈일본의 전후기억과 송환의 망각ー고바야시 마사루〈어느 조선인 이야기〉 시론〉,《일본어문학》82, 2018, 615쪽.

109 최범순, 앞의 글, 2018, 620쪽.

입관수용소란 무엇인가

1 법무성 입국관리국장 명의로 통지된 '가정폭력에 관한 조치요령DV事件に係る措置要領'(2008년 7월 19일 제정, 2018년 1월 29일 개정). 상세한 내용은 이주민 권리단체 및 여성단체가 발표한 성명 〈올해(2021년―옮긴이) 3월 입관 시설에서 발생한 사망 사건을 비롯한 외국인 가정폭력 피해자에 대한 적절한 보호조치의 엄수와 대책 개선을 요구한다〉(2021년 11월 11일)를 참조(https://migrants.jp/news/voice/20211111_2.html, 2022년 4월 18일 열람).

2 出入國在留管理廳, 〈令和3年3月6日の名古屋出入國在留管理局被収容者死亡事案に關する調査報告書〉, 2021年 8月 10日.

3 全國難民辯護団連絡會議HP, 〈入管被収容者の死亡事件〉(http://www.jlnr.jp/jlnr/?page_id=3277, 2021년 11월 30일 열람)을 참고.

4 入管問題調査會編, 《密室の人權侵害 ― 入國管理局収容施設の實態》, 現代人文社, 1996; 平野雄吾, 《ルポ入管 ―絶望の外國人収容施設》, 筑摩書房, 2020.

5 大沼保昭, 《新版'單一民族社會の神話を超えて―在日韓國·朝鮮人と出入國管理体制》, 東信堂, 1993, 30쪽.

6 森田芳夫, 《在日朝鮮人の處遇と現狀》, 湖北社, (1955)1975, 57쪽.

7 森田芳夫, 앞의 글, (1955)1975, 85쪽.

8 佐世保引揚援護局, 《佐世保引揚援護局史·上卷》, 1949, 69쪽.

9 Rogers Brubaker, *Nationalism Reframed: Nationhood and the National Question in the New Europe*, Cambridge University Press, 1996.

10 Hannah Arendt, *The Origins of Totalitarianism*, Harcourt, Brace & World, (1951)1968(ハンナ·アーレント 著, 大久保和郎·大島かおり 譯, 《全体主義の起原》2, みすず書房, 1972, 104쪽).

11 ハンナ·アーレント 著, 大久保和郎·大島かおり 譯, 앞의 책, 1972, 140쪽.

12 大竹弘二, 《公開性の根源》, 太田出版, 2018. 또한 잘 알려진 것처럼 미셸 푸코 역시 통치성의 영역을 대상으로 한 연구에서 행정국가에 주목했다. 여기서 통치성은 '인구'라는 집단을 대상으로 그 행동을 훈육하고 인구 집단의 안전과 증대에 관심을 기울이는 것으로서, 주권과는 다른 것으로 위치 지어진다. Michael Foucault, *Sécurité, Territoire, Population: Cours au Collège de France. 1977~1978*, Gallimard & Seuil, 2004(ミシェル·フー

コー 著, 高桑和巳 譯, 《安全·領土·人口: コレージュドフランス講義 1977~1978年度》, 筑摩書房, 2007).

13　大竹弘二, 앞의 책, 2018, 117~122쪽.

14　위의 책, 127쪽.

15　大竹弘二, 앞의 책, 2018, 25쪽.

16　위의 책, 2018, 131쪽.

17　위의 책, 2018, 49쪽.

18　小田實, 〈'キツネウドン大王'たちの歴史〉, 《朝日ジャーナル》14-11, 1972, 38쪽.

19　小田實, 앞의 글, 1972, 38쪽.

20　法務省出入國管理局, 《出入國管理の解雇と展望》, 1980, 220쪽.

21　大竹弘二, 앞의 책, 2018, 43쪽.

22　Giorgio Agamben, *Mezzi senza Fine*, Bollati Boringhieri, 1996(ジョルジョ·アガンベン 著, 高桑和巳 譯, 《人権の彼方に: 政治哲學ノート》, 以文社, 2000, 45쪽). cf. Giorgio Agamben, *Homo Sacer: Il Potere Sovrano e la Nuda Vita*, Einaudi, 1995(ジョルジョ·アガンベン 著, 高桑和巳 譯, 《ホモ·サケル─主権権力と剥き出しの生》, 以文社, 2003).

23　Giorgio Agamben, 앞의 책, 1996(2000), 46쪽.

24　Anne McNevin, "Political Belonging in a Neoliberal Era: The Struggle of the Sans-Papiers," *Citizenship Studies* 10-2, 2006, pp.135~151; Nando Sigona, "Campzenship: Reimaging the Camp as a Social and Political Space," *Citizenship Studies* 19-1, 2015, pp.1~15; William Walters, "Acts of Demonstration: Mapping the Territory of (Non-)Citizenship," Engin F. *Acts of Citizenship*, Isin and Greg, M. Nielson eds., Zed Books, 2008, pp.182~206.

25　稲葉奈々子, 〈'自助'奪われた非正規滞在外國人 支えは共感, その可能性と限界〉, 《Journalism》, 2021年 12月.

외국인보호소와 출입국관리 체제의 현재적 계보

1　김진 외, 〈한국 이주구금제도의 문제점에 관한 국제인권법적 검토〉, 《공익과 인권》30, 경인문화사, 2020, 51쪽.

2　헌법재판소 2018년 2월 22일 선고 2017헌가29 결정, 재판관 김창종, 재판관 안청호, 재판관 서기석, 재판관 조용호의 합헌 의견.

3   Directive 2008/115/EC of the European Parliament and of the Council of 16 December 2008 on common standards and procedures in Member States for returning illegally staying third-country nationals.

4   '출입국관리법' 제63조 제1항 위헌 제청(2018년 2월 22일 2017헌가29).

5   박주희, 〈"살해 협박 피해 한국행" 재판 7년 만에 법정서 모국어로 말했다〉, 《한국일보》(기사 입력일: 2021년 8월 28일).

6   이은아, 〈9·11 이후의 이민법과 오바마의 이민정책 변화〉, 《트랜스라틴》 제17호, 2011, 5~6쪽.

7   산드로 메자드라·브렛 닐슨 지음, 남청수 옮김, 《방법으로서의 경계》, 갈무리, 2021, 256~257쪽.

8   제람 강영훈, 《암란의 버스, 야스민의 자전거》, 제람씨, 2021, 26쪽.

9   산드로 메자드라·브렛 닐슨, 앞의 책, 272~273쪽.

10   이일, 〈한국난민판례의 난민요건별 비판적 분석 개관〉, 《난민법의 현황과 과제》, 경인문화사, 2019, 126·177쪽.

11   최계영, 〈이주구금의 쟁점들〉, 《인권의 관점에서 바라본 이주민의 권리》, 대한변협 난민이주외국인특별위원회 법원 국제인권법연구회 공동학술대회자료집, 2021, 66~67쪽.

12   이러한 난민을 응원하기 위해 조직된 '나 홀로 난민재판응원단'의 관련 기사로는 다음을 참조할 것. 강석영, 〈'나 홀로 난민소송' 방청석 지킨 뜨거운 연대〉, 《민중의 소리》(기사 검색일: 2021년 8월 23일); 박주희, 〈난민 신청자 A씨 재판참관기〉, 《한국일보》(기사 검색일: 2021년 8월 28일).

13   법무부 이민조사과의 보도 설명 자료(2021년 9월 29일).

14   향기·은영·섬나리, 《훔친 돼지만이 살아남았다》, 호밀밭, 2022, 44쪽.

15   어빙 고프먼 지음, 심보선 옮김, 《수용소: 정신병 환자와 그 외 재소자들의 사회적 상황에 대한 에세이》, 문학과지성사, 2018, 449쪽.

16   장애여성공감 엮음, 《시설사회》, 와온, 2020, 35~36쪽.

17   미셸 푸코 지음, 이진희 옮김, 《감옥의 대안》, 시공사, 2020, 57쪽.

18   몰리 스미스·주노 맥, 앞의 책, 135쪽, 143~144쪽.

탈시설운동은 모두의 화장실운동과 어떻게 만나는가

1   황지성, 〈비정상 신체의 궤적 읽기: 페미니즘, 탈식민주의, 장애 운동의 교차를 모색하며〉,

《한국장애학회 2018년 추계학술대회 발표집》, 한국장애학회, 2018, 39~54쪽.

2 이진경 지음, 나병철 옮김, 《서비스 이코노미: 한국의 군사주의·성 노동·이주 노동》, 소명출판, 2015, 40쪽.

3 권미란, 〈요양병원이 종착지가 된 에이즈 환자들〉, 《시설사회》, 와온, 2020, 174쪽.

4 다음의 기사를 참조할 것. 〈복지부동 복지부, 강제입원 노숙인 대책 마련하라〉, 《비마이너》 (기사 입력일: 2014년 7월 22일). http://www.beminor.com/news/articleView.html?idx-no=7134.

5 김현철, 〈도시의 감금회로망적 상상: 유동하는 수용시설의 경계와 그 사이의 모들을 언어화하기 위하여〉, 《시설사회》, 와온, 2020 참조.

6 김순남, 〈강제된 장소, 강제된 관계를 질문하는 탈시설운동〉, 《시설사회》, 와온, 2020, 35~36쪽.

7 이성규는 《장애인복지정책과 노말라이제이션 — 정상성개념의 형성과 진화》, 홍익재, 2001을 통해서 북유럽의 정상화 이념을 자세히 소개했다.

8 제임스 찰턴 지음, 전지혜 옮김, 《우리 없이 우리에 대한 것은 없다》, 울력, 2009, 238~241쪽 참조. 콜린 반스·마이클 올리버·렌 바턴 엮음, 김도현 옮김, 《장애학의 오늘을 말하다》, 그린비, 2017, 서론 참조.

9 구체적인 내용은 다음의 글을 참조. 조현수, 〈장애인의 권리를 빼앗는 소비자주의와 바우처제도〉, 《시설사회》, 와온, 2020.

10 김도현, 《장애학의 도전》, 오월의봄, 2019, 6장 참조.

11 장애여성공감은 2020년 IL과 젠더포럼 '일할수록 힘든 사람들: 시설사회에 도전하는 동료 관계를 상상하며'를 통해서 시설을 정상화하는 것과 노동착취와 위계 구조가 어떻게 연결되는지에 대한 논의를 진행했다. https://wde.or.kr/?p=7212.

12 주디스 버틀러 지음, 김응산·양효실 옮김, 《연대하는 신체들과 거리의 정치》, 창비, 2020, 247쪽.

13 위의 책, 249~250쪽.

14 이러한 문제의식을 담은 다음의 글을 참조할 것. 나영·나영정, 〈국가권력과 신자유주의 질서에 대항하는 섹슈얼리티-인권-운동〉, 《인권운동》 3호, 2021. https://hrmovement.tistory.com/7.

15 Tari Young-Jung Na and translated by Yoo-Suk Kim, "Institutionalization, Gender/Sexuality Oppression, and Incarceration without Walls in South Korea: Toward a More Radical Politics of the Deinstitutionalization Movement," *Crip Genealogies*, Duke University Press Books, 2023. 3. 24 참조.

16 김현철, 〈'감금'에서 '감금지리carceral geographies'로, 언어화되지 않은 착취와 소외, 감정과 트라우마, 살들fleshes의 논의를 위해〉,《글로컬포인트》5호, 2019. http://blog.jinbo.net/glocalpoint/78.

17 이 챕터는 토론회 〈모두를 위한 화장실 어떻게 만들까〉(한국다양성연구소 주최, 2019년 5월 18일)에서 발표한 글에서 출발했다.

18 강현수, 〈'도시에 대한 권리' 개념 및 관련 실천 운동의 흐름〉,《공간과 사회》32, 한국공간환경학회, 2009.

19 나영정, 〈이동권은 재생산 정의다〉,《셰어》, 2022년 5월 3일. https://srhr.kr/issuepapers/?idx=11327003&bmode=view.

20 마사 너스바움 지음, 조계원 옮김,《혐오와 수치심》, 민음사, 2015 참조.

21 김상희, 〈활동보조: 나는 남의 손이 필요합니다〉,《어쩌면 이상한 몸》, 오월의봄, 2018.

22 진은선, 〈아무것도 오염되지 않은 깔끔한 관계는 불가능하다〉,《Without Frame! Vol.2: Trash Can 나의 힘은 쓰레기통이다》, 우프, 2022, 210쪽.

23 앨리슨 케이퍼 지음, 이명훈 옮김,《페미니스트, 퀴어, 불구》, 오월의봄, 2023, 390쪽.